한치영의
신체
손해사정사
정석 II

신체손해사정사 2차 시험대비

SD에듀
(주)시대고시기획

SD에듀 한치영의
신체손해사정사 2차
정석 II

Always **with you**

손해사정사는 보험사고발생시 손해액 및 보험금의 산정업무를 전문적으로 수행하는 자로서 보험금 지급의 객관성과 공정성을 확보하여 보험계약자나 피해자의 권익을 침해하지 않도록 해주는 일을 하는 보험업계의 전문자격인입니다.

손해사정사 시험은 2014년에 대폭 변경되어 시행하고 있습니다. 즉 손해사정사의 종류를 1종에서 4종까지 업무영역에 따라 분류하던 방식에서 재물 · 차량 · 신체의 세 영역으로 새롭게 분류하였습니다.

신체손해사정사 2차 시험과목은 「의학이론」, 「책임보험 · 근로자재해보상보험의 이론과 실무」, 「제3보험의 이론과 실무」, 「자동차보험의 이론과 실무(대인배상 및 자기신체손해)」로 구성되어 있으며, 약술형+주관식 풀이형 문제로 시험을 치르게 됩니다.

본 교재는 강의를 목적으로 제작된 교재로 과목별로 출제 가능한 핵심이론을 정리 · 수록하였고, 주요 쟁점 사항을 문제화하여 해당 문제에 대한 약술형+주관식 풀이 과정을 학습할 수 있도록 하였습니다.

아무쪼록 본서가 시험 준비를 하는 수험생들에게 도움이 되길 바라며, 수험생들에게 합격의 행운이 있기를 기원합니다.

편저자 씀

도서의 구성 및 특징

Essential(에센셜)

과목별로 출제 가능한 핵심이론을 정리·수록하였습니다.

Drill(드릴)

과목별 주요 쟁점사항을 문제화하여 해당 문제에 대한 약술형+주관식 풀이 과정을 학습할 수 있도록 하였습니다.

STEP 3

저자의 TIP

저자가 알려주는 저자의 TIP을 통해 내용 이해 및 암기에 도움이 되도록 하였습니다.

STEP 04

심화학습

어려운 이론과 용어는 심화학습을 통해 쉽게 이해할 수 있도록 하였습니다.

손해사정사 자격시험 소개

손해사정사란?

보험사고발생시 손해액 및 보험금의 산정업무를 전문적으로 수행하는 자로서 보험금 지급의 객관성과 공정성을 확보하여 보험계약자나 피해자의 권익을 침해하지 않도록 해주는 일, 즉 보험사고발생시 손해액 및 보험금을 객관적이고 공정하게 산정하는 자를 말합니다.

주요 업무

➔ 손해발생 사실의 확인
➔ 보험약관 및 관계법규 적용의 적정여부 판단
➔ 손해액 및 보험금의 사정
➔ 손해사정업무와 관련한 서류작성, 제출 대행
➔ 손해사정업무 수행 관련 보험회사에 대한 의견 진술

손해사정사의 구분

업무영역에 따른 구분	업무수행에 따른 구분
재물손해사정사 차량손해사정사 신체손해사정사 종합손해사정사	고용손해사정사 독립손해사정사

※ 단, 종합손해사정사는 별도의 시험없이 재물 · 차량 · 신체손해사정사를 모두 취득하게 되면 등록이 가능합니다.

자격취득

①	②	③	④
손해사정사 1차 시험 합격	손해사정사 2차 시험 합격	실무실습	손해사정사 등록

시험일정

구 분	원서접수기간	시험일자	합격자 발표
1차 시험	2024.2.20.~2024.2.23.	2024.4.14.	2024.5.31.
2차 시험	2024.6.11.~2024.6.14.	2024.7.28.	2024.10.4.

신체손해사정사 2차 시험 소개

시험과목 및 방법

시험과목	• 의학이론 • 책임보험 · 근로자재해보상보험의 이론과 실무 • 제3보험의 이론과 실무 • 자동차보험의 이론과 실무(대인배상 및 자기신체손해)
시험방법	논문형(약술형 또는 주관식 풀이형)

합격자 결정

절대평가에 의해 합격자를 결정하며, 절대평가에 의한 합격자가 최소선발예정인원에 미달하는 경우 미달인원에 대하여 상대평가에 의해 합격자를 결정합니다.

❶ 2차 시험 합격자를 결정할 때에는 매 과목 100점을 만점으로 하여 매 과목 40점 이상, 전 과목 평균 60점 이상 득점한 사람을 합격자로 합니다. 다만, 금융감독원장이 손해사정사의 수급상 필요하다고 인정하여 미리 선발예정인원을 공고한 경우에는 매 과목 40점 이상 득점한 사람 중에서 선발예정인원의 범위에서 전 과목 총득점이 높은 사람부터 차례로 합격자를 결정할 수 있습니다.

❷ 전환응시자에 대한 합격결정은 응시한 매 과목에 대하여 40점 이상 득점한 자 중, 전체 응시과목 평균점수가 일반응시자 중 합격자의 최저점수(평균점수) 이상을 득한 경우에 합격자로 결정합니다.

검정현황

구 분	접수(명)	합격(명)	합격률(%)
2017년 제40회	2,786	381	13.68
2018년 제41회	3,177	409	12.87
2019년 제42회	3,249	328	10.10
2020년 제43회	3,121	325	10.41
2021년 제44회	2,981	343	11.51
2022년 제45회	3,075	340	11.06
2023년 제46회	3,037	343	11.30

연도별 합격률 그래프(%)

최고득점 & 커트라인

구 분	2017년 제40회	2018년 제41회	2019년 제42회	2020년 제43회	2021년 제44	2022년 제45회	2023년 제46회
최고득점	67.89	69.25	68.75	65.50	67.92	71.67	75.00
커트라인	44.42	50.83	50.42	51.25	53.50	55.00	58.17

이 책의 차례

제1과목

의학이론

Essential
(에센셜)

제1과목 의학이론

해부학

Chapter 1 골격

Theme 1 인체의 골격

[골격의 구성]

체간부의 구성

1. 두개골

두개골은 머리를 이루는 골격으로서 뇌를 수용하여 보호하고 있는 뇌 두개골(협의의 두개골)과 감각기·소화기 및 호흡기관 등을 수용하여 보호하는 안면 두개골로 구분되고, 총 15종 23개의 뼈(설골 포함시)로 이루어져 있다.

(1) 뇌두개골(6종 8개)
  ① 두정골(2개)
  ② 측두골(2개)
  ③ 후두골, 접형골, 전두골, 사골(각 1개)

(2) 안면골(9종 15개)
  ① 서골, 하악골, 설골(각 1개)
  ② 하비갑개, 누골, 비골, 구개골, 상악골, 관골(협골)(각 2개)

2. 척 추

척추는 총 32~34개(성인 총 26개)의 추골이 겹쳐진 뼈의 기둥이며, 위로부터 경추(7개), 흉추(12개), 요추(5개), 천추(5개, 성인은 1개), 미추(4개, 성인은 1개)로 이루어져 있다.

3. 흉 곽

흉곽은 12개의 흉추, 12쌍의 늑골, 1개의 흉골로 이루어진 바구니형의 골격이다.

(1) 흉 추
흉추에서 늑골이 파생되고 척수신경을 보호하는 역할을 한다.

(2) 흉 골
흉골은 흉골병, 흉골체, 검상돌기의 3부분으로 구성되어 있다.

(3) 늑 골
늑골은 늑경골과 늑연골로 나뉘며, 흉곽의 외측벽을 형성한다.

[가슴뼈]

4. 골반

골반은 세개의 관골(장골, 좌골, 치골)과 천골, 미골로 구성되어 있으며, 앞쪽에서는 치골결합이라
는 연골로 연결되고, 뒤쪽 양측에는 매우 강한 인대로 연결된 관절에 의해 골반고리를 형성한다.

[골반뼈]

[골반 부위 모식도]

1. 수 골

[손가락 뼈]

2. 족 골

[발가락 뼈]

[족근골]

신체부위 움직임

1. 굴곡(flexion)과 신전(extension)

(1) 굴 곡

관절에서 각을 이루면서 굽히는 것을 말한다.

(2) 신 전

관절을 곧게 펴는 움직임을 말한다.

2. 내전(adduction)과 외전(abduction)

(1) 내 전

정중면(인체를 좌우 대칭으로 나누는 가상적인 수직면)으로 가까이 오는 것을 말한다.

(2) 외 전

내전의 반대말로서 정중면에서 멀어지는 것을 말한다.

3. 회내(pronation)와 회외(supination)

(1) 회 내

손바닥이 바닥 쪽을 향하도록 회전하는 운동을 말한다.

(2) 회 외

손바닥이 위쪽 또는 앞쪽을 향하도록 회전하는 운동을 말한다.

4. 내번(inversion)과 외번(eversion)

(1) 내 번

발목을 움직여 발바닥이 몸쪽을 향하도록 하는 운동을 말한다.

(2) 외 번

발목을 움직여 발바닥이 바깥쪽으로 향하도록 하는 운동을 말한다.

5. 회전(circumduction)과 회선(rotation)

(1) 회 전

장축을 축으로 하여 도는 운동을 말한다.

(2) 회 선

굴곡, 외전, 신전, 내전의 연속운동으로 팔이나 손가락으로 원을 그리는 운동을 말한다.

관절운동 측정법

1. 해부학적 자세와 중립 0도

(1) 해부학적 자세

모든 위치와 방향의 기준이 되는 자세로, 양발을 모은 채 똑바로 서서 수평선을 바라보며, 양팔은 손바닥을 앞쪽으로 한 채 자연스럽게 늘어뜨린다.

(2) 중립 0도

① 운동범위측정의 기준점으로 견관절, 족근관절을 제외하고 신전 위가 중립 0도이다.

② 견관절

주관절, 수관절이 중립 0도가 되고 무지가 앞으로 나온 상태이다.

③ 족근관절

족부가 하퇴부와 90도를 이룬 상태이다.

2. 고관절, 견관절의 측정법

(1) 고관절

① 누운 상태에서 정상 측 슬관절을 끌어당긴 후 환측 고관절 운동을 측정한다.

② 굴곡/신전

③ 내전/외전

④ 내회전/외회전

(2) 견관절

① 굴곡/신전(= 전방거상/후방거상)

② 내전/외전

③ 내회전/외회전

Theme 6 관절의 형태

1. 평면관절

의 의	관절두와 관절와가 모두 평면으로 되어 있는 무축성 관절이다.
특 징	① 좁은 관절낭과 강한 인대로 싸여 있다. ② 운동범위가 매우 제한적이다.
해당 부위	① 추간관절, ② 경비관절, ③ 수근간/족근간 관절

2. 구상관절

의 의	구상인 관절두와 깊게 오목한 관절와의 형태를 띠는 다축성 관절이다.
특 징	운동범위가 가장 크다.
해당 부위	① 견관절, ② 고관절

3. 경첩(접번)관절

의 의	홈이 있는 관절두와 이에 맞는 모가 있는 관절와로 이루어져 마치 경첩과 유사한 형태의 관절이다.
특 징	① 한 종류의 회전운동, 즉 굴신운동만이 가능하다. ② 강한 측부인대를 가지고 있다.
해당 부위	① 주관절, ② 슬관절, ③ 수지관절, ④ 족근관절

4. 차축관절

의 의	원판상의 관절두와 베어링모양의 관절와가 차바퀴처럼 도는 형태의 관절이다.
특 징	회전운동만 가능하다.
해당 부위	① 요척관절, ② 경추관절

5. 안장관절

의 의	두관절 면이 말안장처럼 생긴 것으로 서로 직각방향으로 움직이는 2축성 관절이다.
특 징	전후좌우 운동이 가능하다.
해당 부위	수근중수관절

6. 과상(타원)관절

의 의	관절두가 타원형이며, 장·단축의 운동을 하는 2축성 관절이다.
특 징	전후좌우 운동이 가능하다.
해당 부위	① 악관절, ② 요골수근관절, ③ 환추후두관절

심화학습   **활막(윤활)관절**

1. 정 의
　활막관절은 활액으로 차 있는 관절강을 중심으로 양쪽의 골은 관절연골로 덮여 있고, 나머지 둘레는 관절낭으로 덮여 있는 관절이다.

2. 특 징
　① 비교적 자유롭게 운동할 수 있다.
　② 활막에는 윤활액으로 인해 마찰이 거의 없어 미끄러질 수 있다.

3. 해당 부위
　① 어깨관절
　② 무릎관절
　③ 팔꿈관절
　④ 손목뼈관절
　⑤ 손가락뼈사이관절
　⑥ 턱관절

Chapter 2 신경계

Theme 1 신경계의 구조

1. 개 요

신경계는 중추신경계(Central Nervous System, CNS)와 말초신경계(Peripheral Nervous System, PNS)로 분류된다. 중추신경계는 뇌와 척수로 되어 있고, 말초신경계는 뇌신경(12쌍)과 척수신경(31쌍), 자율신경계로 구분할 수 있다.

2. 신경계의 구조

신경계	중추 신경계	1. 뇌	전뇌(대뇌, 간뇌), 뇌간(중뇌, 뇌교, 연수), 소뇌로 분류된다.
		2. 척 수	척추관내 존재하는 긴 원통형 구조물로서 연수부터 시작하여 제1요추체의 아래 부분까지 위치하고 뇌척수막에 의해 싸여 있다.
	말초 신경계	1. 뇌신경(12쌍)	① 후신경(감각) : 후각 ② 시신경(감각) : 시각 ③ 동안신경(운동) : 안구운동 ④ 활차신경(운동) : 안구운동 ⑤ 삼차신경(혼합＝운동＋감각) 　• 안신경 : 이마, 눈, 코, 측두부 지각 　• 상악신경 : 위턱, 이, 입술, 뺨 지각 　• 하악신경 : 저작근, 아래턱, 이, 입술, 혀, 외이 지각 ⑥ 외전신경(운동) : 안구운동 ⑦ 안면신경(혼합＝운동＋감각) : 얼굴 표정근, 눈물샘, 침샘, 청각 강도조절 ⑧ 청(내이)신경(감각) : 청각, 위치/균형감각 ⑨ 설인신경 ⑩ 미주신경(혼합＝운동＋감각) 　• 인후두부, 혀의 운동, 감각 　• 귓바퀴, 외이도의 일반 감각 　• 내장기관과 분비샘 기능 　• 미주신경 양측성 마비시 대부분 사망 ⑪ 부신경(운동) : 흉쇄유돌근, 승모근 ⑫ 설하신경(운동) : 혀 운동

신경계	말초 신경계	2. 척수신경 (31쌍)	① 경신경(8쌍) • 경신경총 : 제1～4경신경(C1～4) • 상완신경총 : 제5～8경신경(C5～8), 제1흉신경(T1) ② 흉신경(12쌍) 늑간신경(T1～12) : 제1～12흉추는 신경총을 형성하지 않고 늑간근에 개별 적으로 분포한다. ③ 요신경(5쌍) 요신경총 : 제1～4요신경(L1～4) ④ 천골신경(5쌍) 천골신경총 : 제4～5요신경(L4～5), 제1～3천골신경(S1～3) ⑤ 미골신경 미골신경총 : 제4～5천골신경(S4～5), 미골신경
		3. 자율신경계	내장, 혈관, 피부 등에 분포되어 있는 평활근의 운동이나 선의 분비기능 등을 지배하는 신경계로 불수의적 신경계이다. ① 교감신경 ② 부교감신경

[뇌신경]

[척수신경]

상지의 주요 신경

1. 서 론

상지의 주요 신경으로는 상완신경총(C5, 6, 7, 8 ~ T1 신경근)에서 분지하는 액와신경, 근피신경, 요골신경, 정중신경, 척골신경이 있다.

2. 액와신경 손상(C5, 6)

손상원인	증 상
① 상완신경총의 손상 ② 상완골 골두의 골편 전이 ③ 어깨부위 좌상, 총상, 자창 ④ 잘못된 목발 사용	① 견관절 외전제한 ② 어깨근육 위축으로 윤곽 비대칭 ③ 견봉 돌출 ④ 견관절의 불안정성

3. 근피신경 손상(C5, 6)

손상원인	증 상
① 견관절 탈구 ② 상완골 근위부 골절	① 주관절 굴곡 약화 ② 이두근 건반사 소실

4. 요골신경 손상(C6, 7, 8 ~ T1)

손상원인	증 상
① 상완골 간부 골절 ② 상완골 과상부 골절 ③ 수면시 팔베개에 의한 오랜 압박	① 손목하수변형 ② 상지의 신전근 마비로 신전장애 발생 ③ 무지와 시지의 신전 불가능 ④ 제1물갈퀴 공간의 감각소실

5. 정중신경 손상(C6, 7, 8 ~ T1)

손상원인	증 상
① 전완부의 열상 및 관통상 ② 상완골 상과 골절 후 동반손상 ③ 볼크만(Volkmann) 저혈성 구축 등 전완부의 상흔이나 원회내근에 의한 압박, 콜레스(Colles) 골절 또는 월상골의 전방 탈구	① 손바닥과 장측의 1 ~ 3 수지, 4수지 1/2 감각 소실 ② 수지와 무지의 내향운동이 불가능 ③ 원숭이 손(단무지외전근, 무지대립근의 약화, 위축)

제1과목

Essential(에센셜)

6. 척골신경 손상(C8 ~ T1)

손상원인	증 상
① 주관절 또는 수근관절 부근의 열창 ② 상완골이나 상완골 내과 골절 ③ 주관절 탈구	① 손가락 벌리기 제한 ② 갈퀴손 변형 초래 ③ 척골신경의 지각 고유영역인 손바닥의 내측부위와 제5지, 제4지의 내측 1/2에서 감각소실

Theme 3   하지의 주요 신경

1. 서 론

하지의 주요 신경으로는 요추신경총(L4, 5 ~ S1, 2, 3신경근)에서 분지하는 좌골신경, 경골신경, 총비골신경 등이 있다.

2. 좌골신경 손상(L4 ~ S3)

인체에서 가장 큰 신경으로 대퇴골 원위부 1/3에서 경골신경과 총비골신경으로 분지한다.

손상원인	증 상
① 고관절 골절, 탈구 ② 전위성 골반 골절 ③ 총 상 ④ 신생아의 고관절 탈구의 정복 또는 둔부의 근육주사	① 슬관절 굴곡장애 ② 하위 신경손상 증상(주로 비골신경 이상) ③ 국소궤양, 작열통

3. 경골신경 손상(L4 ~ S3)

하퇴 후측으로 수직 하행하여 경골내과 하부까지 이른다.

손상원인	증 상
① 슬관절 탈구 ② 경골 근위부 골절 ③ 관통상 ④ 하퇴부 후방 구획증후군에 의한 허혈성 괴사	① 족부 굴곡, 내전, 내반 장해 ② 족지 굴곡, 내전, 외전 장해 ③ 발로 미는 힘이 없어짐 ④ 발바닥 감각 이상 (무감각시 영양성 궤양이 발생할 수 있다)

4. 총비골신경 손상(L4 ~ S2)

비골 경부에서 피부에 가깝게 하행한다.

손상원인	증 상
① 자상, 부종 ② 석고고정에 의한 압박 ③ 슬관절 골절 ④ 비골, 경골 상단부 골절	① 족부 배굴, 외반 장해 ② 족지 근위지절간 관절 배굴 불가능 ③ 족하수(foot drop)로 인한 파행보행 ④ 하퇴외측, 족배부 감각상실 ⑤ 1, 2족지 마주보는 면, 2 ~ 5족지 배부에 감각 저하 (끝마디 제외)

제1과목 의학이론

상해 - 기초이론

PART 02

Chapter 1 골

Theme 1 골의 기능

1. 서 론

인체의 많은 부분을 차지하고 있는 골은 그 위치와 형태, 구성성분에 따라 다양한 기능을 한다.

2. 기 능

(1) 보호기능

뇌나 심장 같은 매우 중요한 몸속의 장기를 보호한다.

(2) 지지기능

인체의 모양을 지탱하는 기능을 한다.

(3) 운동기능

근육의 부착점이 되어 신체의 운동을 가능하게 한다.

(4) 조혈기능

적색골수에서 조혈작용을 하며, 생성된 세포들은 골수혈관을 따라 혈류 속으로 방출된다.

(5) 광물질저장

칼슘, 인산, 나트륨, 마그네슘 등의 무기질을 저장하여 우리 몸속의 무기이온평형에 관여한다.

3. 결 론

골은 인체에서 다양한 기능을 수행하기 때문에 상병으로 인해 골이 손상받게 되면 인체에 다양한 합병증을 불러일으킬 수 있다.

Theme 2　골세포

1. 서 론

골세포는 조골세포에서 분화된 다소 특별한 세포군으로 실제 골의 90% 정도를 구성하는 주요 구성 성분이다. 파골세포와 조골세포의 수명이 수개월인 것에 반해 골세포는 수십년간 생존하며, 다양한 기능을 수행한다.

2. 골세포의 종류

(1) 골 조상세포

① 골 외막의 내층, 골 내막 및 골수에 분포하고 있으며, 주위조직이나 혈류에서도 이동하여 골로 들어올 수 있다.

② 유사분열에 의해 증식되고 골 모세포로 분화한다.

(2) 골 모세포

① 골 조상세포로부터 분화한 세포로 직육면체형 또는 낮은 원주형 세포이다.

② 골 모세포는 유골을 형성하고 이의 석회화를 유도하는 등 골조직 생성에 필수적인 역할을 수행한다.

(3) 골세포

완전히 발육된 골의 주된 세포로 골 모세포가 분비한 골 기질 주변에 골화되면서 그 속에 파묻혀 있다.

(4) 파골세포

골의 흡수/파괴를 담당하는 다핵거대세포이다.

(5) 골 표면세포

골 표면에 존재하는 길고 납작한 세포를 말한다.

Theme 3 　장 골

1. 장골의 특징

① 길게 생기고 양 끝 또는 한 쪽 끝에 관절부가 있는 뼈이다.

② 대퇴골, 경골, 비골, 상완골, 척골, 요골, 지골 등이 있다.

2. 장골의 구조

(1) 골간부

두꺼운 치밀골(compact bone)로 되어 있고, 속은 한 개의 커다란 골수강이 있는 수도관 모양으로 되어 있다.

(2) 골단부

장골 양끝의 구형부분으로, 속은 불규칙한 해면골(spongy bone)로 되어 있고, 겉은 얇은 치밀골로 싸여 있다.

(3) 골 막

외막과 내막으로 나뉘며, 혈관이나 지각신경이 분포되어 있고, 뼈의 영양이나 감각을 관리한다.

① 골 외막

골모세포와 혈관을 가지고 있어 뼈의 두께 성장과 재생에 기여한다.

② 골 내막

골수강과 혈관이 지나가는 통로인 하버스관(Harversian canal)을 싸고 있는 얇은 섬유막으로, 골모세포로 분화될 수 있는 세포들로 구성되어 있다.

(4) 골수강

골단부와 골간부 내에 골수로 채워져 있는 공간이다.

① 적색골수(red marrow)

조혈기능이 있으며, 척추, 늑골, 흉골은 평생 동안 적색골수로 남아있다.

② 황색골수(yellow marrow)

적색골수의 조혈세포가 감소하고 지방세포가 증가하면서 황색으로 변한다.

(5) 연 골

① 골단연골

　뼈의 길이성장에 관여한다.

② 관절연골

　탄력성이 있어 관절부를 보호한다.

[연 골]

Theme 4   연 골

1. 서 론

연골은 뼈와 함께 몸을 지지하고 있는 조직으로 다른 조직과 다른 유연성을 제공한다.

2. 종 류

(1) 초자연골

가장 많은 연골로 혈관/신경 모두 결여되어 있으며, 코, 후두, 기관지, 늑골의 연골부위가 이에 해당한다.

(2) 탄성연골

초자연골과 유사하지만 더 많은 콜라겐 섬유와 탄성섬유를 가지고 있다. 귀의 외부부분, 후두개, 성대튜브 및 후두부의 일부 연골에 존재한다.

(3) 섬유연골

다른 연골종류와 달리 연골막으로 둘러 싸여 있지 않으며 불투명하다. 세포외기질(ECM)에는 다량의 1형 콜라겐 섬유가 존재하고 프로테오글리칸과 수분은 매우 적게 포함하고 있다.

3. 기능 및 특징

(1) 기 능

① 적당한 해부학적 위치에서 유연성 있는 지지를 제공한다.
② 골격의 압박에 대한 내성조직으로서의 기능을 한다.
③ 확장하는 골과 관련된 성장연골로써 기능을 한다.

(2) 특 징

① 변형 및 파괴강도가 비교적 크다.
② 탄성이 좋아 고무와 같은 물성을 가지고 있다.
③ 혈관이 없고 신경이 없어 재생이 잘 일어나지 않는다.
④ 혈관과 림프관이 없으므로 영양공급은 완전히 확산에 의해 이루어진다.

4. 결 론

연골부위는 혈액과 영양공급이 원활하지 않기 때문에 상병시 또는 노쇠시 잘 회복되지 않거나 퇴행성으로 진행될 수 있다.

골의 성장 · 재형성

1. 개 요

골은 간엽줄기세포로부터 골 모세포로의 분화가 연골내골화와 막내골화라는 두 과정을 거쳐 일어나면서 골모세포에서 만들어진 기질에 무기질이 침착되어 생성된다.

성체가 된 다음에도 골절 등 다른 요인이 있을 때 골수, 골막 및 근육에 존재하는 간엽줄기세포가 다시 동원되면서 유사한 과정이 일어나게 된다.

2. 연골내골화와 막내골화

(1) 연골내골화

① 골단판의 초자연골이 퇴행되면서 뼈로 대치되는 방식이다.

② 인체 대부분의 뼈들이 발생되는 과정으로 길이성장을 한다.

③ 대퇴골, 경골, 상완골, 척골, 요골, 비골 등의 장골 성장에 관여한다.

(2) 막내골화

① 막내골화는 섬유성 결합조직막이 직접 뼈로 전환되는 방식으로 두께성장을 한다.

② 이 과정으로 생성된 뼈들을 막성골이라고 한다.

③ 두개골의 전두골, 두정골, 후두골, 측두골, 상악골 및 하악골 같은 편평골 그리고 상지뼈인 쇄골 등의 성장에 관여한다.

3. 골의 성장

(1) 골성장의 관여 요인

① 뼈의 성장에 관여하는 요인들은 체중과 운동에 의한 적당한 자극, 호르몬, 비타민 A, 비타민 C, 비타민 D, 칼슘 및 인 등이다.

② 부갑상선 호르몬이나 칼시토닌은 혈중의 칼슘농도를 조절하여 뼈의 발육을 돕는다.

(2) 장판골의 길이성장

주로 연골 골단을 포함한 골단판에서 일어나는 연골내골화에 의해 이루어진다.

(3) 두께성장

골 테두리의 바깥면에 있는 골막에서의 막내골화에 의하여 일어난다.

4. 골의 재형성

(1) 골의 재형성

① 파골세포(osteoclast)에 의해 골 조직의 파괴·흡수가 이루어지고, ② 대식세포 유사세포에 의해 골 표면이 정리된 후, ③ 조골세포(osteoblast)에 의해 골 기질이 형성되고, ④ 최종적으로 칼슘 등이 축적되면서 석회화가 이루어진다.

(2) 골간단의 재구성

골단판의 길이 성장에 따른 골간단의 재구성은 내측면에서의 골내막 작용에 의한 골의 침착과 바깥 면에서의 골의 흡수를 통하여 발생한다.

(3) 골의 대사

골은 골 조상세포와 파골세포의 연속적인 작용에 의해 끊임없이 골의 형성과 파괴를 반복하게 되는 데 나이에 따라 골 대사 비율이 달라진다.

① 성장기에는 골의 형성이 왕성한 '양성 골 평형'을 이룬다.

② 성인기에는 형성과 파괴가 같은 '동적 평형'을 이룬다.

③ 노년기에는 파괴비율이 높은 '음성 골 평형'이 발생하여 골연화 및 골다공증이 발생하게 된다.

심화학습 **파골세포(osteoclast)와 조골세포(osteoblast)**

1. **파골세포**
   골조직을 파괴하는 세포이다. 즉 파골세포는 뼈에 부착해 콜라겐과 칼슘을 용해 및 분해하는 거대세포(다핵세포)로서 폐경기 여성의 경우 뼈를 만드는 조골세포보다 그 활동이 왕성하여 골연화 및 골다공증을 유발하게 된다.

2. **조골세포**
   뼈를 새롭게 생성하는 세포이다. 즉 파골세포가 골 조직을 분해한 후에 조골세포가 그 부위에 작용하여 콜라겐을 합성하고 칼슘을 부착시켜 새로이 뼈를 만드는 세포이다.

Theme 6 　골 치유과정

1. 서 론

장관골의 치유과정은 조직학적으로 염증기, 복원기, 재형성기가 연속적, 중첩적으로 진행된다.

2. 염증기

① 수상 후 1～4일에 해당하며, 수상 후 48시간에 절정에 이른다.
② 골과 주변조직의 손상으로 해당 부위에 혈종이 축적되고, 조직이 괴사하면서 염증반응으로 부종이 발생한다.
③ 염증반응이 소실되면서 괴사조직이 제거된다.
④ 새로운 세포의 출현으로 기질형성이 시작된다.

3. 복원기

① 4일～수개월 동안 지속된다.
② 골모세포에 의한 가골형성과 점진적 골화가 진행되며 임상적 유합이 일어난다.
③ **임상적 유합** : 통증소실, 방사선 사진상 가골이 형성된다.
④ **막내골화** : 염증부위 변두리에서부터 경가골 층이 형성된다.
⑤ **연골내골화** : 중심부 저산소압력층에서부터 연가골이 성숙골로 대치된다.

4. 재형성기

① 수년간 계속되어 진행될 수 있다.
② 미성숙골이 성숙골로 대체된다.
③ 파골세포에 의해 불필요한 가골이 흡수된다.
④ 점차 견고해지면서 방사선적 유합이 이루어진다.
⑤ **방사선적 유합** : 골절 후 점차 유합이 견고해지면서 미성숙골과 연골이 성숙층판골로 대치되고 골수강이 재형성된 상태를 방사선적 유합이라 한다.
⑥ **Wolff의 법칙** : 힘을 받는 쪽의 골소주가 더 치밀해진다. 즉 굽은 뼈에 부하가 가해질 때, 압력을 받는 요부에 더 많은 골 형성을 보인다.

골절·탈구 증상

1. 골절시 임상적 증상

골절환자의 임상적 증상이나 진단은 골절 직후에 나타나는 전신증상과 골절부위에 국한된 국소증상으로 분류할 수 있다.

(1) 전신증상

일반적으로 골절의 정도에 따라 출혈, 호흡곤란, 쇼크의 증상이 나타날 수 있다.

(2) 국소증상

① 통 증

동통과 압통이 증상의 전부인 경우도 있다.

② 피부손상

출혈과 연부조직 손상으로 인한 종창과 피하침윤으로 피부가 변색될 수 있다.

③ 기능손상

뼈가 지렛대 역할을 할 수 없기 때문에 통증과 함께 기능장애를 초래하게 되는데 특히, 장관골간부 골절시 비정상적 운동과 함께 골절부위의 양단이 맞부딪치며 마찰음이 발생할 수 있다.

④ 변 형

각형성과 회전변형 등으로 외관상 변형을 일으킬 수 있다.

⑤ 신경/혈관 손상

신경/혈관 손상은 큰 부상일 가능성이 있으므로 반드시 검사해야 하며, 특히 상완골과 대퇴골의 과상부 골절시 필수적으로 검사해야 한다.

⑥ 동반손상

뇌, 척수, 신경, 혈관, 흉부 및 복부내 장기 등 중요 조직이나 기관에 동반손상을 초래할 수 있다.

2. 탈구시 임상적 증상

탈구환자의 임상적 증상이나 진단은 골절환자와 유사하다.

(1) 통 증
심한 통증을 유발하며, 탈구가 정복되면 심한 통증은 소실되나 둔통은 남는다.

(2) 관절외형의 변화
이는 관절을 이루는 골 모양의 변화를 포함한다.

(3) 운동상실
탈구가 일어나면 관절의 운동이 능동적으로는 물론 수동적으로 제한되거나 전혀 불가능해진다.

(4) 자세의 변화
고관절의 후방 탈구시에는 고관절의 굴곡, 내전, 내회전변형과 외형상 하지의 단축이 일어나고, 전방 탈구시에는 고관절의 외전, 외회전변형이 일어난다.

(5) 신경 및 혈관손상
① 탈구시에는 골절 시보다 신경손상의 빈도가 높기 때문에, 신경학적 검사가 필수이다.
② 혈관손상 역시 주의해야 한다(예 슬관절 탈구시 슬와동맥 손상).
③ 혈액순환장애가 의심되면 빠른 시간 내에 혈관촬영술을 시행하여 확인하여야 한다.

3. 결 론

골절, 탈구시 불충분한 이학적/방사선 검사 등으로 동반손상을 놓치는 경우가 발생할 수 있다. 특히 골절을 동반한 탈구의 경우 탈구 자체에 대한 진단과 치료에만 집착하게 되어 골절에 대한 진단과 치료가 이루어지지 않는 경우가 많다.

1. X선 촬영

X선을 투과하여 조영제나 기구 등을 사용하지 않고 인체를 촬영하는 것으로서 골절이나 탈구시 가장 초기에 시행하는 일반적 검사로 밀도변화, 윤곽, 표면침식정도, 구조변화, 체강의 액체존재 여부 등을 알 수 있다. 주로 골격계, 폐, 유방촬영에 이용한다. 촬영시 노출되는 X선의 양은 미미하기 때문에 특별한 후유증은 없다.

2. 골절시 촬영방법

① 기본촬영 : 전방, 후방, 측면촬영을 기본으로 한다.
② 개구촬영(Open mouth view) : 제1 ~ 2경추 검사시
③ 긴장위 촬영(Stress view) : 불안정성 검사시

심화학습	색에 따른 판독	
	검은색	흰 색
폐	공기가 있을 경우	기 흉
조 직	지 방	근 육

심화학습	기 흉

폐에 구멍이 생겨 공기가 새고 이로 인해 흉막강(폐를 덮고 있는 흉막 내 공간) 내에 공기나 가스가 고이게 되는 질환이다. 흉막강 내로 공기가 유입만 되고 배출이 되지 않을 경우 배출되지 않을 경우 종격동(양쪽 폐와 심장사이의 공간)과 심장이 한쪽으로 쏠려서 발생하는 긴장성 기흉(응급)이 발생하기도 한다.

Theme 3   CT(Computed Tomography, 컴퓨터단층촬영)

1. 의 의

X선을 이용하여 인체의 횡단면상을 얻는 방법으로 단순 X선 촬영에 비해 구조물과 병변을 명확하게 볼 수 있기 때문에 기본적 정밀검사에 해당한다.

2. 장 점

① 가격이 저렴하다.
② 촬영시간이 짧다.
③ 검사하는 동안 장운동, 호흡 등에 큰 영향을 받지 않는다(움직이는 장기의 촬영에 유리하다).

3. 단 점

① 횡단면상만을 얻을 수 있다(MDCT로 보완이 가능하다).
② 내고정 환자에게서는 음영의 질이 떨어질 수 있다.

4. 주요용도

① 주요 장기와 조직의 병변검사
② 외상환자의 응급상황시 촬영
③ 암의 악성 여부, 전이 여부 판단

Theme 4　MRI(Magnetic Resonance Imaging, 자기공명영상)

1. 의 의

자기장을 이용하여 인체의 임의의 단면상을 얻는 검사

2. 장 점

① 조직간의 대조도가 우수하다.
② 방사선을 사용하지 않는다.
③ 환자의 자세 변화 없이 원하는 단면상을 얻을 수 있다.
④ 조영제 없이도 혈관의 영상을 얻을 수 있다.

3. 단 점

① 가격이 비싸다.
② 움직이는 장기와 석회화된 장기의 진단에서는 진단가치가 CT보다 낮다.
③ 체내 금속물질 존재시 부작용이 발생할 수 있다.

4. 주요 용도

① 주요 장기와 조직의 병변검사
② 뇌질환 검사
③ 척추질환 검사
④ 암의 악성 여부, 전이여 부판단
⑤ T1(해부학적 구조 분석), T2(병변분석) 강조영상을 비교하여 이상 부위를 발견할 수 있다.

그 밖의 검사

1. 초음파 촬영

① 음파를 이용한 비교적 간단한 검사방법이다.
② 연부조직의 종양을 판정하기 위해 흔히 사용된다.
③ 주로 심장, 복부장기, 내분기계 기관 등을 검사할 때 사용한다.
④ 신생아의 고관절 탈구의 진단과 추시에 유용하다.
⑤ 색도플러기법을 통해 혈관질환의 검사에도 사용되고 있다.

2. Bone Scan(골주사)

① 골의 신생형성이 활발한 부위에 섭취되는 방사선 동위원소를 정맥주사하고, 일정 시간 후 이들이 골에 침착되는 정도를 촬영하는 방법이다.
② 골의 신생형성은 골의 손상, 질환 부위 등에서 증가하게 되며, 이에 따라 골 스캔에서 높은 섭취형태로 나타난다.
③ 단순 방사선 촬영보다 훨씬 예민하기 때문에 조기에 병변을 발견할 수 있다.
④ 진단이 힘든 골절이나 질환의 보조 검사로도 사용된다.
⑤ **부작용** : 특별한 부작용은 없다.

심화학습	주 촬영부위					
X선	폐	골격계	유 방			
CT	폐	근골격계		머리, 목	중추신경계	복부장기
MRI		근골격계	유 방	뇌	척 수	복부장기 (위, 폐, 대장 제외)
초음파	심장, 내분기계 기관					복부장기

Theme 6 신생 골절 vs 진구성 골절

1. Bone Scan(동위원소검사)에 의한 감별

(1) 방 법

해당 조영제를 정맥주사하면 통증, 염증 등 손상이 있는 부위의 Hot uptake가 증진되어 감마파를 발산하게 되고 이것을 감마카메라로 촬영한다.

(2) 판 독

신생 골절은 해당부위가 검정색이 된다. 이는 치료가 진행되면서 색이 흐려지고 결국 없어지게 된다.

(3) 한 계

① 아이에게는 큰 의미가 없다.

② 수상 후 최소 6개월 이내 실시하여야 한다.

2. 일반 X선과 CT검사에 의한 감별

(1) 신생 골절

골절부위가 검게 나오며, 골절선이 톱니처럼 날카롭다.

(2) 진구성 골절

골절부위가 하얗게 나오고, 골절선이 완만하다. 가골의 형성도 볼 수 있다.

1. 인대손상

인대란 뼈와 뼈를 연결하는 조직을 말하며, 외상으로 인해 인대가 늘어나거나 찢어진 것을 인대손상 또는 염좌라고 한다.

2. 인대손상의 유형 및 치료

(1) 1도 손상

① 특 징

　㉠ 인대 섬유의 미세파열, 종창 등이 발생한다.

　㉡ 약간의 통증만 있을 뿐, 체중부하와 보행은 가능하다.

② 치 료

　압박붕대, 고정 또는 얼음찜질 등으로 가능하다.

(2) 2도 손상

① 특 징

　㉠ 인대 조직 혹은 인대가 뼈에 부착되는 부위에서 파열된 손상으로 전체가 파열되지 않고 부분적으로 파열되어 있는 상태이다.

　㉡ 정상적인 상태에서는 불안정성이 없으나, 다친 방향으로 인위적인 힘을 가하게 되면(스트레스 부하 검사) 불안정성이 나타날 수 있다.

② 치 료

　3 ~ 4주간의 석고고정이나, 보조기를 사용한 비수술적 방법으로 치료할 수 있다.

(3) 3도 손상

① 특 징

　㉠ 뼈들을 연결하는 인대가 완전히 파열된 상태이다.

　㉡ 육안으로도 불안정성이 관찰된다.

　㉢ 초기치료가 매우 중요하며, 치료가 지연될 경우, 만성 불안정성이나 관절내 지방이 삽입되는 등의 합병증이 발생할 수 있다(수술 필요).

② 치 료

　㉠ 비수술적 치료 : 적절한 초기 대응시 4 ~ 6주간의 석고고정으로도 치유가 가능하다.

　㉡ 수술적 치료

　　• 내시경 수술 : 발목관절의 손상 여부를 확인하기 위한 수술

　　• 인대 재건술 : 끊어진 인대를 복원하는 수술

신경손상

1. 신경손상의 증상 및 검사

(1) 증 상

① 지배근육의 운동마비

② 지각상실

③ **자율신경의 기능 이상**

ㄱ 무발한증(땀의 무분비)

ㄴ 혈관운동장애

ㄷ 영양장애 등

(2) 검 사

근전도 검사(신경전도검사, 신경자극검사), 티넬(Tinel)검사, 팔렌(Phalen)검사, 발한검사, 피부저항검사, 주름(Wrinkle)검사 등이 사용된다.

2. 손상신경의 회복

(1) 회복속도

회복은 통각신경이 가장 빠르고, 다음으로 접촉, 고유수용 등에 대한 신경회복이며, 운동신경의 회복이 가장 늦은 편이다(통각 > 접촉 > 고유수용 > 운동신경).

(2) 신경회복인자

① 일반적으로 가늘고 얇은 신경이 굵고 두꺼운 신경보다 회복이 빠르다.

② 환자의 연령이 낮을수록 회복이 잘 된다.

③ 수용기관과 손상부위의 거리가 짧으면 회복이 빠르다.

④ 단일신경손상이 복합신경손상보다 회복이 빠르다.

⑤ 좌골신경손상은 예후가 좋지 않은 편이다.

⑥ 그 밖에 손상의 정도, 동반손상(연부조직, 혈관, 골절)의 유무, 손상시부터 치료시까지의 시간이 영향을 미친다.

3. 치 료

(1) 보존적 치료
자연회복이 가능한 신경손상의 경우에 이용하는데, 물리치료가 필수이고 온욕 등의 방법이 있다.

(2) 수술적 치료
① 적응증
- ㉠ 개방성 창상으로 인한 신경의 완전절단
- ㉡ 비개방성 손상이더라도 신경의 완전절단이 의심되는 경우
- ㉢ 비개방성 골절 치료 중 신경마비의 출현

② 신경봉합술

신경절단시 시행하며, 최근 현미경 수술의 발달로 정밀봉합이 가능하다.
- ㉠ 일차봉합 : 손상 직후 시행한다.
- ㉡ 지연일차봉합 : 창상 치유 2~3주 후 시행한다.
- ㉢ 이차봉합 : 상황에 따라 다르다.
- ㉣ 봉합 후 고정기간 : 상지 4주, 하지 6주 정도 지나면 서서히 관절운동을 시행한다.

③ 자가신경이식술

신경봉합이 불가능한 상태의 경우 마지막 선택방법이다.

Theme 9 GCS(Glasgow Coma Scale)

1. 서 론

GCS는 의식의 정확한 수준을 파악하여 뇌기능의 손상정도를 알기 위한 도구로 가장 일반적이고 보편적인 의식 사정도구이다. 즉 GCS는 개안반응(눈을 뜨는 행위), 언어반응, 운동반응의 3가지 평가항목에 대한 대상자의 반응에 따라 4 ~ 6단계로 나누고 평가 합계에 의해 의식수준과 의식장애의 중증도를 평가하는 방식으로 사용되는 객관적인 측정 도구이다.

2. 측정항목과 평가

(1) 측정항목 및 점수

구 분		환자의 반응	점 수
개안반응 (4단계)	자발적	스스로 눈을 뜬다.	4
	언 어	큰소리로 명령하면 눈을 뜬다.	3
	통 각	꼬집으면 눈을 뜬다.	2
	통 각	꼬집어도 눈을 뜨지 않는다.	1
운동반응 (6단계)	명 령	명령하면 따라한다.	6
	통 각	꼬집으면 검사자의 손을 뿌리친다.	5
	통 각	꼬집으면 그 부위를 피한다.	4
	통 각	꼬집으면 부적절하게 몸을 굴곡시킨다.	3
	통 각	꼬집으면 신전자세로 강직된다.	2
	통 각	꼬집어도 반응이 없다.	1
언어(구두)반응 (5단계)	언 어	대화가 가능하고 자신이 누구인지 어디에 있는지 그리고 시간에 대해 정확히 얘기할 수 있다.	5
	언 어	혼란스럽고 시간 개념이 없다.	4
	언 어	이해할 수 있기는 하지만 뜻이 통하지 않는 얘기를 한다.	3
	언 어	이해할 수 없는 소리를 한다.	2
	언 어	아무런 소리도 내지 않는다.	1

(2) 평가(의식수준 5단계)

두부외상 환자의 의식상태를 조사하는데 수치를 사용하여 의식의 정도를 정확히 알고 변화된 신경학적 상태를 파악하여 조기에 예후를 추정할 수 있는 방법이다.

① 15점 : 청명(Alert)

의식이 명료하고 지남력이 정상인 상태이다.

② 13 ~ 14점 : 기면(Drowsy)

외부의 자극에 의해 눈을 뜨다가도 가만히 있으면 다시 잠드는 상태로 의사소통은 어렵게 가능하나 계속 자려고 하는 상태이다.

③ 8 ~ 12점 : 혼미(Stupor)

수의적 운동은 있으나 의사소통이 되지 않는 상태이다.

④ 4 ~ 7점 : 반혼수(Semicoma)

수의적 운동 없이 외부 통증에만 이상운동 반응을 보이는 상태이다.

⑤ 3점 : 혼수(Coma)

수의적 운동은 물론 외부의 강한 자극에도 반응하지 않는 상태이다.

3. 결 론

Jennet 등이 발표한 '외상초기의 GCS와 예후의 관계'에 대한 연구결과에 따르면 ① 3 ~ 4점 환자의 97%가 지속성 식물상태로 있거나 사망하였고, ② 8점 환자 중 25%는 식물상태로 있거나 사망하였으며, 61%는 양호한 회복 또는 중등도의 장애를 나타냈다.

Theme 1 골절치유인자

1. 손상인자

(1) 개방성 골절

① 개방성 골절이란 골편이 연부조직을 뚫고 외부에 노출되는 것을 말한다.

② 연부조직의 손상이 동반되며, 골과 연부조직의 감염의 위험이 높다는 점에서 폐쇄성 골절과 차이를 보인다.

③ 광범위한 파열이나 연부조직의 압궤는 골절부에 혈류공급을 제한하여 괴사를 발생시키며, 이로 인해 치유가 지연될 수 있다.

(2) 관절내 골절

① 관절 내에서 골절이 발생하면 관절에는 골절치유과정 초기에 생기는 혈종을 용해시키는 작용을 하는 효소가 있어 치유가 지연된다.

② 관절운동이나 부하가 전위의 원인이 될 수 있다.

(3) 분절/분쇄 골절

분절 골절은 혈액공급을 감소시키거나 단절시켜 불유합이나 지연유합을 일으킬 수 있다.

(4) 골절편에 연부조직 삽입

근육, 근막, 인대 등 연부조직이 골절편간에 삽입되기도 하며 드물게 신경, 혈관 등도 삽입된다. 이러한 연부조직의 골절편간 삽입은 골절의 치유를 방해한다.

(5) 동반손상

혈관 등의 주변 주요 조직이 동반손상하면 치유를 지연시킨다.

(6) 손상정도

골 자체의 손상이 심하거나 연부조직의 손상이 심한 경우 또는 골 결손이 심한 경우는 골절치유가 지연된다.

(7) 불충분한 혈액공급

불충분한 혈액공급으로 혈액순환이 차단되어 무혈성 괴사가 발생하면 골 유합을 지연시킨다.

2. 환자요인

(1) 나 이

나이가 어릴수록 골절이 치유되는 속도가 빠르다.

(2) 영양상태

골절 치유를 위한 세포의 이동, 증식, 합성은 충분한 에너지를 필요로 한다. 골절은 영양상태가 좋을수록 치유속도가 빠르다.

(3) 전신 호르몬

① 성장 호르몬, 갑상선 호르몬, 칼시토닌, 인슐린 등은 골절의 치유를 촉진시킨다.
② 부신피질 호르몬이나 인슐린 과다분비, 부갑상선 호르몬의 과다분비 등은 골절의 치유를 지연시킨다.
③ 당뇨병, 비타민D과다증, 구루병 등은 골절의 치유를 지연시킨다.

(4) 니코틴

임상적 경험상 흡연은 골절 치유를 방해한다.

3. 조직인자

(1) 골의 형태

골절 접촉면, 세포수, 혈행 등의 차이로 해면골이 피질골보다 치유가 빠르다.

(2) 골의 괴사

손상이나 수술로 인한 혈관파열, 방사선 치료, 지속적인 부신피질 호르몬의 복용 등은 골을 괴사시켜 치유를 지연시킨다.

(3) 골의 질병

병적 골절, 골다공증, 골연화증 등의 질병이 있는 경우에는 골절의 치유가 되지 않으므로, 골절의 치유에 앞서 질병의 치료나 병변이 있는 골의 제거가 필요하다.

(4) 골의 감염

감염은 정상조직을 괴사시키고, 부종과 혈전증의 원인이 되어 치유를 방해하거나 둔화시킬 수 있다.

골절치유기간

1. 연령에 따른 대퇴골 간부 골절시 치유기간

① 신생아 : 3주

② 8세 : 8주

③ 12세 : 12주

④ 20세 이후 : 20주 이상

2. 성인의 골절시 부위별 치유기간(진단지수의 근거)

① 수지골 : 3 ～ 4주 ② 수근골 : 6 ～ 12주 ③ 요척골 및 상완골 : 8 ～ 12주	① 족지골 : 6 ～ 8주 ② 족근골 : 8 ～ 12주 ③ 경골 : 12 ～ 16주 ④ 대퇴골 : 16주 ～ 20주	쇄골 : 6 ～ 9주

3. 기 타

① 골이 근육이 싸여있는 경우(예 대퇴)가 피하에 위치해 있는 경우(예 손목)보다 치유가 빠르다.

② 해면골(골수생성)이 피질골보다 빠르다.

③ 골간단부가 골간부보다 빠르다.

④ 골절의 접촉면적이 크고, 전이가 작고, 복합성이 없을수록 빠르다.

⑤ 폐쇄성이 개방성보다 빠르다.

⑥ 기타 골절치유 지연인자가 없을수록 빠르다.

Theme 3   비수술적 치료

1. 도수정복

(1) 의의

    ① 비수술적으로 전위된 원위 골절편을 근위 골절편에 맞추어 가능한 해부학적 위치에 맞추어 정렬하는 것이다.

    ② 골절의 부종은 6 ~ 12시간이 지나면 심해져 연부조직이 유연하지 못하게 되어 적절한 정복을 방해하게 되므로 가능한 한 빨리 정복을 시도하는 것이 중요하다.

(2) 금기증

    ① 골편의 전위가 예후에 심각한 영향을 미칠 때

    ② 정복 후 유지할 수 없을 때

    ③ 도수정복이 불가능할 때

    ④ 견인 골절일 때

2. 석고붕대 고정

    ① 골절에서 가장 빈번히 이용되는 방법으로 물이 첨가되면 발열반응을 일으켜 수 분 후에 단단한 덩어리로 굳게 된다.

    ② 일반적으로 골절부위의 상하관절을 포함하여 고정한다.

    ③ 고정 후 압박궤양, 혈액순환 장애, 신경마비 등에 주의한다.

3. 견인고정

(1) 의의

환부에 당기는 힘을 주어 고정시키는 방법으로 피부견인과 골견인 등이 있다.

    ① 피부견인(Skin traction)

       피부에 직접 견인력을 작용하는 견인

    ② 골견인(Bone traction)

       수술을 통하여 못, 철사 등을 뼈에 삽입하는 견인

(2) 적응증

　　① 소아의 대퇴 골절

　　② 고관절 탈구/대퇴골의 분쇄 골절

　　③ 경추 골절/탈구

　　④ 감입 골절

　　⑤ 부종, 종창 또는 연부조직 손상으로 외부고정이 불가능할 경우 견인에 의한 정복 후 외부고정한다.

(3) 견인 목적

　　① 골절의 올바른 정복

　　② 근육경련을 제거하여 통증을 완화

　　③ 척추의 압박요인 제거

　　④ 불구의 교정과 예방 역할

(4) 견인시 주의사항

　　① 침요 등에 닿는 부위의 욕창을 예방한다(예 공기침대 사용).

　　② 핀이 꽂힌 부위에 발적과 배농을 확인한다.

　　③ 피부견인시 삽입부위 피부의 지각이상이나 통증 등에 주의한다.

　　④ 견인장치 제거 후에는 천천히 운동하기 시작한다.

4. 기능적 보조기

도수정복과 석고고정 후, 동통과 종창이 소실되고 연부조직이 치유되기 시작할 때, 섬유유리나 합성수지를 이용해 보조기를 만들어 고정시키는 방법으로 원위 및 근위 관절의 운동을 조기에 시켜 관절강직을 예방하기 위해 시행한다.

수술적 치료

1. 인공관절치환술

적응증 : ① 대퇴골 경부 골절시, ② 환자가 고령이거나, ③ 관절염이 있을 때 시행한다.

2. 골수강내 금속정

① 장점 : 조기보행 가능, 관절강직이 잘 남지 않는다.
② 단점 : 회전변형
③ 금기증 : 개방성 골절, 소아 골절, 변형동반 골절

3. 금속판과 나사

① 장점 : 정확한 고정
② 단점 : 골다공증, 면역학적 반응

4. 나사고정

① 피질골 나사 : 골편을 고정할 때
② 해면골 나사 : 골간단부에 사용
③ 족근과 나사 : 족관절 내/외과 골절시 사용

5. 핀고정

적응증 : ① 내/외과 골절, ② 수지/족지 골절

6. 강선고정

적응증 : ① 슬개골 골절, ② 내/외과 골절시 이개 방지

7. 외고정술

외부에서 골절부 상하로 핀을 삽입하고, 봉과 관을 연결하는 고정술이다.

구 분	외고정술	내고정술
의 의	피부 밖에서 골절부 상하에 핀을 삽입하고, 봉과 관으로 연결하는 고정술	피부 안 쪽에서 골절부에 핀이나 금속판 등을 이용해 시행하는 고정술
장 점	① 골 혈류 공급이 원활하다. ② 골절 고정에 방해가 적다. ③ 부수적 치료가 가능하다. ④ 관절운동이 가능하여 강직, 위축, 골다공증 등을 예방한다. ⑤ 전신상태가 좋지 않을 때 국소마취가 가능하다. ⑥ 감염이나 불유합의 경우에도 견고한 고정이 가능하다.	① 외고정술에 비해 편하고 저렴하다. ② 외고정술과 달리 고정물이 외부와 접촉해 있지 않기 때문에 감염의 위험이 적다(외고정술에 비해). ③ 외고정술에 비해 고정물의 이완이나 파열 위험이 적다.
단 점	① 핀 주위의 감염 우려가 있다. ② 핀의 이완이나 파열 위험이 있다. ③ 대퇴골 골절과 같은 부위에서는 제한된 강직이 발생한다. ④ 불편하고, 비싸다.	① 내고정물이 골의 고정이나 혈류공급에 지장을 줄 수 있다. ② 부수적 치료가 힘들다. ③ 전신상태가 좋지 않은 환자에게는 전신마취가 불가하여 시행하기 힘들다. ④ 감염이나 불유합시 견고한 고정을 얻기 어렵다.
적응증	① 심한 연부조직손상/골소실을 동반한 골절 ② 장관골, 특히 개방성 제2, 3형 골절 ③ 골반의 개방성 골절로 인한 불유합 ④ 두부손상 동반 골절 ⑤ 다발성 폐쇄성 골절 ⑥ 이차적 재건술이 필요한 경우 ⑦ 사지 재접합술/연장술, 관절유합술이 필요한 경우 ⑧ 선천성 강직의 교정	기본적인 수술의 적응증에 외고정술 적응증에 대한 요소가 없을시

1. 적응증

① 도수정복으로 치료가 불가능한 골절

② 전위된 병적 골절, 전위된 관절강내 골절, 전위된 대퇴경부 골절

③ Salter-Harris 제3, 4형과 같은 전위된 골단판 골절

④ 불유합, 혈관손상과 사지가 절단된 경우

⑤ 구획증후군으로 근막절개술이 필요한 경우

⑥ 갈레아찌, 몬테지아 골절

2. 수술의 상대적 적응증

① 불안정한 척수손상이나 골반 골절

② 다발성 골절 같이 전신합병증을 초래할 가능성이 높은 경우

③ 고령의 고관절 또는 대퇴의 골절

④ 지연유합

3. 금기증

① 활동성 감염이나 골수염이 발생한 경우

② 내고정이 부적절한 심한 골다공증

③ 심한 분쇄 골절

④ 골절편이 너무 작아 견고한 내고정을 시행하기 어려운 경우

⑤ 주위 연부조직에 심한 화상이나 반흔 또는 염증이 동반된 경우

⑥ 전신상태가 불량하여 마취가 불가능한 경우

⑦ 전위가 없는 안정성 골절 또는 감입성 골절

Theme 7 부목고정

1. 서 론

골절의 응급처치 중 가장 중요하고 먼저 시행하여야 할 것은 골절 부위의 부목고정이다. 부목고정은 환자에게 골절 및 탈구 발생시 그 손상 부위에 부목을 대어 고정시켜 주는 방법을 말한다.

2. 부목고정이 필요한 이유

① 추가적인 연부조직 손상을 예방하고 폐쇄성 골절이 개방성 골절로 전환되는 것을 방지한다.

② 동통을 감소시켜 준다.

③ 지방 색전증이나 쇼크(shock)와 같은 합병증을 감소시킨다.

④ 환자의 이송과 병원에서의 방사선 촬영을 용이하게 할 수 있다.

Theme 8 응급처치

1. 서론

실족이나 가벼운 외상에 의한 골절이 아닌 큰 사고에 의해 일어나는 다발성 손상의 경우 골절보다는 우선 환자의 생명을 살릴 수 있는 모든 처치가 선행되어야 한다.

2. 응급처치

(1) 기도확보(Airway)

의식이 없는 환자에서 가장 중요한 것은 깨끗한 기도를 유지하는 것이다.

(2) 호흡유지(Breathing)

기도 유지 후 호흡이 유지되도록 한다.

(3) 순환(Circulation)

수액보충과 외부출혈의 압박처치는 사고현장과 응급실에서 지체 없이 시행되어야 한다.

(4) 부목

사고발생장소에서부터 시행되어야 한다.

Theme 1 일반적 분류

1. 골절 정도에 따른 분류

(1) 불완전 골절

　　일측 피질골의 연속성이 소실된 골절

(2) 완전 골절

　　양측 피질골의 연속성 소실된 골절

2. 개방성 여부에 따른 분류

(1) 폐쇄성 골절(Closed fracture)

　　골이 피부 밖으로 노출되지 않은 골절

(2) 개방성 골절(Open fracture)

　　골이 피부 밖으로 노출된 골절로 감염의 가능성이 높다.

3. 주변조직 손상 여부에 따른 분류

(1) 단순 골절(Simple fracture)

　　골 주변 연부조직의 손상없는 골절

(2) 복합 골절(Compound fracture)

　　골 주변 연부조직의 손상이 동반된 골절

4. 골절편 수에 따른 분류

(1) 분쇄 골절(Comminuted fracture)
2개 이상의 골절선이 만나 골절편이 3개 이상인 골절

(2) 분절 골절(Segmental fracture)
별도의 2개의 완전한 골절선으로 골절편이 3개 이상인 골절

5. 그 밖에 손상형태에 따른 분류

(1) 선상 골절, 균열 골절(Infraction)
골편의 전위없이 골에 금이 간 골절

(2) 압박 골절(Compression fracture)
압박력으로 인해 발생하는 골절로 주로 골다공증 환자의 낙상·추락사고로 인하여 척추체에 발생한다.

(3) 압궤 골절(Crush fracture)
큰 힘이 넓은 부위에 작용하여 발생하는 골절로 광범위한 연부조직 손상이 동반된다.

(4) 매몰(감입) 골절(Impacted fracture)
골절된 골의 한 끝이 다른 골 속으로 매몰되는 골절

(5) 함몰 골절(The skull dent : 두개골 함몰)
골의 안으로 함몰된 골절로 주로 두개골에 발생한다.

(6) 견열 골절(Avulsion fracture)
인대와 연결된 골부위가 골절되어 골절편이 분리된 골절

(7) 융기 골절(Torus or Buckle fracture)
피질골이 볼록하게 튀어나온 형태의 불완전 골절로 소아 골절에서 주로 발생한다.

(8) 녹색줄기 골절(Greenstick fracture)
외력을 받은 쪽은 소성변형(휘어짐)이 반대쪽은 골절이 발생하는 형태의 불완전 골절로 소아 골절에서 주로 발생한다.

골절면에 따른 분류

1. 횡상 골절

① 골절면이 장관골 장축에 대하여 직각을 이룬 골절이다.

② 주로 굴곡력이 직접 골절부에 작용한 경우에 발생한다.

2. 종상 골절

골절의 방향이 뼈의 장축을 따라 형성된 골절이다.

3. 사상 골절

주로 간접적인 외력에 의해 발생하며 굴곡력, 염전력(회전력), 압박력 등이 복합적으로 작용하였을 때 발생하기도 한다.

4. 나선형 골절

① 주로 회전력에 의한 회전 골절에서 발생한다.

② 골절선이 길고, 골절편의 끝이 예각을 이루며, 골절면이 넓다.

불유합

1. 정 의

골절부의 유합기전이 (수개월간) 정지된 상태로 다음과 같은 소견을 보인다.

① 골절부 사이는 가골이 없고 섬유조직으로 되어 있다.

② 방사선 소견으로 골절면이 둥글고 진하게 되어 선명하게 보인다.

③ 가관절이 관찰되기도 한다.

2. 원 인

① 불완전한 정복

② 불충분한 고정

③ 치료자의 부주의

④ 개방성 골절/분쇄 골절/분절 골절/관절내 골절

⑤ 골절부의 감염/병적 골절/내고정물의 부식

⑥ 골절부 연부조직 삽입

⑦ 골절편의 상실

⑧ 골절부의 계속적인 운동성

⑨ 전신질환 : 혈액질환, 기타 소모성 질환 등

⑩ 그 밖의 전신적 요인 : 영양상태, 활동능력, 호르몬, 흡연 등

3. 분 류

(1) 과혈성 불유합

종류로는 거족불유합, 말굽불유합, 저영양불유합 등이 있다.

(2) 무혈성 불유합

종류로는 회전쐐기불유합, 복잡불유합, 결손불유합, 위축불유합 등이 있다.

4. 호발부위

① 경골 하 1/3부 골절

② 요골원위부 골절

③ 대퇴골경부 골절

④ 상완골간부 골절

⑤ 척골근위부 골절

⑥ 손의 주상골 골절

5. 치 료

불유합의 치료는 발생한 부위와 기능장애의 정도에 따라 그 방법을 달리하고 있다.

(1) 일반적 치료

① 견고한 내고정과 자가골이식술을 첨가한다.

② 충분한 기간 동안 외부 고정을 실시한다.

③ 관절내 골절 후 골편에 무혈성 괴사가 생겨 불유합이 발생했을 경우, 인공관절전치환술을 시행한다.

(2) 분류에 따른 치료

① 과혈성 불유합

골절단이 과혈성으로 살아 있기 때문에 치료를 계속할 수 있는 불유합으로 골주사를 시행하면 골절단에 혈액공급이 많아서 가골형성이 이루어지므로 견고한 내고정을 시행한다.

② 무혈성 불유합

골절단이 무혈성이고 치유반응을 일으키기에 불가능한 불유합으로 골주사 소견상 골절단의 혈액공급이 나쁘므로 하얗게 나타난다. 유합을 얻기 위해서는 안정된 내고정과 더불어 해면골이식술 및 골절단의 피질제거술이 필요하게 된다.

Theme 4　지연유합

1. 정 의

지연유합이란 충분한 기간 동안 골절에 대한 치료를 하였음에도 불구하고 골절이 치유되는 상태가 늦고, 골절부에 가동성이 남아 있는 등의 골유합이 완전하지 못한 상태를 의미한다. 따라서 지연유합은 골절치유가 완전히 정지된 것은 아니며, 계속하여 치료하면 골유합이 이루어질 수 있는 상태이다.

2. 원 인

① 불완전한 정복과 고정
② 고정기간의 불충분
③ 골절편의 상실
④ 불유합의 원인이 경하게 있을 경우
⑤ 혈액질환, 소모성질환 등의 전신질환

3. 치 료

① 지연유합의 원인을 제거한다.
② 보행용 석고붕대나 기능적 보조기를 통해 미세움직임과 부하를 준다. 단, 심할 경우 더욱 치료가 지연되거나, 불유합으로 발전할 수 있다.
③ 전기자극을 시행하면서 석고붕대 고정을 하여 보존적 요법을 시행한다.
④ 보존적 요법에 실패하는 경우에는 골이식술을 시행한다.

4. 치료인자

골절편의 부가	골절간의 간격감소는 골절치유에 필요한 조직의 양을 감소시킨다.
부하 및 미세 움직임	골절부에 적절한 부하는 골 유합을 촉진시키며, 장골 골절부의 미세 움직임은 골절의 치유를 향상시킨다.
골절의 고정	견인, 석고붕대 등에 의한 골절의 고정을 통해 치유조직의 반복되는 파열을 막음으로써 골절의 치유를 촉진시킨다. 골절의 고정은 ① 연부조직 손상이 광범위한 경우, ② 골절부의 혈액공급이 혈류의 변연부일 때, ③ 관절내 골절일 때 특히 중요하다.

Theme 5 부정유합

1. 정 의

부정유합이란 골절된 골편이 해부학적 위치가 아닌 비정상적인 위치에서 골유합된 상태를 말한다.

2. 원 인

① 중추신경계의 손상으로 경련성 마비를 동반한 골절인 경우
② 심한 연부조직 손상을 동반한 골절로 내고정으로 양호한 정복(整復)이 어려운 경우
③ 골절의 골편의 전위가 심하거나, 골편의 전위가 있는데도 불구하고 고령이거나 건강상태가 불량하여 관혈적 정복을 하지 못하고, 보전적 치료를 시행한 경우에 많이 발생하는 부정확한 정복의 경우
④ 불충분한 고정(固定)을 한 경우
⑤ 환자의 부주의에 의한 경우

3. 분 류

부정유합은 발생위치에 따라 관절내 부정유합과 관절외 부정유합으로 구분하며, 부정유합의 형태에 따라 중첩(重疊), 각형성(角形成) 및 골편의 회전(回傳) 등의 변형으로 분류한다.

4. 치 료

① 외관상 변형의 정도와 기능의 장애는 반드시 일치하는 것은 아니다. 관절내 혹은 관절주위의 변형은 그 정도가 경하더라도 심한 기능의 장애를 나타낼 수 있다.
② 회전변형은 방사선 검사로 쉽게 발견할 수 없으므로 정확한 진단을 요하며, 대부분의 경우 교정수술이 필요하다.
③ 소아 골절 치료시 발생한 부정유합은 성장에 따른 자연교정을 관찰한 후 교정수술을 하여야 한다.
④ 교정수술은 기능회복과 외관상 기형을 교정하기 위하여 시행하는 것이다. 교정수술은 골유합후 6～12개월 후에 하는 것이 좋으며, 만약 골다골증이나 주위 연부조직의 위축이 있는 경우는 이들을 치료한 후 시행하여야 한다. 부정유합이라고 모두 교정수술을 요하거나 가능한 것은 아니고 다른 수술이 추가될 수도 있다.

5. 부정유합의 예후

(1) 관절내 부정유합

① 관절내 변형은 정도가 약하더라도 심한 장해를 동반한다.

② 성인의 경우 대관절 5mm 이상, 소관절 2mm 이상의 부정유합은 관절면의 불규칙성을 초래하며, 자발통 있는 관절을 유발하여 퇴행성 관절염을 초래한다.

(2) 관절외 부정유합

① 나이가 어릴수록 성장과 함께 변형이 감소한다.

② 하지의 경우 계속적 체중부하에 따르는 기능적 변화를 초래한다.

③ 각형성 변형의 경우 운동장애와 관절의 퇴행성 변화를 초래한다.

④ 회전변형의 경우 기능장애를 초래한다.

⑤ 2.5cm 이상의 하지 단축은 파행을 초래하는 등 연령, 발생부위, 변형의 종류에 따라 예후에 차이가 있다.

심화학습	상/하지 길이측정

1. 상 지
견봉 끝에서 수지의 중수지 끝까지
2. 하 지
골반의 전장골극에서 족관절 내과까지

Salter–Harris 분류(성장판 골절)

(1) 제1형

골절선이 성장판에 발생하여 골간단과 골단 분리된 상태로 수지골, 족지골에서 호발한다. 일반 X-ray에서 전위된 골단을 발견함으로써 진단할 수 있으나, 골단이 전위되지 않은 경우에는 성장판의 확장이나 단순한 연부조직 부종만 보일 수 있다.

(2) 제2형

골절선이 성장판과 골간단에 발생한 상태로 가장 일반적인 성장판 손상의 형태이다. 요골 원위부, 경골·비골 원위부, 수지골, 족지골에서 호발한다.

제1형과 제2형은 골단의 Geminal zone의 연골세포와 혈관의 손상을 동반하지 않아(= 골단연골을 침범하지 않음) 예후가 좋은 편이다.

(3) 제3형

골절선이 성장판과 골단부에 발생한 상태

(4) 제4형

골절선이 골단에서 시작해 성장판을 가로질러 골간단까지 연장되어 발생한 상태로 상완골, 경골 원위부에 호발한다.

제3형과 제4형은 골단의 Geminal zone의 연골세포와 혈관의 손상을 동반하기 때문에(= 골단연골을 침범하기 때문에) 예후가 나쁘다.

(5) 제5형

성장판 전체가 압박손상을 받은 상태로 예후가 가장 나쁘다. 가장 드문 형태이며 다른 형태와 동반되어 나타기도 한다. 대퇴골 원위부, 경골 근위부에서 호발하며 골간부 골절과의 동반손상도 호발한다. 초기 영상검사에서는 정상이거나, 성장판의 협착, 불규칙한 경계 등의 소견이 보일 수 있다. 발견이 매우 어려워 손상기전을 염두에 두고 정상측과 비교하면서 판독해야하며, 추후 영상추적검사시 발견되는 경우가 흔하다.

Theme 7   병적 골절

1. 의 의

병적 골절은 뼈에 침투한 병(골 종양, 골수염 등)으로 인하여 뼈가 약해져서 약한 힘만으로도 골절이 생기는 상태를 말한다.

2. 원 인

(1) 골다공증

주로 척추, 대퇴 경부/전자부, 요골 원위부, 상완골 등에서 발생한다.

(2) 국소적 골 질환

    ① 악성 및 양성 골종양

    ② 골 감염

    ③ 방사선 조사

(3) 전신적 골 질환

    ① 골연화증

    ② 골형성 부전증

    ③ 골수염

    ④ 파젯병

3. 진 단

(1) 증 상

    ① 골 전이가 있을시 동통이 가장 흔하다.

    ② 골 용해성 병변은 미세 골절로 인한 통증이 발생하고, 조골성 병변은 호르몬 분비와 종양의 직접적 침범이 증상의 원인이 된다.

    ③ 장관골과 골반골은 대개 병적 골절이 오기 전 증상이 발생한다.

    ④ 척추와 늑골은 증상이 먼저 발생하는 경우가 드물다.

(2) 검 사
① 과거의 병력
② 가족력
③ 방사선 검사
④ 혈액검사
⑤ CT
⑥ MRI
⑦ 골 주사

4. 치 료

병적 골절은 원인질환의 종류와 상태를 규명하는 것이 가장 우선이며, 각각의 원인질환에 따라 치료 방법 및 치료의 목적이 달라질 수 있다.

(1) 경피적 척추성형술

골시멘트를 이용한 경피적 척추성형술은 척추체의 악성종양, 골다공증으로 인한 압박골절에 사용된다. 척추체 약화로 인하여 초래된 통증에 대하여 척추체를 안정시켜 통증을 완화하는 효과가 있다.

(2) 고관절 주위의 골절시

고관절 주위의 골절 시에는 골절부위의 견고한 내고정, 인공관절치환술 등을 시행한다.

1. 의 의

개방성 골절은 골절부위가 외부에 개방된 형태의 골절로 뼈 주위의 연부조직과 피부손상이 동반된다. 따라서 골절 자체뿐만 아니라, 주변 연부조직의 손상정도와 오염정도를 잘 파악하여 치료해야 한다.

2. 분 류

창상의 크기, 연부조직의 손상 정도, 이물(foreign body)에 의한 오염의 정도에 따라 세 가지 유형으로 나눈다.

(1) 제1형

창상 크기가 1cm 이하의 저에너지 손상으로써, 연부조직 손상정도와 오염이 경미하다.

(2) 제2형

창상 크기가 1cm 이상이며, 연부조직 손상과 오염은 중등도이다.

(3) 제3형

보통 10cm 이상의 심히 오염된 창상이며, 근육의 손상이 심하고, 골편의 전위가 많다.

3. 치료의 단계

(1) 세 척

충분한 양의 생리식염수로 세척한다. 최소 2 ~ 10L 이상을 사용한다.

(2) 항생제 투여

외부 세균오염에 의한 감염을 방지한다.

(3) 변연절제술

① 괴사된 근육은 각종 세균의 좋은 번식지가 되므로 절제하는 것이 원칙이다.
② 근육의 생존 가능 여부 판단은 보통 4가지(색깔, 경도, 출혈능력, 수축도)로 하는데 이 중 수축도가 가장 믿을만한 신빙성 있는 지표이다.
③ 변연절제술 시행 후 외막이 벗겨진 골이나 건, 신경 및 혈관 조직을 근육 또는 피하지방으로 잘 덮어주어야 한다.

(4) 봉 합

① 너무 서둘러 봉합하면 오히려 감염, 특히 혐기성 감염의 위험성이 증가한다. 따라서 상태에 따라 일차봉합, 이차봉합 등으로 나누어 진행한다.

② **일차봉합** : 직접피부봉합, 피부이식술 등

③ **지연일차봉합** : 4 ~ 6일 경과 후 봉합하는 것이다. 봉합 전 변연절제와 세척을 다시 시행한다. 노출된 골조직은 5 ~ 10일 내에 덮어주도록 한다.

④ **이차봉합** : 이차봉합 시기는 일정하지 않고 창상에 따라 다르다.

4. 예후/합병증

(1) 예 후

연부조직의 광범위한 파열이나 연부조직의 압궤는 골절부의 혈류공급에 차질을 주어 괴사된 골과 연부조직을 남기며, 이로 인해 골절의 조직복원이 지연될 수 있다.

(2) 합병증

① 감 염

② 불유합

③ 골 결손시 단축장해

④ 장기 치료시 강직장해

1. 소아 골절의 특징

(1) 소성변형

① 골절시 에너지를 흡수하면서 소성변형이 일어난다.

② 소아의 소형변형은 비교적 쉽게 재성형력에 의해 교정되나 그렇지 않은 경우도 있다.

　　예 전완부에서 골절이 20도 이상 외견상 변형이 뚜렷하고, 회내/회외 운동의 제한이 예상되는 경우 교정이 필요하다.

③ 척골 소성변형시 요골두 탈구가 발생할 수 있다.

(2) 융기 골절(토로스 골절)

소성변형이 한 쪽에서 일어나며, 반대쪽 피질골에서 완전 골절이 되면서 융기 골절이 일어난다.

(3) 녹색줄기 골절

미성숙골의 유연성과 두꺼운 골막의 영향으로 인장력을 받은 피질골은 완전 골절이 일어나지만, 반대측은 피질골과 골막이 손상되지 않고 자주 소성변형을 동반한다.

(4) 재성형력

① 소아 골절은 치유속도가 빠르고, 잔존변형에 대하여 스스로 빠른 교정을 보인다.

② 간혹 손상사지에 과성장이 나타날 수 있다.

③ 2cm까지 단축변형은 자연교정이 허용된다.

(5) 골단판 손상(성장판 골절)

골단판 손상시 성장장애가 올 수 있으며, 성장 정지는 1～10%에서만 발생되고 있다.

(6) 그 밖의 특징들

① 인대손상의 빈도가 성인에 비해 적다.

② 골막이 강하여 심한 전위가 없다.

③ 외/내반 변형이 잘 생긴다.

④ 개방성 골절시 감염에 특히 유의해야 한다.

2. 치 료

① 비수술적 정복이 원칙이다(예외 : 관절 내의 전위된 골절, 대퇴경부 골절, 일부의 골단판 손상).

② 회전변형의 경우는 수술이 필요하다.

③ 장관골 골절에서 과성장이 우려될 경우, 1~2cm 정도 겹쳐서 정복하는 베이오네트 접촉(bayonet apposition)이 권장되기도 한다.

Chapter 5 합병증

Theme 1 심부정맥혈전증

1. 의 의

외상 후 발생된 혈전이 심부정맥을 막아 혈행장애를 일으키는 것이다.

2. 원인 및 호발요인

(1) 원 인

    ① 압박이나 활동력 감소로 인한 혈류지연과 혈관내벽 손상

    ② 외상이나 수술 후 혈액응고 기전의 변화

    ③ 골반 및 하지의 골절 수술 후 속발

(2) 호발요인

    ① 환자연령이 고령일수록

    ② 수술횟수가 많고 시간이 길수록

    ③ 고정기간 및 정도가 클수록

    ④ 기존의 전신질환이 심할수록

3. 진단 및 증상

(1) 진 단

    ① 선별검사 : 도플러 초음파

    ② 확진검사 : 정맥 조영술

(2) 증 상

동통, 부종, 온감 등이 있으나, 비특이적인 증세로 진단에 어려움이 있다.

4. 치료 및 예방법

(1) 치 료

① 일반요법

우선 다리를 높게 올리고 있는 자세를 유지하며, 혈액순환을 증진시키기 위해 탄력성 있는 압박 스타킹을 신거나 탄력붕대를 감아 준다.

② 항응고제

더 이상 혈전증이 진행되지 않게 하고, 폐색전증의 합병증을 예방하기 위해 항응고제를 사용한다.

③ 혈전용해술

심부정맥혈전증이 초기인 경우 직접 혈전을 녹이는 혈전용해요법을 시행한다.

④ 하대정맥에 필터 삽입

폐색전증의 위험성이 높지만 출혈의 위험 등으로 인해 항응고제를 사용할 수 없는 경우라면, 떨어져 나온 혈전을 거르기 위해 하대정맥에 필터를 삽입하기도 한다.

(2) 예방법

최선의 치료는 예방이며, 조기보행을 시행한다.

Theme 2　폐색전증

1. 의 의

외상으로 인해 발생한 혈전이 이동하여 폐혈관을 막은 상태, 즉 폐혈관의 색전증을 말한다.

2. 원 인

(1) 과응고 상태

외상, 수술, 임신, 산후기 등 혈액이 지나치게 쉽게 굳어버리는 상태가 폐색전증의 가장 흔한 원인이다.

(2) 기타 위험인자

암세포, 호르몬 치료, 흡연, 고혈압 등이다.

3. 증상 및 검사

(1) 증 상

① 갑작스러운 호흡곤란이 가장 흔한 증상이다.

② 서맥, 실신, 청색증, 흉막성 통증, 기침, 객혈 등의 증상이 있을 수 있다.

③ 심부정맥혈전증이 흔히 동반되기 때문에 해당 다리의 통증, 부종, 발열이 나타날 수 있다.

④ 정확한 징후나 증상이 없는 경우도 있다.

(2) 검 사

① Spiral CT

② 폐 환기 – 관류스캔

③ 폐동맥 혈관조영술

④ 폐색전증을 배제하기 위한 혈액검사

⑤ X선, 심전도, 심초음파, 정맥초음파

4. 치료

(1) 입원 중 침상안정

입원 24 ~ 48시간 동안 침상안정을 취할 것을 권장한다. 최근에는 단순 심부정맥혈전증은 보행을 권유하기도 한다.

(2) 항응고 치료

혈전이 더 생성되는 것을 막고 재발을 막기 위해 항응고제를 투여한다. 재발이 흔하기 때문에 장기간 치료가 필요하다.

(3) 하대정맥필터

출혈로 타 치료가 곤란할 때 시행하며, 호전되면 항응고 치료를 한다.

(4) 혈전용해술

폐혈관을 막고 있는 혈전을 녹이는 약제를 투여하는 것으로, 중대한 출혈에 대한 금기증이 없을 때 시행한다.

(5) 기 타

① 카테터 삽입, 색전제거술
② 압박스타킹

Theme 3　지방색전증

1. 의 의

지방색전증은 골수에서 떨어져 나간 지방미립자가 파열된 정맥을 통해 혈류에 진입 후 주요 장기에 색전증을 일으켜 급성호흡곤란증후군을 발생시키는 질환으로 다발성 외상 환자에게서 호발한다.

2. 진단 및 증상

(1) 진 단

혈액 검사, 방사선 검사, 심전도 검사 등을 통해 어느 정도 진단을 할 수 있다.

① 외상의 병력

② 주요 증상(호흡곤란, 뇌증상, 점상출혈반)

③ 부차적 증상(고열, 빈맥, 안저변화, 황달, 콩팥기능 저하)

④ 검사소견(빈혈, 혈소판 감소, 혈침속도 증가, 요중지방소적)

(2) 증 상

12 ~ 72시간의 잠복기를 갖는데, 대부분은 수상 후 24시간 안에 전통적인 증상이 나타난다.

① 호흡 곤란, 심박 항진, 고열과 뇌 기능 장애로 인한 두통, 불안, 정신 혼탁, 혼수 등이 관찰되며 때로는 콩팥기능의 저하로 요량이 감소된다.

② 드물게 객혈(hemoptysis)과 폐부종(pulmonary edema)이 나타나기도 하지만, 이는 대개 수상 2 ~ 3일 정도 잠시 존재하다가 소실된다.

3. 예방과 치료

(1) 예 방

① 지방색전증을 최소화시키기 위해 골절 부위를 부목 등으로 고정해 주어야 한다.

② 과도한 움직임은 지방색전증을 악화시킬 수 있으므로 불필요한 이동은 피하는 것이 좋다.

③ 조기 견고한 고정이 지방색전증의 발생을 줄일 수 있으며, 손상 당시 폐 손상의 정도가 폐색전증의 발생을 증가시킨다고 할 수 있다.

(2) 치 료

① 저산소증에 대한 치료는 산소를 공급하여 동맥혈의 산소 분압(PaO_2)이 정상 범위 내에서 유지되도록 하여야 한다.

② 의식이 없고 저산소증이 심한 경우에는 기계적 산소 공급장치로 산소를 공급하고 폐분비물에 대한 흡인과 기도 폐색을 예방하여야 한다.

무혈성 괴사

1. 의 의

골절이나 탈구로 인해 혈류가 차단되어 해당 혈관의 지배하에 있던 골 조직이 괴사하는 현상을 말한다.

2. 호발부위

① 고관절 대퇴골두
② 수부 주상골
③ 거골 체부
④ 상완골 골두
⑤ 슬개골

3. 원 인

① 외 상
② 과도한 알코올
③ 혈색소 질환
④ 스테로이드 장기간 복용
⑤ 고셔병(Gaucher Disease)
⑥ 원인불명 특발성

4. 치 료

① 괴사 골편 제거술
② 골 이식술
③ 관절 고정술
④ 관절 전치환술(관절 전체를 제거한 뒤 인공관절을 이식하는 치료술)

Theme 5　구획증후군

1. 의 의

구획증후군은 외상 등으로 막힌 근막내 공간의 압력이 증가되어 혈류가 저하된 상태로 구획 내의 근육과 신경 등 연부조직이 괴사되면서 나타나는 증상을 말한다. 조직의 괴사가 발생하면 변형 및 기능소실이 심각해지므로 빠른 진단과 치료가 매우 중요하다.

2. 원 인

탄력이 적은 골과 근막으로 싸여있는 골격근에서 주로 발생한다.

(1) 소 아
상박골 과상부 골절에서 가장 흔하며, 대퇴골 골절에서도 견인치료의 부작용으로 발생할 수 있다.

(2) 성 인
골절, 연부조직 손상, 허혈 후 부종이 가장 흔한 원인이다. 특히 급성 구획증후군의 경우는 꽉 끼는 붕대나 석고의 착용 등으로 구획의 크기가 감소하거나 부종, 출혈 등으로 구획 내용물이 증가되어 발생하게 된다.

3. 분 류

(1) 급 성
대게 외상 후 발생되고 감압술을 필요로 하는데, 볼크만 허혈성 구축(근육과 신경의 괴사 후 발생된 지체의 구축변형 상태)이 한 형태이다.

(2) 만 성
운동에 의해 구획 내의 압력이 증가되어 순환장애, 동통 그리고 드물게는 신경마비를 가져오는 질환이다.

4. 증 상

(1) 5P 징후

① 동통(Pain) : 특히, 근육을 신장시킬 때

② 창백(Pale)

③ 감각이상(Paresthesia)

④ 마비(Paralysis)

⑤ 무맥(Pulseless)

(2) 조직내압 증가로 인한 부종

30mmHg 이상(정상 : 0mmHg)에서 부종이 나타날 수 있다.

(3) 국소적 빈혈상태

모세혈관에 혈류의 저하로 국소적 빈혈상태에 놓이게 된다.

5. 진단 및 치료

(1) 진 단

① 조직내압 검사

② 혈액검사

③ 소변검사

(2) 치 료

① 손상된 지체(肢體)를 높게 하여 정맥과 림프의 순환을 촉진시킨다.

② 신경기능의 저하가 발견되면 석고와 붕대를 제거하여 신경회복에 주력한다.

③ 조직내압이 30mmHg 이상이면 근막절개술 등의 수술적 치료를 시행한다.

압궤증후군

1. 의 의

광범위한 외상성 근육손상 또는 지혈대를 장시간 사용함으로써 근육이 괴사되고, 그 결과로 급격한 쇼크상태가 발생되는 상태를 말한다. 크러쉬 증후군(Crush syndrome)이라고도 불린다.

2. 원인 및 증상

(1) 원 인

교통사고, 건축공사장사고, 기차사고, 폭발사고, 지진, 광산사고 등에서 근육, 혈관, 신경 등의 손상으로 발생한다.

(2) 증 상

① 압착받은 부위에 심한 부종이 생기면 근육 내 압력을 증가시켜 혈액 공급을 차단하고, 신경을 눌러 근육이 괴사된다.

② 괴사된 근육에서 유리된 독소(칼륨, 미오글로빈)가 심장, 폐, 신장 등에 부전을 일으킬 수 있다.

3. 진 단

혈액검사, 소변검사, X-ray, CT, MRI 검사를 통해 진단한다.

4. 치료 및 예후

(1) 치 료

① 지혈대의 장기간 사용으로 인한 근육괴사가 발생하는 경우, 지혈대 상부에서 절단술을 시행하는 경우도 있다.

② 소변량을 유지하면서 폐부종이 발생하지 않도록 수액을 조절한다.

(2) 예 후

① 높은 사망률

사망률이 높다.

② 급성신부전

대퇴근 등의 큰 근육이 오랜 시간 압박을 받아 조직괴사가 일어날 경우, 근육 내에서 산소를 저장하는 미오글로빈에서 만들어진 독성물질이 대량으로 해당 부위 쌓이게 된다. 따라서 구조 후 압박이 풀리면서 독성물질이 한꺼번에 대량으로 혈액으로 유입, 신세뇨관을 막아 급성신부전을 일으킨다. 신기능이 1주 이내 회복되면, 생존가능성이 있지만 대부분 2주 이내 증상이 악화되어 사망할 수 있다.

③ 부정맥

오랜 압박시 쌓인 칼륨이 대량으로 심장에 유입하여, 심장근육 이상으로 부정맥을 발생시킬 수 있으며, 처치가 늦어질 경우 사망할 수 있다.

Theme 7   파상풍

1. 정 의

파상풍은 상처 부위에서 증식한 테타니 균(*Clostridium tetani*)이 번식과 함께 생산해내는 신경독소가 신경세포에 작용하여 근육의 경련성 마비와 동통을 동반한 근육수축을 일으키는 감염성 질환이다.

2. 원인 및 증상

(1) 원 인

파상풍균인 테타니 균이 생산한 신경 독소에 의해 발생한다.

(2) 주요 증상

잠복기는 약 8일 정도이며, 주로 7 ~ 14일 이내에 발병한다.

① 근육수축

② 목과 턱 근육의 교경

③ 입을 열지 못하고 삼키지 못하는 등의 마비

④ 후궁반장

⑤ 발열 및 오한

3. 예방 및 치료법

(1) 경증 파상풍

① 상처가 났을 때에는 상처 부위를 소독한다.

② 파상풍 예방접종을 한다.

③ 파상풍 면역글로블린을 투여한다(면역력이 충분하지 않은 경우).

④ 메트로니다졸(metronidazole) 혹은 Penicillin G를 10일간 혈관주사 한다.

(2) 중증 파상풍

① 인간 파상풍 면역글로블린(TIG)을 척수주사 한다.

② 기관절개 및 인공호흡을 실시한다.

③ 근육 경련을 막기 위해 마그네슘을 혈관주사 한다.

④ 지속적인 혈관주사로 디아제팜을 투여한다.

Theme 8 　이소성 골형성증

1. 의 의

골절이나 탈구 등의 외상 후 골이나 관절주위의 연부조직에 생기는 골화 현상 및 석회화 현상을 말한다.

2. 호발부위

① 주관절
② 고관절
③ 견관절

3. 증 상

① 통 증
② 부 종
③ 관절 구축(관절이 굳어지는 것)

4. 예방 및 치료

① 조기 운동으로 관절의 구축을 예방하는 것이 가장 중요하다.
② 스테로이드제를 투여하여 골화의 진행을 억제할 수 있다.
③ 기능장애가 있는 경우 방사선상 화골의 성장이 멈추고 완전히 성숙된 것을 확인하고 제거술을 시행한다.

Theme 9 복합부위 통증증후군(CRPS)

1. 의 의

외상 후 특정 부위에 발생하는 만성 신경병성 통증과 이와 동반된 자율신경계 기능 이상, 피부 변화, 기능성 장애를 특징으로 하는 질환을 말한다.

2. 분 류

손상유형에 따라 제1형과 제2형으로 분류한다. 명백한 신경손상의 증거가 없는 경우를 제1형으로 분류하는데, 이는 과거 분류상 외상성 반사성 교감신경이영양증(RPS)에 해당된다. 증명할 수 있는 신경손상이 있는 경우를 제2형으로 분류하는데, 이는 과거 분류상 작열통에 해당된다.

3. 원 인

여러 가지 원인에 의해 생길 수 있지만 어떤 이유든 조직의 신경이 손상을 받은 경우 유발된다.
① 외상, 골절 등으로 신경 손상을 입었을 때
② 팔이나 다리의 절단 후
③ 기브스(CAST) 후
④ 수술 후
⑤ 치과에 다녀온 후
⑥ 신경통을 앓은 후

4. 증 상

(1) 1단계 : 초기(3개월)
① 손상 부위에 가까운 부분에 통증과 부종이 나타난다.
② 피부가 따뜻해지고 땀이 많이 난다.
③ 감각과민이 나타나고 근육의 경련이 나타날 수 있다.
④ 외부 자극이나 정서 상태에 따라 통증이 증가한다.

(2) 2단계 : 이영양기(3개월 ~ 9개월)

① 화끈거리는 통증이 심해지고 부종의 범위도 넓어진다.

② 관절이 두꺼워지고 관절 운동의 제한이 있다.

③ 피부가 차고 딱딱해진다.

④ 골다공증이 생긴다.

⑤ 손발톱이 부서지고 갈라진다.

⑥ 피부의 색이 자줏빛으로 변한다.

(3) 3단계 : 위축기(수개월 ~ 수년)

① 통증이 마약성 진통제가 듣지 않을 정도로 심해진다.

② 통증이 신체의 광범위한 부분으로 퍼질 수 있다.

③ 근육 위축이 심하고, 관절 운동이 제한되어 강직이 생긴다.

심화학습	복합부위 통증증후군의 통증과 다른 통증이 다른 점

• 손상 정도보다 훨씬 심한 정도의 통증을 호소한다.
• 독특한 표현으로 통증을 호소한다(예 '타는 듯하다', '칼로 찌르는 듯하다', '조인다' 등).
• 마약성 진통제가 듣지 않는다.
• 약한 자극에도 극심한 통증을 느낀다.
• 일반적으로는 통증을 일으키지 않는 물건에도 통증을 느낀다(예 바람, 옷, 가벼운 접촉, 종이 등).
• 예상된 기간보다 통증이 오래간다.

5. 진 단

(1) 방사선(X-ray) 검사

골다공증 등의 유무를 확인하기 위해 검사한다.

(2) 3상골스캔(3-phase bone scan)

뼈의 이상과 골감소 정도를 알 수 있다.

(3) 근전도 검사와 신경전도 검사

신경과 근육의 이상을 진단하기 위해 시행한다.

(4) 기 타

그 외에 확진을 위해 자율신경검사, MRI, 체열검사 등을 시행한다.

6. 치 료

(1) 약물치료

환자의 증상과 증상의 경중에 따라 진통소염제, 항우울제, 항경련제, 근육이완제, 골다공증 예방약, 스테로이드, 비타민 등 여러가지 약물이 사용된다.

(2) 경피적 전기신경자극법(Transcutaneous Electrical Nerve Stimulator, TENS)

통증의 억제회로를 자극하여 통증의 감소에 효과적이다.

(3) 신경차단술

약물로 교감신경을 차단하는 교감신경차단술과 영구적으로 교감신경을 파괴하는 교감신경절제술이 있다.

① 교감신경차단술

통증이 매우 심하고 잘 조절되지 않는 통증의 치료에 사용된다.

② 교감신경절제술

신경을 화학약품이나 고주파열응고술로 영구히 파괴하는 것이다.

(4) 통증조절장치

각종 신경차단술로 통증이 완화되지 않는 경우 전기자극을 통해 통증을 감소시키는 척수신경자극기 또는 척수약물주입기와 같은 통증조절장치를 시술한다.

(5) 심리 치료

복합부위 통증증후군을 가진 환자들은 우울증을 비롯한 정신적, 심리적 불안정이 동반될 가능성이 높으므로 신경정신과적 치료가 필요하다.

PART 03 상해 – 유형

Chapter 1 상·하지 손상

Theme 1 몬테지아 골절 vs 갈레아찌 골절

구 분	몬테지아 골절	갈레아찌 골절
의 의	척골의 근위부 골절과 요골두의 탈구가 동반한 상태를 말한다.	① 요/척골 원위부 골절과 하요/척관절 탈구가 동반된 골절을 말한다. ② 역몬테지아 골절 또는 수술적 치료가 필요하다는 의미에서 필요 골절이라고도 한다.
원 인	① 직접력 : 전박부에 직접적인 타격에 의한 경우 ② 간접력 : 과회내전, 과신전 등에 의한 경우	완관절의 후외면에 직접적인 타격을 받거나 이 부위로 손을 짚고 넘어져서 발생된다.
증 상	요골신경 손상	외전장애
치 료	① 소아의 경우 : 비수술적 치료(도수정복, 석고고정)만으로도 만족할만한 결과를 얻을 수 있다. ② 성인의 경우 : 수술적 치료로서 요골두의 도수정복과 척골 골절시 압박금속판에 의한 고정술이나 핀을 이용하여 견고한 고정을 한다.	① 소아의 경우 : 비수술적 치료(도수정복, 석고고정)만으로도 만족할만한 결과를 얻을 수 있다. ② 성인의 경우 : 변형력이 작용되는 요소가 많고, 추후 전위나 퇴행성 방지를 위해 수술적 치료가 필요하다.
예 후	성인의 경우, 수술 후에도 만족할만한 결과를 얻기 어렵기 때문에 척골의 견고한 내고정으로 재탈구되는 것을 막는 정도가 양호한 결과이다.	유합 상태의 지속적 관찰이 필요하다.

Theme 2 | 콜레스 골절 vs 스미스 골절

구 분	콜레스 골절	스미스 골절
의 의	요골 원위부의 후방전위 골절로 요골 골절의 90% 이다.	골절이 요골의 원위부가 전방으로 전위된 것으로 역 콜레스 골절이라고도 한다.
원 인	① 상지의 신전, 외전 상태에서 손바닥을 짚고 넘어 질 때 일어난다. ② 골다공증(골조송증)이 빈발하는 중년 이후의 여자 에게서 호발한다.	전방으로 굴곡된 수근관절의 후면 또는 손등으로 넘 어지거나 직접타격을 받아 일어난다.
증 상	① Dinner Fork 골절 또는 Silver Fork 골절의 변형 을 초래한다. ② 자발통, 동통, 종창, 감각이상, 염발음 등이 발생 한다.	① 정원삽 모양으로 변형된다. ② 기타 통증, 감각이상 등이 발생한다.
치 료	골절의 전위 정도에 따라 비수술적 치료와 수술적 치 료를 결정한다. 즉 골절의 전위가 적으면 석고붕대를 하여 고정하고, 심하면 도수정복후 석고붕대를 하거 나, 핀에 의한 수술적 고정방법을 사용한다.	도수정복하나 유지되지 않으면 핀고정을 시행한다.

심화학습 | Barton 골절

1. **의의** : 요골 원위부의 골편이 수근골과 함께 전/후방으로 전위되어 아탈구 또는 탈구되는 불안정 골절 이다.
2. **기전** : 수관절부로 지면을 짚고 넘어질 때 일어난다.

[전완의 뼈]

Theme 3 수근관 증후군

1. 의 의

수근관(손목 수장부에 위치한 섬유골 터널)의 협착 또는 수근관내 조직(정중신경, 수지굴근건 등)의 비대로 수근관 내압이 증가되어 정중신경이 압박되는 증후군으로, 상지에서 가장 흔한 신경압박증후군이다.

2. 원 인

(1) 수근관 내부의 해부학적 변화
  ① 수근관절/요골 원위부의 골절/탈구
  ② 류마토이드 관절염
  ③ 기타 부종이나 종양

(2) 혈관/신경세포질환을 야기하는 전신질환
  당뇨, 알코올 중독, 갑상선 기능저하증 등

(3) 반복적 운동
  논란이 있다.

3. 증 상

  ① 손바닥과 무지, 시지, 중지 및 환지의 요측부의 감각이상이 나타날 수 있다.
  ② 장기간 압박이 심한 경우에는 단무지외전근과 무지대립근의 약화, 위축 소견을 보인다.
  ③ 중년 여자에서 호발하며, 새끼 손가락을 제외한 손이 쑤시거나 저린 감각 이상이 주된 증상이다. 손과 손목을 많이 사용한 후 증상이 더 심해진다.

4. 검 사

(1) 운동검사
원숭이 손(무지구 근육 특히 무지대립근의 약화나 위축) 여부를 검사한다.

(2) 티넬징후(Tinel's sign) 검사
손목부위 정중신경을 타진하여 통증이나 감각이상 여부를 검사한다.

(3) 진동수용역치 검사
음차를 이용하여 진동에 대한 역치를 측정한다.

(4) 피부감각역치 검사
나일론단 섬유를 이용한 압력에 대한 피부감각역치를 측정한다.

(5) 팔렌검사(Phalen's test)
손목을 1분 정도 수동적으로 굴곡시켜 저린감이나 감각이상 여부를 검사한다.

(6) 전완압박 검사
전완부의 정중신경 부위를 직접 압박하여 감각이상을 검사한다.

(7) 근전도 검사
손목부위의 신경전달 속도의 지연과 무지구근의 근전도 이상을 검사한다.

5. 치 료

(1) 보존적 치료
증상이 경한 경우, 특히 근위축이나 감각이상이 없는 경우 시도해 볼 수 있다.

(2) 수술적 치료
보존적 치료에도 반응하지 않는 경우, 증상이 심하거나 근 위축과 감각이상이 지속된 경우(10개월 이상), 무지 및 수지의 지속적인 무감각과 무지구근의 위축이 있는 경우 시행한다.

회전근개 파열

1. 회전근개를 구성하는 근육

회전근개는 어깨 관절 부위를 덮고 있는 극상근, 극하근, 소원근, 견갑하근의 4개의 근육으로 형성되어 있다. 4개의 근육은 하나의 기관처럼 움직이며, 어깨 관절의 회전운동과 안정성에 기여한다.

2. 원인 및 증상

(1) 원 인

① 지나친 신전 상태에서 외력을 받은 경우

② 어깨를 과도하게 사용하여 연부조직이 스트레스를 받은 경우

③ 50세 이상의 연령층에서 퇴행성 변화에 따라 자연적으로 파열되는 경우

(2) 증 상

① 어깨 통증, 근력 약화, 어깨 결림, 삐걱거리는 소리 등을 동반한다.

② 팔을 들어올리거나 무거운 물건을 들어올릴 때 통증이 심해지며, 누운자세에서 악화된다.

3. 진 단

환자의 진단 및 진찰을 토대로 먼저 진단하며, X-ray, 초음파, MRI 등의 영상검사를 병행한다.

4. 치 료

(1) 비수술적 치료

① 회전근개 파열을 동반하지 않은 회전근개 질환이나 부분적 파열이 있는 경우 비수술적 치료를 먼저 시행한다.

② 약물 또는 주사를 이용한 통증치료, 스트레칭을 이용한 관절운동, 어깨 주위근력강화운동을 시행한다.

③ 주로 75세 이상 고령환자에게 시행한다.

(2) 수술적 치료

① 3 ~ 6개월간의 비수술적 치료가 호전이 없는 경우, 파열의 크기가 큰 경우 시행한다.

② 견봉성형술, 회전근개 봉합술 등이 널리 이용되고 있다.

Theme 5   골반골 골절

1. 서 론

골반골 골절은 비교적 심한 외력에 의해 발생하는 경우가 많고, 동반손상이 흔하여 사망률이나 이환율이 높으며, 비구 골절과 동반시 치료가 쉽지 않고, 후유장해가 남는 경우가 많다.

> **저자의 TIP**
>
> 골절에 대한 문제에서는 일반적인 골절의 국소적/전신적 증상에 대해 체크를 해보면 좋다.

2. 골반의 구조

골반은 세개의 관골(장골, 좌골, 치골)과 천골, 미골로 구성되어 있으며, 앞쪽에서는 치골결합이라는 연골로 연결되고, 뒤쪽 양측에는 매우 강한 인대로 연결된 관절에 의해 골반고리를 형성한다.

[골반 부위 모식도]

3. 원인 및 증상

(1) 원 인

① 대부분의 골반 골절은 교통사고, 추락사고, 낙상사고와 같은 강력한 외부의 힘에 의해 발생한다.

② 고령이거나 골다공증이 심한 사람에게서도 많이 발생한다.

(2) 증 상

① 골반 골절은 상당히 큰 외력에 의하여 일어나므로 50% 정도가 골반 내부장기 손상, 타 부위 골절, 연부조직 손상 등을 동반하다.

② 골절자체로 출혈도 많으나, 주위의 대소혈관이 손상되어 더욱 많은 출혈이 생겨 골반골의 골절에 의한 사망원인의 약 60%를 차지한다.

③ 출혈량은 대개는 500cc, 많게는 3,000cc 이상 출혈될 수 있다.

4. 분 류

(1) 외력의 크기에 따른 분류

① 작은 외력 골절 : 골기의 견열 골절

② 큰 외력 골절

  ㉠ 전후방 압박 골절 : 치골결합이 분리되고 전방 천장인대가 파열되어서 편측 골반이 외회전되어 골반환의 전방이 벌어지는 골절

  ㉡ 측방 압박 골절 : 손상된 편측골반이 내회전되어서 골반환의 전방부가 중첩된 골절

  ㉢ 수직전단에 의한 골절 : 손상된 편측골반이 후상방으로 전위한 골절

(2) 비구 골절의 동반유무에 따른 분류

추락 및 교통사고시 대전자부, 슬관절전방부 혹은 족부에 가해진 외력이 대퇴골간부, 경부 및 골두를 경유하여 비구에 전해져 골절된다.

① 비구 골절

  골반골의 골절이 비구 골절을 동반한 경우의 골절이다.

② 골반 골절

  비구 골절을 동반하지 않은 경우의 골절이다.

5. 진단 및 치료

(1) 진 단

골반골의 골절은 동통, 종창, 압통 등의 국소증상이 나타나며, 골절의 전위가 심할 때에는 골절면에서 다량의 출혈과 골반강 내의 출혈이 합병되어서 출혈성 쇼크상태에 빠지는 수가 많기 때문에 뇌손상과 함께 감별하여야 한다.

(2) 치 료

골반 골절의 치료방법 및 시기는 골절의 양상 이외에도 동반손상 등으로 인한 환자의 상태에 따라 크게 좌우된다.

① 보존적 치료(비수술적 치료)

골반고리의 손상이 없는 골절이나 골반고리의 손상은 있으나, 금만 가있는 골절의 경우 대개 침상 안정 등 보존적 치료가 가능하다.

② 수술적 치료

골반고리에 손상이 있고 뼈가 어긋난 경우에는 일단 보존적 방법으로 뼈를 맞추어 보고, 뼈가 잘 맞지 않고 심각한 다리 길이의 차이 및 하지의 운동제한 등이 예상되는 경우에는 보통 금속고 정술(핀 고정)을 통해 수술적 치료를 하게 된다.

심화학습 **말가이그니씨(Malgaigne's) 골절**

1. 의 의
골반고리의 가장 약한 부분을 관통하여 동시에 여러 개의 뼈가 골절하는 것으로 주로 장골, 좌골, 치골을 관통하고 세로로 골절하여 골반골이 중복 골절 된다.

2. 증 상
통증 때문에 하지 및 골반의 운동불능이 오고 종창, 피하출혈, 염발음, 이상가동성, 장골전상극의 상행이 온다.

3. 합병증
방광, 질, 골반내 대혈관 등의 손상이 동반된다.

---

1. 굴곡운동에 관여하는 근육

  ① 대퇴이두근(장두, 단두)

  ② 반막양근

  ③ 반건양근

2. 신전운동에 관여하는 근육

  ① 대퇴직근

  ② 중간광근

  ③ 내/외측광근

  ④ 봉공근

3. 내측안정성에 관여하는 구조물

  ① 내측측부인대

  ② 반막양근

  ③ 거위발건

  ④ 사슬와인대

4. 외측안정성에 관여하는 구조물

  ① 외측측부인대

  ② 장경대

  ③ 슬와건

  ④ 대퇴이두건

5. 전후방 안정성에 관여하는 구조물

전/후방십자인대

심화학습	슬관절내장증(슬내장)

전후십자인대, 반월상연골, 경골극, 측부인대 등의 특별조직이 외력에 의하여 손상을 받으면 그 결과로 슬관절의 기능장애, 운동통을 가져오는 상태를 총칭하여 슬관절내장증이라 부른다. 즉 슬관절 내·외의 병변으로 기능 장해를 일으키는 것들을 총칭하며, 주로 외상에 의한 것이 대부분이다.

1. 의 의

대퇴골과 경골의 관절연골 접촉면 사이에 위치하며, 슬관절에서 관절접촉면의 안정성을 높이고, 외력을 분산 또는 흡수하여 관절연골을 보호하는 기능을 가지고 있다. 손상시 관절염이 급속하게 올 수 있으며, 연골 내연부에는 혈관분포가 없으므로 손상시 치유가 어렵다. 내측반월상 연골과 외측반월상 연골이 있다.

2. 기전 및 원인

슬관절의 굴곡 위에서 회전운동이 가해질 때 발생한다. 즉, 내회전시에는 내측반월상 연골이 손상되고, 외회전시에는 외측반월상 연골이 손상된다.

3. 형태 및 증상

(1) 형 태

① 종파열

　외상성으로, 주로 전방십자인대 손상과 동반된다. 내측반월상 연골의 후각부에서 흔하다.

② 횡파열

　퇴행성으로, 후각부에서 흔하다.

③ 사파열(판상파열)

　후각부와 중간부에서 가장 흔하다.

④ 양동이 손잡이형 파열

　손상정도가 심한 형태로, 불안정한 경우 잠김증상을 보인다. 내측반월상 연골의 후각부에서 흔하다.

⑤ 복합형

　관절연골의 퇴행성 변화와 자주 동반되며, 40세 이상의 환자에서 흔하다.

(2) 증 상

① 급성 동통 및 관절부종
관절내 출혈로 심한 통증을 호소하며, 삼출액의 증가로 슬관절의 종창소견이 자주 반복된다.

② 운동제한
특히 신전운동 제한이 나타난다.

③ 무릎잠김(Locking)
굴곡 위에서 신전시, 일시적으로 신전이 되지 않는 것으로, 양동이 손잡이형에서 흔하다.

④ 무릎꺾임(Giving way)
슬관절의 무기력증으로, 울퉁불퉁한 길을 걷거나, 계단을 내려올 때 등에서 많이 느껴진다.

⑤ 대퇴사두근과 내광근 위축
수상 후 시일이 경과하면, 사두근이 위축되어 건측에 비해 가늘어진다.

4. 진 단

(1) McMurray test
똑바로 누운 자세에서 슬관절을 90도로 굴곡, 발과 하지를 외측/내측으로 회전시킨 후, 서서히 슬관절을 펴면서 덜컥거리는 소리가 나는지 확인한다.

① **외측손상** : 내전, 내회전시 이상

② **내측손상** : 외전, 외회전시 이상

(2) Apley test
엎드린 자세에서 대퇴부를 고정하고, 90도 굴곡위에서 2가지 검사를 한다.

① **신연검사** : 하퇴를 위로 견인하여 인대손상을 확인한다.

② **마멸검사** : 슬관절을 향하여 압력을 가하는 검사와 진단을 한다. 연골판의 손상이 있다면 동통이나 마찰음이 관찰된다.

(3) 웅크리기 검사
선 상태로 양 하지를 내외전/외회전 한 후 앉았다 일어서도록 할 때 통증을 호소한다(손상된 연골이 관절면에 끼면서 통증유발).

(4) 관절경 검사
피부를 절개하여 관절경을 삽입한 후 내부를 관찰하는 방법으로, 손상부위와 범위를 정확히 판정할 수 있다.

(5) 관절조영술

조영제를 주입하여 방사선촬영으로 손상을 확인하는 방법으로, 관절경 검사 등으로 진단이 어려운 경우 시행한다.

(6) 기 타

컴퓨터 단층촬영(CT), 자기공명단층촬영(MRI)검사

5. 치 료

(1) 보존적 치료

불완전 파열, 십자인대 손상과 같은 다른 소손상이 없는 경우 시행한다.

(2) 수술적 치료

보존적 치료에 반응하지 않거나 통증이나 운동제한이 심한 경우, 잠김현상이 있을 때 시행한다. 주로 관절 내시경을 이용한 반월상 연골 부분절제술이나 봉합술을 시행한다.

Theme 8 | 십자인대 손상

1. 의 의

(1) 전방십자인대

경골이 대퇴골에 대해 전방으로 미끄러지는 것을 방지하고, 무릎의 회전안전성을 제공한다.

(2) 후방십자인대

대퇴골과 경골을 이어주는 인대로, 경골이 후방으로 미끄러지는 것을 방지한다.

2. 원인 및 증상

(1) 원 인

① 전방십자인대 손상

슬관절의 과신전과 경골의 내회전으로 발생한다.

② 후방십자인대 손상

대퇴골에 대한 경골의 과신전 혹은 후방전위를 일으키는 외력으로 발생한다. 일반적으로 자동차 사고에서 무릎이 굽혀진 상태에서 대시보드를 치거나 운동선수들이 무릎이 구부러진 상태에서 바닥이 떨어지는 상황에서 발생한다.

(2) 증 상

급성기(①, ②)를 거쳐 만성기(③, ④, ⑤)로 이행한다.

① 심한 통증, 종창

② Popping sound

③ 불안정성

④ 무력감(Giving way)

⑤ 종창의 반복적 재발

3. 진 단

(1) 전방전위검사

고관절 및 슬관절을 70~90°로 구부린 후 하퇴부를 전방으로 당겨 시행한다. 경골 및 족부를 중립위치, 내회전, 외회전하여 스트레스를 가함으로써 회전 불안정성을 관찰할 수 있다.

(2) 후방전위검사

슬관절을 90°로 구부린 상태에서 뒤쪽으로 밀어 검사하는 방법으로 건측과 비교하여 5~10mm 이상 뒤로 밀리면 인대파열을 진단할 수 있다.

4. 치 료

(1) 보존적(비수술적) 치료

십자인대의 부분파열이거나 불안정성이 심하지 않으면, 비수술적 치료를 시행한다.

(2) 수술적 치료

십자인대가 완전 파열되고, 다른 인대파열의 손상 등이 동반된다면 인대재건술(자가건, 동종이식건) 등의 수술적 치료를 시행한다.

1. 두개부 봉합선

(1) 관상봉합

두정골과 전두골 사이의 봉합

(2) 시상봉합

두정골과 두정골 사이의 봉합

(3) 인상봉합

두정골과 측두골 사이의 봉합

(4) 람다봉합(삼각봉합)

두정골과 후두골 사이의 봉합

2. 뇌 막

뇌를 지지·보호하고, 영양과 혈액을 공급한다.

(1) 경 막

가장 바깥쪽에서 중추신경 전체를 감싸는 매우 질기고 단단한 섬유질 막이다.

(2) 지주막(중막, 거미막)

경막과는 밀접하게 접해 있으며, 연막과는 지주막하강이라는 넓은 공간을 두고 있다. 지주막하강에는 뇌척수액이 차 있고, 뇌를 출입하는 혈관들이 통과한다. 척수까지 혈관이 닿기 때문에 지주막하출혈시 허리에서 척수를 뽑아 검사한다.

(3) 연막(유막)

뇌막 중 가장 얇으며, 가는 혈관이 망상으로 퍼져있고, 뇌에 밀착해 있으며 많은 신경절을 포함하고 있다.

두개강 내압 상승에 따른 기전·증상

1. 발생기전

① 뇌는 단단한 두개골에 둘러싸여 있으며, 두개골 안에는 두부와 같은 성상을 갖는 뇌 외에도 혈액과 척수액이 있다. 이 세 가지 구성요소의 용적은 상호 균형을 이루며, 정상 뇌압을 유지하게 된다. 그러나 외상 등으로 뇌의 수종, 부종, 출혈 등이 생기면 두개강 안의 용적이 증가하면서 두개강 내압이 상승하게 된다.

② 두개강 내압이 상승하면 뇌조직은 압력이 낮은 곳으로 이동하게 되면서 뇌허니아가 일어나게 되고, 이로 인해 뇌간, 뇌신경, 소뇌 등이 압박받게 된다. 의식저하, 반대측 편마비, 뇌 신경 마비(동공산대, 동안신경 마비, 안면신경 마비 등), 소뇌기능 저하 등의 증상을 일으키며, 심한 경우 호흡 중추와 심혈관 중추가 있는 연수의 마비로 사망에 이르게 된다.

2. 증상/징후

(1) 뇌허니아

뇌 조직이 압력이 낮은 곳으로 이동하여 뇌간, 뇌신경, 소뇌 등이 압박받으면서 이상증세가 나타난다. 뇌허니아의 증상은 두개강 내압 상승, 뇌 연부조직의 변화, 뇌조직의 이동, 뇌용적의 증가 등이 있으며, 심한 경우 연수의 호흡중추를 압박하여 사망에 이르게 한다.

(2) 두 통

두개강 내압 항진으로 발생하는 두통은 아침에 심한데, 이는 수면 중 이산화탄소 분압이 증가되고 뇌혈관이 확장되어 뇌압이 상승하였기 때문이다.

(3) 구 토

구토중추는 연수의 심부, 즉 제4뇌실의 최우부에 있다. 구토를 한 후 두통이 호전되는 경우가 있는데, 이는 구토를 할 때 과호흡을 하게 되어 뇌 혈류량이 감소되고 두개강 내압이 저하되기 때문이다.

(4) 유두부종

안저 유두부의 울혈에 의한 부종으로 흔히 양측성으로 발생한다. 두개강 내압이 상승하여 중심 망막정맥에 압력이 가해지고, 이는 안구로 유입되었던 혈액이 정맥으로 흐르지 못해 발생한다.

(5) 외전신경마비

뇌간부터 안와까지 두개골 기저부를 따라 분포하는 외전신경은 두개강 내압 항진시 뇌 및 주위 구조물로부터 압박을 받으며, 이 때 복시가 나타난다.

(6) 이명 및 현기증

내이의 내임파압이 상승하여 뇌척수액의 정상순환에 교란이 초래되어 전정기능의 장애가 발생한다.

(7) 호흡과 연관성

뇌압 상승으로 뇌간이 압박되어 호흡중추에 이상이 오며 호흡이 불규칙해진다.

3. 치료(항진 낮추기 → 뇌의 부종 감소)

① 치료목적은 뇌혈류를 증가시키고 뇌허니아를 막기 위해 두개강 내압을 감소시킨다. 기도를 확보하고 산소를 공급하며 보존적 요법을 시행한다.

② 두개강 내압 항진으로 인한 고혈압시 혈압강하제를 쓰지 않는데, 그 이유는 혈압강하제로 인한 뇌관류압 저하와 뇌혈류 감소 때문이다.

③ 일반적으로 두개강 내압 상승시 내과적 치료시점은 20 ~ 25mmHg이며, 이런 치료시점은 수치뿐 아니라 임상적 소견과 두부 단층촬영을 종합하여 판단해야 한다. 우선적으로 기도의 확보와 전신적인 혈압의 유지가 첫 단계이다.

④ 내과적 치료방법으로는 일반적 지지요법(기침 등 억제, 항경련제 등), 과호흡, 두부거상, 혈압과 수액, 심부정맥 혈전증과 소화기계 치료, 삼투성 제제와 이뇨제, 스테로이드, 저체온요법 등이 있다.

1. 서 론

두부외상이란 외부의 힘으로 두부가 충격을 받아 손상된 것으로 국내에서는 교통사고로 인한 빈도가 가장 높다.

2. 두부외상의 형태

두부외상으로 발생되는 손상은 1차적 손상과 그로 인하여 병발하는 2차적 손상으로 구분할 수 있다.

(1) 1차적 손상

두피손상, 두개골 골절, 뇌혈관/신경 손상, 뇌좌상, 뇌손상 등 기계적이고 비가역적인 손상이 많다.

(2) 2차적 손상

1차 손상 후 수 시간에서 수 주내에 걸쳐 ① 저산소증, 저혈압 같은 전신적 증상과, ② 두개강 내압 항진에 의한 뇌허혈 등이 주로 나타난다.

3. 두부외상의 특징

① 사망률이 높고, ② 응급치료를 요하며, ③ 후유장해가 다발한다. 특히, 두개골 함몰 골절로 인한 두개강 내압 상승 또는 두개골 골절에 동반된 뇌 손상이나 두개강내 출혈 등은 생명과 직결되며, 후유장해의 가능성이 높다.

4. 결 론

뇌는 혈액차단이 2 ~ 3분정도만 되어도 재생불능의 손상을 가져오고, 1차 손상을 입었을 경우 이로 인해 손상을 입은 뇌 신경세포들이 2차 신경에 매우 취약해지기 때문에 상해 후 후속조치시 매우 유의해야 한다. 특히 환자 수송시 머리를 단단히 고정시켜 머리의 운동을 제어해야 한다.

Theme 4 　두개골 기저부 골절 의심증상

1. 서 론

두개골 기저부 골절이란 두개골에 강한 충격으로 골 기저부의 연속성이 소실된 것을 말하며, 기저부의 뇌신경 및 혈관에 손상이 올 수 있으므로 검사시 주의가 필요하다. 단순 X선 검사보다는 CT나 임상적 소견이 중요하며, 특히 CT의 경우 측두골에서 골절선을 볼 수 있는 경우가 많다.

2. 의심증상

(1) 고막내 출혈(Hemotympanum)

골절이 내측으로 향하고 고실이 손상받지 않은 경우 혈액이 고실에 고일 가능성이 있다.

(2) 귀 후방 점상출혈(Battle's sign)

중두개와 골절 때 유상돌기 주위의 반상출혈이 나타난다.

(3) 너구리 눈 징후(Racoon's eye sign)

눈 주위에 반상출혈 및 부종이 나타나 마치 너구리 눈 모양으로 보이는 징후로 전두와 골절시 발생한다.

(4) 뇌척수액의 이루, 비루

골절로 인해 뇌경막이 손상되어 출혈되거나 뇌척수액이 흘러 귀와 코로 나올 수 있다.

(5) 신경손상

안면신경손상이 가장 많고 청신경, 외전신경, 동안신경, 활차신경 등의 손상을 유발할 수 있다.

(6) 기뇌증

골절부위로 공기가 유입되어 단순 X선이나 CT에서 뇌실질내 또는 지주막하강에 공기음영이 보인다.

3. 치 료

뇌 척수액루의 유무에 따라 치료를 결정하게 된다.

 * **뇌 척수액루** : 두개내의 거미막하강에 있는 뇌척수액이 파열된 경막(硬膜)을 통하여, 비공(鼻孔), 이공(耳孔) 등에서 누출하여 오는 병적상태를 말한다.

(1) 뇌 척수액루가 없는 경우

① 3～5일 동안 관찰하며, 그 기간 동안은 머리를 높여주고 강하게 코를 풀거나 입으로 부는 행위를 금한다.

② 감염 예방차원에서 항생제를 투여하기도 한다.

③ 합병증이 발견되지 않을 경우 통원치료도 가능하다.

(2) 뇌 척수액루가 있는 경우

항생제를 투여하여 감염을 예방하고, 심한 출혈이 있는 경우 손상된 혈관은 수술이 필요하다.

Theme 5 뇌진탕 vs 뇌좌상

1. 서 론

① 뇌진탕이란 두부 외상 후 일시적인 의식상실을 가져오는 상태를 말하며, ② 뇌좌상이란 두부 외상 후 뇌출혈이 발생한 상태이다. 이 둘의 근본적인 ③ 병리학적 차이는 뇌의 기질적 변화 유무에 있는데 기질적 변화가 없으면 뇌진탕, 있으면 뇌좌상이라 한다.

2. 증 상

(1) 뇌진탕

① 의식 장애/상실의 경우 주로 일시적이지만, 회복 없이 사망에 이르기도 한다.

② 구토, 안면창백, 체온하강, 분뇨실금 등이 있다.

③ 호흡이 느리거나, 때때로 심호흡을 한다.

④ 미주신경의 이상으로 맥박이 약하고, 느리며 불규칙해진다.

(2) 뇌좌상

① 의식 장애/상실의 경우 경한 경우 수시간 내에 회복되나, 중한 경우 지속적 장애(혼수)나 상실로 식물인간이 되거나 사망에 이르기도 한다.

② 뇌세포, 혈관 등의 파열, 출혈, 경색, 괴사 등 병리해부학적 변화가 온다.

③ 외상성 간질, 정신병, 중추신경마비, 운동실조증 등이 오기도 한다.

　* **운동실조** : 어떤 행동을 하려고 할 때 근육들의 협조관계가 잘 이루어지지 않으면서 일어나는 증상

3. 치 료

(1) 뇌진탕

① 별도의 치료 없이 안정하면 치유되고 후유증이 남지 않는다.

② 강심제를 투여하는 등 대증적 치료를 하기도 한다.

(2) 뇌좌상

① 절대적 안정이 필요하며 특히 환자를 운반할 때 세심한 주의가 필요하다.

② 뇌출혈이 심하고 두개강 내압이 높을 경우 즉시 수술한다.

4. 결 론

뇌좌상의 경우 전두엽과 후두엽에서 발생하는데, ① 전두부의 충격으로 전두엽에 직접 손상이나 좌상이 일어나기 쉽고, ② 후두골의 충격으로 반동에 의해 전두엽과 측두엽의 선단에 <u>반충손상</u>이 된다. ③ 또한, 측방의 충격으로 반대 편에 좌상이 일어나기 쉽다.

이러한 뇌좌상은 사망률이 매우 높으며, 특히 다른 뇌손상을 동반하거나 고령인 경우, 수술 전 의식 상태가 나쁠 경우 예후가 좋지 않다.

* **반충손상** : 충격을 받은 쪽의 반대쪽 뇌에 생기는 손상

경막외 출혈

1. 서 론

두개골 골절시 자주 발생하지만 매우 치명적인 ① 동맥성 출혈이며, ② 짧은 시간 내에 대량출혈되어 뇌압이 급속히 상승되므로 ③ 응급개두술을 시행하지 않으면 사망에 이를 수 있다.

2. 증 상

① 의식장애 : 혼수상태
② 동공부동(양측동공의 불균형)
③ 혈종과 반대쪽의 편마비
④ 건반사의 불균등
⑤ 두개내압항진의 증상인 두통·구토 등

3. 진 단

두개강내조형술, 뇌실촬영, 두부컴퓨터촬영, 자기공명단층촬영 등을 이용한다.

4. 치 료

① 응급개두술을 시행하여 혈종을 제거하고 지혈한다.
② 삼투이뇨제를 투입하여 뇌압을 감압시킨다.
③ 매시간 마다 환자의 의식상태를 확인한다.

심화학습 **혈관조형술**

혈관조형술은 동맥경화가 생겼을 때 혈관을 열어 주는 시술을 말한다. 길고 가는 관을 혈관에 삽입하여 혈관을 따라 계속 밀어 넣는다. 동맥경화가 생겨서 혈관이 좁아진 곳까지 도달하면 관 끝에 달린 작은 풍선을 부풀려서 좁아진 곳을 넓혀준다. 보통 실시간 혈관조영술을 실시하면서 혈관조형술이 이루어진다.

Theme 7 　지주막하 출혈

1. 서 론

지주막하강 내에 혈액이 일혈(출혈)된 상태이며, 뇌동맥의 파열로 지주막과 유막 사이에 출혈이 발생한 것으로 ① 뇌좌상, ② 지주막열상, ③ 개방성 뇌손상, ④ 정맥기형 등이 원인이다.

2. 증 상

두통, 경부강직, 안망막 출혈, 찌르는 듯한 통증 등이 있다.

3. 진 단

요추천자, 초음파촬영, 혈관조영술, 컴퓨터단층촬영(CT) 등을 이용한다.

4. 치 료

동맥류가 파열된 경우에는 수술을 요한다.

[지주막하 출혈]　　〈자료출처〉: 서울아산병원 홈페이지

1. **뇌출혈의 정의**

   뇌혈관의 출혈이 원인이 되어 일어나는 뇌혈관장애를 말한다. 갑작스러운 의식장애·이완성 반신불수 등이 나타나는 뇌졸중을 일으키는 대표적인 질환이다.

2. **뇌출혈의 원인**

   뇌출혈은 두개강 내의 여러 곳에서 일어날 수 있는 무서운 질환이다. 일반적으로 고혈압과 동맥경화증을 일으킨 혈관이 터져서 일어나는 것이 일반적인 현상이다. 드물게 백혈병이나 재생불량성 빈혈 등의 혈액 질환과 종양·외상·매독 등이 원인이 된다.

3. **뇌출혈의 증상**

   ① 초기 증상 : 코피나 후두부 동통 외에 현기증·마비 등의 전조에 이어 발작이 일어나기도 한다.

   ② 일반적 증상 : 구토는 중요한 증세의 하나이며, 안면홍조를 보이는 경우도 있다. 맥박은 강하고 느리며, 양 쪽 눈의 동공의 차이가 있다. 혈압은 발작시에 고혈압인 경우가 많고, 발작 직후 더 상승하는 경우가 많다. 체온도 발작 후 차츰 상승한다.

   ③ 의식장애 : 갑자기 일어나는 의식장애가 특징인데, 그 정도는 출혈의 정도와 부위에 좌우된다. 경증은 아주 단시간이기 때문에 환자 자신이나 주위에서 전혀 알지 못하고 간과되기도 하지만, 치명적인 뇌출혈인 경우는 대부분이 깊은 혼수상태에 빠진다. 일반적으로 혼수상태가 24시간 이상 계속되는 것은 중증이며 예후가 좋지 않다.

   ④ 마비 : 운동마비는 편마비(片痲痺)라고 하여 반신마비가 오는 경우가 대부분(약 80%)이다. 혼수상태인 동안은 마비가 온 쪽을 알기 어렵지만 마비된 쪽 볼이 붓고 축 늘어지고 침을 흘리며 그 쪽 팔다리를 움직이지 못하는 등의 증세로써 판정할 수 있다.

Chapter 3 척추 손상

Theme 1 추간판탈출증의 손상기전 · 종류

1. 손상기전

외력 등으로 추간판 중심부에 있는 수핵이 약해진 섬유륜을 찢고 후방돌출되어 척추의 신경근을 압박하여 신경증을 유발한다. 요추, 경추, 흉추 순으로 호발한다.

2. 종 류

(1) 연성과 경성

① 연성(Soft)

수핵이 찢어진 섬유륜을 통하여 후방으로 돌출된 상태이다.

② 경성(Hard)

척추골에 골극, 골증식체가 발생하여 신경근을 압박하는 상태이다.

(2) 탈출정도에 따른 분류

① 팽윤(Bulging)

퇴행성 변화에 의해 섬유륜이 추간판 정상범위 바깥쪽으로 3mm 이상 밀려난 것으로, 추간판탈출증으로 보지 않는다.

② 돌출(Protrution)

추간판이 후방으로 탈출되었으나, 후종인대를 넘어서지 않은 정도이다.

③ 탈출(Extrusion)

후종인대를 넘어 척추관 또는 신경근관내로 전위된 상태이다.

④ 격리(Sequestrated)

탈출된 수핵이 모체와 완전히 단절되어 격리된 상태이다.

| Theme 2 | 추간판탈출증의 검사 |

1. 영상검사

X-ray 검사, 근전도 검사, 척추강조영술, 추간판조영술, 컴퓨터단층촬영(CT), 자기공명단층촬영 (MRI) 등의 방법이 있다.

2. 임상검사

(1) 경추검사

① Spurling test

두부를 환부방면으로 돌리면서 압박을 가하여서 증상유발을 유도하여 진단하는 방법이다.

② Jackson test

머리를 똑바로 하고 위에서 누르거나, 경추를 정상측으로 타동적인 방법에 따라 경사지게 하며, 환측 어깨를 눌러 통증이 유발될 경우에 진단이 가능하다.

(2) 요추검사

① 하지직거상 검사(Straight leg raising test)

슬관절을 신전시킨 상태에서 서서히 하지를 거상시켜(고관절 굴곡), 좌골신경 긴장시키고 하지의 통증을 유발하는 검사로, 진단가치가 높다.

② 라세그 징후(Rasegue's sign)

하지직거상 검사와 동일한 방법으로 하지를 거상시키면서 족관절을 배굴시킬 때 통증이 악화되 는 것을 관찰한다.

③ 페이톤 징후(Peyton sign)

정상측 하지를 거상시킬 때 통증이 유발되는 것으로, 추간판이 후방으로 완전히 탈출되었음을 의미한다.

추간판탈출증의 치료

1. 보존적 치료

침상안정, 보조기 착용, 약물치료, 물리치료 등이 실시된다.

2. 수술적 치료

(1) 적응증

① 보존적 요법이 효과가 없는 경우

② 배뇨장애를 동반한 급성 마미총 증후군

③ 하지 근육의 운동 약화나 족하수와 같은 마비증상이 있는 경우

④ 견딜 수 없는 통증으로 정상 생활이 안되는 경우

(2) 절제술

추간판절제술, 추궁판절제술, 추간공천개절제술, 관절고정술 등이 있다.

(3) 화학적 수핵 용해술

척추의 수핵 내에 단백질용해효소인 키모파파인(Chymopapain)을 주입하여 추간판을 용해시키는 방법이다.

(4) 경피적 수핵 제거술

국소마취하에 경피적으로 추간판탈출증을 일으킨 척추간강 내에 직경 2 ~ 3mm, 길이 20cm의 흡인바늘을 삽입하여 수핵을 잘게 절단하면서, 절단된 수핵조각을 진공펌프로 흡입해서 빼내는 방법이다.

(5) 레이저 수술

레이저를 이용하여 탈출부위를 없애는 방법으로, 수술이 간편하고 회복시간도 매우 짧아서 효과적이나, 재발의 가능성이 다소 많다.

심화학습	마미총 증후군

허리척추뼈 아래 부위에 있는 여러 다발의 신경근이 압박을 받아 생기는 병으로 허리 통증, 양측 하지의 통증 및 감각이상, 근력저하, 회음 주변부위의 감각이상, 배변 및 배뇨기능 장애 등의 복합적인 증상을 일으키는 질환이다. '마미(馬尾)'는 요추 1 ~ 2번에서 시작되는 척추 신경 말단 부분을 나타내는 말로 말의 꼬리와 생김새가 유사하여 붙여진 이름이다. 요추추간판탈출증(허리디스크)이나 척추관협착증을 동반하는 경우가 흔하며, 요추 수술 후에 드물게 발생하기도 한다.

추간판탈출증 vs 섬유륜팽윤증

구 분	추간판탈출증	섬유륜팽윤증
정 의	외력 등으로 추간판 중심부에 있는 수핵이 약해진 섬유륜을 찢고 후방돌출되어 척추의 신경근을 압박하여 신경증을 유발하는 질환이다.	퇴행성 변화에 의해 섬유륜이 추간판 정상 범위 바깥쪽으로 3mm 이상 밀려난 것이다.
진 단	① CT, MRI ② 근전도, DITI ③ 요추 : 하지직거상 검사, 라세그 징후(Rasegue's sign) ④ 경추 : 스펄링테스트(Spurling test) ⑤ 임상진단, 정밀검사, 신경학적 소견 등이 모두 일치해야 한다.	① CT, MRI ② 근전도, DITI ③ 하지직거상 검사상 저림증세가 없음(신경근을 압박하지 않으므로) ④ 요통의 잔존
치 료	① 보존적 치료 : 침상안정, 견인, 보조기 등 ② 수술적 치료 : 척추고정술, 수핵 절제술/용해술, 레이저 수술 등	보존적 치료
외상과의 인과관계	퇴행성 변화가 선행될 가능성이 높으므로 연령, 교통사고내용, 검사상 퇴행성 병변 등을 고려하여 사고관여도를 산정한다.	퇴행성 변화로 외상과의 인과관계가 매우 적다.

[척추체의 구성요소]

Theme 5   척추의 기왕증

1. 섬유륜팽윤증

섬유륜팽윤증은 척추에서 수핵을 싸고 있는 섬유륜이 부풀어 올라 부종이 일어나는 것이다. 보통 상해나 후유장해 여부를 판단할 때에 염좌에 준한다. 척수손상으로 인한 압박은 거의 없고, 수술하는 경우도 거의 없으며, 염좌와 같이 보존적 치료로 회복하는 것이 보통이다.

2. 척추관협착증

척추관은 척수에서부터 척추뼈 사이를 통해 신경이 나오는 공간으로, 척수 및 연결된 신경을 보호하는 역할을 한다. 척추관협착증은 나이가 들어가면서 생기는 변화로서, 척추관이 여러 가지 원인으로 좁아져 신경을 압박하고 신경에 혈액공급이 적게 되어 요통과 더불어 하지에 여러 가지 신경 증상을 일으키는 퇴행성 척추 질환이다.

3. 척추분리증

(1) 의 의

척추 후궁의 협부에 한쪽 또는 양쪽으로 골결손이 발생하는 것으로, 대부분 외상과 무관하며, 협부의 골절이 발생하는 경우 외상으로 오게 된다.

(2) 원 인

명확하진 않지만, 피로성 골장애(한 곳에 작은 압력을 계속적으로 받아 결국 골절 발생)가 가장 인정 되고 있다.

(3) 호발부위

요추(특히 4 ~ 5번)이며, 남녀 차이가 없다.

(4) 진 단

X선 촬영을 사위로(Oblique) 좌측과 우측에서 찍어야만 나타난다.

4. 척추전방전위증

척추분리증이 진행되어 상부추체가 전방으로 전위된 경우이다.

5. 척추이분증

선천성 기형의 하나로 추궁이 완전히 닫히지 않은 경우를 말한다. 무증상 형(type)과 척수신경(마미신경)의 마비형이 있다.

6. 후종인대 골화증

후종인대가 퇴행성 변화로 석회화되는 것을 말하는데 경추에서 주로 발생한다. 주로 수술적 치료(후종인대 제거술, 척주관 확장술)가 필요하다.

7. 강직성 척추염

추간(후)관절의 관절낭과 추간인대에 점진적으로 골화가 일어나 결국 척추 전체가 한 덩어리가 되는 질환을 말한다.

1. 의 의

척추관협착증은 척추관, 신경근관, 추간공이 좁아져 신경근의 압박, 혈류장애로 인한 파행성 통증 및 방사통을 유발하는 임상증후군으로 선천성과 후천성으로 구분된다.

2. 원 인

척추의 퇴행성 변화가 주요 원인이다.
① 골 극
② 황색인대 비후
③ 변성 탈출된 추간반

3. 진 단

(1) 증 상

① 허리, 둔부, 하지의 통증

허리통증이 빈번하게 나타나며, 엉덩이나 항문 쪽으로 찌르는 듯한 통증과 함께 다리의 감각장애와 근력저하가 동반된다.

② 신경인성 파행성 하지통증 및 방사통

보행시 다리가 아프고 이상한 감각을 느끼게 되어 보행을 중지하고, 자세를 구부리고 쪼그리고 앉거나 누우면 곧 없어진다.

(2) 검 사

하지직거상 검사에서 음성을 보이고, 허리 신전시 증상은 악화된다.

* 참고로, 추간판탈출증에서는 하지직거상 검사에서 양성이고, 허리 굴곡시 증상이 악화된다.

4. 치료

(1) 보존적 치료

① 안정과 운동제한

② 약물치료(소염진통제, 근육이완제 투여)

③ 보조기 착용

④ 물리치료법(열치료, 초단파치료, 마사지, 견인치료)

⑤ 운동요법(급성기 증상 완화 후에 등척성 굴곡운동과 과신전운동)

(2) 수술적 치료

보존적 치료를 실패하거나, 보행시 심한 통증과 장애, 근력감소 등의 신경학적 증상이 있을 때 수술적 치료를 고려한다.

척추 보조기

1. 보조기의 종류

(1) 경추 보조기
  ① 필라델피아 칼라
  ② 토마스 칼라
  ③ 포포스터
  ④ SOMI

(2) 흉/요추 보조기
  ① Back Brace(허리 지지대)
  ② 유연한 코르셋
  ③ 나이트-테일러 보조기
  ④ 쥬엣(과신전) 보조기(Jewett Brace)

2. 보조기의 효과 및 단점

(1) 보조기의 효과
  ① 동통 감소
  ② 변형의 예방과 교정

(2) 보조기의 단점
  장기간 착용시, 근위축 및 에너지 소모의 증가, 심리적 의타심이 생긴다.

Drill
(드릴)

01 고혈압에 대해 설명하시오.

1. 의의

일반적으로 혈압이 수축기혈압 140mmHg 이상, 이완기혈압 90mmHg 이상의 혈압을 말한다. 진단하기도 쉽고 치료법도 간단하지만 별로 증상이 없어 그대로 방치하게 되면 치명적인 합병증을 일으킬 수 있다.

2. 원인

(1) 일차성 고혈압(본태성)
 ① 유전적 소질
 ② 체 질
 ③ 식염(짜게 먹는 것)
 ④ 술과 담배
 ⑤ 비 만
 ⑥ 스트레스
 ⑦ 과 로

(2) 이차성 고혈압(속발성)
 ① **신장질환** : 신부전, 신장염, 신혈관성 고혈압
 ② **내분비질환** : 부신, 갑상선질환, 스테로이드 호르몬 섭취
 ③ **혈관질환** : 대동맥축약
 ④ **임신** : 자간증, 임신중독증
 ⑤ **신경질환** : 뇌압상승

3. 증상

 ① 경증의 고혈압인 경우 자각증상이 거의 없다.
 ② 두통, 어지러움, 시력장애, 호흡곤란 등이 나타난다.
 ③ 어지럽고, 구역질과 구토가 나며, 신체 일부가 일시적으로 마비되었다가 풀리는 반복적인 증상이 나타난다.

4. 진 단

(1) 혈압 측정

일차적 방법으로 여러 가지 환경, 원인에 따라 변동하기 쉬우므로 심리적 안정상태에서 하루에 3 ~ 4회, 3 ~ 4일 동안 측정한다. 이완기 혈압이 90mmHg 이상 또는 수축기 혈압이 140mmHg 이상 이면 고혈압으로 진단한다.

(2) 고혈압 환자로 의심될 때 검사

① 기본적 검사

고혈압 환자로 의심되면 소변검사, 혈색소검사(hematocrit), 혈당치, 혈청전해질(Ca, K), 요산, 콜레스테롤, 중성지방, 심전도, 흉부 X선 검사를 기본적으로 시행한다.

② 신장 기능검사

부종 여부를 알아내기 위한 신장 기능검사와 몸무게 측정도 필요하다.

③ 안저검사

고혈압의 정도 및 예후 평가시 중요하다.

5. 치 료

고혈압은 완치되지 않고 조절될 뿐이므로, 평생 치료를 해야 한다.

(1) 약물 요법

혈압강하제, 이뇨제, 혈관확장제, 베타차단제 등

(2) 비약물 요법

금연, 체중감량, 알코올 제한, 저염식이, 운동요법 등

6. 합병증

(1) 고혈압 자체 합병증

악성고혈압, 심부전, 뇌출혈, 신경화증, 대동맥 질환 등

(2) 동맥경화 촉진에 의한 합병증

관상동맥 질환, 급사, 부정맥, 뇌경색, 말초혈관 질환 등

02 죽상동맥경화증에 대해 설명하시오.

1. 의 의

혈관의 가장 안쪽 막(내피)에 콜레스테롤 침착과 혈관 내피세포의 증식이 일어나 혈관이 좁아지거나 막히게 되어 말초로의 혈류 장애를 일으키는 질환으로, 최근에는 죽상경화증과 동맥경화증을 혼합하여 '죽상동맥경화'라고 쓰기도 한다.

2. 원 인

직접적인 원인에 대해서는 아직 밝혀지지는 않았다. 그러나 동맥경화를 잘 일으키고 진행을 촉진시키는 주요 위험인자는 다음과 같이 밝혀져 있다.

① 고콜레스테롤 혈증(정상 = 150mg/dL)

② 낮은 고밀도 지단백 콜레스테롤(HDL – 콜레스테롤)

③ 높은 저밀도 지단백 콜레스테롤(LDL – 콜레스테롤)

④ 높은 중성지방

⑤ 고혈압(140/90mmHg 이상)

⑥ 흡 연

⑦ 당뇨병

⑧ 심혈관 질환의 가족력

⑨ 연령증가

⑩ 운동부족, 과체중 및 복부비만

가장 주요한 인자는 고지혈증·흡연·고혈압·당뇨병이며, 가족력·연령증가에 따른 위험인자는 교정이 힘들다.

심화학습	심질환 위험성 높은 상태
① HDL ≤ 35mg/dL	
② LDI/HDL ratio ≥ 3	
③ Total Cholesterol/HDL ratio ≥ 4.5	

3. 증상 및 진단

(1) 증 상

죽상동맥경화로 결국 혈관이 좁아지거나 막히게 되면 그 혈관이 담당하는 말초로의 혈액순환에 장애가 생기므로, 좁아진 혈관에 따라 증상이 다르게 나타나게 된다.

① 관상동맥 질환(협심증, 심근경색 등)

② 뇌/경(頸)동맥 질환(뇌졸중 : 뇌경색, 뇌출혈 등)

③ 신동맥 질환(신부전 등)

④ 말초혈관 질환(허혈성 사지질환 등)

⑤ 그 밖에 장기의 허혈성 질환

(2) 진 단

① 관상동맥 검사

② 뇌동맥 검사 : 뇌 MRI/MRA(자기공명 혈관조영술)

③ 경동맥 검사 : 경동맥 초음파, MRA

④ 말초/사지 혈관검사

    ㉠ 혈압측정 : 상지와 하지의 혈압의 비율에 따라 짐작할 수 있다.

    ㉡ 혈관조영술 : 말초혈관의 폐쇄성 질환이 의심될 경우 시행한다.

4. 치 료

(1) 비수술적 요법

위험인자 제거와 약물요법

(2) 수술적 요법

① 혈관성형술

② 우회로 이식술

5. 경과/합병증

죽상동맥경화는 매우 느리게 진행되는 만성 질환으로 질병으로 나타나기 전까지는 증상이 없기 때문에 예방하는 것이 중요하다.

| 심화학습 | 죽상동맥경화의 치료 |

죽상동맥경화의 치료는 크게 두 가지로 나눌 수 있는데, 질환의 진행을 예방하기 위한 치료 및 장기로의 혈액 공급에 이미 장애가 생겨 증상이 나타났거나 장기의 기능 저하가 초래된 경우, 좁아진 혈관을 넓히거나 혈관을 붙여 우회로를 만들어주는 치료가 있다. 진행을 예방하는 치료에는 건강한 혈관을 유지하기 위한 혈압 관리, 당뇨병 관리, 금연, 규칙적인 유산소 운동과 체중 관리 및 혈액의 콜레스테롤 함량을 개선시키기 위한 생활습관 관리와 약물치료(지질 강하제) 등이 있다.

좁아진 혈관의 혈행(혈액순환)을 개선시키기 위해 혈관조영술을 시행하여 좁아진 곳이 있으면 카테터를 통해 혈관성형풍선을 넣어서 부풀려줌으로써 동맥경화로 인해 좁아진 부분을 넓혀줄 수 있다. 또는 그물망처럼 생긴 스텐트라는 것을 넣어서 관상동맥의 혈관벽을 지지해 줌으로써 다시 좁아지는 것을 방지하기도 하는데 이를 혈관성형술이라고 한다. 그러나 혈관이 좁아졌다고 모두 확장하는 것은 아니다. 확장 시술을 했을 때 혈류 공급에 이득이 된다고 생각되고 시술하기 적절한 병변일 때 풍선성형술 또는 스텐트 시술을 한다. 대개 혈관의 내경이 50% 이상 좁아져 있을 때 증상과 관련이 있고 이 병변을 넓혀주면 증상의 호전을 가져온다. 경미하게 혈관에 쌓인 물질들은 금연, 혈압 조절, 혈중 콜레스테롤 관리 등을 통해 안정화될 수 있으며 철저한 위험 요인의 관리를 통해 향후 죽상경화반이 생기고 진행하는 것을 방지할 수 있다.

외과적 치료 방법으로는 내과적 치료 특히 동맥성형술이 여의치 않은 경우 행해지며, 우회로 이식술을 하게 된다. 이는 자신의 다른 혈관이나 인공 혈관을 이용하여 혈관의 좁아진 부분의 아래로 혈관을 우회하여 연결시켜 주는 것이다.

6. 죽상경화증과 동맥경화증의 차이

구 분	죽상경화증	동맥경화증
발생위치	① 혈관의 일부에 생김 ② 내막에서 발생	① 전신의 동맥에 고루 생김 ② 중막에서 발생
발생기전	① 혈관내피세포 손상 ② 지방흔 형성 ③ 죽상경화판 형성 ④ 섬유화판 파열	중막의 변화로 섬유화가 진행되고, 혈관의 탄력성이 떨어지게 된다.
증 상	안정형 협심증 환자가 갑자기 불안정형 협심증 또는 심근경색증, 심인성 급사로 악화	① 수축기 혈압 상승 ② 심근비대
주요 위험인자	고콜레스테롤 혈증	① 고혈압 ② 노화현상 등

03 심혈관계 진단방법에 대해 설명하시오.

1. 기본적 병력청취와 이학적 검진

면담을 통한 진찰은 문제점 파악과 향후 검사 및 치료의 방향을 잡게 해준다. 특징적이고 전형적인 증상을 호소하는 환자는 병력만으로도 강력하게 의심해볼 수 있다.

2. X선 촬영

심장이 커지거나, 폐울혈 등을 쉽게 진단할 수 있다.

3. 심장초음파 검사

심장초음파 검사는 초음파를 이용한 비혈관적 심장검사 방법으로, 심장과 대동맥을 모든 방향에서 절단된 단면을 볼 수 있게 하여 심장과 혈관의 내부 구조 및 기능을 정확하게 파악할 수 있는 검사이다.

4. 운동부하검사

운동부하검사는 안정시에는 얻을 수 없는 심혈관계 정보(협심증, 부정맥, 운동능력 포함)를 운동을 시켜 심전도와 혈압을 측정하면서 얻는 검사이다. 즉 일반적인 상황에서는 잘 나타나지 않는 관상동맥 질환을 발견하고 최대운동 수행능력을 알아보고자 실시하는 검사이다.

5. 심전도

심장의 자극 전도계를 그래프화 하여 검사하는 방법으로 ST분절의 상승/하강을 통해 진단한다.

6. 혈액검사

혈중 당, 지질 수치를 알 수 있으며, 심근경색증 환자의 심근이 손상되었을 때 혈액 속에 나타나는 심근 효소를 측정할 수 있다.

7. 심혈관(관상동맥)조영술

심혈관조영술은 직경이 가는 플라스틱관(직경 2 ~ 3mm, 길이 약 1m)을 동맥 혹은 정맥에 삽입하여 혈관을 따라 심장에 도달시킨 뒤 심장 근육에 혈액을 공급하는 관상동맥에 조영제를 주사하고 X선을 투영하여 관상동맥 형태나 이상을 관찰하는 방법이다.

심혈관조영술은 대부분의 심장질환, 특히 협심증이나 허혈성 심장질환을 진단하는데 중요하며, 이 외에도 심장의 기능 및 형태에 관해 정확하고 자세한 정보를 제공한다. 이러한 정보를 바탕으로 경피적 관상동맥 중재시술(풍선 확장술, 스텐트 삽입술, 판막성형술 등)을 시행할 수 있다.

8. 심도자 검사

심질환의 특수치료를 위해 실시하는 정밀검사로 심장과 혈관 안에 카테터를 서혜부나 손목 혈관을 통해 집어넣고 압력이나 산소 포화도를 측정하는 방법이다.

9. 심장 핵의학 검사

방사성 동위원소를 이용하여 좁아진 관상동맥을 확인할 수 있는 방법이다.

10. 그 밖의 검사

안전검사, 소변검사 등

04 심혈관계 질환의 위험인자에 대해 설명하시오.

(1) 고 령

신체 노화에 따른 질환이나, 혈관의 약화로 나타난다.

(2) 경구피임약

심혈관질환 환자의 경구피임약 복용은 위험하기 때문에 복용시 반드시 의사의 처방이 필요하다.

(3) 흡 연

① 혈관을 수축시킨다.

② 경구피임약으로 인한 색전증 유발 위험을 더욱 증가시킨다. 이 위험은 나이와 흡연량에 따라 증가되고, 특히 35세 이상 여성들에게 현저하게 나타나므로 경구피임약을 복용하는 여성은 흡연을 삼가야 한다.

(4) 음 주

① 심장운동량을 증가시킨다.

② 음주시 음식섭취 등으로 인해 지방을 축적시킨다.

(5) 고혈압

혈압이 140/90mmHg 이상이거나, 항고혈압제를 복용하고 있는 경우 발생빈도가 증가한다.

(6) 혈관질환

고지혈증, 죽상경화증 등으로 위험이 증가한다.

(7) 당뇨병

다양한 혈관질환과 기타 전신질환의 원인이 된다.

(8) 가족력

특히 가족 중 남자 55세 이하, 여자 65세 이하의 연령에서 허혈성 심질환을 앓은 경우 유의해야 한다.

(9) 스트레스 및 성격

스트레스는 다양한 질병의 원인이 될 수 있으며, 호전적이고 다혈질인 성격의 경우 심장 운동량이 급격히 증가하는 상황에서 특히 위험하다.

(10) 기 타

심혈관계 검사 이상, 비만, 운동부족 등

05 관상동맥 질환의 위험인자에 대해 설명하시오.

1. 의 의

관상동맥은 심장의 근육인 심근에 산소와 영양을 공급하는 동맥을 말한다.

2. 위험인자

(1) 고 령

신체 노화에 따른 질환이나, 혈관의 약화로 나타난다.

(2) 경구피임약

심혈관질환 환자의 경구피임약 복용은 위험하기 때문에 복용시 반드시 의사의 처방이 필요하다.

(3) 흡 연

① 혈관을 수축시킨다.

② 경구피임약으로 인한 색전증 유발 위험을 더욱 증가시킨다. 이 위험은 나이와 흡연량에 따라 증가되고, 특히 35세 이상 여성들에게 현저하게 나타나므로 경구피임약을 복용하는 여성은 흡연을 삼가야 한다.

(4) 음 주

① 심장운동량을 증가시킨다.

② 음주시 음식섭취 등으로 인해 지방을 축적시킨다.

(5) 고혈압

혈압이 140/90mmHg 이상이거나, 항고혈압제를 복용하고 있는 경우 발생빈도가 증가한다.

(6) 혈관질환

고지혈증, 죽상경화증 등으로 위험이 증가한다.

(7) 당뇨병

다양한 혈관질환과 기타 전신질환의 원인이 된다.

(8) 가족력

특히 가족 중 남자 55세 이하, 여자 65세 이하의 연령에서 허혈성 심질환을 앓은 경우 유의해야 한다.

(9) 심전도 이상소견

① **허혈성 흉통 발생** : 특히 운동부하 심전도시 흉통으로 운동을 중지하게 되는 경우 발생한다.

② 운동능력 이상

③ 수축기 혈압 반응 이상

④ 심박수 반응 이상

⑤ ST분절 하강 : 허혈성 심질환을 의심해 볼 수 있다.

⑥ ST분절 상승 : 관상동맥의 심한 폐쇄로 인한 심근경색증으로 혈관 재개통술이 필요하다.

(10) 스트레스 및 성격

스트레스는 다양한 질병의 원인이 될 수 있으며, 호전적이고 다혈질인 성격의 경우 심장 운동량이 급격히 증가하는 상황에서 특히 위험하다.

(11) 기 타

비만, 운동부족 등

심근경색증과 종류별 협심증을 비교 설명하시오.

1. 정의

심근경색증	관상동맥 혈류장애로 인한 지속적 심근허혈로, 심근의 비가역적 괴사가 일어나는 질환
협심증	관상동맥의 협착으로 인한 심근허혈 상태
안정형(만성)	동맥경화증으로 인한 관상동맥의 만성적 협착으로 생기는 협심증
불안정형	죽상경화판의 파열로 생긴 혈전으로 인한 급작스런 협착이 심해져서 생기는 협심증 예 운동시에만 있던 흉통이 상황에 관계없이 발생
변이형(이형성)	관상동맥의 연축(경련)에 의한 혈류장애로 생기는 협심증

2. 증상(임상적 진단)

심근경색증	통증이 가장 흔한 증상으로 협심증과 비슷한데 지속시간(20 ~ 30분 이상)이 더 길다. ① 흉골 부위의 심한 통증(호흡곤란을 동반) ② 목, 턱, 등, 좌측 팔로 퍼지는 방사통 ③ 조임, 짓누름, 쥐어짬 ④ 상당수(특히 고혈압, 당뇨환자, 노인)가 비정형적인 증상이나 무증상 경험 　　예 흉통 없는 구토나 속쓰림
협심증	증상이 비슷하지만 통증이 상대적으로 가볍고 지속시간이 짧다.
안정형(만성)	흉통 지속시간은 3분 ~ 10분 이내이다.
불안정형	① 새로 발생한 흉통 : 심한 통증과 하루 3번 이상 나타나는 협심증이 최근 2개월 이내 새로이 발생하고, 그로 인해 일상생활에 장애가 있다. ② 점강성 흉통 : 원래의 흉통보다 빈도나 정도가 점차 악화된다. ③ 안정시 흉통 : 주로 20분 이상 지속되는 흉통이 있다(심근경색과 구분 필요). 　• 급성 : 48시간 이내 안정시 흉통이 있는 경우 　• 아급성 : 한 달 이내 안정시 흉통이 있는 경우
변이형(이형성)	① 특정시간대(주로 새벽, 특히 음주 후) 증상이 발현된다. ② 휴식할 때 발생한다(예 관상동맥 협착이 심하거나 급성으로 혈전이 발생한 경우). ③ 두근거림, 심한 호흡곤란, 공포감 증상이 나타난다. ④ 비교적 젊은 나이에 발병할 수 있다.

3. 검사소견

심근경색증	다음 중 2가지 이상에서 이상소견이 있을 때 추정한다. 특히, CK‑MB(크레아티닌 키나아제)와 트로포닌(troponin) 수치가 상승되었을 때 더욱 의심할 수 있다. ① 심전도 : 허혈치료로도 정상화되지 않는 ST분절 상승 ② CK(크레아틴 인산효소) : 4～8시간 내에 상승, 48～72시간 후 정상 ③ CK‑MB : 24시간 동안 간격을 두고 측정(심근손상 3～8시간 이내 검출, 12～24시간에 최고치, 24～48시간 후 정상) ④ LDH : 24시간 후 상승, 3～6일 정점, 7～14일 후 정상 ⑤ 트로포닌 I, T 　• 급성 심근경색 후 20배 증가 　• 트로포닌 I : 7～10일간 상승, 트로포닌 T : 10～14일간 상승 ⑥ 미오글로빈 : 경색 후 24시간 내 정상 　* 흉부 X선 : 좌심실 확장이 보일 수 있다.
협심증	CK‑MB 정상
안정형(만성)	① 흉부 X선 : 대부분 환자는 정상 소견을 보이나 심근경색, 고혈압 병력을 가진 자는 좌심실 확장이 보일 수 있다. ② 안정 심전도 : 비특이성 ST분절 변화가 가장 흔하다. 50%의 환자에서는 안정시 심전도가 정상으로 나온다.
불안정형	① CK, CK‑MB, LDH 상승이 없다. ② 1/3의 경우 트로포닌 I, T의 상승을 보인다.
변이형(이형성)	－

07 심근경색증에 대해 설명하시오.

1. 의의

관상동맥의 혈류장애로 인한 지속적 심근허혈로, 심근세포의 비가역적인 괴사가 일어나는 심장질환으로 다음과 같이 구별할 수 있다.

(1) ST절 상승 심근경색증

관동맥이 100% 막혀 응급으로 혈관 재개통이 필요한 심근경색증을 말한다.

(2) 비(非) ST절 상승 심근경색증

관동맥이 완전히 막히지 않은 심근경색증으로, 허혈성 흉통은 있지만 ST분절의 상승은 없다. 이는 급성심근경색부터 만성(안정형) 협심증까지 다양하다.

2. 원인

(1) 관상동맥 혈류장애로 인한 심근허혈(= 협심증)

아래와 같은 요인들에 의해 일어난다.
① 동맥경화증
② 죽상경화증
③ 죽상경화판 파열로 인한 색전
④ 관상동맥 연축(경련)

(2) 관상동맥 질환의 위험인자

① 고 령	② 경구피임약
③ 흡 연	④ 음 주
⑤ 고혈압	⑥ 혈관질환
⑦ 당뇨병	⑧ 가족력

(3) 그 외의 원인

① 대동맥류, 혈관염, 선천성 기형 등
② 쇼크, 빈혈, 산소가 부족해지는 상황

3. 진단 및 증상

(1) 진 단

기본적으로 다음과 같은 순서로 진행된다.

① 기본검진 : 임상증상

② 심전도, 혈액검사 : 심근효소 수치 확인

③ 심장초음파 : 기본적인 심기능을 확인(좌심실의 기능도) → 향후 치료전략과 예후판정에도 도움이 된다(협심증의 경우 부가적으로 운동부하검사를 실시).

④ 심혈관조영술 : 확진

(2) 증상(임상적 진단)

통증이 가장 흔한 증상이다.

① 흉골후부의 심한 통증은 전형적 증상으로 주로 호흡곤란을 동반한다.

② 목, 턱, 등, 좌측 팔로 퍼지는 방사통을 동반할 수 있다.

③ 조이거나, 짓누름, 쥐어짜는 듯한 느낌으로 협심증과 유사하지만 더 심하고 오래 지속된다.

④ 상당수(특히 고혈압 또는 당뇨병 환자나 노인)가 비정형적인 증상이나 무증상을 경험한다.
   예 흉통 없는 구토나 속 쓰림

4. 검사소견

주로 심전도, 혈청표지자, 영상검사 등의 검사 중 2가지 이상에서 이상소견시 확진할 수 있다. 특히, 심근효소 CK - MB, 트로포닌의 상승이 있어야 한다.

(1) 심전도 : ST분절의 상승

① 니트로글리세린 투여 등 허혈치료로도 정상화되지 않는 최소 2개 이상의 인접 유도에서 1mm 이상의 ST분절 상승이 있어야 한다.

② 기본적으로 완전 폐색시 상승이 나타나며, 급성심근경색의 경우 국소적 상승이 나타난다. 일시적 폐색 또는 측부 순환시에는 상승 소견이 나타나지 않는다.

③ 비(非) ST분절 상승 심근경색증은 관상동맥의 완전폐쇄가 드물고 있다 하더라도 심전도의 변화가 잘 보이지 않는 좌회귀지 병변이나 측부혈관이 발달한 경우가 많다. 또한 이러한 심전도의 비진단적 경우는 노인이나 과거 경색을 앓았던 환자에게서 흔하다.

(2) 혈청 심장표지자

① CK(크레아틴 인산효소)

   ㉠ 4 ~ 8시간 내 상승, 48 ~ 72시간 후 정상화된다.

   ㉡ 단점 : CK는 심근외 다른 근육세포에도 존재하기 때문에 특이성이 결여된다.

② CK – MB(크레아틴 인산효소의 MB 동종효소)

　　㉠ 첫 24시간 동안 시간간격을 두고 반복 측정하여 상승하강 경향을 추시한다.

　　㉡ 심근손상 3 ~ 8시간 이내 검출, 12 ~ 24시간에 최고치, 24 ~ 48시간 후 정상화된다.

　　㉢ 장점 : 심근 이외의 조직에는 많이 존재하지 않아 비교적 특이성이 높다.

③ 트로포닌 – I/T

　　㉠ 정상인은 검출되지 않으며, 급성 심근경색 후 20배 이상 증가한다.

　　㉡ 트로포닌 – I는 7 ~ 10일간 상승, 트로포닌 – T는 10 ~ 14일 동안 상승한다. 따라서 발작 수일 후 심근경색의 진단에 도움이 된다.

　　㉢ 불안정형 협심증환자는 CK, CK – MB, LDH는 증가하지 않고, 1/3은 토로포닌 – I/T의 상승이 있다.

④ LDH

첫 24시간 후 상승, 3 ~ 6일 정점, 7 ~ 14일 후 정상화된다. 따라서 경색 후 수일이 지나 CK가 정상화된 환자에서 진단적 가치가 높다.

⑤ 미오글로빈

경색 후 24시간 내 정상화된다(혈중으로 방출 후 신속히 소변으로 배출).

(3) 영상검사

① 심초음파

좌심실의 기능도를 알아볼 수 있어 결과에 따른 치료전략의 수립과 예후 판정에도 도움이 된다.

② 심혈관조영술

관상동맥의 해부학적 구조와 협착부위의 정도를 알 수 있어 확진검사로 이용되고 있으며, 치료와 예후 결정에 큰 도움을 얻을 수 있다. 그러나 0.1% 미만에서 사망이나 심근경색증 같은 합병증이 발생하는 등 위험성이 있으므로 모든 환자에게 시행하지는 않는다. 적응증은 다음과 같다.

　　㉠ 심인성 급사에서 생존한 관상동맥 질환자 혹은 중증 관상동맥 질환자

　　㉡ 약물치료에 반응이 없어 혈관 재개통술이 필요한 경우

　　㉢ 타인의 안전에 관련된 직업으로 인해 확진이 필요한 경우

　　㉣ 동반된 질환으로 인해 비침습적 검사를 시행할 수 없는 경우

　　㉤ 비침습적 검사상 진단이 확실하지 않은 경우

　　㉥ 비침습적 검사상 중증 허혈이나 다혈관 질환이 의심되는 경우

　　　* 최근에는 심혈관조영술 도중에 혈관내 초음파 등을 이용하여 보다 정밀하게 협착의 정도를 평가하기도 한다. 뿐만 아니라 조영술 후에 심혈관성형술 또는 스텐트삽입술을 시행할 수 있으므로 치료적인 의미도 함께 가지고 있다.

③ 동위원소 검사

혈관에 충분한 혈액이 흐르는지를 밝히는 생리학적 검사이다.

5. 치 료

(1) 개 요

　① 심근경색증의 치료는 크게 막힌 혈관을 넓히는 관혈적 치료와 이후 약물치료로 나뉜다.

　② ST절 상승 심근경색의 경우에는 가능한 한 빠른 시간 내에 막힌 혈관을 넓히는 시술 또는 약물이 요구된다.

　③ 비 ST절 상승 심근경색증의 경우에는 쇼크가 동반되는 경우와 같이 특수한 경우가 아니면 약물치료 후 안정화된 상태에서 시술할 수도 있다.

(2) 일반적 치료

　① 경색의 크기를 제한하고 심기능을 보전한다.

　② 쇼크, 심부전, 부정맥 등의 합병증을 예방한다.

　③ 혈전용해제, 혈관확장제 등을 투여한다.

　④ 관상동맥 우회술(CABS), 경피적 관상동맥 성형술(PTCA) 등을 시행한다.

(3) ST분절 하강 심근경색증의 치료(급성 관동맥 증후군)

　① 불안정형 협심증의 경우 심근경색증의 바로 전 단계로서 심근경색증에 준한 관리와 치료가 필요하다. 따라서 최근에는 불안정형 협심증과 심근경색증의 병태생리가 같다고 하여 '급성 관동맥 증후군'으로 통칭하고 있다.

　② 혈전용해치료의 경우, ST절 하강을 보이는 심근경색에서는 오히려 사망률을 높인다는 보고가 있으며, 현재까지 알려진 결과로는 심전도 변화가 비진단적일 때에도 마찬가지로 시행하지 않는다.

6. 합병증

(1) 주요 증상

심실성 부정맥, 전도장애, 심부전 및 쇼크 등이다.

(2) 부정맥

　① 부정맥의 발생빈도는 주로 심근경색 발현 후 조기에 높다.

　② 심근경색 후 24시간 내에 특별한 경고성 부정맥 없이 심신빈맥이나 심실세동이 발생할 수 있다.

(3) 심신파열

심신파열이 발생할 경우 사망할 수 있다.

08 협심증에 대해 설명하시오.

1. 의 의

동맥경화, 죽상경화, 혈전, 혈관의 수축 및 연축 등으로 관상동맥이 급성 또는 만성으로 협착되어 혈류가 감소하고, 심근이 허혈상태에 빠지게 되는 질환이다.

2. 원인 및 증상

(1) 원 인

심근경색증의 내용과 같다.

(2) 증 상

① 심근경색증과 같다. 그러나 통증의 정도와 지속시간이 상대적으로 가볍고 짧다.
② 좌측 유방 아래 부위에서 느껴지는 날카롭고 빨리 지나가는 통증이나 지속적인 둔통은 협심증 증상이 아니다.

3. 검 사

(1) 임상증상

기본적 병력 청취와 이학적 검진 후 심전도를 비롯한 여러 검사를 시행한다. 특징적이고 전형적인 증상을 호소하는 환자는 병력만으로도 강력하게 의심해볼 수 있다.

(2) 심장초음파

대개 외래에서는 심장초음파를 먼저 시행하여 기본적인 심기능을 확인한 후 협심증이 의심된다면, 확진은 급성심근경색증과 마찬가지이고 심혈관조영술을 시행하여 확인한다.

(3) 운동부하검사

심장초음파에서 이상이 없는 경우도 많은데 이는 많은 환자가 운동시 흉통을 호소하는 데에 비해서 심장초음파는 가만히 누워서 휴식시에 시행하기 때문이다. 따라서 심장에 인위적으로 부하를 가하여 관상동맥의 예비능을 평가하는 방법을 부가적으로 이용하는데 이를 운동부하검사라고 한다. 주로 아래의 방법을 실시한다.

① Treadmill test
② 심근 단일광전자단층촬영(심근 SPECT)
③ 도부타민(Dobutamine) 부하 심초음파

(4) 심혈관조영술

심혈관조영술은 협착 또는 폐쇄된 혈관을 찾아서 그 정도와 부위를 진단할 수 있어서 확진검사로 이용된다. 최근에는 심혈관조영술 도중에 혈관내 초음파 등을 이용하여 보다 정밀하게 협착의 정도를 평가하기도 한다. 뿐만 아니라 조영술 후에 심혈관성형술 또는 스텐트삽입술을 시행할 수 있으므로 치료적인 의미도 함께 가지고 있다.

(5) 그 밖의 검사

① 안저검사, 혈액검사, 소변검사
② 흉부 X선 검사
③ 심전도 검사

4. 치 료

(1) 약물치료

① 니트로글리센
② 아스피린, 헤파린, 칼슘길항제, 베타차단제

(2) 관혈적 치료

협착이 심한 혈관을 넓혀주는 수술이다.
① 경피적 관상동맥 성형술
② 관상동맥 우회로 조영술
③ 금속망 삽입술

협심증 중에서 최근에 통증이 심해지거나 휴식시에도 통증이 있는 경우, 즉 불안정형 협심증은 심근경색증의 바로 전 단계이기 때문에 심근경색증에 준해서 관리하고 치료해야 한다. 따라서 최근에는 불안정형 협심증과 심근경색증의 병태생리가 같다고 하여 급성 관동맥증후군으로 통칭한다. 우리나라에서도 근간에 여러 대형 병원에서 응급 심혈관성형술이나 스텐트삽입술을 시행하여 경과 및 치료 결과가 많이 향상되었다.

5. 합병증

심근경색, 심부전, 급사

6. 안정형 협심증

(1) 의 의

동맥경화증으로 인해 관상동맥의 혈류가 감소되어 발생하는 협심증으로 서서히 진행되는 것이 특징이다.

(2) 유발인자

① 동맥경화증

② 급작스러운 산소 작업량이 요구되는 상황(운동, 흥분, 추위, 기상 후 세수 또는 배변)

(3) 증 상

① 통증은 심근경색증과 비슷하다.

② 지속시간은 3~10분 이내이다.

③ 니트로글리세린 투여로 호전된다.

(4) 진단방법

① **흉부 X선**

심근경색, 고혈압 병력을 가진 자는 좌심실 확장이 보일 수 있다.

② **안정 심전도**

이상이 있을 경우 비특이성 ST분절 변화가 가장 흔하다. 50%의 환자에서는 안정시 심전도가 정상으로 나온다.

③ **부하검사**

심근에 여러 방법으로 스트레스를 주어 허혈을 유발하고, 이로 인한 심전도나 관류 이상을 검사하는 방법이다. 심근허혈 진단뿐만 아니라, 허혈의 정도나 예후까지도 판단할 수 있다.

④ **관상동맥조영술**

협심증을 확진하는 침습적인 방법으로 진단과 동시에 치료를 시행할 수 있다.

(5) 내과적 치료

① **위험인자 교정**

㉠ 금연이 가장 효과적이다.

㉡ 고지혈, 고혈압, 당뇨의 관리 및 체중조절 등도 필수적이다.

㉢ 그 외 악화요인을 교정한다(빈혈, 갑상선 항진증, 부정맥 등).

② **약물요법**

nitrates, 베타차단제, 칼슘차단제 등이 있다.

(6) 혈관(관상동맥) 재개통술

관상동맥 조영술상 유의한 협착병변이 있는 경우, 병변의 심한 정도, 위치, 환자의 상태에 따라 고려한다. '경피적 관상동맥 중재술'과 '관상동맥 우회로 이식술'로 크게 나뉜다.

① 경피적 관상동맥 중재술(PCI)
  ㉠ 관상동맥 풍선 확장술 : 혈관 통행로가 넓어져 혈액순환을 원활하게 해준다.
  ㉡ 관상동맥 스텐트 시술 : 관상동맥 풍선 확장술과 비슷한 방법으로 시술되며, 혈관을 튼튼하게 넓힐 수 있는 방법이다.

② 관상동맥 우회로 이식술(CABG)
  ㉠ 장점 : 내유동맥이나 복재정맥 등을 이용한 우회로를 통해 심근에 혈류를 공급하는 수술적 방법으로, 증상을 효과적으로 개선시키며, 일부 환자군의 생존율을 증가시키고, 완전한 혈관 재개통을 달성할 수 있다.
  ㉡ 단점 : 초기 의료비가 비싸고, 수술 관련 사망률이나 이환율이 높으며, 재수술 위험이 있다.

(7) 예 후

협심증 환자의 예후는 관동맥의 질환 정도 및 좌심실 기능에 따라 좌우된다.

7. 불안정형 협심증(색전)

(1) 의 의

불안정형 협심증은 대부분의 경우 관상동맥내 죽상판 파열에 의해 형성된 혈전이 관상동맥 혈류를 막아서 발생한다. 안정형 협심증과 달리, 갑작스런 관상동맥 혈류저하로 발생하므로 임상적으로 매우 불안정한 상태이다. 초기에 적절한 치료를 받지 못하는 경우 심근경색이나 심인성 급사 등으로 진행할 수 있으므로 적극적인 치료가 필요하다.

(2) 임상적 진단

① 새로 발생한 흉통
  심한 통증과 하루 3번 이상 나타나는 협심증이 최근 2개월 이내 발생하였고, 일상생활에 현저한 장애가 있다.

② 점강성 흉통
  원래 있었던 흉통의 빈도나 정도가 현저히 악화된다.

③ 안정시 흉통
  주로 20분 이상 지속되는 흉통이다. 한 달 이내에 안정시 흉통이 있는 경우는 아급성, 48시간 이내에 안정시 흉통이 있는 경우는 급성으로 분류한다.

(3) 치 료

    ① 항허혈 치료

    ② 항혈전 치료

    ③ 혈관 재개통술

    ④ 죽상경화 위험인자 제거

8. 변이형 협심증(= 이형성 협심증)

(1) 의 의

관상동맥의 경련성 내경 감소에 의한 혈류감소로 협심증 증상이 발현되는 질환이다.

(2) 임상적 증상

    ① 주로 새벽에 발생(특히 음주 후)한다.

    ② 휴식할 때 발생한다.

    ③ 비교적 젊은 나이에 발병한다.

    ④ 두근거림, 심한 호흡곤란이나 공포감 등이 나타난다.

(3) 진 단

    ① 경련이 발생되어 통증이 있을 때는(흉통시) 심전도상 ST분절의 상승을 확인할 수 있다. 경련이 오랫동안 지속되면 심근경색으로 진행할 수도 있다.

    ② 운동부하 심전도는 도움이 되지 않는다.

    ③ 관상동맥조영술 도중 약물을 투여하여 경련 유발 여부를 판정한다.

    ④ CK – MB는 정상이다.

(4) 치 료

약물치료에 잘 반응하므로 장기 예후는 비교적 좋은 편이다.

    ① 니트로 글리세린 설하정

       일시적 경련에 반응이 좋다.

    ② 칼슘길항제, 질산염제제

       장기적인 치료에 투여한다.

09 부정맥에 대해 설명하시오.

1. 의 의

부정맥이란 심장박동이 불규칙하게 되는 것으로, 이는 심장의 전기자극 체계에 이상이 있을 때 발생하며 다양한 증상을 보인다.

2. 유발원인 및 증상

(1) 유발원인

① 심장질환 및 폐질환(만성 폐쇄성 폐질환)

② 자율신경계 이상 : 갑상선 기능 항진증

③ 전신질환

④ 약물 및 전해질 이상 : 항생제, 칼슘/마그네슘 저하

⑤ 그 외에도 운동, 커피, 흡연, 음주 등에서 발생될 수 있다.

(2) 증 상

증상은 사람마다 매우 다양하게 나타나며, 일반적인 증상은 아래와 같다.

① 심계항진 및 호흡곤란

② 어지러움 및 피로감

③ 흉 통

④ 실 신

3. 진단 및 치료

(1) 진 단

일반적으로 아래와 같은 검사를 하나 일부 환자의 경우는 특수 검사를 하게 된다(임상 전기생리학적 검사 등).

① 심전도 검사

② 심초음파 검사

③ 24시간 심전도 검사

④ 운동부하 검사

(2) 치 료

① 전극도자절제술

② 인공 심박조율기

③ 전기적 심율동전환(cardioversion)

④ 자동 심실제세동기

⑤ 외과적 수술

⑥ 심부정맥제

10 선천성 심질환에 대해 설명하시오.

1. 의 의

선천성 심질환은 출생시에 알 수 없는 원인으로 심장의 기형 및 기능 장애를 나타내는 질환을 말한다. 유아와 어린이일 때 교정술을 받는다면 생존율을 높일 수 있으며, 수술결과가 좋더라도 계속적 추적 관찰이 필요하다.

2. 원인 및 증상

(1) 원 인

태아의 심장 형성은 임신 3개월 이전에 이미 완료되는데 선천성 심장병은 태아의 심장이 형성되는 임신 초기 과정에 이상이 생겨서 발생하게 된다.

일부 밝혀진 원인은 다음과 같다.

① 임신 중 모체 감염(풍진, 기타 바이러스 감염 중 일부) 및 당뇨병

② 임신 중의 약물 복용(탈리도마이드, 흡연, 알코올 섭취, 아스피린, 마약 등)

③ 다운증후군, 터너증후군과 같은 염색체 이상

④ 미숙아(동맥관 개존증 빈도가 높아짐)

  * **동맥관 개존증** : 동맥관 열림증(Patent Ductus Arteriosus ; PDA)

⑤ 다인자 요인(유전적 소인과 환경적 요인과의 상호 작용)

(2) 증 상

① 심한 선천성 심장병은 출생 1주만에 사망할 수도 있다.

② 심방중격결손증 같은 경우는 성인이 되어서야 증상이 나타날 수도 있다.

③ 유아나 아동기에는 수유 곤란을 겪거나 호흡곤란, 발육부전, 청색증을 보이기도 한다.

④ 10대 이후에는 피곤함, 운동시 숨참 등의 증상이 주로 나타난다.

3. 분류

(1) 비청색증형 심장병

① 난원공결손

② 심방중격결손

③ 심실중격결손

④ 동맥관 개존증

⑤ 대동맥 축착증

⑥ 폐동맥 협착증

⑦ 대동맥 협착증

(2) 청색증형 심장병

① 팔로 4징후(Tetralogy of Fallot)

② 대혈관 전위증

③ 엡슈타인 기형(Ebstein's Disease)

④ 아이젠멩거 증후군(Eisenmenger Syndrome)

심화학습　　아이젠멩거 증후군(Eisenmenger Syndrome)

커다란 심실중격결손, 동맥관 개존증, 방실중격결손 등이 있는 경우에 적절한 시기에 치료를 하지 않으면, 폐로 가는 혈류량이 많아지게 되고, 이는 높은 폐동맥 고혈압을 유발하게 된다. 폐동맥 고혈압은 결국 폐혈관을 망가뜨리는 결과를 초래하고, 폐저항을 높여 더 이상 수술로는 치료할 수 없는 상태가 된다. 이때에는 결손을 통하여 혈액이 보통 때와는 반대쪽으로, 즉 좌심실이나 대동맥으로 흘러 청색증이 보이게 되며, 이러한 상태를 아이젠멩거 증후군이라고 한다.

---

11 팔로 4징후에 대해 설명하시오.

1. 의 의

청색증을 나타내는 선천성 심질환 중 가장 흔하며, 전체 선천성 심장병의 10%를 차지하고 있다.
1세 이상의 청색증형 선천성 심장병의 75%를 차지하는 질환으로 아래 4가지 증상이 복합적으로
동반된다.

(1) 폐동맥 협착

폐동맥 협착으로 폐로 향하는 혈류의 공급 장애가 발생한다.

(2) 우심실 비대

협착으로 좁아진 폐동맥에 혈류공급을 늘리기 위해 우심실이 점점 비대하게 된다.

(3) 심실중격결손

심실중격의 결손으로 인해 우심실의 혈액이 대동맥으로 유입되어 전신순환이 이루어지고, 청색증이
발생하여 운동능력에 제한을 받게 된다.

(4) 대동맥 기승

대동맥이 정상보다 오른쪽에 위치하여, 심실중격 결손으로 인해 우심실과 좌심실에서 대동맥으로
흐르는 혈액의 흐름이 마치 Y자 형태를 띠는 것을 말한다.

2. 원인 및 증상

(1) 원 인

① 가족력(유전적 요소)

② 다운증후군(유전 질환)

③ 약물복용(태아기에 과도한 알코올이나 페니토인 등과 같은 약물)

④ 선천성 감염(풍진 감염)

(2) 증 상

① 청색증

② 무산소발작

③ 심잡음

④ 호흡곤란

12   암의 증상과 진단에 대해 설명하시오.

1. 일반적 증상

(1) 암의 정의

암(cancer)은 여러 가지 이유로 인해 세포의 유전자에 변화가 일어나 비정상적으로 세포가 변하여 불완전하게 성숙하고, 과다하게 증식하는 것으로 정의할 수 있다.

(2) 일반적 증상

암의 증상은 일반적으로 국소적 증상(종양, 출혈), 전이 증상(퍼지는 증상), 시스템적인 증상(체중감소, 식욕감퇴) 등으로 나타난다. 일반적 증상은 다음과 같다.

① 비특이적 증상

② 생리기능의 변화로 인한 연하곤란, 배변장애

③ 혹이나 멍울

④ 자주 반복되는 통증이나 발열, 감염

⑤ 지속적인 체중감소, 식욕감퇴

⑥ 일부 출혈(암이 혈관을 침범한 경우)

2. 암의 진단

(1) 의사의 진찰

증상을 상담하고, 신체부위별로 체계적인 검진을 받는다. 시진, 촉진검사(유방, 갑상선), 문진 등이 있다.

(2) 내시경 검사

내시경을 통해 병변을 직접 관찰하여 암 정도를 평가하고, 동시에 조직검사를 시행할 수 있다.

(3) 영상검사

① 단순방사선 검사

㉠ 가장 많이 사용되는 방법으로 해부학적 구조변화를 보기 위해 사용한다.

㉡ 방사선이 인체를 통과할 때 조직과 뼈 등의 구조와 기능에 대한 영상을 검사한다.

㉢ 밀도의 변화, 윤곽의 불규칙성, 표면의 침식정도, 뼈나 조직의 모양변화, 흉강 등 체강의 액체 존재 여부를 알 수 있다.

㉣ 주로 폐, 유방, 뼈 등을 검사할 때 사용한다.

② 투시검사

㉠ 단순방사선 영상으로 구분이 잘 안되는 내부장기를 검사하기 위해 사용한다.

㉡ 조영제를 사용하여 장기의 모양, 위치, 병변을 검사하여 암의 진단 및 수술시 절제범위를 결정하는데 유용하다.

③ CT(전산화단층촬영)

㉠ X선을 이용하여 연조직의 해부학적 상태를 단층으로 보여준다.

㉡ 병변의 악성/양성 여부, 특성과 부위를 확인할 수 있다.

㉢ 다른 장기, 림프절로의 전이 여부 등을 확인할 수 있다.

㉣ 일반적으로 중추신경계, 머리, 목, 폐, 복부장기를 평가할 때 사용한다.

④ 초음파검사

㉠ 초음파를 이용하여 비침습적으로 쉽게 할 수 있는 검사로 종양의 내부구조를 확인할 때 사용된다.

㉡ 다른 장기로의 전이 여부를 검사할 때에도 유용하다.

㉢ 주로 심장, 복부장기, 갑상선, 유방, 자궁, 난소, 전립선 등을 검사할 때 사용한다.

⑤ MRI(자기공명영상)

㉠ 횡단면, 관상면, 시상면의 영상을 얻을 수 있다.

㉡ 암의 악성/양성 여부, 전이 여부 판단에 좋다.

㉢ 뇌, 척수, 유방, 근골격계, 복부장기 검사에 유용하다.

㉣ 폐, 위, 대장 등과 같이 움직이는 장기의 검사로는 적절하지 않다.

⑥ 골스캔

뼈로 전이되는 암의 전이 여부를 판단하기 위해 흔히 사용되지만, 이것만으로 확진은 힘들다.

⑦ 양전자방출단층촬영(PET)

㉠ 종양세포의 대사변화를 단층 및 3차원으로 관찰, 암의 유무 및 분포를 진단하는 방법이다.

㉡ 전이가 의심되나 전이위치를 알기 어려운 경우, 다른 검사로 암과 감별이 어려운 경우 유용하다.

(4) 종양표지자

종양표지자(Tumor Markers, TMs)란 종양세포에서 생성되어 분비되거나 종양조직에 대한 반응으로 주위의 정상조직에서 생성되는 물질을 말한다. 이러한 종양표지자를 혈액이나 다른 체액에서 측정함으로써 암세포의 존재 유무를 결정하거나 정상조직과 암조직을 감별하는데 이용된다.

(5) 조직/세포 병리검사

암의 확진은 암조직에서 암세포를 진단하는 것인데, 하나의 기관에서도 여러 종류의 암세포가 생길 수 있기 때문에 세포검사를 통해 암세포의 종류를 확인해야 한다.

① 피부를 절개하여 직접 암조직을 검사하는 방법

② 미세침흡인검사(주사기를 이용하여 침흡인하는 방법)

③ 내시경을 이용한 방법

④ 정맥채취 또는 골수검사(혈액암의 경우)

⑤ 작은 브러시를 이용하는 방법(자궁경부의 경우)

⑥ 직접 검사(소변, 가래, 뇌척수액 등)

13 암 검진 프로그램에 대해 설명하시오.

구 분	검진대상	주 기	검사항목
위 암	40세 이상의 남·여	2년	① 위내시경 ② 조직검사 ③ 위장 조영검사
간 암	40세 이상의 남·여 중 간암 발생 고위험군 ※ "간암 발생 고위험군"이란 간경변증, B형간염 항원 양성, C형간염 항체 양성, B형 또는 C형 간염 바이러스에 의한 만성 간질환 환자를 말한다.	6개월	① 간초음파 검사 ② 혈청알파태아단백검사 　(Alphafetoprotein)
대장암	50세 이상의 남·여	1년	① 분변잠혈검사 ② 대장내시경검사 ③ 조직검사 ④ 대장이중조영검사
유방암	40세 이상의 여성	2년	유방촬영
자궁경부암	20세 이상의 여성	2년	자궁경부세포검사
폐 암	54세 이상 74세 이하의 남·여 중 폐암 발생 고위험군 ※ "폐암 발생 고위험군"이란 30갑년[하루 평균 담배소비량(갑) × 흡연기간(년)] 이상의 흡연력(吸煙歷)을 가진 현재 흡연자와 폐암 검진의 필요성이 높아 보건복지부장관이 정하여 고시하는 사람을 말한다.	2년	① 저선량 흉부CT 검사 ② 사후 결과 상담

14 종양표지자의 종류 및 검사에 대해 설명하시오.

1. 종양표지자의 종류

(1) CEA(암태아성 항원)

소화기계통의 검사로 주로 대장암, 폐암 등에 특이성이 높다.

(2) AFP(알파태아 단백)

간암에 특이성이 높다.

(3) CA 19 – 9

췌장암에 특이성이 높다.

(4) CA 125

난소암에 특이성이 높다.

(5) PSA

전립선암에 특이성이 높다.

심화학습	그 밖의 종양표지자
• **난소암** : CA 72 – 4 • **전립선암** : PAP • **유방암** : CA 15 – 3 • **혈액종양** : Ferritin • **갑상선암** : 칼시토닌	

2. 종양표지자 검사의 의의 및 유의사항

(1) 의 의
① 암의 선별검사 및 진단보조
② 암의 원발부위와 조직형태 감별
③ 암의 치료효과 판정과 재발지표
④ 높은 위험군의 추적검사
⑤ 질병의 시기와 예후의 추정

(2) 유의사항

종양표지자 검사는 암의 보조적 진단을 하는 것일 뿐이며, 확진은 조직검사로 한다.

15 양성종양과 악성종양을 비교 설명하시오.

구 분	양성종양	악성종양
세포특성	분화가 잘 된 성숙세포	분화가 잘 되지 않은 미성숙 세포
성장양식	피막이 있어 주변조직 침윤을 방지한다.	피막이 없어 주변조직으로 침윤하면서 성장한다.
성장속도	성장이 느리고, 휴직기도 있다.	성장이 빠르다.
전이 여부	잘 되지 않는다.	잘 된다.
재발 여부	수술로 제거시 재발의 거의 없다.	재발가능성이 높다.
예 후	좋다.	종양의 크기, 림프절 침범 여부, 다른 장기로의 전이 여부에 따라 예후가 달라진다.

16 자궁경부암에 대해 설명하시오.

1. 의 의

여성의 자궁 입구에 발생하는 악성종양으로 상당기간의 전암단계를 거쳐 발생한다.

2. 자궁경부암 발생과정

'자궁경부 상피 이형성증(정상조직과 암조직의 중간과정)'을 거쳐 '자궁경부 상피내암(자궁경부암 0기)'으로 진행되며, 더 나아가 '침윤성 자궁경부암'으로 발전할 수 있다.

3. 발병요인

① 인유두종 바이러스 감염(가장 핵심적 요인)
② 흡 연
③ 조기 성 경험(16세 이전)
④ 성교 대상자가 다수인 여성
⑤ 경구피임약 장기복용
⑥ 면역력 저하
⑦ 성 병
⑧ 다(多) 출산
⑨ 저소득계층

4. 진 단

① 질 확대경 검사[육안 or 자궁경부 질세포검사(Pap smear)상 이상이 있을 경우]
② 원추 절제술(암세포의 침윤 여부)
③ 조직검사

17 유방암에 대해 설명하시오.

1. 의 의

유방암은 유방 밖으로 퍼져서 생명을 위협할 수 있는 악성 종양이다. 발생 부위에 따라 유관과 소엽 (小葉) 같은 실질(實質)조직에 생기는 암과 그 외의 간질(間質)조직에 생기는 암으로 나뉘며, 유관과 소엽의 암은 암세포가 주위 조직으로 퍼진 정도에 따라 다시 침윤성 유방암과 비침윤성 유방암으로 나뉜다.

2. 위험요인과 검진대상 및 검사방법

(1) 위험요인

① 음주(매우 중요한 위험요인)

② 유방암 가족력

③ 비만(비만세포에서 에스트로겐이 나옴)

④ 에스트로겐의 장기간 노출(이른 초경, 늦은 폐경)

⑤ 40세 이후의 여성 및 출산경험이 없거나 수유하지 않은 여성

⑥ 한 쪽 유방에 유방암이 있었던 사람

⑦ 가슴부위에 방사선 치료를 받았거나 방사선에 노출된 사람

(2) 검진대상 및 검사방법

① 검진대상 : 40세 이상의 여성

② 검사방법 : 유방촬영

    ㉠ 유방촬영 양측은 좌우 각 2회씩, 편측은(유방절제술을 받은 자 등) 각 1회 표준촬영법으로 촬영한다.

    ㉡ 유방촬영은 영상의학과 전문의가 반드시 판독을 실시하여야 하며, 영상의학과 전문의가 상근 하지 않는 검진기관은 영상의학과 전문의에게 판독을 의뢰하여야 한다.

3. 진단 및 치료

(1) 진 단

유방촬영술 및 초음파를 이용하여 유방내 종괴(혹)나 석회의 유무를 확인하고 유방암 가능성이 있는 종괴에 대해서는 총 조직 생검(core needle biopsy), 진공흡인 보조 생검(vacuum - assisted biopsy)을 시행하여 암의 유무를 확인한다.

(2) 치 료

① 수술치료

유방암은 수술이 가장 중요하며, 수술 후 잔류 암세포 억제를 위해 항암치료를 한다.

② 재발방지를 위한 항호르몬 치료

ㄱ 타목시펜 : 폐경전 여성

ㄴ 아로마타제 억제제 : 폐경기 이후

심화학습	그 밖의 종양표지자
• **타목시펜** : 에스트로겐 억제제 • **아로마타제 억제제** : 부신수질에서 만들어지는 안드로겐이 에스트로겐으로 전환되는 것을 차단한다.	

18 간암에 대해 설명하시오.

1. 의 의

간암은 간에서 일차적으로 발생한, 즉 원발성(原發性)의 악성 종양을 의미한다. 병리학적(조직적)으로 원발성 간암에는 간세포암종과 담관상피암종, 간모세포종, 혈관육종 등 다양한 종류가 있으며, 이 중 간세포암종과 담관상피암종이 대부분을 차지한다.

2. 위험요인

만성간염, 만성 간질환(B형 또는 C형간염 바이러스)

3. 증 상

초기 증상은 거의 없다. 주요 증상은 복부 팽만, 우상복부 동통, 체중 감소, 식욕 부진, 피로이다. 배를 만져보면 간이 크고 딱딱하며 우둘투둘하게 느껴진다.

4. 진 단

(1) 영상검사

초음파검사, 전산화 단층촬영(CT), 자기공명촬영(MRI), 혈관조영술

(2) 혈액검사

혈청 속의 알파태아단백(AFP)을 측정하는 검사

5. 치 료

(1) 외과적 수술

간절제술은 가장 효과적인 치료법이다.

(2) 간동맥 색전술, 경피적 에탄올 주입술

간암의 크기가 작거나 수가 3개 이하일 때 실시한다.

① 간동맥 색전술

간동맥에 항암제를 투여하고 혈류를 차단하여 암조직을 선택적으로 파괴하는 치료법이다.

② 경피적 에탄올 주입술

간암 부위에 직접 알코올을 주사하여 간암 세포를 죽이는 치료법이다.

(3) 간이식술(마지막 단계)

간절제술이 어려운 환자에게 시행할 수 있으며, 초기 간암이면서 간 기능이 나쁜 경우에 시도되는 치료법이다.

간기능 환자의 예후 평가 방법인 Child – pugh scoring system에 대해 설명하시오.

1. Child – Pugh scoring system에서 사용되는 5가지 지표

Child – Pugh scoring system은 만성 간질환에서 간기능 장애의 중등도를 평가하고 환자의 예후와 생존율을 예측하는데 널리 사용된다.

항 목	1점	2점	3점
총 빌리루빈 수치	< 2	2 ~ 3	> 3
알부민 수치	> 3.5	2.8 ~ 3.5	< 2.8
혈액응고검사	> 1.7	1.71 ~ 2.20	< 2.20
복 수	없 음	경 도	심 함
뇌병변(뇌증)	없 음	1 ~ 2단계	3 ~ 4단계

2. 생존율

Child – Pugh scoring system에서 사용되는 각 항목별로 3점씩 총 15점을 부여하고, 점수에 따라 5 ~ 6점은 A, 7 ~ 9점은 B, 10 ~ 15점은 C로 구분한다.

구 분	1년 생존율	2년 생존율
Class A(5 ~ 6점)	100%	85%
Class B(7 ~ 9점)	81%	57%
Class C(10 ~ 15점)	45%	35%

20 간경화증에 대해 설명하시오.

1. 의 의

간경화증은 간 조직이 파괴와 재생 과정을 거듭하여 섬유화되고 결절성 조직으로 변화하여 굳어진 상태로, 정상으로 회복될 수 없는 경우를 말한다.

2. 원 인

① 장기간의 과다한 음주 및 간독성 약물 장기 복용
② 만성 바이러스 간염(B, C형)
③ 간흡충과 같은 기생충 감염
④ 담도의 폐쇄성 질환
⑤ 대사성 질환

3. 증 상

(1) 초기 증상

증상이 없거나, 가벼운 정도이다.

(2) 비특이적 증상

피로감, 우상복부 불쾌감, 식욕감퇴, 구역질, 허약감 등이 있다.

4. 진 단

(1) 임상 검사

① 간 효소치의 상승은 간경화가 진행되면 오히려 떨어진다.
② 응고 검사 이상이 흔히 발견된다.
③ 알부민 수치가 감소한다.
④ 빈혈과 혈소판 감소증이 자주 관찰된다.
⑤ 황달지수(빌리루빈)가 상승한다.

(2) 초음파검사

복수를 발견하고 간과 담관의 해부학적 이상을 감별한다.

(3) 복부 CT촬영

간과 비장의 모양, 간경화 특징, 문맥 고혈압 등을 잘 관찰할 수 있다(상부위장과 내시경검사).

5. 치 료

(1) 절대안정

가장 중요한 것은 절대안정, 즉 충분한 휴식과 섭취이다. 복수 예방에 도움이 된다.

(2) 식습관의 변화

① 어떠한 경우이든 금주가 필수적이다.
② 과량의 수분 섭취 및 소금기 있는 음식은 삼간다. 복수 및 부종을 야기할 수 있다.

6. 합병증

식도정맥류, 간성혼수와 간신증후군은 말기이다.

(1) 복 수

배에 물이 차는 것을 말한다.

(2) 식도정맥류

간장이 굳어져 혈액이 우회하여 직접 식도의 정맥으로 흘러 들어가 정맥류가 생기는 것으로 파열시 피를 토하거나 흑색변을 보게 된다.

(3) 간성혼수

간기능이 저하되어 암모니아가 해독되지 아니하고 신경계에 나쁜 결과를 초래한다.

(4) 자발성 복막염

간경변증으로 복수가 차있는 상태에서 저절로 세균성 복막염이 초래되는 것으로 사망률이 높다.

(5) 간신증후군

간경변증으로 신장 기능이 극단적으로 저하된 상태로 복수를 조절하는 과정에서 수분의 균형이 흔들려 신장 기능이 극단적으로 저하된 상태이다.

간기능 검사에 대해 설명하시오.

1. 간기능의 혈액검사법

(1) 간합성 기능의 검사

① 혈청빌리루빈(증가하는 경우 황달)

② 혈청알부민, 혈청글로블린(감소하는 경우 중증 간질환)

③ 응고인자

㉠ 간 손상시 다양한 응고검사에서 결함이 나타난다.

㉡ 간세포의 기능장애가 있을 때 응고인자의 합성이 적어지고 혈액응고의 지연이 나타난다.

㉢ 프로트롬빈 시간(PT) : 프로트롬빈 시간 검사는 혈액응고의 지연검사로 제Ⅰ, Ⅱ, Ⅴ, Ⅶ 및 Ⅹ 인자들에 의해 영향을 받는다.

(2) 간세포 손상의 증거

간세포 손상시 혈청으로 간세포 내의 효소들이 방출된다. 혈액검사를 통하여 정상치의 기준을 알아 보면 다음과 같다.

① GOT, GPT(30단위 이하)

② ALP(3 ~ 12단위)

③ γ-GTP(남성 40단위 이하, 여성 30단위 이하)

2. 간염 바이러스 표지자

(1) B형간염 바이러스 표지자

① B형간염 표면항원(HBsAg) : 양성시 감염

B형간염 표면항체(HBsAb) : 양성시 면역

② B형간염 핵항원(HBcAg) : 간조직에서만 검출

B형간염 핵항체(HBcAb, IgM) : 급성간염 후 6개월간 양성

B형간염 핵항체(HBcAb, IgG) : 양성이면 과거 B형간염에 노출된 적이 있음

③ B형간염 e항원(HBeAg) : 바이러스가 증식되며 전염력이 있음

B형간염 e항체(HBeAb) : 바이러스 증식이 낮은 수준을 의미

④ B형간염 바이러스 DNA, HBV DNA : 현재 감염되어 있으며 바이러스가 증식됨

  * H : 간염, B : B형, s : 표면, c : 핵, e : 전염력, Ag : 항원, Ab : 항체

(2) C형간염 바이러스 표지자

① C형간염 바이러스 항체검사(anti – HCV 혹은 HCV Ab)

혈액 속에 항체가 형성되어 있다면 현재 C형간염 바이러스가 들어있거나 과거에 들어온 흔적이 있음을 의미한다. 만성 간질환에서 양성시 현재 만성 C형간염을 갖고 있을 가능성 매우 높다.

② RIBA 검사

가짜 양성을 밝히는 정밀한 검사이다.

③ C형간염 바이러스 RNA역전사 중합효소 연쇄반응법(HCV RNA RT – PCR)

미량의 C형간염을 검출해내는 방법으로 양성시 현재 C형간염 바이러스가 증식하고 있음을 의미한다.

3. 기타 진단법

aFP, 항미토콘드리아항체검사, 경피적 간조직검사

22 B형 만성간염의 위험인자에 대해 설명하시오.

1. 정 의

B형간염 바이러스에 의한 감염이 6개월 이상 지속되어 만성적으로 간의 염증이 지속되는 질환을 말한다.

2. 원인 및 위험인자

(1) 원 인

B형간염 바이러스는 주로 간과 혈액 속에 많이 있기 때문에 주로 혈액을 통해 감염이 된다. 즉, 오염된 면도날, 주사바늘, 침, 칫솔 등을 함께 사용하는 경우 감염될 수 있다. 그러나 체액이나 분비물에도 소량의 바이러스가 나올 수 있기 때문에 성관계 등을 통해 감염될 수도 있다.

(2) 위험인자

① B형간염 바이러스 보유자 산모로부터 출생한 신생아(= 수직감염 → 만성화 확률이 높음)

② B형간염 바이러스 보유자의 가족

③ 급성 B형간염 환자의 배우자

④ 혈액제제를 반복 투여하는 환자(혈우병, 투석환자)

⑤ 타인의 혈액 또는 분비물을 자주 접촉하는 의료관계자

⑥ 성관계가 문란한 자

⑦ 동성연애자

⑧ 마약중독자(주사기 돌려 씀)

23 대장암에 대해 설명하시오.

1. 의 의

대장암은 결장과 직장에 생기는 악성 종양이다. 대장암의 대부분은 선암(샘암), 즉 점막의 샘세포에 생기는 암이며, 그 밖에 림프종, 악성 유암종, 평활근육종 같은 것이 원발성으로 생길 수 있다.

2. 원인 및 위험요인

(1) 원 인

크게 환경적인 요인과 유전적인 요인으로 나누며, 50세 이상의 연령, 높은 열량의 섭취, 동물성 지방 섭취, 섬유소 섭취 부족, 비만, 음주 그리고 선종성 대장용종, 만성 염증성 대장 질환 등이 대장암의 발생에 관련이 있는 것으로 알려져 있다.

(2) 위험요인

① 궤양성 대장염과 크론병(Crohn's disease)

궤양성 대장염의 경우 대장암 발생 위험률이 10배 이상, 크론병의 경우 4 ~ 7배 이상 증가한다.

② 대장용종

대장에 생기는 혹으로 선종성 용종이라는 암의 전 단계를 거쳐 암으로 발전하며, 조직검사에서 융모성 성분을 많이 포함하고 있다면 암 진행 가능성이 높아진다.

3. 증상 및 진단

(1) 증 상

가장 주의해야 할 증상은 배변 습관의 변화, 혈변, 동통 및 빈혈이다.

(2) 진 단

① 직장수지검사

항문을 통해 손가락을 삽입하여 직장부위를 진단하는 것으로 종양을 검사하는 가장 보편적 방법 중 하나이다.

② 대변검사

대변의 혈액성분을 확인하며 양성시 대장내시경 검사를 받아야 한다.

③ 대장내시경 검사

항문을 통해 내시경을 삽입하여 대장 전체를 관찰하는 검사로, 진단율이 매우 높고 조직검사와 용종제거가 가능하다.

④ 암태아성 항원 검사(CEA, 종양표지자 검사)

암태아성 항원 검사(CEA)는 대장암의 경과관찰 및 치료효과 판정 또는 재발 확인을 위한 검사에서 보조적으로 쓰인다.

| 심화학습 | 암태아성 항원(Carcino Embryonic Antigen, CEA) |

CEA는 태아 시기에 정상적으로 만들어지는 당단백질이다. 정상인에서는 태어나기 전에 CEA의 생산이 중단되지만, 대장암 환자의 경우 혈중 CEA 수치가 증가하게 된다. 그러므로 성인에게서 신생아보다도 더 높은 CEA수치가 나타난다면, 이는 대장암의 가능성을 시사한다고 할 수 있다.

24 궤양성 대장염에 대해 설명하시오.

(1) 의 의

대장에 일어나는 염증성 장질환의 일종으로 대장점막에 다발적으로 궤양이 생기며, 대장점막이 충혈되면서 붓고 출혈을 일으키는 질환이다.

(2) 원 인

원인은 아직 정확히 알려져 있지는 않지만 불규칙하고 자극성 있는 식습관, 카페인, 스트레스 등이 관련 있는 것으로 알려져 있다. 최근에는 서구화되어 가는 생활습관으로 발병 빈도가 급격하게 증가하고 있다.

(3) 호발부위

대개 항문과 직장에 호발하며, S상 결장을 걸쳐 내림결장으로 퍼져나가지만 전체 결장을 침범하기도 한다.

(4) 증 상

① 주 증상 : 직장 출혈과 설사(하루 20회)
② 점액변, 후중감(변이 남은 느낌), 긴급배변, 변실금, 복통 등
③ 전신증상 : 식욕부진, 오심, 구토, 체중감소, 좌하복부 산통

(5) 진 단

대장 및 직장내시경으로 대장의 궤양, 출혈 등의 소견을 보고 조직생검을 통해서 정확히 진단을 할 수 있다.

(6) 치 료

① 약물치료
스테로이드를 포함한 항염증제, 부신피질 호르몬제제, 면역억제제, 항생제, 생물학적 제제 등으로 치료한다.

② 수 술
약물치료에 반응하지 않는 경우나 합병증이 발생했을 때에 시행한다.

(7) 예후/합병증

① 대장암
질환이 계속 진행될 경우 이형성 소견을 보이면서 대장암의 발병 위험이 증가한다. 대장암이 발병할 경우 대장절제술을 고려한다.

② 기 타
독성거대결장, 천공, 협착, 대량출혈 등

25 크론씨 병에 대해 설명하시오.

(1) 의 의
입에서 항문까지 위장관의 어느 부위에서나 발생할 수 있는 '비특이적 만성 육아종성 염증 질환'이다.

(2) 원 인
① 유전성 또는 환경적인 영향

② 흡 연

③ 마이코박테리아 감염, 홍역 바이러스에 의한 감염성 요인

④ 소화관 내에 정상적으로 존재하는 세균에 대한 과도한 면역반응

(3) 호발부위
① 말단 회장부 침범이 가장 흔하다.

② 40 ~ 60%가 소장과 대장을 동시에 침범한다.

(4) 증 상
복통(특히 우하복부, 간혹 급성충수염으로 오인하기도 한다)과 설사가 대표적인 증상이다.

(5) 진 단
소장의 엑스선 검사, 대장 엑스선 검사, 바륨 조영술 검사, S상 결장 검사, 대장내시경 검사로 장의 내부를 관찰한다.

(6) 치 료
① **약물치료**

대부분 내과적 치료(항염증제, 부신피질 호르몬제제, 면역억제제, 항생제, 철분제, 생물학적 제제 등)를 한다.

② **수 술**

합병증이 동반될 경우 주로 시행한다.

(7) 예후/합병증
① 장 비후화와 장 내강의 협착에 따라 점막의 결절/궤양, 누공 등이 발생한다.

② 홍채염, 포도막염, 관절 강직성 척추염 등으로 진행될 수 있다.

③ 잦은 재발과 합병증으로 인한 무기력증이 나타난다.

④ 발병 연령이 낮을수록 예후가 나쁘고, 수술 받을 확률이 높아진다.

26 **헬리코박터의 초기 진단검사에 대해 설명하시오.**

1. 위내시경 검사

(1) 의 의
위내시경 검사는 입으로 내시경 기구를 삽입하여 식도, 위, 십이지장을 관찰하면서 염증이나 종양 등을 진단하는 검사방법이다.

(2) CLO검사
헬리코박터균의 검출을 위해서 위내시경 검사에서 조직을 채취하여 CLO검사를 실시한다.
헬리코박터균은 강력한 요소 분해효소를 가지고 있기 때문에 조직을 특별한 배지에 넣어서 요소를 분해하는 정도를 측정하면 균의 유무를 알 수 있다.

2. 요소호기 검사

헬리코박터를 멸균치료 후에 멸균 여부를 알아보는 검사이다. 위 속의 헬리코박터는 요소를 분해하여 암모니아를 발생시키므로, 호기에서 검출할 수 있다.

3. 치 료

아목시실린, 메트로니다졸, 비스무스 약제를 사용한다.

27 위암에 대해 설명하시오.

1. 의 의

위암은 위점막 상피세포에 발생하는 악성종양으로 조기위암과 진행성 위암으로 나뉜다. 조기위암은 암이 위의 점막층 또는 점막하층에만 국한되어 있는 경우를 말하며, 진행성 위암은 점막하층을 지나 근육층 이상을 뚫고 들어갔을 경우를 말한다.

2. 위험요인

만성위축성 위염, 장이형성, 위소장문합술, 식이요인, *Helicobacter pylori* 감염, 유전요인, 기타 환경적 요인 등이 원인이라 할 수 있다.

(1) 관련질병
① 과거의 위수술
② 만성위축성 위염
③ 위점막내 *Helicobacter pylori* 세균의 감염
④ 용종성 폴립
⑤ 악성빈혈

(2) 식이요인
① 염장 또는 훈제식품
② 질산, 아질산염 가공식품
③ 맵고 짠 음식

(3) 유전성
직계가족에게 위암이나 대장암이 있을시 위암발병률이 높다.

(4) 기타 환경적 요인
석면, 철가루 먼지, 공해, 전리방사선, 흡연, 산업폐기물, 방부제, 농약, 산업폐기물 등이 있다.

3. 증 상

초기에 특이 증상이 없다. 주요 증상으로 상복부 불쾌감, 동통, 식사 후 소화불량, 식욕부진, 식후 팽만감이 있다.

조기위암	무증상, 속쓰림
진행성 위암	체중감소, 복통, 오심·구토, 식욕감퇴, 연하 곤란, 위장관 출혈

4. 진 단

방사선검사(위장조영술) 또는 위내시경으로 진단이 가능하며, 조직검사로 최종 확진된다.

필수적 검사	방사선검사, 위내시경검사
확진 검사	조직검사
병기 결정 검사	복부 전산화 단층 촬영

5. 치 료

(1) 수 술

수술로 암 병소를 제거하는 것이 1차적이고도 가장 중요한 치료법이다.

① 내시경 점막 절제술

점막에 국한되고 크기가 작은 조기위암의 경우 가능하다. 내시경 점막 절제술은 입을 통해 치료 내시경을 위에 넣은 뒤 내시경 끝의 집게로 암 조직을 떼어내는 것이다.

② 복강경 수술

내시경 점막 절제술로 제거할 수 없는 점막상 넓게 퍼진 조기위암의 경우 가능하다.

(2) 항암 화학 요법

항암제의 사용은 수술이 불가능한 4기 진행 암 환자에게 하거나, 수술 전·후로 암세포의 활동을 억제하기 위해 사용한다.

(3) 기 타

면역 요법, 방사선치료 등

28 폐암에 대해 설명하시오.

1. 의 의

폐암이란 폐에 생긴 악성 종양을 말하며, 폐 자체에서 발생하거나(원발성 폐암), 다른 장기에서 생긴 암이 폐로 전이되어(예 유방암의 폐 전이) 발생하기도 한다.

2. 종 류

원발성 폐암의 종류는 암세포의 크기와 형태를 기준으로 비소세포(非小細胞)폐암과 소세포(小細胞)폐암으로 구분한다.

(1) 비소세포(非小細胞)폐암

폐암 가운데 80 ~ 85%는 비소세포폐암이며, 선암(샘암), 편평상피세포암, 대세포암 등으로 나뉜다.

(2) 소세포(小細胞)폐암

소세포폐암은 폐암 가운데 15 ~ 20%이며, 전반적으로 악성도가 높아서 발견 당시에 이미 림프관 또는 혈관을 통하여 다른 장기나 반대편 폐, 종격동(양쪽 폐 사이의 공간으로 심장, 기관, 식도, 대동맥 등이 위치함)으로 전이되어 있는 수가 많다.

3. 위험요인

(1) 흡 연

폐암의 가장 중요한 발병 요인은 흡연으로, 여기에는 간접흡연까지 포함된다.

(2) 위험물질

석면, 비소, 크롬 따위 유독성 물질에의 장기적 노출(직업적 요인), 주변을 떠도는 벤조피렌을 비롯한 발암물질과 우라늄, 라돈 같은 방사성물질의 영향(환경적 요인)으로 발병한다.

(3) 유전적 요인

가족의 병력(유전적 요인) 등 여러 요소가 복합적으로 관여하여 발생한다.

4. 증 상

(1) 일반적 증상

폐암 초기에는 전혀 증상이 없으며, 어느 정도 진행된 후에도 일반 감기와 비슷하게 기침이나 객담 (가래) 같은 증상만 나타나는 수가 많다.

(2) 구체적인 증상

① 피 섞인 가래나 객혈

② 호흡곤란

③ 흉부 통증

④ 쉰 목소리

⑤ 상(上)대정맥증후군(신체 상반부 정맥들의 피를 모아 심장으로 보내는 상대정맥이 막혀서 생기는 여러 증상)

⑥ 뼈의 통증과 골절

⑦ 두통, 오심, 구토 등

5. 진 단

흉부 단순 X선 촬영이나 전산화단층촬영(CT), 객담검사, 기관지내시경검사, 경피적 미세침 흡인세포검사(세침생검술) 등을 통해 폐암 여부와 진행 정도를 판단한다.

폐결핵 같은 질환은 흉부 단순 X선 촬영에서 폐암과 비슷하게 나타나므로 조직검사를 통해 감별진단해야 한다.

6. 치 료

소세포폐암은 매우 빨리 자라는데다 전신으로 퍼져나가므로 수술이 불가능하기 때문에 항암요법이 원칙이며, 방사선 치료를 병용한다.

1. 의 의

만성 폐쇄성 폐질환(Chronic Obstructive Pulmonary Disease, COPD)은 유해한 입자나 가스의 흡입에 의해 발생하는 폐의 비정상적인 염증반응과 이와 동반되어 완전히 가역적이지 않으며 점차 진행하는 기류제한을 보이는 호흡기 질환이다.

2. 원 인

① 흡연(40대 ~ 60대)
② 실내/외 공해
③ 직업성 유해물질 피폭
④ 감염, 선천적 질환
⑤ 기관 과민 반응

3. 증상 및 진단

(1) 임상증상

대표적인 증상으로는 기침, 기침 발작 후에 소량의 끈끈한 객담 배출, 지속적으로 진행하며 점차 악화되는 호흡곤란, 천명음과 흉부 압박감 등이 있다.

① 만성기침

간헐적이거나 매일, 종일 할 수도 있다. 야간에만 있는 경우는 드물다.

② 만성객담

끈끈하며 양이 적고 아침에 기침과 함께 배출된다.

③ 호흡곤란

진행성(점차 악화)이며 지속적(매일 존재)이다. 운동시 더욱 악화된다.

④ 위험인자 노출 과거력

흡연이나 직업적 피폭, 요리/난방시 발생하는 연기에 장시간 노출될 때이다.

(2) 진 단

증상, 진찰, 방사선 사진, 폐기능 검사 등을 종합하여 진단한다.

(3) 중등도에 따른 COPD 분류

단 계	특 징
제0기 : 위험시기	① 폐기능 정상 ② 만성기침, 가래
제1기 : 경증의 COPD	① FEV1/FVC < 70% ② FEV1 ≥ 80%(정상예측치) ③ 만성기침, 가래 동반 또는 비동반
제2기 : 중등증의 COPD	① FEV1/FVC < 70% ② 50% ≤ FEV1 < 80% ③ 만성기침, 가래 동반 또는 비동반
제3기 : 중증의 COPD	① FEV1/FVC < 70% ② 30% ≤ FEV1 < 50% ③ 만성기침, 가래 동반 또는 비동반
제4기 : 고도중증의 COPD	① FEV1/FVC < 70% ② FEV1 < 30% 또는 50% ③ 만성 호흡부전 동반

4. 치 료

(1) 약물요법

① 기관지 확장제

증상을 완화하거나 감소시키기 위해 정규적으로 처방한다.

② 항염증제

스테로이드제(부신피질호르몬제)는 천식환자와 같이 쓰이지만 난치성 천식환자에게는 잘 듣지 않는 경우가 있다.

(2) 외과적 수술

폐포절제술과 폐이식은 제4기 환자 중에서 선택된 일부의 환자를 대상으로 시행할 수 있다.

(3) 호흡재활치료

호흡곤란 등의 증상을 완화시키고, 삶의 질을 향상시키며, 일상 생활에서 신체적, 정서적인 참여를 확대시킨다(휘파람호흡법, 복식호흡 등).

(4) 산소요법

장기 산소요법은 일반적으로 제4기 고도중증 COPD 환자에게 적용한다.

30 폐기능 검사(PFT)에 대해 설명하시오.

1. 의 의

폐기능 검사는 폐의 환기 및 가스교환의 장애와 그 정도를 측정하는 방법이다.

2. 노력성 폐활량(FVC)

환자로 하여금 최대로 숨을 들이쉬게 한 다음 최대의 노력으로 숨을 끝까지 내쉬게 했을 때 내쉰량을 말한다.

3. 1초간 노력성 호기량(FEV1)

숨을 최대로 들이쉰 다음 자기의 노력을 다해 내쉴 때 첫 1초간 내쉰량으로 첫 1초간 얼마나 빨리 숨을 쉴 수 있느냐를 보는 지표이다.

4. FEV1/FVC 비율

노력성 폐활량에 비하여 첫 1초에 내쉬는 양이 적다면(FEV1/FVC < 0.7) 내쉬는데 장애가 있고 기관지폐쇄 유무를 확인할 수 있다.

* 보통 정상인은 자기 노력성 폐활량의 70% 이상을 첫 1초에 내쉴 수 있다. 즉, FEV1/FVC > 0.7이다.

5. 흡기 용량

휴식기에서 흡입할 수 있는 최대의 공기용량을 말한다.

31 갑상선암에 대해 설명하시오.

1. 의 의

갑상선암은 말 그대로 갑상선에 생긴 암을 말한다.

2. 갑상선암의 분류

기원 세포의 종류에 따라 나누면, 여포세포에서 기원하는 유두암과 여포암, 저분화암 및 미분화암 (역형성암), 비여포세포에서 기원하는 수질암과 림프종, 그리고 전이성암 등이 있다.

(1) 유두암

가장 예후가 좋으며, 갑상선암 중 가장 흔한 것으로 요오드 섭취량이 많은 나라에서 더 빈번하게 발생한다.

(2) 여포암

갑상선의 혈관들을 침범하는 경향이 있으므로 림프절로 전이하기보다는 혈류를 통해 폐, 뼈, 뇌 등 다른 장기로 전이하는 경우가 많아 유두암보다 예후가 좋지 않다.

(3) 수질암

전체 갑상선암의 1% 미만을 차지하며 서양에 비해 동양, 특히 한국에서는 드물게 나타난다.

(4) 미분화암

가장 악성도가 높고 예후가 좋지 않으며, 전체 갑상선암의 1% 미만을 차지한다.

3. 원 인

대부분의 갑상선암은 아직 원인이 밝혀져 있지 않다. 그러나 방사선 노출, 유전적 요인 등이 위험인 자가 될 수 있다.

4. 증 상

특별한 증상은 없으나 통증, 쉰 목소리, 연하곤란(음식물을 삼키지 못하는) 등의 압박증상이 나타날 수 있다.

5. 진단 및 검사

(1) 초음파검사

초음파를 통하여 갑상선 결절의 모양과 크기를 평가한다.

(2) 조직검사

갑상선암이 의심될 경우 미세침흡인세포검사 또는 중심부바늘생검을 시행하여 세포의 악성 여부를 판단하여 진단한다.

(3) 영상검사

전산화단층촬영(CT), 초음파검사 등의 영상검사로 림프절 전이, 주위조직 침윤을 평가할 수 있다.

(4) 갑상선 기능검사 및 갑상선 스캔검사

기능성 종양을 감별하는데 이용된다.

6. 치 료

(1) 수 술

갑상선암의 가장 기본이 되는 치료는 수술이다. 갑상선암의 종류, 크기, 수, 주변조직 침윤, 림프절 전이 여부에 따라서 갑상선 전절제 또는 엽절제를 시행하며, 림프절 절제를 시행할 수 있다.

(2) 방사선 요오드 치료

방사선 요오드 치료는 갑상선 세포에 선택적으로 흡수되는 방사선 요오드를 이용하여 수술 후 남은 갑상선조직 및 암세포를 제거하는 방법이다.

(3) 호르몬 치료

① 갑상선을 모두 제거하면 갑상선 호르몬이 분비되지 않으므로 평생 갑상선 호르몬제를 복용해야 한다.

② 갑상선 호르몬을 투여하면 암세포의 성장을 더디게 하고, 갑상선 조직을 성장시키는 호르몬의 분비를 억제시키는 효과가 있다.

(4) 항암치료

위의 방법으로도 반응이 없을시 항암치료를 한다.

32 갑상선 결절의 진단에 대해 설명하시오.

1. 의 의

갑상선에 발생하는 결절로 갑상선염이나 갑상선암 등의 원인이 된다.

2. 원 인

(1) 양성 원인

갑상선의 단순 선종이나 낭종, 염증 등

(2) 악성 원인

유두암, 여포암, 수질암, 미분화암, 림프암 등

3. 증상 및 진단

(1) 증상(임상소견)

① 결절이 큰 경우(특히 갑자기 커진 경우)

② 커진 결절이 기도나 식도를 눌러 호흡곤란이나 연하곤란의 증상이 있을 때

③ 결절이 존재하고, 목소리의 변화 동반

④ 결절이 존재하고, 가족 중에 갑상선암 환자가 있을 때

⑤ 결절과 같은 쪽에서 림프절이 만져질 때

⑥ 결절이 매우 딱딱하거나, 주위 조직과 붙어서 잘 움직이지 않을 때

(2) 진 단

① 초음파

결절의 크기, 수, 특징, 전이 여부 등을 알 수 있다. 결절의 약 5%는 갑상선암이기 때문에 발견시 갑상선암의 확인이 필요하다.

② 동위원소스캔(Whole body bond scan)

동위원소 섭취양상에 따라 열결절, 냉결절로 구분된다. 냉결절이 열결절에 비해 암의 가능성이 크다.

③ CT, MRI

종양의 특징, 전이 여부 등을 알 수 있다.

④ 조직검사

확진검사로서 '미세침 흡입검사'가 가장 보편적이다.

4. 치 료

양성 종양의 경우에는 대부분 비수술적 치료를 하지만, 갑상선암으로 확인되면 바로 수술하는 것이
필요하다.

33 갑상선 기능 항진증에 대해 설명하시오.

1. 정 의

갑상선 자체에서 갑상선 호르몬을 과잉 생산한 결과 나타나는 갑상선 중독증을 말한다.

2. 호발 요인

남자보다 20대 ~ 40대 여자에게 호발한다.

3. 원 인

(1) 주 원인

자가면역질환인 바제도 병(Basedow's disease) 또는 그레이브스 병(Graves' disease)이다.

* **자가면역질환** : 외부에서 들어온 바이러스를 공격하야 하는 면역력이 자신의 몸을 외부 바이러스인 줄 착각하고 공격하는 질환이다.

(2) 그 밖의 원인

① 중독성 결절성 갑상선종(플러머 병)

② 무통성 갑상선염

③ 아급성 갑상선염의 초기

④ 갑상선암

⑤ 뇌하수체의 갑상선 자극 호르몬 분비선종

4. 증상 및 진단

(1) 증 상

갑상선 호르몬의 과다 분비가 원인이기 때문에 일반적인 증상은 대사의 항진상태로 나타난다.

① 빈맥이며, 흥분을 잘하고, 불안감이 높다.

② 땀을 많이 흘리며, 피부가 붉어지고 따뜻해진다.

③ 왕성한 식욕에도 체중감소가 있고, 배변을 자주 본다.

④ 손에 미세한 떨림이 있다.

⑤ 월경과소/무월경

⑥ 안구돌출

(2) 진 단
  ① 신체진찰
  심한 신체적인 외모의 변화 등은 진단에 도움이 된다(목이 커지거나 눈이 튀어나오고 불안해하는 표정).
  ② 혈액검사
  혈액검사로 갑상선 호르몬 농도를 검사한다.
  ③ 확 진
  ㉠ 혈청내 갑상선 호르몬의 상승
  ㉡ 혈청내 콜레스테롤 감소
  ㉢ T3 또는 T4의 상승

5. 치 료

(1) 약물치료
항갑상선제를 투여하는 방법으로 우리나라에서 가장 많이 이용하는 치료방법이다.

(2) 방사성 요오드 투여
비교적 간단하고 값이 싼 장점이 있지만 갑상선 기능 저하증이 나타날 수 있고 임산부에게는 할 수 없다.

(3) 수 술
갑상선종이 매우 크거나 방사선 요오드 요법을 원치 않는 경우에 시행할 수 있다.

34 전립선암에 대해 설명하시오.

1. 의 의

정액의 일부를 만들어내는 기능을 하는 전립선에 발생하는 악성종양으로 전세계의 남성 발병률 1위인 암이다.

2. 원 인

가장 중요한 원인으로 연령, 인종, 가족력이 있다. 그 외 호르몬, 식이습관, 제초제와 같은 화학약품 등의 환경적 요인이 관여한다.

3. 증 상

국소암인 경우 무증상이 대부분이지만, 암이 계속 진행될 경우 급성요폐, 혈뇨, 요실금 등이 발생한다. 전이암으로 진행되면 골 전이에 의한 뼈 통증, 척수압박에 의한 신경증상 및 골절 등이 발생한다.

4. 진단 및 검사

(1) 전립선 특이항원검사(PSA)
① PSA는 전립선 상피세포에서 만들어지는 효소로 전립선에만 있어 전립선암이나 전립선 비대증이 있을 때 혈중 PSA 수치가 증가하여 전립선암의 진단이나 추적관찰에 중요한 지표로 사용한다.
② 4.0ng/ml 이상이면 정상이 아닌 것으로 판정하지만, 검사하는 기관에 따라 3.0ng/ml, 2.5ng/ml 기준으로 하기도 한다.

(2) 직장수지검사
손가락을 항문으로 넣어 전립선을 만지는 검사로 전립선암이 있으면 전립선에 딱딱한 결절이 만져진다.

(3) 직장경유 초음파검사
전립선 중심에 발생한 암은 그 크기가 0.5ml 미만인 경우에 직장수지검사로 진단이 어려울 수 있는데 이런 경우 직장경유 초음파검사가 도움이 된다. 전립선 용적을 측정할 수 있고, 전립선 내의 병리적 변화를 발견하는데 유용한 검사이다.

5. 치 료

국소암의 경우 근본적인 치료를 목적으로 치료하지만, 전이암의 경우 전신치료를 시행한다.

(1) 호르몬요법

전립선암의 치료로서 가장 유효하기 때문에 기본이 되는 치료법이다.

① 고환적출술

② LH – RH촉진제

③ 에스트로겐(여성호르몬)

④ 항남성호르몬제

(2) 외과요법

암이 전립선 내에 국한되어 있을 때 수술로 암을 제거하는 방법이다.

(3) 방사선요법

전립선암의 경우에는 보통 체외에서 환부인 전립선으로 방사선을 조사한다.

(4) 화학요법

호르몬 치료의 효과가 없어졌을 때 실시하는 치료로 전신에 대해 작용하지만, 효과가 지속되는 기간이 짧다.

6. 합병증

전립선암이 전이될 경우 주로 뼈에 전이가 흔히 발생해 매우 심한 통증을 유발한다. 이런 경우 많은 양의 코티코스테로이드(corticosteroid)를 투여한 후 방사선을 쪼이거나 수술을 고려해야 한다.

35 전립선비대증에 대해 설명하시오.

1. 의 의

전립선이 비대해져 요도를 압박하여 소변이 잘 안 나오게 되거나 성기능 장애를 초래하는 질병이다.

2. 원 인

주요 원인은 ① 고환의 노화와 ② 유전적 요인 및 가족력과 관련이 많다고 알려져 있다.

3. 증상 및 진단

(1) 증 상

① 1단계 : 빈뇨, 지연뇨, 세뇨, 하복부의 긴장감, 성기능 장애 등

② 2단계 : 잔뇨감

③ 3단계 : 잔뇨량이 증가해 방광의 배뇨력이 더욱 악화되어 방광이 늘어나고 소변의 역류현상으로 인해 수신증(hydronephrosis)이 생길 수 있다.

　* **수신증(hydronephrosis)** : 어떤 원인에 의하여 콩팥에서 요관과 방광으로 내려가는 길이 막히게 되면 소변의 저류가 발생하며, 이로 인해 막힌 부위 상부의 압력이 상승하여 콩팥의 신우와 신배 가 늘어나 있는 상태

(2) 진 단

① 병력청취 및 증상 평가

② 직장수지검사(= 전립선촉지검사)

③ 신기능검사

④ 전립선 특이항원검사(PSA)

⑤ 요류 측정 및 잔뇨량 측정

⑥ 초음파검사 및 방광경검사

4. 치 료

(1) 대기요법

일단은 증상이 심하지 않다면 경과를 관찰해 보면서 좌욕이나 배뇨습관 개선, 수분 섭취량 조절, 식이요법 등으로 증상이 개선될 수 있다.

(2) 약물요법

호르몬 계통에 작용하는 약물과 신경 수용체를 차단하는 약물로 치료한다.

(3) 보존적 요법

열치료 등

(4) 수 술

레이저 전립선 수술, 경요도 전립선 절제술, 전립선 요도 풍선확장술, 전립선 요도 스텐트 등이 있다.

36 당뇨병의 정의 및 종류에 대해 설명하시오.

1. 의 의

당뇨병이란 인슐린이 부족하거나 인슐린에 대한 감수성이 떨어져 당·탄수화물대사에 이상이 생기는 질환을 말한다.

2. 종 류

(1) 제1형 당뇨병(인슐린의존형 당뇨병)

① 호발요인

급성으로 주로 어린 나이(30세 이전)에 많이 발생하여 소아형 당뇨라고 한다.

② 원 인

선천성 또는 바이러스 침입이나 자가면역기전의 췌장손상으로 발병한다.

③ 치 료

인슐린을 투여한다.

(2) 제2형 당뇨병(인슐린비의존형 당뇨병)

① 호발요인

주로 성인층에서 발생하며 성인형 당뇨라 한다.

ㄱ 비 만

ㄴ 45세 이상

ㄷ 가족력

② 원 인

인슐린에 대한 조직의 거부반응으로 발병한다.

③ 치 료

운동, 식이요법을 기본으로 하나 필요에 따라 약물요법을 시행한다.

(3) 임신성 당뇨병

① 호발요인

임신의 시작과 동시에 또는 임신 중 발생한다.

② 원 인

임신으로 신체적 변화가 나타나 태반 호르몬이 분비되어 인슐린 작용을 방해한다.

③ 치 료

임신 중 혈당수치를 정상으로 유지해야 하며, 실패시 태아 사망이나 선천성 기형아 출산율이 높아진다.

37 당뇨병의 진단을 위한 검사에 대해 설명하시오.

1. 소변검사

소변에서 당과 아세톤을 쉽게 발견할 수 있다. 그러나 당이 나왔다고 해서 무조건 당뇨병을 의미하는 것은 아니다.

2. 혈액검사

(1) 혈중 당 검사

공복시 혈당 126mg/dL 이상, 식후 2시간 혈당 200mg/dL 이상일 때 당뇨병으로 진단한다(정상혈당은 80~120mg/dL).

(2) 포도당 내인검사

아침 공복 시에 혈액을 채취하고 포도당을 75g 경구 투여한 후 1시간, 2시간의 혈당을 측정한다.

(단위 : mg/dL)

시 간	정 상	내당능력 장애	당뇨병
공 복	109 이하	110~125	126 이상
1시간	180 이하	200 이상	200 이상
2시간	140 이하	140~199	200 이상

(3) 당화 혈색소(HbA1c) 검사

지난 2~3개월 동안의 혈당조절 상태를 추측할 수 있는 방법으로 검사 결과 수치가 6.5% 이상이면 당뇨로 진단한다.

(4) C-Peptide 검사

췌장의 기능을 알아보는 검사로 현재 어느 정도의 인슐린이 분비되고 있는지 미리 알아보고 거기에 맞는 방법을 알기 위해 실시한다. 즉, 1형 당뇨인지, 2형 당뇨인지 또는 인슐린 저항성 당뇨인지에 따라 약제의 처방에 참고가 될 수 있다.

다음 네 가지 항목 중 어느 한 가지에 해당될 경우 당뇨병이라고 진단할 수 있다.

1. 8시간 이상 금식한 상태에서 측정한 혈당(공복혈당)이 126mg/dL 이상인 경우
2. 포도당 75g을 물 300cc에 녹여 5분에 걸쳐 마신 후(경구당부하검사) 2시간째 측정한 혈당이 200mg/dL 이상인 경우
3. 당화혈색소 검사결과가 6.5% 이상인 경우
   ※ 위의 세 가지 검사는 명백한 고혈당이 아니라면 다른 날에 반복 검사
4. 다뇨, 다음, 체중감소와 같은 당뇨병의 전형적인 증상이 있으면서 식사 시간과 무관하게 측정한 혈당이 200mg/dL 이상인 경우

38   **2형 당뇨병의 고위험군에 대해 설명하시오.**

2형 당뇨병의 위험인자는 다음과 같다.

① **나이** : 45세 이상

② **과체중** : BMI 25kg/m^2 이상

③ **직계가족의 당뇨병 경력**

④ **신체활동 저하**

⑤ **고위험 인종**

⑥ **과거 당 조절장애** : 공복혈당 장애 또는 내당능 장애(= 당내인성장애)

⑦ **임신성 당뇨병 진단, 몸무게 4.1kg 이상 아기 출산 과거력**

⑧ **고혈압** : 140/90mmHg 이상

⑨ **HDL 콜레스테롤** 35mg/dL 이하

⑩ **중성지방** 250mg/dL 이상

⑪ **다낭성 난소 증후군**

⑫ **혈관 질환의 병력**

당뇨병 급성 합병증에 대해 설명하시오.

1. 고혈당성 혼수

처음에 다뇨현상이 있다가 심해지면 구토, 설사, 복통 등 위장장애까지 동반되어 탈수로 인해 혼수에 빠질 수 있다.

2. 케톤산혈증

인슐린 결핍상태가 심하여 당분을 에너지원으로 사용할 수 없게 되면 저장된 지방질을 분해하여 에너지를 얻게 되는데, 이 때 생성된 케톤체가 혈중에 많아져 체내의 액성이 산성으로 바뀌고 호흡과 심박동이 빨라지며 의식이 소실되거나 사망할 수 있다. 이 경우 인슐린을 투여하거나, 수분 및 전해질을 공급해야 한다.

3. 저혈당

혈당이 50 ~ 60mg/dL 이하로 떨어졌을 때 증상이 나타나는데, 심한 경우 즉시 치료하지 않으면 경련, 무의식, 뇌손상을 유발하여 사망에 이를 수 있다.

40 당뇨병 만성 합병증에 대해 설명하시오.

1. 서 론

혈당이 올라가면 혈관 안에 있는 내피세포가 변형을 일으키므로, 당뇨병은 혈관질환에 속한다. 미세혈관(망막, 신장, 신경 등) 및 대혈관(뇌혈관, 관상동맥, 하지동맥 등)에 합병증이 올 수 있다.

2. 만성 합병증

(1) 당뇨병성 망막증

당뇨병 환자의 약 절반 이상에서 병증이 눈을 침범하여 당뇨병성 망막증이 일어난다.

① 비증식성 당뇨 망막증

90%의 환자가 여기 속하며, 방치할 경우 증식성 당뇨 망막증으로 발전할 수 있다.

② 증식성 당뇨 망막증

망막에 비정상적인 신생 혈관들이 나타나 증식하게 되는데, 이 혈관들은 쉽게 출혈을 일으키고 또 그 주위로 막들이 자라 나와 망막을 잡아당겨서 망막 박리가 생기기도 한다.

(2) 당뇨병성 신증

당뇨병이 발생하면 사구체의 여과율이 증가하면서, 미세알부민뇨가 생기고, 그 이상이 지나면 단백뇨가 심하게 증가한다. 결국 신장에서 노폐물이 배설되지 않아 만성 신부전이 되고, 결국 요독증에 빠져 혈액투석을 하거나 신장 이식을 받아야 한다.

(3) 당뇨병성 신경병증

당뇨병성 신경병증은 신장 합병증, 안과적 합병증과 더불어 당뇨병 환자의 가장 흔한 합병증 중 하나로, 이 자체가 사망의 원인이 되는 경우 드물지만, 병적상태에 의해 일상생활의 장애를 초래하게 된다.

① 단발성 신경병증

② 다발성 말초 신경병증

③ 자율 신경병증

(4) 심혈관계 질환

당뇨병은 혈관 내 포도당이 많게 되어 혈액의 점성도가 높아 혈관이 좁아지거나 막히게 되어 심장질환과 뇌혈관 질환, 말초혈관 질환이 생길 위험이 높다.

(5) 기타 합병증

① 고혈압

② **피부질환** : 농피증, 습진, 당뇨병성 가려움증, 괴저

③ **구강질환** : 치조농루 등(치아가 흔들려서 빠지고, 충치가 많은 중년 이후에 걸릴 확률이 큼)

④ **말초 신경병증** : 당뇨병이 없는 사람에 비해 약 5배 정도 높으며, 이환기간이 긴 당뇨병 환자의 30% 이상에서 말초혈관 질환이 나타난다.

⑤ 당뇨병성 백내장

심화학습 당뇨병성 족부 궤양

1. 의 의
장기 당뇨병 환자에게서 필연적으로 발생하는 신경장애, 혈관장애, 면역기능장애 등으로 인해 형성되는 발의 모든 질환을 총칭하는 것이다.

2. 증 상
① 신경은 서서히 파괴되고, 혈관도 점점 막히면서 몸의 가장 말단에 위치한 발에서 문제가 발생한다.
② 쉽게 상처가 나며, 일단 상처나 감염이 되면 잘 치료가 되지 않고, 점점 상부로 번지게 된다.
③ 초기에 치료시기를 놓치면 급속히 진행되어서 돌이킬 수 없게 된다.

3. 고위험군
① 10년 이상의 당뇨환자
② 남성환자
③ 당 조절이 잘 안되는 자
④ 기타 만성 합병증 동반자

4. 관 리
① 잘 맞는 신발을 착용한다.
② 작은 상처도 세심히 살핀다.
③ 발톱을 깎을 때 매우 조심하며, 티눈이나 굳은살을 제거해서는 안 된다.

---

41 당뇨병의 치료 및 관리방법에 대해 설명하시오.

1. 서 론

일반적으로 식사요법과 운동요법을 실시하면 약 100mg/dL 정도의 혈당을 떨어뜨릴 수 있다. 그러나 이 방법으로도 조절이 안되는 경우 다음과 같은 방법을 실시한다.

2. 치료 및 관리방법

(1) 혈당, 혈압, 콜레스테롤 조절

구 분	목 표
혈 당	① 식전 혈당 70 ~ 130mg/dL ② 식후 2시간 혈당 90 ~ 180mg/dL ③ 당화혈색소 6.5% 미만
혈 압	① 단백뇨가 없는 경우 130/80mmHg 미만 ② 단백뇨가 있는 경우 120/75mmHg 미만
콜레스테롤 (동맥경화 유발)	① HDL 100mg/dL 미만 ② LDL 40mg/dL 이상 ③ 중성지방 150mg/dL 미만

(2) 발관리

혈관과 신경합병증으로 발의 감각이 둔해져 상처입기 쉽고, 세균에 대한 저항력이 약해 세균침범이 쉬워 발 합병증이 많이 발생하게 된다. 궤양과 궤저 등으로 발을 절단하게 되는 심각한 상황을 초래할 수 있으므로 발관리는 매우 중요하다.

> **심화학습 · 당뇨병의 일반적 관리**
>
> - 항상 규칙적으로 생활한다.
> - 정상 체중을 유지하도록 한다.
> - 식사 및 운동요법을 철저히 한다.
> - 정기적으로 병원을 방문하여 검사를 받는다.
> - 의사의 처방을 받지 않은 약물은 함부로 복용하지 않는다.
> - 매일 규칙적으로 본인이 혈당검사를 하여 몸의 상태를 알아본다.
> - 술, 담배를 삼간다.
> - 발에 상처가 나지 않도록 세심하게 주의한다.

42 통풍에 대해 설명하시오.

1. 서 론

통풍은 체내에 요산이 결정체를 만들어 관절이나 다른 조직에 침착되어 염증 반응을 일으키는 대사성 질환이다. 주로 중년 이상의 남성에서 많이 발생한다.

2. 통풍의 4단계

(1) 고요산혈증

① 의 의

혈장에서 약 7.0mg/dL 이상일 때 고요산혈증이라 한다.

② 원 인

퓨린을 많이 함유한 음식을 섭취하거나, 체내 용혈성 질환, 림프종, 백혈병, 진성 적혈구과다증 등의 질병으로 요산 생성이 많아지는 경우 발생한다.

③ 치 료

이뇨제, 저용량 아스피린 등을 투여한다.

(2) 급성 통풍관절염(통풍 발작)

① 호발부위

제1중수족지관절, 발목, 발뒤꿈치, 슬관절, 팔목, 손가락, 팔꿈치 등이다.

② 증 상

수일에서 1~2주간 서서히 호전되는 발작, 열, 발적, 종창, 통증 등 염증소견을 보인다.

(3) 무발작 기간의 통풍

① 통풍 발작 후 수개월 혹은 수년 동안 아무런 증상 없이 지낼 수 있다.

② 통풍 발작이 있었던 사람은 1년내 재발률이 60%, 2년내 재발률이 78%, 10년내 재발하지 않을 확률이 7%이다.

③ 증상이 없는 기간에도 지속적인 관리가 필요하다.

(4) 만성 결절성 통풍

① 원 인

발작과 무증상의 과정이 반복되다가 아무런 치료를 받지 않으면 결국에는 만성 결절성 통풍으로 진행한다.

② 호발부위

발등, 발목, 뒤꿈치, 무릎, 팔꿈치, 손목, 손가락 등에서 관절통이 생기게 된다.

③ 증 상

관절을 파괴하여 만성 2차성 퇴행성 관절염을 유발한다.

3. 진 단

통풍 발작이 와 있는 관절의 관절액을 뽑아 요산결정을 특수한 편광 현미경으로 확인함으로써 진단한다.

4. 치 료

(1) 약물요법

① 급성 관절염 발작의 치료로서 이 시기에는 안정과 약물치료를 하게 되며, 약물은 소염제를 처방한다.

② 약물은 통풍이 완화되었다고 해서 복용을 중단해서는 안 되며, 장기간 복용하면서 통풍을 관찰해야 한다.

(2) 비약물요법

① 관절 발작의 빈도가 매우 드물거나 다른 신체의 통풍 합병증이 없으면 식이요법이나 금주 등의 비약물요법을 우선 시도할 수도 있다.

② 관절염의 발작이 빈번하고 가족력이 있거나, 관절의 손상, 요로 결석, 통풍결절이 이미 온 경우에는 혈액내 고요산혈증을 낮추는 치료를 평생 계속하여 관절염의 예방은 물론 다른 장기에 합병증을 예방해야 한다.

(3) 식생활 개선

① 고단백, 고칼로리식은 요산을 발생시키는 퓨린이 많이 들어 있으므로 식단을 개선한다.

② 저퓨린식이와 금연을 해야 한다.

③ 음주, 비만, 고콜레스테롤혈증, 당뇨, 고혈압 등이 있는지 확인하고 이에 대한 치료를 같이 한다.

43 통풍성 관절염에 대해 설명하시오.

1. 의 의

대사 후 생성된 요산이 과도하게 많이 생산되고 콩팥을 통해 배설이 제대로 안되어 혈중에 많아진 요산이 조직에 침착하여 생기는 병이다.

2. 원 인

① 요 산
② 가족력
③ 60세 이상의 남자
④ 비 만
⑤ 육식 또는 술을 많이 하는 사람
⑥ 간과 신장의 기능이 약해서 노폐물을 배설하는 기능이 약해진 경우

3. 증 상

① 저녁 또는 아침에 첫 번째 발가락 관절이나 한 개의 관절이 심하게 아프고, 붓고, 열이 나고 빨갛게 변하면서 3일 내지 10일 정도 지속된 후 가라 앉는다.
② 초기에는 재발의 빈도가 낮으나, 시간이 갈수록, 혈중 요산치가 높을수록 재발의 횟수가 많아지게 된다.

4. 진 단

① 주사기로 염증이 있는 관절에서 관절액을 빼내어 현미경으로 요산결정체를 확인한다.
② 관절액 검사결과를 못 믿는 경우 특징적인 통풍증상과 혈액검사로 진단한다.

5. 치 료

(1) 약물요법

① 진통소염제 및 콜키친(통풍 특효약)으로 염증치료를 한다.

② 이후에는 재발을 막기 위해 요산을 낮추는 약제(알로퓨리놀, 프로베네시드)를 사용한다.

(2) 식이요법

① 요산의 재료가 되는 퓨린이 많이 함유된 식품의 섭취를 줄여야 한다.

② 비만이 혈중 요산치가 높은 것과 관련되어 있으므로 비만하다면 체중을 줄여야 한다.

44 만성 신부전 합병증에 대해 설명하시오.

1. 의 의

만성 사구체신염, 당뇨병성 신증, 신증후군 등의 원인으로 수년에 걸쳐 신기능이 서서히 저하되는 상태이며, 사구체여과율이 50% 이하로 떨어지는 단계쯤에서 만성 신부전이라 한다.

2. 원 인

만성 사구체신염에서 발전하는 것이 대부분이며, 그 외 당뇨 합병증, 고혈압 합병증이 3대 원인이다.

3. 신기능 장애 분류

제1기 예비력 저하	정상 배설 기능이 50% 이상
제2기 신기능부전	배설 기능이 30~50%
제3기 신부전	배설 기능이 5~30%
제4기 요독증	배설 기능이 5% 이하

4. 진단 및 치료

(1) 진 단

① 요 검사

혈뇨나 단백뇨 등을 파악할 수 있다.

② 신기능 검사

사구체 여과율을 측정하여 신기능을 평가한다.

③ 방사선학적 검사

신요관방광 사진, 경정맥 요로 조영술, 초음파검사가 있다.

(2) 치 료

① 보존적 치료(식이요법과 약물요법 등)

② 신장이식술

③ 인공 신장기(혈액투석, 복막투석 등)

5. 만성 신부전의 합병증

(1) 전해질 불균형

고혈압, 울혈성 심부전, 골연화증

(2) 대사의 변화

당, 지질, 단백질 대사 장애

(3) 혈액계 변화

빈혈, 혈액 응고장애

(4) 위장관 장애

식욕부진, 오심, 구토, 위장관 출혈, 설사, 변비

(5) 면역계 변화

항체 생성이 둔화되고, 백혈구의 탐식기능이 저하된다.

(6) 심혈관계 변화

동맥경화의 진행속도가 빨라져 고혈압, 심낭염, 울혈성 심부전, 다리부종 등

(7) 호흡기계 변화

폐수종, 호흡수 증가

(8) 근골격계 변화

비타민D 대사 장애, 골연화증, 골다공증

(9) 신경계 변화

건망증, 집중력 저하, 판단력 장애, 신경불안증, 발작, 혼수

45 신기능 검사의 종류에 대해 설명하시오.

1. 혈액 요소 질소(BUN, Blood Urea Nitrogen)

요소 질소는 90% 이상 거의 대부분이 신장을 통해 배설되므로 신장의 배설 기능을 알아보는 데 좋은 지표이다(정상치 9 ~ 29mg/dL).

2. 크레아티닌(Creatinine)

크레아틴은 신장과 간에서 생합성되며, 근수축 에너지로 사용되기 위해 크레아틴인산의 형태로 존재 하다가 ATP에 의해 크레아티닌이 되어 신장을 통해 배출된다. 만성 신질환의 진행단계를 판단하는 지표로 사용된다(정상치 0.4 ~ 1.5mg/dL).

3. 요산(Uric acid)

요산은 DNA를 구성하는 퓨린의 최종분해산물인 질소화합물이며, 간에서 합성 75%는 신장으로 배설 되며 25%는 소화기로 배설된다. 급성신부전에서는 요산이 대개 15mg/dL을 초과하며, 통풍 치료시 요산의 목표치는 5mg/dL 미만이다.

4. CCr(Creatinine Clearance, CrCl, 크레아티닌 청소율)

간단한 혈액검사와 24시간 채집한 소변을 이용해 신장의 노폐물 배설기능, 즉 사구체 여과율을 추정 하는 검사이다. 크레아티닌은 세뇨관에서 분비도 재흡수도 되지 않고, 혈중농도도 안정한 상태이므 로 특별한 약제를 투여하지 않고서도 간단히 사구체 여과치를 알 수 있다.

(1) 정상치 : 75 ~ 125ml/min
  ① 경도 신기능장애 : 50 ~ 70ml/min
  ② 중등도 신기능 장애 : 31 ~ 50ml/min
  ③ 고도 신기능 장애 : 30ml/min 이하

(2) 임상적 의의
  신기능의 정도를 아는데 일반적인 지표가 된다.
  ① 감소하는 경우
    사구체 병변, 만성, 급성 사구체 신염, 간질성 세뇨관 질환, 신혈관성 병변, 신부전, 쇼크, 세뇨관 혈압 상승 질환, 탈수 등 신장의 기능이 저하되었을 때이다.
  ② 증가하는 경우
    당뇨병성 신증, 임신 등이다.

46 대사증후군에 대해 설명하시오.

1. 서 론

대사증후군이란 각종 심혈관 질환과 제2형 당뇨병의 위험 요인들이 서로 관련되어 질환이 함께 동반된다(증후군)는 현상을 개념화시킨 것이다. 고중성지방혈증, 낮은 고밀도콜레스테롤, 고혈압 및 당뇨병을 비롯한 당대사 이상 등 각종 성인병이 복부비만과 함께 동시 다발적으로 나타나는 상태를 말한다.

2. 원인 및 증상

(1) 원 인

대사증후군의 발병 원인은 잘 알려져 있지 않지만, 일반적으로 인슐린 저항성(insulin resistance)이 근본적인 문제라고 추정하고 있다.

(2) 증 상

대개 복부비만이 특징적이다.

3. 진단기준

세계보건기구는 아래 중 3가지 이상이 있는 경우 대사증후군으로 정의한다.

(1) 복부비만

한국인의 경우 허리둘레 남자 ≥ 90cm, 여자 ≥ 85cm

(2) 중성 지방

150mg/dL 이상

(3) 고밀도지방

남자 40mg/dL 미만, 여자 50mg/dL 미만

(4) 높은 혈압

130/85mmHg 이상 또는 고혈압약 투약 중

(5) 혈당 장애

공복혈당 100mg/dL 이상 또는 혈당조절약 투약 중

4. 치 료

대사증후군에 대한 가장 중요한 치료방법은 체지방, 특히 내장지방을 줄이는 것이다. 이를 위해서는 적절한 식사 조절 및 규칙적이고 꾸준한 운동이 가장 중요하다.

47 류마티스 관절염의 진단기준에 대해 설명하시오.

1. 의 의

류마티스 관절염은 활막(synovium)의 염증을 시작으로 관절과 뼈를 손상시켜 변형과 장애를 유발하는 대표적인 전신적 만성 자가면역질환이다.

주로 손과 발의 작은 관절에서 시작해 큰 관절로 진행하며, 관절뿐 아니라 다른 장기도 침범하여 류마티스 결절, 심막염, 폐섬유화, 말초신경염 등 관절외 증상을 초래할 수 있다.

2. 원인 및 증상

(1) 원 인

① 정확한 원인은 밝혀지지 않았지만 자가면역현상이 주요 기전으로 알려져 있다.

② 유전적 감수성과 환경적 요인이 복합적으로 작용하여 발생하는 것으로 알려져 있다.

③ 신체적 또는 정신적 스트레스를 받은 후 발병하기 쉽다.

④ 남성보다 폐경 초기의 여성이 발병률이 높다.

(2) 증 상

① 초기 증세는 주로 손마디가 뻣뻣해지는 것으로, 특히 아침에 자고 일어난 직후에 심하며, 1시간 이상 관절을 움직여야만 뻣뻣한 증세가 풀린다.

② 무릎이나 팔꿈치, 발목, 어깨, 발까지 침범하는 경우도 흔하고 통증이 있는 마디를 만지면 따뜻한 열감을 느낄 수 있다.

③ 관절의 통증과 동시에 전신 무력감이 나타난다.

3. 진단

(1) ACR 류마티스 관절염의 분류기준(1987년)

다음 7가지 항목 중 4가지 이상을 만족하면 류마티스 관절염으로 진단하였으며, 이 중 ① ~ ④번 항목은 최소한 6주 이상 지속되어야 한다.

① 1시간 이상 지속되는 손가락의 아침강직

② 3곳 이상의 관절염

③ 손관절의 관절염

④ 대칭성 관절염

⑤ 류마티스 결절

⑥ 혈청 류마티스인자 양성

⑦ 손관절의 단순 X선 검사에서 골미란(bone erosion) 또는 골감소증의 소견

(2) ACR/EULAR 류마티스 관절염의 분류기준(2010년)

침범된 작은 관절의 수(A), 혈청 류마티스인자와 항CCP항체 검사(B), 혈청 염증반응물질, 적혈구 침강속도(erythrocyte sedimentation rate, ESR)와 C단백반응(C – reactive protein, CRP) (C), 증상의 발생 기간(D) 등을 기준으로 삼아 그 결과에 따라 총 10점 만점에 합이 6점 이상의 점수를 만족하면 류마티스 관절염으로 진단하여 조기 진단이 가능하게 되었다.

① 대상 환자

　㉠ 적어도 하나의 관절에서 분명한 활막염의 증상을 갖는 환자

　㉡ 다른 질환에 의해 잘 설명되지 않는 활막염

② 새로운 분류기준

분류기준 범주 A ~ D에서 10점 만점 중 합이 6점 이상이면 확실한 류마티스 관절염으로 분류한다.

구 분		점 수
관절 침범	큰 관절 1개	0점
	큰 관절 2 ~ 10개	1점
	작은 관절 1 ~ 3개	2점
	작은 관절 4 ~ 10개	3점
	작은 관절 1개 이상 포함 10개 이상	5점
혈청 검사	류마티스인자와 항CCP항체 모두 음성	0점
	낮은 역가의 류마티스인자 또는 항CCP항체 양성	2점
	높은 역가의 류마티스인자 또는 항CCP항체 양성	3점
혈청 염증반응물질 (ESR 또는 CRP)	혈청 염증반응물질 음성	0점
	혈청 염증반응물질 양성	1점
증상의 발생 기간	6주 이내	0점
	6주 이상	1점

48 전신홍반성 루푸스의 진단기준에 대해 설명하시오.

1. 의 의

만성 염증성 자가면역질환으로 피부, 관절, 혈액 등 신체의 다양한 기관에 침범하는 전신성 질환으로, 신체의 일부에만 나타나는 경미한 경우가 있는가 하면 생명을 위협하는 심각한 합병증이 동반되는 경우도 있다.

2. 원인 및 증상

(1) 원 인

루푸스의 정확한 원인은 아직 밝혀지지 않았지만 자가면역질환으로 몇 가지 호르몬, 유전적, 환경적 요인이 복합적으로 작용하여 발생하는 것으로 알려져 있다.

(2) 증 상

① 피부, 점막 증상

80 ~ 90%의 환자에게서 나타나는 증상으로 뺨의 발진, 원반성 발진, 광 과민성, 구강 궤양 등이 나타난다.

② 근골격계 증상

관절통과 관절염은 가장 흔히 보이는 증상으로, 주로 손, 팔목 등 작은 관절과 무릎관절을 대칭적으로 침범하는 양상을 보인다. 또한 부종이나 열감, 발진 등 관절염의 증상 없이 관절통만 나타나기도 한다.

③ 신장 증상

25 ~ 75%의 환자에서 신장기능 저하가 발생한다.

④ 뇌신경 증상

우울증, 불안, 주의력 결핍, 집중력 저하, 기억력 장애, 두통 등이 나타날 수 있으며, 정신병이나 심한 발작이 일어나기도 한다.

⑤ 기타 증상

복부 내 여러 장기에 침범할 경우 흉막염, 심낭염, 복막염 등이 발병할 수도 있으며, 그 밖에도 위장관, 간, 눈 등 다양한 전신 장기를 침범하는 경우도 있다.

3. 검사 및 진단기준

(1) 검 사

루푸스의 검사에는 특수혈액검사를 통한 자가항체검사, 일반혈액검사, 간기능 검사, 신장기능 검사 등이 있다.

(2) 진단기준

아래 11가지 진단 중 4가지 이상의 증상을 가질 경우 진단을 내린다.

① 뺨에 나타나는 나비모양의 발진

입술주위는 정상인 경우가 많다.

② 원판 모양의 피부병변

몸통, 팔, 다리에 동그랗고 융기된 원형발진이 나타난다.

③ 광 과민성

자외선 노출로 발진이 생긴다.

④ 구강궤양

보통 통증이 없는 경우가 많다.

⑤ 관절염

말초 관절 2개 이상이 비미란성 관절염이 생긴다.

* **미란성** : 피부 또는 점막이 손상된 것

⑥ 신장질환

단백뇨 또는 특정세포가 합쳐져 보일 때

⑦ 신경질환

원인이 밝혀지지 않은 간질이나 정신병이 있을 때

⑧ 장간막염

늑막염이나 심낭염

⑨ 혈액질환

용혈성 빈혈 또는 백혈구 감소증

⑩ 면역질환

세포내 핵 성분에 대한 자가항체의 발견이나 혈액내 항인지질항체의 존재

⑪ 항핵 항체

양성, 루푸스 유발 약물복용이 없을 때

49 골다공증에 대해 설명하시오.

1. 의 의

골다공증은 폐경 및 노화로 인해 뼈의 양이 감소하고 뼈 미세구조의 질적인 변화로 인해 뼈의 강도가
약화되어 척추와 대퇴, 요골 등의 골절 위험도가 증가하는 대사성 질환이다.

2. 원인 및 증상

(1) 원 인

골다공증은 주로 폐경기 이후 여성들에게 호발된다. 이는 골밀도 유지기능을 하는 에스트로겐 감소
에서 기인한다. 그 외에도 아래와 같은 원인들이 있다.

① 식이인자

저칼슘 섭취, 고단백 섭취, 알코올 중독, 카페인, 흡연

② 칼슘 흡수장애

노화, 선천적 장애, 제산제 복용(위산작용 억제), 위장관 장애

③ 비타민D 결핍

불충분한 일광노출

④ 호르몬

에스트로겐 결핍, 성장 호르몬 감소, 칼시토닌 결핍

⑤ 약물 복용

스테로이드 남용

⑥ 운동부족

고령자에서 골절을 유발하는 가장 큰 요인으로 근력강화, 유연성, 균형감각을 키우는 것이 중요
하다.

⑦ 유전적 및 체질적 인자

남성보다 여성, 흑인보다 백인이나 동양인에 다발한다.

(2) 증 상

① 요배통(등에서부터 허리에 걸쳐 무겁고 아픈 증상)이 나타난다.

② 잘 넘어진다.

③ 척추와 대퇴, 요골 등에서 쉽게 골절이 일어난다.

3. 진 단

(1) 골밀도 검사

골절 발생 확률 및 골 손실률을 알 수 있다. 주로 완관절, 척추, 고관절 세 부위의 골밀도 검사를 실시한다.

(2) T-Score

WHO는 환자의 골밀도와 소속 집단의 최고 골밀도의 비율에 따라 다음과 같이 평가한다.

① -1.0 이상 : 정상

② -1.0 ~ -2.5 : 골감소증

③ -2.5 이하 : 골다공증

④ 하나 이상의 골다공증성 골절이 동반된 경우를 중증 골다공증으로 분류한다.

4. 치 료

(1) 약물요법

칼슘제제, Vitamin-D, 칼시토닌, 에스트로겐, 부갑상선 호르몬 등을 투여한다.

(2) 운동요법

뼈를 튼튼하게 하고 골절예방에 도움을 주므로 1주일에 3번은 규칙적인 운동을 한다.

50 뇌졸중에 대해 설명하시오.

1. 의 의

뇌기능의 부분적 또는 전체적 장애가 급속히 발생하여 상당기간 지속된 것으로, 뇌혈관의 병 이외에는 다른 원인을 찾을 수 없는 상태를 말하며, 다음과 같이 분류된다.

(1) 뇌경색

뇌혈관이 막혀서 발생하는 허혈성 뇌졸중을 말한다.

(2) 뇌출혈

뇌혈관의 파열로 인한 출혈성 뇌졸중을 말한다.

2. 허혈성 뇌졸중(뇌경색)

(1) 의 의

뇌혈관 폐색으로 뇌혈류의 장애가 나타나 뇌기능이 저하되는 질환이다.

(2) 분 류

① 뇌경색

혈류장애가 지속되어 뇌조직이 비가역적 괴사에 이른 상태를 말한다.

② 일과성 허혈성 발작

적절한 치료로 뇌조직의 괴사 없이 회복된 상태를 말한다.

(3) 원 인

① 고혈압, 당뇨, 고지혈 등으로 인한 죽상동맥경화증

② 심장부정맥, 심부전/심근경색 후유증 등으로 생긴 혈전으로 인한 색전증

③ 기타 혈관질환

④ 심인성

(4) 증 상

편측마비, 안면마비, 감각/운동 이상, 구음장애, 오심/구토 등 다양하다.

(5) 진 단

① 심전도, 심초음파

② 뇌 CT(컴퓨터 단층촬영), CTA(컴퓨터단층영상 혈관조영술)

③ MRI, MRA, 확산(Diffusion)영상

확산 영상에서 증상 발현 직후 뇌경색 부위가 고신호 강도로 나타난다.

④ 카테터 뇌혈관 조영술

⑤ SPECT(Single Photon Emission Tomography)

방사선 동위원소를 이용하여 뇌 혈류의 양을 알아내는 검사

(6) 치 료

① 기도확보 및 산소공급

② 혈압/뇌압 관리

③ 약물치료 : 항혈전제, 혈소판 억제제

④ 고혈압, 당뇨, 고지혈 등의 치료

⑤ 수술치료 : 혈관내 수술, 뇌혈관문합술

심화학습	혈전용해술

뇌졸중의 증상이 처음 나타난 후 3시간이 경과하지 않았다면 폐색된 혈관의 재개통을 목표로 한 혈전용해술을 시도해 볼 수 있다. 3시간(병원에 따라 6시간) 이후의 혈전용해술은 뇌출혈의 위험이 증가하기 때문에 권장되지 않는다.

3. 출혈성 뇌졸중(뇌출혈)

(1) 의 의

두개내 출혈이 있어 생기는 모든 변화로 다음과 같이 구분한다.

① 출혈성 뇌출혈

외상으로 인한 출혈이다.

② 자발성 뇌출혈

고혈압이나 뇌동맥류, 뇌동정맥 기형 등으로 인한 출혈로 특히, 고혈압성 뇌출혈은 뇌내출혈을 초래하여 약 40% 정도의 사망률을 보인다. 연령, 고혈압, 뇌경색, 관상동맥 질환, 당뇨 등이 위험인자이다.

(2) 자발성 두개강내 출혈

① 의 의

뇌의 안쪽에 있는 가느다란 혈관이 터져서 뇌 속에 피가 고이고, 이로 인해 뇌가 손상되는 것을 말한다.

② 원 인

직접적인 외상, 골절, 뇌간의 꼬임, 고혈압, 신장병, 나이, 흡연, 당뇨병, 음주, 운동부족, 비만, 스트레스 등이 있다.

③ 증 상

㉠ 어지럽거나 머리가 아픈 증상, 구토 등이 나타난다.

㉡ 갑작스런 의식 변화, 두통, 혈압 상승, 반신 편마비 등이 나타나기도 한다.

④ 진 단

㉠ 뇌 CT

㉡ 자기공명영상촬영(MRI)

⑤ 치 료

㉠ 보존적 치료 : 우선 혈압을 적정수준으로 조절하고 출혈과 관련하여 뇌의 압력이 높아지는데 대한 치료와 더 이상의 출혈을 방지하는 치료 등을 한다.

㉡ 수술적인 치료 : 뇌를 열고 혈종을 제거하는 방법과 도관을 혈종이 있는 부위에 삽입하여 혈종을 녹여 빼내는 방법 등이 있다.

(3) 지주막하 출혈

① 의 의

지주막하 출혈로 인한 혈액은 뇌와 두개골 사이의 공간으로 흘러들어 가는데 이것은 뇌와 뇌 척수 사이에 완충 역할을 하고 있는 뇌 척수액과 혼합된다. 이로 인해 뇌 주위의 압력이 증가하고 뇌압 상승으로 인해 뇌의 기능을 방해하게 된다.

② 원 인

뇌좌상, 지주막열상, 개방성뇌손상, 관통성뇌좌상, 외실질내출혈, 뇌대혈종, 뇌실내 천파, 뇌동맥류파열, 뇌동, 정맥기형 등이 원인이다.

③ 증 상

㉠ 매우 심하고 갑작스러운 두통이 나타날 수 있다.

㉡ 오심과 구토, 뒷목의 뻣뻣함, 어지러움 등이 나타날 수 있다.

④ 진 단

요추천자, 초음파촬영, 혈관조영술, 컴퓨터단층촬영 등을 이용한다.

⑤ 치 료

㉠ 약물이나 정맥주사 : 지주막하출혈은 혈액 속의 전해질의 변화를 가져올 수 있으므로 체내 전해질 수치를 정상으로 유지하기 위해 약물이나 정맥주사를 투여한다.

㉡ 수술치료 : 동맥류 파열에 의한 출혈의 경우 출혈의 재발을 방지하기 위해 수술을 요한다.

51 뇌졸중의 종류 및 위험인자에 대해 설명하시오.

1. 뇌졸중의 종류

뇌졸중의 종류는 크게 뇌경색과 뇌출혈로 나눌 수 있다.

(1) 뇌경색(허혈 뇌졸중)

뇌혈관이 막혀서 뇌가 혈액과 산소 공급을 받지 못하여 뇌세포가 죽게 되는 경우이다.
- ① **혈전성 뇌경색** : 동맥경화로 큰 뇌혈관이 막힌 경우
- ② **색전성 뇌경색** : 심장이나 경동맥에서 생긴 혈전이 뇌혈관을 막은 경우
- ③ **열공성 뇌경색** : 작은 뇌혈관이 막힌 경우

(2) 뇌출혈(출혈 뇌졸중)

뇌혈관이 터져 피가 흘러나와 뇌에 고여서 뇌 손상이 오는 경우이다.
- ① **뇌내출혈** : 주로 고혈압, 뇌혈관 기형 등에 의한 뇌출혈
- ② **지주막하 출혈** : 뇌동맥류 파열에 의한 출혈

2. 뇌졸중의 위험인자

(1) 연 령

뇌졸중 1위 위험인자이다.

(2) 고혈압

고혈압은 뇌출혈 1위 위험인자로 연령 다음으로 가장 강력한 위험인자이다. 고혈압이 오래되면 '동맥경화증'이 생기고, 결국 혈관이 막히거나 터질 수 있다. 동맥경화증에 의한 가장 대표적인 고혈압 합병증은 '뇌졸중'과 '심근경색'이다.

(3) 심장질환

심방세동(발작성 심박세동)은 뇌졸중의 중요한 위험인자로 이 질환이 있는 환자에서 약 5배 정도 뇌졸중 발생률이 높으며, 관상동맥질환, 심부전, 심근경색, 승모판탈출증 등에서도 뇌졸중의 발생률이 높다.

(4) 당뇨병

뇌경색 1위 위험인자로 당뇨병 환자에서는 당뇨병의 유병, 성별, 나이, 고혈압 등과 무관하게 1.5배 내지 3배 정도 뇌졸중이 더 많이 발생한다. 당뇨병은 동맥경화, 심장질환 유발, 작은 혈관 손상 등의 기전으로 혈전성, 색전성 및 열공성 뇌경색을 모두 일으킬 수 있다.

(5) 흡 연

담배를 피우는 사람은 비흡연자보다 뇌졸중 발생의 위험이 높고, 금연하면 급속하게 그 위험성이 감소한다.

(6) 일과성 뇌허혈 발작

일과성 뇌허혈 발작은 후속적으로 뇌졸중이 발생될 수 있는 강력한 표지로, 일과성 뇌허혈 발작이 생긴 후 1년 이내에 뇌졸중이 발생할 위험률이 가장 높다.

심화학습	일과성 뇌허혈 발작

심하게 좁아진 뇌혈관으로 피가 흐르지 못하다가 다시 흐르거나 뇌혈관이 피떡(혈전)에 의해 막혔다가 다시 뚫린 것으로 뇌졸중 증상이 잠깐 왔다가 수 분에서 수 시간 내에 곧 좋아진다. 일과성 뇌허혈 발작은 금방 아무 일도 없었던 듯이 증상이 사라지기 때문에 대부분의 사람들은 이를 무시하기 쉽다. 또한 이런 증상들이 고령, 피로 등의 원인으로 발생했다고 여기고 간과하기 쉽다. 그래서 중요한 치료의 시기를 놓치는 경우가 많다. 경미한 뇌졸중이지만 가볍게 보아서는 안 될 것이다. 일과성 뇌허혈 발작은 당장 심각한 후유증을 남기지는 않지만 앞으로 발생할 뇌졸중의 강력한 경고이다. 일과성 뇌허혈 발작의 경험자 중 1/3에서 뇌졸중이 발생한다.

52 　뇌하수체 선종에 대해 설명하시오.

1. 의 의

뇌하수체 선종이란 뇌 조직 중 호르몬 분비를 담당하는 뇌하수체에 발생하는 모든 양성 종양을 말한다.

2. 분 류

(1) 비기능성 종양

호르몬을 분비하지 않은 세포들이 종양으로 발달하는 경우이다. 종괴효과로 주변 신경조직을 압박하게 되어 시력저하, 시야감소 증세가 나타난다.

(2) 기능성 종양

특정 호르몬을 과다 분비하는 종양이므로 호르몬 과다로 인한 증상이 나타난다.
　① 유즙분비 호르몬 분비선종(프로락틴 선종)
　② 성장 호르몬 분비선종
　③ 부신피질자극 호르몬 분비선종

3. 원인 및 증상

(1) 원 인
　① 시상하부의 기능장애
　② 뇌하수체세포 자체의 이상

(2) 증 상
　① 종양의 확장에 의한 두통, 시야 장애
　② 유루증(모유수유를 하지 않아도 젖이 나오는 증상) 및 성선기능저하증
　③ 가임 여성의 경우 늦은 초경, 월경장애, 불임 등

4. 검 사

(1) 방사선학적 진단
　　① 뇌 MRI
　　② 고해상도 CT
　　③ 뇌혈관 조영술

(2) 혈액검사(호르몬 수치 검사)
　　① 기능성과 비기능성 판단요소
　　② 유즙분비 호르몬, 코티졸, T4, 남성호르몬, 황체형성호르몬, 난포형성 호르몬 검사

5. 치 료

(1) 외과적 수술
크기가 큰 비기능성 종양이 시야장애나 주변장기 압박증세를 보이면 빠른 수술적 제거가 필요하다.

(2) 방사선 치료
① 수술적 치료가 어려운 경우, ② 수술적 제거 후 종괴가 완전히 절제되지 않은 경우, ③ 종괴의 재발로 반복적인 수술을 해야 하는 경우 방사선 치료를 고려한다.

(3) 약물요법
소마토스타틴 유도체, 도파민 유도체 등이 있다.

53 뇌하수체 호르몬에 대해 설명하시오.

1. 서 론

뇌하수체는 타원형 기관으로 전엽과 후엽으로 구성되어 있고, 전엽에서 6개, 후엽에서 2개의 호르몬을 생산한다.

2. 뇌하수체 전엽 호르몬

(1) 여포자극 호르몬[FSH]

난소에서 여포의 성숙을 촉진, 정소에서 정자의 성숙을 촉진한다.

(2) 황체형성 호르몬[LH]

배란을 촉진하고 정소에서 테스토스테론의 생산을 촉진한다.

(3) 프로락틴

수유 중인 여자의 모유 분비를 촉진한다.

(4) 성장 호르몬

다양한 물질대사에 영향을 주는데, 특히 단백질 생성에 영향을 준다.

(5) 부신피질 자극 호르몬[ACTH]

부신피질에서의 일련의 호르몬 생산을 자극한다.

(6) 갑상선 자극 호르몬[TSH]

갑상선에서의 호르몬 생산을 자극한다.

3. 뇌하수체 후엽 호르몬

(1) 옥시토신

임산부의 출산시 자궁수축을 촉진시켜 주고, 수유활동을 증진시켜 준다.

(2) 바소프레신[ADH]

신장에서의 수분재흡수를 촉진시켜 준다.

심화학습	뇌하수체

1. 정 의

뇌의 가운데 위치한 작은 내분비샘으로 우리 몸의 다양한 호르몬 분비를 총괄하는 기관이다. 뇌하수체는 전엽과 후엽으로 나뉘며, 각각에서 다른 호르몬이 분비되어 우리 몸의 생식과 발육, 대사에 관여하게 된다.

2. 위 치

뇌의 가운데 아래쪽, 나비뼈의 위쪽에 위치하고 있다.

3. 구 조

뇌하수체는 1.2 ~ 1.5cm 크기에 500 ~ 600mg 정도의 무게를 가지며, 전엽과 후엽으로 구분된다. 뇌하수체 전엽은 다각형 세포로 구성되어 있으며, 구강으로부터 기원하고 있다. 뇌하수체 후엽은 시상하부로부터 기원하며, 전엽보다 크기는 작다.

---

54 부신의 기능에 대해 설명하시오.

1. 정상상태와 그 기능

부신은 양측 신장 위에 존재한다. 외부를 부신피질이라 하며, 스테로이드 호르몬을 분비한다. 내부를 부신수질이라 하며, 신경조직에서 발생되었고 아미노산인 티로신의 유도체로 된 호르몬을 분비한다.

2. 부신피질

부신의 바깥쪽에서 스테로이드 호르몬을 생성하고 분비하는 기관으로 부신의 90%를 차지한다. 뇌하수체와 관련하여 생명유지에 없어서는 안 될 호르몬을 분비하는데, 이를 코르티코이드라 총칭한다.

(1) 무기질코르티코이드

혈액과 조직액에서 이온 균형을 조절하는 호르몬 집단으로 가장 중요한 호르몬인 알도스테론은 신장에서 나트륨이온의 재흡수와 칼륨이온의 분비를 촉진한다.

(2) 당질코르티코이드

여러 개의 호르몬 중 가장 강하고 우세하게 활동하는 코티솔은 당합성 증가와 항염작용을 담당한다.

(3) 부신 성호르몬

안드로겐(남성화)과 에스트로겐(여성화)이 부신피질에서 분비된다. 에스트로겐은 아주 소량 분비되며, 안드로겐은 남성의 초기 성기관 발달에 매우 중요한 일을 한다.

3. 부신수질

부신피질에 둘러싸여 있는 내부의 부드러운 조직을 말하며, 적갈색을 띠고 있다. 전체 내분비선의 약 15%를 구성하며, 부신피질자극 호르몬의 조절을 받지 않는다. 스테로이드성 호르몬을 생산하지 않지만 아드레날린과 노르아드레날린이 생산된다.

(1) 아드레날린(에피네프린)

간에서의 글리코겐(glycogen) 분해, 근육에서의 포도당 섭취 감소에 의한 혈당상승작용과 혈압상승, 맥박수와 심박출력의 증가, 말초혈관 이완에 의한 저항성 감소작용이 있으며, 지방분해를 촉진하여 혈중 지방산의 증가를 가져온다.

(2) 노르아드레날린(노르에피네프린)

교감신경전달물질로 말초혈관 수축에 의한 저항성 증가와 혈압상승, 맥박수의 감소, 심박출력의 감소를 가져오는 작용을 하며, 혈당상승작용은 약하다.

55 빈혈의 진단기준에 대해 설명하시오.

1. 의 의

빈혈은 혈액이 인체 조직의 대사에 필요한 산소를 충분히 공급하지 못해 조직의 저산소증을 초래하는 경우를 말한다.

2. 원 인

① 부적절한 식이
② 흡수장애
③ 위장의 출혈, 치질, 월경과다 등

3. 진 단

조직에 산소를 공급하는 일은 혈액 내의 적혈구가 담당하고 있으므로 적혈구 내의 혈색소(헤모글로빈)를 기준으로 하여 진단한다.
① 6개월 ~ 6세 이하 : 11g/dL 미만
② 6세 ~ 14세 이하 : 12g/dL 미만
③ 성인 남자 : 13g/dL 미만, 헤마토크릿트 39% 미만
④ 성인 여자 : 12g/dL 미만, 헤카토크릿트 36% 미만

4. 치 료

① 균형된 식사
② 경구용 철분제
③ 비경구용 철분제
　　경구용 철분제제를 견딜 수 없는 환자, 출혈이 심하여 경구용으로 대상할 수 없는 경우, 철분흡수장애가 있는 경우, 원인 증상이 철분 투여시 더 악화되는 경우에 사용된다.

56 법정 감염병에 대해 설명하시오.

1. 의 의

시회적 파급력이 큰 감염병들을 법적으로 정해 놓고, 환자가 발생하였을 때 의무적으로 신고하도록 되어 있는 감염병을 법정 감염병이라고 한다.

「감염병의 예방 및 관리에 관한 법률」에서 "감염병이란 제1급 감염병, 제2급 감염병, 제3급 감염병, 제4급 감염병, 기생충감염병, 세계보건기구 감시대상 감염병, 생물테러감염병, 성매개감염병, 인수(人獸)공통감염병 및 의료관련감염병을 말한다"고 규정하고 있다.

2. 감염병의 분류

(1) 제1급 감염병

생물테러감염병 또는 치명률이 높거나 집단 발생의 우려가 커서 발생 또는 유행 즉시 신고하여야 하고, 음압격리와 같은 높은 수준의 격리가 필요한 감염병을 말한다.

(2) 제2급 감염병

전파가능성을 고려하여 발생 또는 유행시 24시간 이내에 신고하여야 하고, 격리가 필요한 감염병을 말한다.

(3) 제3급 감염병

그 발생을 계속 감시할 필요가 있어 발생 또는 유행시 24시간 이내에 신고하여야 하는 감염병을 말한다.

(4) 제4급 감염병

제1급 감염병부터 제3급 감염병까지의 감염병 외에 유행 여부를 조사하기 위하여 표본감시 활동이 필요한 감염병을 말한다.

(5) 기생충감염병

기생충에 감염되어 발생하는 감염병 중 보건복지부장관이 고시하는 감염병을 말한다.

(6) 세계보건기구 감시대상 감염병

세계보건기구가 국제공중보건의 비상사태에 대비하기 위하여 감시대상으로 정한 질환으로서 질병관리청장이 고시하는 감염병을 말한다.

(7) 생물테러감염병

고의 또는 테러 등을 목적으로 이용된 병원체에 의하여 발생된 감염병 중 질병관리청장이 고시하는 감염병을 말한다.

(8) 성매개감염병

성 접촉을 통하여 전파되는 감염병 중 질병관리청장이 고시하는 감염병을 말한다.

(9) 인수공통감염병

동물과 사람간에 서로 전파되는 병원체에 의하여 발생되는 감염병 중 질병관리청장이 고시하는 감염병을 말한다.

(10) 의료관련감염병

환자나 임산부 등이 의료행위를 적용받는 과정에서 발생한 감염병으로서 감시활동이 필요하여 질병관리청장이 고시하는 감염병을 말한다.

(11) 관리대상 해외 신종감염병

기존 감염병의 변이 및 변종 또는 기존에 알려지지 아니한 새로운 병원체에 의해 발생하여 국제적으로 보건문제를 야기하고 국내 유입에 대비하여야 하는 감염병으로서 질병관리청장이 보건복지부장관과 협의하여 지정하는 것을 말한다.

3. 법정 감염병(제1급 ~ 제4급)의 세부종류

제1급 감염병	• 에볼라바이러스병 • 라싸열 • 남아메리카출혈열 • 두 창 • 탄 저 • 야토병 • 중증급성호흡기증후군(SARS) • 동물인플루엔자 인체감염증 • 디프테리아	• 마버그열 • 크리미안콩고출혈열 • 리프트밸리열 • 페스트 • 보툴리눔독소증 • 신종감염병증후군 • 중동호흡기증후군(MERS) • 신종인플루엔자
제2급 감염병	• 결 핵 • 홍 역 • 장티푸스 • 세균성이질 • A형간염 • 유행성이하선염 • 폴리오 • b형헤모필루스인플루엔자 • 한센병 • 반코마이신내성황색포도알균(VRSA) 감염증 • 카바페넴내성장내세균속균종(CRE) 감염증	• 수 두 • 콜레라 • 파라티푸스 • 장출혈성대장균감염증 • 백일해 • 풍 진 • 수막구균 감염증 • 폐렴구균 감염증 • 성홍열
제3급 감염병	• 파상풍 • 일본뇌염 • 말라리아 • 비브리오패혈증 • 발진열 • 렙토스피라증 • 공수병 • 후천성면역결핍증(AIDS) • 뎅기열 • 웨스트나일열 • 진드기매개뇌염 • 치쿤구니야열 • 지카바이러스 감염증 • 크로이츠펠트 – 야콥병(CJD) 및 변종크로이츠펠트 – 야콥병(vCJD)	• B형간염 • C형간염 • 레지오넬라증 • 발진티푸스 • 쯔쯔가무시증 • 브루셀라증 • 신증후군출혈열 • 황 열 • 큐열(Q熱) • 라임병 • 유비저(類鼻疽) • 중증열성혈소판감소증후군(SFTS)
제4급 감염병	• 인플루엔자 • 회충증 • 요충증 • 폐흡충증 • 수족구병 • 클라미디아감염증 • 성기단순포진 • 장관감염증 • 해외유입기생충감염증 • 사람유두종바이러스 감염증 • 메티실린내성황색포도알균(MRSA) 감염증 • 다제내성아시네토박터바우마니균(MRAB) 감염증	• 매독(梅毒) • 편충증 • 간흡충증 • 장흡충증 • 임 질 • 연성하감 • 첨규콘딜롬 • 급성호흡기감염증 • 엔테로바이러스감염증 • 반코마이신내성장알균(VRE) 감염증 • 다제내성녹농균(MRPA) 감염증

57 백내장에 대해 설명하시오.

1. 의의

백내장은 동공의 뒤에 있는 수정체가 흐려지고 혼탁해지면서 시력저하가 일어나는 질환을 말한다.

2. 백내장의 종류

(1) 노인성 백내장

시력장애의 주원인이며, 50세경에 시작되어 나이가 들면서 진행된다.

(2) 선천성 백내장

유전에 의한 것과 임신 중에 모체가 풍진, 이하선염 등을 앓았을 경우 발생한다.

(3) 외상성 백내장

외상으로 수정체가 파열되거나, 타박으로 인하여 수정체 혼탁이 오는 경우 발생한다.

(4) 당뇨병성 백내장

유아성 당뇨환자에게 일찍 나타날 수 있고, 진행이 매우 빠른 것이 특징이다.

(5) 합병성 백내장

포도막염, 녹내장, 안약 및 내복약의 부작용 등으로 수정체에 혼탁이 오는 경우이다.

3. 증상 및 진단

(1) 증상

① 시력이 흐려지고, 복시와 눈부심이 나타난다.

② 동공이 확대되어 불빛이 밝지 않을 때 더 잘 본다.

③ 수정체가 혼탁되어도 통증은 없다.

④ 보통 양측성으로 오며, 양 눈의 진행정도는 다르다.

(2) 진단

산동 검사를 통해 동공을 확대시킨 후 세극등현미경 검사(일종의 현미경 검사로 눈을 최대 40배까지 확대하여 자세히 볼 수 있는 검사 방법)로 수정체 혼탁의 정도와 위치를 확인한다.

심화학습 | **백내장의 구분**

백내장은 검사로 확인한 혼탁의 위치에 따라 크게 전낭하 백내장, 핵경화 백내장, 후낭하 백내장로 구분할 수 있다.

1. **전낭하 백내장**
   수정체의 전면을 싸고 있는 막(전낭)의 안쪽에 생긴 백내장을 말한다.
2. **핵경화 백내장**
   수정체의 중심부인 핵이 딱딱해지고 뿌옇게 변하는 백내장으로, 중심부에 생긴 백내장을 말한다.
3. **후낭하 백내장**
   수정체의 뒷면을 감싸고 있는 후낭 바로 앞쪽에 생긴 백내장을 말한다.

---

4. 치료

(1) 약물치료

초기에 약물치료로 진행속도를 더디게 할 수 있지만, 호전시킬 수는 없다.

(2) 근본적인 치료

혼탁한 수정체를 제거하고 인공수정체로 대체한다.

58 치매의 원인과 진단에 대해 설명하시오.

1. 의 의

치매는 후천적으로 기억, 언어, 판단력 등의 여러 영역의 인지 기능이 감소하여 일상생활을 제대로 수행하지 못하는 임상 증후군을 말한다. 치매에는 '알츠하이머병'이라 불리는 노인성 치매, 중풍 등으로 인해 생기는 혈관성 치매가 있으며, 이 밖에도 다양한 원인에 의한 치매가 있을 수 있다.

2. 원 인

(1) 알츠하이머병

① 원인 미상의 신경퇴행성 질환으로 전체의 50 ~ 60%를 차지한다.

② 두뇌의 수많은 신경세포가 서서히 쇠퇴하여 뇌조직이 소실되고 뇌가 위축되게 된다. 이에 대해서는 뚜렷한 원인이 밝혀지지 않고 있다.

(2) 혈관성 치매

① 뇌의 혈액순환장애에 의한 혈관성 치매가 20 ~ 30%를 차지한다.

② 뇌 안에서 혈액순환이 잘 이루어지지 않아 서서히 신경세포가 죽거나, 갑자기 큰 뇌혈관이 막히거나 뇌혈관이 터지면서 뇌세포가 갑자기 죽어서 생기는 치매를 말한다.

3. 증 상

(1) 기억력 저하

건망증이라면 어떤 사실을 기억하지 못하더라도 힌트를 주면 금방 기억을 되살릴 수 있지만 치매에서는 힌트를 주어도 모르는 경우가 많다.

(2) 언어장애

가장 흔한 증상은 물건의 이름이 금방 떠오르지 않아 머뭇거리는 현상인 '명칭 실어증'이다.

(3) 시공간 파악능력 저하

길을 잃고 헤매는 증상이 나타날 수 있다.

(4) 계산능력의 저하

거스름돈과 같은 잔돈을 주고받는데 자꾸 실수가 생기고, 전에 잘하던 돈 관리를 못하게 되기도 한다.

(5) 성격 변화

매우 흔하게 나타날 수 있는 증상으로, 예를 들어 과거에 매우 꼼꼼하던 사람이 대충대충 일을 처리한다거나 전에는 매우 의욕적이던 사람이 매사에 관심이 없어지기도 한다.

(6) 감정의 변화

특히 우울증이 동반되는 경우가 많고, 수면장애가 생길 수도 있어 잠을 지나치게 많이 자거나 반대로 불면증에 시달리기도 한다.

4. 치매의 진단평가

(1) CDR(치매임상평가척도)

치매환자의 중증도를 평가하는 대표적인 척도(선별검사 아님)로 다음의 6가지 평가에 기초하여 5단계로 구분한다.
① 기억력
② 지남력
③ 판단력과 문제해결능력
④ 사회활동
⑤ 집안생활과 취미
⑥ 위생과 몸치장

(2) MMSE(인지기능선별검사)

노인의 인지기능을 평가하는데 가장 널리 사용되는 평가도구이다.
① 기억력
② 지남력
③ 주의집중력
④ 시공간구성능력
⑤ 언어관련기능
⑥ 전두엽 집행기능

(3) GDS(전반적 퇴화척도)

CDR과 마찬가지로 치매의 유무를 판별하기 위한 도구가 아니라, 퇴행성 치매의 중증도를 평가하기 위한 도구이다.

(4) 7분 치매선별검사

10분 이내에 시행할 수 있는 간편한 치매 조기선별도구이다.

59 **외상 후 스트레스 장애(PTSD)에 대해 설명하시오.**

1. 의 의

심각한 외상을 겪은 후에 나타나는 불안장애를 의미한다.

2. 원인 및 위험인자

(1) 원 인

① 어떤 외상적 사건이 질병을 일으킨다. 남자의 경우 전쟁 경험이 많고 여자의 경우 물리적 폭행, 강간을 당한 경우가 많다.

② 외상을 경험한 모든 사람에게서 병이 발병하지는 않는 것을 고려하면 단순히 외상만은 아니고 다른 생물학적, 정신 사회적 요소가 발병에 관여한다고 볼 수 있다.

(2) 위험인자

① 아동기 외상의 경험

② 경계성, 의존성 및 반사회성 인격장애의 경향이 있는 경우

③ 여 자

④ 정신과 질환에 취약한 유전적 특성

⑤ 최근 스트레스가 되는 생활변화

⑥ 부적절한 가족, 동료의 정서적 지원

⑦ 과도한 음주

3. 증상 및 진단

(1) 증 상

① 꿈이나 반복되는 생각을 통해 외상의 재경험

② 외상과 연관되는 상황을 피하려고 하거나, 무감각해지는 것

③ 자율신경계가 과각성되어 쉽게 놀라고 집중력 저하, 수면 장애, 짜증 증가 등

(2) 진단기준

외상 후 스트레스 장애의 진단은 환자면담과 심리검사 등을 통해 내려지며, 진단기준은 다음과 같다.

① 외상을 경험하고 이후 극심한 불안, 공포, 무력감, 고통을 느낌

② 외상에 대한 재경험(악몽, 환시, 생각, 해리를 통한 경험)

③ 외상에 대한 회피 또는 무감각(외상 관련된 것에 대해 말을 하지 않고 장소를 피함, 외상 관련된 일이 기억나지 않음, 감각의 저하, 의욕 저하 등)이 3가지 이상

④ 각성 상태(수면 장애, 짜증·분노 증가, 집중력 저하, 자주 놀람 등)의 증가가 2가지 이상

4. 검사 및 치료

(1) 검 사

① 뇌 자기공명영상 촬영

② 뇌파 검사

(2) 치 료

① **심리치료요법** : 개인적인 면담, 최면요법

② **약물치료** : SSRI(선택적 세로토닌 재흡수 억제제 – 항우울제의 일종)

③ **정신치료** : 정신역동적 정신치료

5. 실 무

제3보험 장해분류표 신경계/정신행동장해에서 외상 후 스트레스성 장애는 면책대상이다.

인플루엔자 예방접종의 적응증에 대해 설명하시오.

예방접종 대상은 나이가 6개월 이상인 사람 중에서 다음과 같다.

① 폐질환, 심장질환(만성 기관지염, 천식 등)

② 만성질환으로 요양원이나 집단 치료소에 있는 사람들

③ 병원에 다닐 정도의 만성질환(당뇨, 만성 간질환, 암, 면역저하질환 등)

④ 65세 이상의 노인

⑤ 의료인 또는 환자가족

⑥ 본인이 원할 때, 해외여행 전에 여행지가 인플루엔자 유행시기 때, 국가 중요 임무 담당자들

    * 임신 14주 이상이면서 인플루엔자가 유행할 경우에는 임산부에게도 접종이 가능하다.

61 대상포진에 대해 설명하시오.

1. 의 의

대상포진은 어릴적 수두를 앓은 사람에게 발생하게 되고, 몸에 남아있던 수두균에 의해 피부에 작은 물집들이 띠 모양으로 발생하고, 극심한 통증을 유발하는 질환이다.

2. 원인 및 위험인자

(1) 원 인

대상포진은 원인균인 베리셀라 – 조스터 바이러스(varicella-zoster virus, VZV)에 의해 발생한다.

(2) 위험인자

① 60세 이상의 노인

② 스트레스

③ 호지킨 병(림프조직에 감염이 일어나 무제한으로 증식하는 병)

④ 저항력이 감소되는 병에 걸렸을 경우

⑤ 항암제, 면역억제제 같은 약물복용시

3. 증상 및 진단

(1) 증 상

① 주로 발생하는 증상은 통증인데, 몸의 한 쪽 부분에 국한되는 경우가 대부분이며 아프거나 따끔거리는 증상이 발생한다.

② 이러한 증상이 1 ~ 3일간 지속된 이후에 붉은 발진이 일어나게 되고 열이나 두통이 발생하게 된다.

③ 수포는 2 ~ 3주간 지속되며, 이것이 사라지면 농포나 가피가 형성되고 점차 사라지게 된다.

(2) 진 단

① 대상포진은 피부에 나타나는 병적인 변화가 매우 특징적이므로 증상을 관찰하여 임상적으로 진단을 할 수가 있다. 단, 면역억제 환자는 피부의 병적인 변화가 특징적이지 않을 수 있다.

② 전형적인 피부변화가 나타나지 않는 경우에는 피부병변을 긁어 현미경적 검사, 바이러스 배양, 또는 분자유전자 검사를 할 수 있다.

4. 치료 및 합병증

(1) 치료

① 항바이러스제제 투여

② 진통제 및 소염제 투여

(2) 합병증

① 포진 후 신경통

통증은 병변이 사라진 후에도 지속될 수 있는데, 이를 포진 후 신경통이라고 한다. 포진 후 신경통은 통증이 매우 심하여 일반적인 진통제에 잘 반응하지 않을 정도로 아주 심한 경우에는 신경차단술 등을 시행하기도 한다.

② 람세이-헌트 증후군

대상포진이 안면신경을 따라 발생할 경우 안면신경 마비증상이 발생할 수 있으며, 이 경우 한쪽 눈이 감겨지지 않고, 입이 삐뚤어지게 된다.

③ 각막염과 실명

삼차신경의 안신경절을 침범한 경우 각막염에 걸리거나 심한 경우 시력을 잃을 수도 있다.

62 수면무호흡증에 대해 설명하시오.

1. 의 의

수면무호흡증은 목구멍 속 공기의 통로가 막혀 10초 이상 숨을 쉬지 않는 무호흡상태가 1시간당 5회 이상이거나, 7시간의 수면시간 동안 30회 이상인 경우를 말한다.

2. 위험인자 및 증상

(1) 위험인자

    ① 비 만

    ② 구조적 기형(특히 편도, 목젖, 연구개 등의 비대증이나 비용종 등)

    ③ 가족력

    ④ 음 주

    ⑤ 갑상샘 기능 저하증(hypothyroidism)

    ⑥ 양악수술

(2) 증 상

    ① 아침에 피로감

    ② 낮에 권태감

    ③ 증상이 악화됨에 따라 주의력 산만, 판단력 저하 등

3. 진 단

(1) 병력 진단

본인이나 배우자 또는 가족들을 통해 증상을 듣고 진단할 수 있다. 주간에 얼마나 졸리는지에 대한 문진을 통해서도 코골이나 무호흡의 심한 정도를 파악할 수 있다.

(2) 수면다원검사

8시간 동안 잠을 자면서 뇌파, 안구운동, 심전도, 근전도, 혈압, 호흡, 혈중 산소포화도 등을 측정하고, 이 결과를 바탕으로 코골이와 수면장애 정도를 진단한다.

4. 치 료

(1) 수 술
비강수술, 레이저 코골이 수술 등을 시행한다.

(2) 지속성비강 기도양압호흡기
코 위에 마스크를 밀착하여 기도 폐쇄를 방지한다.

5. 합병증

(1) 고혈압
수면무호흡 환자의 50% 정도는 고혈압을 동반한다.

(2) 허혈성 심질환
저산소증, 고혈압 등으로 심장마비가 올 수도 있다.

(3) 부정맥
수면무호흡증 환자의 50% 정도가 야간 심부정맥이 발생한다.

(4) 폐질환
폐성 고혈압, 호흡부전 등을 유발한다.

63 **자살 위험인자에 대해 설명하시오.**

자살의 주요 위험인자는 다음과 같다.

① 남 자

② 청소년, 노인

③ 우울증이 심한 경우

④ 자살 시도의 과거력

⑤ 알코올이나 약물남용

⑥ 환시, 환청 등의 정신병적인 증상이 있는 경우

⑦ 사회적 고립

⑧ 자살계획이 치밀한 경우

⑨ **독신** : 미혼에서 가장 위험하고, 배우자 사망, 별거나 이혼

⑩ **질병** : 암 병력 환자

제2과목

책임보험 · 근로자 재해보상보험의 이론과 실무

Essential
(에센셜)

배상책임보험

Chapter 1 법률상 배상책임

Theme 1 과실책임·무과실책임

1. 과실책임주의(= 자기책임주의)

(1) 의 의

자기의 고의 또는 과실에 의한 행위에 대하여만 책임을 진다는 원칙(= 자기책임주의)으로 법률관계는 개인의 자유로운 의사를 바탕으로 이루어지므로 그 책임도 그의 의사에 의한 것이어야 한다는 것이다. 과실책임주의는 사적자치의 원칙과 함께 현대 「민법」의 기본원리로 개인의 자유로운 활동을 보장하려는 것이다. 가해자는 본인행위에 대해서만 책임을 진다.

(2) 손해배상청구와 입증책임

과실책임주의에서 가해자는 본인 행위에 대해서만 책임을 진다. 따라서 손해배상청구권자는 가해자의 고의 또는 과실과 손해간의 인과관계를 입증하여야 손해배상청구가 가능하다.

(3) 배상책임보험에서의 적용

임의가입 형태를 띄는 배상책임보험 대부분이 과실책임주의를 적용하여 피보험자의 과실행위로 인해 제3자가 손해를 입은 경우를 담보하고 있다. 그러나 고의로 인한 손해는 우연성 결여 등을 이유로 보험종목을 막론하고 담보하지 않는 것이 원칙이지만 아주 예외적으로 인격침해로 인한 배상책임이나 무체물에 대한 배상책임 등은 특약을 통해 담보하기도 한다.

2. 무과실책임(Liability without Fault)

(1) 의 의

과실책임에 대응하는 개념으로, 타인에 대한 가해자의 행위에 고의 또는 과실이 없어도 행위와 손해 간 인과관계만 있다면 부담하게 되는 책임을 말한다(미국법상 Strict Liability라고 표현되기도 함). 현재 우리나라에서는 과실책임을 기본으로 광업이나 원자력 산업 등 다수의 높은 위험을 가지는 사업에 관하여 무과실책임을 적용시키고 있으며, 아래의 이론적 근거를 바탕으로 하고 있다.

① 위험책임주의

공공적 위험을 야기시키는 자는 그로 인하여 생기는 손해에 대하여 책임을 부담한다.

② 보상책임주의

이익을 얻는 과정에서 타인에게 손해를 끼쳤다면 그 이익 중에서 배상을 시키는 것이 공평하다.

(2) 입증책임

가해자가 본인의 행위와 피해자의 손해간 인과관계가 없음을 입증하여 면책을 주장할 수 있다. 이는 상대적 약자인 피해자를 보호하기 위한 입증책임의 전환이라 볼 수 있다.

심화학습	입증책임의 전환

- **과실의 추정** : 피해자 쪽에서 가해행위로 손해가 발생하였음을 증명한 때에는 가해자에게 과실이 있는 것으로 일응 추정되고, 가해자 쪽에서 과실이 없음을 증명하지 못하면 책임을 지게 된다. 판례는 주로 환경오염사고, 제조물 책임, 의료사고 등에서 가해자의 과실을 추정한다.
- **무과실책임주의** : 가해자가 본인의 행위와 피해자의 손해간 인과관계가 없음을 입증하여 면책을 주장할 수 있다.

(3) 엄격책임과의 비교

구 분	무과실책임	엄격책임
의 의	가해자의 과실을 책임요건으로 하지 않는다.	행위자의 과실이 아닌 결과에 대한 책임이다.
책임부담	가해자의 고의·과실이 없어도 부담한다.	고의·과실 여부를 묻지 않고 발생 결과에 대해 무조건 부담한다(무과실책임주의에 바탕을 두고 있음).
예	공작물소유자책임 원자력배상책임 특수건물화재신체배상책임	제조물책임

(4) 배상책임보험에서의 적용

배상책임보험에서는 근로자의 과실로 인한 손해에 대한 사용자의 책임을 담보하는 근재보험(근로자재해보장책임보험)과 그 외에도 강제 가입되는 책임보험(자동차손해배상책임, 제조물책임, 원자력손해배상책임 등)에서 무과실책임주의를 적용시키고 있다.

1. 의 의

피해자(손해배상청구권자)가 보험자에게 직접 본인이 입은 손해의 배상 또는 보상을 청구할 수 있는 권리를 말한다.

2. 법적 근거

「상법」제724조(보험자와 제3자와의 관계) 제2항에 의하면, 제3자는 피보험자가 책임을 질 사고로 입은 손해에 대하여 보험금액의 한도 내에서 보험자에게 직접 보상을 청구할 수 있다.

3. 취 지

① 가해자의 무능력·무성의로부터 피해자를 보호한다.
② 보상절차 간소화를 통해 피해자를 효율적으로 구제한다.

4. 특 징

(1) 독립성

보험사고발생시 피보험자가 가지는 권리와는 별개로 법 규정에 의해 원시취득 한다.

(2) 강행성

「상법」제724조 제2항에 의해 강행규정화 되어 있다.

(3) 배타성

피보험자의 보험금청구권과 경합시 직접청구권이 우선한다(대법원 2014.9.25. 선고, 2014다 207672, 판결).

(4) 자주성

피보험자의 협력 없이 직접청구권을 행사할 수 있다. 단, 직접청구권은 가해자가 가입한 책임보험계약을 전제로 하고 있기 때문에 보험자가 피보험자에게 가지는 항변으로 피해자에게 대항할 수 있다.

(5) 부종성

피해자의 피보험자에 대한 손해배상청구권이 소멸하면 같이 소멸된다.

5. 법적 성질(손해배상청구권설 & 보험금청구권설)

(1) 손해배상청구권설(최근 판례)

피해자가 피보험자에게 가지는 법률상 손해배상청구권은 보험자가 피보험자와 연대하여 인수한 것이므로 피해자는 보험자에게도 손해배상을 직접 청구할 수 있다.

(2) 보험금청구권설

피해자의 직접청구권은 피보험자와 보험자간의 보험계약을 전제로 하고 있고, 이 계약은 보험자는 피보험자의 피해자에 대한 손해배상책임을 연대하여 인수하는 것이 아닌 손해의 보상을 약정한 것일 뿐이다.

(3) 비 교

구 분	손해배상청구권설	보험금청구권설
지급액 산정기준	일반손해배상액 또는 소송판결액 기준	약관상 기준
지연이자	연 5푼(민사손해배상채권 법정이자)	연 6푼(상사채권 법정이자)
소멸시효	청구권자가 손해 및 가해자를 안 날로부터 3년 (민법 제766조)	청구권자가 보험사고의 발생을 알았거나 알 수 있었던 때로부터 3년(상법 제662조 & 판례)

> **판 례** **보험금청구권의 소멸시효**
>
> 일반적으로 보험사고가 확정된 때부터 기산하는 것이 원칙이지만, 보험사고의 발생이 객관적으로 분명하지 않을 경우에도 이와 같이 기산한다면, 이는 보험금청구권자에게 가혹한 결과를 초래하게 되어 정의와 형평의 관념에 반하고, 소멸시효제도 취지에도 부합하지 않는다. 따라서 객관적으로 보아 보험사고가 발생한 사실을 확인할 수 없는 사정이 있는 경우에는 보험금청구권자가 보험사고발생을 알았거나 알 수 있었던 때부터 보험금청구권 소멸시효가 진행된다(대법원 2008.11.13. 선고, 2007다19624, 판결).

6. 직접청구권에 대한 보험자의 항변사유

(1) 피보험자의 제3자(피해자)에 대한 항변사유

보험자는 피보험자가 그 사고에 관하여 가지는 항변으로써 제3자에게 대항할 수 있다(상법 제724조 제2항).

(2) 보험자가 계약자 또는 피보험자에 대한 항변사유

보험자가 계약자 또는 피보험자에게 가지는 항변사유로 피해자에게 대항할 수 있다.

① 직접청구권은 보험계약을 전제로 하고 있으므로, 보험자가 보험계약자 또는 피보험자에게 가지는 보험계약상의 항변사유(보험계약의 하자, 면책사유의 발생 등)로 피해자에게 대항할 수 있다.

② 피보험자의 보험사고발생 통지의무 등 보험사고발생 후의 항변사유로는 대항할 수 없다. 이는 직접청구권이 보험사고발생 후 피해자가 당연 취득하는 독립적 권리이기 때문이다.

③ 그럼에도 불구하고 피해자에게 보상하는 경우 피보험자에게 구상이 가능하다. 그러나 역시 보험사고발생 후 생긴 항변사유로는 대항할 수 없다.

7. 기타 의무

(1) 보험자의 의무

「상법」에 의거 보험자가 피해자로부터 직접청구를 받은 때에는 지체 없이 피보험자에게 이를 통지함으로써 피보험자를 보호한다(상법 제724조 제3항). 따라서 피보험자에게는 협조의무가 부여된다.

(2) 피보험자의 협조의무

피보험자는 보험회사의 요청에 따라 증거확보, 권리보전 등에 협력하여야 하며, 만일 피보험자가 정당한 이유 없이 협력하지 않은 경우 그로 인하여 늘어난 손해는 보상하지 아니한다(상법 제724조 제4항 참조).

Theme 3   (일반)불법행위책임

1. 의의

고의 또는 과실로 인한 위법행위로 타인에게 손해를 가한 자는 그 손해를 배상할 책임이 있다(민법 제750조).

2. 성립요건

객관적 요건	위법성 : 가해자의 위법한 행위가 있을 것
	손해발생
	인과관계 : 위법행위와 피해자 손해간의 인과관계가 존재할 것
주관적 요건	가해자의 고의 또는 과실이 존재할 것
	가해자에게 책임능력이 존재할 것

① 위법성(위법행위)

　㉠ 의의 : 타인의 법적이익을 침해하는 행위

　㉡ 위법성 조각사유 : 정당방위, 긴급피난

> **심화학습**　민법 제761조(정당방위, 긴급피난)
>
> ① 타인의 불법행위에 대하여 자기 또는 제3자의 이익을 방위하기 위하여 부득이 타인에게 손해를 가한 자는 배상할 책임이 없다. 그러나 피해자는 불법행위에 대하여 손해의 배상을 청구할 수 있다.
> ② 전항의 규정은 급박한 위난을 피하기 위하여 부득이 타인에게 손해를 가한 경우에 준용한다.

② 손해발생

일반적으로 손해란 본인의 의사에 의하지 않은 범위에 대한 모든 불이익적 침해로 정의되며 보험에 따라 구체적인 범위가 다를 수 있다.

③ 가해행위와 손해와의 인과관계

상당인관관계(어떤 원인이 있으면 그러한 결과가 발생하리라고 보통 인정되는 관계)의 존재가 통설이다.

④ 고의 또는 과실

　㉠ 고의 : 어떤 행위가 일정한 결과를 발생시킨다는 것을 인식하면서도 행하는 것을 말하며, 그 결과의 발생을 용인한 미필적 고의도 포함한다.

　　* **미필적 고의의 예** : 사냥을 하면서 주위 사람이 다칠 수도 있다는 인식이 있음에도 불구하고, 그 행위로 인해 사람이 다쳤을 경우

　㉡ 과실 : 어떤 행위가 일정한 결과의 발생을 예견할 수 있음에도 불구하고, 부주의로 그것을 인식하지 못한 것을 말하며, 대부분의 배상책임보험은 이러한 과실에 의한 배상책임을 담보(중과실 포함)한다(상법 제659조).

⑤ 책임능력

    ㉠ 자기의 행위에 대한 결과와 그에 따른 법률상 책임을 인지할 수 있는 정신능력을 말하며, 「민법」에서는 아래의 경우 손해배상책임이 없다고 정하고 있다.

- **제753조(미성년자의 책임능력)** 미성년자가 타인에게 손해를 가한 경우에 그 행위의 책임을 변식할 지능이 없는 때에는 배상의 책임이 없다.
- **제754조(심신상실자의 책임능력)** 심신상실 중에 타인에게 손해를 가한 자는 배상의 책임이 없다. 그러나 고의 또는 과실로 인하여 심신상실을 초래한 때에는 그러하지 아니하다.

    ㉡ 판례에 따르면 15세 이상의 경우 책임능력이 인정되며, 14세의 경우 사안에 따라 개별적으로 판단되고 있다.

3. 손해배상청구와 입증책임

손해배상을 청구하는 자(손해배상청구권자, 피해자)가 손해배상청구를 받는 자(가해자)의 고의 또는 과실과 손해사이의 인과관계를 입증하여야 한다.

채무불이행책임(계약상 배상책임)

1. 채무불이행책임

채무자가 채무의 내용에 좇은 이행을 하지 아니한 때에는 채권자가 손해배상을 청구할 수 있다. 그러나 채무자의 고의나 과실없이 이행할 수 없게 된 때에는 그러하지 아니하다(민법 제390조).

2. 성립요건

불법행위책임과 유사하다.

객관적 요건	위법성 : 채무자의 계약상 의무위반 행위가 있을 것
	손해발생
	인과관계 : 의무위반과 채권자의 손해간 인과관계가 존재할 것
주관적 요건	채무자의 고의 또는 과실이 존재할 것
	채무자에게 책임능력이 존재할 것

① 위법성

계약위반의 사실 자체로 위법성이 인정된다.

② 고의 또는 과실

채무자의 법정대리인이 채무자를 위하여 이행하거나 채무자가 타인을 사용하여 이행하는 경우에는 법정대리인 또는 피용자의 고의나 과실은 채무자의 고의나 과실로 본다(민법 제391조).

3. 유 형

(1) 이행지체

이행기를 지나 채무를 이행하지 않은 상태이다.

(2) 불완전이행

채무이행이 불완전한 상태이다.

(3) 이행불능

채무이행이 불가능한 상태이다.

4. 계약상 배상책임을 담보하는 보험

① 보관자 배상책임

② 물적손해확장담보 추가특약

5. 계약상 가중책임(Contractual liability)

(1) 의 의

우연한 사고로 인한 법률상 배상책임이 아닌 제3자와의 사적인 계약을 통해 지게 되는 배상책임

> **심화학습** 계약상 가중책임과 계약상 배상책임의 차이
>
> 민법 제390조 계약상 배상책임은 계약당사자가 해당 계약의 의무를 불이행하였을 때 부담하는 책임지만 계약상 가중책임은 계약당사자가 아닌 제3자와 별도의 계약을 통해 그 계약을 이행함으로써 생기는 책임이다.

(2) 종 류

① 제3자의 법률상 배상책임을 인수하는 계약책임

㉠ Assumption of liability

㉡ Hold harmless clauses(책임인수조항)

② 법률상 배상책임액을 초과하는 금액을 지불하는 계약책임

(3) 배상책임보험에서의 보상

① 원 칙

면책이다. 기본적으로 채무불이행 책임보험은 A(피보험자, 채무자)가 채권자에게 배상책임을 지는 사고가 발생하면 보험자가 보상하는 것이다. 그러나 계약상 가중책임은 채권자(B)가 불특정 다수에게 배상책임을 지는 사고가 발생하면 그 책임을 A가 대신 지겠다는 계약을 맺고 그로 인한 A의 책임을 말한다. 그런데 만약 이 책임을 보험에 가입할 수 있다면 보험자는 채권자(B)와 불특정 다수의 관계에서 발생할 수 있는 불특정한 사고의 종류와 발생가능성에 대한 정보를 얻을 수도 없고, 이를 사후적확률로 판단할 수도 없다. 보험자는 그저 A가 어떤 사고로 인해 지는 책임을 보상해줄 뿐이다. 따라서 보험자의 보상책임이 무한히 확대될 우려가 있게 된다.

② 예외(담보계약 ; Insured Contracts)

㉠ 도급공사 계약

㉡ 주택임대차 계약

6. 징벌적 배상책임

(1) 의 의

가해자의 악의가 더해진 행위로 손해가 발생한 경우 이를 징계, 방지하기 위하여 법률적 배상책임과는 별도로 적용되는 책임으로 영미법상 발전된 이론이다.

(2) 배상책임보험에서의 보상(KOR)

① 손해의 전보가 목적이 아니고, ② 악의적 행위를 보상한다는 것에 공서약속에 반하므로 면책하고 있다.

Theme 5 특수불법행위책임

1. 의 의

가해자와 일정한 신분관계가 있는 경우 가해자의 제3자에 대한 책임을 자신이 부담함으로써 지는 책임을 말한다.

(1) 「민법」상 특수불법행위책임

① 감독자의 책임(민법 제755조)

② 사용자책임(민법 제756조)

③ 도급인의 책임(민법 제757조)

④ 공작물 등의 점유자, 소유자의 책임(민법 제758조)

⑤ 동물의 점유자의 책임(민법 제759조)

⑥ 공동불법행위자의 책임(민법 제760조)

(2) 「민법」 이외의 특별법상 특수불법행위책임

「자동차손해배상 보장법」, 「국가배상법」, 「원자력손해배상법」, 「실화(失火)책임에 관한 법률」 등

2. 「민법」상 특수불법행위책임에 관한 규정

(1) 책임무능력자의 감독자책임(민법 제755조)

① 다른 자에게 손해를 가한 사람이 제753조(미성년자의 책임능력) 또는 제754조(심신상실자의 책임능력)에 따라 책임이 없는 경우에는 그를 감독할 법정의무가 있는 자가 그 손해를 배상할 책임이 있다. 다만, 감독의무를 게을리하지 아니한 경우에는 그러하지 아니하다.

② 감독의무자를 갈음하여 제753조 또는 제754조에 따라 책임이 없는 사람을 감독하는 자도 제1항의 책임이 있다.

(2) 사용자책임(민법 제756조)

① 타인을 사용하여 어느 사무에 종사하게 한 자는 피용자가 그 사무집행에 관하여 제삼자에게 가한 손해를 배상할 책임이 있다. 그러나 사용자가 피용자의 선임 및 그 사무감독에 상당한 주의를 한 때 또는 상당한 주의를 하여도 손해가 있을 경우에는 그러하지 아니하다.

② 사용자에 갈음하여 그 사무를 감독하는 자도 전항의 책임이 있다.

③ 전 2항의 경우에 사용자 또는 감독자는 피용자에 대하여 구상권을 행사할 수 있다.

(3) 도급인의 책임(민법 제757조)

도급인은 수급인이 그 일에 관하여 제삼자에게 가한 손해를 배상할 책임이 없다. 그러나 도급 또는 지시에 관하여 도급인에게 중대한 과실이 있는 때에는 그러하지 아니하다.

(4) 공작물 점유자 및 소유자의 책임(민법 제758조)

① 공작물의 설치 또는 보존의 하자로 인하여 타인에게 손해를 가한 때에는 공작물점유자가 손해를 배상할 책임이 있다. 그러나 점유자가 손해의 방지에 필요한 주의를 해태하지 아니한 때에는 그 소유자가 손해를 배상할 책임이 있다.

② 전 항의 규정은 수목의 재식 또는 보존에 하자있는 경우에 준용한다.

③ 전 2항의 경우에 점유자 또는 소유자는 그 손해의 원인에 대한 책임 있는 자에 대하여 구상권을 행사할 수 있다.

(5) 동물점유자의 책임(민법 제759조)

① 동물의 점유자는 그 동물이 타인에게 가한 손해를 배상할 책임이 있다. 그러나 동물의 종류와 성질에 따라 그 보관에 상당한 주의를 해태하지 아니한 때에는 그러하지 아니하다.

② 점유자에 갈음하여 동물을 보관한 자도 전항의 책임이 있다.

(6) 공동불법행위책임(민법 제760조)

① 수인이 공동의 불법행위로 타인에게 손해를 가한 때에는 연대하여 그 손해를 배상할 책임이 있다.

② 공동 아닌 수인의 행위 중 어느 자의 행위가 그 손해를 가한 것인지를 알 수 없는 때에도 전항과 같다.

③ 교사자나 방조자는 공동행위자로 본다.

공작물 점유자 · 소유자 책임

1. 의 의

① 공작물의 점유자 · 소유자(법률상 소유자)는 그 공작물의 설치 또는 보존의 하자로 인하여 타인에게 손해가 발생한 경우 이를 배상할 책임이 발생하며, 무과실책임주의가 적용된다.

② 점유자가 1차적으로 책임을 부담하고, 점유자 면책시 소유자가 그 책임을 부담한다.

2. 책임성립 요건

(1) 공작물로부터의 손해

손해가 공작물로부터 발생해야 한다.

(2) 공작물 설치 · 보존의 하자 존재

공작물의 설치 · 보존에 하자가 있어야 한다.

(3) 하자 – 손해 인과관계

무과실책임주의가 적용되므로, 하자와 손해간의 인과관계가 추정된다. 판례에 따르면, 공작물 하자와 피용자의 업무상 과실이 경합할 때, 공작물 하자책임을 인정하고 있다.

(4) 면책사유가 없을 것

점유자가 손해발생의 방지에 필요한 주의의무를 다했다는 사실을 입증하면 점유자의 책임은 면책된다. 그러나 소유자의 면책은 인정되지 않는다.

3. 입증책임

원칙적으로 피해자가 하자의 존재에 관해 입증해야 한다. 그러나 자연적 상황에서 손해가 발생하여 하자가 있음이 추정될 경우 점유자 · 소유자가 하자의 부존재를 입증해야 한다.

4. 구상권의 청구

점유자 또는 그 소유자는 그 손해의 원인에 대한 책임 있는 자에 대하여 구상권을 행사할 수 있다.

심화학습	「민법」 제758조(공작물 등의 점유자, 소유자의 책임)

① 공작물의 설치 또는 보존의 하자로 인하여 타인에게 손해를 가한 때에는 공작물점유자가 손해를 배상할 책임이 있다. 그러나 점유자가 손해의 방지에 필요한 주의를 해태하지 아니한 때에는 그 소유자가 손해를 배상할 책임이 있다.
② 전 항의 규정은 수목의 재식 또는 보존에 하자있는 경우에 준용한다.
③ 전 2항의 경우에 점유자 또는 소유자는 그 손해의 원인에 대한 책임 있는 자에 대하여 구상권을 행사할 수 있다.

제조물 책임

1. 제조물 책임

제조물의 결함으로 인해 제품의 사용자가 입은 손해에 대한 제조자나 유통업자 등이 지는 법률상 배상책임을 말한다. 소비자 보호를 위해 무과실책임주의/엄격책임을 적용하고 있다.

심화학습 제조물 책임(제조물 책임법 제3조)

① 제조업자는 제조물의 결함으로 생명·신체 또는 재산에 손해(그 제조물에 대하여만 발생한 손해는 제외한다)를 입은 자에게 그 손해를 배상하여야 한다.

② 제1항에도 불구하고 제조업자가 제조물의 결함을 알면서도 그 결함에 대하여 필요한 조치를 취하지 아니한 결과로 생명 또는 신체에 중대한 손해를 입은 자가 있는 경우에는 그 자에게 발생한 손해의 3배를 넘지 아니하는 범위에서 배상책임을 진다. 이 경우 법원은 배상액을 정할 때 다음 각 호의 사항을 고려하여야 한다.

1. 고의성의 정도
2. 해당 제조물의 결함으로 인하여 발생한 손해의 정도
3. 해당 제조물의 공급으로 인하여 제조업자가 취득한 경제적 이익
4. 해당 제조물의 결함으로 인하여 제조업자가 형사처벌 또는 행정처분을 받은 경우 그 형사처벌 또는 행정처분의 정도
5. 해당 제조물의 공급이 지속된 기간 및 공급 규모
6. 제조업자의 재산상태
7. 제조업자가 피해구제를 위하여 노력한 정도

③ 피해자가 제조물의 제조업자를 알 수 없는 경우에 그 제조물을 영리 목적으로 판매·대여 등의 방법으로 공급한 자는 제1항에 따른 손해를 배상하여야 한다. 다만, 피해자 또는 법정대리인의 요청을 받고 상당한 기간 내에 그 제조업자 또는 공급한 자를 그 피해자 또는 법정대리인에게 고지(告知)한 때에는 그러하지 아니하다.

---

2. 제조물 결함

「제조물 책임법」 제2조는 제조물 결함에 대하여 다음과 같이 규정한다.

"결함"이란 해당 제조물에 다음의 어느 하나에 해당하는 제조상·설계상 또는 표시상의 결함이 있거나 그 밖에 통상적으로 기대할 수 있는 안전성이 결여되어 있는 것을 말한다.

(1) 제조상의 결함

제조업자가 제조물에 대하여 제조·가공상의 주의의무를 이행하였는지에 관계없이 제조물이 원래 의도한 설계와 다르게 제조·가공됨으로써 안전하지 못하게 된 경우를 말한다.

(2) 설계상의 결함

제조업자가 합리적인 대체설계를 채용하였더라면 피해나 위험을 줄이거나 피할 수 있었음에도 대체설계를 채용하지 아니하여 해당 제조물이 안전하지 못하게 된 경우를 말한다.

(3) 표시상의 결함

제조업자가 합리적인 설명·지시·경고 또는 그 밖의 표시를 하였더라면 해당 제조물에 의하여 발생할 수 있는 피해자 위험을 줄이거나 피할 수 있었음에도 이를 하지 아니한 경우를 말한다.

3. 제조물 범위

(1) 제조물

사용 또는 소비를 위해 제조·가공된 동산(부동한 이외의 물건, 민법 제99조 제2항)을 말한다.

(2) 예 외

① 아파트 : 제조물에 포함
② 서비스(소프트웨어 포함), 가공되지 않은 동·식물, 혈액·장기 등 : 불포함

4. 배상의무자

기본적으로 제조업자가 배상의무를 진다. 그러나 제조업자를 알 수 없는 경우에는 그 제조물을 영리목적으로 판매·대여 등의 방법으로 공급한 자에게 배상의무를 진다.

심화학습	제조업자(제조물 책임법 제2조 제3호)

"제조업자"란 다음 각 목의 자를 말한다.
가. 제조물의 제조·가공 또는 수입을 업(業)으로 하는 자
나. 제조물에 성명·상호·상표 또는 그 밖에 식별(識別) 가능한 기호 등을 사용하여 자신을 가목의 자로 표시한 자 또는 가목의 자로 오인(誤認)하게 할 수 있는 표시를 한 자

5. 면책사유(제조물 책임법 제4조)

(1) 면책사유의 경우

손해배상책임을 지는 자가 다음의 어느 하나에 해당하는 사실을 입증한 경우에는 「제조물 책임법」에 따른 손해배상책임을 면(免)한다.

① 제조업자가 해당 제조물을 공급하지 아니하였다는 사실

② 제조업자가 해당 제조물을 공급한 당시의 과학·기술 수준으로는 결함의 존재를 발견할 수 없었다는 사실

③ 제조물의 결함이 제조업자가 해당 제조물을 공급한 당시의 법령에서 정하는 기준을 준수함으로써 발생하였다는 사실

④ 원재료나 부품의 경우에는 그 원재료나 부품을 사용한 제조물 제조업자의 설계 또는 제작에 관한 지시로 인하여 결함이 발생하였다는 사실

(2) 면책사유를 주장할 수 없는 경우

손해배상책임을 지는 자가 제조물을 공급한 후에 그 제조물에 결함이 존재한다는 사실을 알거나 알 수 있었음에도 그 결함으로 인한 손해의 발생을 방지하기 위한 적절한 조치를 하지 아니한 경우에는 위 (1)의 ②～④까지의 규정에 따른 면책을 주장할 수 없다.

6. 소멸시효(제조물 책임법 제7조)

(1) 제소기간

손해배상의 청구권은 피해자 또는 그 법정대리인의 다음의 사항을 모두 알게 된 날로부터 3년간 행사하지 아니하면 시효의 완성으로 소멸한다.

① 손 해

② 손해배상책임을 지는 자

(2) 소멸시효

손해배상의 청구권은 제조업자가 손해를 발생시킨 제조물을 공급한 날로부터 10년 이내에 행사하여야 한다. 다만, 신체에 누적되어 사람의 건강을 해치는 물질에 의하여 발생한 손해 또는 일정한 잠복기간이 지난 후에 증상이 나타나는 손해에 대하여는 그 손해가 발생한 날로부터 기산한다.

7. 입증책임

「제조물 책임법」은 입증책임에 관하여 아무런 규정이 없고, 「제조물 책임법」에서 정한 것을 제외하고는 「민법」에 따르므로(제조물 책임법 제8조), 민사상 입증책임의 일반원칙에 따라서 피해자가 제조물 결함, 손해의 발생, 인과관계에 대하여 입증책임을 부담한다. 다만, 법원은 결함과 과실에 대한 사실상 추정의 원칙을 적용함으로써 피해자의 입증책임을 완화 및 전환하고 있다.

* 「제조물 책임법」 제8조(「민법」의 적용) : 제조물의 결함으로 인한 손해배상책임에 관하여 이 법에 규정된 것을 제외하고는 「민법」에 따른다.

(1) 입증책임의 완화

① 직접증거 없이 피해자의 결함 주장에 대하여 정황상·경험칙상 추정한다.

② 배상의무자가 반증이 없다면 과실로 추정한다.

(2) 입증책임의 전환

피해자가 결함이 있었다는 객관적 사실만 입증하면, 무과실책임주의에 의해서 고의·과실 여부에 대한 주관적 사실은 배상의무자가 입증하여야 한다.

Theme 1 목적·용어

제1조(목적)

이 보험계약(이하 '계약'이라 합니다)은 보험계약자(이하 '계약자'라 합니다)와 보험회사(이하 '회사'라 합니다) 사이에 피보험자가 법률상의 배상책임을 부담함으로써 입은 손해에 대한 위험을 보장하기 위하여 체결됩니다.

제2조(용어의 정의)

이 계약에서 사용되는 용어의 정의는 이 계약의 다른 조항에서 달리 정의되지 않는 한 다음과 같습니다.

1. 계약 관련 용어

가. 계약자 : 회사와 계약을 체결하고 보험료를 납입할 의무를 지는 사람을 말합니다.

나. 피보험자 : 보험사고로 인하여 타인에 대한 법률상 손해배상책임을 부담하는 손해를 입은 사람(법인인 경우에는 그 이사 또는 법인의 업무를 집행하는 그 밖의 기관)을 말합니다.

다. 보험증권 : 계약의 성립과 그 내용을 증명하기 위하여 회사가 계약자에게 드리는 증서를 말합니다.

2. 보상 관련 용어

가. 배상책임 : 보험증권상의 보장지역 내에서 보험기간 중에 발생된 보험사고로 인하여 타인에게 입힌 손해에 대한 법률상의 책임을 말합니다.

나. 보상한도액 : 회사와 계약자간에 약정한 금액으로 피보험자가 법률상의 배상책임을 부담함으로써 입은 손해 중 제8조(보험금 등의 지급한도)에 따라 회사가 책임지는 금액의 최대 한도를 말합니다.

다. 자기부담금 : 보험사고로 인하여 발생한 손해에 대하여 계약자 또는 피보험자가 부담하는 일정 금액을 말합니다.

라. 보험금 분담 : 이 계약에서 보장하는 위험과 같은 위험을 보장하는 다른 계약(공제계약을 포함합니다)이 있을 경우 비율에 따라 손해를 보상합니다.

마. 대위권 : 회사가 보험금을 지급하고 취득하는 법률상의 권리를 말합니다.

3. 이자율 관련 용어

가. 연단위 복리 : 회사가 지급할 금전에 이자를 줄 때 1년마다 마지막 날에 그 이자를 원금에 더한 금액을 다음 1년의 원금으로 하는 이자 계산방법을 말합니다.

나. 보험개발원이 공시하는 보험계약대출이율 : 보험개발원이 정기적으로 산출하여 공시하는 이율로써 회사가 보험금의 지급 또는 보험료의 환급을 지연하는 경우 등에 적용합니다.

4. 기간과 날짜 관련 용어

가. 보험기간 : 계약에 따라 보장을 받는 기간을 말합니다.

나. 영업일 : 회사가 영업점에서 정상적으로 영업하는 날을 말하며, 토요일, '관공서의 공휴일에 관한 규정'에 따른 공휴일과 근로자의 날을 제외합니다.

Theme 2 　보상하는 손해

제3조(보상하는 손해)

회사는 피보험자가 보험증권상의 보장지역 내에서 보험기간 중에 발생된 보험사고로 인하여 피해자에게 법률상의 배상책임을 부담함으로써 입은 아래의 손해를 이 약관에 따라 보상하여 드립니다.

1. 피보험자가 피해자에게 지급할 책임을 지는 법률상의 손해배상금
2. 계약자 또는 피보험자가 지출한 아래의 비용
    가. 피보험자가 제11조(손해방지의무) 제1항 제1호의 손해의 방지 또는 경감을 위하여 지출한 필요 또는 유익하였던 비용
    나. 피보험자가 제11조(손해방지의무) 제1항 제2호의 제3자로부터 손해의 배상을 받을 수 있는 그 권리를 지키거나 행사하기 위하여 지출한 필요 또는 유익하였던 비용
    다. 피보험자가 지급한 소송비용, 변호사비용, 중재, 화해 또는 조정에 관한 비용
    라. 보험증권상의 보상한도액 내의 금액에 대한 공탁보증보험료. 그러나 회사는 그러한 보증을 제공할 책임은 부담하지 않습니다.
    마. 피보험자가 제12조(손해배상청구에 대한 회사의 해결) 제2항 및 제3항의 회사의 요구에 따르기 위하여 지출한 비용

보상하지 않는 손해

제4조(보상하지 않는 손해)

회사는 아래의 사유로 인한 손해는 보상하여 드리지 않습니다.

1. 계약자, 피보험자 또는 이들의 법정대리인의 고의로 생긴 손해에 대한 배상책임

2. 전쟁, 혁명, 내란, 사변, 테러, 폭동, 소요, 노동쟁의 기타 이들과 유사한 사태로 생긴 손해에 대한 배상책임

3. 지진, 분화, 홍수, 해일 또는 이와 비슷한 천재지변으로 생긴 손해에 대한 배상책임

4. 피보험자가 소유, 사용 또는 관리하는 재물이 손해를 입었을 경우에 그 재물에 대하여 정당한 권리를 가진 사람에게 부담하는 손해에 대한 배상책임

5. 피보험자와 타인간에 손해배상에 관한 약정이 있는 경우, 그 약정에 의하여 가중된 배상책임

6. 핵연료물질 또는 핵연료물질에 의하여 오염된 물질의 방사성, 폭발성 그 밖의 유해한 특성 또는 이들의 특성에 의한 사고로 생긴 손해에 대한 배상책임

7. 위 제6호 이외의 방사선을 쬐는 것 또는 방사능 오염으로 인한 손해

8. 티끌, 먼지, 석면, 분진 또는 소음으로 생긴 손해에 대한 배상책임

9. 전자파, 전자장(EMF)으로 생긴 손해에 대한 배상책임

10. 벌과금 및 징벌적 손해에 대한 배상책임

【핵연료물질】 사용된 연료를 포함합니다.
【핵연료물질에 의하여 오염된 물질】 원자핵 분열 생성물을 포함합니다.

제5조(손해의 통지 및 조사)

① 계약자 또는 피보험자는 아래와 같은 사실이 있는 경우에는 지체 없이 그 내용을 회사에 알려야 합니다.

1. 사고가 발생하였을 경우 사고가 발생한 때와 곳, 피해자의 주소와 성명, 사고상황 및 이들 사항의 증인이 있을 경우 그 주소와 성명

2. 피해자로부터 손해배상청구를 받았을 경우

3. 피해자로부터 손해배상책임에 관한 소송을 제기받았을 경우

② 계약자 또는 피보험자가 제1항 각 호의 통지를 게을리하여 손해가 증가된 때에는 회사는 그 증가된 손해를 보상하여 드리지 않으며, 제1항 제3호의 통지를 게을리 한 때에는 소송비용과 변호사비용도 보상하여 드리지 않습니다. 다만, 계약자 또는 피보험자가 상법 제657조 제1항에 의해 보험사고의 발생을 회사에 알린 경우에는 제3조(보상하는 손해) 제1호 및 제2호 '다'목 또는 '라'목의 비용에 대하여 보상한도액을 한도로 보상하여 드립니다.

보험금 청구 · 지급

제6조(보험금의 청구)

피보험자가 보험금을 청구할 때에는 다음의 서류를 회사에 제출하여야 합니다.

1. 보험금 청구서(회사양식)
2. 신분증(주민등록증이나 운전면허증 등 사진이 붙은 정부기관발행 신분증, 본인이 아닌 경우에는 본인의 인감증명서 또는 본인서명사실확인서 포함)
3. 손해배상금 및 그 밖의 비용을 지급하였음을 증명하는 서류
4. 회사가 요구하는 그 밖의 서류

제7조(보험금의 지급절차)

① 회사는 제6조(보험금의 청구)에서 정한 서류를 접수한 때에는 접수증을 교부하고, 그 서류를 접수받은 후 지체 없이 지급할 보험금을 결정하고 지급할 보험금이 결정되면 7일 이내에 이를 지급하여 드립니다. 또한, 지급할 보험금이 결정되기 전이라도 피보험자의 청구가 있을 때에는 회사가 추정한 보험금의 50% 상당액을 가지급보험금으로 지급합니다.

② 회사는 제1항의 지급보험금이 결정된 후 7일(이하 '지급기일'이라 합니다)이 지나도록 보험금을 지급하지 않았을 때에는 지급기일의 다음 날부터 지급일까지의 기간에 대하여 〈부표〉'보험금을 지급할 때의 적립이율'에 따라 연단위 복리로 계산한 금액을 보험금에 더하여 지급합니다. 그러나 피보험자의 책임있는 사유로 지체된 경우에는 그 해당 기간에 대한 이자를 더하여 지급하지 않습니다.

제8조(보험금 등의 지급한도)

① 회사는 1회의 보험사고에 대하여 다음과 같이 보상합니다. 이 경우 보상한도액과 자기부담금은 각각 보험증권에 기재된 금액을 말합니다.

1. 제3조(보상하는 손해) 제1호의 손해배상금 : 보상한도액을 한도로 보상하되, 자기부담금이약정된 경우에는 그 자기부담금을 초과한 부분만 보상합니다.
2. 제3조(보상하는 손해) 제2호 '가'목, '나'목 또는 '마'목의 비용 : 비용의 전액을 보상합니다.
3. 제3조(보상하는 손해) 제2호 '다'목 또는 '라'목의 비용 : 이 비용과 제1호에 의한 보상액의 합계액을 보상한도액 내에서 보상합니다.

② 보험기간 중 발생하는 사고에 대한 회사의 보상총액은 보험증권에 기재된 총 보상한도액을 한도로 합니다.

제9조(의무보험과의 관계)

① 회사는 이 약관에 의하여 보상하여야 하는 금액이 의무보험에서 보상하는 금액을 초과할 때에 한하여 그 초과액만을 보상합니다. 다만, 의무보험이 다수인 경우에는 제10조(보험금의 분담)를 따릅니다.

② 제1항의 의무보험은 피보험자가 법률에 의하여 의무적으로 가입하여야 하는 보험으로서 공제계약을 포함합니다.

③ 피보험자가 의무보험에 가입하여야 함에도 불구하고 가입하지 않은 경우에는 그가 가입했더라면 의무보험에서 보상했을 금액을 제1항의 "의무보험에서 보상하는 금액"으로 봅니다.

제10조(보험금의 분담)

① 이 계약에서 보장하는 위험과 같은 위험을 보장하는 다른 계약(공제계약을 포함합니다)이 있을 경우 각 계약에 대하여 다른 계약이 없는 것으로 하여 각각 산출한 보상책임액의 합계액이 손해액을 초과할 때에는 아래에 따라 손해를 보상합니다. 이 계약과 다른 계약이 모두 의무보험인 경우에도 같습니다.

$$\text{손해액} \times \frac{\text{이 계약의 보험책임액}}{\text{다른 계약이 없는 것으로 하여 각각 계산한 책임액의 합계액}}$$

② 이 계약이 의무보험이 아니고 다른 의무보험이 있는 경우에는 다른 의무보험에서 보상되는 금액(피보험자가 가입을 하지 않은 경우에는 보상될 것으로 추정되는 금액)을 차감한 금액을 손해액으로 간주하여 제1항에 의한 보상할 금액을 결정합니다.

③ 피보험자가 다른 계약에 대하여 보험금 청구를 포기한 경우에도 회사의 제1항에 의한 지급보험금 결정에는 영향을 미치지 않습니다.

손해방지의무

제11조(손해방지의무)

① 보험사고가 생긴 때에는 계약자 또는 피보험자는 아래의 사항을 이행하여야 합니다.

    1. 손해의 방지 또는 경감을 위하여 노력하는 일(피해자에 대한 응급처치, 긴급호송 또는 그 밖의 긴급조치를 포함합니다)

    2. 제3자로부터 손해의 배상을 받을 수 있는 경우에는 그 권리를 지키거나 행사하기 위한 필요한 조치를 취하는 일

    3. 손해배상책임의 전부 또는 일부에 관하여 지급(변제), 승인 또는 화해를 하거나 소송, 중재 또는 조정을 제기하거나 신청하고자 할 경우에는 미리 회사의 동의를 받는 일

② 계약자 또는 피보험자가 정당한 이유 없이 제1항의 의무를 이행하지 않았을 때에는 제3조(보상하는 손해)에 의한 손해에서 다음의 금액을 뺍니다.

    1. 제1항 제1호의 경우에는 그 노력을 하였더라면 손해를 방지 또는 경감할 수 있었던 금액

    2. 제1항 제2호의 경우에는 제3자로부터 손해의 배상을 받을 수 있었던 금액

    3. 제1항 제3호의 경우에는 소송비용(중재 또는 조정에 관한 비용 포함) 및 변호사비용과 회사의 동의를 받지 않은 행위에 의하여 증가된 손해

제12조(손해배상청구에 대한 회사의 해결)

① 피보험자가 피해자에게 손해배상책임을 지는 사고가 생긴 때에는 피해자는 이 약관에 의하여 회사가 피보험자에게 지급책임을 지는 금액한도 내에서 회사에 대하여 보험금의 지급을 직접 청구할 수 있습니다. 그러나 회사는 피보험자가 그 사고에 관하여 가지는 항변으로써 피해자에게 대항할 수 있습니다.

② 회사가 제1항의 청구를 받았을 때에는 지체 없이 피보험자에게 통지하여야 하며, 회사의 요구가 있으면 계약자 및 피보험자는 필요한 서류증거의 제출, 증언 또는 증인출석에 협조하여야 합니다.

③ 피보험자가 피해자로부터 손해배상의 청구를 받았을 경우에 회사가 필요하다고 인정할 때에는 피보험자를 대신하여 회사의 비용으로 이를 해결할 수 있습니다. 이 경우에 회사의 요구가 있으면 계약자 또는 피보험자는 이에 협력하여야 합니다.

④ 계약자 및 피보험자가 정당한 이유 없이 제2항, 제3항의 요구에 협조하지 않았을 때에는 회사는 그로 인하여 늘어난 손해는 보상하지 않습니다.

제13조(합의 · 절충 · 중재 · 소송의 협조 · 대행 등)

① 회사는 피보험자의 법률상 손해배상책임을 확정하기 위하여 피보험자가 피해자와 행하는 합의 · 절충 · 중재 또는 소송(확인의 소를 포함합니다)에 대하여 협조하거나, 피보험자를 위하여 이러한 절차를 대행할 수 있습니다.

② 회사는 피보험자에 대하여 보상책임을 지는 한도 내에서 제1항의 절차에 협조하거나 대행합니다.

> 【보상책임을 지는 한도】 동일한 사고로 이미 지급한 보험금이나 가지급보험금이 있는 경우에는 그 금액을 공제한 액수를 말합니다.

③ 회사가 제1항의 절차에 협조하거나 대행하는 경우에는 피보험자는 회사의 요청에 따라 협력해야 하며, 피보험자가 정당한 이유 없이 협력하지 않을 경우에는 그로 말미암아 늘어난 손해에 대해서 보상하지 않습니다.

④ 회사는 다음의 경우에는 제1항의 절차를 대행하지 않습니다.

1. 피보험자가 피해자에 대하여 부담하는 법률상의 손해배상책임액이 보험증권에 기재된 보상한도액을 명백하게 초과하는 때
2. 피보험자가 정당한 이유 없이 협력하지 않을 때

⑤ 회사가 제1항의 절차를 대행하는 경우에는 피보험자에 대하여 보상책임을 지는 한도 내에서 가압류나 가집행을 면하기 위한 공탁금을 피보험자에게 대부할 수 있으며 이에 소요되는 비용을 보상합니다. 이 경우 대부금의 이자는 공탁금에 붙여지는 것과 같은 이율로 하며, 피보험자는 공탁금(이자를 포함합니다)의 회수청구권을 회사에 양도하여야 합니다.

제14조(대위권)

① 회사가 보험금을 지급한 때(현물 보상한 경우를 포함합니다)에는 회사는 지급한 보험금의 한도 내에서 아래의 권리를 가집니다. 다만, 회사가 보상한 금액이 피보험자가 입은 손해의 일부인 경우에는 피보험자의 권리를 침해하지 않는 범위 내에서 그 권리를 가집니다.

  1. 피보험자가 제3자로부터 손해배상을 받을 수 있는 경우에는 그 손해배상청구권

  2. 피보험자가 손해배상을 함으로써 대위 취득하는 것이 있을 경우에는 그 대위권

② 계약자 또는 피보험자는 제1항에 의하여 회사가 취득한 권리를 행사하거나 지키는 것에 관하여 조치를 하여야 하며, 또한 회사가 요구하는 증거 및 서류를 제출하여야 합니다.

③ 회사는 제1항, 제2항에도 불구하고 타인을 위한 보험계약의 경우에는 계약자에 대한 대위권을 포기합니다.

④ 회사는 제1항에 따른 권리가 계약자 또는 피보험자와 생계를 같이 하는 가족에 대한 것인 경우에는 그 권리를 취득하지 못합니다. 다만, 손해가 그 가족의 고의로 인하여 발생한 경우에는 그 권리를 취득합니다.

제15조(계약 전 알릴의무)

계약자, 피보험자 또는 이들의 대리인은 청약할 때 청약서(질문서를 포함합니다)에서 질문한 사항에 대하여 알고 있는 사실을 반드시 사실대로 알려야 합니다.

제16조(계약 후 알릴의무)

① 계약을 맺은 후 보험의 목적에 아래와 같은 사실이 생긴 경우에는 계약자나 피보험자는 지체 없이 서면으로 회사에 알리고 보험증권에 확인을 받아야 합니다.

　1. 청약서의 기재사항을 변경하고자 할 때 또는 변경이 생겼음을 알았을 때

　2. 이 계약에서 보장하는 위험과 동일한 위험을 보장하는 계약을 다른 보험자와 체결하고자 할 때 또는 이와 같은 계약이 있음을 알았을 때

　3. 위험이 뚜렷이 변경되거나 변경되었음을 알았을 때

② 회사는 제1항에 따라 위험이 감소된 경우에는 그 차액보험료를 돌려드리며, 위험이 증가된 경우에는 통지를 받은 날부터 1개월 이내에 보험료의 증액을 청구하거나 계약을 해지할 수 있습니다.

③ 계약자 또는 피보험자는 주소 또는 연락처가 변경된 경우에는 지체 없이 이를 회사에 알려야 합니다. 다만, 계약자 또는 피보험자가 알리지 않은 경우 회사가 알고 있는 최종의 주소 또는 연락처로 등기우편 등 우편물에 대한 기록이 남는 방법으로 회사가 알린 사항은 일반적으로 도달에 필요한 기간이 지난 때에는 계약자 또는 피보험자에게 도달한 것으로 봅니다.

제16조2(양도)

보험의 목적의 양도는 회사의 서면동의 없이는 회사에 대하여 효력이 없으며, 회사가 서면동의 한 경우 계약으로 인하여 생긴 권리와 의무를 함께 양도한 것으로 합니다. 다만, 의무보험인 경우에는 회사의 서면동의가 없는 경우에도 청약서에 기재된 사업을 양도하였을 때 계약으로 인하여 생긴 권리와 의무를 함께 양도한 것으로 봅니다.

제17조(사기에 의한 계약)

계약자, 피보험자 또는 이들의 대리인의 사기에 의하여 계약이 성립되었음을 회사가 증명하는 경우에는 계약일부터 5년 이내(사기사실을 안 날부터 1개월 이내)에 계약을 취소할 수 있습니다.

보험계약의 성립·유지

제18조(보험계약의 성립)

① 계약은 계약자의 청약과 회사의 승낙으로 이루어집니다.

② 회사는 계약의 청약을 받고 보험료 전액 또는 제1회 보험료(이하 '제1회 보험료 등'이라 합니다)를 받은 경우에는 청약일부터 30일 이내에 승낙 또는 거절의 통지를 하며 통지가 없으면 승낙한 것으로 봅니다.

③ 회사가 청약을 승낙한 때에는 지체 없이 보험증권을 계약자에게 교부하여 드리며, 청약을 거절한 경우에는 거절통지와 함께 받은 금액을 계약자에게 돌려드립니다.

④ 이미 성립한 계약을 연장하거나 변경하는 경우에는 회사는 보험증권에 그 사실을 기재함으로써 보험증권의 교부에 대신할 수 있습니다.

제19조(청약의 철회)

① 계약자는 보험증권을 받은 날부터 15일 이내에 그 청약을 철회할 수 있습니다. 다만, 의무보험의 경우에는 철회의사를 표시한 시점에 동종의 다른 의무보험에 가입된 경우에만 철회할 수 있으며, 보험기간이 90일 이내인 계약 또는 전문금융소비자가 체결한 계약은 청약을 철회할 수 없습니다.

> 【전문금융소비자】보험계약에 관한 전문성, 자산규모 등에 비추어 보험계약에 따른 위험감수능력이 있는 자로서, 국가, 지방자치단체, 한국은행, 금융회사, 주권상장법인 등을 포함하며 「금융소비자 보호에 관한 법률」 제2조(정의) 제9호에서 정하는 전문금융소비자를 말합니다.
> 【일반금융소비자】전문금융소비자가 아닌 계약자를 말합니다.

② 제1항에도 불구하고 청약한 날부터 30일이 초과된 계약은 청약을 철회할 수 없습니다.

③ 청약 철회는 계약자가 전화로 신청하거나, 철회의사를 표시하기 위한 서면, 전자우편, 휴대전화 문자메시지 또는 이에 준하는 전자적 의사표시(이하 '서면 등'이라 합니다)를 발송한 때 효력이 발생합니다. 계약자는 서면 등을 발송한 때에 그 발송 사실을 회사에 지체 없이 알려야 합니다.

④ 계약자가 청약을 철회한 때에는 회사는 청약의 철회를 접수한 날부터 3영업일 이내에 납입한 보험료를 계약자에게 돌려 드리며, 보험료 반환이 늦어진 기간에 대하여는 보험개발원이 공시하는 보험계약대출이율을 연단위 복리로 계산한 금액을 더하여 지급합니다. 다만, 계약자가 제1회 보험료 등을 신용카드로 납입한 계약의 청약을 철회하는 경우에 회사는 청약의 철회를 접수한 날부터 3영업일 이내에 해당 신용카드회사로 하여금 대금청구를 하지 않도록 해야 하며, 이 경우 회사는 보험료를 반환한 것으로 봅니다.

⑤ 청약을 철회할 때에 이미 보험금 지급사유가 발생하였으나 계약자가 그 보험금 지급사유가 발생한 사실을 알지 못한 경우에는 청약 철회의 효력은 발생하지 않습니다.

⑥ 제1항에서 보험증권을 받은 날에 대한 다툼이 발생한 경우 회사가 이를 증명하여야 합니다.

제20조(약관 교부 및 설명의무 등)

① 회사는 계약자가 청약할 때에 계약자에게 약관의 중요한 내용을 설명하여야 하며, 청약 후에 다음 각 호의 방법 중 계약자가 원하는 방법을 확인하여 지체 없이 약관 및 계약자 보관용 청약서를 제공하여 드립니다. 만약, 회사가 전자우편 및 전자적 의사표시로 제공한 경우 계약자 또는 그 대리인이 약관 및 계약자 보관용 청약서 등을 수신하였을 때에는 해당 문서를 드린 것으로 봅니다.

　1. 서면교부

　2. 우편 또는 전자우편

　3. 휴대전화 문자메시지 또는 이에 준하는 전자적 의사표시

② 제1항과 관련하여 통신판매계약의 경우, 회사는 계약자가 가입한 특약만 포함한 약관을 드리며, 계약자의 동의를 얻어 다음 중 한 가지 방법으로 약관의 중요한 내용을 설명할 수 있습니다.

　1. 인터넷 홈페이지에서 약관 및 그 설명문(약관의 중요한 내용을 설명한 문서)을 읽거나 내려받게 하는 방법. 이 경우 계약자가 이를 읽거나 내려 받은 것을 확인한 때에 해당 약관을 드리고 그 중요한 내용을 설명한 것으로 봅니다.

　2. 전화를 이용하여 청약내용, 보험료납입, 보험기간, 계약 전 알릴의무, 약관의 중요한 내용 등 계약을 체결하는 데 필요한 사항을 질문 또는 설명하는 방법. 이 경우 계약자의 답변과 확인내용을 음성 녹음함으로써 약관의 중요한 내용을 설명한 것으로 봅니다.

> 【통신판매계약】 전화·우편·인터넷 등 통신수단을 이용하여 체결하는 계약을 말합니다.

③ 회사가 제1항에 따라 제공될 약관 및 계약자 보관용 청약서를 청약할 때 계약자에게 전달하지 않거나 약관의 중요한 내용을 설명하지 않은 때 또는 계약을 체결할 때 계약자가 청약서에 자필서명을 하지 않은 때에는 계약자는 계약이 성립한 날부터 3개월 이내에 계약을 취소할 수 있습니다.

> 【자필서명】 날인(도장을 찍음) 및 「전자서명법」 제2조 제2호에 따른 전자서명을 포함합니다.

④ 제3항에 따라 계약이 취소된 경우에는 회사는 이미 납입한 보험료를 계약자에게 돌려드리며, 보험료를 받은 기간에 대하여 보험개발원이 공시하는 보험계약대출이율을 연단위 복리로 계산한 금액을 더하여 지급합니다.

제21조(계약의 무효)

계약을 맺을 때에 보험사고가 이미 발생하였을 경우 이 계약은 무효로 합니다. 다만, 회사의 고의 또는 과실로 계약이 무효로 된 경우와 회사가 승낙 전에 무효임을 알았거나 알 수 있었음에도 불구하고 보험료를 반환하지 않은 경우에는 보험료를 납입한 날의 다음 날부터 반환일까지의 기간에 대하여 회사는 보험개발원이 공시하는 보험계약대출이율을 연단위 복리로 계산한 금액을 더하여 돌려 드립니다.

제22조(계약내용의 변경 등)

① 계약자는 회사의 승낙을 얻어 다음의 사항을 변경할 수 있습니다. 이 경우 승낙을 서면 등으로 알리거나 보험증권의 뒷면에 기재하여 드립니다.
    1. 보험종목
    2. 보험기간
    3. 보험료 납입주기, 납입방법 및 납입기간
    4. 계약자, 피보험자
    5. 보상한도액, 보험료 등 기타 계약의 내용
② 회사는 계약자가 제1회 보험료 등을 납입한 때부터 1년 이상 지난 유효한 계약으로서 그 보험종목의 변경을 요청할 때에는 회사의 사업방법서에서 정하는 방법에 따라 이를 변경하여 드립니다.
③ 회사는 계약자가 제1항 제5호의 규정에 의하여 보상한도액을 감액하고자 할 때에는 그 감액된 부분은 계약이 해지된 것으로 보며, 제33조(보험료의 환급)에 따라 보험료를 계약자에게 지급합니다.
④ 회사는 제1항에 따라 계약자를 변경한 경우, 변경된 계약자에게 보험증권 및 약관을 교부하고 변경된 계약자가 요청하는 경우 약관의 중요한 내용을 설명하여 드립니다.

제23조(조사)

① 회사는 보험목적에 대한 위험상태를 조사하기 위하여 보험기간 중 언제든지 피보험자의 시설과 업무내용을 조사할 수 있고 필요한 경우에는 그의 개선을 피보험자에게 요청할 수 있습니다.
② 회사는 제1항에 따른 개선이 완료될 때까지 계약의 효력을 정지할 수 있습니다.
③ 회사는 이 계약의 중요사항과 관련된 범위 내에서는 보험기간 중 또는 회사에서 정한 보험금 청구서류를 접수한 날부터 1년 이내에는 언제든지 피보험자의 회계장부를 열람할 수 있습니다.

제24조(타인을 위한 계약)

① 계약자는 타인을 위한 계약을 체결하는 경우에 그 타인의 위임이 없는 때에는 반드시 이를 회사에 알려야 하며, 이를 알리지 않았을 때에는 그 타인은 이 계약이 체결된 사실을 알지 못하였다는 사유로 회사에 이의를 제기할 수 없습니다.
② 타인을 위한 계약에서 보험사고가 발생한 경우에 계약자가 그 타인에게 보험사고의 발생으로 생긴 손해를 배상한 때에는 계약자는 그 타인의 권리를 해하지 않는 범위 안에서 회사에 보험금의 지급을 청구할 수 있습니다.

Theme 10　보험료의 납입

제25조(제1회 보험료 등 및 회사의 보장개시)

① 회사는 계약의 청약을 승낙하고 제1회 보험료 등을 받은 때부터 이 약관이 정한 바에 따라 보장을 합니다.

② 회사가 계약자로부터 계약의 청약과 함께 제1회 보험료 등을 받은 경우에 그 청약을 승낙하기 전에 계약에서 정한 보험사고가 생긴 때에는 회사는 계약상의 보장을 합니다.

③ 제2항의 규정에도 불구하고 회사는 다음 중 한 가지에 해당되는 경우에는 보장을 하지 않습니다.

1. 제15조(계약 전 알릴의무)의 규정에 의하여 계약자 또는 피보험자가 회사에 알린 내용이 보험금 지급사유의 발생에 영향을 미쳤음을 회사가 증명하는 경우

2. 제4조(보상하지 않는 손해), 제17조(사기에 의한 계약), 제21조(계약의 무효) 또는 제30조(계약의 해지)의 규정을 준용하여 회사가 보장을 하지 않을 수 있는 경우

④ 계약자가 제1회 보험료 등을 자동이체 또는 신용카드로 납입하는 경우에는 자동이체신청 및 신용카드매출승인에 필요한 정보를 회사에 제공한 때가 제1회 보험료 등을 납입한 때가 되나, 계약자의 책임 있는 사유로 자동이체 또는 매출승인이 불가능한 경우에는 제1회 보험료 등이 납입되지 않은 것으로 봅니다.

⑤ 계약이 갱신되는 경우에는 제1항 내지 제3항에 의한 보장은 기존 계약에 의한 보장이 종료하는 때부터 적용합니다.

제26조(제2회 이후 보험료의 납입)

계약자는 제2회 이후의 보험료를 납입기일까지 납입하여야 하며, 회사는 계약자가 보험료를 납입한 경우에는 영수증을 발행하여 드립니다. 다만, 금융회사(우체국을 포함합니다)를 통하여 보험료를 납입한 경우에는 그 금융회사 발행 증빙서류를 영수증으로 대신합니다.

> 【납입기일】계약자가 제2회 이후의 보험료를 납입하기로 한 날을 말합니다.

제27조(보험료의 납입이 연체되는 경우 납입최고[독촉]와 계약의 해지)

① 계약자가 제2회 이후의 보험료를 납입기일까지 납입하지 않아 보험료 납입이 연체 중인 경우에 회사는 14일(보험기간이 1년 미만인 경우에는 7일) 이상의 기간을 납입최고(독촉)기간으로 정하여 계약자(타인을 위한 계약의 경우 그 특정된 타인을 포함합니다)에게 다음의 내용을 서면(등기우편 등), 전화(음성녹음) 또는 전자문서 등으로 알려드립니다. 다만, 계약이 해지되기 전에 발생한 보험금 지급사유에 대하여 회사는 계약상의 보장을 합니다.

1. 납입최고(독촉)기간 내에 연체보험료를 납입하여야 한다는 내용

2. 납입최고(독촉)기간이 끝나는 날까지 보험료를 납입하지 않을 경우 그 끝나는 날의 다음 날에 계약이 해지된다는 내용

② 제1항의 납입최고(독촉)기간은 납입최고(독촉)의 통지가 계약자(타인을 위한 계약의 경우에는 그 특정된 타인을 포함)에게 도달한 날부터 시작되며, 납입최고(독촉)기간의 마지막 날이 영업일이 아닌 때에는 최고(독촉)기간은 그 다음 날까지로 합니다.

③ 회사가 제1항에 의한 납입최고(독촉) 등을 전자문서로 안내하고자 할 경우에는 계약자의 서면에 의한 동의를 얻어 수신확인을 조건으로 전자문서를 송신하여야 하며, 계약자가 전자문서에 대하여 수신을 확인하기 전까지는 그 전자문서는 송신되지 않은 것으로 봅니다. 회사는 전자문서가 수신되지 않은 것으로 확인되는 경우에는 제1항의 납입최고(독촉)기간을 설정하여 제1항에서 정한 내용을 서면(등기우편 등) 또는 전화(음성녹음)로 다시 알려 드립니다.

④ 제1항에 따라 계약이 해지된 경우에는 제33조(보험료의 환급)에 따라 보험료를 계약자에게 지급합니다.

제28조[보험료의 납입연체로 인한 해지계약의 부활(효력회복)]

① 제27조[보험료의 납입이 연체되는 경우 납입최고(독촉)와 계약의 해지]에 따라 계약이 해지되었으나 계약자가 제33조(보험료의 환급)에 따라 보험료를 돌려받지 않은 경우 계약자는 해지된 날부터 3년 이내에 회사가 정한 절차에 따라 계약의 부활(효력회복)을 청약할 수 있습니다. 이 경우 회사가 그 청약을 승낙한 때에는 계약자는 부활(효력회복)을 청약한 날까지의 연체된 보험료에 보험개발원이 공시하는 월평균 정기예금이율 +1% 범위 내에서 각 상품별로 회사가 정하는 이율로 계산한 금액을 더하여 납입하여야 합니다.

② 제1항에 따라 해지계약을 부활(효력회복)하는 경우에는 제15조(계약 전 알릴의무), 제17조(사기에 의한 계약), 제18조(보험계약의 성립), 제25조(제1회 보험료 등 및 회사의 보장개시) 및 제30조(계약의 해지)의 규정을 준용합니다. 이 때 회사는 해지 전 발생한 보험금 지급사유를 이유로 부활(효력회복)을 거절하지 않습니다. 〈개정 2023.6.26.〉

③ 제1항에서 정한 계약의 부활이 이루어진 경우라도 계약자 또는 피보험자가 최초 계약 청약시(2회 이상 부활이 이루어진 경우 종전 모든 부활 청약 포함) 제15조(계약 전 알릴의무)를 위반한 경우에는 제30조(계약의 해지) 제3항이 적용됩니다. 〈신설 2023.6.26.〉

제29조[강제집행 등으로 인한 해지계약의 특별부활(효력회복)]

① 타인을 위한 계약의 경우 제33조(보험료의 환급)에 따른 계약자의 환급금 청구권에 대한 강제집행, 담보권 실행, 국세 및 지방세 체납처분절차에 의해 계약이 해지된 경우에는, 회사는 해지 당시의 피보험자가 계약자의 동의를 얻어 계약 해지로 회사가 채권자에게 지급한 금액을 회사에게 지급하고 제22조(계약내용의 변경 등) 제1항의 절차에 따라 계약자 명의를 피보험자로 변경하여 계약의 특별부활(효력회복)을 청약할 수 있음을 피보험자에게 통지하여야 합니다.

② 회사는 제1항에 의한 계약자 명의변경 신청 및 계약의 특별부활(효력회복) 청약을 승낙하며, 계약은 청약한 때부터 특별부활(효력회복) 됩니다.

③ 회사는 제1항의 통지를 계약이 해지된 날부터 7일 이내에 하여야 합니다. 다만, 회사의 통지가 7일을 지나서 도달하고 이후 피보험자가 제1항에 의한 계약자 명의변경 신청 및 계약의 특별부활(효력회복)을 청약한 경우에는 계약이 해지된 날부터 7일이 되는 날에 특별부활(효력회복) 됩니다.

④ 피보험자는 통지를 받은 날부터 15일 이내에 제1항의 절차를 이행할 수 있습니다.

제30조(계약의 해지)

① 계약자는 손해가 발생하기 전에는 언제든지 계약을 해지할 수 있습니다. 다만, 타인을 위한 계약의 경우에는 계약자는 그 타인의 동의를 얻거나 보험증권을 소지한 경우에 한하여 계약을 해지할 수 있습니다.

② 회사는 계약자 또는 피보험자의 고의로 손해가 발생한 경우 이 계약을 해지할 수 있습니다.

③ 회사는 아래와 같은 사실이 있을 경우에는 손해의 발생 여부에 관계없이 그 사실을 안 날부터 1개월 이내에 이 계약을 해지할 수 있습니다.

   1. 계약자, 피보험자 또는 이들의 대리인이 제15조(계약 전 알릴의무)에도 불구하고 고의 또는 중대한 과실로 중요한 사항에 대하여 사실과 다르게 알린 때

   2. 뚜렷한 위험의 변경 또는 증가와 관련된 제16조(계약 후 알릴의무)에서 정한 계약후 알릴의무를 이행하지 않았을 때

④ 제3항 제1호의 경우에도 불구하고 다음 중 하나에 해당하는 경우에는 회사는 계약을 해지할 수 없습니다.

   1. 회사가 계약 당시에 그 사실을 알았거나 과실로 인하여 알지 못하였을 때

   2. 회사가 그 사실을 안 날부터 1개월 이상 지났거나 또는 제1회 보험료 등을 받은 때부터 보험금 지급사유가 발생하지 않고 2년이 지났을 때

   3. 계약을 체결한 날부터 3년이 지났을 때

   4. 보험을 모집한 자(이하 "보험설계사 등"이라 합니다)가 계약자 또는 피보험자에게 알릴 기회를 주지 않았거나 계약자 또는 피보험자가 사실대로 알리는 것을 방해한 경우, 계약자 또는 피보험자에게 사실대로 알리지 않게 하였거나 부실한 사항을 알릴 것을 권유했을 때. 다만, 보험설계사 등의 행위가 없었다 하더라도 계약자 또는 피보험자가 사실대로 알리지 않거나 부실한 사항을 알렸다고 인정되는 경우에는 계약을 해지할 수 있습니다.

⑤ 제3항에 의한 계약의 해지는 손해가 생긴 후에 이루어진 경우에도 회사는 그 손해를 보상하여 드리지 않습니다. 손해가 제3항 제1호 및 제2호의 사실로 생긴 것이 아님을 계약자 또는 피보험자가 증명한 경우에는 보상하여 드립니다.

⑥ 회사는 다른 보험가입내역에 대한 계약 전·후 알릴의무위반을 이유로 계약을 해지하거나 보험금 지급을 거절하지 않습니다.

제30조의2(위법계약의 해지)

① 계약자는 「금융소비자 보호에 관한 법률」 제47조 및 관련규정이 정하는 바에 따라 계약 체결에 대한 회사의 법 위반사항이 있는 경우 계약 체결일부터 5년 이내의 범위에서 계약자가 위반사항을 안 날부터 1년 이내에 계약해지요구서에 증빙서류를 첨부하여 위법계약의 해지를 요구할 수 있습니다. 다만, 의무보험의 해지를 요구하려는 경우에는 동종의 다른 의무보험에 가입되어 있어야 합니다.

② 회사는 해지요구를 받은 날부터 10일 이내에 수락 여부를 계약자에 통지하여야 하며, 거절할 때에는 거절사유를 함께 통지하여야 합니다.

③ 계약자는 회사가 정당한 사유 없이 제1항의 요구를 따르지 않는 경우 해당 계약을 해지할 수 있습니다.

④ 제1항 및 제3항에 따라 계약이 해지된 경우 회사는 제33조(보험료의 환급) 제1항 제1호에 따른 환급금을 계약자에게 지급합니다.

⑤ 계약자는 제1항에 따른 제척기간에도 불구하고 민법 등 관계법령에서 정하는 바에 따라 법률상의 권리를 행사할 수 있습니다.

제31조(중대사유로 인한 해지)

① 회사는 아래와 같은 사실이 있을 경우에는 그 사실을 안 날부터 1개월 이내에 계약을 해지할 수 있습니다.

  1. 계약자 또는 피보험자가 보험금을 지급받을 목적으로 고의로 보험금 지급사유를 발생시킨 경우

  2. 계약자 또는 피보험자가 보험금 청구에 관한 서류에 고의로 사실과 다른 것을 기재하였거나 그 서류 또는 증거를 위조 또는 변조한 경우. 다만, 이미 보험금 지급사유가 발생한 경우에는 보험금 지급에 영향을 미치지 않습니다.

② 회사가 제1항에 따라 계약을 해지한 경우 회사는 그 취지를 계약자에게 통지하고 제33조(보험료의 환급)에 따라 보험료를 계약자에게 지급합니다.

제32조(회사의 파산선고와 해지)

① 회사가 파산의 선고를 받은 때에는 계약자는 계약을 해지할 수 있습니다.

② 제1항의 규정에 따라 해지하지 않은 계약은 파산선고 후 3개월이 지난 때에는 그 효력을 잃습니다.

③ 제1항의 규정에 따라 계약이 해지되거나 제2항의 규정에 따라 계약이 효력을 잃는 경우에 회사는 제33조(보험료의 환급)에 의한 보험료를 계약자에게 지급합니다.

제33조(보험료의 환급)

① 이 계약이 무효, 효력상실 또는 해지된 때에는 다음과 같이 보험료를 돌려드립니다.

  1. 계약자 또는 피보험자의 책임 없는 사유에 의하는 경우 : 무효의 경우에는 회사에 납입한 보험료의 전액, 효력상실 또는 해지의 경우에는 경과하지 않은 기간에 대하여 일단위로 계산한 보험료

  2. 계약자 또는 피보험자의 책임 있는 사유에 의하는 경우 : 이미 경과한 기간에 대하여 단기요율(1년 미만의 기간에 적용되는 요율)로 계산한 보험료를 뺀 잔액. 다만, 계약자, 피보험자의 고의 또는 중대한 과실로 무효가 된 때에는 보험료를 돌려드리지 않습니다.

② 제1항 제2호에서 '계약자 또는 피보험자의 책임 있는 사유'라 함은 다음 각 호를 말합니다.

  1. 계약자 또는 피보험자가 임의 해지하는 경우

  2. 회사가 제17조(사기에 의한 계약), 제30조(계약의 해지) 또는 제31조(중대사유로 인한 해지)에 따라 계약을 취소 또는 해지하는 경우

  3. 보험료 미납으로 인한 계약의 효력 상실

③ 계약의 무효, 효력상실 또는 해지로 인하여 회사가 돌려드려야 할 보험료가 있을 때에는 계약자는 환급금을 청구하여야 하며, 회사는 청구일의 다음 날부터 지급일까지의 기간에 대하여 '보험개발원이 공시하는 보험계약대출이율'을 연단위 복리로 계산한 금액을 더하여 지급합니다.

제34조(분쟁의 조정)

① 계약에 관하여 분쟁이 있는 경우에는 분쟁당사자 또는 기타 이해관계인과 회사는 금융감독원장에게 조정을 신청할 수 있으며, 분쟁조정 과정에서 계약자는 관계법령이 정하는 바에 따라 회사가 기록 및 유지·관리하는 자료의 열람(사본의 제공 또는 청취를 포함한다)을 요구할 수 있습니다.

② 회사는 일반금융소비자인 계약자가 조정을 통하여 주장하는 권리나 이익의 가액이 「금융소비자 보호에 관한 법률」 제42조에서 정하는 일정 금액 이내인 분쟁사건에 대하여 조정절차가 개시된 경우에는 관계법령이 정하는 경우를 제외하고는 소를 제기하지 않습니다.

제35조(관할법원)

이 계약에 관한 소송 및 민사조정은 계약자의 주소지를 관할하는 법원으로 합니다. 다만, 회사와 계약자가 합의하여 관할법원을 달리 정할 수 있습니다.

제36조(소멸시효)

보험금청구권, 보험료 또는 환급금 반환청구권은 3년간 행사하지 않으면 소멸시효가 완성됩니다.

제37조(약관의 해석)

① 회사는 신의성실의 원칙에 따라 공정하게 약관을 해석하여야 하며 계약자에 따라 다르게 해석하지 않습니다.

② 회사는 약관의 뜻이 명백하지 않은 경우에는 계약자에게 유리하게 해석합니다.

③ 회사는 보상하지 않는 손해 등 계약자나 피보험자에게 불리하거나 부담을 주는 내용은 확대하여 해석하지 않습니다.

제38조(설명서 교부 및 보험안내자료 등의 효력)

① 회사는 일반금융소비자에게 청약을 권유하거나 일반금융소비자가 설명을 요청하는 경우 보험상품에 관한 중요한 사항을 계약자가 이해할 수 있도록 설명하고 계약자가 이해하였음을 서명(「전자서명법」 제2조 제2호에 따른 전자서명을 포함), 기명날인 또는 녹취 등을 통해 확인받아야 하며, 설명서를 제공하여야 합니다.

② 설명서, 약관, 계약자 보관용 청약서 및 보험증권의 제공 사실에 관하여 계약자와 회사 간에 다툼이 있는 경우에는 회사가 이를 증명하여야 합니다.

③ 보험설계사 등이 모집과정에서 사용한 회사 제작의 보험안내자료의 내용이 약관의 내용과 다른 경우에는 계약자에게 유리한 내용으로 계약이 성립된 것으로 봅니다.

> 【보험안내자료】계약의 청약을 권유하기 위해 만든 서류 등을 말합니다.

제39조(회사의 손해배상책임)

① 회사는 계약과 관련하여 임직원, 보험설계사 및 대리점의 책임 있는 사유로 인하여 계약자 및 피보험자에게 발생된 손해에 대하여 관계법령 등에 따라 손해배상의 책임을 집니다.

② 회사는 보험금 지급거절 및 지연지급의 사유가 없음을 알았거나 알 수 있었음에도 불구하고 소를 제기하여 계약자 또는 피보험자에게 손해를 가한 경우에는 그에 따른 손해를 배상할 책임을 집니다.

③ 회사가 보험금 지급 여부 및 지급금액에 관하여 현저하게 공정을 잃은 합의로 계약자 또는 피보험자에게 손해를 가한 경우에도 회사는 제2항에 따라 손해를 배상할 책임을 집니다.

제40조(개인정보보호)

① 회사는 이 계약과 관련된 개인정보를 이 계약의 체결, 유지, 보험금 지급 등을 위하여 「개인정보 보호법」, 「신용정보의 이용 및 보호에 관한 법률」 등 관계법령에 정한 경우를 제외하고 계약자 또는 피보험자의 동의 없이 수집, 이용, 조회 또는 제공하지 않습니다. 다만, 회사는 이 계약의 체결, 유지, 보험금 지급 등을 위하여 위 관계법령에 따라 계약자 및 피보험자의 동의를 받아 다른 보험회사 및 보험관련단체 등에 개인정보를 제공할 수 있습니다.

② 회사는 계약과 관련된 개인정보를 안전하게 관리하여야 합니다.

제41조(준거법)

이 계약은 대한민국 법에 따라 규율되고 해석되며, 약관에서 정하지 않은 사항은 「금융소비자 보호에 관한 법률」, 「상법」, 「민법」 등 관계법령을 따릅니다.

제42조(예금보험에 의한 지급보장)

회사가 파산 등으로 인하여 보험금 등을 지급하지 못할 경우에는 「예금자보호법」에서 정하는 바에 따라 그 지급을 보장합니다.

〈부표〉 보험금을 지급할 때의 적립이율(제7조 제2항 관련)

기 간	지 급 이 자
지급기일의 다음 날부터 30일 이내 기간	보험계약대출이율
지급기일의 31일 이후부터 60일 이내 기간	보험계약대출이율 + 가산이율(4.0%)
지급기일의 61일 이후부터 90일 이내 기간	보험계약대출이율 + 가산이율(6.0%)
지급기일의 91일 이후 기간	보험계약대출이율 + 가산이율(8.0%)

주) 보험계약대출이율은 보험개발원이 공시하는 보험계약대출이율을 적용합니다.

Chapter 3 배상책임보험

Theme 1 보험사고와 담보기준

1. 보험사고

보험자책임을 발생시키는 사고로서 아래 3가지 요건을 충족해야 한다.
① 우연성
② 발생가능성
③ 범위의 한정성

2. 학 설

(1) 손해사고설

피해자에게 손해사고가 발생한 시점(상법 제724조)

(2) 손해배상청구권설

피해자가 피보험자에게 배상청구를 한 시점(상법 제722조)

(3) 법률상 책임발생설

피보험자의 손해배상책임이 확정된 시점(상법 제719조)

3. 담보기준에 따른 보험사고

보험자는 보험사고발생 시기 여부에 따라 다음과 같이 구분하고 있다.

(1) 손해사고기준증권

보험기간 중에 발생한 사고를 기준으로 담보하는 증권이다. 대부분의 보험이 이 기준을 따르고 있다.

(2) 손해발견기준증권

보험기간 중에 발생한 손해를 기준으로 담보하는 증권이다. 금융기관보험, 도난보험, 암보험 등이 대표적인 예이다.

(3) 배상청구기준증권

보험기간 중에 최초로 제기된 손해배상의 청구를 기준으로 담보하는 증권이다. 사고발생일자를 특정할 수 없는 생산물배상책임보험, 전문직배상책임보험 등에 적용되고 있다.

배상청구기준증권

1. 의 의

보험기간 중에 최초로 제기된 손해배상의 청구를 기준으로 담보하는 증권이다. 사고발생일자를 특정할 수 없는 생산물배상책임보험, 전문직배상책임보험 등에 적용되고 있다.

2. 보상책임 발생요건

① 소급담보일자와 보험기간 말일 사이에 발생한 사고여야 한다.
② 사고의 통지와 배상청구가 보험기간 내에 이루어져야 한다.

3. 취지(= 필요성)

아래와 같은 손해사고기준증권의 문제를 해결할 수 있다.
① 손해발생일을 특정하기 어렵거나, 사고일과 손해발생일의 기간이 긴 경우 담보하기 어렵다.
② 사고일과 손해발생일의 기간이 긴 경우, 그로 인한 물가 차이로 인해 적절한 보상액 산정이 어렵다.
③ 지급준비금(IBNR)이 장기간 설정되면서, 보험료산정과 보험회사의 재정건전성에 악영향을 미친다.

4. 소급담보일자

당사자 약정을 통해 소급담보일자를 지정하여 소급담보일 이후 발생한 사고에 대해 보험기간 중 배상청구가 이루어져야 한다.

5. 보고연장기간

보험기간 종료 후 일정기간까지의 배상청구를 담보하기 위하여 보고기간 연장조건을 둔다.

(1) 연장요건
① 피보험자의 보고연장 보상요청
② 보험자의 동의
③ 추가보험료 납입

(2) 보고연장기간의 설정
① 단기 자동연장담보기간(Mini tail)
보험기간 종료 후 60일 이내에 손해배상청구가 제기된 경우 계약자의 의사표시 여부에 관계없이
자동으로 만기일에 청구가 제기된 것으로 담보한다.

② 중기 자동연장담보기간(Midi tail)
보험기간 종료 후 60일 이내 통지한 사고에 대하여 보험기간 종료 후 5년 이내에 받은 배상청구에
대하여 보험자책임을 인정한다.

③ 선택 연장담보기간(Full tail)
사고통지기한과 배상청구기한을 무제한으로 연장한다. 보험기간 종료 후 60일 이내에 신청하고
200% 이내의 추가보험료를 납부하여야 한다. 보험자는 위 기간 내 신청을 거절할 수 없으며
보험계약자는 보험료 지급 후 이 특약을 해지할 수 없다.

④ 보상한도액
원보험계약의 보험기간 및 통지기간의 연장담보기간 중에 제기되는 모든 손해배상청구는 원보험
계약상의 총 보상한도액 내에서만 보상한다.

중복보험(타보험약관조항)

1. 의 의

동일한 보험계약의 목적과 동일한 사고에 관하여 수개의 보험계약이 동시에 또는 순차적으로 체결되어 보험금액의 합이 보험가액을 초과하는 경우를 말하며, 부당이득방지를 위해 각 보험자는 각자의 보험금액 한도 내에서 보험금액의 비율에 따라 보상책임을 진다(상법 제672조).

2. 효 과

(1) 사기로 인한 계약의 무효

수개의 책임보험이 보험계약자의 사기로 인하여 체결된 경우에는 전부 무효가 된다. 계약이 무효가 되어도 보험계약자는 보험자가 그 사실을 안 때까지의 보험료를 지급하여야 한다(상법 제672조 제3항, 제669조 제4항).

(2) 비례보상

보험자는 각자의 보험금액 한도 내에서 보험금액의 비율에 따라 보상책임을 진다.

(3) 통지의무

수개의 책임보험의 보험계약자는 각 보험자에 대하여 각 보험계약의 내용을 통지하여야 한다(상법 제672조 제2항). 「상법」상 의무위반에 대한 규정은 없고, 판례 또한 통지의무 해태를 이유로 사기로 인한 계약이라 볼 수 없다고 판결하고 있다.

(4) 보험자 중 1인에 대한 권리포기

수인(數人)의 보험자 중 1인에 대한 권리의 포기는 다른 보험자의 권리의무에 영향을 미치지 않는다(상법 제673조).

3. 보험금의 분담

(1) 책임한도분담방식(= 독립책임액분담)

국문배상책임보험의 일반적 분담방식으로 타 보험사의 부존재를 가정한 각자의 독립책임의 비율에 따라 보상한다.

보험금액	甲보험사 100	乙보험사 200	丙보험사 300
손해 150	$150 \times 100 \div 400 = 37.5$	$150 \times 150 \div 400 = 56.25$	$150 \times 150 \div 400 = 56.25$
손해 200	$200 \times 100 \div 500 = 40$	$200 \times 200 \div 500 = 80$	$200 \times 200 \div 500 = 80$
손해 600	$600 \times 100 \div 600 = 100$	$600 \times 200 \div 600 = 200$	$600 \times 300 \div 600 = 300$

(2) 초과액타보험분담방식

타보험으로부터 받을 수 있는 금액을 초과하는 금액만을 보상하는 방식으로 사용자배상책임특약에서 주로 사용된다.

보험금액	甲보험사 500(초과액타보험약관)	乙보험사 300
손해 200	–	200
손해 350	50	300
손해 900	500	300

(3) 균등액분담방식

주로 영문배상책임보험에서 사용되는 방식으로, 여러 보험 중 가장 낮은 한도부터 균등하게 분담해나가는 방식이다.

보험금액	甲보험사 100	乙보험사 200	丙보험사 300
손해 150	50	50	50
손해 300	100	100	100
손해 600	100	200(= 100 + 100)	300(= 100 + 100 + 100)

Theme 4   일반배상책임보험의 개요

1. 일반배상책임

개인 또는 기업의 활동 또는 소유·사용·관리하고 있는 재물로 인해 제3자에게 손해를 입힌 경우 지게 되는 배상책임을 말한다.

2. 담보계약

(1) 개인배상책임보험

개인의 활동 또는 소유·사용·관리하고 있는 재물로 인해 제3자에게 손해를 입힌 경우 지게 되는 배상책임을 담보하는 보험으로서 주로 장기보험의 '일상생활배상책임특약' 형태로 가입한다.

(2) 영업배상책임보험

기업의 활동 또는 소유·사용·관리하고 있는 재물로 인해 제3자에게 손해를 입힌 경우 지게 되는 배상책임을 담보하는 보험으로서 기본적인 보통약관에 위험에 따라 개별적으로 특약을 조합하여 가입하고 있다.

① 국문영업배상책임보험

보통약관은 일반조항만 규정되어 있고, 아래와 같은 특약을 피보험자의 필요성에 맞게 조합하여 담보한다.

ⓐ 시설소유관리자특약 : 피보험자가 소유·사용 또는 관리하는 시설 및 그 시설의 용도에 따른 업무의 수행으로 인해 발생한 법률상 배상책임을 담보한다.

ⓑ 창고업자특약 : 창고업자인 피보험자가 임차인에 대하여 부담하는 법률상 배상책임을 담보한다.

ⓒ 임차자특약 : 임차인의 임차목적물에 대한 배상책임을 담보한다.

ⓓ 도급업자특약 : 피보험자인 수급인(어느 일을 완성하는 채무를 부담하는 자)이 도급계약의 작업수행 중에 제3자에게 입힌 법률상 배상책임을 담보한다.

② 영문영업배상책임보험(C.G.L.)

ⓐ 기업의 영업활동과 관련한 배상책임위험을 포괄적으로 담보한다. 단일약관 안에서 일반배상 책임(COVERAGE A), 인격침해 및 광고특허권침해 배상책임(COVERAGE B), 구내치료비 배상책임(COVERAGE C)까지 모두 담보하는 포괄담보형식을 취한다.

- COVERAGE A. BODILY INJURY AND PROPERTY DAMAGE LIABILITY
- COVERAGE B. PERSONAL AND ADVERTISING INJURY LIABILITY
- COVERAGE C. MEDICAL PAYMENTS

ⓑ 아울러 보험증권에 사용자배상책임(EL ; Employer's Liability)담보나 생산물배상책임(PL ; Product Liability)담보를 위한 가입금액을 별도로 설정하게 되면 같은 증권에서 이를 담보할 수 있다.

③ 생산물 및 완성작업 배상책임보험

생산물의 결함으로 그 사용자가 입은 손해에 대해 생산자나 매도인 등이 부담하는 법률상 손해배상책임(제조물 책임)을 담보하는 보험으로서 단일약관으로 담보되고 있다.

④ 가입강제 배상책임보험

　㉠ 가스배상책임보험 : 가스사고로 인한 책임

　㉡ 적재물배상책임보험 : 운송업자의 수탁화물에 대한 책임

　㉢ 각종 체육시설업자 배상책임보험 : 체육시설업자의 시설사용자에 대한 책임

Theme 5 　일상생활배상책임보험

1. 의의

피보험자가 일상생활 중 타인에게 손해를 입힘으로써 부담하게 되는 법률상 배상책임을 부담한다.

2. 피보험자

① 기명피보험자

② 기명피보험자 본인의 호적상 또는 주민등록상에 기재된 배우자

③ 가족일상배상책임보험의 경우 다음의 친족 포함(사고발생 당시의 관계)

　㉠ 피보험자 본인 또는 배우자와 생계를 같이하고, 주민등록상 동거 중인 친족

　㉡ 피보험자 본인 또는 배우자와 생계를 같이하는 별거 중인 미혼 자녀

3. 보상하는 손해

피보험자가 아래에 열거한 사고로 타인의 신체(의수, 의족, 의안, 의치 등 신체보조장구는 제외하나, 인공장기나 부분 의치 등 신체에 이식되어 그 기능을 대신할 경우는 포함) 또는 재물에 입힌 손해에 대한 법률상의 배상책임을 담보한다.

① 피보험자가 주거용으로 사용하는 보험증권에 기재된 주택(부지 내의 동산 및 부동산을 포함)의 소유·사용·관리에 인한 우연한 사고

② 피보험자의 일상생활(주택 이외의 부동산의 소유·사용 또는 관리를 제외한다)에 기인하는 우연한 사고

③ 손해방지·경감비용, 방어비용, 공탁보증보험료, 협조비용

4. 보상하지 않는 손해(보통약관 면책사유+)

그 원인의 직접, 간접을 묻지 않고 아래의 사유로 생긴 배상책임을 부담함으로써 입은 손해는 보상하지 않는다.

① 피보험자의 직무수행으로 인한 배상책임

② 보험증권에 기재된 주택을 제외하고 피보험자가 소유·사용 또는 관리하는 부동산에 인한 배상책임

③ 피보험자의 피용인이 피보험자의 업무에 종사 중에 입은 신체의 장해에 인한 배상책임

④ 피보험자와 세대를 같이하는 친족에 대한 배상책임

⑤ 가중 배상책임

⑥ 보관자책임에 따른 배상책임

⑦ 피보험자의 심신상실에 의한 배상책임

⑧ 피보험자 또는 피보험자의 지시에 따른 폭행 또는 구타에 인한 배상책임

⑨ 항공기, 선박, 차량, 총기(공기총 제외)의 소유·사용·관리에 인한 배상책임

⑩ 주택의 수리, 개조, 신축 또는 철거공사로 생긴 손해에 대한 배상책임. 그러나 통상적인 유지, 보수작업으로 생긴 손해에 대한 배상책임은 보상한다.

⑪ 폭력행위로 인한 배상책임

Theme 6   영업배상책임보험의 보통약관

1. 보상하는 손해

보험회사는 피보험자가 보험증권상의 보장지역 내에서 보험기간 중에 발생된 특약에 기재된 보험사고로 인하여 피해자에게 법률상의 배상책임액을 부담함으로써 입은 아래의 손해를 이 약관에 따라 보상한다.

(1) 피보험자가 피해자에게 지급할 책임을 지는 법률상의 손해배상금

① 민사적 손해배상금

② 민사적 합의금

③ 소송의 경우 법원의 판결비용 등

(2) 계약자 또는 피보험자가 지출한 아래의 비용

① 피보험자가 손해의 방지 또는 경감을 위하여 지출한 필요 또는 유익하였던 비용

② 피보험자가 제3자로부터 손해의 배상을 받을 수 있는 그 권리를 지키거나 행사하기 위하여 지출한 필요 또는 유익하였던 비용

③ 피보험자가 지급한 소송비용, 변호사비용, 중재, 화해 또는 소정에 관한 비용

④ 보험증권상의 보상한도액 내의 금액에 대한 공탁보증보험료. 그러나 회사는 그러한 보증을 제공할 책임은 부담하지 않는다.

⑤ 피보험자가 회사의 요구에 의해 지출한 비용

2. 보상하지 않는 손해

기본면책사유와 벌과금 및 징벌적 손해에 대한 배상책임은 보상하지 아니한다.

3. 의무보험과의 관계

① 의무보험이란 법률에 의해 가입이 강제된 보험을 말하며, 공제계약을 포함한다.

② 회사는 이 약관에 의하여 보상하여야 하는 금액이 의무보험에서 보상하는 금액을 초과할 때에 한하여 그 초과액만을 보상한다.

③ 피보험자가 의무보험에 가입하여야 함에도 불구하고 가입하지 않은 경우에는 그가 가입했더라면 의무보험에서 보상했을 금액을 '의무보험에서 보상하는 금액'으로 본다.

4. 양 도

보험의 목적의 양도는 회사의 서면동의 없이는 회사에 대하여 효력이 없으며, 회사가 서면동의한 경우 계약으로 인하여 생긴 권리와 의무를 함께 양도한 것으로 한다. 다만, 의무보험인 경우에는 회사의 서면동의가 없는 경우에도 보험계약 청약서에 기재된 사업을 양도하였을 때 보험계약으로 인하여 생긴 권리와 의무를 함께 양도한 것으로 본다.

영업배상책임보험의 보상하는 비용

1. 보상하는 비용손해의 종류

(1) 손해방지비용

① 피보험자가 손해 방지·경감을 위해 필요 또는 유익하였던 비용을 의미한다.

② 반드시 효과가 있어야 하는 것은 아니다.

③ 법률상 손해배상금에 대한 보험금과 합하여 보험가입금액(보상한도액)을 초과하더라도 보상한다.

(2) 방어비용

피보험자가 지급한 방어비용(소송·변호사·중재·화해·조정에 관한 비용)을 보상한다.

(3) 대위권보존비용

사고에 대해 배상책임이 있는 타인에 대한 손해배상청구권의 표시·보존·채무명의 확보·변제력의 확보를 위해 지출한 필요하고 유익한 비용은 보상한다.

(4) 공탁보증보험료

공탁으로서 재판의 집행을 면하는 경우, 해당 보증보험료는 보상된다(보험사가 보증을 제공할 책임은 없다).

(5) 보험사 요청에 의한 협력비용

피보험자가 회사의 요구에 따르기 위하여 지출한 비용을 보상한다.

2. 비용보상의 예외

(1) 손해방지비용

선주배상책임보험, 유도선사업자배상책임보험에서는 보상하지 않는다.

(2) 오염제거비용

배상책임보험 보통약관에서는 오염제거비용을 면책사유로 규정하고 있다. 오염사고담보특약을 통해 담보가 가능하다.

3. 각종 비용보상시 고려되어야 할 사항

(1) 손해방지비용

가입금액을 초과해도 보상한다. 단, 도로운송업자배상책임보험·적재물배상책임보험에서는 손해방지비용을 15만원으로 제한한다.

(2) 비례보상

보관자책임보험의 경우 수탁화물의 가액이 가입금액보다 큰 경우 비례보상한다.

(3) 가스사고배상책임보험

비용의 종류, 범위 구분 없이 100만원 한도로 실제비용을 지급한다.

(4) 비용에 대한 자기부담금의 적용

국문이든 영문이든 Deductible(공제)은 손해배상액에만 적용하고, 비용보상에는 적용하지 아니한다.

C.G.L(영문 영업배상책임보험)

1. 피보험자

피보험자에 관한 규정은 성질상 모든 형태의 손해보험약관에 필수적인 규정임에도 불구하고 현재 이를 규정하고 있는 국문약관은 자동차보험 외에는 없다.

(1) 기명피보험자

보험증권에 기재된 사람으로 기명피보험자가 2인 이상인 경우를 공동피보험자라 한다.

(2) 타인을 위한 보험계약과 공동피보험자(Co – Insured)

하수급업자가 원수급업자의 요청에 의하여 도급업자 배상책임보험이나 근재보험에 가입하면서 피보험자를 하수급업자와 원수급업자로 하였을 경우, 그 보험계약은 자기를 위한 보험계약일 뿐만 아니라 타인을 위한 보험계약이기도 하다. 따라서 공사기간 중 하수급업자가 동 보험계약을 해지하고자 할 경우에는 반드시 원수급업자의 동의를 얻거나 보험증권 원본을 제시하여야 하며, 만약 이에 위배하여 보험계약이 해지된 경우 보험자는 원수급업자에게 보험계약이 해지되었음을 주장하지 못한다.

> 예 하수급업자가 원수급업자의 동의 없이 근재보험계약의 해지를 요청하여 보험자가 이를 해지한 후에 업무상 재해를 입은 근로자가 원수급업자를 상대로 소송을 제기한 경우 보험자는 그 소송비용과 함께 손해배상금도 보상하여야 한다.

(3) 추가피보험자(Additional Insured)

생산물특약의 판매인특약이나 명의사용인특약과 같은 추가피보험자특약은 보험계약상 판매인이나 명의사용인을 피보험자로 포함하지만, 이들 피보험자는 보험증권상의 기명피보험자가 아니고 단지 배서에 의하여 피보험자에 포함되는 사람들로서 기명피보험자와는 구별하는데, 이들은 실질적으로는 제1순위 기명피보험자 이외의 기명피보험자와 같이 취급된다.

(4) 의제피보험자(Agreed Insured)

기명피보험자와 추가피보험자의 근로자, 재산관리인 등 피보험자 사무를 수행하는 자들은 피보험자의 업무를 수행하는 범위 내에서 피보험자로 간주하여야 할 필요가 있는데, 이들을 의제피보험자라 한다.

2. 보험기간

(1) 기간보험과 구간보험

일반적으로 기간보험의 보험기간을 적용하지만 도로운송업자배상책임보험의 구간운송특약과 같은 경우에는 구간보험과 혼용하고 있다.

(2) 보험기간 산정 및 기준지역

영국 런던에 거주하는 교포가 우리나라에 입국하여 전기기구를 우리나라 기업으로부터 구입하여 미국에 수출하면서 국내의 보험회사에 생산물배상책임보험 계약을 체결하였을 경우, 보험기간 산정의 기준이 되는 표준시에 대해 영국의 런던, 미국 또는 우리나라의 표준시 중 어느 곳의 표준시를 기준으로 할 것인가가 문제되는데, 이에 관하여 국문약관은 보험증권 발행지(우리나라)의 표준시를 기준으로 하는데 비하여 C.G.L.은 보험계약자의 주소지(영국지)의 표준시를 기준으로 한다.

3. 보험사고

급격하게 발생하는 것을 포함하여 사실상 같은 종류의 위험에 계속적, 반복적으로 노출되는 것을 포함한다.

4. 보상하는 손해

(1) Coverage A(신체장해와 재물손해)

신체장해란 보험사고로 인한 신체의 부상, 질병 그로 인한 사망을 모두 포괄하여 사람의 신체·생명에 대한 위해상태를 말한다.

(2) Coverage B(인격침해와 광고침해)

① 인격침해(Personal Injury)

물리적 사고 이외의 명예훼손·무고·사생활침해·신체의 자유·인격 등을 침해하는 행위로 신체장해와 구분된다.

㉠ 불법체포, 불법감금 또는 불법구치

㉡ 무고에 기인하는 소추(검사가 특정한 사건에 관하여 공소를 제기하고 유지하는 일)

㉢ 주거침입 또는 불법퇴치

㉣ 구두 또는 출판물로 개인이나 단체를 중상, 비방하거나 개인이나 단체의 제품이나 서비스에 대한 중상

㉤ 구두 또는 출판물에 의한 사생활 침해(근거 없는 말로 남을 헐뜯어 명예나 지위를 손상시킴)

② 광고침해(Advertising Damage)
  ㉠ 구두 또는 출판물로 개인이나 단체를 중상, 비방하거나 개인 또는 단체의 제품이나 서비스에 대한 중상
  ㉡ 구두 또는 출판물에 의한 사생활 침해
  ㉢ 광고기획 또는 사업방식의 유용
  ㉣ 저작권, 타이틀 또는 표어의 침해

(3) Coverage C(의료비)

① 보험회사의 책임범위
  ㉠ 사고일자로부터 1년 이내에 발생하여 통지된 치료비여야 한다.
  ㉡ 아래의 경우 피해자가 회사의 요청과 비용으로 회사가 지정한 의사의 진단서를 제출한 경우에 한하여 보상한다.
    • 피보험자가 소유 또는 임차하는 시설에서 발생한 사고
    • 피보험자가 소유 또는 임차하는 시설에 인접하는 시설에서 발생한 사고
    • 피보험자의 사업활동에 기인된 사고

② 의료비
  회사는 필요하고도 유익한 비용으로서 피보험자의 과실유무를 불문하고 보상한도액 내에서 아래의 의료비를 보상한다.
  ㉠ 사고발생시의 응급처치 비용
  ㉡ 치료, 수술, X선 검사, 보철기구를 포함한 치과치료비
  ㉢ 구급차, 입원, 전문간호, 장례비

(4) 추가지급조항(Coverage A 및 Coverage B)

① 신체장해 배상책임담보가 적용되는 차량사용에 기인하는 사고, 또는 도로교통법규 위반으로 필요한 보석보증 보험료를 250달러까지 보상한다. 그러나 회사는 보석보증을 제공할 의무는 없다.
② 증권상의 보상한도액 이내의 보증금액에 대한 차압해제 보증보험료를 보상한다. 그러나 회사는 차압해제보증을 제공할 의무는 없다.
③ 회사의 요청에 따라 조사 또는 손해배상청구 및 소송에 대한 방어에 협조하는데 소요된 비용과 일당 100달러 한도 내의 소득상실에 대하여 보상한다.
④ 피보험자에게 부과된 모든 소송비용을 보상한다.
⑤ 회사가 지급하는 판결액에 대해서 피보험자에게 부과되는 예비판결의 이자를 제공한다. 다만, 회사가 이 보험에서 보상되는 금액을 지급할 것을 통지하였다면 통지 후의 예비판결의 이자는 보상하지 아니한다.
⑥ 판결확정 후에 발생하는 판결액에 대한 이자를 제공한다. 다만, 이 보험의 보상한도액 내에서 판결액의 일부를 법원에 지급, 지급제의 또는 공탁할 때까지 발생한 것에 한한다.
⑦ 추가지급조항에서 보상되는 비용은 보상한도액을 초과하여 보상한다.

5. 보상하지 않는 손해

(1) Coverage A의 면책손해

① 피보험자가 야기하였거나 피보험자의 고의로 발생한 신체장해 또는 재물손해. 그러나 신체 또는 재물을 보호하기 위해 필요한 행위의 결과로 생긴 신체장해는 보상한다.

② 계약에 의하여 가중된 배상책임. 그러나 아래의 경우에는 보상한다.
  ㉠ 담보계약에 의하여 가중된 배상책임
  ㉡ 계약이 없었을 경우에도 피보험자가 부담하게 될 손해배상책임

③ 주류의 제조, 배급, 판매, 제공, 공급을 사업으로 하고 있을 경우, 다음과 같은 사유로 피보험자가 배상책임을 부담하는 신체장해 또는 재물손해
  ㉠ 다른 사람을 취하게 하거나 취하도록 기여한 것
  ㉡ 법령상의 음주연령에 미달한 사람 또는 주기가 있는 사람에게 주류를 제공한 것
  ㉢ 주류의 판매, 증여, 배급 또는 사용에 관한 법령, 규칙

④ 근로자의 재해보상, 불구폐질급부 또는 실업에 관한 법률, 기타 이와 유사한 법률에 따라 피보험자가 부담하는 책임

⑤ 아래에 열거한 사람에게 입힌 신체장해
  ㉠ 피보험자의 근로자가 업무 수행 중 그 업무에 기인하여 입은 신체장해
  ㉡ 위 ㉠의 결과로서 그 근로자의 배우자, 자녀, 부모, 형제자매가 입은 손해

⑥ 공해물질 등에 의해 발생한 다음의 신체장해와 재물손해
  ㉠ 아래의 장소 또는 경우에 공해물질의 배출, 확산, 방출 또는 유출이 있었거나, 있었다고 주장되거나 또는 있을 위험 때문에 발생한 신체장해나 재물손해
    • 피보험자가 소유, 임차 또는 점유하는 시설내 또는 그 시설로부터
    • 폐기물질의 취급, 보관, 처리, 가공하거나 처치하기 위하여, 피보험자가 사용하는 부지내 또는 부지로부터, 또는 피보험자나 타인을 위해 사용하는 부지내 또는 부지로부터
    • 피보험자나 피보험자가 법적책임을 부담하는 타인 또는 단체를 위하여 언제라도 폐기물을 운송, 취급, 보관, 처분 또는 가공하고 있을 경우
    • 피보험자나 피보험자를 대신하여 직접간접으로 도급인 또는 하도급인이 아래의 사업을 하고 있는 시설내나 그 시설로부터
      – 그 사업과 관련하여 부지내에 공해물질이 반입되었을 때
      – 공해물질의 시험, 검사, 청소, 제거 또는 용기에 담아 봉하거나 처리, 독성제거 또는 중화작업을 하였을 때
  ㉡ 정부기관의 지시 또는 요청에 의하여 피보험자가 공해물질의 시험, 검사, 청소, 제거, 용기에 담아 봉하거나 처리, 독성제거, 중화작업으로 발생한 손실

⑦ 피보험자가 소유, 관리, 사용 또는 타인에게 위탁한 항공기와 자동차 또는 피보험자가 소유, 운행, 임차한 선박으로 생긴 신체장해와 재물손해

⑧ 다음에 기인하는 신체장해 또는 재물손해

　㉠ 피보험자가 소유, 운행, 임차하는 자동차에 의한 이동장비의 운송

　㉡ 이동장비를 시합, 속도경기, 해체경기의 연습, 준비 또는 곡예운전에 사용

⑨ 선전포고의 유무에 불구하고 전쟁 또는 전쟁에 수반되는 사태로 생긴 신체장해나 재물손해

⑩ 다음의 재물손해

　㉠ 피보험자가 소유, 임차 또는 점유하는 재물

　㉡ 피보험자가 판매, 양도 또는 포기한 시설로서 재물손해가 그 시설의 일부에서 발생할 때

　㉢ 피보험자가 임차하는 재물

　㉣ 피보험자가 보관, 관리 또는 지배하에 있는 동산

　㉤ 피보험자 또는 피보험자를 대신하는 도급인 또는 하도급인이 직접간접을 불문하고 작업을 하는 부동산의 특정부분의 손해가 그 작업에서 발생하였을 경우

　㉥ 피보험자의 작업이 부적절하였기 때문에 복구, 수리, 교환을 해야만 하는 재물의 그 특정부분

⑪ 피보험자의 생산물 또는 그 일부에 기인하여 피보험자의 생산물에 끼친 재물손해

⑫ 피보험자의 생산물/완성작업물 자체에 입힌 재물손해

⑬ 손상재물 또는 물리적 손상을 입지 않은 재물손해로서 아래의 사유에 기인하는 경우

　㉠ 피보험자의 생산물 또는 피보험자의 작업의 결함, 불비, 부적절 또는 위험한 상태

　㉡ 피보험자나 피보험자의 대리인의 계약상의 이행지체 또는 불이행

⑭ 다음의 사용불능, 회수, 철수, 조사, 수리, 교환, 조정, 제거, 처분으로 피보험자 또는 다른 사람이 입은 손실, 경비 또는 지출에 대한 손해배상

　㉠ 피보험자의 생산물

　㉡ 피보험자의 작업

　㉢ 손상재물

(2) Coverage B의 면책손해

① 아래의 사유에 의한 인격침해 또는 광고침해

　㉠ 허위임을 알면서도 피보험자 또는 피보험자의 지시에 의해 구두 또는 서면에 의한 자료의 공표로 발생한 경우

　㉡ 보험기간 개시 전에 구두 또는 서면 자료가 최초로 공표되어 발생한 경우

　㉢ 피보험자의 또는 피보험자의 동의하에 고의적인 형법위반으로 발생한 경우

　㉣ 계약에 의하여 가중된 경우. 그러나 계약이 없었더라도 부담하게 될 배상책임은 보상한다.

② 아래의 사유로 인한 광고침해

    ㉠ 계약을 위반한 경우. 그러나 묵시 계약상 광고기획의 유용으로 발생한 경우에는 보상한다.

    ㉡ 제품 또는 서비스가 광고된 품질 또는 성능에 적합하지 않은 경우

    ㉢ 제품, 서비스의 가격표시가 잘못된 경우

    ㉣ 광고, 라디오방송, 출판물 또는 TV방송을 사업으로 하는 피보험자에 의해 위법으로 발생한 경우

(3) Coverage C의 면책손해

① 피보험자 자신의 신체장해

② 피보험자를 위해 또는 피보험자를 대신해서 고용된 사람 또는 피보험자에게 세든 사람에 대한 신체장해

③ 피보험자가 소유 또는 임차하는 시설을 통상적으로 점유하고 있는 자가 입은 신체상해

④ 피보험자의 근로자 여부를 불문하고 노동자재해보상에 관한 법률, 폐질급부에 관한 법률, 기타 이와 유사한 법률에 의해 보상되는 신체상해

⑤ 운동경기 참가 중에 입은 신체상해

⑥ 생산물/완성작업위험에 포함되는 신체상해

⑦ Coverage A에서 보상하지 않는 신체상해

⑧ 선전포고의 유무에도 불구하고 전쟁 또는 전쟁에 수반되는 사태로 생긴 신체장해

6. 보상한도액

회사는 피보험자의 수, 손해배상청구의 건수 또는 제기된 소송의 수, 손해배상청구 또는 소송을 제기하고 있는 개인 또는 단체의 수를 불문하고 회사가 지급할 보상한도액을 신고란 기재의 금액으로 하고 아래의 규정에 따라 지급한다.

(1) 총보상한도액

총보상한도액은 아래의 항목에 대하여 회사가 지급할 최고액을 말한다.

① Coverage A 및 B에 따른 손해배상금. 그러나 생산물/완성작업위험에서 보상되는 장해 또는 손해에 손해배상금은 제외된다.

② Coverage C에 따른 의료비

(2) 생산물/완성작업위험에 대한 총보상한도액

생산물/완성작업위험에 대한 총보상한도액은 생산물/완성작업위험에서 보상되는 장해 또는 손해에 따른 손해배상금에 대하여 Coverage A에 있어서 회사가 지급하는 최고액이 된다.

(3) 인격침해 및 광고침해한도액

위 (1)에 있어서 인격침해 및 광고침해한도액은 개인 또는 단체가 인격침해 또는 광고침해를 입힘으로써 발생하는 모든 손해배상금에 대하여 회사가 Coverage B에 의해 지급할 최고액이 된다.

(4) 1사고당 한도액

위 (1)이나 (2)의 어느 것을 적용하든 1사고당 한도액은 한 사고로 발생하는 모든 신체장해 또는 재물손해로 인한 손해배상금 및 비용에 대하여 회사가 지급할 최고액이 된다.

① Coverage A에 의한 손해배상금

② Coverage B에 의한 의료비

(5) 화재손해보상한도액

위 (4)의 화재손해보상한도액은 하나의 화재사고로 피보험자가 임차하고 있는 시설의 화재손해에 대하여 회사가 Coverage A에 의하여 지급할 최고한도액이다.

(6) 의료비한도액

위 (4)의 의료비한도액은 한 피해자가 입은 신체장해로 발생하는 모든 의료비에 대하여 Coverage C에 의하여 회사가 지급하는 최고액이 된다.

이 보험증권의 한도액은 신고란에 기재된 보험기간 개시일로부터 시작하여 매 연도별 및 12개월 미만의 추가 기간으로 연장이 되지 않을 때에는 12개월 미만의 잔여기간에 개별적으로 적용된다. 보험기간 추가 연장될 경우 연장된 기간은 원보험기간을 구성하는 것으로 하여 한도액이 적용된다.

시설소유관리자특약

1. 개 요

피보험자가 소유·사용 또는 관리하는 시설 및 그 시설의 용도에 따른 운용으로 생긴 우연한 사고로 인해 지게 되는 법률상 배상책임을 담보한다.

2. 담보위험

① 완성된 시설을 본래의 용도에 따라 이용하는 행위에서 비롯된 위험이다.

② 사무에 필수적인 행위와 이에 수반하는 활동까지 포함한다.

③ 일반 업무만을 담보한다.

> **저자의 TIP**
>
> • 전문직업위험은 전문직업인배상책임보험에서 담보
> • 시설을 본래의 용도에 이용하기 위하여 제작, 설치, 수리, 보수하는 행위는 도급업자특약에서 담보

3. 보상하는 손해의 범위 및 보험금 등의 지급한도

회사가 1사고당 보상하는 손해의 범위 보험금의 지급한도는 다음과 같다.

(1) 피보험자가 피해자에게 지는 법률상의 손해배상금

1사고당 이 특약의 보험가입금액(보상한도)을 한도로 보상하되, 자기부담금이 약정된 경우에는 그 자기부담금을 초과한 부분만 보상한다.

(2) 계약자 또는 피보험자가 지출한 아래의 비용

① 피보험자가 손해의 방지 또는 경감을 위하여 지출한 필요 또는 유익하였던 비용 : 전액 보상

② 피보험자가 손해방지의무의 조치를 취하기 위하여 지출한 필요 또는 유익하였던 비용 : 전액 보상

③ 피보험자가 지급한 소송비용, 변호사비용, 중재, 화해 또는 조정에 관한 비용 : 이 비용과 법률상의 손해배상금의 합계액을 보험가입금액(보상한도액) 내에서 보상

④ 보험증권(보험가입증서)상의 보상한도액 내에서 금액에 대한 공탁보증보험료 : 전액 보상

⑤ 피보험자가 손해배상청구를 해결하기 위한 회사의 요구에 따르기 위하여 지출한 비용 : 이 비용과 법률상의 손해배상금의 합계액을 보험가입금액(보상한도액) 내에서 보상

4. 보험가입대상 및 보험기간

모든 시설운영업체는 본 보험에 가입할 수 있다. 보험기간은 원칙적으로 1년으로 하되 필요에 따라서 단기로도 가입이 가능하다.

5. 시설의 범위

'시설'의 범위를 제한하지 않는다. 그러므로 동산, 부동산 및 '도구·기계·장치 따위를 갖춘' 모든 것이 시설에 포함된다. 그러나 체육시설업자 배상책임보험, 어린이놀이시설 배상책임보험, 다중이용업소 화재배상책임보험 등은 특정한 시설 또는 특정목적의 시설에 국한하여 담보한다. 자연물도 경우에 따라 시설물이 될 수 있다.

6. 책임법리

(1) 불법행위책임
시설소유관리자특약이 부담하는 배상책임법리는 원칙적으로 불법행위책임이다.

(2) 채무불이행책임
어떤 특정한 시설을 이용하기 위하여 별도의 이용계약을 한 시설이용자(예) 골프장 이용자)가 시설을 이용하던 중에 시설의 하자 또는 시설소유자의 피용인의 잘못으로 손해를 입었다면, 이는 시설소유자의 계약상 주의의무위반 또는 안전배려의무위반이 되어 채무불이행책임을 물을 수 있다.

(3) 엄격행위책임
① 공작물 점유·소유자 책임
공작물의 설치 또는 보존의 하자로 인하여 타인에게 손해를 가한 때에 공작물 점유자가 1차적으로 손해배상책임을 부담하고 공작물 소유자가 2차적으로 손해배상책임을 부담한다. 만일 공작물에 화재가 발생하여 타인에게 손해를 가한 경우에는 「실화책임에 관한 법률」이 적용되고, 하자가 없는 공작물의 사용부주의(조작부주의)로 발생한 사고에 대하여는 본 책임이 아닌 일반불법행위책임이 적용된다.

② 사용자책임
시설의 업무수행에 따른 위험 발생시 사용자책임을 물을 수 있다. 타인을 사용하여 어느 사무에 종사하게 한 자는 피용자가 그 사무집행에 관하여 제3자에 손해를 가한 경우, 그 피용자의 선임 및 사무 감독에 과실이 없음을 입증하지 못하는 한 손해를 배상하도록 하고 있다.

(4) 그 외 적용 법률
「환경보건법」, 「고압가스안전관리법」 등

7. 보상하지 않는 손해

기본면책사유 및 벌과금 및 징벌적 손해에 대한 배상책임은 보상하지 않는다.

① 피보험자가 소유, 점유, 임차, 사용 또는 관리(화물의 하역작업 포함)하는 자동차, 항공기, 선박으로 생긴 손해에 대한 배상책임. 그러나 아래의 경우는 보상한다.

ㄱ 피보험자가 시설 내에서 피보험자가 소유, 임차 또는 사용하지 아니하는 자동차의 주차로 생긴 손해 대한 배상책임

ㄴ 피보험자의 시설에 양륙되어 있는 선박 또는 피보험자가 요금을 받지 아니하고 여객이나 물건을 운송하는 길이 26피트 이하의 피보험자 소유가 아닌 소형선박으로 생긴 손해에 대한 배상책임

② 통상적이거나 급격한 사고에 의한 것인가의 여부에 관계없이 공해물질의 배출, 방출, 누출, 넘쳐흐름 또는 유출로 생긴 손해에 대한 배상책임

③ 시설의 수리, 개조, 신축 또는 철거공사로 생긴 손해에 대한 배상책임. 그러나 통상적인 유지, 보수작업으로 생긴 손해에 대한 배상책임은 보상한다.

④ 아래의 사유로 생긴 손해에 대한 배상책임과 그러한 음식물이나 재물 자체의 손해에 대한 배상책임

ㄱ 피보험자의 시설 내에서 사용, 소비되는 피보험자의 점유를 벗어난 음식물이나 재물

ㄴ 피보험자의 점유를 벗어나고 시설 밖에서 사용, 소비되는 음식물이나 재물

⑤ 작업의 종료(작업물건의 인도를 요하는 경우 인도) 또는 폐기 후 작업의 결과로 부담하는 손해에 대한 배상책임 및 작업물건 자체의 손해에 대한 배상책임

⑥ 피보험자의 근로자가 피보험자의 업무에 종사 중 입은 신체장해에 대한 손해배상책임

⑦ 에너지 및 관리할 수 있는 자연력, 상표권, 특허권 등 무체물에 입힌 손해에 대한 배상책임

⑧ 피보험자가 양도한 시설로 생긴 손해에 대한 배상책임과 시설자체의 손해에 대한 배상책임

⑨ 아래의 사유로 생긴 물리적으로 파손되지 아니한 유체물의 사용손실에 대한 배상책임

ㄱ 피보험자의 채무불이행이나 이행지체

ㄴ 피보험자의 생산물이나 공사물건이 피보험자가 보증한 성능, 품질적합성 또는 내구성 결함

⑩ 의사(한의사 및 수의사를 포함한다), 간호사, 약사, 건축사, 설계사, 측량사, 이용사, 미용사, 안마사, 침술사(뜸을 포함한다), 접골사 등 전문직업인의 직업상 과실로 생긴 손해에 대한 배상책임

⑪ 가입 여부를 묻지 아니하고 피보험자가 법률에 의하여 의무적으로 가입하여야 하는 보험(공제계약을 포함한다. 이하 '의무보험'이라 한다)에서 보상하는 손해에 대한 배상책임

⑫ 지하매설물에 입힌 손해 및 손해를 입은 지하매설물로 생긴 다른 재물의 손해에 대한 배상책임

8. 추가특약

구내치료비담보 추가특약, 비행담보 추가특약, 물적손해확장담보 추가특약, 운송위험담보 추가특약 등이 있다.

(1) 구내치료비담보 추가특약

① 의 의
시설소유자의 법률상 배상책임이 없음에도 불구하고, 시설사용자에게 신체적 손해가 발생할 경우 그에 따른 치료비를 보상하는 특약을 말한다(no-fault coverage).

② 취 지
공공시설 영업활동 중 사고발생시 책임 여부를 가리는 것이 쉽지 않고, 피보험자의 고객관리차원에서도 치료비를 보상할 필요가 있다.

③ 보상하는 손해
치료비만 보상한다. 상대적으로 한도가 작고, 원칙적으로 공제금액을 설정하지 않는다.
- ㉠ 구급차, 응급처치비용
- ㉡ 치료, 수술, X선 검사, 입원
- ㉢ 전문간호
- ㉣ 장례비
- ㉤ 보철기구를 포함한 치과치료비
- ㉥ 의료보험법 적용대상인 한방치료

④ 주요 면책사항(보통약관+)
- ㉠ 피보험자가 소유, 점유, 임차, 사용 또는 관리(화물의 하역작업 포함)하는 자동차, 항공기, 선박으로 생긴 신체장해에 대한 치료비. 그러나 아래의 경우는 보상한다.
  - 시설 내에서 피보험자가 소유, 임차 또는 사용하지 아니하는 자동차의 주차로 생긴 신체장해에 대한 치료비
  - 피보험자의 시설에 양륙되어 있는 선박으로 생긴 신체장해에 대한 치료비
- ㉡ 피보험자와 타인 간에 치료비에 관한 약정이 있는 경우 그 약정에 의하여 발생한 치료비
- ㉢ 사고일로부터 1년 후에 발생하는 치료비
- ㉣ 타인의 신체장해에 대하여 피보험자에게 법률상 배상책임이 있는 치료비
- ㉤ 통상적이거나 급격한 사고에 의한 것인가의 여부에 관계없이 공해물질의 배출, 방출, 누출, 넘쳐흐름 또는 유출로 생긴 신체장해에 대한 치료비
- ㉥ 경기나 묘기에 사용(그에 따른 일체의 준비·정리 포함)되는 운반차량, 제설기 및 여기에 부착되어 사용되는 트레일러로 생긴 신체장해에 대한 치료비
- ㉦ 피보험자의 수급인이 수행하는 업무로 생긴 신체장해에 대한 치료비
- ㉧ 피보험자나 피보험자의 동업자, 임차인, 기타 피보험자의 구내 상주자 또는 이들의 근로자가 입은 신체장해에 대한 치료비
- ㉨ 피보험자의 구내에서 시설의 관리, 개축, 철거, 수리 또는 신축하는 업무에 종사하는 사람이 입은 신체장해에 대한 치료비

ⓩ 「근로기준법」,「국민건강보험법」, 기타 유사 법률에 의하여 보상되는 신체장해에 대한 치료비
ㅋ 각종의 신체적 훈련, 운동경기 또는 시합에 참가 도중 입은 신체장해에 대한 치료비
ㅌ 피보험자의 근로자나 기타 제3자의 신체장해에 대하여 피보험자가 치료하여 발생한 치료비
ㅍ 아래의 사유로 생긴 손해에 대한 배상책임과 그러한 음식물이나 재물 자체의 손해에 대한
  배상책임
  • 피보험자의 시설 내에서 사용, 소비되는 피보험자의 점유를 벗어난 음식물이나 재물
  • 피보험자의 점유를 벗어나고 시설 밖에서 사용, 소비되는 음식물이나 재물
ㅎ 작업의 종료(작업물건의 인도를 요하는 경우 인도) 또는 폐기 후 작업의 결과로 생긴 신체장해
  에 대한 치료비

(2) 비행담보 추가특약

보통약관 면책사유인 전문직업활동에 의한 사고에 대하여, 그 사고가 시설 내에서 특정한 업무수행
(전문직활동) 중 발생하여 타인의 신체의 손해를 입힌 경우 피보험자가 지게되는 발생한 법률상 배상
책임을 담보한다.

(3) 물적손해확장담보 추가특약

보통약관 면책사유인 '피보험자가 보호·관리·통제(원인에 관계없이 모든 형태의 실질적인 통제행
위를 포함한다)하는 재물이 손해를 입었을 경우, 그 재물에 대하여 정당한 권리를 가진 자에 대한
손해배상책임'을 담보한다.

(4) 운송위험담보 추가특약

피보험자가 소유·사용·점유·임차·사용 또는 관리하는 자동차로 화물을 운송하는 도중 적재된
화물로 인하여 타인에게 손해를 입힘으로써 피보험자가 지는 법률상 배상책임을 담보한다. 다만,
적재된 화물 자체에 대한 배상책임은 적재물배상책임에서 담보하므로 포함시키지 않는다.

(5) 부동산임대업자 추가특약

임대건물이 화재, 폭발 및 붕괴되어 임차인의 재물에 손해를 입힘으로써 임대인에게 발생한 법률상
배상책임을 담보한다.

도급업자특약

1. 의의

도급계약관계의 수급인이 도급계약으로 인한 작업 중 타인에게 입힌 법률상 배상책임을 담보한다.
이 경우 수급인이 작업 수행을 위하여 소유·사용·관리하는 시설로 인한 사고가 포함된다.

2. 법적 근거

(1) 「민법」 제750조(불법행위책임)

수급인에게 타인에 대한 불법행위책임이 발생한다.

(2) 「민법」 제756조(사용자의 배상책임)

수급인의 근로자가 타인에게 손해를 입힌 경우 수급인에게 배상책임이 발생한다.

(3) 「민법」 제757조(도급인의 책임), 제760조(공동불법행위자의 책임)

수급인은 도급인과는 독립적으로 작업을 수행하므로 타인에 대한 배상책임은 수급인에게 있다. 그러나 도급 또는 지시에 관하여 도급인에게 중대한 과실이 있는 때에는 그러하지 아니하다.

3. 보상하는 손해

피보험자가 증권에 기재된 작업의 수행 또는 작업의 수행을 위하여 소유·사용 또는 관리하는 시설로 생긴 우연한 사고에 의해 타인에게 신체장해 또는 재물손해를 입혀 이를 배상할 책임을 짐으로써 입은 손해를 보상한다.

4. 보상하지 않는 손해(보통약관+)

① 피보험자가 소유, 점유, 임차, 사용 또는 관리(화물의 하역작업을 포함)하는 자동차, 항공기, 선박으로 생긴 손해에 대한 책임. 그러나 아래의 경우는 보상한다.
  ㉠ 피보험자가 시설 내에서 피보험자가 소유, 임차 또는 사용하지 아니하는 자동차의 주차로 생긴 손해에 대한 책임
  ㉡ 피보험자의 시설에 양륙되어 있는 선박 또는 피보험자가 요금을 받지 아니하고 여객이나 물건을 운송하는 길이 26피트 이하의 피보험자 소유가 아닌 소형 선박으로 생긴 손해에 대한 배상책임

② 통상적이거나 급격한 사고에 의한 것인가의 여부에 관계없이 공해물질의 배출, 방출, 누출, 넘쳐흐름 또는 유출로 생긴 배상책임 및 오염제거비용

③ 아래의 사유로 생긴 손해에 대한 배상책임과 그러한 음식물이나 재물 자체의 손해에 대한 배상책임
　㉠ 피보험자의 시설 내에서 사용, 소비되는 피보험자의 점유를 벗어난 음식물이나 재물
　㉡ 피보험자의 점유를 벗어나고 시설 밖에서 사용, 소비되는 음식물이나 재물
④ 벌과금 및 징벌적 손해에 대한 배상책임
⑤ 피보험자의 수급인(하수급인 등을 포함한다)이 수행하는 작업으로 생긴 손해에 대한 배상책임. 그러나 아래의 경우에는 보상한다.
　㉠ 보험계약을 맺을 때에 미리 정하여 이에 해당하는 보험료를 받았을 때
　㉡ 피보험자가 소유, 임차한 시설의 관리, 수리 또는 그 시설 내에서 피보험자의 수급인이 수행하는 시설의 규모변경이나 이전이 아닌 구조변경작업으로 생긴 배상책임
⑥ 피보험자의 수급인의 근로자가 피보험자의 하도급작업에 종사 중 입은 신체장해에 대한 손해배상책임
⑦ 피보험자의 근로자가 피보험자의 업무에 종사 중 입은 신체장해에 대한 손해배상책임
⑧ 피보험자가 양도한 시설로 생긴 손해에 대한 배상책임과 시설자체의 손해에 대한 배상책임
⑨ 다음의 사유로 생긴 물리적으로 파손되지 아니한 유체물의 사용손실에 대한 배상책임
　㉠ 피보험자의 채무불이행이나 이행지체
　㉡ 피보험자의 생산물이나 공사물건이 피보험자가 보증한 성능, 품질적합성 또는 내구성의 결함
⑩ 공사의 종료(공사물건의 인도를 요하는 경우에는 인도) 또는 폐기 후 공사의 결과로 부담하는 배상책임
⑪ 공사물건 자체의 손해에 대한 배상책임
⑫ 전문직업인의 직업상 과실로 생긴 손해에 대한 배상책임
⑬ 토지의 내려앉음, 융기, 이동, 진동, 붕괴, 연약화 또는 토사의 유출로 생긴 토지의 공작물(기초 및 부속물을 포함), 그 수용물 및 식물 또는 토지의 망가뜨림과 지하수의 증감으로 생긴 손해에 대한 배상책임
⑭ 지하매설물에 입힌 손해 및 손해를 입은 지하매설물로 생긴 다른 재물의 손해에 대한 배상책임
⑮ 폭발로 생긴 재물손해에 대한 배상책임
⑯ 지하자원에 입힌 손해에 대한 배상책임
⑰ 피보험자가 수행하는 공사가 전체공사의 일부일 경우 그 전체공사에 참여하고 있는 모든 근로자에게 입힌 신체장해에 대한 손해배상책임
⑱ 가입 여부를 묻지 아니하고 피보험자가 법률에 의하여 의무적으로 가입하여야 하는 보험(공제를 포함. 이하 의무보험)에서 보상하는 손해에 대한 배상책임

> **저자의 TIP**
>
> 도급업자특약의 면책사항 중 ①, ②, ③, ⑨ 조항은 구내치료비 면책사항과 유사하다.

5. 주요 특약

(1) 운송위험담보 추가특약

시설소유관리자특약과 동일하다.

(2) 일부공사담보특약

피보험자가 수행하는 공사가 전체 공사의 일부일 경우에도 전체 공사에 참여하고 있는 모든 근로자 (피보험자의 근로자 제외. 산재/근재에서 담보)에게 입힌 신체손해에 대한 배상책임손해를 보상한다.

(3) 폭발, 붕괴 및 지하매설물 손해담보 추가특약

다음의 배상책임에 대하여 보상한다.

① 폭발로 생긴 재물손해에 대한 배상책임

② 토지의 내려앉음, 융기, 이동, 진동, 붕괴, 연약화 또는 토사의 유출로 생긴 토지의 공작물(기초 및 부속물을 포함한다), 그 수용물 및 식물 또는 토지의 망가뜨림과 지하수의 증가 등으로 생긴 손해에 대한 배상책임

③ 지하매설물 자체에 입힌 물적 손해에 대한 배상책임

(4) 오염사고담보 추가특약

① 보상하는 손해

오염사고로 타인에게 신체장해나 재물손해를 입힘으로써 발생하는 법률상 배상책임손해와 오염 제거비용의 합계액을 보상한도액 내에서 보상한다.

② 보상하지 않는 손해

㉠ 배출시설에서 통상적으로 배출되는 배수 또는 배기(연기를 포함)로 생긴 손해에 대한 배상책임 및 오염제거비용

㉡ 급격한 사고가 아닌 오염물질이 서서히, 계속적 또는 반복적으로 누적되어 발생한 사고로 생긴 손해에 대한 배상책임 및 오염제거비용

1. 의 의

피보험자(도급인)의 수급인이 보험증권에 기재된 작업의 수행 또는 그에 대한 피보험자의 감독 부주의로 생긴 우연한 사고로 제3자에게 입힌 법률상 배상책임을 보상한다.

2. 기간의 연장

증권에 기재된 보험기간 내에 작업이 끝나지 않을 경우, 계약자 또는 피보험자는 연장사유 및 종료예정일을 지체 없이 서면으로 회사에 통지하면, 보험기간은 작업이 끝나거나 폐기될 때까지 자동 연장된다. 그러나 정당한 사유 없이 통지를 안 하거나 지체한 경우 또는 회사가 다른 의사표시를 한 때에는 연장되지 않는다.

3. 도급업자특약과의 비교

구 분		도급업자특약	발주자미필적배상책임특약
피보험자		수급인을 위한 보험	도급인을 위한 보험
법적 근거	「민법」 제750조 (불법행위책임)	수급인의 타인에 대한 불법행위책임	도급인의 타인에 대한 불법행위책임
	「민법」 제756조 (사용자의 배상책임)	수급인의 근로자가 타인에게 손해를 입힌 경우 수급인의 책임	수급인이 도급인에게 종속되거나 작업을 수행함에 있어 직접적 지휘를 받았을 경우 도급인의 책임
	「민법」 제757조 (도급인의 책임) 「민법」 제760조 (공동불법행위자의 책임)	수급인은 도급인과는 독립적으로 작업을 수행하므로 타인에 대한 배상책임은 수급인에게 있다.	도급 또는 지시에 관하여 도급인에게 중대한 과실이 있는 때에는 그러하지 아니하다.

Theme 12 제조물(생산물)배상책임보험

1. 의 의

제조업자 또는 유통업자 등이 제조물의 결함으로 인해 타인에게 손해를 입힌 경우에 부담하는 책임(제조물 책임)을 담보하는 보험이다. 국문/영문약관 모두 Ⅰ, Ⅱ로 구분되며, 약관Ⅰ은 손해사고기준증권을 적용하고, 약관Ⅱ는 배상청구기준증권을 적용한다.

2. 가입대상

제품의 제조와 최종판매자에 이르기까지의 유통과정에 관련된 모든 사람이 가입대상이다.

3. 법적 근거

「제조물 책임법」의 제조물 책임에 기초하고 있으며, 이는 「민법」의 특별법 지위로서 무과실책임·엄격책임을 적용하고 제조물의 결함만을 책임발생요건으로 한다. 또한 강행법규로 이를 배제하거나 제한하는 특약은 무효로 한다.

심화학습	제조물의 결함

① **제조상의 결함** : 주의의무 이행과 관계없이 원래 의도한 설계와 다르게 제조된 경우
② **설계상의 결함** : 대체설계를 채용하지 않아 제조물이 안전하지 못하게 된 경우
③ **표시상의 결함** : 설명·지시·경고 또는 그 밖의 표시를 하지 않아서 피해가 발생한 경우

4. 보험의 목적(제조물)

피보험자가 제조, 가공 또는 공급한 각종 제조물, 유형동산 및 완성작업을 말한다.

(1) 제조물의 종류

　① 일반제조물

　② 음식물류

　③ 완성작업위험 : 각종 시설, 전광판 등의 설치, 해체, 수리 점검 및 보수작업

(2) 제조물이 아닌 경우

　① 피보험자가 실질적으로 점유하고 있는 제조물

　② 미완성 작업 : 미완성 작업은 도급업자특약을 통해 담보 가능

5. 피보험자

(1) 기명피보험자

보험증권에 기재된 사람

(2) 승낙피보험자

기명피보험자의 승낙을 얻어 이동장비를 사용하거나 관리하고 있는 자

(3) 자동피보험자

기명피보험자의 배우자, 사원과 업무관련 그의 배우자, 업무수행 중인 피용자, 임원, 주주

(4) 공동피보험자

판매인, 하도급인, 부품공급업자 등 담보위험에 관련된 작업이나 일을 하는 자

6. 보상하는 손해

① 제조업자 또는 매도인 등이 제조물의 결함으로 인해 타인에게 손해를 입힌 경우에 부담하는 책임 (제조물 책임)을 부담함으로써 입은 손해를 보상한다.

② 손해방지비용, 방어비용을 보상한다.

7. 주요 면책사유

약관 면책사유 및 벌과금 및 징벌적 손해에 대한 배상책임에 대하여 보상하지 않는다.

① 제품자체손해

② 리콜비용

③ 피보험자가 소유·사용·관리하는 재물에 대한 손해

④ 계약상 배상책임

⑤ 위법행위로 인한 손해

⑥ 약관상 면책사유(보통약관 사유에 추가)
  ㉠ 피보험자의 생산물로 생긴 수질오염, 토지오염, 대기오염 등 일체의 환경오염에 대한 배상책임 및 오염제거비용
  ㉡ 피보험자의 근로자가 피보험자의 업무에 종사 중 입은 신체장해에 대한 배상책임
  ㉢ 가입 여부를 묻지 않고 피보험자가 법률에 의하여 의무적으로 가입하여야 하는 보험에서 보상하는 손해에 대한 배상책임
  ㉣ 타인에게 양도된 생산물로 인하여 피보험자의 구내에서 생긴 신체장해나 재물손해에 대한 배상책임. 그러나 타인에게 양도되어 피보험자의 구내에서 소비되는 생산물로 발생한 사고에 대한 배상책임은 보상한다.
  ㉤ 생산물 및 구성요소의 고유의 흠, 마모, 찢어짐, 점진적인 품질하락에 대한 배상책임
  ㉥ 다음의 배상책임
    • '피보험자의 생산물' 또는 그 일부에 기인하여 '피보험자의 생산물 그 자체'에 끼친 '재물손해'
    • '피보험자의 작업' 또는 그 작업의 일부에서 발생한 '피보험자의 작업'에 끼친 '재물손해'
    • '손상재물' 또는 '물리적으로 파손되지 아니한 유체물'에 생긴 재물손해로서 아래의 원인에 기인하여 사용불능 상태이거나 사용가치가 하락한 경우
      - '피보험자의 생산물'의 결함, 불완전, 부적절 또는 위험한 상태
      - 피보험자나 피보험자의 대리인이 보증한 효능, 성능, 기능의 불발휘, 계약상 이행지체 또는 불이행. 그러나 '피보험자의 생산물'이 본래의 용도에 사용된 후에 '피보험자의 생산물'이 급격하고 우연하게 물리적으로 파손되어 다른 재물이 입은 사용손실은 보상한다.
  ㉦ 생산물의 성질 또는 하자에 의한 생산물자체의 손해에 대한 배상책임
  ㉧ 결함있는 생산물의 회수, 검사, 수리 또는 대체비용 및 사용손실에 대한 배상책임
⑦ 「제조물 책임법」상 면책사유(제4조)
  배상의무자가 다음 중 하나를 입증할 경우 보상책임을 면한다. 다만, 배상의무자가 제조물을 공급한 후에 그 제조물에 결함이 존재한다는 사실을 알거나 알 수 있었음에도 그 결함으로 인한 손해의 발생을 방지하기 위한 적절한 조치를 하지 아니한 경우에는 면책을 주장할 수 없다.
  ㉠ 해당 제조물을 공급하지 않았다는 사실
  ㉡ 공급 당시 기술 수준으로 결함을 발견할 수 없었다는 사실
  ㉢ 공급 당시 법령을 준수함으로써 발생하였다는 사실
  ㉣ 원재료나 부품을 사용한 제조업자의 지시로 인하여 결함이 발생하였다는 사실

1. 의 의

가스사업자(가스사업 관련 포괄적 책임), 용기제조업자(제조물 책임), 법정가스사용자(시설소유관리배상책임)가 강제가입하는 의무보험으로서, 가스사고로 인한 배상책임을 보상한다. 가스사업자의 과실에 의한 누출 및 폐가스 축적 누출에 의한 질식사도 가스사고에 포함된다.

2. 보상하는 손해

가스의 폭발, 파열, 화재, 누출로 인한 타인의 신체장해나 재산피해를 일으키는 사고로 인한 배상책임을 담보한다.

3. 보상한도

(1) 신체장해

「고압가스안전관리법 시행규칙」 제53조 제2항에 따르고, 총보상한도와 사고당 보상한도 없이 1인당 한도액만 존재한다.

① 사망의 경우 : 8,000만원. 실손해액이 2,000만원 미만일 경우 2,000만원까지 보상

② 부상의 경우(1 ~ 14급) : 1,500만원 ~ 20만원

③ 후유장해(1 ~ 14급) : 8,000만원 ~ 500만원

④ 부상자가 치료 중에 당해 부상이 원인이 되어 사망한 경우 : ① + ②

⑤ 부상한 자에게 당해 부상이 원인이 되어 후유장해가 생긴 경우 : ② + ③

⑥ 위 후유장해의 금액을 지급한 후 당해부상이 원인이 되어 사망한 경우 : ① - ③

(2) 재산피해(대물배상) 한도액

사업체 규모에 따라 1사고당 1억원, 3억원, 50억원으로 구분한다(고압가스안전관리법 시행규칙 별표 33의2).

4. 특약

(1) 임차자특약

가스사고배상책임보험 보통약관 면책규정("피보험자가 소유·사용 또는 관리하는 재물이 손해를 입었을 경우에 그 재물에 대하여 정당한 권리를 가진 사람에게 부담하는 손해를 면책한다")에도 불구하고, 피보험자의 법률상 손해배상책임을 부담함으로써 입은 손해를 보상한다.

(2) 특수건물소유자특약

특수건물신체손해배상책임보험에 의하여 '가스화재사고에 의한 타인의 신체상해에' 대하여 동일한 보상이 이루어지므로 중복을 피하기 위하여 첨부한다.

(3) 소비자보장특약

강제 첨부특약으로 첨부시 과실상계하지 않는다.

특수건물신체손해배상책임보험

1. 의의

「화재로 인한 재해보상과 보험가입에 관한 법률(화재보험법)」상의 특수건물 소유자가 해당 특수건물의 화재로 타인의 신체에 발생한 손해에 대하여 지는 법률상 배상책임을 담보한다.

2. 취지

공공성을 가지는 특수건물의 경우, 타 건물에 비해 위험이 크기 때문에 보상범위를 확대할 필요가 있다.

3. 특수건물

「화재보험법」제2조에서 정하고 있는 특수건물은 아래와 같다.

① 국유건물
② 공유건물
③ 교육시설
④ 백화점·시장
⑤ 의료시설
⑥ 흥행장
⑦ 숙박업소
⑧ 다중이용업소
⑨ 운수시설
⑩ 공 장
⑪ 공동주택
⑫ 그 밖에 여러 사람이 출입 또는 근무하거나 거주하는 건물로서 화재의 위험이나 건물의 면적 등을 고려하여 대통령령으로 정하는 건물

4. 책임법리

「화재보험법」상의 무과실책임주의를 따른다. 「화재보험법」상 특수건물의 소유자는 그 건물의 화재로 인하여 다른 사람이 사망하거나 부상을 입었을 때에는 과실이 없는 경우에도 법에서 정한 보험금액의 범위에서 그 손해를 배상할 책임이 있으며, 특수건물 소유자의 경과실이 있는 경우에도 면책이 아닌, 「실화책임에 관한 법률」에 따라 손해배상액의 경감을 주장할 수 있다.

5. 가입의 강제

특수건물의 소유자는 다음에서 정하는 날부터 30일 이내에 특약부화재보험에 가입하여야 한다(화재보험법 제5조 제4항).

① 특수건물을 건축한 경우 : 「건축법」 제22조에 따른 건축물의 사용승인, 「주택법」 제49조에 따른 사용검사 또는 관계법령에 따른 준공인가·준공확인 등을 받은 날

② 특수건물의 소유권이 변경된 경우 : 그 건물의 소유권을 취득한 날

③ 그 밖의 경우 : 특수건물의 소유자가 그 건물이 특수건물에 해당하게 된 사실을 알았거나 알 수 있었던 시점 등을 고려하여 대통령령으로 정하는 날

> **심화학습** "대통령령으로 정하는 날"(화재보험법 시행령 제3조)
>
> "대통령령으로 정하는 날"이란 특수건물에 해당하게 된 날 이후 특수건물의 소유자(건물의 소유자와 점유자가 다른 경우는 점유자, 계약에 따라 소유자 또는 점유자로부터 건물에 대한 관리책임과 권한을 부여받은 경우는 관리자 등을 포함한다. 이하 "특수건물 관계인"이라 한다)가 한국화재보험협회로부터 통지를 받은 날을 말한다. 다만, 이의신청이 있는 경우에는 특수건물 관계인이 협회로부터 특수건물임을 확인한 결과의 통지를 받은 날을 말한다.

6. 타인의 범위

(1) 정 의

'타인'이라 함은 특수건물 내에서 화재를 일으킨 해당 소유자 및 그 주거를 같이 하는 직계가족(법인의 경우 이사 또는 업무집행기관) 이외의 사람을 말한다.

(2) 주요 타인

① 세입자

화재가 그 타인의 고의, 중과실 또는 법령위반으로 생겼을 경우 그 타인의 손해는 면책이다.

② 종업원

종업원, 관리인 역시 타인에 속하지만, 해당 사업주가 가입한 산재보험(산업재해보상보험)에서도 보상받을 수 있기 때문에 종업원에 대한 배상책임을 보장하지 않는 특약을 기본적으로 첨부하고 있다.

③ 특수건물 관리인

산재와 경합시 본 보험에서 우선 보상한다[산업재해보상보험법 제80조(다른 보상이나 배상과의 관계)].

7. 보험금 산정

(1) 비례보상

피보험자가 둘 이상인 경우에는 소유지분에 따라 비례보상한다.

(2) 보상한도액

① 사망 : 1억5,000만원. 실손해액이 2,000만원 미만일 경우 2,000만원까지 보상

② 부상(1 ~ 14급) : 3,000만원 ~ 50만원

③ 후유장해(1 ~ 14급) : 1억5,000만원 ~ 1,000만원

8. 가스사고배상책임보험과의 관계

(1) 의료비

신체손해배상책임에서 선 보상 후 초과손해를 가스사고배상책임에서 보상한다.

(2) 사 망

다른 의무보험 유무를 불문하고 전액 지급한다.

9. 다중이용업소 화재배상책임과의 차이점

구 분	다중이용업소 화재배상책임	신체손해배상책임특약
적용법	「다중이용업소 특별법」	「화재보험법」
가 입	의무보험	의무보험
책임법리	「민법」, 「실화책임법」에 따른 과실책임	「화재보험법」에 따른 무과실 책임
가입자	건물에 입주한 업주	특수건물의 소유주
보험사고	화재, 폭발	화 재
보상대상	신체, 재물손해	신체손해

10. 보험금의 분담

'이 계약에서 보장하는 위험과 같은 위험을 보장하는 다른 계약이 있을 경우'에 해당하므로 독립책임 액 안분방식을 따른다.

Theme 15   다중이용업소 화재배상책임보험

1. 의 의

피보험자가 소유·사용·관리하는 업소에서 발생한 화재로 인하여 타인에게 손해를 입힌 경우 지는 법률상 배상책임을 담보하는 보험으로 「다중이용업소의 안전관리에 관한 특별법」에 따라 업주가 의무적으로 가입하는 보험이다.

2. 법적 근거

① 「다중이용업소의 안전관리에 관한 특별법」상 책임

② 공작물 소유·점유자 책임

③ 사용자책임

④ 「실화책임법」(손해배상액의 경감)

3. 보상하는 손해 및 손해배상금의 범위

(1) 보상하는 손해

피보험자가 소유·사용 또는 관리하는 물건(보험목적)에서 발생한 화재로 인하여 타인에게 손해를 입혀 법률상의 손해배상책임을 부담함으로써 입은 손해를 보상한다.

① 피보험자가 피해자에게 지급할 책임을 지는 법률상의 손해배상금

② 계약자 또는 피보험자가 지출한 다음의 비용(손해방지·경감비용)

  ㉠ 피해자에 대한 응급처치, 긴급호송 또는 그 밖의 긴급조치를 위한 비용

  ㉡ 피보험자가 제3자에 대한 손해배상청구권을 지키거나 행사하기 위한 필요한 조치를 위한 비용

③ 방어비용

④ 보험증권상 보상한도액 내의 금액에 대한 공탁보증보험료

⑤ 협조비용

(2) 「다중이용업소의 안전관리에 관한 특별법」상 손해배상금의 범위

① 사망의 경우 : 피해자 1명당 1억5천만원. 다만, 실손해액이 2,000만원 미만인 경우에는 2,000만원까지 보상

② 부상의 경우 : 피해자 1명당 '부상 등급별 화재배상책임보험 보험금액의 한도(3천만원 ~ 80만원)'에서 정하는 금액

③ 후유장해의 경우 : 부상에 대한 치료를 마친 후 더 이상의 치료효과를 기대할 수 없고 그 증상이 고정된 상태에서 그 부상이 원인이 되어 신체의 장해가 생긴 경우 피해자 1명당 '후유장해 등급별 화재배상책임보험 보험금액의 한도(1억5천만원 ~ 1,000만원)'에서 정하는 금액

④ 부상자가 치료 중에 당해 부상이 원인이 되어 사망한 경우 : ① + ②의 금액

⑤ 부상자가 당해 부상이 원인이 되어 후유장해가 생긴 경우 : ② + ③의 금액

⑥ 후유장해의 금액을 지급한 후 당해 부상이 원인이 되어 사망한 경우 : 피해자 1명당 ①의 금액에서 ③의 금액 중 사망한 날 이후에 해당하는 손해액을 뺀 금액

⑦ 재산피해의 경우 : 1사고당 10억원의 범위에서 지급

4. 보상하지 않는 손해

(1) 특정한 사유로 생긴 배상책임손해

보험자가 피보험자가 아래와 같은 사유로 생긴 배상책임을 부담함으로써 입은 손해는 보상하지 않는다.

① 보험계약자 또는 피보험자의 고의사고로 인한 배상책임손해

② 지진, 분화, 홍수, 해일 등의 천재지변에 의하여 생긴 배상책임손해

③ 전쟁, 혁명, 내란, 사변, 폭동, 소요, 노동쟁의 등에 기인된 사고로 인한 배상책임손해

④ 원자핵물질, 방사능 관련사고로 생긴 배상책임손해

(2) 열거된 배상책임손해

보험자는 피보험자가 다음에 열거한 배상책임을 부담함으로써 입은 손해는 보상하지 않는다(보통약관 면책사유+).

① 벌과금 및 징벌적 손해에 대한 배상책임

② 에너지 및 관리할 수 있는 자연력, 상표권, 특허권 등 무체물에 입힌 손해에 대한 배상책임

③ 통상적이거나 급격한 사고에 의한 것인가의 여부에 관계없이 공해물질의 배출, 방출, 누출, 넘쳐 흐름 또는 유출로 생긴 손해에 대한 배상책임 및 오염제거비용

④ 배출시설에서 통상적으로 배출되는 배수 또는 배기로 생긴 손해에 대한 배상책임

⑤ 선박 또는 항공기의 소유·사용 또는 관리로 인한 손해에 대한 배상책임

⑥ 화재(폭발 포함)사고를 수반하지 않은 자동차사고로 인한 손해에 대한 배상책임

5. 화재보험의 신체손해배상책임특약과 비교

구 분	다중이용업소 화재배상책임	신체손해배상책임특약
적용법	「다중이용업소의 안전관리에 관한 특별법」	「화재보험법」
가 입	의무보험	의무보험
책임법리	「민법」, 「실화책임법에 따른 과실책임」	「화재보험법에 따른 무과실책임」
가입자	건물에 입주한 업주	특수건물의 소유주
보험사고	화재, 폭발	화 재
보상대상	신체손해, 재물손해	신체손해

1. 의 의

피보험자가 소유·사용·관리하는 체육시설 및 그 시설의 용도에 따른 직무수행으로 생긴 우연한 사고로 타인의 신체 또는 재물에 입힌 법률상의 손해를 보상하는 보험으로서, 시설소유관리자특약과 같은 방식으로 운영된다.

2. 가 입

체육시설업자는 체육시설의 설치·운영과 관련되거나 그 체육시설 안에서 발생한 피해를 보상하기 위하여 보험에 가입하여야 한다(체육시설의 설치·이용에 관한 법률 제26조). 체육시설업자는 체육시설업을 등록하거나 신고한 날부터 10일 이내에「자동차손해배상 보장법 시행령」제3조 제1항 각호에 따른 금액 이상을 보장하는 손해보험에 가입하여야 하며, 이 경우 보험가입은 단체로 할 수 있다(동법 시행규칙 제25조).

심화학습 **「자동차손해배상 보장법 시행령」제3조 제1항**

1. **사망한 경우** : 1억5천만원의 범위에서 피해자에게 발생한 손해액. 다만, 그 손해액이 2천만원 미만인 경우에는 2천만원으로 한다.
2. **부상한 경우** : '상해구분과 책임보험금액의 한도금액'에서 정하는 금액의 범위에서 피해자에게 발생한 손해액
3. **후유장해의 경우** : 부상에 대한 치료를 마친 후 더 이상의 치료효과를 기대할 수 없고 그 증상이 고정된 상태에서 그 부상이 원인이 되어 신체의 장애가 생긴 경우에는 '후유장해의 구분과 책임보험금액의 한도금액'에서 정하는 금액의 범위에서 피해자에게 발생한 손해액

---

3. 가입 제외대상 체육시설

문화체육관광부령으로 정하는 소규모(영세) 체육시설업자인 체육도장업, 골프연습장업, 체력단련장업 및 당구장업을 설치·경영하는 자는 가입대상에 해당하지 않는다.

4. 부가할 수 있는 특별약관

구내치료비특약, 주차장특약, 물적손해확장담보특약 등을 부가할 수 있다.

보관자배상책임보험

1. 의 의

피보험자가 보관하고 있는 타인의 물건에 대하여 임차·사용·관리 중에 발생하는 타인(물건 위탁자)에 대한 배상책임을 담보하고 있다.

2. 법적 근거

(1) 「민법」 제390조(채무불이행책임)

보관자배상책임보험은 위탁자와 수탁자(보관자) 사이의 계약상 의무를 기초로 하므로 채무불이행책임(민법 제390조)의 법리가 주로 적용된다.

(2) 「상법」 제160조(창고업에서의 손해배상책임)

창고업자는 자기 또는 사용인이 임치물의 보관에 관하여 주의를 해태하지 아니하였음을 증명하지 아니하면 임치물의 멸실 또는 훼손에 대하여 손해를 배상할 책임을 면하지 못한다.

(3) 「상법」 제166조(창고업자의 책임의 시효)

임치물의 멸실 또는 훼손으로 인하여 생긴 창고업자의 책임은 그 물건을 출고한 날로부터 1년이 경과하면 소멸시효가 완성한다.

(4) 「상법」 제725조(보관자의 책임보험)

임차인 기타 타인의 물건을 보관하는 자가 그 지급할 손해배상을 위하여 그 물건을 보험에 붙인 경우에는 그 물건의 소유자는 보험자에 대하여 직접 그 손해의 보상을 청구할 수 있다.

(5) 「민법」 제697조(임치물의 성질, 하자로 인한 임치인의 손해배상의무)

임치인은 임치물의 성질 또는 하자로 인하여 생긴 손해를 수치인에게 배상하여야 한다. 그러나 수치인이 그 성질 또는 하자를 안 때에는 그러하지 아니하다.

3. 주요 특약

① 창고업자특약
② 주차장특약
③ 차량정비업자특약
④ 하청업자특약

전문직업인배상책임보험

1. 의 의

피보험자가 전문직업인으로서 업무 수행 중 피보험자 과실의 직접적 결과로 타인에게 손해를 입힌 경우, 보험기간 내에 최초로 제기된 손해배상청구에 대해 피보험자가 부담하는 배상책임을 담보하는 보험이다.

2. 전문직업의 요건

① 전문업무에 관한 면허 또는 자격증이 있어야 한다.
② 전문업무 제공에 따른 적정보수를 받아야 한다.
③ 전문업무에 관한 단체가 구성되어 있어야 한다.

3. 배상책임의 법적 근거

(1) 계약상 의무(계약상 배상책임)

고객을 위해 서비스를 수행하는 약속의 실패는 계약의 위반을 초래한다. 이로 인해 배상해야 할 손해는, ① 계약의 내용대로 이루어지지 못해 발생하는 손해와, ② 그의 결과적 손해를 포함한다.

(2) 불법행위관련 의무(불법행위책임)

전문적인 서비스제공 실패가 전문인의 고의 또는 과실에 의한 것인 경우, 계약불이행에 따른 책임과 함께 불법행위에 따른 배상책임도 발생한다.

4. 종 류

(1) 신체에 관한 전문직업위험

① 의사배상책임보험
② 미용사배상책임보험

(2) 신체 이외의 전문직업위험

① 변호사배상책임보험
② 손해사정사배상책임보험
③ 기타 전문직 배상책임보험

Theme 19 　의사·병원배상책임보험

1. 의 의

피보험자의 의료행위로 인해 타인의 신체에 손해가 발생하여(의료사고), 피보험자가 지는 배상책임을 담보하는 보험이다.

2. 의료행위

판례는 의료행위를 의학적 전문지식을 기초로 하는 경험과 기능으로 진찰, 검안, 처방, 투약 또는 외과적 수술을 시행하여 하는 질병의 예방 또는 치료행위와 그 밖에 의료인이 행하지 아니하면 보건위생상 위해가 생길 우려가 있는 행위(대법원 2001.7.13. 선고, 99도2328, 판결)라 한 바 있다.

3. 보험사고(의료사고)

기명피보험자(의료인·의료기관)와 기명피보험자의 지시·감독에 따라 의료행위를 보조하는 자가 의료행위를 함에 있어 과실로 인해 타인의 신체에 손해를 입힌 사고를 말한다.

4. 배상책임의 법적 근거

구 분	채무불이행책임	불법행위책임
내 용	의료인과 환자간의 의료계약을 충분히 이행하지 않은 책임(예 설명의무위반)	의료행위 중에 의료인의 주의의무위반책임
입증책임	① 피해자 : 의료행위가 불완전했거나 불법행위가 있었다는 사실과 손해와의 인과관계 ② 가해자(의료인) : 의료행위가 불완전하지 않았거나 불법행위가 없었다는 사실 ③ 입증책임의 완화 : 의료행위 후 발생한 증세가 의료행위 전에는 없었으므로 의료과실 이외의 원인이 없고, 이 경우 일반인이 이를 증명하기에 너무 전문적이기 때문에 입증책임을 완화시키고 있다(판례).	

5. 보상하는 손해

(1) 피해자의 청구에 의한 법률상 손해배상금

피보험자가 보험기간 중에 담보조항에 해당하는 사고로 인하여 타인으로부터 손해배상청구가 제기되어 법률상 배상책임을 부담함으로써 입은 손해를 보상한다.

(2) 피보험자가 지출한 아래의 비용

① 손해방지의 방법을 강구하기 위해 지급된 필요, 유익했던 비용

② 피보험자가 미리 보험회사의 동의를 받아 지급한 소송비용, 변호사비용, 중재, 화해 또는 조정에 관한 비용

③ 보험증권상 보상한도액 내의 금액에 대한 공탁보증보험료

④ 손해배상청구에 대하여 보험회사가 대응하는 과정에서 피보험자가 보험회사의 요구에 협조하기 위하여 지급한 비용 등

6. 보상하지 않는 손해

① 무면허 또는 무자격의 의료행위로 생긴 손해에 대한 배상책임

② 의료결과를 보증함으로써 가중된 배상책임

③ 피보험자의 친족에 입힌 손해에 대한 배상책임

④ 피보험자의 지시에 따르지 아니한 피보험자의 피용인이나 의료기사의 행위로 생긴 손해에 대한 배상책임

⑤ 원자핵 물질의 방사능 등으로 인한 손해에 대한 배상책임(단, 방사능을 이용한 의료진단을 하는 경우 보상)

⑥ 미용 또는 이에 준한 것을 목적으로 한 의료행위 후 그 결과에 관하여 생긴 손해에 대한 배상책임

⑦ 피보험자의 업무시설 또는 설비, 항공기, 차량, 자동차, 선박, 동물의 점유, 사용 또는 관리에 기인하는 배상책임. 그러나 피보험자가 동승하여 환자의 긴급수송도중 수행한 의료행위의 과실에 기인하는 배상책임은 보상한다.

⑧ 타인의 명예를 훼손하거나 비밀을 누설함으로써 생긴 손해에 대한 배상책임

⑨ 공인되지 아니한 특수의료 행위를 함으로써 생긴 손해에 대한 배상책임

⑩ 재물손해에 대한 배상책임

⑪ 후천성면역결핍증에 기인하여 발생하는 손해에 대한 배상책임

⑫ 피험자의 부정, 사기, 범죄행위 또는 피보험자가 음주상태나 약물복용 상태에서 의료행위를 수행함으로써 생긴 손해에 대한 배상책임

> **저자의 TIP 쉽게 외워요!**
>
> 무가친지 핵미설명공재후 음주

7. 주요 특약

(1) 외래진료 휴업손해특약

피해자 측의 진료방해 행위 등으로 휴업하거나 회사의 요청에 의한 관계기관 출석 등으로 휴업한 때, 과실 여부와 관계없이 병(의)원당 최대 15일 한도로 보상한다.

특별약관	특약공제료	보상한도액 (1청구당/연간총한도)	자기부담금 (1청구당)
외래진료 휴업손해	150,000원 200,000원 250,000원	750만원(1일 50만원) 1,500만원(1일 100만원) 2,250만원(1일 150만원)	없 음

(2) 일반시설특약

피보험자가 소유 또는 관리하는 시설 및 그 시설의 용도에 따른 업무의 수행으로 생긴 우연한 사고에 대한 배상책임(시설소유관리자책임, 제조물·주차장은 제외) 손해를 보상한다.

(3) 경호비용특약

피해자 측의 의료기관 점거행위 등에 대응하기 위한 경호비용을 과실 여부와 관계없이 보상한다.

(4) 관습상의 비용 및 형사합의금담보특약

의료사고로 환자가 사망하여 소송 또는 의료분쟁이 제기된 건에 한하여 피보험자의 책임 여부와 관계없이 유족들에게 지급할 관습상 위로금, 합의금 등을 보상한다. 보험자의 동의가 필요하며, 자기부담금 없이 피해자 1인당 500만원 한도로 총보상한도액 내에서 지급한다.

(5) 방어비용특약

피보험자가 의료사고로 인하여 구속되었을 경우 지출되는 방어비용을 보상한다.

Theme 20   임원배상책임보험

1. 의 의

임원이 직무수행 중 발생한 회사 또는 타인에 대한 배상책임을 담보하는 보험으로서 일반영업배상책임보험과 전문직업인배상책임보험의 성격을 동시에 가지고 있다.

2. 법적 근거

(1) 타인에 대한 배상책임

① 「민법」 제390조(채무불이행책임)

② 「상법」 제401조(이사의 제3자에 대한 책임)

③ 「상법」 제414조(감사, 이사의 제3자에 대한 연대책임)

(2) 회사에 대한 배상책임

① 「민법」 제681조(업무수임자의 선량한 관리자로서의 주의의무)

② 「상법」 제399조(이사의 회사에 대한 책임)

③ 「상법」 제414조(감사, 이사의 회사에 대한 연대책임)

3. 약 관

배상청구기준이 적용되고 있으며, 국문약관과 영문약관으로 운영되고 있다.

(1) 국문약관

① 보통약관 : 임원의 업무 중 배상책임

② 특별약관

　㉠ 임원의 업무 중 회사에 대한 배상책임

　㉡ 회사가 입은 손해

(2) 영문약관

① Coverage A : 임원의 부당행위로 인한 배상책임

② Coverage B : 임원에 대한 회사의 보상

③ Coverage C : 회사가 입은 손해

4. 보상하는 손해

피보험자(임원)가 직무수행 중 발생한 행위에 대하여 피보험자에 대한 회사 또는 타인의 손해배상청구가 제기되어 피보험자가 지는 배상책임을 담보한다. 보상하는 손해는 일반배상책임과 같다.

① 피보험자의 피해자에 대한 법률상 손해배상금

② 손해방지의무와 관련한 비용

③ 소송비용, 변호사비용 등

④ 공탁보증보험료

⑤ 피보험자의 회사에 대한 협조에 따른 비용

5. 보상하지 않는 손해

(1) 보상하지 않는 손해 Ⅰ

보험자는 피보험자에 대하여 아래의 손해배상청구로 인한 손해를 보상하지 않는다. 또한 다음의 사유 또는 행위가 실제로 발생하였거나 또는 행해졌다고 인정될 경우에도 적용되고, 각각의 피보험자마다 개별로 적용한다.

① 피보험자가 불법적으로 사적인 이익을 취득함으로 인한 배상청구

② 피보험자의 범죄행위로 인한 배상청구

③ 법령에 위반(고의 또는 중과실로 위반하고, 법령위반 사실과 보험사고간 인과관계가 있는 경우에 한한다)된다는 것을 피보험자가 인식하면서(인식하고 있었다고 판단되는 합리적인 사유가 있는 경우를 포함) 행한 행위로 인한 배상청구

④ 피보험자에게 보수 또는 상여 등이 법령을 위반(고의 또는 중과실로 위반하고, 법령위반 사실과 보험사고간 인과관계가 있는 경우에 한한다)하여 지급함으로 인한 배상청구

⑤ 피보험자가 공표되지 아니한 정보를 불법적으로 이용하여 법인이 발행한 주식, 사채 등 매매를 함으로써 발생하는 배상청구

⑥ 다음의 단체 또는 개인에게 제공한 이익으로 인한 배상청구

　　㉠ 정치단체, 공무원 또는 거래선의 임원, 종업원 등(그들의 대리인, 대표자 또는 가족 및 그들과 관계있는 단체 등을 포함)

　　㉡ 이익제공이 법에 의하여 금지되어 있는 ㉠ 이외의 자

(2) 보상하지 않는 손해 Ⅱ

보험자는 피보험자에 대하여 제기되는 아래의 손해배상청구로 인한 손해를 보상하지 아니한다. 또한, 다음의 사유 또는 행위에 대하여 실제로 발생하였거나 행해졌다고 인정되는 경우에도 적용된다.

① 초년도 계약의 보험기간 개시일 이전에 행해진 행위로 인한 배상청구

② 초년도 계약의 보험기간 개시일 이전에 보험증권에 기재된 법인에 대하여 제기된 소송 및 이 소송에서 주장된 사실과 같거나 관련되는 사실로 인한 배상청구

③ 이 계약의 보험기간 개시일에 피보험자에 대한 손해배상청구가 제기될 우려가 있는 상황을 피보험자가 알고 있었을 경우(알고 있었다고 판단할 수 있는 합리적인 사유가 있는 경우를 포함) 및 그 상황의 원인이 되는 행위로 인한 배상청구

④ 이 계약의 보험기간의 개시일 이전에 피보험자에 대하여 제기된 손해배상청구 중에서 주장되었던 행위로 인한 배상청구

⑤ 다음 사유에 대한 배상청구

　　㉠ 신체장해

　　㉡ 재물손해, 재물의 분실 또는 도난(그로 인한 재물의 사용불능 손해를 포함한다)

　　㉢ 구두 또는 문서에 의한 비방, 중상 또는 타인의 사생활 침해하는 행위 등의 인격침해

　　㉣ 벌과금 및 징벌적 손해에 대한 배상책임

⑥ 보험증권에 기재된 자회사의 임원에 대한 손해배상청구 중 법인이 직접 혹은 다른 자회사를 통한 간접인지를 불문하고 그 자회사가 발행한 주식(의결권이 없는 주식은 제외) 총수의 50%가 넘는 주식을 소유하고 있지 않은 시기에 행해진 행위로 인한 배상청구

⑦ 다른 피보험자, 법인 또는 자회사(보험증권에 기재되지 않은 자회사를 포함)가 제기하는 배상청구 또는 또 다른 피보험자, 법인 또는 자회사가 관여하여 법인 또는 그 자회사가 발행한 유가증권을 소유하는 자가 손해배상청구나 주주대표소송 여부에 관계없이 제기하는 배상청구

⑧ 회사가 발생한 주식(의결권이 없는 주식은 제외) 총수에 대하여 보험증권에 기재된 비율(특수관계인을 포함) 이상을 소유하는 자(주주권 행사에 대하여 지시를 하는 권한이 있는 자를 포함. 이하 '대주주'라 함)로부터 제기된 배상청구, 또는 직·간접을 불문하고 대주주가 관여하여 회사가 발행한 유가증권을 소유하는 자가 손해배상청구나 주주대표소송에 관계없이 제기하는 배상청구

⑨ 법인 이외의 타 법인단체의 임원으로서 행한 행위로 인한 배상청구 또는 그러한 타 법인의 임원인 신분을 이유로 인한 배상청구

(3) 보상하지 않는 손해 Ⅲ

회사는 보험기간 중에 아래에서 정하는 거래가 행해진 경우 거래의 발효일 이후에 행해진 행위로 인한 손해배상청구가 제기되어 피보험자가 입은 손해를 보상하지 아니한다. 또한 이 사유로 해지하는 경우 회사는 보험료를 반환하지 아니한다.

① 법인이 제3자와 합병하는 경우 또는 법인의 자산 모두를 제3자에게 양도하는 경우

② 제3자가 법인이 발행한 주식(의결권이 없는 주식은 제외) 총수의 50%를 초과하는 주식을 취득하는 경우

다만, 보험계약자 또는 피보험자가 위와 같은 거래가 행해진 경우에 그 사실을 지체 없이 회사에 서면으로 통지하고 회사가 면책조항을 적용하지 아니할 것을 서면으로 승인하였을 경우에는 그러하지 아니한다.

Theme 1 보험금의 지급

제1조(보상하는 손해)

보험회사(이하 '회사'라 합니다)는 채무자인 보험계약자(이하 '계약자'라 합니다)가 보험증권에 기재된 계약(이하 '주계약'이라 합니다)에서 정한 채무 또는 법령상 의무를 이행하지 않음으로써 채권자인 피보험자가 입은 손해를 보험증권에 기재된 내용과 이 약관에 따라 보상하여 드립니다.

> 【피보험자】보험사고로 인하여 손해를 입은 자(者)를 말합니다. 이하 같습니다.

제2조(보상하지 않는 손해)

회사는 아래의 사유를 원인으로 하여 생긴 손해는 보상하지 않습니다.

1. 피보험자의 고의 또는 중과실
2. 전쟁, 혁명, 내란, 사변, 테러, 폭동, 소요 기타 이들과 유사한 사태로 채무를 이행하지 못한 사유
3. 지진, 분화, 홍수, 해일 또는 이와 비슷한 천재지변으로 채무를 이행하지 못한 사유
4. 핵연료물질(사용된 연료를 포함합니다. 이하 같습니다) 또는 핵연료물질에 의하여 오염된 물질(원자핵분열 생성물을 포함합니다)의 방사성, 폭발성 그 밖의 유해한 특성 또는 이들의 특성에 의한 사고로 채무를 이행하지 못한 사유

제3조(손해의 통지 및 조사)

① 계약자 또는 피보험자는 보험사고가 생긴 것을 안 때에는 지체 없이 그 사실을 회사에 알리고 회사가 요청할 경우 손해의 조사에 협조하여야 합니다.
② 피보험자가 정당한 이유 없이 제1항의 통지를 해태하거나 손해 조사에 협조하지 않아 손해가 증가된 때에는 회사는 그 증가된 손해를 보상하지 않습니다.

> 【해태】어떤 법률행위를 할 기일을 이유 없이 넘겨 책임을 다하지 않는 일을 말합니다. 이하 같습니다.

제4조(손해의 방지와 경감의무)

① 보험사고가 생긴 때에는 계약자 또는 피보험자는 손해의 방지와 경감에 힘써야 합니다.
② 피보험자가 고의 또는 중대한 과실로 제1항의 의무를 게을리한 경우 그렇지 않았다면 방지 또는 경감할 수 있었을 손해액을 보상액에서 뺍니다.
③ 피보험자가 제1항에 따라 손해의 방지 또는 경감을 위하여 회사의 동의를 얻어 지출한 필요하고도 유익한 비용은 보험가입금액을 초과한 경우라도 회사가 보상하여 드립니다.

제5조(보험금의 청구)

① 피보험자가 보험금을 청구할 때에는 다음의 서류를 회사에 제출하여야 합니다.

   1. 보험금 청구서(회사양식)

   2. 신분증(주민등록증 또는 운전면허증 등 사진이 부착된 정부기관발행 신분증, 본인이 아닌 경우에는 본인의 인감증명서 또는 본인서명사실확인서 포함)

   3. 삭제 〈2019.12.20.〉

   4. 손해액을 증명하는 서류

   5. 회사가 요구하는 그 밖의 서류

② 회사는 제1항에 따른 보험금 청구를 받은 후 지체 없이 지급할 보험금을 결정하고 지급할 보험금이 결정되면 7일 이내에 이를 지급하여 드립니다.

③ 회사는 보험금 지급에 필요한 조사를 단시일 내에 마치지 못할 경우에는 피보험자의 청구에 따라 회사가 추정하는 보험금의 50%를 한도로 가지급보험금을 지급합니다. 이 경우 피보험자는 제1항에서 정한 서류를 갖추어 회사에 청구하여야 합니다.

④ 회사는 제3항의 피보험자의 청구가 있더라도 아래에서 정한 경우에는 보험금을 가지급하지 않습니다.

   1. 계약자가 피보험자의 보험금 청구에 대하여 서면(전자적 방식 포함)에 의한 이의제기, 분쟁조정신청 또는 소송제기 등을 통해 다투는 경우

   2. 피보험자의 책임 있는 사유로 회사가 보험금 지급에 필요한 조사를 진행할 수 없는 경우

⑤ 제3항에 따라 지급한 가지급보험금의 금액은 장래 지급될 보험금액에서 공제되나 최종 보험금의 결정에 영향을 미치지 않습니다.

⑥ 회사는 보험금 청구에 관한 서류를 받은 때부터 30일 이내에 피보험자에게 보험금을 지급하는 것을 거절하는 이유 또는 그 지급을 연기하는 이유(추가 조사가 필요한 때에는 확인이 필요한 사항과 확인이 종료되는 예상시기를 포함)를 서면(전자우편 등 서면에 갈음할 수 있는 통신수단을 포함)으로 통지하여 드립니다.

⑦ 회사가 제2항의 지급보험금 및 제3항의 가지급보험금이 결정된 후 7일(이하 '지급기일'이라 합니다)이 지나도록 보험금을 지급하지 않았을 때에는 지급기일의 다음 날부터 지급일까지의 기간에 대하여 〈부표〉 '보험금을 지급할 때의 적립이율'에 따라 연단위 복리로 계산한 금액을 보험금에 더하여 지급합니다. 그러나 피보험자의 책임있는 사유로 지체된 경우에는 그 해당 기간에 대한 이자를 더하여 지급하지 않습니다.

> 【연단위 복리】회사가 지급할 금전에 이자를 드릴 때 1년마다 마지막 날에 그 이자를 원금에 더한 금액을 다음 1년의 원금으로 하는 이자 계산방법을 말합니다. 이하 같습니다.

제6조(구상 및 대위)

① 회사가 피보험자에게 보험금을 지급할 때(현물보상하는 경우를 포함합니다)에는 다른 약정이 없는 한 회사는 계약자에 대하여 구상권을 가지며, 피보험자의 이익을 해치지 않는 범위 안에서 피보험자가 계약자에 대하여 가지는 권리를 대위하여 가집니다.

> 【구상권】 타인을 대신하여 채무를 변제한 경우 그 타인에 대하여 가지는 상환청구권을 의미합니다. 이하 같습니다.
> 【대위(代位)】 권리의 주체 또는 객체인 지위에 대신한다는 의미로서 보험회사가 채권자인 피보험자의 지위를 이어받아 채무자인 계약자에게 권리를 행사함을 말합니다. 이하 같습니다.

② 계약자가 제1항에 따라 부담하는 채무의 상환을 지연할 경우에는 지연손해금과 아래 각 호의 비용을 갚아야 합니다.
  1. 구상채권, 대위채권의 보전·이전 및 행사에 소요된 비용
  2. 담보목적물의 조사·추심·처분에 소요된 비용
  3. 소송비용, 채권의 집행보전(해지 포함)·실행 등에 소요된 법적 제비용 및 민사집행법에 의한 재산조회 비용 등
  4. 기타 법률상 또는 약정상 계약자가 부담하여야 할 비용

③ 제2항의 지연손해금은 보험금 지급일 다음 날부터 완제일까지 지체일수에 따라 지급보험금에 회사가 공시하는 지연손해금 적용이율을 곱하여 산정합니다.

④ 피보험자는 회사가 제1항의 권리를 보전하거나 행사하는데 필요한 서류를 회사에 제출하고 회사가 요청하는 필요한 조치를 취하여야 합니다. 피보험자가 정당한 이유 없이 이를 위반할 경우 회사는 구상권, 대위권을 행사함에 있어 피보험자의 협조의무위반으로 취득하지 못한 금액을 피보험자에게 청구할 수 있습니다.

제7조(변제 등의 충당순서)

① 계약자(계약자의 채무를 변제하는 제3자를 포함합니다)가 변제한 금액 또는 회사의 담보권 행사·상계 또는 채권추심을 통하여 회수한 금액이 계약자의 전체 채무금액보다 적은 경우에는 비용, 지급보험금(원금), 이자의 순서로 충당하기로 합니다.

② 변제하여야 할 채무가 수개인 경우로서 전체 채무금액보다 적은 경우에는 강제집행 또는 담보권 실행 등에 의한 회수금에 대하여는 민법 기타 법률이 정하는 바에 따릅니다.

③ 변제하여야 할 채무가 수개인 경우로서 기타 제2항에 해당되지 않는 경우에는 채무를 변제하는 자가 지정하는 순서에 따라 충당하기로 합니다. 다만 회사의 채권보전에 지장이 생길 염려가 있는 때에는 회사는 지체 없이 이의를 표시하고, 물적담보나 보증의 유무, 소멸시효의 도래 순서 등을 고려하여 회사가 변제에 충당할 채무를 바꾸어 지정할 수 있습니다.

제8조(담보의 처분)

① 회사가 보험금을 지급하는 경우에는 담보제공자가 제공한 담보는 법정절차에 따라 처분합니다. 다만 담보물이 거래소의 시세 있는 물건이거나 유리한 조건이 기대될 경우에 한하여 회사가 일반적으로 적당하다고 인정되는 방법·시기·가격 등에 의하여 처분할 수 있으며, 그 취득금에서 제비용을 뺀 잔액을 채무자의 변제에 충당할 수 있습니다.

② 회사는 제1항에 따라 담보물을 처분하기로 한 때에는 처분하기 10일 전까지 담보제공자에게 그 사실을 통지하여야 합니다. 다만, 채무자 회생 및 파산에 관한 법률에 의한 법원의 개시결정이 있기 전 채권회수에 중대한 지장이 예견되는 경우에는 처분 후 지체 없이 그 사실을 통지합니다.

제9조(계약 전 알릴의무)

　계약자 또는 그 대리인은 청약시 청약서(질문서를 포함합니다)에서 질문한 사항에 대하여 알고 있는 사실을 반드시 사실대로 알려야 합니다.

제10조(계약 후 알릴의무)

① 이 보험계약을 체결한 후 아래와 같은 사실이 생긴 경우 계약자 또는 피보험자는 지체 없이 서면으로 회사에 알리고 보험증권(보험가입증서)에 확인을 받아야 합니다.
　1. 청약서의 기재사항을 변경하고자 할 때 또는 변경이 생겼음을 알았을 때
　2. 주계약의 채무자가 변경되었을 때
　3. 주계약의 채권자가 변경되었을 때
　4. 주계약 또는 법령상 의무의 금액, 기간 등 회사의 보험금 지급의무 발생에 중대한 영향을 미치는 사항
② 회사는 제1항에 따라 계약자 또는 피보험자가 변경사실을 통보한 경우에는 1개월 이내에 승인 여부를 결정하여 보험료를 더 받거나, 돌려드릴 수 있습니다.
③ 계약자 또는 피보험자가 제1항에 따라 변경사실을 알리지 아니하거나 회사의 승인을 받지 못한 경우에 회사는 주계약 또는 법령상의 의무를 변경시킴으로써 증가된 손해는 보상하지 않습니다.
④ 계약자는 주소 또는 연락처가 변경된 경우에는 지체 없이 이를 회사에 알려야 합니다. 계약자가 이를 알리지 않은 경우 회사가 알고 있는 최종의 주소 또는 연락처로 등기우편 방법에 의해 계약자에게 알린 사항은 일반적으로 도달에 필요한 시일이 지난 때에는 계약자에게 도달한 것으로 봅니다.

제11조(양도)

　보험의 목적의 양도는 회사의 서면동의 없이는 회사에 대하여 효력이 없으며, 회사가 서면 동의한 경우 계약으로 인하여 생긴 권리와 의무를 함께 양도한 것으로 합니다.

제12조(사기에 의한 계약)

① 계약자, 피보험자 또는 이들의 대리인의 사기에 의하여 계약이 성립되었음을 회사가 증명하는 경우에는 사기사실을 안 날부터 1개월 이내에, 계약 체결일부터 5년 이내에 한하여 계약을 취소할 수 있습니다.
② 회사는 피보험자가 사기행위에 대한 책임 있는 사유가 없는 경우에는 제1항의 취소로써 대항할 수 없습니다.

Theme 3　보험계약의 성립과 유지

제13조(보험계약의 성립)

① 보험계약은 계약자의 청약과 회사의 승낙으로 이루어집니다.

② 회사는 계약의 청약을 받고 보험료를 받은 경우 청약일로부터 30일 이내에 승낙 또는 거절의 통지를 하며 통지가 없으면 승낙한 것으로 봅니다.

③ 회사는 청약을 받은 후 회사가 담보하는 채무의 내용, 계약자의 자산상태, 이행능력, 신용도 등을 심사(보험 계약심사)하여 계약의 청약을 거절하거나 계약자에게 적절한 담보의 제공과 보증을 요청할 수 있습니다.

④ 회사가 청약을 승낙한 때에는 지체 없이 보험증권(보험가입증서)을 계약자에게 교부하여 드리며, 청약을 거절할 경우에는 거절통지와 함께 받은 금액을 계약자에게 돌려드립니다.

⑤ 이미 성립한 계약을 연장하거나 변경하는 경우에는 회사는 보험증권(보험가입증서)에 그 사실을 기재함으로써 보험증권(보험가입증서)의 교부에 대신할 수 있습니다.

제14조(약관 교부 및 설명의무 등)

① 회사는 계약자가 청약한 경우 계약자에게 약관의 중요한 내용을 설명하여야 하며, 청약 후에 다음 각 호의 방법 중 계약자가 원하는 방법을 확인하여 지체 없이 약관 및 계약자 보관용 청약서를 제공하여 드립니다. 만약, 회사가 전자우편 및 전자적 의사표시로 제공한 경우 계약자 또는 그 대리인이 약관 및 계약자 보관용 청약서 등을 수신하였을 때에는 해당 문서를 드린 것으로 봅니다.

1. 서면교부
2. 우편 또는 전자우편
3. 휴대전화 문자메시지 또는 이에 준하는 전자적 의사표시

> 【사이버몰】 컴퓨터를 이용하여 보험거래를 할 수 있도록 설정된 가상의 영업장을 말합니다.
> 【통신판매계약】 전화·우편·컴퓨터 등의 통신매체를 통한 보험계약을 말합니다.

② 회사가 제1항에 의해 제공될 약관 및 계약자 보관용 청약서(청약서 부본)를 청약시 계약자에게 드리지 않거나 약관의 중요한 내용을 설명하지 않은 때 또는 보험계약을 체결할 때 계약자가 청약서에 자필서명을 하지 않은 때에는 계약자는 계약이 성립한 날부터 3개월 이내에 피보험자의 서면동의를 얻어 보험계약을 취소할 수 있습니다.

> 【자필서명】 기명날인(도장을 찍음) 및 전자서명법 제2조 제2호에 따른 전자서명을 포함합니다.

③ 제2항에 따라 보험계약이 취소된 경우에는 회사는 이미 납입한 보험료를 계약자에게 돌려드리며, 보험료를 받은 기간에 대하여 보험개발원이 공시하는 보험계약대출이율을 연단위 복리로 계산한 금액을 더하여 지급합니다.

제15조(회사의 보장개시)

① 회사는 계약의 청약을 승낙하고 보험료 등을 받은 때부터 이 약관이 정한 바에 따라 보장을 합니다.

② 회사가 계약자로부터 계약의 청약과 함께 보험료 등을 받은 경우에 그 청약을 승낙하기 전에 계약에서 정한 보험사고가 생긴 때에는 회사는 계약상의 보장을 합니다.

③ 제2항의 규정에도 불구하고 회사는 다음 중 한 가지에 해당되는 경우에는 보장을 하지 않습니다.

    1. 제9조(계약 전 알릴의무)의 규정에 따라 계약자가 회사에 알린 내용이 보험금 지급사유의 발생에 영향을 미쳤음을 회사가 증명하는 경우

    2. 제2조(보상하지 않는 손해), 제12조(사기에 의한 계약), 제18조(계약의 무효) 또는 제19조(계약의 해지)의 규정을 준용하여 회사가 보장을 하지 않을 수 있는 경우

④ 계약자가 보험료 등을 자동이체 또는 신용카드로 납입하는 경우에는 자동이체신청 및 신용카드매출 승인에 필요한 정보를 회사에 제공한 때가 보험료 등을 납입한 때가 되나, 계약자의 귀책사유로 자동이체 또는 매출승인이 불가능한 경우에는 보험료 등이 납입되지 않은 것으로 봅니다.

⑤ 계약이 갱신되는 경우에는 제1항 내지 제3항에 의한 보장은 기존 계약에 의한 보장이 종료하는 때부터 적용합니다.

제16조(청약의 철회)

① 일반금융소비자는 보험증권을 받은 날부터 15일과 청약을 한 날부터 30일 중 먼저 도래하는 기간 내에 그 청약을 철회할 수 있습니다.

② 제1항에도 불구하고 다음 중 어느 하나에 해당하는 경우에는 보험계약의 청약을 철회할 수 없습니다.

    1. 전문금융소비자가 보험계약의 청약을 한 경우

    2. 「보험업법」에 따른 보증보험 중 청약의 철회를 위해 제3자의 동의가 필요한 보증보험

    3. 보험기간이 90일 이내인 보험계약

    4. 법률에 따라 가입의무가 부과되고 그 해제·해지도 해당 법률에 따라 가능한 의무보험(다만, 일반금융소비자가 동종의 다른 보험에 가입한 경우는 제외)

> 【일반금융소비자】전문금융소비자가 아닌 계약자를 말합니다.
> 【전문금융소비자】보험계약에 관한 전문성, 자산규모 등에 비추어 보험계약에 따른 위험감수능력이 있는 자로서, 국가, 지방자치단체, 한국은행, 금융회사, 주권상장법인 등을 포함하며 「금융소비자 보호에 관한 법률」 제2조(정의) 제9호에서 정하는 전문금융소비자를 말합니다.

③ 청약 철회는 계약자가 전화로 신청하거나, 철회의사를 표시하기 위한 서면, 전자우편, 휴대전화 문자메시지 또는 이에 준하는 전자적 의사표시(이하 '서면 등'이라 합니다)를 발송한 때 효력이 발생합니다. 계약자는 서면 등을 발송한 때에 그 발송 사실을 회사에 지체 없이 알려야 합니다.

④ 계약자가 청약을 철회한 때에는 회사는 청약의 철회를 접수한 날부터 3영업일 이내에 이미 납입한 보험료를 계약자에게 돌려 드리며, 보험료 반환이 늦어진 기간에 대하여는 보험개발원이 공시하는 보험계약대출이율을 연단위 복리로 계산한 금액을 더하여 지급합니다. 다만, 계약자가 보험료 등을 신용카드로 납입한 계약의 청약을 철회하는 경우에 회사는 청약의 철회를 접수한 날부터 3영업일 이내에 해당 신용카드회사로 하여금 대금청구를 하지 않도록 해야 하며, 이 경우 회사는 보험료를 반환한 것으로 봅니다.

⑤ 제1항에서 보험증권을 받은 날에 대한 다툼이 발생한 경우 회사가 이를 증명하여야 합니다.

제17조(계약내용의 변경 등)

① 계약자는 피보험자의 서면에 의한 동의를 받고 회사의 승낙을 얻어 다음의 사항을 변경할 수 있습니다. 이 경우 승낙을 서면 등으로 알리거나 보험증권(보험가입증서)의 뒷면에 기재하여 드립니다.
  1. 보험종목
  2. 보험기간
  3. 계약자, 피보험자, 보험가입금액 등 기타 계약의 내용
② 회사는 계약자가 보험료등을 납입한 때부터 1년 이상 지난 유효한 계약으로서 그 보험종목의 변경을 요청할 때에는 회사의 사업방법서에서 정하는 방법에 따라 이를 변경하여 드립니다.
③ 회사는 계약자가 제1항 제3호의 규정에 따라 보험가입금액을 감액하고자 할 때에는 그 감액된 부분은 계약이 해지된 것으로 보며, 이로 인하여 회사가 환급하여야 할 보험료가 있을 경우에는 제20조(보험료의 환급)에 따라 이를 계약자에게 지급합니다.

제18조(계약의 무효)

계약을 맺을 때에 보험사고가 이미 발생하였을 경우 이 계약은 무효로 하며 회사는 제20조(보험료의 환급)에 따라 납입한 보험료를 반환하여 드립니다. 다만, 회사의 고의 또는 과실로 인하여 계약이 무효로 된 경우와 회사가 승낙 전에 무효임을 알았거나 알 수 있었음에도 불구하고 보험료를 반환하지 않은 경우에는 보험료를 납입한 날의 다음 날부터 반환일까지의 기간에 대하여 회사는 보험개발원이 공시하는 보험계약대출이율을 연단위 복리로 계산한 금액을 더하여 돌려드립니다.

제19조(계약의 해지)

① 계약자는 손해가 발생하기 전에는 언제든지 피보험자의 서면에 의한 동의를 받고 계약을 해지할 수 있습니다.

② 회사는 피보험자의 고의로 손해가 발생한 경우 이 계약을 해지할 수 있습니다.

③ 회사는 아래와 같은 사실이 있을 경우에는 손해의 발생 여부에 관계없이 그 사실을 안 날부터 1개월 이내에 이 계약을 해지할 수 있습니다.

  1. 계약자 또는 그 대리인이 제9조(계약 전 알릴의무)에도 불구하고 고의 또는 중대한 과실로 중요한 사항에 대하여 사실과 다르게 알리고 이에 대하여 피보험자에게 고의 또는 중대한 과실이 있는 때

  2. 제10조(계약 후 알릴의무) 제1항 제2호에서 정한 알릴의무를 이행하지 않았을 때. 다만 피보험자가 알릴의무를 해태한 경우에 한합니다.

④ 제3항의 경우에도 불구하고 다음 중 하나에 해당하는 경우에는 회사는 계약을 해지할 수 없습니다.

  1. 회사가 계약 당시에 그 사실을 알았거나 과실로 인하여 알지 못하였을 때

  2. 회사가 그 사실을 안 날부터 1개월 이상 지났을 때

  3. 계약 체결일부터 3년이 지났을 때

  4. 보험을 모집한 자(이하 "보험설계사 등"이라 합니다)가 계약자에게 계약전에 알릴기회를 주지 않았거나 계약자가 사실대로 알리는 것을 방해한 경우, 계약자에 대해 사실대로 알리지 않게 하였거나 부실하게 알릴 것을 권유했을 때. 다만, 보험설계사 등의 행위가 없었다 하더라도 계약자가 사실대로 고지하지 않거나 부실하게 알렸다고 인정되는 경우에는 해지할 수 있습니다.

⑤ 제3항에 의한 계약의 해지가 손해가 생긴 후에 이루어진 경우 회사는 제10조 제3항에 따라 증가된 손해는 보상하지 않습니다.

제19조의2(위법계약의 해지)

① 계약자는 「금융소비자 보호에 관한 법률」 제47조 및 관련규정이 정하는 바에 따라 계약 체결에 대한 회사의 법 위반사항이 있는 경우 계약 체결일부터 5년 이내의 범위에서 계약자가 위반사항을 안 날부터 1년 이내에 계약해지요구서에 증빙서류를 첨부하여 위법계약의 해지를 요구할 수 있습니다. 다만, 의무보험의 해지를 요구하려는 경우에는 동종의 다른 의무보험에 가입되어 있어야 합니다.

② 회사는 해지요구를 받은 날부터 10일 이내에 수락 여부를 계약자에 통지하여야 하며, 거절할 때에는 거절사유를 함께 통지하여야 합니다.

③ 계약자는 회사가 정당한 사유 없이 제1항의 요구를 따르지 않는 경우 해당 계약을 해지할 수 있습니다.

④ 제1항 및 제3항에 따라 계약이 해지된 경우 회사는 제20조(보험료의 환급) 제1항 제1호에 따른 보험료를 계약자에게 지급합니다.

⑤ 계약자는 제1항에 따른 제척기간에도 불구하고 민법 등 관계법령에서 정하는 바에 따라 법률상의 권리를 행사할 수 있습니다.

제20조(보험료의 환급)

① 이 계약이 무효, 효력상실 또는 해지된 때에는 다음과 같이 보험료를 돌려드립니다.

1. 계약자의 책임 없는 사유에 의하는 경우 : 무효의 경우에는 회사에 납입한 보험료의 전액, 효력상실 또는 해지의 경우에는 남아있는 보험기간에 대하여 일단위로 계산한 보험료

2. 계약자의 책임 있는 사유에 의하는 경우 : 이미 지난 보험기간에 대하여 단기요율(1년 미만의 기간에 적용되는 요율)로 계산한 보험료를 뺀 잔액. 다만, 계약자의 고의 또는 중대한 과실로 무효가 된 때에는 보험료를 돌려드리지 않습니다.

> 【계약자의 책임 있는 사유】 다음과 같은 경우를 말합니다.
> 1. 보험계약자의 사정으로 해지하는 경우
> 2. 보험회사가 제19조(계약의 해지) 제3항에 따라 보험계약을 해지하는 경우
> 3. 보험료 미납으로 인한 보험계약의 효력 상실

② 보험회사가 보험계약자가 낸 보험료의 전부 또는 일부를 돌려드리는 경우에는 보험료를 반환할 의무가 생긴 날부터 3일 이내에 드립니다.

> 【보험회사의 반환의무가 생긴 날】 보험계약자가 피보험자의 서면에 의한 동의 및 보험료 환급에 필요한 서류를 보험회사에 접수한 날 또는 보험회사가 보험계약자에게 보험계약의 해지를 통보하거나 무효가 된 날을 말합니다.

③ 보험회사가 제2항의 보험료 반환기일을 지키지 못하는 경우에는 반환기일의 다음 날부터 반환하는 날까지의 기간은 보험개발원이 공시한 보험계약대출이율에 따라 연단위 복리로 계산한 금액을 더하여 돌려드립니다. 다만, 이 약관에서 이자의 계산에 관해 달리 정하는 경우에는 그에 따릅니다.

제21조(분쟁의 조정)

① 계약에 관하여 분쟁이 있는 경우 분쟁 당사자 또는 기타 이해관계인과 회사는 금융감독원장에게 조정을 신청할 수 있으며, 분쟁조정 과정에서 계약자는 관계법령이 정하는 바에 따라 회사가 기록 및 유지·관리하는 자료의 열람(사본의 제공 또는 청취를 포함한다)을 요구할 수 있습니다.

② 회사는 일반금융소비자인 계약자가 조정을 통하여 주장하는 권리나 이익의 가액이 「금융소비자 보호에 관한 법률」 제42조에서 정하는 일정 금액 이내인 분쟁사건에 대하여 조정절차가 개시된 경우에는 관계법령이 정하는 경우를 제외하고는 소를 제기하지 않습니다.

제22조(관할법원)

이 계약에 관한 소송 및 민사조정은 회사의 본점 또는 지점 소재지 중 계약자 또는 피보험자가 선택하는 대한민국내의 법원을 합의에 따른 관할법원으로 합니다. 다만, 회사와 피보험자 또는 계약자가 합의하여 관할법원을 달리 정할 수 있습니다.

제23조(소멸시효)

보험금청구권 또는 보험료반환청구권은 3년간 행사하지 아니하면 소멸시효가 완성됩니다.

제24조(약관의 해석)

① 회사는 신의성실의 원칙에 따라 공정하게 약관을 해석하여야 하며 계약자에 따라 다르게 해석하지 않습니다.

② 회사는 약관의 뜻이 명백하지 아니한 경우에는 계약자에게 유리하게 해석합니다.

③ 회사는 보상하지 않는 손해 등 계약자나 피보험자에게 불리하거나 부담을 주는 내용은 확대하여 해석하지 않습니다.

제25조(설명서 교부 및 보험안내자료 등의 효력)

① 회사는 일반금융소비자에게 청약을 권유하거나 일반금융소비자가 설명을 요청하는 경우 보험상품에 관한 중요한 사항을 계약자가 이해할 수 있도록 설명하고 계약자가 이해하였음을 서명, 기명날인 또는 녹취 등을 통해 확인받아야 하며, 설명서를 제공하여야 합니다.

② 설명서, 약관, 청약서 부본 및 증권의 제공 사실에 관하여 계약자와 회사 간에 다툼이 있는 경우에는 회사가 이를 증명하여야 합니다.

③ 보험설계사 등이 모집과정에서 사용한 회사 제작의 보험안내장의 내용이 이 약관의 규정과 다른 경우에는 계약자에게 유리한 내용으로 계약이 성립된 것으로 봅니다.

> 【보험안내장】 계약의 청약을 권유하기 위해 만든 서류 등을 말합니다.

제26조(회사의 손해배상책임)

① 회사는 계약과 관련하여 임직원, 보험 설계사 및 대리점의 책임 있는 사유로 인하여 계약자 및 피보험자에게 발생된 손해에 대하여 관계법률 등에서 정한 바에 따라 손해배상의 책임을 집니다.

② 회사는 보험금 지급 거절 및 지연지급의 사유가 없음을 알았거나 알 수 있었음에도 불구하고 소를 제기하여 계약자 또는 피보험자에게 손해를 가한 경우에는 그에 따른 손해를 배상할 책임을 집니다.

③ 회사가 보험금 지급 여부 및 지급금액에 관하여 계약자 또는 피보험자와 현저하게 공정을 잃은 합의를 한 경우에도 회사는 제2항에 따라 손해를 배상할 책임을 집니다.

제27조(개인정보보호)

① 회사는 이 계약의 유지, 관리, 보험금 지급 및 대위권 행사를 위하여 계약자, 피보험자 또는 채무자의 동의를 받아 개인정보를 수집, 이용, 조회 또는 제공할 수 있습니다. 다만 회사는 「개인정보 보호법」, 「신용정보의 이용 및 보호에 관한 법률」 및 「보험업법」 등 관계법령에 특별한 규정이 있거나 법률상 의무를 준수하기 위하여 불가피한 경우에 한하여 계약자, 피보험자 또는 채무자의 동의를 받지 않고 수집, 이용, 조회 또는 제공할 수 있습니다.

② 회사는 계약과 관련된 개인정보를 안전하게 관리하여야 합니다.

제28조(준거법)

이 계약은 대한민국 법에 따라 규율되고 해석되며, 약관에서 정하지 않은 사항은 「금융소비자 보호에 관한 법률」, 「상법」, 「민법」 등 관계법령을 따릅니다.

제29조(예금자보호제도)

이 보험계약은 「예금자보호법」에 따라 보호되지 않습니다.

〈부표〉 보험금을 지급할 때의 적립이율(제5조 제7항 관련)

기 간	지 급 이 자
지급기일의 다음 날부터 30일 이내 기간	보험계약대출이율
지급기일의 31일 이후부터 60일 이내 기간	보험계약대출이율 + 가산이율(4.0%)
지급기일의 61일 이후부터 90일 이내 기간	보험계약대출이율 + 가산이율(6.0%)
지급기일의 91일 이후 기간	보험계약대출이율 + 가산이율(8.0%)

주) 1. 보험계약대출이율은 보험개발원이 공시하는 보험계약대출이율을 적용합니다.
　 2. 가산이율은 가지급보험금에 대하여는 적용하지 않습니다.

제1조(보상하는 손해)

보험회사(이하 '회사'라 합니다)는 채무자가 보험증권에 기재된 계약(이하 '주계약'이라 합니다)에서 정한 채무 또는 법령상 의무를 이행하지 않음으로써 채권자인 피보험자가 입은 손해를 보험증권에 기재된 내용과 이 약관에 따라 보상하여 드립니다.

> 【피보험자】 보험사고로 인하여 손해를 입은 자(者)를 말합니다. 이하 같습니다.

제2조(보상하지 않는 손해)

회사는 아래의 사유를 원인으로 하여 생긴 손해는 보상하지 않습니다.

1. 계약자, 피보험자의 고의 또는 중과실
2. 전쟁, 혁명, 내란, 사변, 테러, 폭동, 소요 기타 이들과 유사한 사태로 채무를 이행하지 못한 사유
3. 지진, 분화, 홍수, 해일 또는 이와 비슷한 천재지변으로 채무를 이행하지 못한 사유
4. 핵연료물질(사용된 연료를 포함합니다. 이하 같습니다) 또는 핵연료물질에 의하여 오염된 물질(원자핵 분열 생성물을 포함합니다)의 방사성, 폭발성 그 밖의 유해한 특성 또는 이들의 특성에 의한 사고로 채무를 이행하지 못한 사유

제3조(손해의 통지 및 조사)

① 계약자 또는 피보험자는 보험사고가 생긴 것을 안 때에는 지체 없이 그 사실을 회사에 알리고 회사가 요청할 경우 손해의 조사에 협조하여야 합니다.

② 계약자 또는 피보험자가 정당한 이유 없이 제1항의 통지를 해태하거나 손해 조사에 협조하지 않아 손해가 증가된 때에는 회사는 그 증가된 손해를 보상하지 않습니다.

> 【해태】 어떤 법률행위를 할 기일을 이유 없이 넘겨 책임을 다하지 않는 일을 말합니다.

제4조(손해의 방지와 경감의무)

① 보험사고가 생긴 때에는 계약자 또는 피보험자는 손해의 방지와 경감에 힘써야 합니다.

② 피보험자가 고의 또는 중대한 과실로 제1항의 의무를 게을리한 경우 그렇지 않았다면 방지 또는 경감할 수 있었을 손해액을 보상액에서 뺍니다.

③ 피보험자가 제1항에 따라 손해의 방지 또는 경감을 위하여 회사의 동의를 얻어 지출한 필요하고도 유익한 비용은 보험가입금액을 초과한 경우라도 회사가 보상하여 드립니다.

제5조(보험금의 청구)

① 피보험자가 보험금을 청구할 때에는 다음의 서류를 회사에 제출하여야 합니다.

  1. 보험금 청구서(회사양식)
  2. 신분증(주민등록증 또는 운전면허증 등 사진이 부착된 정부기관발행 신분증, 본인이 아닌 경우에는 본인의 인감증명서 또는 본인서명사실확인서 포함)
  3. 삭제 〈2019.12.20.〉
  4. 손해액을 증명하는 서류
  5. 회사가 요구하는 그 밖의 서류

② 회사는 제1항에 따른 보험금 청구를 받은 후 지체 없이 지급할 보험금을 결정하고 지급할 보험금이 결정되면 7일 이내에 이를 지급하여 드립니다.

③ 회사는 보험금 지급에 필요한 조사를 단시일 내에 마치지 못할 경우에는 피보험자의 청구에 따라 회사가 추정하는 보험금의 50%를 한도로 가지급보험금을 지급합니다. 이 경우 피보험자는 제1항에서 정한 서류를 갖추어 회사에 청구하여야 합니다.

④ 회사는 제3항의 피보험자의 청구가 있더라도 아래에서 정한 경우에는 보험금을 가지급하지 않습니다.

  1. 채무자가 피보험자의 보험금 청구에 대하여 서면(전자적 방식 포함)에 의한 이의제기, 분쟁조정신청, 또는 소송제기 등을 통해 다투는 경우
  2. 피보험자의 책임 있는 사유로 회사가 보험금 지급에 필요한 조사를 진행할 수 없는 경우

⑤ 제3항에 따라 지급한 가지급보험금의 금액은 장래 지급될 보험금액에서 공제되나 최종 보험금의 결정에 영향을 미치지 않습니다.

⑥ 회사는 보험금 청구에 관한 서류를 받은 때부터 30일 이내에 피보험자에게 보험금을 지급하는 것을 거절하는 이유 또는 그 지급을 연기하는 이유(추가 조사가 필요한 때에는 확인이 필요한 사항과 확인이 종료되는 예상시기를 포함)를 서면(전자우편 등 서면에 갈음할 수 있는 통신수단을 포함)으로 통지하여 드립니다.

⑦ 회사가 제2항의 지급보험금 및 제3항의 가지급보험금이 결정된 후 7일(이하 '지급기일'이라 합니다)이 지나도록 보험금을 지급하지 않았을 때에는 지급기일의 다음 날부터 지급일까지의 기간에 대하여 〈부표〉 '보험금을 지급할 때의 적립이율'에 따라 연단위 복리로 계산한 금액을 보험금에 더하여 지급합니다. 그러나 피보험자의 책임 있는 사유로 지체된 경우에는 그 해당 기간에 대한 이자를 더하여 지급하지 않습니다.

> 【연단위 복리】 회사가 지급할 금전에 이자를 드릴 때 1년마다 마지막 날에 그 이자를 원금에 더한 금액을 다음 1년의 원금으로 하는 이자 계산방법을 말합니다. 이하 같습니다.

제6조(대위권)

① 회사가 보험금을 지급할 때(현물보상하는 경우를 포함합니다)에는 회사는 피보험자의 이익을 해치지 않는 범위 안에서 피보험자가 채무자에 대하여 가지는 권리를 대위하여 가집니다.

> 【대위(代位)】 권리의 주체 또는 객체인 지위에 대신한다는 의미로서 보험회사가 채권자인 피보험자의 지위를 이어받아 채무자인 계약자에게 권리를 행사함을 말합니다. 이하 같습니다.

② 회사는 제1항의 권리를 얻은 경우에는 권리를 행사하기 전에 채무자에게 지체 없이 통지합니다.

③ 피보험자는 제1항에 따라 회사가 취득한 권리를 행사하거나 지키는 것에 관하여 조치를 하여야 하며, 또한 회사가 요구하는 증거 및 서류를 제출하여야 합니다.

제7조(변제 등의 충당순서)

① 채무자(채무자의 채무를 변제하는 제3자를 포함합니다.)가 변제한 금액 또는 회사의 담보권 행사·상계 또는 채권추심을 통하여 회수한 금액이 채무자의 전체 채무금액보다 적은 경우에는 비용, 지급보험금(원금), 이자의 순서로 충당하기로 합니다.

② 변제하여야 할 채무가 수개인 경우로서 전체 채무금액보다 적은 경우에는 강제집행 또는 담보권 실행 등에 의한 회수금에 대하여는 민법 기타 법률이 정하는 바에 따릅니다.

③ 변제하여야 할 채무가 수개인 경우로서 기타 제2항에 해당되지 않는 경우에는 채무를 변제하는 자가 지정하는 순서에 따라 충당하기로 합니다. 다만 회사의 채권보전에 지장이 생길 염려가 있는 때에는 회사는 지체없이 이의를 표시하고, 물적담보나 보증의 유무, 소멸시효의 도래 순서 등을 고려하여 회사가 변제에 충당할 채무를 바꾸어 지정할 수 있습니다.

제8조(조사)

① 회사는 보험목적에 대한 위험상태를 조사하기 위하여 보험기간 중 언제든지 피보험자의 시설과 업무내용을 조사할 수 있고 필요한 경우에는 그의 개선을 피보험자에게 요청할 수 있습니다.

② 회사는 이 계약의 중요사항과 관련된 범위 내에서는 보험기간 중 또는 회사에서 정한 보험금 청구서류를 접수한 날부터 1년 이내에는 언제든지 피보험자의 회계장부를 열람할 수 있습니다.

Theme 2   계약자의 알림의무 등

제9조(계약 전 알림의무)

계약자 또는 그 대리인은 청약시 청약서(질문서를 포함합니다)에서 질문한 사항에 대하여 알고 있는 사실을 반드시 사실대로 알려야 합니다.

제10조(계약 후 알림의무)

① 이 보험계약을 체결한 후 아래와 같은 사실이 생긴 경우 계약자 또는 피보험자는 지체 없이 서면으로 회사에 알리고 보험증권(보험가입증서)에 확인을 받아야 합니다.
   1. 청약서의 기재사항을 변경하고자 할 때 또는 변경이 생겼음을 알았을 때
   2. 채무자가 변경되었을 때
   3. 주계약 또는 법령상 의무의 금액, 기간 등 회사의 보험금 지급의무 발생에 중대한 영향을 미치는 사항
② 회사는 제1항에 따라 계약자 또는 피보험자가 변경사실을 통보한 경우에는 1개월 이내에 승인 여부를 결정하여 보험료를 더 받거나, 돌려드릴 수 있습니다.
③ 계약자 또는 피보험자가 제1항에 따라 변경사실을 알리지 않거나 회사의 승인을 받지 못한 경우에 회사는 주계약 또는 법령상의 의무를 변경시킴으로써 증가된 손해는 보상하지 않습니다.
④ 계약자는 주소 또는 연락처가 변경된 경우에는 지체 없이 이를 회사에 알려야 합니다. 다만, 계약자가 알리지 않은 경우 회사가 알고 있는 최종의 주소 또는 연락처로 등기우편 방법에 의해 계약자에게 알린 사항은 일반적으로 도달에 필요한 시일이 지난 때에는 계약자에게 도달한 것으로 봅니다.

제11조(양도)

보험의 목적의 양도는 회사의 서면동의 없이는 회사에 대하여 효력이 없으며, 회사가 서면동의한 경우 계약으로 인하여 생긴 권리와 의무를 함께 양도한 것으로 합니다.

제12조(사기에 의한 계약)

계약자, 피보험자 또는 이들의 대리인의 사기에 의하여 계약이 성립되었음을 회사가 증명하는 경우에는 사기 사실을 안 날부터 1개월 이내에, 계약 체결일부터 5년 이내에 한하여 계약을 취소할 수 있습니다.

제13조(보험계약의 성립)

① 보험계약은 계약자의 청약과 회사의 승낙으로 이루어집니다.

② 회사는 계약의 청약을 받고 보험료를 받은 경우 청약일로부터 30일 이내에 승낙 또는 거절의 통지를 하며 통지가 없으면 승낙한 것으로 봅니다.

③ 회사가 청약을 승낙한 때에는 지체 없이 보험증권(보험가입증서)을 계약자에게 교부하여 드리며, 청약을 거절할 경우에는 거절통지와 함께 받은 금액을 계약자에게 돌려드립니다.

④ 이미 성립한 계약을 연장하거나 변경하는 경우에는 회사는 보험증권(보험가입증서)에 그 사실을 기재함으로써 보험증권(보험가입증서)의 교부에 대신할 수 있습니다.

제14조(약관 교부 및 설명의무 등)

① 회사는 계약자가 청약한 경우 계약자에게 약관의 중요한 내용을 설명하여야 하며, 청약 후에 다음 각 호의 방법 중 계약자가 원하는 방법을 확인하여 지체 없이 약관 및 계약자 보관용 청약서를 제공하여 드립니다. 만약, 회사가 전자우편 및 전자적 의사표시로 제공한 경우 계약자 또는 그 대리인이 약관 및 계약자 보관용 청약서 등을 수신하였을 때에는 해당 문서를 드린 것으로 봅니다.

1. 서면교부
2. 우편 또는 전자우편
3. 휴대전화 문자메시지 또는 이에 준하는 전자적 의사표시

> 【사이버몰】컴퓨터를 이용하여 보험거래를 할 수 있도록 설정된 가상의 영업장을 말합니다.
> 【통신판매계약】전화 · 우편 · 컴퓨터 등의 통신매체를 통한 보험계약을 말합니다.

② 회사가 제1항에 의해 제공될 약관 및 계약자 보관용 청약서(청약서 부본)를 청약시 계약자에게 드리지 않거나 약관의 중요한 내용을 설명하지 않은 때 또는 보험계약을 체결할 때 계약자가 청약서에 자필서명을 하지 않은 때에는 계약자는 계약이 성립한 날부터 3개월 이내에 계약을 취소할 수 있습니다.

> 【자필서명】기명날인(도장을 찍음) 및 전자서명법 제2조 제2호에 따른 전자서명을 포함합니다.

③ 제2항에 따라 보험계약이 취소된 경우에는 회사는 이미 납입한 보험료를 계약자에게 돌려드리며, 보험료를 받은 기간에 대하여 보험개발원이 공시하는 보험계약대출이율을 연단위 복리로 계산한 금액을 더하여 지급합니다.

제15조(회사의 보장개시)

① 회사는 계약의 청약을 승낙하고 보험료 등을 받은 때부터 이 약관이 정한 바에 따라 보장을 합니다.

② 회사가 계약자로부터 계약의 청약과 함께 보험료 등을 받은 경우에 그 청약을 승낙하기 전에 계약에서 정한 보험사고가 생긴 때에는 회사는 계약상의 보장을 합니다.

③ 제2항의 규정에도 불구하고 회사는 다음 중 한 가지에 해당되는 경우에는 보장을 하지 않습니다.

   1. 제9조(계약 전 알릴의무)의 규정에 따라 계약자가 회사에 알린내용이 보험금 지급사유의 발생에 영향을 미쳤음을 회사가 증명하는 경우

   2. 제2조(보상하지 않는 손해), 제12조(사기에 의한 계약), 제18조(계약의 무효), 또는 제19조(계약의 해지)의 규정을 준용하여 회사가 보장을 하지 않을 수 있는 경우

④ 계약자가 보험료 등을 자동이체 또는 신용카드로 납입하는 경우에는 자동이체신청 및 신용카드매출 승인에 필요한 정보를 회사에 제공한 때가 보험료 등을 납입한 때가 되나, 계약자의 귀책사유로 자동이체 또는 매출승인이 불가능한 경우에는 보험료 등이 납입되지 않는 것으로 봅니다.

⑤ 계약이 갱신되는 경우에는 제1항 내지 제3항에 의한 보장은 기존 계약에 의한 보장이 종료하는 때부터 적용합니다.

제16조(청약의 철회)

① 일반금융소비자는 보험증권을 받은 날부터 15일과 청약을 한 날부터 30일 중 먼저 도래하는 기간 내에 그 청약을 철회할 수 있습니다.

② 제1항에도 불구하고 다음 중 어느 하나에 해당하는 경우에는 보험계약의 청약을 철회할 수 없습니다.

   1. 전문금융소비자가 보험계약의 청약을 한 경우

   2. 보험기간이 90일 이내인 보험계약

   3. 법률에 따라 가입의무가 부과되고 그 해제·해지도 해당 법률에 따라 가능한 의무보험(다만, 일반금융소비자가 동종의 다른 보험에 가입한 경우는 제외)

> 【일반금융소비자】 전문금융소비자가 아닌 계약자를 말합니다.
> 【전문금융소비자】 보험계약에 관한 전문성, 자산규모 등에 비추어 보험계약에 따른 위험감수능력이 있는 자로서, 국가, 지방자치단체, 한국은행, 금융회사, 주권상장법인 등을 포함하며 「금융소비자 보호에 관한 법률」 제2조(정의) 제9호에서 정하는 전문금융소비자를 말합니다.

③ 청약 철회는 계약자가 전화로 신청하거나, 철회의사를 표시하기 위한 서면, 전자우편, 휴대전화 문자메시지 또는 이에 준하는 전자적 의사표시(이하 '서면 등'이라 합니다)를 발송한 때 효력이 발생합니다. 계약자는 서면 등을 발송한 때에 그 발송 사실을 회사에 지체 없이 알려야 합니다.

④ 계약자가 청약을 철회한 때에는 회사는 청약의 철회를 접수한 날부터 3영업일 이내에 이미 납입한 보험료를 계약자에게 돌려드리며, 보험료 반환이 늦어진 기간에 대하여는 보험개발원이 공시하는 보험계약대출이율을 연단위 복리로 계산한 금액을 더하여 지급합니다. 다만, 계약자가 보험료 등을 신용카드로 납입한 계약의 청약을 철회하는 경우에 회사는 청약의 철회를 접수한 날부터 3영업일 이내에 해당 신용카드회사로 하여금 대금청구를 하지 않도록 해야 하며, 이 경우 회사는 보험료를 반환한 것으로 봅니다.

⑤ 청약을 철회할 당시에 이미 보험금 지급사유가 발생하였으나 계약자가 그 보험금 지급사유의 발생사실을 알지 못한 경우에는 청약 철회의 효력은 발생하지 않습니다.

⑥ 제1항에서 보험증권을 받은 날에 대한 다툼이 발생한 경우 회사가 이를 증명하여야 합니다.

제17조(계약내용의 변경 등)

① 계약자는 회사의 승낙을 얻어 다음의 사항을 변경할 수 있습니다. 이 경우 승낙을 서면 등으로 알리거나 보험증권(보험가입증서)의 뒷면에 기재하여 드립니다.

1. 보험종목
2. 보험기간
3. 계약자, 피보험자, 보험가입금액 등 기타 계약의 내용

② 회사는 계약자가 보험료등을 납입한 때부터 1년 이상 지난 유효한 계약으로서 그 보험종목의 변경을 요청할 때에는 회사의 사업방법서에서 정하는 방법에 따라 이를 변경하여 드립니다.

③ 회사는 계약자가 제1항 제3호의 규정에 따라 보험가입금액을 감액하고자 할 때에는 그 감액된 부분은 계약이 해지된 것으로 보며, 이로 인하여 회사가 환급하여야 할 보험료가 있을 경우에는 제20조(보험료의 환급)에 따라 이를 계약자에게 지급합니다.

제18조(계약의 무효)

계약을 맺을 때에 보험사고가 이미 발생하였을 경우 이 계약은 무효로 하며 회사는 제20조(보험료의 환급)에 따라 납입한 보험료를 반환하여 드립니다. 다만, 회사의 고의 또는 과실로 인하여 계약이 무효로 된 경우와 회사가 승낙 전에 무효임을 알았거나 알 수 있었음에도 불구하고 보험료를 반환하지 않은 경우에는 보험료를 납입한 날의 다음 날부터 반환일까지의 기간에 대하여 회사는 보험개발원이 공시하는 보험계약대출이율을 연단위 복리로 계산한 금액을 더하여 돌려드립니다.

Theme 4 　계약의 해지 및 보험료의 환급

제19조(계약의 해지)

① 계약자는 손해가 발생하기 전에는 언제든지 계약을 해지할 수 있습니다.

② 회사는 피보험자의 고의로 손해가 발생한 경우 이 계약을 해지할 수 있습니다.

③ 회사는 아래와 같은 사실이 있을 경우에는 손해의 발생 여부에 관계없이 그 사실을 안 날부터 1개월 이내에 이 계약을 해지할 수 있습니다.

　1. 계약자 또는 그 대리인이 제9조(계약 전 알릴의무)에도 불구하고 고의 또는 중대한 과실로 중요한 사항에 대하여 사실과 다르게 알린 때

　2. 제10조(계약 후 알릴의무) 제1항 제2호에서 정한 알릴의무를 이행하지 않았을 때.

④ 제3항의 경우에도 불구하고 다음 중 하나에 해당하는 경우에는 회사는 계약을 해지할 수 없습니다.

　1. 회사가 계약 당시에 그 사실을 알았거나 과실로 인하여 알지 못하였을 때

　2. 회사가 그 사실을 안 날부터 1개월 이상 지났을 때

　3. 계약 체결일부터 3년이 지났을 때

　4. 보험을 모집한 자(이하 "보험설계사 등"이라 합니다)가 계약자에게 계약 전에 알릴기회를 주지 않았거나 계약자가 사실대로 알리는 것을 방해한 경우, 계약자에 대해 사실대로 알리지 않게 하였거나 부실하게 알릴 것을 권유했을 때. 다만, 보험설계사 등의 행위가 없었다 하더라도 계약자가 사실대로 고지하지 않거나 부실하게 알렸다고 인정되는 경우에는 해지할 수 있습니다.

⑤ 제3항에 의한 계약의 해지가 손해가 생긴 후에 이루어진 경우 회사는 제10조 제3항에 따라 증가된 손해는 보상하지 않습니다.

제19조의2(위법계약의 해지)

① 계약자는 「금융소비자 보호에 관한 법률」 제47조 및 관련규정이 정하는 바에 따라 계약 체결에 대한 회사의 법 위반사항이 있는 경우 계약 체결일부터 5년 이내의 범위에서 계약자가 위반사항을 안 날부터 1년 이내에 계약해지요구서에 증빙서류를 첨부하여 위법계약의 해지를 요구할 수 있습니다. 다만, 의무보험의 해지를 요구하려는 경우에는 동종의 다른 의무보험에 가입되어 있어야 합니다.

② 회사는 해지요구를 받은 날부터 10일 이내에 수락 여부를 계약자에 통지하여야 하며, 거절할 때에는 거절 사유를 함께 통지하여야 합니다.

③ 계약자는 회사가 정당한 사유 없이 제1항의 요구를 따르지 않는 경우 해당 계약을 해지할 수 있습니다.

④ 제1항 및 제3항에 따라 계약이 해지된 경우 회사는 제20조(보험료의 환급) 제1항 제1호에 따른 보험료를 계약자에게 지급합니다.

⑤ 계약자는 제1항에 따른 제척기간에도 불구하고 민법 등 관계법령에서 정하는 바에 따라 법률상의 권리를 행사할 수 있습니다.

제20조(보험료의 환급)

① 이 계약이 무효, 효력상실 또는 해지된 때에는 다음과 같이 보험료를 돌려드립니다.

   1. 계약자의 책임 없는 사유에 의하는 경우 : 무효의 경우에는 회사에 납입한 보험료의 전액, 효력상실 또는 해지의 경우에는 남아있는 보험기간에 대하여 일단위로 계산한 보험료

   2. 계약자의 책임 있는 사유에 의하는 경우 : 이미 지난 보험기간에 대하여 단기요율(1년 미만의 기간에 적용되는 요율)로 계산한 보험료를 뺀 잔액. 다만, 계약자의 고의 또는 중대한 과실로 무효가 된 때에는 보험료를 돌려드리지 않습니다.

> 【계약자의 책임 있는 사유】 다음과 같은 경우를 말합니다.
> 1. 보험계약자의 사정으로 해지하는 경우
> 2. 보험회사가 제19조(계약의 해지) 제3항에 따라 보험계약을 해지하는 경우
> 3. 보험료 미납으로 인한 보험계약의 효력 상실

② 보험회사가 보험계약자가 낸 보험료의 전부 또는 일부를 돌려드리는 경우에는 보험료를 반환할 의무가 생긴 날부터 3일 이내에 드립니다.

> 【보험회사의 반환의무가 생긴 날】 보험계약자가 피보험자의 서면에 의한 동의 및 보험료 환급에 필요한 서류를 보험회사에 접수한 날 또는 보험회사가 보험계약자에게 보험계약의 해지를 통보하거나 무효가 된 날을 말합니다.

③ 보험회사가 제2항의 보험료 반환기일을 지키지 못하는 경우에는 반환기일의 다음 날부터 반환하는 날까지의 기간은 보험개발원이 공시하는 보험계약대출이율에 따라 연단위 복리로 계산한 금액을 더하여 돌려드립니다. 다만, 이 약관에서 이자의 계산에 관해 달리 정하는 경우에는 그에 따릅니다.

Theme 5 　분쟁의 조정 등

제21조(분쟁의 조정)

① 계약에 관하여 분쟁이 있는 경우 분쟁 당사자 또는 기타 이해관계인과 회사는 금융감독원장에게 조정을 신청할 수 있으며, 분쟁조정 과정에서 계약자는 관계법령이 정하는 바에 따라 회사가 기록 및 유지·관리하는 자료의 열람(사본의 제공 또는 청취를 포함한다)을 요구할 수 있습니다.

② 회사는 일반금융소비자인 계약자가 조정을 통하여 주장하는 권리나 이익의 가액이 「금융소비자 보호에 관한 법률」 제42조에서 정하는 일정 금액 이내인 분쟁사건에 대하여 조정절차가 개시된 경우에는 관계법령이 정하는 경우를 제외하고는 소를 제기하지 않습니다.

제22조(관할법원)

이 계약에 관한 소송 및 민사조정은 회사의 본점 또는 지점 소재지 중 계약자 또는 피보험자가 선택하는 대한민국 내의 법원을 합의에 따른 관할법원으로 합니다. 다만, 회사와 피보험자 또는 계약자가 합의하여 관할법원을 달리 정할 수 있습니다.

제23조(소멸시효)

보험금청구권 또는 보험료반환청구권은 3년간 행사하지 아니하면 소멸시효가 완성됩니다.

제24조(약관의 해석)

① 회사는 신의성실의 원칙에 따라 공정하게 약관을 해석하여야 하며 계약자에 따라 다르게 해석하지 않습니다.

② 회사는 약관의 뜻이 명백하지 아니한 경우에는 계약자에게 유리하게 해석합니다.

③ 회사는 보상하지 않는 손해 등 계약자나 피보험자에게 불리하거나 부담을 주는 내용은 확대하여 해석하지 않습니다.

제25조(설명서 교부 및 보험안내자료 등의 효력)

① 회사는 일반금융소비자에게 청약을 권유하거나 일반금융소비자가 설명을 요청하는 경우 보험상품에 관한 중요한 사항을 계약자가 이해할 수 있도록 설명하고 계약자가 이해하였음을 서명, 기명날인 또는 녹취 등을 통해 확인받아야 하며, 설명서를 제공하여야 합니다.

② 설명서, 약관, 청약서 부본 및 증권의 제공 사실에 관하여 계약자와 회사 간에 다툼이 있는 경우에는 회사가 이를 증명하여야 합니다.

③ 보험설계사 등이 모집과정에서 사용한 회사 제작의 보험안내장의 내용이 이 약관의 규정과 다른 경우에는 계약자에게 유리한 내용으로 계약이 성립된 것으로 봅니다.

> 【보험안내장】계약의 청약을 권유하기 위해 만든 서류 등을 말합니다.

제26조(회사의 손해배상책임)

① 회사는 계약과 관련하여 임직원, 보험 설계사 및 대리점의 책임있는 사유로 인하여 계약자 및 피보험자에게 발생된 손해에 대하여 관계법률 등에서 정한 바에 따라 손해배상의 책임을 집니다.

② 회사는 보험금 지급 거절 및 지연지급의 사유가 없음을 알았거나 알 수 있었음에도 불구하고 소를 제기하여 계약자 또는 피보험자에게 손해를 가한 경우에는 그에 따른 손해를 배상할 책임을 집니다.

③ 회사가 보험금 지급 여부 및 지급금액에 관하여 계약자 또는 피보험자와 현저하게 공정을 잃은 합의를 한 경우에도 회사는 제2항에 따라 손해를 배상할 책임을 집니다.

제27조(개인정보보호)

① 회사는 이 계약의 유지, 관리, 보험금 지급 및 대위권 행사를 위하여 계약자, 피보험자 또는 채무자의 동의를 받아 개인정보를 수집, 이용, 조회 또는 제공할 수 있습니다. 다만 회사는 「개인정보 보호법」, 「신용정보의 이용 및 보호에 관한 법률」 및 「보험업법」 등 관계법령에 특별한 규정이 있거나 법률상 의무를 준수하기 위하여 불가피한 경우에 한하여 계약자, 피보험자 또는 채무자의 동의를 받지 않고 수집, 이용, 조회 또는 제공할 수 있습니다.

② 회사는 계약과 관련된 개인정보를 안전하게 관리하여야 합니다.

제28조(준거법)

이 계약은 대한민국 법에 따라 규율되고 해석되며, 약관에서 정하지 않은 사항은 「금융소비자 보호에 관한 법률」, 「상법」, 「민법」 등 관계법령을 따릅니다.

제29조(예금자보호제도)

이 보험계약은 「예금자보호법」에 따라 보호되지 않습니다.

〈부표〉 보험금을 지급할 때의 적립이율(제5조 제7항 관련)

기 간	지 급 이 자
지급기일의 다음 날부터 30일 이내 기간	보험계약대출이율
지급기일의 31일 이후부터 60일 이내 기간	보험계약대출이율 + 가산이율(4.0%)
지급기일의 61일 이후부터 90일 이내 기간	보험계약대출이율 + 가산이율(6.0%)
지급기일의 91일 이후 기간	보험계약대출이율 + 가산이율(8.0%)

주) 1. 보험계약대출이율은 보험개발원이 공시하는 보험계약대출이율을 적용합니다.
　　2. 가산이율은 가지급보험금에 대하여는 적용하지 않습니다.

Theme 1 보험금의 지급

제1조(보상하는 손해)

보험회사(이하 '회사'라 합니다)는 피보증인과 고용 및 기타 일정한 관계가 있는 피보험자가 피보증인의 불성실 행위로 인하여 입은 재산상의 손해를 보험증권에 기재된 내용과 이 약관에 따라 보상하여 드립니다.

> 【피보험자】 보험사고로 인하여 손해를 입은 자(者)를 말합니다. 이하 같습니다.

제2조(보상하지 않는 손해)

회사는 아래의 사유를 원인으로 하여 생긴 손해는 보상하지 않습니다.

1. 피보험자의 고의 또는 중과실
2. 전쟁, 혁명, 내란, 사변, 테러, 폭동, 소요 기타 이들과 유사한 사태로 채무를 이행하지 못한 사유
3. 지진, 분화, 홍수, 해일 또는 이와 비슷한 천재지변으로 채무를 이행하지 못한 사유
4. 핵연료물질(사용된 연료를 포함합니다. 이하 같습니다) 또는 핵연료물질에 의하여 오염된 물질(원자핵 분열 생성물을 포함합니다)의 방사성, 폭발성 그 밖의 유해한 특성 또는 이들의 특성에 의한 사고로 채무를 이행하지 못한 사유

제3조(손해의 통지 및 조사)

① 계약자 또는 피보험자는 보험사고가 생긴 것을 안 때에는 지체 없이 그 사실을 회사에 알리고 회사가 요청할 경우 손해의 조사에 협조하여야 합니다.

② 피보험자가 정당한 이유 없이 제1항의 통지를 해태하거나 손해 조사에 협조하지 않아 손해가 증가된 때에는 회사는 그 증가된 손해를 보상하지 않습니다.

> 【해태】 어떤 법률행위를 할 기일을 이유 없이 넘겨 책임을 다하지 않는 일을 말합니다. 이하 같습니다.

제4조(손해의 방지와 경감의무)

① 보험사고가 생긴 때에는 계약자 또는 피보험자는 손해의 방지와 경감에 힘써야 합니다.

② 피보험자가 고의 또는 중대한 과실로 제1항의 의무를 게을리한 경우 그렇지 않았다면 방지 또는 경감할 수 있었을 손해액을 보상액에서 뺍니다.

③ 피보험자가 제1항에 따라 손해의 방지 또는 경감을 위하여 회사의 동의를 얻어 지출한 필요하고도 유익한 비용은 보험가입금액을 초과한 경우라도 회사가 보상하여 드립니다.

제5조(보험금의 청구)

① 피보험자가 보험금을 청구할 때에는 다음의 서류를 회사에 제출하여야 합니다.

    1. 보험금 청구서(회사양식)

    2. 신분증(주민등록증 또는 운전면허증 등 사진이 부착된 정부기관발행 신분증, 본인이 아닌 경우에는 본인의 인감증명서 또는 본인서명사실확인서 포함) 〈개정 2018.3.2.〉

    3. 삭제 〈2019.12.20.〉

    4. 손해액을 증명하는 서류

    5. 회사가 요구하는 그 밖의 서류

② 회사는 제1항에 따른 보험금 청구를 받은 후 지체 없이 지급할 보험금을 결정하고 지급할 보험금이 결정되면 7일 이내에 이를 지급하여 드립니다.

③ 회사는 보험금 지급에 필요한 조사를 단시일 내에 마치지 못할 경우에는 피보험자의 청구에 따라 회사가 추정하는 보험금의 50%를 한도로 가지급보험금을 지급합니다. 이 경우 피보험자는 제1항에서 정한 서류를 갖추어 회사에 청구하여야 합니다.

④ 회사는 제3항의 피보험자의 청구가 있더라도 아래에서 정한 경우에는 보험금을 가지급하지 않습니다.

    1. 피보증인이 피보험자의 보험금 청구에 대하여 서면(전자적 방식 포함)에 의한 이의제기, 분쟁조정신청 또는 소송제기 등을 통해 다투는 경우

    2. 피보험자의 책임 있는 사유로 회사가 보험금 지급에 필요한 조사를 진행할 수 없는 경우

⑤ 제3항에 따라 지급한 가지급보험금의 금액은 장래 지급될 보험금액에서 공제되나 최종 보험금의 결정에 영향을 미치지 않습니다.

⑥ 회사는 보험금 청구에 관한 서류를 받은 때부터 30일 이내에 피보험자에게 보험금을 지급하는 것을 거절하는 이유 또는 그 지급을 연기하는 이유(추가 조사가 필요한 때에는 확인이 필요한 사항과 확인이 종료되는 예상시기를 포함)를 서면(전자우편 등 서면에 갈음할 수 있는 통신수단을 포함)으로 통지하여 드립니다.

⑦ 회사가 제2항의 지급보험금 및 제3항의 가지급보험금이 결정된 후 7일(이하 '지급기일'이라 합니다)이 지나도록 보험금을 지급하지 않았을 때에는 지급기일의 다음 날부터 지급일까지의 기간에 대하여 〈부표〉 '보험금을 지급할 때의 적립이율'에 따라 연단위 복리로 계산한 금액을 보험금에 더하여 지급합니다. 그러나 피보험자의 책임있는 사유로 지체된 경우에는 그 해당 기간에 대한 이자를 더하여 지급하지 않습니다.

> 【연단위 복리】 회사가 지급할 금전에 이자를 드릴 때 1년마다 마지막 날에 그 이자를 원금에 더한 금액을 다음 1년의 원금으로 하는 이자 계산방법을 말합니다. 이하 같습니다.

제6조(구상 및 대위)

① 회사가 피보험자에게 보험금을 지급할 때(현물보상하는 경우를 포함합니다)에는 다른 약정이 없는 한 회사는 계약자에 대하여 구상권을 가지며, 피보험자의 이익을 해치지 않는 범위 안에서 피보험자가 피보증인에 대하여 가지는 권리를 대위하여 가집니다.

> 【구상권】 타인을 대신하여 채무를 변제한 경우 그 타인에 대하여 가지는 상환청구권을 의미합니다. 이하 같습니다.
> 【대위(代位)】 권리의 주체 또는 객체인 지위에 대신한다는 의미로서 보험회사가 채권자인 피보험자의 지위를 이어받아 채무자인 계약자에게 권리를 행사함을 말합니다. 이하 같습니다.

② 피보험자는 회사가 제1항의 권리를 보전하거나 행사하는데 필요한 서류를 회사에 제출하고 회사가 요청하는 필요한 조치를 취하여야 합니다. 피보험자가 정당한 이유 없이 이를 위반할 경우 회사는 구상권, 대위권을 행사함에 있어 피보험자의 협조의무위반으로 취득하지 못한 금액을 피보험자에게 청구할 수 있습니다.

제7조(변제 등의 충당순서)

① 피보증인(피보증인의 채무를 변제하는 제3자를 포함합니다)이 변제한 금액 또는 회사의 담보권 행사·상계 또는 채권추심을 통하여 회수한 금액이 계약자의 전체 채무금액보다 적은 경우에는 비용, 지급보험금(원금), 이자의 순서로 충당하기로 합니다.

② 변제하여야 할 채무가 수개인 경우로서 전체 채무금액보다 적은 경우에는 강제집행 또는 담보권 실행 등에 의한 회수금에 대하여는 민법 기타 법률이 정하는 바에 따릅니다.

③ 변제하여야 할 채무가 수개인 경우로서 기타 제2항에 해당되지 않는 경우에는 채무를 변제하는 자가 지정하는 순서에 따라 충당하기로 합니다. 다만 회사의 채권보전에 지장이 생길 염려가 있는 때에는 회사는 지체없이 이의를 표시하고, 물적담보나 보증의 유무, 소멸시효의 도래 순서 등을 고려하여 회사가 변제에 충당할 채무를 바꾸어 지정할 수 있습니다.

제8조(계약 전 알릴의무)

계약자 또는 그 대리인은 청약시 청약서(질문서를 포함합니다)에서 질문한 사항에 대하여 알고 있는 사실을 반드시 사실대로 알려야 합니다.

제9조(계약 후 알릴의무)

① 이 보험계약을 체결한 후 아래와 같은 사실이 생긴 경우 계약자 또는 피보험자는 지체 없이 서면으로 회사에 알리고 보험증권(보험가입증서)에 확인을 받아야 합니다.
　　1. 청약서의 기재사항을 변경하고자 할 때 또는 변경이 생겼음을 알았을 때
　　2. 피보증인이 변경되었을 때
② 회사는 제1항에 따라 계약자 또는 피보험자가 변경사실을 통보한 경우에는 1개월 이내에 승인 여부를 결정하여 보험료를 더 받거나, 돌려드릴 수 있습니다.
③ 계약자 또는 피보험자가 제1항에 따라 변경사실을 알리지 않거나 회사의 승인을 받지 못한 경우에 회사는 주계약 또는 법령상의 의무를 변경시킴으로써 증가된 손해는 보상하지 않습니다.
④ 계약자는 주소 또는 연락처가 변경된 경우에는 지체 없이 이를 회사에 알려야 합니다. 계약자가 이를 알리지 않은 경우 회사가 알고 있는 최종의 주소 또는 연락처로 등기우편 방법에 의해 계약자에게 알린 사항은 일반적으로 도달에 필요한 시일이 지난 때에는 계약자에게 도달한 것으로 봅니다.

제10조(양도)

보험의 목적의 양도는 회사의 서면동의 없이는 회사에 대하여 효력이 없으며, 회사가 서면동의한 경우 계약으로 인하여 생긴 권리와 의무를 함께 양도한 것으로 합니다.

제11조(사기에 의한 계약)

① 계약자, 피보험자 또는 이들의 대리인의 사기에 의하여 계약이 성립되었음을 회사가 증명하는 경우에는 사기사실을 안 날부터 1개월 이내에, 계약 체결일부터 5년 이내에 한하여 계약을 취소할 수 있습니다.
② 타인을 위한 보험계약의 경우 회사는 피보험자가 사기행위에 대한 책임 있는 사유가 없으면 제1항의 취소로써 대항할 수 없습니다.

보험계약의 성립과 유지

제12조(보험계약의 성립)

① 보험계약은 계약자의 청약과 회사의 승낙으로 이루어집니다.

② 회사는 계약의 청약을 받고 보험료를 받은 경우에는 청약일부터 30일 이내에 승낙 또는 거절의 통지를 하며 통지가 없으면 승낙한 것으로 봅니다.

③ 회사가 청약을 승낙한 때에는 지체 없이 보험증권(보험가입증서)을 계약자에게 교부하여 드리며, 청약을 거절할 경우에는 거절통지와 함께 받은 금액을 계약자에게 돌려드립니다.

④ 이미 성립한 계약을 연장하거나 변경하는 경우에는 회사는 보험증권(보험가입증서)에 그 사실을 기재함으로써 보험증권(보험가입증서)의 교부에 대신할 수 있습니다.

제13조(약관교부 및 설명의무 등)

① 회사는 계약자가 청약한 경우 계약자에게 약관의 중요한 내용을 설명하여야 하며, 청약 후에 다음 각 호의 방법 중 계약자가 원하는 방법을 확인하여 지체 없이 약관 및 계약자 보관용 청약서를 제공하여 드립니다. 만약, 회사가 전자우편 및 전자적 의사표시로 제공한 경우 계약자 또는 그 대리인이 약관 및 계약자 보관용 청약서 등을 수신하였을 때에는 해당 문서를 드린 것으로 봅니다.

1. 서면교부
2. 우편 또는 전자우편
3. 휴대전화 문자메시지 또는 이에 준하는 전자적 의사표시

> 【사이버몰】컴퓨터를 이용하여 보험거래를 할 수 있도록 설정된 가상의 영업장을 말합니다.
> 【통신판매계약】전화·우편·컴퓨터 등의 통신매체를 통한 보험계약을 말합니다.

② 회사가 제1항에 의해 제공될 약관 및 계약자 보관용 청약서(청약서 부본)를 청약시 계약자에게 드리지 않거나 약관의 중요한 내용을 설명하지 않은 때 또는 보험계약을 체결할 때 계약자가 청약서에 자필서명을 하지 않은 때에는 계약자는 계약이 성립한 날부터 3개월 이내에 피보험자의 서면동의를 얻어 계약을 취소할 수 있습니다.

> 【자필서명】기명날인(도장을 찍음) 및 전자서명법 제2조 제2호에 따른 전자서명을 포함합니다.

③ 제2항에 따라 보험계약이 취소된 경우에는 회사는 이미 납입한 보험료를 계약자에게 돌려드리며, 보험료를 받은 기간에 대하여 보험개발원이 공시하는 보험계약대출이율을 연단위 복리로 계산한 금액을 더하여 지급합니다.

④ 회사는 계약자의 요청이 있을 경우 제1항의 약관이나 보험증권을 피보험자에게 교부하여 드립니다.

제14조(회사의 보장개시)

① 회사는 계약의 청약을 승낙하고 보험료 등을 받은 때부터 이 약관이 정한 바에 따라 보장을 합니다.

② 회사가 계약자로부터 계약의 청약과 함께 보험료 등을 받은 경우에 그 청약을 승낙하기 전에 계약에서 정한 보험사고가 생긴 때에는 회사는 계약상의 보장을 합니다.

③ 제2항의 규정에도 불구하고 회사는 다음 중 한 가지에 해당되는 경우에는 보장을 하지 않습니다.

   1. 제8조(계약 전 알릴의무)의 규정에 따라 계약자가 회사에 알린내용이 보험금 지급사유의 발생에 영향을 미쳤음을 회사가 증명하는 경우

   2. 제2조(보상하지 않는 손해), 제11조(사기에 의한 계약), 제17조(계약의 무효) 또는 제18조(계약의 해지)의 규정을 준용하여 회사가 보장을 하지 않을 수 있는 경우

④ 계약자가 보험료 등을 자동이체 또는 신용카드로 납입하는 경우에는 자동이체신청 및 신용카드매출 승인에 필요한 정보를 회사에 제공한 때가 보험료 등을 납입한 때가 되나, 계약자의 귀책사유로 자동이체 또는 매출승인이 불가능한 경우에는 보험료 등이 납입되지 않은 것으로 봅니다.

⑤ 계약이 갱신되는 경우에는 제1항 내지 제3항에 의한 보장은 기존 계약에 의한 보장이 종료하는 때부터 적용합니다.

제15조(청약의 철회)

① 일반금융소비자는 보험증권을 받은 날부터 15일과 청약을 한 날부터 30일 중 먼저 도래하는 기간 내에 그 청약을 철회할 수 있습니다.

② 제1항에도 불구하고 다음 중 어느 하나에 해당하는 경우에는 보험계약의 청약을 철회할 수 없습니다.

   1. 전문금융소비자가 보험계약의 청약을 한 경우

   2. 「보험업법」에 따른 보증보험 중 청약의 철회를 위해 제3자의 동의가 필요한 보증보험

   3. 보험기간이 90일 이내인 보험계약

   4. 법률에 따라 가입의무가 부과되고 그 해제·해지도 해당 법률에 따라 가능한 의무보험(다만, 일반금융소비자가 동종의 다른 보험에 가입한 경우는 제외)

> 【일반금융소비자】전문금융소비자가 아닌 계약자를 말합니다.
> 【전문금융소비자】보험계약에 관한 전문성, 자산규모 등에 비추어 보험계약에 따른 위험감수능력이 있는 자로서, 국가, 지방자치단체, 한국은행, 금융회사, 주권상장법인 등을 포함하며 「금융소비자 보호에 관한 법률」 제2조(정의) 제9호에서 정하는 전문금융소비자를 말합니다.

③ 청약 철회는 계약자가 전화로 신청하거나, 철회의사를 표시하기 위한 서면, 전자우편, 휴대전화 문자메시지 또는 이에 준하는 전자적 의사표시(이하 '서면 등'이라 합니다)를 발송한 때 효력이 발생합니다. 계약자는 서면 등을 발송한 때에 그 발송 사실을 회사에 지체 없이 알려야 합니다.

④ 계약자가 청약을 철회한 때에는 회사는 청약의 철회를 접수한 날부터 3영업일 이내에 이미 납입한 보험료를 계약자에게 돌려드리며, 보험료 반환이 늦어진 기간에 대하여는 보험개발원이 공시하는 보험계약대출이율을 연단위 복리로 계산한 금액을 더하여 지급합니다. 다만, 계약자가 보험료 등을 신용카드로 납입한 계약의 청약을 철회하는 경우에 회사는 청약의 철회를 접수한 날부터 3영업일 이내에 해당 신용카드회사로 하여금 대금청구를 하지 않도록 해야 하며, 이 경우 회사는 보험료를 반환한 것으로 봅니다.

⑤ 청약을 철회할 당시에 이미 보험금 지급사유가 발생하였으나 계약자가 그 보험금 지급사유의 발생사실을 알지 못한 경우에는 청약 철회의 효력은 발생하지 않습니다. 다만 타인을 위한 보험계약의 경우에는 그러하지 아니합니다.

⑥ 제1항에서 보험증권을 받은 날에 대한 다툼이 발생한 경우 회사가 이를 증명하여야 합니다.

제16조(계약내용의 변경 등)

① 계약자는 회사의 승낙을 얻어 다음의 사항을 변경할 수 있습니다. 이 경우 승낙을 서면 등으로 알리거나 보험증권(보험가입증서)의 뒷면에 기재하여 드립니다.

1. 보험종목
2. 보험기간
3. 계약자, 피보험자, 보험가입금액 등 기타 계약의 내용

② 회사는 계약자가 보험료 등을 납입한 때부터 1년 이상 지난 유효한 계약으로서 그 보험종목의 변경을 요청할 때에는 피보험자의 서면에 의한 동의를 받고 회사의 사업방법서에서 정하는 방법에 따라 이를 변경하여 드립니다.

③ 회사는 계약자가 제1항 제3호의 규정에 따라 보험가입금액을 감액하고자 할 때에는 그 감액된 부분은 계약이 해지된 것으로 보며, 이로 인하여 회사가 환급하여야 할 보험료가 있을 경우에는 제19조(보험료의 환급)에 따라 이를 계약자에게 지급합니다.

④ 타인을 위한 보험계약의 경우에는 제1항 내지 제3항에서 규정한 사항에 대하여 피보험자의 서면에 의한 동의를 받아야 합니다.

제17조(계약의 무효)

계약을 맺을 때에 보험사고가 이미 발생하였을 경우 이 계약은 무효로 하며 회사는 제19조(보험료의 환급)에 따라 납입한 보험료를 반환하여 드립니다. 다만, 회사의 고의 또는 과실로 인하여 계약이 무효로 된 경우와 회사가 승낙 전에 무효임을 알았거나 알 수 있었음에도 불구하고 보험료를 반환하지 않은 경우에는 보험료를 납입한 날의 다음 날부터 반환일까지의 기간에 대하여 회사는 보험개발원이 공시하는 보험계약대출이율을 연단위 복리로 계산한 금액을 더하여 돌려드립니다.

제18조(계약의 해지)

① 계약자는 손해가 발생하기 전에는 언제든지 계약을 해지할 수 있습니다. 다만, 타인을 위한 보험계약의 경우 계약자는 피보험자의 동의를 얻는 경우에 한하여 계약을 해지할 수 있습니다.

② 회사는 피보험자의 고의로 손해가 발생한 경우 이 계약을 해지할 수 있습니다.

③ 회사는 아래와 같은 사실이 있을 경우에는 손해의 발생 여부에 관계없이 그 사실을 안 날부터 1개월 이내에 이 계약을 해지할 수 있습니다.

    1. 계약자 또는 그 대리인이 제8조(계약 전 알릴의무)에도 불구하고 고의 또는 중대한 과실로 중요한 사항에 대하여 사실과 다르게 알리고 이에 대하여 피보험자에게 고의 또는 중대한 과실이 있는 때

    2. 제9조(계약 후 알릴의무) 제1항 제2호에서 정한 알릴의무를 이행하지 않았을 때. 다만 피보험자가 알릴의무를 해태한 경우에 한합니다.

④ 제3항의 경우에도 불구하고 다음 중 하나에 해당하는 경우에는 회사는 계약을 해지할 수 없습니다.

    1. 회사가 계약 당시에 그 사실을 알았거나 과실로 인하여 알지 못하였을 때

    2. 회사가 그 사실을 안 날부터 1개월 이상 지났을 때

    3. 계약 체결일부터 3년이 지났을 때

    4. 보험을 모집한 자(이하 "보험설계사 등"이라 합니다)가 계약자에게 계약 전에 알릴 기회를 주지 않았거나 계약자가 사실대로 알리는 것을 방해한 경우, 계약자에 대해 사실대로 알리지 않게 하였거나 부실하게 알릴 것을 권유했을 때. 다만, 보험설계사 등의 행위가 없었다 하더라도 계약자가 사실대로 고지하지 않거나 부실하게 알렸다고 인정되는 경우에는 해지할 수 있습니다.

⑤ 제3항에 의한 계약의 해지가 손해가 생긴 후에 이루어진 경우 회사는 제9조 제3항에 따라 증가된 손해는 보상하지 않습니다.

제18조의2(위법계약의 해지)

① 계약자는 「금융소비자 보호에 관한 법률」 제47조 및 관련규정이 정하는 바에 따라 계약 체결에 대한 회사의 법 위반사항이 있는 경우 계약 체결일부터 5년 이내의 범위에서 계약자가 위반사항을 안 날부터 1년 이내에 계약해지요구서에 증빙서류를 첨부하여 위법계약의 해지를 요구할 수 있습니다. 다만, 의무보험의 해지를 요구하려는 경우에는 동종의 다른 의무보험에 가입되어 있어야 합니다.

② 회사는 해지요구를 받은 날부터 10일 이내에 수락 여부를 계약자에 통지하여야 하며, 거절할 때에는 거절사유를 함께 통지하여야 합니다.

③ 계약자는 회사가 정당한 사유 없이 제1항의 요구를 따르지 않는 경우 해당 계약을 해지할 수 있습니다.

④ 제1항 및 제3항에 따라 계약이 해지된 경우 회사는 제19조(보험료의 환급) 제1항 제1호에 따른 보험료를 계약자에게 지급합니다.

⑤ 계약자는 제1항에 따른 제척기간에도 불구하고 민법 등 관계법령에서 정하는 바에 따라 법률상의 권리를 행사할 수 있습니다.

제19조(보험료의 환급)

① 이 계약이 무효, 효력상실 또는 해지된 때에는 다음과 같이 보험료를 돌려드립니다.

   1. 계약자의 책임 없는 사유에 의하는 경우 : 무효의 경우에는 회사에 납입한 보험료의 전액, 효력상실 또는 해지의 경우에는 남아있는 보험기간에 대하여 일단위로 계산한 보험료

   2. 계약자의 책임 있는 사유에 의하는 경우 : 이미 지난 보험기간에 대하여 단기요율(1년 미만의 기간에 적용되는 요율)로 계산한 보험료를 뺀 잔액. 다만, 계약자의 고의 또는 중대한 과실로 무효가 된 때에는 보험료를 돌려드리지 않습니다.

> 【계약자의 책임 있는 사유】다음과 같은 경우를 말합니다.
> 1. 보험계약자의 사정으로 해지하는 경우
> 2. 보험회사가 제18조(계약의 해지) 제3항에 따라 보험계약을 해지하는 경우
> 3. 보험료 미납으로 인한 보험계약의 효력 상실

② 보험회사가 보험계약자가 낸 보험료의 전부 또는 일부를 돌려드리는 경우에는 보험료를 반환할 의무가 생긴 날부터 3일 이내에 드립니다.

> 【보험회사의 반환의무가 생긴 날】보험계약자가 피보험자의 서면에 의한 동의 및 보험료 환급에 필요한 서류를 보험회사에 접수한 날 또는 보험회사가 보험계약자에게 보험계약의 해지를 통보하거나 무효가 된 날을 말합니다.

③ 보험회사가 제2항의 보험료 반환기일을 지키지 못하는 경우에는 반환기일의 다음 날부터 반환하는 날까지의 기간은 보험개발원이 공시하는 보험계약대출이율에 따라 연단위 복리로 계산한 금액을 더하여 돌려드립니다. 다만, 이 약관에서 이자의 계산에 관해 달리 정하는 경우에는 그에 따릅니다.

Theme 5   분쟁의 조정 등

제20조(분쟁의 조정)

① 계약에 관하여 분쟁이 있는 경우 분쟁 당사자 또는 기타 이해관계인과 회사는 금융감독원장에게 조정을 신청할 수 있으며, 분쟁조정 과정에서 계약자는 관계법령이 정하는 바에 따라 회사가 기록 및 유지·관리하는 자료의 열람(사본의 제공 또는 청취를 포함한다)을 요구할 수 있습니다.

② 회사는 일반금융소비자인 계약자가 조정을 통하여 주장하는 권리나 이익의 가액이 「금융소비자 보호에 관한 법률」 제42조에서 정하는 일정 금액 이내인 분쟁사건에 대하여 조정절차가 개시된 경우에는 관계법령이 정하는 경우를 제외하고는 소를 제기하지 않습니다.

제21조(관할법원)

이 계약에 관한 소송 및 민사조정은 회사의 본점 또는 지점 소재지 중 계약자 또는 피보험자가 선택하는 대한민국 내의 법원을 합의에 따른 관할법원으로 합니다. 다만, 회사와 피보험자 또는 계약자가 합의하여 관할법원을 달리 정할 수 있습니다.

제22조(소멸시효)

보험금청구권 또는 보험료반환청구권은 3년간 행사하지 아니하면 소멸시효가 완성됩니다.

제23조(약관의 해석)

① 회사는 신의성실의 원칙에 따라 공정하게 약관을 해석하여야 하며 계약자에 따라 다르게 해석하지 않습니다.

② 회사는 약관의 뜻이 명백하지 아니한 경우에는 계약자에게 유리하게 해석합니다.

③ 회사는 보상하지 않는 손해 등 계약자나 피보험자에게 불리하거나 부담을 주는 내용은 확대하여 해석하지 않습니다.

제24조(설명서 교부 및 보험안내자료 등의 효력)

① 회사는 일반금융소비자에게 청약을 권유하거나 일반금융소비자가 설명을 요청하는 경우 보험상품에 관한 중요한 사항을 계약자가 이해할 수 있도록 설명하고 계약자가 이해하였음을 서명, 기명날인 또는 녹취 등을 통해 확인받아야 하며, 설명서를 제공하여야 합니다.

② 설명서, 약관, 청약서 부본 및 증권의 제공 사실에 관하여 계약자와 회사 간에 다툼이 있는 경우에는 회사가 이를 증명하여야 합니다.

③ 보험설계사 등이 모집과정에서 사용한 회사 제작의 보험안내장의 내용이 이 약관의 규정과 다른 경우에는 계약자에게 유리한 내용으로 계약이 성립된 것으로 봅니다.

> 【보험안내장】 계약의 청약을 권유하기 위해 만든 서류 등을 말합니다.

제25조(회사의 손해배상책임)

① 회사는 계약과 관련하여 임직원, 보험 설계사 및 대리점의 책임있는 사유로 인하여 계약자 및 피보험자에게 발생된 손해에 대하여 관계 법률 등에서 정한 바에 따라 손해배상의 책임을 집니다.

② 회사는 보험금 지급 거절 및 지연지급의 사유가 없음을 알았거나 알 수 있었음에도 불구하고 소를 제기하여 계약자 또는 피보험자에게 손해를 가한 경우에는 그에 따른 손해를 배상할 책임을 집니다.

③ 회사가 보험금 지급 여부 및 지급금액에 관하여 계약자 또는 피보험자와 현저하게 공정을 잃은 합의를 한 경우에도 회사는 제2항에 따라 손해를 배상할 책임을 집니다.

제26조(개인정보보호)

① 회사는 이 계약의 유지, 관리, 보험금 지급 및 대위권 행사를 위하여 계약자, 피보험자 또는 피보증인의 동의를 받아 개인정보를 수집, 이용, 조회 또는 제공할 수 있습니다. 다만 회사는 「개인정보 보호법」, 「신용정보의 이용 및 보호에 관한 법률」 및 「보험업법」 등 관계법령에 특별한 규정이 있거나 법률상 의무를 준수하기 위하여 불가피한 경우에 한하여 계약자, 피보험자 또는 피보증인의 동의를 받지 않고 수집, 이용, 조회 또는 제공할 수 있습니다.

② 회사는 계약과 관련된 개인정보를 안전하게 관리하여야 합니다.

제27조(준거법)

이 계약은 대한민국 법에 따라 규율되고 해석되며, 약관에서 정하지 않은 사항은 「금융소비자 보호에 관한 법률」, 「상법」, 「민법」 등 관계법령을 따릅니다.

제28조(예금자보호제도)

이 보험계약은 「예금자보호법」에 따라 보호되지 않습니다.

〈부표〉 보험금을 지급할 때의 적립이율(제5조 제7항 관련)

기 간	지 급 이 자
지급기일의 다음 날부터 30일 이내 기간	보험계약대출이율
지급기일의 31일 이후부터 60일 이내 기간	보험계약대출이율 + 가산이율(4.0%)
지급기일의 61일 이후부터 90일 이내 기간	보험계약대출이율 + 가산이율(6.0%)
지급기일의 91일 이후 기간	보험계약대출이율 + 가산이율(8.0%)

주) 1. 보험계약대출이율은 보험개발원이 공시하는 보험계약대출이율을 적용합니다.
　　2. 가산이율은 가지급보험금에 대하여는 적용하지 않습니다.

Chapter 1 기초이론

Theme 1 적용법률

1. 「근로기준법」

(1) 의 의

「헌법」에 따라 근로조건의 기준을 정함으로써 근로자의 기본적 생활을 보장·향상시키며, 균형 있는 국민경제의 발전을 꾀하는 것을 목적으로 하는 법이다.

(2) 근재보험으로의 적용

① 근로자의 의미 적용

근재보험 약관에서는 '피보험자의 근로자에게 생긴 업무상 재해'를 보상한다고 정하고 있고, 여기서의 근로자는 「근로기준법」상의 근로자로 해석할 수 있다.

② 재해보상규정 적용

국내·해외 근재보험의 '재해보상책임특약'의 경우 「근로기준법」에 따른 제 보상을 시행하고, '사용자배상책임특약'에서 이를 초과하는 손해를 보상한다.

2. 「선원법」

(1) 의 의

선원의 직무, 복무, 근로조건의 기준, 직업안정, 복지 및 교육훈련에 관한 사항 등을 정함으로써 선내(船內) 질서를 유지하고, 선원의 기본적 생활을 보장·향상시키며, 선원의 자질 향상을 도모함을 목적으로 하는 법이다.

(2) 근재보험으로의 적용

① 가입강제

선박소유자로 하여금 선원에 대한 재해보상이 완전히 이행될 수 있도록 대통령령으로 정하는 보험 또는 공제에 가입을 강제하고 있다.

② 재해보상규정 적용

선원근재보험의 '재해보상책임특약'의 경우 「선원법」에 따른 제 보상을 시행하고, '사용자배상책임특약'에서 이를 초과하는 손해를 보상한다.

3. 「산재보험법」

(1) 의 의

산업재해보상보험 사업을 시행하여 근로자의 업무상의 재해를 신속하고 공정하게 보상하며, 재해근로자의 재활 및 사회 복귀를 촉진하기 위하여 이에 필요한 보험시설을 설치·운영하고, 재해 예방과 그 밖에 근로자의 복지 증진을 위한 사업을 시행하여 근로자 보호에 이바지하는 것을 목적으로 하는 법이다.

(2) 근재보험으로의 적용

① 국내근재보험의 사용자배상책임특약

국내 거의 모든 사업장이 산재보험가입에 강제되어 있으므로 이 경우 국내근재보험의 사용자배상책임특약은 「산재보험법」상 보상금액을 초과하는 손해를 보상하며, 「산재보험법」 면책사고의 경우에는 담보하지 않는다.

② '국외사업에 대한 특례' 조항

해외근재보험의 경우 그 보상수준이 「산재보험법」에 따른 보상보다 근로자에게 불이익할 수 없다(산재보험법 제121조 제2항). 재해보상책임 추가특약이나 간병보상 추가특약은 이러한 취지를 반영한 것이다.

4. 그 밖의 법률

(1) 「민법」

'사용자배상책임특약'과 관련하여 불법행위책임, 채무불이행책임, 사용자책임 등이 적용된다.

(2) 「약관규제법」

「약관규제법」은 사업자와 고객 사이에 사용되는 모든 종류의 약관을 규제하는 일반법이므로 보험자가 작성한 근재보험약관은 「약관규제법」의 적용을 받는다. '개별약정 우선의 원칙', '객관적·통일적 해석의 원칙', '작성자 불이익 해석의 원칙' 등의 적용이 그것이다.

(3) 「상법」

보험의 인수를 영업으로 하는 행위는 기본적 상행위에 속하므로 보험자가 보험계약자와 체결하는 상행위로서 「상법」이 적용된다. 특히 「상법」 제4편 '보험편'이 주로 적용된다.

(4) 「보험업법」

「보험업법」은 행정기관이 민영보험회사를 감독·규제하기 위한 법이다. 「상법」의 특별법으로서 「상법」에 우선하여 적용된다.

(5) 기타 사항

① 보험계약이 강행법규나 공서양속 또는 보험계약의 본질에 반하지 않는 한, 당사자간의 특약과 보통약관의 내용을 가장 우선 적용한다.

② 보험업법 > 보험계약법 > 약관규제법 > 상법(계약법 외) > 상관습법 > 민법 > 관습법 순으로 적용한다.

1. 「근로기준법」상 근로재해보상책임

사업주는 그의 과실 여부와 관계없이 근로자의 '업무 중 재해'에 대하여 「근로기준법」상의 재해보상 책임을 지며, 이 경우 근재보험 담보대상에 해당한다.

2. 「근로기준법」 적용대상

(1) 적용대상

① 상시 5명 이상의 근로자를 사용하는 모든 사업 또는 사업장으로 일시적으로 5명이 되더라도 일정 기간내 평균수가 5명이면 해당한다.

② 사업장은 사업(영리, 비영리 불문)을 영위하기 위해 사용하는 일체의 공간을 의미하는 것으로 공장, 사무소, 점포, 공사현장 등을 모두 사업장이라 할 수 있다.

③ '상시 5명'이란 상시고용상태에 있는 근로자가 5명 이상이라는 의미로 상시 근로자의 수에는 사용근로자와 일용직 단기 근로자, 동거 친족 근로자, 외국인 근로자를 모두 포함한다. 그러나 파견근로자나 사내도급근로자는 제외한다.

(2) 일부적용

영세사업자의 부담을 고려하여, 상시 4명 이하의 근로자를 사용하는 사업(장)에 대하여는 재해보상 규정을 포함한 법의 일부를 적용한다.

(3) 적용제외 대상

① 동거하는 친속만을 사용하는 사업 또는 사업장

근로자가 모두 친족인 경우에는 지배종속관계가 아니므로 사생활보호를 고려하여 법적용을 제외한다.

② 가사사용인

사업자의 가사에만 종사하므로 사생활보호를 고려하여 법적용을 제외한다.

3. 「근로기준법」상 용어(제2조)

이 법에서 사용하는 용어의 뜻은 다음과 같다.

(1) 근로자

직업의 종류와 관계없이 임금을 목적으로 사업이나 사업장에 근로를 제공하는 사람을 말한다.

(2) 사용자

사업주 또는 사업 경영 담당자, 그 밖에 근로자에 관한 사항에 대하여 사업주를 위하여 행위하는 자를 말한다.

(3) 근 로

정신노동과 육체노동을 말한다.

(4) 근로계약

근로자가 사용자에게 근로를 제공하고 사용자는 이에 대하여 임금을 지급하는 것을 목적으로 체결된 계약을 말한다.

(5) 임 금

사용자가 근로의 대가로 근로자에게 임금, 봉급, 그 밖에 어떠한 명칭으로든지 지급하는 모든 금품을 말한다.

(6) 평균임금

이를 산정하여야 할 사유가 발생한 날 이전 3개월 동안에 그 근로자에게 지급된 임금의 총액을 그 기간의 총일수로 나눈 금액을 말한다. 근로자가 취업한 후 3개월 미만인 경우도 이에 준한다.

(7) 소정(所定)근로시간

근로시간의 범위에서 근로자와 사용자 사이에 정한 근로시간을 말한다.

(8) 단시간 근로자

1주 동안의 소정근로시간이 그 사업장에서 같은 종류의 업무에 종사하는 통상 근로자의 1주 동안의 소정근로시간에 비하여 짧은 근로자를 말한다.

Theme 3 「근로기준법」상 재해보상 규정

1. 요양보상

(1) 의 의

근로자가 업무상 부상 또는 질병(이하 '재해'라 함)에 걸리면 사용자는 그 비용으로 필요한 요양을 행하거나 필요한 요양비를 부담하여야 한다. 요양보상은 매월 1회 이상 하여야 한다.

> **저자의 TIP**
>
> 재해보상 규정은 「근로기준법」 제8장(재해보상)에 규정되어 있다.

(2) 범 위

① 진 찰

② 약제 또는 진료 재료의 지급

③ 인공팔다리 또는 그 밖의 보조기의 지급

④ 처치, 수술, 그 밖의 치료비

⑤ 입 원

⑥ 간 병

⑦ 이 송

(3) 산재보험 요양급여와의 차이

「산재보험법」상 요양급여는 3일 이내의 요양으로 치유될 수 있는 경우 지급되지 않는다.

2. 휴업보상

(1) 의 의

요양 중에 있는 근로자에게 매월 1회 이상 하여야 한다.

① 평균임금 × 60%

② 해당 기간에 대하여 임금의 일부를 받은 경우에는 '(평균임금 – 지급액) × 60%'

(2) 산재보험 휴업급여와의 차이

산재보험 휴업급여의 특징은 다음과 같다.

① 평균임금 × 70%

② 근로자의 중과실이어도 보상한다.

③ 휴업기간이 3일 이내일 경우 지급하지 않는다.

3. 장해보상

(1) 의 의

① 평균임금 × 장해등급에 해당하는 일수

② 기왕장해가 있을시 '(심해진 장해등급 일수 − 기존장해등급 일수) × 평균임금'

③ 「근로기준법」상 '신체장해의 등급'에 해당하지 않을 경우에는 그 정도에 따라 등급표에 준하여 장해보상을 한다.

(2) 산재보험 장해급여와의 차이

산재보험 장해급여의 특징은 다음과 같다.

① 장해등급기준 금액이 더 높다.

② 근로자의 중과실이어도 보상한다.

(3) 휴업보상과 장해보상의 예외

근로자가 중대한 과실로 업무상 재해를 입고 사용자가 그 과실에 대하여 노동위원회의 인정을 받을 경우 휴업보상과 장해보상을 하지 않는다.

4. 유족보상

(1) 의 의

평균임금 × 1,000일. 업무상 재해로 인한 사망시 지체 없이 유족에게 보상한다.

(2) 산재보험 유족급여와의 차이

산재보험 유족급여의 특징은 다음과 같다.

① 평균임금 × 1,300일

② '사망의 추정'에 대하여 「민법」의 실종선고, 인정사망을 적용하는 「근로기준법」과 달리, 「산재보험법」은 아래와 같은 구체적 기준을 마련하고 있다.

심화학습　　「산재보험법」 제39조(사망의 추정)

① 사고가 발생한 선박 또는 항공기에 있던 근로자의 생사가 밝혀지지 아니하거나 항행(航行) 중인 선박 또는 항공기에 있던 근로자가 행방불명 또는 그 밖의 사유로 그 생사가 밝혀지지 아니하면 대통령령으로 정하는 바에 따라 사망한 것으로 추정하고, 유족급여와 장례비에 관한 규정을 적용한다.

② 공단은 제1항에 따른 사망의 추정으로 보험급여를 지급한 후에 그 근로자의 생존이 확인되면 그 급여를 받은 사람이 선의(善意)인 경우에는 받은 금액을, 악의(惡意)인 경우에는 받은 금액의 2배에 해당하는 금액을 징수하여야 한다.

---

5. 장례비

(1) 의 의

① 평균임금×90일

② 일반적으로 유족에게 지체 없이 지급된다. 그러나 장례의식을 위해 지출되는 실비변상적인 성질도 가지고 있어, 유족이 아니라고 해도 실제 장례를 치르고 그 경비를 부담하는 사람에게 지급할 수 있다.

(2) 산재보험 장례비와의 차이

산재보험 장례비의 특징은 다음과 같다.

① 평균임금×120일

② 유족이 아닐 경우 120일분 한도 내에서 실제비용을 지급한다.

③ 장례비가 고용노동부장관이 고시하는 최고 금액을 초과하거나 최저 금액에 미달하면 그 최고 금액 또는 최저 금액을 각각 장례비로 한다.

6. 일시보상

(1) 의 의

근로자의 요양이 2년 이상 지속될 경우 평균임금×1,340일분의 일시보상을 한 후, 「근로기준법」의 모든 보상책임을 면할 수 있다. 그러나 「민법」에 따른 손해배상책임(사용자책임)까지 면하는 것은 아니다.

(2) 산재보험과의 차이

산재보험에는 일시보상 조항이 없다.

7. 분할보상과 보상청구권

(1) 분할보상

사용자는 지급능력이 있는 것을 증명하고, 보상을 받는 사람의 동의를 받으면 장해보상, 유족보상, 일시보상에 따른 보상금을 1년에 걸쳐 분할보상 할 수 있다.

(2) 보상청구권

보상을 받을 권리는 퇴직으로 인하여 변경되지 아니하고, 양도나 압류하지 못한다.

8. 다른 손해배상과의 관계

보상을 받게 될 사람이 동일한 사유에 대하여 「민법」이나 그 밖의 법령에 따라 「근로기준법」의 재해 보상에 상당한 금품을 받으면 그 가액의 한도에서 사용자는 보상의 책임을 면한다. 정신적인 위자료 는 「근로기준법」상 재해보상 범위에 속하지 않는다.

근로자의 고의 · 중과실

1. 관계법령상 고의 · 중과실

(1) 「근로기준법」상 근로자의 중과실

「근로기준법」은 사용자(사업주)의 무과실책임이 적용된다. 그러나 「근로기준법」 제81조 '휴업보상과 장해보상의 예외'는 '근로자가 중대한 과실로 업무상 부상 또는 질병에 걸리고 또한 사용자가 그 과실에 대하여 노동위원회의 인정을 받으면 휴업보상이나 장해보상을 하지 아니하여도 된다'라고 정하고 있다.

(2) 「산재보험법」상 근로자의 고의

「산재보험법」 역시 사업주의 무과실책임이 적용된다. 그러나 「산재보험법」 제37조 제2항은 '근로자의 고의 · 자해행위나 범죄행위 또는 그것이 원인이 되어 발생한 부상 · 질병 · 장해 또는 사망은 업무상의 재해로 보지 아니한다. 다만, 그 부상 · 질병 · 장해 또는 사망이 정상적인 인식능력 등이 뚜렷하게 낮아진 상태에서 한 행위로 발생한 경우로서 대통령령으로 정하는 사유가 있으면 업무상의 재해로 본다'라고 정하고 있다.

(3) 「선원법」과 근로자의 고의

「선원법」상 재해보상도 선박소유자의 무과실책임이 적용된다. 그러나 요양보상과 유족보상의 경우, 선원의 고의에 의한 부상이나 질병에 대하여 선박소유자가 선원노동위원회의 인정을 받아 보상하지 않을 수 있다.

(4) 「민법」과 근로자의 고의 · 과실

「민법」은 원칙적으로 과실책임주의에 의한다. 그러므로 근로자의 업무상 재해의 발생에 사용자의 고의 또는 과실이 없는 경우, 사용자가 민사상 손해배상책임을 부담하지 않는다.

2. 근재보험에서 근로자의 고의·중과실

(1) 보통약관의 면책사유

① 근로자의 고의 또는 범죄행위로 인하여 그 근로자가 입은 손해

② 근로자가 무면허운전 또는 음주운전 중에 그 근로자가 입은 손해

(2) 해외근재보험

보통약관이 적용된다. 따라서 휴업보상, 장해보상에 한하여 근로자의 중과실을 면책하는 「근로기준법」과 차이가 있다.

(3) 선원근재보험

보통약관이 적용된다. 따라서 요양보상, 유족보상에 한하여 근로자의 고의사고를 면책으로 하는 「선원법」의 보상기준과 차이가 있다.

(4) 사용자배상책임특약

사용자배상책임특약의 '보상하는 손해'에서는 '재해보상책임특약과 「산재보험법」에 의한 급부가 이루어진 경우에 한하여 보상한다'라고 정하고 있다.

① 국내근재보험

근로자의 고의·범죄행위는 「산재보험법」의 면책사유이므로 자동면책이고, 근로자의 음주·무면허로 인한 사고는 「산재보험법」상 지급사유에 해당하지만 근재보험에서는 보통약관의 면책사유에 해당한다.

② 해외근재·선원근재보험

근로자의 고의·범죄행위·음주 및 무면허로 인한 재해는 기초배상책임보험인 재해보상책임특약에서 면책이므로 초과배상책임보험인 사용자배상책임특약에서도 면책이다.

근재보험의 「민법」상 책임

1. 의 의

근로자의 업무상 재해가 '사용자 또는 제3자'의 고의 또는 과실로 인하여 발생한 경우의 책임을 말한다.

2. 사용자의 고의·과실에 따른 책임

(1) 안전배려의무(보호의무)의 위반(채무불이행책임)

① 의 의

법규에 명문화된 의무가 아닌 판례와 학설에 의해 인정되는 의무로서, 사용자는 업무 중 근로자의 권리가 침해되지 않도록 노력해야 한다.

② 입증책임

㉠ 근로자의 입증책임 : 손해배상청구를 위하여 본인의 손해가 사용자의 의무위반으로 비롯되었다는 것을 입증하여야 한다.

㉡ 사용자의 입증책임 : 의무가 존재하지 않았거나, 의무이행 조치를 구체적으로 시행했다는 사실 또는 근로자의 과실이나 불가항력에 의한 손해라는 것을 입증하여야 한다.

(2) 불법행위책임

사용자의 지배·관리 밖에서 사용자의 고의·과실에 의한 손해인 경우 주로 불법행위책임을 적용할 수 있다.

3. 제3자의 고의·과실에 따른 손해배상책임

(1) 동료 근로자의 고의·과실

① 불법행위책임

가해근로자는 피해근로자에게 불법행위책임을 부담한다.

② 사용자책임

사용자가 피용자의 선임 및 그 사무 감독에 상당한 주의를 한 것이 아니라면 가해근로자 행위에 대해 부진정연대책임을 진다. 피해근로자에게 손해를 배상한 사용자는 가해근로자에게 구상권을 행사할 수 있다.

(2) 일반 제3자의 고의·과실

사용자는 본인의 무과실일 경우에도 「근로기준법」과 「산재보험법」에 따라 근로자의 업무상 재해에 대하여 보상책임을 진다. 피해근로자에게 손해를 배상한 사용자는 가해자인 제3자에게 구상권을 행사할 수 있다.

4. 「근로기준법」상 책임과의 관계

(1) 상호보완적 관계

① 「근로기준법」에서는 근로자가 동일한 사유로 타 법령에 따라 재해보상에 대한 금품을 받게 되면 그 가액의 한도 내에서 사용자는 보상책임을 면한다.

② 「민법」에서는 근로자의 손해가 「근로기준법」상 재해보상을 초과하는 경우 별도로 사용자에게 민사상 손해배상책임을 요구할 수 있다.

(2) 차이점

① 위자료

「근로기준법」상 재해보상에서는 위자료를 포함하지 않는다.

② 손해배상청구 요건

「근로기준법」은 사용자로서의 무과실책임주의를 따르며, 민사상 책임은 과실책임주의를 따른다.

Theme 6 「산업재해보상보험법」

1. 개 요

(1) 의 의

국가가 직접 운영하는 사회보험이며, 상시근로자 1인 이상 모든 국내사업장이 가입한다.

(2) 적용제외 대상

① 「공무원 재해보상법」 또는 「군인 재해보상법」에 따라 재해보상이 되는 사업. 다만, 「공무원 재해보상법」 제60조에 따라 순직유족급여 또는 위험직무순직유족급여에 관한 규정을 적용받는 경우는 제외한다.

② 「선원법」, 「어선원 및 어선 재해보상보험법」 또는 「사립학교교직원 연금법」에 따라 재해보상이 되는 사업

③ 가구내 고용활동

④ 농업, 임업(벌목업은 제외), 어업 및 수렵업 중 법인이 아닌 자의 사업으로서 상시근로자 수가 5명 미만인 사업

(3) 보험료 납부의무

① 산업재해보상보험료는 사업주가 전액 부담한다.

② 국민연금보험료·고용보험료·건강보험료(장기요양보험료)는 사업주와 직원이 1/2씩 부담한다.

2. 가입자·수급권자

(1) 가입자

① 당연가입

「산재보험법」의 적용을 받는 사업의 사업주가 가입자이다.

② 임의가입

「산재보험법」의 적용을 받지 않는 사업의 사업주는 근로복지공단의 승인을 받아 가입 가능하다.

③ 의제가입

㉠ 당연가입자가 사업규모의 변동 등으로 인해 적용제외 사업에 해당하게 될 경우, 그 날로부터 임의 가입한 것으로 본다.

㉡ 당연·임의 가입자가 그 사업의 운영 중에 근로자를 고용하지 않게 된 경우에는 그 날부터 1년의 범위 안에서 근로자를 사용하지 않은 기간 동안에도 산재보험에 가입한 것으로 본다.

(2) 수급권자

산재보험이 가입된 사업(장)에서 업무상 재해를 당한 근로자

3. 용어(산재보험법 제5조)

(1) 유 족

사망한 사람의 배우자(사실혼 관계 포함), 자녀, 부모, 손자녀, 조부모, 형제자매

(2) 치 유

부상 또는 질병이 완치되거나 치료의 효과를 더 이상 기대할 수 없고 그 증상이 고정된 상태

(3) 장 해

부상 또는 질병이 치유되었으나 정신적 또는 육체적 훼손으로 인하여 노동능력이 상실 또는 감소된
상태

(4) 중증요양상태

업무상의 부상 또는 질병에 따른 정신적 또는 육체적 훼손으로 노동능력이 상실되거나 감소된 상태
로 그 부상 또는 질병이 치유되지 않은 상태

(5) 진 폐

분진을 흡입하여 폐에 생기는 섬유증식성 변화를 주된 증상으로 하는 질병

4. 심사청구 및 소송

(1) 방 법

근로자가 「산재보험법」상 보험급여에 이의가 있는 경우에는 근로복지공단의 산재보험 심사위원회
에 심사청구하거나, 이후 재심사위원회에 재심사를 청구할 수도 있다. 심사·재심사와 관련한 결정
은 행정처분의 효력을 가지며, 근로자는 심사 등을 거치지 않고 행정법원을 통하여 행정소송을 제기
할 수도 있다.

(2) 「근로기준법」과의 비교

「근로기준법」의 경우 사용자에 의하여 재해보상이 이루어지지 않을 경우 벌칙의 대상이며, 근로자가
보상 여부의 결정 및 보상수준 등에 이의가 있는 경우 고용노동부장관, 노동위원회의 심사·중재를
통하여 불복할 수 있다. 「근로기준법」상 심사·중재는 법적인 구속력이 없으며, 행정처분에도 해당
하지 않는 단순한 권고사항일 뿐이다.

5. 특 례

(1) 국외사업에 대한 특례

「산재보험법」에 따라 국외보험사업(해외근재보험)을 지정받은 보험회사는 자기의 계산으로 보험사업을 영위할 수 있다.

(2) 해외파견자에 대한 특례

공단에 보험가입 신청을 하여 승인을 받으면 「산재보험법」의 적용이 가능하다.

(3) 현장실습생에 대한 특례

「산재보험법」 적용 사업(장)에서 현장실습을 하고 있는 학생 및 직업훈련생 중 고용노동부장관이 정하는 현장실습생은 「산재보험법」을 적용함에 있어 그 사업(장)의 근로자로 보아, 그 현장실습생이 실습과 관련하여 입은 재해는 업무상의 재해로 인정한다.

(4) 중·소기업 사업주 등에 대한 특례

① 중·소기업 사업주(근로자를 사용하지 아니하는 자를 포함)는 공단의 승인을 받아 자기 또는 유족을 보험급여를 받을 수 있는 사람으로 하여 보험에 가입할 수 있다.

② 중·소기업 사업주의 배우자(사실상 혼인관계에 있는 사람을 포함) 또는 4촌 이내의 친족으로서 대통령령으로 정하는 요건을 갖추어 해당 사업에 노무를 제공하는 사람은 공단의 승인을 받아 보험에 가입할 수 있다.

③ 중·소기업 사업주 및 중·소기업 사업주의 배우자 또는 4촌 이내의 친족(이하 "중·소기업 사업주 등"이라 한다)은 「산재보험법」을 적용할 때에는 근로자로 본다.

(5) 특수형태근로종사자에 대한 특례

본 특례의 적용을 받은 보험설계사, 학습지교사 등의 근로자와 유사한 지위에 있는 자를 사용하는 사업은 「산재보험법」에 의한 사업으로 보고, 사업자와 근로자가 각각 보험료의 1/2씩 부담한다. 다만, 해당 근로자가 적용제외 신청을 한 경우에는 그러하지 아니하다.

(6) 기초생활수급자에 대한 특례

국민기초생활수급자가 국가 및 지방자치단체가 실시하는 자활사업에 의무적으로 참여하던 중에 재해를 입은 경우 「산재보험법」을 적용한 근로자로 간주하여 보상한다.

6. 「근로기준법」과의 관계

(1) 상호병존

산재보험에 의한 보상을 받을 경우, 보험가입자는 그 한도 내에서 「근로기준법」상의 보상책임을 면한다.

(2) 보험급여 차이

「근로기준법」상의 내용과 거의 비슷하나, 일시보상 대신 상병보상연금이 규정되어 있는 점, 특별급여제도가 있는 점 등이 다르다.

7. 근재보험과의 관계

(1) 근재보험의 적용

근재보험과 산재보험 모두 각각 타 법령에 따라 재해보상을 받을 경우 그 한도 내에서 책임을 면한다고 규정하고 있으므로 상호보완적 관계에 있다. 만약 재해보상 사유가 중복될 경우, 산재보험의 강제성을 이유로 산재보험의 선보상을 인정한 판례가 있다.

(2) 사용자배상책임특약의 적용

사용자배상책임특약은 '재해보상책임특약 및 재해보상 관련법령'에 따라 보상되는 재해보상금액을 초과하여 피보험자가 법률상 손해배상책임을 부담함으로써 입은 손해를 보상한다. 따라서 특별법에 따른 「산재보험법」 적용제외 사업의 경우에도 해당 특별법에 따라 재해보상이 이루어진 경우에는 사용자배상책임특약의 담보대상이 된다. 그러나 중소기업사업자나 기초생활수급자의 경우 특례를 통해 산재보험에서 보상을 받을 수 있을 뿐이지 약관상 근로자에는 해당하지 않기 때문에 사용자배상책임특약의 담보대상이 아니다.

Theme 7 「선원법」상 재해보상규정

1. 서 론

「선원법」제10장 '재해보상'은 선원의 재해에 대하여 보상할 책임을 정하고 있다. 다만, 별도 약정이 있는 경우에는 그에 따른다. 「선원법」상 재해보상은 요양보상, 상병보상, 장해보상, 일시보상, 유족보상, 장제비, 행방불명보상, 소지품 유실보상이 있다.

2. 재해보상 규정

(1) 요양보상(제94조)

① 직무상 사고

선박소유자는 직무상 부상을 당하거나 질병에 걸린 경우(이하 "재해"라 함)에는 그 부상이 치유될 때까지 선박소유자의 비용으로 요양을 시키거나 요양에 필요한 비용을 지급하여야 한다. '직무상'은 직무수행성, 직무기인성을 그 요건으로 한다. 직무상 질병의 범위는 「근로기준법 시행령」 제44조 '업무상 질병의 범위'를 따른다(선원법 시행령 제24조).

② 직무외 사고

선박소유자는 선원이 승무(기항지에서의 상륙기간, 승선ㆍ하선에 수반되는 여행기간을 포함) 중 직무외 원인에 의하여 재해를 입었을 경우 다음에 따라 요양에 필요한 3개월 범위의 비용을 지급하여야 한다.

㉠ 선원이 「국민건강보험법」에 따른 요양급여의 대상이 되는 재해를 입었을 경우에는 동법 제44조에 따라 요양을 받는 선원의 '본인부담액'에 해당하는 비용을 지급하여야 하고, 동법에 따른 요양급여의 대상이 되지 아니하는 재해를 입었을 경우에는 그 선원의 요양에 필요한 비용을 지급하여야 한다.

㉡ 국제항해에 종사하는 선박에 승무하는 선원이 재해를 입어 승무 중 치료받는 경우에는 ㉠에도 불구하고 그 선원의 요양에 필요한 비용을 지급하여야 한다.

③ 비용을 부담하지 않는 경우

선박소유자는 '직무외 사고'에도 불구하고 선원의 고의에 의한 재해에 대하여는 선원노동위원회의 인정을 받을 경우 그 비용을 부담하지 아니할 수 있다.

④ 요양의 범위(제95조)

㉠ 진 찰

㉡ 약제나 치료재료와 의지 및 그 밖의 보철구 지급

㉢ 수술 및 그 밖의 치료

㉣ 병원, 진료소 및 그 밖에 치료에 필요한 자택 외의 장소에 수용(식사제공을 포함)

㉤ 간 병

(ㅂ) 이송 : 기존 재해보상책임특약과 같다. 「선원법」에서 정하는 이송비에는 동행간호인의 비용
　　　이 포함되지만 선원근재보험은 호송인에 대한 비용은 일체 지급하지 않는다.

　　(ㅅ) 통원치료에 필요한 교통비

⑤ '요양보상의 특례' 조항

　요양보상액을 조정하고 있다.

⑥ 비업무상 재해확장 추가특약

　비업무상 재해를 보상하고 있다.

(2) 상병보상(제96조)

① 직무상 사고

　　㉠ 4개월의 범위 내에서 매월 1회 통상임금을 지급한다.

　　㉡ 4개월 후에는 요양종료시까지 매월 1회 통상임금×70%의 금액을 지급한다.

② 직무외 사고

　3개월의 범위 내에서 매월 1회 통상임금×70%의 금액을 지급한다.

(3) 장해보상(제97조)

선원이 직무상 재해로 치유 후에도 신체에 장해가 남는 경우, 선박소유자는 지체 없이 '산재보험법
장해등급 일수×승선평균임금'의 금액을 보상한다.

(4) 일시보상(제98조)

선박소유자는 직무상 사고로 요양보상, 상병보상을 받고 있는 선원이 2년이 지나도 요양이 종료되지
않을 경우, 「산재보험법」 장해등급 1급에 상당하는 금액을 선원에게 일시지급함으로써 요양보상,
상병보상, 장해보상에 따른 보상책임을 면할 수 있다(근로기준법상 일시보상은 근기법상 모든 재해
보상책임을 면할 수 있다).

(5) 유족보상(제99조)

「산재보험법」은 '사망의 추정'에 대하여 정하고 있으나, 「선원법」에서는 별도로 정한바 없으므로
「민법」에 따라 적용한다. 예를 들어 「선원법」은 근로자의 사망이 추정되는 경우 「민법」 제27조,
제28조에 따른 '실종의 신고'나 「가족관계등록법」 제87조에 따른 '인정사망(재난 등으로 인한 사망)'
이 적용되므로 산재보험과 사망의 인정시점이 달라질 수 있다.

① 직무상 사망

　지체 없이 대통령령으로 정하는 유족에게 '승선평균임금 1,300일분'에 상당하는 금액을 보상
한다.

② 직무외 사망

　'승선평균임금 1,000일분'에 상당하는 금액을 보상하여야 한다. 다만, 사망원인이 선원의 고의에
의한 경우로서 선박소유자가 선원노동위원회의 인정을 받은 경우에는 그러하지 아니하다.

(6) 장제비(제100조)

'승선평균임금×120일분'에 상당하는 금액을 장제비로 지급하여야 한다. 장제비를 지급하여야 할 유족이 없는 경우에는 실제로 장제를 한 자에게 장제비를 지급하여야 한다.

(7) 행방불명보상(제101조)

① 선원이 해상에서 행방불명된 경우, 대통령령으로 정하는 피부양자에게 '통상임금 1개월분'과 '승선평균임금의 3개월분'에 상당하는 금액의 행방불명보상을 하여야 한다.

② 행방불명기간이 1개월을 지났을 때에는 유족보상 및 장제비를 지급한다.

③ 해상에서의 의미는 기본적으로 선박이 운항(항해) 중인 상황을 의미하지만, 운항 중 해상·항구 정박을 포함한 일체의 승선 중 상황으로 볼 수 있어 각 사건별로 구체적인 사실관계에 따라 판단하여야 할 것이다.

(8) 소지품 유실보상(제102조)

선박소유자는 선원이 승선하고 있는 동안 해양사고로 소지품을 잃어버린 경우에는 통상임금의 2개월분의 범위 내에서 그 잃어버린 소지품의 가액에 상당하는 금액을 보상하여야 한다.

(9) 다른 법률과의 관계

행방불명보상과 소지품 유실보상은 육상근로자가 적용받는 「근로기준법」과 「산재보험법」에는 없는 매우 독특한 보상제도로서, 재해를 입은 선원의 가족의 정신적 손해와 경제적 손해에 대한 위로금의 일종으로 보상하는 것이다.

(10) 다른 급여와의 관계(제103조)

당해 규정에 따라 재해보상을 받을 권리가 있는 자가 그 재해보상을 받을 수 있는 같은 사유로 「민법」이나 그 밖의 법령에 따라 「선원법」에 따른 재해보상에 상당하는 급여를 받았을 때에는 선박소유자는 그 가액의 범위에서 「선원법」에 따른 재해보상의 책임을 면한다.

1. 근로자의 정의

임금을 목적으로 노무를 제공하는 자로서 근로계약을 체결하고 업무수행에 있어 사용자의 지휘, 감독을 받는 종속적 지위에 있는 자를 근로자라 한다.

2. 종속적 지위에 대한 판단기준

① 사용자가 정한 업무와 규정을 행하고, ② 그 과정에서 사용자의 지휘·감독을 받으며, ③ 근로제공 관계의 계속성과 전속성 유무, ④ 법령상 근로자에 해당하는지 등을 종합적으로 고려하여 판단한다.

3. 근로자 여부에 대한 판단

구 분	근로자 인정 여부	예외 조건
도급계약의 수급인, 위탁계약의 수임인(법인대표, 업무집행사원 등 포함), 임가공자 등	원칙 : × 예외 : ○	실질적으로 지휘, 감독을 받으며 보수나 임금을 받는지가 중요하다.
일용근로자	원칙 : × 예외 : ○	일급을 받고 노무를 제공하는 자를 말하며, 그 노무 제공이 계속적·반복적인 계약관계이면 인정한다.
실습생	×	교육을 위한 위탁관계이므로 근로자가 아니다.
아르바이트생	○	–
연예인	○	전속계약을 맺고 출연료를 받는 관계이면 근로자로 보아야 한다.
공동사업자	원칙 : × 예외 : ○	원칙적으로는 사용자이다. 그러나 다른 사업자의 지휘, 감독을 받고 보수를 받는 경우에는 근로자로 인정할 수 있다.
불법취업근로자	○	입국은 불법이지만 근로자에 해당한다.
학습지 상담교사, 골프장캐디, 학원강사, 유흥접대부, 보험모집인	×	–

특수형태근로종사자

1. 의 의

① 보험설계사, 학습지교사 등과 같이 사용자에게 완벽히 종속되지 않고 업무를 수행하는 근로자와 유사한 지위에 있는 자를 말하다.

② 「근로기준법」의 경우 근로자로 인정하고 있지 않으며, 「산재보험법」의 경우 일정한 조건하에서 인정하고 있다.

2. 「산재보험법」상 특수형태근로종사자

(1) 특수형태근로종사자의 정의(제125조 제1항 특수형태근로종사자에 대한 특례)

계약의 형식에 관계없이 근로자와 유사하게 노무를 제공함에도 「근로기준법」 등이 적용되지 아니하여 업무상의 재해로부터 보호할 필요가 있는 사람으로서 다음의 모두에 해당하는 사람 중 대통령령으로 정하는 직종에 종사하는 자(이하 "특수형태근로종사자"라 한다)의 노무(勞務)를 제공받는 사업은 제6조(적용범위)에도 불구하고 「산재보험법」의 적용을 받는 사업으로 본다.

① 주로 하나의 사업에 그 운영에 필요한 노무를 상시적으로 제공하고 보수를 받아 생활할 것

② 노무를 제공함에 있어서 타인을 사용하지 아니할 것

(2) 범 위

① 보험을 모집하는 사람

    ㉠ 보험설계사

    ㉡ 우체국보험의 모집을 전업으로 하는 사람

② 건설기계를 직접 운전하는 사람

③ 학습지 방문강사, 교육 교구 방문강사 등 회원의 가정 등을 직접 방문하여 아동이나 학생 등을 가르치는 사람

④ 골프장에서 골프경기를 보조하는 골프장캐디

⑤ 택배사업에서 집화 또는 배송 업무를 하는 택배원

⑥ 퀵서비스업자로부터 업무를 의뢰받아 배송 업무를 하는 사람

⑦ 대출모집인

⑧ 신용카드회원 모집인

⑨ 대리운전업자로부터 업무를 의뢰받아 대리운전 업무를 하는 사람

⑩ 방문판매원 또는 후원방문판매원으로서 고용노동부장관이 정하는 기준에 따라 상시적으로 방문판매업무를 하는 사람

⑪ 대여 제품 방문점검원

⑫ 가전제품 설치 및 수리원으로서 가전제품을 배송, 설치 및 시운전하여 작동상태를 확인하는 사람

⑬ 화물차주로서 다음의 어느 하나에 해당하는 사람

    ㉠ 안전운임이 적용되는 수출입 컨테이너를 운송하는 사람

    ㉡ 안전운임이 적용되는 시멘트를 운송하는 사람

    ㉢ 피견인자동차 또는 일반형 화물자동차로 안전운송원가가 적용되는 철강재를 운송하는 사람

    ㉣ 일반형 화물자동차 또는 특수용도형 화물자동차로 위험물질을 운송하는 사람

(3) 「산재보험법」의 적용과 적용제외

① 특수형태근로자는 「산재보험법」이 적용될 경우(사업자와 각각 보험료의 1/2를 분담하여 납입함으로써 가입한 경우) 그 사업의 근로자로 본다. 그러나 특수형태근로종사자가 법의 적용제외 신청을 한 경우에는 근로자에 해당하지 않는다.

② 특수형태근로종사자가 다음의 어느 하나의 사유(이하 "적용제외 사유"라 한다)에 해당하는 경우에는 특수형태근로종사자 또는 사업주는 보험료징수법으로 정하는 바에 따라 공단에 「산재보험법」의 적용제외를 신청할 수 있다.

    ㉠ 특수형태근로종사자가 부상·질병, 임신·출산·육아로 1개월 이상 휴업하는 경우

    ㉡ 사업주의 귀책사유에 따라 특수형태근로종사자가 1개월 이상 휴업하는 경우

    ㉢ 그 밖에 ㉠ 또는 ㉡에 준하는 사유로서 대통령령으로 정하는 경우

③ 특수형태근로종사자 또는 사업주가 「산재보험법」의 적용제외를 신청하여 공단이 이를 승인한 경우에는 신청한 날의 다음 날부터 「산재보험법」을 적용하지 아니한다.

④ 「산재보험법」의 적용을 받지 아니하는 사람이 적용제외 사유에 해당하지 아니하게 된 경우에는 해당 사유가 소멸한 날부터 「산재보험법」을 적용한다. 이 경우 특수형태근로종사자 또는 사업주는 「보험료징수법」으로 정하는 바에 따라 공단에 적용제외 사유의 소멸 사실을 알려야 한다.

(4) 업무상 재해의 인정

특수형태근로종사자에 대한 업무상 재해의 인정은 「산재보험법」상 근로자에 대한 업무상 재해의 인정기준과 같다.

3. 근재보험에서의 특수형태근로종사자

약관상 근로자란 '「근로기준법」 적용 근로자(단, 「산재보험법」 제125조의 특수형태근로자로서 이 법의 적용을 받는 자 포함)'라고 명시하고 있다.

Theme 10 　업무상 재해

1. 의 의

근재보험의 담보요건으로서 업무행위로 인한 근로자의 부상, 질병, 장해 또는 사망을 말한다.

2. 업 무

사업주의 지휘, 감독하에 근로자가 본래 행하여야 할 업무로서 구체적인 내용은 근로계약이나, 취업규칙, 사업장내 관행, 관습 등으로 정한다. 또한 본래 담당업무 이외에 아래와 같은 행위도 포함한다.

① 담당업무의 개시, 수행을 위해 필요한 행위와 부수 행위(음료수 마시는 행위 포함)

② 관습상 또는 객관적으로 업무의 일부인 행위(심부름 포함)

③ 사업 경영상 필요한 행위(회사 대표로 대외경기 출전 포함)

3. 업무상 재해의 판단

(1) 업무수행성

근로자가 사용자의 지휘, 통제하에서 업무를 수행하는 것으로, 대체로 업무수행성이 인정되면 업무기인성도 인정된다.

(2) 업무기인성

업무와 재해로 인한 상병 사이에 상당인과관계가 성립되는지 여부를 말한다.

(3) 「산재보험법」상 기준

① 업무상 재해의 인정기준

근로자가 다음의 어느 하나에 해당하는 사유로 부상, 질병, 장해, 사망이 발생하였을 경우 업무상 재해로 본다. 다만, 업무와 재해 사이에 상당인과관계가 없는 경우에는 그러하지 아니하다.

㉠ 업무상 사고

• 근로자가 근로계약에 따른 업무나 그에 따르는 행위를 하던 중 발생한 사고

• 사업주가 제공한 시설물 등을 이용하던 중 그 시설물 등의 결함이나 관리소홀로 발생한 사고

• 사업주 주관 또는 지시에 의해 참여한 행사 또는 행사준비 중 발생한 사고

• 휴게시간 중 사업주의 지배관리하에 있다고 볼 수 있는 행위로 발생한 사고

• 그 밖에 업무와 관련하여 발생한 사고

ⓛ 업무상 질병
- 업무수행 과정에서 물리적 인자(因子), 화학물질, 분진, 병원체, 신체에 부담을 주는 업무 등 근로자의 건강에 장해를 일으킬 수 있는 요인을 취급하거나 그에 노출되어 발생한 질병
- 업무상 부상이 원인이 되어 발생한 질병
- 직장내 괴롭힘, 고객의 폭언 등으로 인한 업무상 정신적 스트레스가 원인이 되어 발생한 질병
- 그 밖에 업무와 관련하여 발생한 질병

ⓒ 출퇴근 재해
- 사업주가 제공한 교통수단이나 그에 준하는 교통수단을 이용하는 등 사업주의 지배관리하에서 출퇴근하는 중 발생한 사고
- 그 밖에 통상적인 경로와 방법으로 출퇴근하는 중 발생한 사고

② 업무상 재해의 불인정
ⓞ 근로자의 고의·자해행위나 범죄행위 또는 그것이 원인이 되어 발생한 부상·질병·장해 또는 사망은 업무상의 재해로 보지 아니한다. 다만, 그 부상·질병·장해 또는 사망이 정상적인 인식능력 등이 뚜렷하게 낮아진 상태에서 한 행위로 발생한 경우로서 대통령령으로 정하는 사유가 있으면 업무상의 재해로 본다.
ⓛ 출퇴근 경로 일탈 또는 중단이 있는 경우에는 해당 일탈 또는 중단 중의 사고 및 그 후의 이동 중의 사고에 대하여는 출퇴근 재해로 보지 아니한다. 다만, 일탈 또는 중단이 일상생활에 필요한 행위로서 대통령령으로 정하는 사유가 있는 경우에는 출퇴근 재해로 본다.
ⓒ 출퇴근 경로와 방법이 일정하지 아니한 직종으로 대통령령으로 정하는 경우에는 출퇴근 재해를 적용하지 아니한다.

4. 구체적 예

(1) 업무수행 중의 사고

① 근로자가 다음의 어느 하나에 해당하는 행위를 하던 중에 발생한 사고는 업무상 사고로 본다.
ⓞ 근로계약에 따른 업무수행 행위
ⓛ 업무수행 과정에서 하는 용변 등 생리적 필요 행위
ⓒ 업무를 준비하거나 마무리하는 행위, 그 밖에 업무에 따르는 필요적 부수행위
ⓔ 천재지변·화재 등 사업장 내에 발생한 돌발적인 사고에 따른 긴급피난·구조행위 등 사회통념상 예견되는 행위
② 근로자가 사업주의 지시를 받아 사업장 밖에서 업무를 수행하던 중에 발생한 사고는 업무상 사고로 본다. 다만, 사업주의 구체적인 지시를 위반한 행위, 근로자의 사적(私的) 행위 또는 정상적인 출장 경로를 벗어났을 때 발생한 사고는 업무상 사고로 보지 않는다.
③ 업무의 성질상 업무수행 장소가 정해져 있지 않은 근로자가 최초로 업무수행 장소에 도착하여 업무를 시작한 때부터 최후로 업무를 완수한 후 퇴근하기 전까지 업무와 관련하여 발생한 사고는 업무상 사고로 본다.

(2) 시설물 등의 결함 등에 따른 사고

① 사업주가 제공한 시설물, 장비 또는 차량 등(이하 "시설물 등"이라 한다)의 결함이나 사업주의 관리 소홀로 발생한 사고는 업무상 사고로 본다.

② 사업주가 제공한 시설물 등을 사업주의 구체적인 지시를 위반하여 이용한 행위로 발생한 사고와 그 시설물 등의 관리 또는 이용권이 근로자의 전속적 권한에 속하는 경우에 그 관리 또는 이용 중에 발생한 사고는 업무상 사고로 보지 않는다.

(3) 행사 중의 사고

운동경기·야유회·등산대회 등 각종 행사에 근로자가 참가하는 것이 사회통념상 노무관리 또는 사업운영상 필요하다고 인정되는 경우로서 다음의 어느 하나에 해당하는 경우에 근로자가 그 행사에 참가(행사 참가를 위한 준비·연습을 포함한다)하여 발생한 사고는 업무상 사고로 본다.

① 사업주가 행사에 참가한 근로자에 대하여 행사에 참가한 시간을 근무한 시간으로 인정하는 경우

② 사업주가 그 근로자에게 행사에 참가하도록 지시한 경우

③ 사전에 사업주의 승인을 받아 행사에 참가한 경우

④ 그 밖에 ①~③의 규정에 준하는 경우로서 사업주가 그 근로자의 행사 참가를 통상적·관례적으로 인정한 경우

(4) 특수한 장소에서의 사고

사회통념상 근로자가 사업장 내에서 할 수 있다고 인정되는 행위를 하던 중 태풍·홍수·지진·눈사태 등의 천재지변이나 돌발적인 사태로 발생한 사고는 근로자의 사적 행위, 업무 이탈 등 업무와 관계없는 행위를 하던 중에 사고가 발생한 것이 명백한 경우를 제외하고는 업무상 사고로 본다.

(5) 요양 중의 사고

업무상 부상 또는 질병으로 요양을 하고 있는 근로자에게 다음의 어느 하나에 해당하는 사고가 발생하면 업무상 사고로 본다.

① 요양급여와 관련하여 발생한 의료사고

② 요양 중인 산재보험 의료기관(산재보험 의료기관이 아닌 의료기관에서 응급진료 등을 받는 경우에는 그 의료기관을 말한다) 내에서 업무상 부상 또는 질병의 요양과 관련하여 발생한 사고

③ 업무상 부상 또는 질병의 치료를 위하여 거주지 또는 근무지에서 요양 중인 산재보험 의료기관으로 통원하는 과정에서 발생한 사고

(6) 제3자의 행위에 따른 사고

제3자의 행위로 근로자에게 사고가 발생한 경우에 그 근로자가 담당한 업무가 사회통념상 제3자의 가해행위를 유발할 수 있는 성질의 업무라고 인정되면 그 사고는 업무상 사고로 본다.

(7) 출퇴근 중의 사고

근로자가 출퇴근하던 중에 발생한 사고가 다음의 요건에 모두 해당하면 출퇴근 재해로 본다.

① 사업주가 출퇴근용으로 제공한 교통수단이나 사업주가 제공한 것으로 볼 수 있는 교통수단을 이용하던 중에 사고가 발생하였을 것

② 출퇴근용으로 이용한 교통수단의 관리 또는 이용권이 근로자 측의 전속적 권한에 속하지 아니하였을 것

Theme 11 업무상 질병

1. 의 의

업무행위로 인해 발생한 질병으로, ① 사고성 질병(재해로 인한)과 ② 직업성 질병으로 구분한다.

2. 「근로기준법」

「근로기준법」은 업무상 질병의 범위를 구체적으로 열거하고 있다(열거주의).

3. 「산재보험법」

(1) 직업성 질병(업무상 부상이 원인이 되지 않은 질병)

　① 의 의

　　업무수행 과정에서 물리적 인자, 화학물질, 분진, 병원체, 신체에 부담을 주는 업무 등 근로자의 건강에 장해를 일으킬 수 있는 요인을 취급하거나 그에 노출되어 발생한 질병이다.

　② 업무상 질병의 요건

　　근로자가 「근로기준법」의 업무상 질병의 범위에 속하는 질병에 걸린 경우(임신 중인 근로자가 유산・사산 또는 조산한 경우를 포함) 다음의 요건 모두에 해당하면 업무상 질병으로 본다.

　　㉠ 근로자가 업무수행 과정에서 유해・위험요인을 취급하거나 유해・위험요인에 노출된 경력이 있을 것

　　㉡ 유해・위험요인을 취급하거나 유해・위험요인에 노출되는 업무시간, 그 업무에 종사한 기간 및 업무 환경 등에 비추어 볼 때 근로자의 질병을 유발할 수 있다고 인정될 것

　　㉢ 근로자가 유해・위험요인에 노출되거나 유해・위험요인을 취급한 것이 원인이 되어 그 질병이 발생하였다고 의학적으로 인정될 것

(2) 업무상 부상이 원인이 되어 발생한 질병

　업무상 부상을 입은 근로자에게 발생한 질병이 다음의 요건 모두에 해당하면 업무상 질병으로 본다.

　① 업무상 부상과 질병 사이의 인과관계가 의학적으로 인정될 것

　② 기초질환 또는 기존 질병이 자연발생적으로 나타난 증상이 아닐 것

(3) 그 밖에 업무와 관련하여 발생한 질병

1. 의 의

사용자가 근로의 대가로 근로자에게 임금, 봉급, 그 밖에 어떠한 명칭으로든지 지급하는 일체의 금품을 말한다(근로기준법 제2조 제1항 제5호). 무상으로 제공되는 식사, 사택, 자사주식 등도 임금에 포함된다.

2. 근로의 대가성

근로의 대가가 아닌 일시적, 손해배상적 급여는 해당하지 않는다. 복리후생비의 경우 일률적, 계속적으로 지급된다면 임금에 포함된다(대법원 2013.12.18. 선고, 2012다89399, 전원합의체 판결).

3. 지급 관련 「근로기준법」 규정

(1) 제43조(임금 지급)

① 임금은 통화(通貨)로 직접 근로자에게 그 전액을 지급하여야 한다. 다만, 법령 또는 단체협약에 특별한 규정이 있는 경우에는 임금의 일부를 공제하거나 통화 이외의 것으로 지급할 수 있다.

② 임금은 매월 1회 이상 일정한 날짜를 정하여 지급하여야 한다. 다만, 임시로 지급하는 임금, 수당, 그 밖에 이에 준하는 것 또는 대통령령으로 정하는 임금에 대하여는 그러하지 아니하다.

(2) 제49조(임금의 시효)

「근로기준법」에 따른 임금채권은 3년간 행사하지 아니하면 시효로 소멸한다.

(3) 제68조(임금의 청구)

미성년자는 독자적으로 임금을 청구할 수 있다.

4. 임금채권의 우선변제(근로기준법 제38조)

임금, 재해보상금, 그 밖에 근로관계로 인한 채권은 사용자의 총 재산에 대하여 '질권·저당권 또는 동산·채권 등의 담보에 관한 법률에 따른 담보권에 따라 담보된 채권' 외에는 조세·공과금 및 다른 채권에 우선하여 변제되어야 한다. 다만, '질권·저당권 또는 동산·채권 등의 담보에 관한 법률에 따른 담보권에 따라 담보된 채권'에 우선하는 조세·공과금에 대하여는 그러하지 아니하다. 그럼에도 불구하고 ① 최종 3개월분의 임금, ② 재해보상금은 최우선적으로 변제되어야 한다.

1. 의 의

사용자가 근로자의 노동력에 대하여 정하는 가치액 또는 평가액으로서, 「근로기준법 시행령」 제6조 제1항에서 통상임금은 근로자에게 정기적이고 일률적으로 소정근로 또는 총근로에 대하여 지급하기로 정한 시간급·일급·주급·월급 금액 또는 도급 금액이라 정하고 있다. 평균임금이 실제로 지급된 임금이라면 통상임금은 소정근로시간에 대하여 지급하기로 정한 임금액이다.

2. 요 건

(1) 사용자에게 지급의무 존재

지급의무는 노동관행으로도 인정되면 충분하다.

(2) 정기적, 고정적, 일률적으로 지급

① 정기적

기존에는 1임금 산정기간(예 1월)을 기준으로 판단하였으나, 통상임금의 성질을 갖출 임금이 1개월을 넘는 기간마다 정기적으로 지급되었다면 그 지급주기가 1개월을 넘는다는 사정만으로는 통상임금에서 제외할 수는 없다(대법원 2014.8.28. 선고, 2013다74363, 판결). 예를 들어 체력단련비, 월동보조비, 고정상여금, 정기상여금 등도 통상임금에 해당할 수 있다(대법원 2012.3.29. 선고, 2010다91046, 판결).

② 고정적

'근로자가 제공한 근로에 대하여 그 업적, 성과 기타의 추가적인 조건과 관계없이 당연히 지급될 것이 확정되어 있는 성질'을 말하고, '고정적인 임금'은 임금의 명칭 여하를 불문하고 임의의 날에 소정근로시간을 근무한 근로자가 그 다음 날 퇴직한다 하더라도 그 하루의 근로에 대한 대가로 당연하고도 확정적으로 지급받게 되는 최소한의 임금'이다.

근로자가 소정근로를 제공하더라도 추가적인 조건을 충족하여야 지급되는 임금이나 그 조건 충족 여부에 따라 지급액이 변동되는 임금 부분은 고정성을 갖춘 것이라고 할 수 없다(대법원 2013.12.18. 선고, 2012다89399, 전원합의체 판결).

③ 일률적

모든 근로자에게 지급되는 것뿐만 아니라 '일정한 조건 또는 기준에 달한 모든 근로자'에게 지급되는 것도 포함한다(대법원 2005.9.9. 선고, 2004다41217, 판결). 그러므로 근속수당이 일정한 근로연수에 달한 자에게 근무성적과 관계없이 고정적으로 지급되는 것이라면 통상임금에 해당한다(대법원 2013.12.18. 선고, 2012다89399, 전원합의체 판결).

일정 범위의 모든 근로자에게 지급된 임금이 일률성을 갖추고 있는지 판단하는 잣대인 '일정한 조건 또는 기준'은 통상임금이 소정근로의 가치를 평가한 개념이라는 점을 고려할 때, 작업내용이나 기술, 경력 등과 같이 소정근로의 가치 평가와 관련된 조건이어야 한다(대법원 2013.12.18. 선고, 2012다89399, 전원합의체 판결).

(3) 포함과 불포함의 예

① 포함되는 급여

정기상여금의 경우 근로자에게 1개월을 초과하는 기간마다 정기적으로 지급되는 경우 통상임금에 포함된다.

② 포함되지 않는 급여

㉠ 연장근로수당, 야간수당 등(비정기적, 비일률적)

㉡ 명절휴가비, 하계휴가비, 김장보너스(비고정성) : 특정 시점에 재직 중인 근로자에게만 지급하는 경우 고정성 불충족. 다만, 퇴직자에게도 근무일수에 비례해 지급하는 경우에는 통상임금으로 볼 수 있다.

3. 통상임금의 용도

① 「근로기준법」에 따라 휴업수당, 해고예고수당, 연장·야간·휴일근로가산수당, 연차유급휴가수당 등의 지급에 대한 기초자료이다.

② 최저임금의 판단기준이다.

심화학습	「근로기준법」상 휴업수당

사용자의 귀책사유로 휴업하는 경우, 사용자는 휴업기간 동안 그 근로자에게 통상임금액을 한도로 하여 평균임금의 70% 이상의 수당을 지급하여야 한다.

4. 통상임금과 노사합의

「근로기준법」상 통상임금에 속하는 임금을 통상임금에서 제외하기로 노사 간에 합의하였다 하더라도 그 합의는 효력이 없다(대법원 2013.12.18. 선고, 2012다89399, 전원합의체 판결). 다만, 근로자가 합의의 무효를 주장하면서 노사가 합의한 임금수준을 훨씬 초과하는 예상 외의 이익을 추구하고 그로 말미암아 사용자에게 예측하지 못한 새로운 재정적 부담을 지워 중대한 경영상의 어려움을 초래하거나 기업의 존립을 위태롭게 한다면 정의와 형평 관념에 비추어 신의에 현저히 반하므로 받아들일 수 없다(대법원 2013.12.18. 선고, 2012다89399, 전원합의체 판결).

5. 근재보험에의 적용

평균임금이 통상임금보다 낮은 경우에는 통상임금을 평균임금으로 하며(근기법), 선원근재보험의 경우 상병보상, 행방불명보상, 소지품유실보상에 있어서는 통상임금을 기초로 한다.

6. 산정방법

시간급 금액(시급)과 일급 금액으로 산정하는 방법이 있다.

(1) 시간급 금액으로 산정하는 경우

아래의 기준으로 산정된 시급은 최저임금의 판단기준이 된다.

① 임금을 시간급 금액으로 정한 경우 : 그 금액

② 일급 금액으로 정한 경우 : 일급액/1일 소정근로시간 수

③ 주급 금액으로 정한 경우 : 주급액/주의 통상임금 산정 기준시간 수(= 주의 소정근로시간과 그 외 시간에 유급으로 처리되는 시간을 합산)

④ 월급 금액으로 정한 경우 : 월급액/월의 통상임금 산정 기준시간 수(= 주의 통상임금 산정 기준시간 수×1년 평균 주수/12)

⑤ 그 외 일정한 기간으로 정한 경우 : 위 규정에 준하여 산정된 금액

⑥ 도급금액으로 정한 경우 : 해당 기간의 도급제[*]에 따라 계산된 임금 총액/해당 기간(임금 마감일이 있는 경우 임금마감기간)의 총근로시간 수

    * **도급제** : 근로자의 채용, 인사관리, 작업지휘 등을 하청업체가 직접 관리하는 것

⑦ 기준이 둘 이상일 경우 : 각각 산정된 금액을 합산한 금액

(2) 일급 금액으로 산정하는 경우

'시간급 금액×1일 소정근로시간 수'로 산정한다.

1. 의 의

근로자의 정상적인 생활을 보장하기 위하여 지급되는 통상적인 생활임금의 기준 또는 어떠한 급여산출금에 기초가 되는 단위개념으로서 평균임금을 산정해야 할 사유가 발생한 날 이전 3개월(발생당일 불포함) 동안, 해당 근로자에게 지급된 임금의 총액을 그 기간의 총 일수로 나눈 금액을 말한다. 근로자가 취업한 후 3개월 미만인 경우도 이에 준한다.

2. 용 도

① 퇴직금, 휴업수당, 재해보상, 취업규칙에 의한 감급 등을 산출하는 기초가 된다.
② 「산재보험법」에서도 「근로기준법」상의 평균임금을 따르며, 「근로기준법」상 산정이 곤란할 경우, 노동부장관이 고시하는 금액을 당해 평균임금으로 한다.

3. 산 정

사전에 미리 정해진 통상임금과 달리 평균임금은 실제 지급받은 임금액을 의미한다.

(1) 산정 방법

3개월 동안 받은 임금총액/3개월 일수

> 예 월급 200만원, 6월 1일 산정(휴업, 퇴직, 진단 등), 이전 3개월 → 3월 1일
>
> 5월 임금 : 200만원, 31일
> 4월 임금 : 200만원, 30일
> 3월 임금 : 200만원, 31일
> 계   : 600만원, 92일
> 따라서, 평균임금은 600만원/92일 = 65,217원/일

(2) 평균임금 산정에서 제외되는 기간

해당 기간과 이에 지급된 임금은 산정시 각각 빼서 계산한다.

① 수습 사용 중인 기간(3개월 이내의 기간)

② 사용자의 귀책사유로 휴업한 기간

③ 출산전후휴가 기간

④ 업무상 부상 또는 질병으로 요양하기 위하여 휴업한 기간

⑤ 육아휴직 기간

⑥ 적법한 쟁의행위 기간

⑦ 병역의무 이행 기간(다만, 그 기간 중 임금을 지급받은 경우에는 제외)

⑧ 업무 외 부상이나 질병, 그 밖의 사유로 사용자의 승인을 받아 휴업한 기간

> 예 위 예시에서 4월 한 달 동안 육아휴직으로 인해 월급을 받지 못한 경우
> 400만원/62일 = 64,516원/일

(3) 평균임금이 당해 근로자의 통상임금보다 저액일 경우

「근로기준법」에 따라 통상임금을 평균임금으로 하되 일용근로자의 평균임금은 고용노동부장관이 사업이나 직업에 따라 정하는 금액으로 한다.

* 임금이 시간급, 일급, 성과급제에 의하여 지급되는 경우나 도급제의 경우, 평균임금을 산정하여야 하는 3개월 동안 결근일 수가 많아서 당해 근로자의 평균임금이 저액으로 될 우려가 있으므로 이로 인한 불이익을 방지하기 위함이다.

4. 평균임금의 조정

(1) 휴업보상, 장해보상, 유족보상, 일시보상의 규정에 따른 보상금 등을 산정할 때 적용할 평균임금

해당 근로자가 속한 사업(장)에서 같은 직종의 근로자에게 지급된 통상임금의 '1인 1개월 평균액(이하 "평균액")'이 재해가 발생한 달에 지급된 평균액보다 5% 이상 변동된 경우, 그 변동 비율에 따라 조정하되, 변동사유가 발생한 달의 다음 달부터 적용한다. 다만, 제2회 이후의 조정시 직전 회의 변동사유가 발생한 달의 평균액을 기준으로 한다.

(2) 사업(장)이 폐지된 경우

재해 발생 당시 사업(장)과 같은 종류, 규모를 기준으로 한다.

(3) 해당 근로자와 같은 직종의 근로자가 없을 경우

유사한 직종의 근로자를 기준으로 한다.

(4) 요양보상을 받는 근로자에게 지급할 퇴직금을 산정할 경우

위 규정에 따라 조정된 평균임금으로 한다.

5. 연 습

▌문 제

2016년 12월 5일에 사고가 발생하였다. 이 때 월 평균임금 200만원인 근로자의 평균임금은 얼마인가?

▌풀 이

사고 전 3개월 12월 4일 ~ 9월 5일 → 4일(12월) + 30일(11월) + 31일(10월) + 26일(9월) = 91일

12월 : 200만원 × 4/31 = 258,064원
11월 : 200만원
10월 : 200만원
9월 : 200만원 × 26/30 = 1,733,333원

계 : 5,991,397원

∴ 평균임금 = 5,991,397원/91일 = 65,839원/일

보상하는 손해

1. 보통약관(의의)

(1) 보장내용(제1항)

회사는 피보험자의 근로자(단, 「산업재해보상보험법」 제125조의 특수형태근로종사자로서 이 법의 적용을 받는 자를 포함한다)에게 생긴 업무상의 재해로 인하여 피보험자가 부담하는 손해를 이 약관 및 특별약관의 규정에 따라 보상한다.

(2) 사고발생기준증권의 적용(제2항)

'회사는 재해의 원인이 된 사실이 보험기간 중에 생긴 경우에 한하여 보상하여 드립니다'라는 문구를 통해 사고발생일자가 보험기간 이내일 것을 요구하고 있다.

2. 특별약관

특별약관의 성격에 맞게 구체적으로 정하고 있다.

보상하지 않는 손해

1. 의 의

보험자는 다음과 같은 사유로 인하여 근로자가 입은 재해로 인한 손해(그러한 사유가 발생하지 않거나 또는 확대되지 않았을 손해를 포함한다)는 보상하지 않는다.

2. 보상하지 않는 손해

(1) 계약자, 피보험자의 고의 · 법령위반

① 상법상 고의 · 중과실 면책사유를 반영한 것이다.

② 피보험자가 법인인 경우 '그 이사 또는 법인의 업무를 집행하는 그 밖의 기관'의 고의 또는 법령위반을 포함한다(업무 집행권한에 있어서 피보험자의 대리인과 같기 때문이다).

③ 단순 고용된 자는 대리인으로 보지 않는다(부산지방법원 2009.4.8. 선고, 2008나18502, 판결).

> **판 례**
>
> 선장의 고의 또는 법령위반에 의하여 선원이 업무상 재해를 당한 경우, 선장은 선박소유자에게 단순히 고용된 자에 불과하므로 법인의 업무를 집행하는 자로 볼 수 없어, 보험자는 면책을 주장할 수 없다.

(2) 근로자의 고의 또는 범죄행위, 무면허운전 · 음주운전으로 인한 손해

그 근로자가 입은 손해에 한한다.

(3) 피보험자의 원수급인, 하도급인 및 그들의 근로자에게 생긴 손해

보험계약을 맺을 때에 미리 정하여 이에 해당하는 보험료를 받았을 때에는 보상한다.

> 예 사업이 여러 차례 도급에 따라 행하여지는 경우에 대해서는 원수급인이 사용자로서 재해보상에 대한 책임을 지는 규정(근로기준법 제90조)과 건설업이 여러 차례의 도급에 의하여 시행되는 경우에 그 원수급인을 사업자로 보는 규정(보험료징수법 제9조 제1항)이 적용될 경우에는 피보험자가 이들 근로자에 대하여 사용자책임을 부담하는 경우가 흔히 발생한다.

(4) 피보험자가 아닌 다른 자에 의하여 사실상 고용되어 있는 동안에 생긴 손해

출장 · 파견 근무시 다른 사업자의 지휘감독하에 발생한 재해는 보상하지 않는다.

(5) 지진, 분화 등의 천재지변

제한적 <u>엄격해석의 원칙</u>을 따른다. 따라서 열거한 지진, 분화, 해일이 모두 지각변동을 수반하고 있으므로 지각변동이 없는 사태는 천재지변으로 볼 수 없다. 예를 들어 홍수, 태풍, 폭풍우, 눈사태 등은 지각변동이 없으므로 보상대상이 되지만 지진해일(쓰나미)은 지각변동에 의한 천재지변이므로 보상하지 않는다. 그러나 보통약관에서 보상하는 손해에 해당하더라도 사용자배상책임특약에서는 사용자의 과실을 묻기 어려울 경우 면책될 것이다.

심화학습	엄격해석의 원칙

주로 사업자의 이익을 위한 면책약관을 엄격하고 제한적으로 해석하여 약관규정을 그것이 규정하고 있는 적용범위를 넘어서 확대 적용하는 것에 반대하는 해석원칙(축소해석의 원칙)이다. 예를 들어 약관에서 구체적인 사유를 열거하고, 후에 '그 밖의 경우' 또는 '그와 동일한' 등의 포괄적 문구를 두고 있는 경우에 그 문구는 선행한 사유와 동일 종류의 사유로 한정하여 해석하는 것이다. 이 원칙은 작성자 불이익원칙의 하부원칙으로 이해되기도 하는데, 약관규제법상 명문의 규정은 없으나, 대법원은 이 원칙을 약관 해석의 기본원칙으로서 받아들이고 있다. 판례 역시 면책약관의 중요한 해석원리로 채택하고 있다.

(6) 전쟁, 기타 이와 유사한 사태

재해보상책임특약은 사용자의 무과실책임을 묻고 있으므로 전쟁으로 인한 업무상 재해에 대하여 보상한다. 하지만 사용자배상책임특약은 사용자의 과실을 묻기 힘들다면 면책한다.

(7) 핵연료물질 손해

핵연료물질(사용된 연료를 포함) 또는 핵연료물질에 의하여 오염된 물질(원자핵분열 생성물을 포함)의 방사성, 폭발성 그 밖의 유해한 특성 또는 이들의 특성에 의한 사고로 생긴 손해는 보상하지 않는다.

Theme 3 **보험계약의 무효**

1. 보통약관에서의 무효

일반적 손해보험의 경우 위험이 소멸되면 보험계약이 당연 종료되고 보험자가 그때까지의 보험료를 청구할 수 있지만, 근재보험에서는 위험의 소멸을 계약의 무효사유로 정함으로써 보험자는 보험계약자에게 기납입보험료 전액을 반환해야 한다.

2. 재해보상책임특약에서의 무효

계약을 맺을 때에 피보험자의 사업이 정부가 관장하는 산업재해보상보험의 의무가입대상인 경우(가입 여부 불문) 계약을 무효로 한다. 또한 피보험자의 사업이 산재보험에 가입된 때에는 그때부터 효력이 상실된다. 본 특약은 산재에서 보상하지 않는 근로자에 대한 보험이므로 산재와의 중복보상을 피하기 위함이다.

3. 무효시 보험료 반환

(1) 보험계약자와 보험자의 선의인 경우

「민법」제741조(부당이득의 내용), 제748조(수익자의 반환범위)에 의하여 보험자는 기납입보험료를 반환하여야 한다.

① 제741조(부당이득의 내용)

법률상 원인 없이 타인의 재산 또는 노무로 인하여 이익을 얻고 이로 인하여 타인에게 손해를 가한 자는 그 이익을 반환하여야 한다.

② 제748조(수익자의 반환범위)

㉠ 선의의 수익자는 그 받은 이익이 현존한 한도에서 전조(민법 제747조)의 책임이 있다.

㉡ 악의의 수익자는 그 받은 이익에 이자를 붙여 반환하고 손해가 있으면 이를 배상하여야 한다.

심화학습 「민법」제747조(원물반환불능한 경우와 가액반환, 전득자의 책임)
① 수익자가 그 받은 목적물을 반환할 수 없는 때에는 그 가액을 반환하여야 한다.   ② 수익자가 그 이익을 반환할 수 없는 경우에는 수익자로부터 무상으로 그 이익의 목적물을 양수한 악의의 제삼자는 전항의 규정에 의하여 반환할 책임이 있다.

(2) 보험계약자의 고의 또는 중과실인 경우

「상법」 제648조에 따라 기납입보험료를 반환하지 않는다.

> **심화학습** 「상법」 제648조(보험계약의 무효로 인한 보험료반환청구)
>
> 보험계약의 전부 또는 일부가 무효인 경우에 보험계약자와 피보험자가 선의이며 중대한 과실이 없는 때에는 보험자에 대하여 보험료의 전부 또는 일부의 반환을 청구할 수 있다. 보험계약자와 보험수익자가 선의이며 중대한 과실이 없는 때에도 같다.

(3) 보험자의 고의 또는 과실

보험료 납입일 다음 날부터 반환일까지 기간에 대하여 보험개발원이 공시하는 정기예금이율을 연단위 복리로 계산한 금액을 이자로 더하여 지급한다(민법 제748조, 수익자의 반환범위).

(4) 인건비를 산정할 수 없는 경우

계약자의 귀책사유를 불문하고 경과한 기간 동안 발생한 인건비를 산정할 수 없는 경우에는 총 보험기간 일수에 대한 경과된 보험기간의 일수를 감안하여 산정한 금액을 반환한다.

1. 보통약관

(1) 손해방지의무

① '계약자 또는 피보험자(보험대상자)는 자기의 비용으로「근로기준법」또는「선원법」에 정한 안전 및 위생에 관한 규정과 그 밖의 재해방지에 관한 법령을 준수하여야 한다.' 따라서 사고발생 이전 부터 근로자의 안전·위생·재해방지를 위해 노력해야 한다는 점이「상법」의 손해방지의무와 다르다. 그러나 이 역시 해태하였을 때의 규제조항은 없다.

② 재해가 생긴 때에는 계약자 또는 피보험자는 손해의 방지와 경감에 힘써야 한다. 만약 고의 또는 중대한 과실로 이를 게을리 한 때에는, 방지 또는 경감할 수 있었을 것으로 밝혀진 금액은 보상하 지 아니한다.

③ 회사는 위 제2항의 손해방지 또는 경감에 소요된 필요 또는 유익한 비용을 보상한다.

(2) 보상한도

보상한도에 대해서는 별도의 규정이 없으므로,「상법」제680조를 적용한다. 따라서 보상하여야 하 는 금액이 보험금액을 초과하더라도 보험자가 이를 부담한다.

2. 사용자배상책임특약 제4조

(1) 재해의 통지 및 이행의무

계약자 또는 피보험자(보험대상자)는 재해가 생긴 경우 지체 없이 회사에 알리고 아래 사항을 이행하 여야 한다.

① 제3자로부터 손해의 배상을 받을 수 있는 경우 그 권리의 보전 및 행사에 필요한 절차를 밟는 일

② 손해배상책임의 전부 또는 일부를 승인하고자 할 때에는 미리 회사의 동의를 받는 일

③ 손해배상책임에 관하여 피보험자(보험대상자)가 소송을 제기하려고 할 때에는 미리 회사의 동의 를 받는 일

④ 손해배상책임에 관한 소송을 받았을 때에는 회사에 서면으로 통지하는 일

(2) 이행의무를 하지 않은 경우

계약자 또는 피보험자(보험대상자)가 상당한 이유 없이 위 재해의 통지 및 이행의무 사항을 이행하지 아니한 경우 회사는 아래 손해의 전부 또는 일부를 보상하지 아니한다.

① 위 (1)의 ①의 경우 : 권리의 보전 또는 행사로서 경감할 수 있었다고 인정되는 손해

② 위 (1)의 ②의 경우 : 회사가 손해배상책임이 없다고 인정되는 손해

③ 위 (1)의 ③ 및 ④의 경우 : 소송비용과 회사가 손해배상책임이 없다고 인정되는 손해

3. 보험자의 사업장 조사

사업장의 환경은 보험료 산정에 중요한 영향을 미치므로 보험자는 이에 대해 보험기간 중 언제든지 조사할 수 있으며, 이는 보험자가 보험기간 중 변경되는 위험을 수시로 확인하여 보험료 산정에 반영하고, 사고발생시 정확한 손해사정을 위한 보험자 협조의무라고 볼 수 있다.

심화학습   사업장 조사

① 회사는 보험기간 중 언제든지 피보험자(보험대상자)의 사업장과 재해방지를 위한 안전시설들을 조사할 수 있고 필요한 경우에는 그의 개선을 피보험자(보험대상자)에게 요청할 수 있다.

② 회사는 제1항에 따른 개선이 완료될 때까지 계약의 효력을 정지할 수 있다.

③ 회사는 이 계약의 중요사항과 관련된 범위 내에서는 보험기간 중 또는 회사에서 정한 보험금청구서류를 접수한 날로부터 1년 이내에는 언제든지 피보험자(보험대상자)의 임금대장, 취업규칙, 근로조건, 회계장부 등을 열람할 수 있다.

---

1. 보험금 청구와 지급

(1) 보험금 청구

피보험자(보험대상자)가 보험금을 청구할 때에는 다음의 서류를 회사에 제출하여야 한다.

① 보험금청구서

② 신분증(주민등록증 또는 운전면허증 등 사진이 부착된 정부기관발행 신분증, 본인이 아닌 경우에는 본인의 인감증명서 포함)

③ 손해배상금 및 그 밖의 비용을 지급하였음을 증명하는 서류

④ 회사가 요구하는 그 밖의 서류

(2) 보험금의 지급

① 회사는 보험금 청구를 받은 후 지체 없이 지급할 보험금을 결정하고 지급할 보험금이 결정되면 7일 이내에 이를 지급한다. 그러나 지급할 보험금이 결정되기 전이라도 피보험자 또는 피보험자의 근로자(이 보험에서 정한 업무상 재해 피해를 입은 근로자에 한한다)의 청구가 있을 때에는 회사가 추정한 보험금의 50% 상당액을 가지급보험금으로 지급한다.

② 회사는 지급보험금이 결정된 후 7일이 지나도록 보험금을 지급하지 아니하였을 때에는 지체된 날로부터 지급일까지 보험개발원이 매월 공시하는 1년 만기 정기예금이율을 연단위 복리로 계산한 금액을 지급한다. 그러나 피보험자 또는 피보험자의 근로자(이 보험에서 정한 업무상 재해를 입은 근로자에 한한다)의 책임 있는 사유로 지체된 경우에는 그러하지 아니하다.

③ 회사는 피보험자(보험대상자)가 서류 중 기재사항에 관하여 거짓으로 기재하거나 어떠한 사실을 숨겼을 경우에는 일체의 보험금을 지급하지 아니한다.

④ 계약자, 피보험자(보험대상자) 또는 이들의 대리인이 상당한 이유 없이 재해의 조사를 방해 또는 회피한 때에는 그 해당 손해는 보상하지 아니한다.

2. 보험금의 분담

책임한도분담조항(독립책임액 방식)을 적용한다.

① 이 계약에서 보장하는 위험과 같은 위험을 보장하는 다른 계약[공제계약(각종 공제회에 가입되어 있는 계약)을 포함한다]이 있을 경우 각 계약에 대하여 다른 계약이 없는 것으로 하여 각각 산출한 보상책임액의 합계액이 보상하는 손해에 따른 재해보상액을 초과할 때에는 회사는 아래와 같이 지급보험금을 계산한다.

$$재해보상액 \times \frac{이\ 계약에\ 의한\ 보험금}{다른\ 계약이\ 없는\ 것으로\ 하여\ 각각\ 계산한\ 보험금의\ 합계액}$$

② 이 계약이 의무보험이 아니고 다른 의무보험이 있는 경우에는 다른 의무보험에서 보상되는 금액[피보험자(보험대상자)가 가입하지 않은 경우에는 보상될 것으로 추정되는 금액]을 차감한 금액을 손해액으로 간주하여 제1항에 의한 보상할 금액을 결정한다.

③ 피보험자(보험대상자)가 다른 계약에 대하여 보험금 청구를 포기한 경우에는 회사의 제1항에 의한 지급보험금 결정에는 영향을 미치지 아니한다.

3. 소멸시효

(1) 보험금청구권, 보험료 · 환급금반환청구권

① **보통약관**

피보험자에게 손해배상책임이 발생한 때로부터 3년이다(「근로기준법」상 재해보상청구권의 기산점 적용).

② **사용자배상책임특약**

근로복지공단에서 해당 보험금을 지급한 날로부터 기산한다.

(2) 피해자 직접청구권

보통약관에 명시적으로 규정된 바가 없으므로, 근로계약상 채무불이행책임의 소멸시효인 5년을 적용한다.

1. 의 의

보험금을 지급한 보험자가 보험의 목적(잔존물대위) 또는 제3자(청구권대위)에게 가지는 피보험자의 권리를 법률상 당연 취득하는 것을 말한다.

근재보험 보통약관에서 정하고 있는 대위권은 「상법」상 청구권대위에 해당한다. 청구권대위란 피보험자의 손해가 제3자의 행위로 인하여 생긴 경우에는 보험금액을 지급한 보험자가 그 지급한 금액의 한도에서 제3자에 대한 보험계약자 또는 피보험자의 권리를 취득하는 것을 말하는데, 「상법」에서는 '제3자에 대한 보험대위(상법 제682조)'라고 표현하고 있다.

2. 근재보험에서의 보험자대위

근재보험에서의 대위는 청구권대위를 의미한다. 즉, 피보험자의 손해에 책임이 있는 제3자에 대하여 갖는 피보험자의 권리를 보험자가 대위하는 것이다.

(1) 보통약관상 대위권

① 회사가 보험금을 지급한 때에(현물보상한 경우를 포함한다)에는 회사는 지급한 보험금의 한도 내에서 아래의 권리를 가진다. 다만, 회사가 보상한 금액이 피보험자(보험대상자)가 입은 손해의 일부인 경우에는 피보험자(보험대상자)의 권리를 침해하지 아니하는 범위 내에서 그 권리를 가진다.
　㉠ 피보험자(보험대상자)가 제3자로부터 손해배상을 받을 수 있는 경우에는 그 손해배상청구권
　㉡ 피보험자(보험대상자)가 손해배상을 함으로써 대위 취득하는 것이 있을 경우에는 그 대위권

② 계약자 또는 피보험자(보험대상자)는 제1항에 의하여 회사가 취득한 권리를 행사하거나 지키는 것에 관하여 조치를 하여야 하며, 또한 회사가 요구하는 증거 및 서류를 제출하여야 한다.

③ 회사는 제1항, 제2항에도 불구하고 타인을 위한 보험계약의 경우에는 계약자에 대위권을 포기한다.

(2) 제3자의 범위

① 불법행위를 한 제3자(피보험자의 근로자 포함)

② 불법행위를 한 제3자에 대한 책임을 지는 자(예 사용자 책임)

③ 공동불법행위자

④ 공작물의 점유자·소유자 등

Theme 7   그 밖의 보통약관 내용

1. 의무보험과의 관계

① 회사는 이 약관에 한하여 보상하여야 하는 금액이 의무보험에서 보상하는 금액을 초과할 때에 한하여 그 초과액만을 보상한다. 다만, 의무보험이 다수인 경우에는 보험금 분담(독립책임액 방식)의 조항 내용을 따른다.

② 제1항의 의무보험은 피보험자가 법률에 의하여 의무적으로 가입하여야 하는 보험으로서 공제계약을 포함한다.

③ 피보험자가 의무보험에 가입하여야 함에도 불구하고 가입하지 않은 경우에는 그가 가입했더라면 의무보험에서 보상했을 금액을 제1항의 '의무보험에서 보상하는 금액'으로 본다.

2. 계약 후 알릴의무

계약을 맺은 후 보험의 목적에 아래와 같은 사실이 생긴 경우에는 계약자나 피보험자는 지체 없이 서면으로 회사에 알리고 보험증권에 확인을 받아야 한다.

① 청약서의 기재사항을 변경하고자 할 때 또는 변경이 생겼음을 알았을 때

② 이 계약에서 보장하는 위험과 동일한 위험을 보장하는 계약을 다른 보험자와 맺으려고 하든지 또는 이와 같은 계약이 있음을 알았을 때

③ 근로자 수 또는 임금 등의 변동이 있을 때

④ 위험이 뚜렷이 변경되거나 변경되었음을 알았을 때

1. 의의

사업(장)의 사용자가 본인의 근로자에게 발생한 업무상 상해 또는 질병(이하 "업무상 재해")에 대하여 「근로기준법」, 「선원법」 등에 의해 부담하는 재해보상책임과 민사상 손해배상책임을 담보하는 보험이다.

2. 법적 성질

① 「근로기준법」, 「선원법」, 「민법」 등의 사용자의 근로자에 대한 책임
② 사용자의 근로계약상 안전배려의무위반에 대한 책임

3. 특징

(1) 기초사회보장보험의 보충적 형태

기초사회보장보험을 보충한다. 「산업재해보상보험법」에 의한 산재보험급여금을 초과하는 「민법」상의 손해를 산업재해보상보험(이하 "산재보험")과 별도로 보상한다. 국내사업장의 경우 기본적으로 산재보험에 가입되어 있기 때문에, 이에 초과된 손해를 국내근재보험에서 보상한다.

(2) 타인(근로자)을 위한 보험

타인(근로자)을 위한 보험으로서의 성격을 가진다. 그러나 기본적으로 계약자・피보험자 모두 사용자인 자기를 위한 보험으로 「상법」 제639조(타인을 위한 보험)가 적용되는 것은 아니다.

(3) 임의성과 강제성 혼재

국내근재보험의 경우 임의가입이 가능하나, 선원근재보험은 「선원법」에 의해, 해외근재보험은 「산재보험법」에 의해 가입이 강제되어 있다.

(4) 「상법」 제663조(보험계약자 등의 불이익변경금지) 적용

근재보험의 경우, 사업주가 피보험자인 기업보험이라고 볼 수도 있지만, ① 근본적으로 근로자의 보상과 권익보호를 목적으로 한다는 점, ② 그 근로자가 보험회사에 비해 상대적 약자라는 점에서 「상법」 제663조를 적용할 수 있다.

4. 약관의 구성

(1) 구 분

근재보험은 기본적으로 국내·해외·선원근재보험으로 구분된다.

(2) 보통약관

계약 체결과 관련된 일반적 내용, 보상하는 손해, 보상하지 않는 손해를 정하고 있다. 특약에서 정하지 않은 사항에 대하여는 보통약관이 우선 적용된다.

(3) 특별약관

① 재해보상책임특약과 사용자배상책임특약 중 어느 보험이든 하나 이상 기본 부가

　㉠ 재해보상책임특약 : 국내·해외·선원근로자의 업무상 재해에 대한 사용자의 법률상(근로기준법, 선원법) 제 보상을 담보하는 특약이며, 무과실책임주의를 적용한다. 해외·선원근재보험의 기본특약이고 국내근재보험의 경우 「산업재해보상보험법」상 적용제외 사업장이 그 가입 대상이 되나, 실무적으로 가입하는 경우는 흔하지 않다.

　㉡ 사용자배상책임특약 : 근로자의 업무상 재해에 대한 「근로기준법」, 「산재보험법」 또는 「선원법」 등에 따른 제 보상을 초과하는 사용자의 법률상 손해배상책임을 담보한다. 따라서 과실책임 법리와 사용자의 민사상 책임(사용자책임, 사용자안전배려의무위반, 사용자불법행위책임 등)에 기초한다. 국내근재보험은 사실상 재해보상책임특약이 적용되지 않고 사용자배상책임특약만으로 운영된다.

② 그 외 추가특약

　㉠ 재해보상확장 추가특약 : 재해보상책임특약의 보상수준을 「산업재해보상보험법」상의 수준에 맞도록 조정한 것으로 해외근재보험의 경우 기본담보로 되어 있다. 「산업재해보상보험법」 제121조 '국외사업에 대한 특례'에 따라 해외근재보험의 보험회사가 지급하는 보험급여는 「산업재해보상보험법」에 따른 보험급여보다 근로자에게 불이익해서는 안 되므로, 본 특약을 통해 급여수준을 조정한 것이다.

　㉡ 간병보상 추가특약 : 「산업재해보상보험법」상 간병급여의 수준과 근접한 보상이 이루어지는 특약으로서 해외근재보험의 경우 기본담보로 되어 있다.

　㉢ 비업무상 재해확장 추가특약 : 선원·해외근재보험에 부가되는 특약으로서, 선원·해외근로자는 업무가 종결된 후에도 선박 또는 해외의 제한된 지역으로 생활반경이 제한되고, 사업자의 영향력에 속하는 경우가 흔하므로 비업무 중 사고에 대해 보상할 필요가 있다. 선원·해외근재보험의 경우 자동 부가된다.

② 업무상 재해에 대한 제한보상 추가특약들 : 쿠웨이트 및 사우디아라비아 근로자가 업무 중 재해를 입은 경우, 해당 국가의 의무적인 재해보상보험에 의하여 보상받게 된다. 그러므로 업무상 재해에 대한 현지치료비 추가특약(쿠웨이트 근로자용) 및 현지휴업보상금 부보장 추가특약(사우디아라비아 근로자용)을 필수적으로 부가하여 해외근재보험의 보험금과 조정하도록 하고 있다.

- 쿠웨이트 근로자용 : 비업무상 재해보상 및 업무상의 재해로 인한 국내치료비만을 보상
- 사우디아라비아 근로자용 : 현지 사회보장법의 보상금을 제외하고 보상

⑩ 해외취업선원 재해보상 추가특약 : 해외취업선원에 대해 행정적으로 가입이 강제되는 특약으로「해외취업선원 재해보상에 관한 규정」에 맞게 보상한다. 본 규정(해양수산부)은 「선원법」상 재해보상에 비하여 유족보상, 장제비, 장해보상에 관한 보상금을 특별히 규정하고 있으며, '현지 화장 또는 매장시 특별위로금'과 '실습선원 재해보상'에 관한 내용을 독자적으로 두고 있다.

⑪ 산업재해보상보험 초과특약 :「산업재해보상보험법」또는「재해보상확장 추가특약」에 의하여 보상이 이루어진 경우 장해급여, 유족급여에 대해 추가적으로 보상한다. '재해보상확장 추가특약'이 적용되어도 실제 산재급여에 미치지 못하는 경우가 있으므로 보상 수준을 조정하기 위함이다. 본 특약은 일반적으로 '재해보상책임특약'과 '재해보상확장 추가특약'이 부가된 근재보험에 한하여 추가할 수 있다.

⑫ 전쟁위험특약 : 보통약관 면책사유에 해당하는 전쟁위험에 대한 보상이 가능하다.

⑬ 보험료분할납입특약

⑭ 적용환율특약

⑮ 공동인수특약

⑯ 날짜인식오류 부보장 추가특약

5. 적용사업장별 구분

(1) 국내사업장

국내근재보험에서 담보한다. ① 재해보상책임특약은「산재보험법」의 적용제외 사업에 한하여 가입이 가능하며, ② 사용자배상책임특약은 제한이 없다. 실제적으로는 거의 대부분의 사업장이 산재보험에 가입되어 있기 때문에 재해보상책임특약은 해당이 없다.

(2) 해외사업장

해외근재보험에서 담보한다.「산재보험법」제121조에 의해 ① 재해보상책임특약과, ② 재해보상확장 추가특약, ③ 간병보상 추가특약의 가입이 강제되어 있으며, 가입시 ④ 사용자배상책임특약과, ⑤ 비업무상 재해확장특약이 자동 부가된다.

(3) 선박사업장

선박소유자가 가입한 선원근재보험에서 담보하며, ① 재해보상책임특약은 <u>실질적으로 가입이 강제</u>되어 있다. 가입시 ② <u>비업무상 재해확장 추가특약</u>, 해외취업선원의 경우 ③ <u>해외취업선원재해보상 추가특약</u>이 필수적으로 부가된다.

(4) 직업훈련시설

직업훈련시설의 훈련생이 직업능력개발훈련 중에 입은 재해는 그 훈련을 실시하는 자가 가입한 직업훈련생보험으로 담보한다.

Theme 2 국내근재보험

1. 국내근재보험

국내 사업자의 사용자를 피보험자로 하여 그 사용자의 근로자가 업무 수행 중에 업무 중 재해를 입었을 경우, 사용자의 「근로기준법」상 재해보상책임과 민사상 손해배상책임을 담보하는 보험이다. 특약에 따라 다음의 두 가지 형태로 분류된다.

(1) 재해보상책임특약(WC ; Workmen's Compensation)

「근로기준법」상 제 보상을 담보한다.

(2) 사용자배상책임특약(EL ; Employer's Liability)

「근로기준법」 또는 「산재보험법」상의 제 보상을 초과하여 사용자가 부담하는 민사상 손해배상책임 액과 이에 따른 비용 등을 보상한다.

2. 계약유형

유형은 아래와 같이 구분하며, 보상한도는 1인당 보상한도와 1사고당 보상한도를 함께 설정한다.

(1) 개별계약

특정한 사업장(공사현장)을 담보한다.

(2) 포괄계약

해당 사업의 모든 사업장을 담보한다.

3. 가입대상

(1) 제 한

① 산재보험이나 재해보상책임특약에 미가입된 업체는 사용자배상책임만을 가입할 수 없다.

② 산재보험 의무가입 대상업체(국내 사업장)인 경우 재해보상책임특약을 가입할 수 없다.

(2) 특 징

① 산재보험에 가입을 한 후 사용자배상책임특약을 가입하거나 재해보상책임특약과 사용자배상책임특약을 동시에 가입할 수 있다. 하지만 「산재보험법」에 따라 상시 근로자수가 1인 이상이 되는 사업장은 산재보험에 의무적으로 가입하여야 하므로 대부분 산재보험에 가입한 후 사용자배상책임특약을 가입하고 있다.

② 「산재보험법」 적용제외 사업자가 재해보상책임특약을 가입하는 경우, 재해보상확장 추가특약과 산재보험 추가특약을 부가함으로써 보상범위를 확장시킬 수 있다.

4. 보험가입시 제출서류

(1) 연간단위 가입시

① 사업자등록증

② 임금산출내역서

  ㉠ 전년도 손익계산서(사무직근로자에 대한 임금)

  ㉡ 전년도 공사(제조)원가 설명서(현장근로자에 대한 인건비)

③ 산재보험 보험료 신고서

(2) 공사건별 가입시

① 사업자등록증 사본

② 인건비 내역서

③ 공사(하도급)계약서

1. 의 의

사용자(피보험자)의 근로자가 업무상 재해를 입고 그 결과 사업자가 「근로기준법」상(또는 「선원법」) 재해보상책임을 부담하는 경우 해당 법령의 제 보상 및 소송비용과 이송비용을 담보한다.

2. 보상하는 손해

(1) 법령상 제 보상

「근로기준법」상(또는 「선원법」) 제 보상에 대하여 보상한다. 단, 사업장 내(또는 선박 내)에서의 간이치료비용 및 그 기간의 휴업급여는 제외한다.

(2) 소송비용

피보험자가 회사의 동의를 받아 지출한 소송비용을 보상한다.

(3) 이송비용

재해를 입은 근로자가 국외지역에서 요양기관으로 이송되거나 본국으로 송환되는 경우는 이송비용을 보상하지 아니한다. 그러나 ① 기동이 불가능하여 호송을 요하는 중환자나 유해의 송환비용 또는 ② 요양기관으로 긴급히 이송을 요하는 경우의 이송비용은 적절한 운송용구에 의한 편도에 한하여 실비로 1인당 500만원을 한도로 보상한다. 다만, 어떤 경우라도 호송인에 대한 비용은 보상하지 아니한다.

(4) 요양보상의 특례

「근로기준법」, 「산재보험법」 그리고 「선원법」에 따른 요양보상은 피해를 입은 근로자가 실제 지출한 요양비용을 기준으로 보상하고 있다. 보험계약자가 근재보험의 보험료를 적게 납부하고자 선원근로자의 임금을 실제보다 적게 신고한 경우에도 요양보상은 실제비용으로 보상되므로 근재보험회사의 손해율 악화의 주요한 원인이 될 수 있다. 그러므로 재해보상책임특약 '요양보상의 특례'는 '계약자 또는 피보험자가 고지한 월임금총액이 선원최저임금에 미달할 경우에는 요양보상액에 대하여 선원최저임금에 대한 보험가입임금의 비율에 따라 산출한 금액'으로 보상한다고 정하고 있다.

3. 가 입

국내사업자의 사업이 「산업재해보상보험법」 적용제외 대상에 한하여 본 특약에 가입할 수 있다. 만일 의무가입대상이 본 특약에 가입할 경우 해당 계약은 무효가 된다.

4. 「산재보험법」 적용제외 사업

위험률·규모 및 장소 등을 고려하여 대통령령으로 정하는 사업에 대하여는 「산업재해보상보험법」을 적용하지 않는다(산재보험법 제6조). "대통령령으로 정하는 사업"이란 다음의 어느 하나에 해당하는 사업 또는 사업장(이하 "사업"이라 함)을 말한다.

① 「공무원 재해보상법」 또는 「군인 재해보상법」에 따라 재해보상이 되는 사업

다만, 「공무원 재해보상법」 제60조에 따라 순직유족급여 또는 위험직무순직유족급여에 관한 규정을 적용받는 경우는 제외한다.

② 「선원법」, 「어선원 및 어선 재해보상보험법」 또는 「사립학교교직원 연금법」에 따라 재해보상이 되는 사업

③ 가구내 고용활동

④ 농업, 임업(벌목업은 제외한다), 어업 및 수렵업 중 법인이 아닌 자의 사업으로서 상시근로자 수가 5명 미만인 사업

5. 부가 약관

(1) 재해보상확장 추가특약

산재보험급여 수준에 가깝게 보상범위를 확장할 수 있다. 그러나 치료비이기 때문에 요양보상에 대해서는 확장되지 않으며, 「산재보험법」상 독자적 제도인 간병급여와 직업재활급여는 포함되지 않는다.

(2) 산업재해보상보험 초과특약

① 취 지

재해보상확장 추가특약을 통하여 「산재보험법」에 가깝게 보상을 받는다고 해도 근로자의 실질적인 손해액에 못 미치는 경우가 흔하므로, 본 특약을 통하여 실질수준에 가깝게 보상을 받을 수 있다.

② 내 용

재해보상책임·재해보상확장 추가특약이 모두 가입된 경우에 한하여 유족보상금과 장해보상금의 초과금액을 추가로 보상하는 것을 내용으로 한다.

③ 초과금액의 지급
　　㉠ 유족급여와 장해급여의 일시금(연금으로 보상되는 경우 일시금으로 환산)에 대하여 특약 가입당시 정한 비율(각 급여의 10% ~ 50% 상당액)에 따라 지급한다.
　　㉡ 사용자가 재해보상책임·재해보상확장 추가특약 외의 비용을 개인적으로 근로자에게 지급한 경우에는 해당 금액을 공제한 후 지급한다.
　　㉢ 사업자가 보험회사로부터 초과금액을 수령한 후에 재해를 입은 근로자 또는 그의 유족에게 지급하지 않은 부분은 보험회사에 반환하여야 한다.

④ **사용자배상책임특약과의 관계**
　　사용자배상책임특약은 「산재보험법」 적용사업의 경우에도 가입할 수 있으며, 「산재보험법」의 급부가 이루어진 후, 요양급여와 장해급여의 초과금액을 지급한다. 그러나 산재초과특약의 보상액이 사용자배상책임특약의 보상범위에 포함되는 경우가 흔하므로 보험가입자는 사용자배상책임특약을 통해 보상받는 것이 일반적이다.

재해보상책임특약의 보상하는 손해

1. 휴업보상

요양 중에 있는 근로자에 대하여 사용자는 근로자의 요양기간 중 휴업보상을 행하여야 한다. 단, 여기서 요양기간이라 함은 요양보상에 해당하는 기간을 말한다.

(1) 산정기준

의사의 소견에 따라 요양이 완료되거나 치료가 종결되어 더 이상의 의학적인 치료와 효과를 기대할 수 없을 때까지 휴업보상을 지급하나, 동 기간 중일 지라도 취업 가능한 상태에서 치료를 받을 경우 휴업급여를 지급하지 않는다.

(2) 보상방법

① 「근로기준법」 : 평균임금의 60%
② 「선원법」(상병수당) : 최초 4개월은 승선평균임금 전액, 그 이후 치유될 때까지 매월 1회 통상임금의 70%

2. 장해보상

「근로기준법」(또는 「선원법」)에 의하여 근로자가 업무상 재해를 입어 치료가 종결된 후에도 신체에 영구적인 정신적·육체적 훼손으로 노동력의 손실이나 감소를 가져오는 장해가 남을 경우 해당 법령의 장해등급에 따라 장해보상을 한다.

평균임금(「선원법」은 승선평균임금)을 기준으로 대통령령으로 정한 「신체장해등급표」상 해당일 수를 곱하여 얻은 금액을 보상한다.

(1) 둘 이상의 장해

「신체장해등급표」는 기재된 신체장해가 둘 이상 있을 경우, 중한 신체장해에 해당하는 등급을 적용하여 보상한다. 다만, 다음에 해당하는 경우 그에 따라 조정하며, 그 조정된 등급이 제1급을 초과하는 때에는 제1급으로 한다.

① 5급 이상에 해당하는 신체장해가 2개 이상 있는 경우 3개 등급 인상
② 8급 이상에 해당하는 신체장해가 2개 이상 있는 경우 2개 등급 인상
③ 13등급 이상에 해당하는 신체장해가 2개 이상 있는 경우 1개 등급 인상

> 예 • 8급 + 10급 = 7급(높은 등급 +1)
> • 6급 + 7급 = 4급(높은 등급 +2)

(2) 장해등급표에 기재된 것 이외의 장해

그 정도에 따라 장해등급표에 준하여 적용한다.

(3) 이미 신체에 장해가 있는 자

재해로 인해 동일한 부위에 장해가 가중된 경우, 그 가중된 장해에 해당하는 장해보상액으로부터 이미 받은 장해에 해당하는 장해보상액을 공제한 금액으로 보상한다.

3. 유족보상

(1) 「근로기준법」에 따른 산정 방법

평균임금×1,000일

(2) 「선원법」에 따른 산정 방법

① **직무상 사망** : 승선평균임금×1,300일

② **직무외 사망** : 승선평균임금×1,000일

③ **선원 실종자와 실종수당**

㉠ 선원이 해상에서 실종(행방불명) 되었을 때에는 1개월의 통상임금과 3개월의 승선평균임금

㉡ 선원의 실종기간이 1개월을 경과할 경우, 사망으로 추정하여 유족수당과 장제비 지급

(3) 유족의 범위

① **우선순위**

㉠ 1순위 : 근로자의 사망 당시 그에 의하여 부양되고 있는 배우자, 자녀, 부모, 자손 및 조부모를 기재된 순서에 의해 지급

㉡ 2순위 : 1순위에 해당하지 않는 배우자, 자녀, 부모, 자손 및 조부모, 근로자의 사망 당시 그에 의하여 부양되고 있던 형제자매를 기재된 순서에 의해 지급

㉢ 3순위 : 1, 2순위에 해당하지 않는 형제자매

② 조부모보다 양부모를 선순위로 한다.

③ 근로자의 유언이나 특별한 지정이 있었을 경우 그에 따른다.

4. 장례비

(1) 「근로기준법」에 따른 산정 방법

평균임금×90일

(2) 선원근재에 따른 산정 방법

평균임금×120일

5. 일시보상

(1) 「근로기준법」에 따른 산정 방법

평균임금×1,340일분

(2) 선원근재에 따른 산정 방법

평균임금×1,474일분

6. 후송비

① 기동이 불가능하여 호송을 요하는 중환자나 유해의 송환비용과 ② 요양기관으로 긴급히 이송을 요하는 경우의 이송비용에 대하여 적절한 운송용구에 의한 편도에 한하여 실비로 1인당 500만원을 한도로 보상한다. 다만, 어떤 경우라도 호송인에 대한 비용은 보상하지 아니한다.

1. 의 의

근로자의 업무상 재해로 인한 부상 또는 질병이 장기화 될 경우, 사용자는 장해보상 1등급에 해당하는 일시보상을 행하고, 그 후 모든 책임을 면할 수 있는 제도를 말한다.

2. 요 건

① 요양을 개시한 후 2년이 경과해야 한다.

② 요양 중지기간 등을 공제한 실제 요양기간이 2년을 넘어야 한다.

③ 그 부상이나 질병이 장기간 완치되지 않고 향후 치료기간도 불투명한 경우여야 한다.

3. 지 급

① 2년이 경과되는 시점의 1～2개월 전부터 담당의사의 소견서를 받아 검토한다.

② 2년 경과 후이면 언제든지 보험자 일방의 의사표시 또는 보험계약자가 보험자의 사전 동의를 얻어 행할 수 있다.

③ 평균임금×1,340일분(선원근재는 1,474일분)을 지급한다.

4. 효 과

(1) 「근로기준법」상 효과

일시보상 후 동 법률상 모든 재해보상책임을 면한다. 하지만 민사상 손해배상책임까지 모두 면하는 것은 아니다.

(2) 「선원법」상의 효과

요양보상, 상병수당, 장해수당의 지급책임을 면한다.

Theme 6 사용자배상책임특약

1. 의의(보상하는 손해)

근로자가 재해보상책임특약이나 재해보상 관련법령(근기법, 산재보험법, 선원법 등)에 따라 받은 재해보상을 초과하여 사용자(피보험자)가 지는 법률상 손해배상액과 비용을 보상한다. 따라서 재해보상책임특약이나 재해보상 관련법령에 의한 보험금 지급이 이루어진 후 보상하며, 본 특약의 보험금 청구권 역시 지급이 이루어진 날로부터 소멸시효를 기산한다.

2. 가 입

산재보험 또는 재해보상책임특약에 가입된 경우에 한하여 가입할 수 있다. 일부 특정 사업분야를 선별하여 가입 여부를 결정하기도 한다. 근재보험이 아닌 영업배상책임보험(C.G.L. 등)에서도 설정할 수 있다.

3. 사용자의 법적 책임

① 불법행위책임(공작물 소유자 또는 점유자의 책임, 사용자책임 등)
② 안전배려의무위반에 따른 책임(채무불이행책임)
③ 「근로기준법」상 책임

4. 「근로기준법」상 책임

(1) 「근로기준법」상 사용자의 안전과 보건에 관한 의무(제76조, 안전과 보건)
　근로자의 안전과 보건에 관하여는 「산업안전보건법」에서 정하는 바에 따른다.

(2) 「산업안전보건법」상 사업주의 의무
　① 사업주 등의 의무(제5조)
　　근로자의 안전과 건강을 유지·증진시키는 한편, 국가의 산업재해 예방시책에 따라야 한다.
　　㉠ 산업재해 예방을 위한 기준을 지킬 것
　　㉡ 근로자의 신체적 피로와 정신적 스트레스 등을 줄일 수 있는 쾌적한 작업환경을 조성하고 근로조건을 개선할 것
　　㉢ 해당 사업장의 안전·보건에 관한 정보를 근로자에게 제공할 것

② 안전조치(제38조)

사업주는 사업을 할 때 다음의 위험을 예방하기 위하여 필요한 조치를 하여야 한다.

㉠ 기계·기구, 그 밖의 설비에 의한 위험

㉡ 폭발성, 발화성 및 인화성 물질 등에 의한 위험

㉢ 전기, 열, 그 밖의 에너지에 의한 위험

③ 보건조치(제39조)

사업주는 사업을 할 때 건강장해를 예방하기 위해 필요한 조치를 하여야 한다.

④ 근로자에 대한 안전보건교육(제29조)

사업주는 소속 근로자에게 고용노동부령으로 정하는 바에 따라 정기적으로 안전보건교육을 하여야 한다.

5. 보상하는 손해의 범위

(1) 법률상(민사) 손해배상책임액

1사고당 보험가입금액을 한도로 보상하며, 자기부담금이 설정된 경우 이를 공제한다.

(2) 비 용

① 손해방지비용

보험가입금액한도를 초과하더라도 아래의 금액을 전액 보상한다.

㉠ 피보험자가 피해자의 응급처치 등을 위해 지출한 필요 또는 유익한 비용

㉡ 제3자에 대한 피보험자의 손해배상청구권

② 협조비용

피해자가 보험회사에 대하여 직접청구권을 행사하였거나, 피보험자에 대하여 손해배상을 청구한 경우에 보험회사의 요구에 의하여 피보험자가 서류제출·증인출석 등의 협조를 위하여 지출한 비용의 경우 보험가입금액을 초과하더라도 전액 보상한다.

③ 방어비용

피보험자가 지출한 '소송비용, 변호사비용, 중재·화해·조정에 관한 비용 그리고 공탁보증보험료(또는 피보험자가 손해배상에 관한 소송을 위하여 회사의 서면동의를 받아 지급한 비용)'에 대하여는 보험금액 한도 내에서 보상한다.

(3) 방어비용의 비례보상

손해배상금이 보상한도액을 초과할 경우, 보상한도액/손해배상액의 비율로 보상한다.

> 예 손해배상금 4억, 한도액 2억/1인, 소송비용 1,000만원
> → 보상 : 손해배상금 2억(한도적용), 소송비용 : 1,000만원×2/4

6. 보상한도

사고횟수와 관계없이 1인당/1사고당 보상한도액을 설정할 수 있다. 건설·공사업체의 경우 연간 총 보상한도액을 설정하기도 한다.

7. 보험금 지급

「민법」의 통상손해를 기준으로 손해액을 산정하고, 재해보상특약 또는 재해보상 관련법령에 의해 지급되는 보상액은 공제한다.

8. 보상하지 않는 손해(보통약관+)

① 피보험자(보험대상자)와 근로자와의 사이에 손해보상 또는 재해보상에 대한 다른 약정이 있는 경우 그 약정에 따라 가중된 배상책임

② 보통약관 또는 재해보상 관련법령에 의하여 보상대상이 되지 아니하는 업무상 재해에 대한 배상책임

③ 「산업재해보상보험법」의 규정에 의하여 급부를 행한 보험자가 구상권의 행사 또는 비용의 청구를 함에 따라 부담하게 된 배상책임

④ 피보험자(보험대상자)의 동거친족에 대한 배상책임

⑤ 재해발생일로부터 3년이 경과한 후 피보험자(보험대상자)가 손해배상청구를 받음으로써 부담하게 된 배상책임

⑥ 재해보상책임 특별약관을 첨부하는 계약의 경우 보험가입임금이 실임금에 미달함으로써 재해보상특별약관에 따른 보상액이 재해보상 관련법령에 따른 보상액보다 적은 경우에 그 차액

⑦ 티끌, 먼지, 석면, 분진 또는 소음으로 생긴 손해에 대한 배상책임

⑧ 전자파, 전자장(EMF)으로 생긴 손해에 대한 배상책임

9. 산재보상액의 공제

(1) 동일한 사유에서의 공제

① 요양급여, 장례비, 간병보상급여 : 적극적 손해에서 공제

② 휴업급여, 장해급여 : 소극적 손해액에서 공제

> **심화학습**　「산재보험법」제80조(다른 보상이나 배상과의 관계)
>
> ① 수급권자가 이 법에 따라 보험급여를 받았거나 받을 수 있으면 보험가입자는 동일한 사유에 대하여 「근로기준법」에 따른 재해보상책임이 면제된다.
> ② 수급권자가 동일한 사유에 대하여 이 법에 따른 보험급여를 받으면 보험가입자는 그 금액의 한도 안에서 「민법」이나 그 밖의 법령에 따른 손해배상의 책임이 면제된다. 이 경우 장해보상연금 또는 유족보상연금을 받고 있는 사람은 장해보상일시금 또는 유족보상일시금을 받은 것으로 본다.

(2) 위자료

민사상 손해배상에만 해당하는 항목이므로 공제의 여지가 없다.

Theme 7 산재보험 특별급여

1. 의 의

보험자의 고의 또는 과실로 발생한 업무상 재해로 인하여 근로자가 대통령령으로 정하는 제1급 내지 제3급의 장해를 입거나, 사망하였을 경우, 수급권자가 「민법」에 따른 손해배상청구를 갈음하여 근로복지공단에 특별급여를 청구할 수 있고, 특별급여 지급시 사업주는 민사상 손해배상책임을 면하게 되는 일종의 민사대불제도이다.

2. 취 지

근로자(유족)의 신속한 손해복구와 사업주의 손해부담을 분산·경감하기 위함이다.

3. 「산재보험법」 규정

(1) 제78조(장해특별급여)

① 보험가입자의 고의 또는 과실로 발생한 업무상의 재해로 근로자가 대통령령으로 정하는 장해등급 또는 진폐장해등급에 해당하는 장해를 입은 경우에 수급권자가 「민법」에 따른 손해배상청구를 갈음하여 장해특별급여를 청구하면 장해급여 또는 진폐보상연금 외에 대통령령으로 정하는 장해특별급여를 지급할 수 있다. 다만, 근로자와 보험가입자 사이에 장해특별급여에 관하여 합의가 이루어진 경우에 한정한다.

② 수급권자가 장해특별급여를 받으면 동일한 사유에 대하여 보험가입자에게 「민법」이나 그 밖의 법령에 따른 손해배상을 청구할 수 없다.

③ 공단은 장해특별급여를 지급하면 대통령령으로 정하는 바에 따라 그 급여액 모두를 보험가입자로부터 징수한다(분납가능).

(2) 제79조(유족특별급여)

① 보험가입자의 고의 또는 과실로 발생한 업무상의 재해로 근로자가 사망한 경우에 수급권자가 「민법」에 따른 손해배상청구를 갈음하여 유족특별급여를 청구하면 유족급여 또는 진폐유족연금 외에 대통령령으로 정하는 유족특별급여를 지급할 수 있다.

② 유족특별급여에 관하여는 제78조 제1항 단서·제2항 및 제3항을 준용한다. 이 경우 "장해특별급여"는 "유족특별급여"로 본다.

4. 급여 산정

① 과실상계하지 않는다.

② 근로자의 친족에 대한 위자료는 인정되지 않는다.

③ 장해/유족보상연금에 대해 수령자가 특별급여를 청구할 경우, 특별급여지급 전까지 수령한 연금액을 공제한 금액을 지급하고, 그 이후부터의 연금은 지급하지 아니한다.

④ 장해특별급여

평균임금 × 30일 × 노동능력상실률 × L계수 − 장해급여

⑤ 유족특별급여

[(평균임금 × 30일) − (평균임금 × 30 × 본인의 생활비율)] × L계수 − 유족급여

5. 효 과

(1) 사용자배상책임

민사상 손해배상책임을 모두 면하기 때문에 지급할 보험금이 없다.

(2) 해외 · 선원근재보험

「산재보험법」의 적용대상이 아니다.

Theme 8 해외근재보험

1. 의 의

피보험자인 사용자의 근로자가 업무상 재해를 입었을 경우에 사용자가 부담해야 할 법률상 제 보상 및 손해배상책임을 담보하는 보험으로, 적용 사업장이 해외인 경우를 그 대상으로 한다.

2. 법적 근거

해외사업의 경우 해당 국가의 법령이 적용된다. 이에 따라 발생할 수 있는 해외근로자의 재해보상에 대한 권리를 보호하고자「산재보험법」제121조 '국외사업에 대한 특례'를 통해 가입의 강제성을 가진다.

심화학습 「산재보험법」 제121조(국외의 사업에 대한 특례)

① 국외 근무 기간에 발생한 근로자의 재해를 보상하기 위하여 우리나라가 당사국이 된 사회 보장에 관한 조약이나 협정(이하 "사회보장관련조약"이라 한다)으로 정하는 국가나 지역에서의 사업에 대하여는 고용노동부장관이 금융위원회와 협의하여 지정하는 자(이하 "보험회사"라 한다)에게 이 법에 따른 보험사업을 자기의 계산으로 영위하게 할 수 있다.
② 보험회사는「보험업법」에 따른 사업 방법에 따라 보험사업을 영위한다. 이 경우 보험회사가 지급하는 보험급여는 이 법에 따른 보험급여보다 근로자에게 불이익하여서는 아니 된다.
③ 제1항에 따라 보험사업을 영위하는 보험회사는 이 법과 근로자를 위한 사회보장관련 조약에서 정부가 부담하는 모든 책임을 성실히 이행하여야 한다.
④ 제1항에 따른 국외의 사업과 이를 대상으로 하는 보험사업에 대하여는 제2조, 제3조 제1항, 제6조 단서, 제8조, 제82조와 제5장 및 제6장을 적용하지 아니한다.
⑤ 보험회사는 제1항에 따른 보험사업을 영위할 때 이 법에 따른 공단의 권한을 행사할 수 있다.

---

3. 약관구성

해외근재보험에서는 재해보상책임특약(WC)과 사용자배상책임특약(EL), 그리고 '비업무상 재해확장 추가특약'이 별도의 특약표시 없이 계약시에 자동가입 된다.

(1) 기본담보

① 재해보상책임특약(WC)

「근로기준법」상의 제 보상을 시행한다.

② 재해보상확장 추가특약

WC의 보상내용을 산재보험수준으로 확장하여 보상한다(산재보험법 제121조 제2항).

③ 비업무상 재해확장 추가특약

사업장 내에서의 비업무상 재해를 추가로 담보한다.

④ 간병보상 추가특약

간병보상의 재해보상으로 인한 손해를 보상한다.

(2) 선택담보

① 사용자배상책임특약(EL)

재해보상책임특약(WC)에서 보상한 금액을 초과하는 법률상 배상책임을 보상한다.

② 업무상 재해에 대한 제한보상 추가특약(쿠웨이트 근로자용)

비업무상의 재해보상 및 업무상의 재해로 인한 국내치료비만을 보상한다.

③ 업무상 재해에 대한 현지 치료비 및 현지 휴업보상금 부담보 추가특약(사우디아라비아 근로자용)

사우디아리비아 법령상 부담되는 근로자의 업무상 재해에 대한 현지 치료비 및 동 기간의 현지 휴업보상금을 제외하고 보상한다.

1. 개 요

해외근재보험은 「산재보험법」 제121조에 근거한 보험으로서 「산재보험법」에 비하여 근로자에게 불리하게 적용할 수 없으므로 보험계약 당시 보통약관에 더하여 필수적으로 특약을 부가하여야 한다.

2. 재해보상책임특약

「근로기준법」상의 재해보상금액을 보상하는 손해로 하고 있다. 그러나 해외근재보험은 필수적으로 '재해보상확장 추가특약'을 부가하여야 하므로 그 보상기준이 곧 해외근재보험의 기본적 보상기준이 된다.

3. 재해보상확장 추가특약

산재보험 보상급여 수준으로 확장된다.

> **저자의 TIP**
>
> 선원근재보험의 경우, 「선원법」상의 재해보상수준이 「산재보험법」과 비슷하기 때문에 '재해보상확장 추가특약'은 부가하지 않는다.

Theme 10   해외 – 간병보상 추가특약

1. 의 의

'재해보상책임특약' 및 '재해보상확장 추가특약'에 의한 요양보상을 받은 자 중 치유 후 의학적으로 상시 또는 수시로 간병이 필요하여 실제로 간병을 받는 자에 대해 보상하는 특약으로 해외근재보험에 부가된다.

2. 가입의 강제

해외근재보험은 「산재보험법」 제121조에 의한 보험으로서 해외근재보험회사가 지급하는 보험급여가 「산재보험법」에 따른 보험급여보다 근로자에게 불이익할 수 없다. 따라서 본 특약의 강제부가를 통해 「산재보험법」의 간병급여 기준을 적용시키고 있다.

3. 보상하는 손해

(1) 보상하는 손해(제1조)

보험회사는 이 추가특별약관을 첨부한 근로자에 대하여는 재해보상책임 특별약관 제1조 제1항 제1호의 규정에도 불구하고, 피보험자(보험대상자)가 부담하기로 한 제2조(간병보상)의 재해보상으로 인한 손해를 이 특별약관의 규정에 따라 보상한다.

(2) 지급대상 및 기준(제2조, 간병보상)

① 보험회사는 재해보상책임 특별약관 및 재해보상확장 추가특별약관에 의한 요양보상을 받은 자 중 치유 후 의학적으로 상시 또는 수시로 간병이 필요하여 실제로 간병을 받는 자에게 지급한다.

② 간병보상 지급대상 및 지급기준은 다음과 같다.

구 분	지급대상	지급기준
상시간병급여	① 신경계통의 기능, 정신기능 또는 흉복부 장기의 기능에 장해등급 제1급에 해당하는 장해가 남아 일상생활에 필요한 동작을 하기 위하여 항상 다른 사람의 간병이 필요한 사람 ② 두 눈, 두 팔 또는 두 다리 중 어느 하나의 부위에 장해등급 제1급에 해당하는 장해가 남고, 다른 부위에 장해등급 제7급 이상에 해당하는 장해가 남아 일상생활에 필요한 동작을 하기 위하여 항상 다른 사람의 간병이 필요한 사람	「산재보험법」 제40조 제4항 제6호의 규정에 의한 간병과 관련하여 노동부장관이 고시하는 금액
수시간병급여	신경계통의 기능, 정신기능 또는 흉복부 장기의 기능 장해등급 제2급에 해당하는 장해가 남아 일상생활에 필요한 동작을 하기 위하여 수시로 다른 사람의 간병이 필요한 사람	상시간병보상액의 2/3에 해당하는 금액

비고 : 간병보상 지급대상자가 무료요양소에 입소하여 간병비용을 지출하지 아니하거나 지출한 간병비용이 간병보상액에 미달함이 명백한 경우에는 간병보상을 지급하지 아니하거나 실제 지출된 간병비용만을 지급한다.

1. 진찰 및 검사
2. 약제 또는 진료재료와 의지(義肢) 그 밖의 보조기의 지급
3. 처치, 수술, 그 밖의 치료
4. 재활치료
5. 입 원
6. 간호 및 간병
7. 이 송
8. 그 밖에 고용노동부령으로 정하는 사항

1. 의 의

피보험자인 사용자의 근로자에게 생긴 비업무상 재해로 인한 손해에 대하여 업무상 재해와 동일한 방법으로 보상하는 특약이다.

2. 취 지

해외·선원근로자의 경우 업무시간 외에도 사업자에 의한 통제(숙소나 선박내 생활)하에 있기 때문에 본 특약을 통해 보상을 확대하고 있다.

3. 보상하지 않는 손해

(1) 해외근재보험의 보상하지 않는 손해

① 중독, 마취, 만취 등으로 생긴 손해

② 과격한 운동이나 위험한 오락(스카이다이빙, 스쿠버다이빙, 행글라이딩, 자동차경주 등)으로 인하여 생긴 손해

③ 자해, 자살, 자살미수 및 이와 유사한 행위로 인하여 생긴 손해

④ 한국표준 질병사인분류상 다음과 같이 분류된 질병 및 이로 인한 손해

병 명	분류기호
1. 악성신생물	C00 ~ C95, D00 ~ D09
2. 당뇨병	E10 ~ E14
3. 만성 류마티스성 심질환	I05 ~ I09
4. 고혈압성 질환	I10 ~ I15
5. 허혈성 심질환	I20 ~ I25
6. 기타형의 심질환	I35 ~ I52
7. 뇌혈관 질환	I60 ~ I69

⑤ 매독, 임질, AIDS, 기타 이와 유사한 질병 및 이로 인하여 생긴 손해

⑥ 시력감퇴 등 생리적 노화 또는 약화 및 이로 인하여 생긴 손해

⑦ 치아에 관련된 질병 및 이로 인하여 생긴 손해

⑧ 군인이 아닌 자로서 군사작전을 수행하거나 군사훈련을 받는 중에 생긴 손해

저자의 TIP　**쉽게 외워요!**

중 과 자 표 매 생 치 군

---

(2) 선원근재보험의 보상하지 않는 손해

(1) 해외근재보험의 보상하지 않는 손해 중 ④항과 ⑦항이 「선원법」상 근로자에 해당하는 경우 「선원법」에서 정한 재해보상금은 보상한다. 「선원법」은 건강보험상 요양급여의 대상이 되는 경우에 3개월 범위의 비용을 요양보상으로 인정하고 있기 때문이다.

1. 의 의

피보험자인 선박소유자의 선원근로자가 직무상 재해 등으로 피해를 입은 경우 피보험자가 지는 「선원법」상 제 보상 및 법률상 손해배상책임을 담보하는 보험이다.

2. 가 입

(1) 가 입

선박소유자 또는 선박관리자가 보험계약자가 되며, 해외취업선(외국적선)의 경우에는 선원관리사업협회에 등록된 선원관리사업자가 계약자가 될 수 있다.

(2) 적용제외

아래 적용제외 선박근로자는 「근로기준법」과 「산재보험법」의 적용을 받는다.

① 총 톤수 5톤 미만의 선박으로서 항해선이 아닌 선박

② 호수, 강 또는 항내만을 항행하는 선박

③ 총 톤수 20톤 미만인 어선으로서 연해구역 또는 근해구역에서 어로사업에 종사하는 어선 및 운반선

④ 「선박법」에 따른 부선

(3) 가입의 강제성(「선원법」상 근거)

① 「선원법」 제106조(재해보상보험 등의 가입 등) 제1항

선박소유자는 해당 선박에 승무하는 모든 선원에 대하여 재해보상을 완전히 이행할 수 있도록 대통령령으로 정하는 보험 또는 공제(이하 "재해보상보험 등"이라 한다)에 가입하여야 한다.

② 「선원법」 제124조(행정처분) 제1항

해양수산부장관은 선박소유자나 선원이 「선원법」, 「근로기준법」(선원의 근로관계에 관하여 적용하는 부분만 해당한다) 또는 「선원법」에 따른 명령을 위반하였을 때에는 그 선박소유자나 선원에 대하여 시정에 필요한 조치를 명할 수 있다.

③ 「선원법」 제173조(벌칙) 제1항

선박소유자, 유기구제보험사업자 등 또는 재해보험사업자 등이 다음의 어느 하나에 해당할 때에는 1년 이하의 징역 또는 1,000만원 이하의 벌금에 처한다.

　㉠ 제106조 제1항을 위반하여 재해보상을 완전히 이행할 수 있는 재해보상보험 등에 가입하지 아니하였거나 같은 조 제2항을 위반하여 보험가입 금액을 승선평균임금 미만으로 가입하였을 때

　㉡ 정당한 사유 없이 제106조 제4항을 위반하여 기간 내에 재해보상을 하지 아니하였을 때

3. 약 관

(1) 기본담보

① 재해보상책임특약

「선원법」 제10장 재해보상규정에 따른 제 보상(요양보상, 상병보상, 장해보상, 일시보상, 유족보상, 장제비, 행방불명보상)을 담보한다. 그 외에 소송비용, 이송비 등과 관련한 내용은 해외·선원근재보험이 서로 다르지 않다.

② 비업무상 재해확장특약

비업무상의 신체의 상해 또는 질병에 대하여도 업무상 재해와 동일한 방법으로 보상한다.

(2) 선택담보

① 사용자배상책임특약

재해보상책임특약에서 보상하는 제 보상을 초과하여 사용자가 부담하게 되는 민사상 손해배상책임액과 이에 따른 소송비용을 보상한도액 내에서 보상한다.

② 해외취업선원 재해보상 추가특약

선원근재 중 해외취업선에 승선하는 선원에 대한 추가보상을 규정한 약관으로 해외취업선원의 경우 필수특약이다.

③ 선원은 「선원법」의 적용을 받으므로 산재보험적용 대상에서 제외된다. 따라서 '재해보상책임특약'을 「산재보험법」 수준으로 확장하여 담보하는 '재해보상확장 추가특약'이 없다.

1. 의 의

해외취업선에 승선하는 선원에 대한 추가보상을 담보한다.

2. 보상기준

(1) 유족보상

① 직무상 사망

선박소유자는 선원이 직무상 사망한 경우에는 지체 없이 「선원법 시행령」이 정하는 유족에게 다음을 합산한 금액(㉠ + ㉡)을 유족보상 하여야 한다.

㉠ 승선평균임금의 1,300일분에 상당하는 금액

㉡ 특별보상금 USD 40,000(어선에 승무하는 선원 : USD 20,000)

다만, 합산한 유족보상금이 USD 70,000(어선 승무선원 : USD 56,000) 미만일 경우에는 USD 70,000(어선 승무선원 : USD 56,000)로 한다.

② 직무외 사망

선박소유자는 선원이 승무(제11조 제2항의 규정에 의한 요양을 포함한다) 중 직무 외의 원인으로 사망하는 경우에는 지체 없이 「선원법 시행령」이 정하는 유족에게 다음을 합산한 금액(㉠ + ㉡)을 유족보상 하여야 한다.

㉠ 승선평균임금의 1,000일분에 상당하는 금액

㉡ 특별보상금 USD 40,000(어선 승무선원 : USD 20,000)

심화학습　유족의 범위(선원법 시행령 제29조)

1. 선원의 사망 당시 그에 의하여 부양되고 있던 배우자(사실상 혼인관계에 있던 자를 포함한다)·자녀·부모·손 및 조부모
2. 선원의 사망 당시 그에 의하여 부양되고 있지 아니한 배우자·자녀·부모·손 및 조부모
3. 선원의 사망 당시 그에 의하여 부양되고 있던 형제자매
4. 선원의 사망 당시 그에 의하여 부양되고 있지 아니한 형제자매
5. 선원의 사망 당시 그에 의하여 부양되고 있던 배우자의 부모, 형제자매의 자녀 및 부모의 형제자매
6. 선원의 사망 당시 그에 의하여 부양되고 있지 아니한 배우자의 부모, 형제자매의 자녀 및 부모의 형제자매

---

(2) 장제비

선박소유자는 선원이 직무상 사망한 경우에는 지체 없이 「선원법 시행령」이 정하는 유족에게 승선평균임금 120일분을 지급하여야 한다. 다만, 장제비가 USD 4,500(어선 승무선원 : USD 3,000) 이하일 경우에는 USD 4,500(어선 승무선원 : USD 3,000)로 한다.

(3) 장해보상

선원이 직무상 부상 또는 질병이 치유된 후에도 신체에 장해가 남는 경우에는 선박소유자는 지체없이 다음을 합산한 금액(① + ②)을 보상한다.

① 「산재보험법」 장해등급에 따른 일수×승선평균임금

② 특별보상금으로 「산재보험법」 장해등급에 따른 일수×USD 30(어선 승무선원 : USD 12)

(4) 일시보상

선박소유자는 상병보상 및 요양보상의 규정에 의하여 보상을 받고 있는 선원이 2년이 지나도 그 부상 또는 질병이 치유되지 아니하는 경우에는 제1급의 장해보상에 상당하는 금액을 선원에게 일시에 지급함으로써, 장해보상, 상병보상 그리고 요양보상에서 정하는 보상책임을 면할 수 있다.

(5) 행방불명보상

선박소유자는 선원이 해상에서 행방불명이 된 경우에는 「선원법」상 유족에게 '통상임금 1월분 + 승선평균임금 3월분'에 상당하는 금액의 행방불명보상을 행하여야 한다. 선원의 행방불명기간이 1월을 경과한 때에는 유족보상과 장제비에 관한 규정을 적용한다.

(6) 소지품 유실보상

선박소유자는 선원이 승선 중 해난사고로 인하여 소지품을 잃어버린 경우에는 통상임금의 2월분의 범위 안에서 그 유실된 소지품의 가액에 상당하는 금액을 보상하여야 한다.

(7) 현지 화장 또는 매장시 특별위로금

선원이 외국에서 사망하여 화장 또는 매장하는 경우에는 승선평균임금의 90일분(어선 승무선원 : 60일분)을 특별위로금으로 지급하여야 한다.

1. 의 의

직업훈련을 받는 훈련생이 그 훈련에 의해 재해를 입은 경우 「근로자직업능력개발법」 제11조 및 「동법 시행령」 제5조에 의거 직업훈련원(피보험자)이 부담하는 손해를 보상하는 보험이다.

심화학습　재해 위로금

- 「근로자직업능력개발법」 제11조 제1항(재해 위로금)
  직업능력개발훈련을 실시하는 자는 해당 훈련시설에서 직업능력개발훈련을 받는 근로자(「산업재해보상보험법」을 적용받는 사람은 제외한다)가 직업능력개발훈련 중에 그 직업능력개발훈련으로 인하여 재해를 입은 경우에는 재해 위로금을 지급하여야 한다. 이 경우 위탁에 의한 직업능력개발훈련을 받는 근로자에 대하여는 그 위탁자가 재해 위로금을 부담하되, 위탁받은 자의 훈련시설의 결함이나 그 밖에 위탁받은 자에게 책임이 있는 사유로 인하여 재해가 발생한 경우에는 위탁받은 자가 재해 위로금을 지급하여야 한다.
- 「근로자직업능력개발법 시행령」 제5조(재해 위로금)
  법 제11조에 따른 재해 위로금의 지급에 관하여는 「근로기준법」 제8장(제79조는 제외한다)을 준용한다. 이 경우 재해 위로금의 산정기준이 되는 평균임금은 「산업재해보상보험법」 제36조 제7항 및 제8항에 따라 고용노동부장관이 매년 정하여 고시하는 최고 보상기준 금액 및 최저 보상기준 금액을 각각 그 상한 및 하한으로 한다.

---

2. 약 관

직업훈련생 재해보상책임보험은 국내근재보험과 유사한 형태로 담보된다.

(1) 보통약관

① 보상하는 손해

'직업훈련을 받는 훈련생'을 대상으로 '훈련 중에 그 훈련으로 재해를 입은 경우'를 보험사고로 한다.

② 보상하지 않는 손해

㉠ 피보험자의 고용된 자나 피보험자의 수급인의 고용된 자에 생긴 손해(근재보험의 근로자에 해당)

㉡ 피보험자가 위탁에 의하여 직업훈련을 실시하는 경우 수탁자의 훈련시설의 흠결, 기타 책임 있는 이유로 생긴 손해[피보험자(위탁자)가 아닌 수탁자가 부담하여야 하는 책임]

(2) 선택담보

① 재해보상책임특약

「근로자직업능력개발법」상 제 보상(요양보상, 장해보상, 장제비, 일시보상)을 담보한다. 단, 정식 취업상태가 아니므로 휴업보상은 제외한다.

② 재해보상확장 추가특약

아래와 같은 손해는 보상하지 아니한다.

㉠ 피보험자나 피보험자가 아닌 자연인 또는 법인에 의하여 사실상 고용되어 있는 동안 생긴 손해

㉡ 중독, 마취, 만취 등으로 인하여 생긴 손해

㉢ 경주, 사냥, 폴로, 등산 또는 겨울철의 운동 등 위험한 운동이나 오락 중에 생긴 상해

㉣ 자살행위로 생긴 상해

㉤ 직업훈련생의 능동적인 싸움으로 생긴 상해

③ 직업훈련 이외의 재해보상책임 추가특약(≒ 비업무상 재해보상책임 추가특약)

직업훈련원 내에서 직업훈련 이외의 원인으로 훈련생에게 발생하는 재해(질병 제외)를 기본계약과 동일하게 보상한다.

④ 직업훈련기관 배상책임특약(≒ 사용자배상책임특약)

재해보상책임특약을 초과하는 민사상 손해배상책임을 담보한다.

3. 산재보험의 적용을 받는 경우

만약 실질적으로 사용자에게 근로를 제공하고 사용자와 종속관계가 있거나 고용노동부장관이 정하는 현장실습생에 대해서는 산재보험을 적용한다.

스스로의 힘으로
실천하지 않는 것은
자포자기와 같다.

– 퇴계 이황–

Drill
(드릴)

01 배상책임보험의 의의와 기능에 대해 설명하시오.

1. 의 의

피보험자가 보험기간 중의 사고로 인하여 제3자에게 배상할 책임을 진 경우에 이를 보상하는 보험이다(상법 제719조).

2. 기 능

(1) 순기능

① 피보험자 보호

가해자(피보험자)의 위험부담을 보험자에게 전가시켜 가해자의 재산상의 손해를 방지하는 합리적인 경제제도이다.

② 안정성 · 신뢰성 제공

배상책임보험 가입을 통해 피보험자의 각종 활동에 대한 법적 책임부담 경감과 신뢰성을 제공받을 수 있다.

③ 피해자 구제

가해자가 배상책임에 가입된 경우, 피해자의 손해배상권리가 우선적으로 보호되고, 신속한 보상이 이루어질 수 있다.

(2) 역기능

① 책임의식 약화로 사고방지의 노력이 감소할 수 있다.

② 도덕적 위험이 나타날 수 있다.

3. 특 징

(1) 제3자(피해자)

피보험자가 배상책임을 지는 제3자가 존재하여야 한다.

(2) 법률상 배상책임

피보험자의 제3자에 대한 법률상 배상책임이 발생하여야 하고, 제3자로부터의 손해배상청구가 있어야 한다.

(3) 보험의 목적

'피보험자의 전 재산(통설)'이라는 견해와 '제3자에 대하여 부담하는 배상책임'이라는 견해가 있다.

(4) 보험가액의 미정

피보험자의 전 재산이 보험의 목적이므로 보험사고로 손해가 발생하기 전까지 보험가액을 정할 수 없다(예외 : 보관자배상책임보험).

(5) 보험사고

① 배상책임사고가 발생한 시점을 보험사고로 보는 손해사고설(통설)과 피해자로부터의 배상청구를 받은 시점을 보험사고로 보는 배상청구설이 있다.

② 급격한 사고뿐 아니라 서서히 반복적으로 누적되어 발생하는 사고도 포함한다.

02 실손보상의 원칙에 대해 설명하시오.

1. 의 의

손해보험의 근간이 되는 원칙으로 보험사고로 인한 피보험자의 실제손해를 보상한다는 원칙이다. 이득금지의 원칙이라고도 한다.

2. 취 지

보험은 우연한 사고를 통해 소액의 보험료로 고액의 보험금을 받는다는 점에서 사행계약성을 가지고, 이로 인해 도덕적 위험이 발생한다. 따라서 이를 예방하기 위한 방법으로 이 원칙을 두고 있다.

3. 실손보상원칙의 실현

(1) 피보험이익

① 보험계약을 통해 피보험자가 얻는 경제적 이익으로서 이러한 피보험이익이 없다면 해당 보험계약은 존재할 수가 없게 되고, 이를 통해 피보험이익이 없는 자가 보험금을 청구하여 부당이득을 받게 되는 것을 방지할 수 있다.

② 배상책임보험의 경우 피보험자가 복수로 존재할 수 있는데, 이때에는 기명피보험자에게 피보험이익이 없으면 보험계약이 소멸된다.

(2) 보험가액

① 피보험이익의 평가액으로 법률상 보상최고한도액을 의미하고, 초과·중복보험의 기준이 된다.

② 배상책임보험의 경우, 피보험자의 전 재산에 대한 손해를 담보하기 때문에 보험가액의 개념이 없지만, 타 보험계약에 대하여 알릴의무를 부여하고, 분담조항을 따르도록 하고 있다.

(3) 보험자대위

① 보험자에게 보상을 받은 피보험자가 제3자에게 갖는 손해배상청구권까지 행사할 수 있다면, 이는 이중이득을 취하게 되는 것이다. 따라서 피보험자에게 보험금을 지급한 보험자는 피보험자가 제3자에게 갖는 권리를 이전받게 되는데 이를 보험자대위라 한다.

② 배상책임보험에서는 청구권대위만 존재하며, 대위권과 손해배상청구권이 경합될 경우 피보험자의 제3자에 대한 권리가 우선하고, 남은 차액에 대하여 대위권을 행사한다.

불법행위책임과 채무불이행책임을 비교 설명하시오.

1. 의 의

불법행위책임은 법령상 위법행위에 대한 배상책임인데 반해, 채무불이행책임은 채무자가 계약의 내용을 좇은 이행을 하지 아니하여 채권자가 입은 손해를 배상할 책임이다.

2. 유사점

성립요건	① 가해자(채무자)의 고의 또는 과실 ② 가해자(채무자)의 책임능력 필요 ③ 불법행위(채무불이행) 사실 ④ 손해발생 ⑤ 불법행위(채무불이행) – 손해간 인과관계
과실책임	자기(과실)책임주의
손해배상의 범위	손해배상의 범위에 차이가 없다.
손해배상의 방법	모두 금전배상을 원칙으로 한다.
과실상계	모두 가능하다. * 과실상계 : 손해배상의 책임 및 금액의 결정에 있어 피해자의 과실을 참작하는 것

3. 차이점

구 분	불법행위책임	채무불이행책임
입증책임	피해자가 가해자의 고의나 과실에 대해 입증책임을 진다.	채무자가 자신의 고의나 과실의 귀책사유가 없음을 입증하여야 한다.
상계금지	손해배상채무를 상계하지 못한다.	상계금지 규정이 없다.
배상액의 경감	배상액의 경감을 청구할 수 있다.	배상액의 경감 규정이 없다.
타인의 행위에 대한 책임	사용자의 면책가능성이 인정된다.	채무자에게 면책가능성이 부정된다.
연대책임 유무	연대책임(부진정연대채무) 규정이 존재한다.	연대책임 규정이 없다.
소멸시효	① 불법행위가 있음을 안 날로부터 3년 ② 불법행위 발생일로부터 10년	① 원칙 : 10년 ② 상사(상행위) : 5년
간접피해자 유무	근친자에게도 위자료를 인정한다.	근친자의 손해배상청구권은 인정되지 않는다.

4. 청구권 경합

피해자 또는 채권자는 선택에 따라 어느 청구권이든 먼저 행사할 수 있다.

04 배상책임보험의 신체장해, 재물손해, 사고, 법률상배상책임에 대해 간략히 설명하시오.

1. 신체장해

신체의 부상, 질병, 사망 등을 모두 포함한 사람의 신체 · 생명에 대한 훼손상태를 말한다.

2. 재물손해

재물의 훼손으로 인해 발생한 직접손해, 사용손실(재물을 사용하지 못함으로써 발생하는 손해) 등을 말하며, 재물은 유체물과 무체물을 구별하지 않는다.

3. 사 고

급격하고 우연한 외래사고와 서서히, 계속적, 반복적, 누적적으로 발생한 사고도 포함한다.
'1회의 사고'란 하나의 위험으로 인하여 발생한 사고를 말하며, 피해자나 손해배상청구의 수와 관계없이 1회의 사고로 본다.

4. 법률상 배상책임

법률규정을 위반하거나 그에 따른 배상책임을 말하며, 계약상 가중책임(계약에 의해 법률보다 가중된 책임)은 제외한다.

05 배상책임보험의 보상하는 손해에 대해 설명하시오.

1. 개 요

보험자는 보험기간 중에 발생된 보험사고로 인하여 피보험자가 피해자에게 법률상의 배상책임을 짐으로써 입은 손해를 보상한다.

2. 법률상의 손해배상금

민사적 손해배상금 또는 법원의 판결금

3. 계약자 또는 피보험자가 지출한 비용

① 피보험자가 손해의 방지 또는 경감을 위하여 지출한 필요 또는 유익하였던 비용
② 피보험자가 제3자로부터 손해의 배상을 받을 수 있는 그 권리를 지키거나 행사하기 위하여 지출한 필요 또는 유익하였던 비용
③ 피보험자가 지급한 방어비용(소송 · 변호사 · 중재 · 화해 · 조정에 관한 비용)
④ 보험증권상의 보상한도액 내의 금액에 대한 공탁보증보험료(보험사는 보증을 제공할 책임은 없다)
⑤ 피보험자가 보험회사의 요구에 따르기 위하여 지출한 비용

06 배상책임보험의 손해배상 범위에 대해 설명하시오.

1. 배상책임보험에서의 손해배상액

채무불이행책임의 경우 「민법」 제393조(손해배상의 범위)의 통상의 손해를 한도로 하고 있고, 불법행위책임 또한 이 규정을 준용하고 있다.

2. 통상의 손해

「민법」상 통상의 손해에 대해 규정된 바가 없으므로, 판례를 통하여 아래와 같이 정리할 수 있다.

(1) 요 건
    ① 객관적
    ② 합리적
    ③ 1차 손해(가해행위로부터 직접 발생한 손해)

(2) 재산손해에서의 통상손해
재산이 훼손 또는 멸실 되었을 당시의 시장가치와 이자를 포함한다. 위자료(정신적 손해)의 경우 재산손해에서는 특별손해로 보고 있다.

(3) 인적 손해에서의 통상손해
    ① 재산적 손해
        ㉠ 적극적 손해 : 기존의 이익에 관한 손해(치료비, 장례비, 진단비 등)
        ㉡ 소극적 손해 : 장래의 이익에 관한 손해(휴업손해, 상실수익액 등)
    ② 정신적 손해 : 위자료

3. 특별손해

당사자간 개별적 사정에 의해 발생한 손해로 개별적 사정에 대해 가해자·채무자가 알았거나 알 수 있었을 경우에 해당한다.

07 방어의무와 방어비용에 대해 설명하시오.

1. 방어의무

(1) 의 의

피보험자를 상대로 제기된 소송이나 중재에서 보험자가 이를 방어해야 하는 의무를 말한다.

(2) 방어의무 불이행의 효과

보험자가 방어의무를 해태함으로써 가중된 피보험자의 손해에 대하여 보험자는 피보험자에 대한 손해배상책임이 있다고 본다.

2. 방어비용

(1) 의 의

보험자의 방어의무를 이행하기 위해 지급된 재판상 또는 재판 외의 비용을 말한다.

(2) 법적 성질

판례 및 다수설은 손해방지비용설을 따른다.

(3) 보상한도

손해방지비용과는 달리 방어비용은 보험가입금액을 한도로 하며(상법 제720조 제2항), 보험자의 지시에 의하여 지출한 비용의 경우에만 보험금액을 초과하는 경우에도 보험자가 부담하도록 정하고 있다(상법 제720조 제3항).

> **심화학습**　**피보험자가 지출한 방어비용의 부담(상법 제720조)**
>
> ② 피보험자가 담보의 제공 또는 공탁으로써 재판의 집행을 면할 수 있는 경우에는 보험자에 대하여 보험금액의 한도내에서 그 담보의 제공 또는 공탁을 청구할 수 있다.
> ③ 제1항 또는 제2항의 행위가 보험자의 지시에 의한 것인 경우에는 그 금액에 손해액을 가산한 금액이 보험금액을 초과하는 때에도 보험자가 이를 부담하여야 한다.

08 배상책임보험의 보상하지 않는 손해에 대해 설명하시오.

① 보관자책임에 대한 손해(피보험자가 소유·사용 또는 관리하는 재물이 손해를 입었을 경우에 그 재물에 대하여 정당한 권리를 가진 사람에게 부담하는 손해에 대한 배상책임)

② 계약자, 피보험자(법인인 경우 그 이사 또는 법인의 업무를 집행하는 그 밖의 기관) 또는 이들의 법정대리인의 고의로 생긴 손해에 대한 배상책임

③ 전자파, 전자장(EMF)으로 생긴 손해에 대한 배상책임

④ 지진, 분화, 홍수, 해일 또는 이와 비슷한 천재지변으로 생긴 손해에 대한 배상책임

⑤ 전쟁, 혁명, 내란, 사변, 테러, 폭동, 소요, 노동쟁의 기타 이들과 유사한 사태로 생긴 손해에 대한 배상책임

⑥ 핵연료물질(사용된 연료를 포함) 또는 핵연료물질에 의하여 오염된 물질(원자핵분열 생성물을 포함)의 방사성, 폭발성 그 밖의 유해한 특성 또는 이들의 특성에 의한 사고로 생긴 손해에 대한 배상책임

⑦ 방사선을 쐬는 것 또는 방사능 오염으로 인한 손해

⑧ 티끌, 먼지, 석면, 분진 또는 소음으로 생긴 손해에 대한 배상책임

⑨ 피보험자와 타인 간에 손해배상에 관한 약정이 있는 경우, 그 약정에 의하여 가중된 배상책임

⑩ 벌과금 및 징벌적 손해에 대한 배상책임

저자의 TIP 쉽게 외워요!

'보관자'가 '고의'로 'EMF'쏴서 '천·전·핵·방'이 일어나 '먼지·소음'이 발생해 '가중책임·징벌'을 받았다.

09 **징벌적 배상금에 대해 설명하시오.**

1. 의 의

가해자의 악의적 행위로 인한 법률적 손해배상책임 이외에 법원이 추가로 부과하는 배상금으로 영미법에서 비롯된 이론이다.

2. 기 능

가해자의 악의적 행위에 대한 재발방지를 위한 기능을 한다.

3. 국내 배상책임보험에서의 적용

우리나라에서는 징벌적 손해배상에 대해 명확히 구분 짓지 않고, 위자료 산정시 포함시킨 판례가 있다.

10 배상책임보험의 보상한도액 및 자기부담액(공제금액)에 대해 설명하시오.

1. 보상한도액

(1) 정 의

보상한도액이란 회사와 계약자 간에 약정한 금액으로 피보험자가 법률상의 배상책임을 부담함으로써 입은 손해 중 보험금 등의 지급한도에 따라 보험회사가 책임지는 금액의 최대 한도를 말한다.

(2) 대인보상한도액(BI)

신체상해사고의 보상한도액으로, ① 1인당 보상한도액(AOP)과 ② 1사고당 보상한도액(AOO)이 있다.

(3) 대물보상한도액(PD)

재물손해사고의 보상한도액으로 1사고당 보상한도액이다.

(4) 일괄보상한도액(CSL)

신체상해, 재물손해에 관계없이 모든 손해에 대한 보상한도이다.

(5) 연간보상총액(AGG)

보험기간 중 보상할 수 있는 총 한도, 생산물배상 등 사고발생 위험이 높은 특약의 경우 무조건 연간 총액을 설정하여야 한다. 사고로 보험금 지급시마다 감액되고, 총보상한도액이 소진되면 해당 증권이 소멸된다.

2. 자기부담액(공제금액)

① 보험사고로 인하여 발생한 손해에 대하여 계약자 또는 피보험자가 부담하는 일정 금액을 말한다.
② 발생빈도가 많은 소손해 처리에 따른 보험자 측의 경비절감으로 보험료 경감효과가 있다.
③ 보험계약자는 자기부담액 증액을 통해 보험료를 할인받을 수 있다.
④ 보험계약자에게 자기부담액을 부담하게 함으로써 계약자의 적극적인 위험관리를 유도한다.

11 배상책임보험의 종류를 열거하시오.

1. 근로자재해보장책임보험

(1) 국내 근로자재해보장책임보험

① 보통약관

② 재해보상책임특약

③ 재해보상확장 추가특약

④ 사용자배상책임특약

(2) 해외/선원 근로자재해보장책임보험

① 비업무상 재해확장 추가특약(선원·해외 근로자용)

② 간병보상 추가특약(해외 근로자용)

(3) 직업훈련생 재해'보상'책임보험

「근로자직업능력개발법」에 의한 직업훈련 과정 중 훈련생이 훈련에 기인하여 재해를 입은 경우 직업 훈련생 재해보상책임보험 보통약관 및 재해보상 관련 법령에 따라 보상되는 금액과 이를 초과하여 피보험자(훈련기관 등)가 부담하는 법률상의 손해배상금을 보상하는 보험이다.

2. 일반배상책임보험

(1) 개인배상책임보험

일상생활배상책임담보특약

(2) 영업배상책임보험

① 시설소유관리자특약

② 도급업자특약

③ 보관자배상책임특약

④ 임차자특약

(3) 영문 영업배상책임보험(Commercial General Liability Insurance - C.G.L.)

① Coverage A. Bodily injury and Property damage Liability (신체/재물 손해)

② Coverage B. Personal and Advertising injury Liability (인권/광고권 침해)

③ Coverage C. Medical payments (의료비)

(4) 생산물 및 완성작업 배상책임보험

생산물배상책임을 담보하는 단일 약관이다.

(5) 가입강제 배상책임보험

① 가스배상책임보험

② 적재물배상책임보험

③ 각종 체육시설업자배상책임보험

④ 특약부화재보험

3. 전문직업인배상책임보험

(1) 신체에 관한 전문직업위험

의사배상책임보험

(2) 신체 이외의 전문직업위험

① 변호사배상책임보험

② 손해사정사배상책임보험

③ 기타 전문직 배상책임보험

12 영업배상책임보험의 국문약관과 영문약관(C.G.L.)을 비교 설명하시오.

구 분	국문영업배상책임보험	C.G.L.
위험담보방식	선택담보방식 ① 기본적 담보위험이 특약에 위임 ② 보통약관에 첨부하여 가입	포괄담보방식 ① 보통약관에서 피보험자의 모든 배상책임위험을 포괄담보 ② 특약에 의해 면책위험을 제외
가입대상	① 담보하지 않는 위험을 보상받고자 하는 경우 ② 외국의 기업 또는 외국계 기업과 거래를 하는 기업의 경우	① 고액보상보험한도액을 설정할 필요가 있는 경우 ② 보상한도액 및 보험료를 외화로 표시할 필요가 있는 경우
보상한도액	신체장해(BI)나 재물손해(PD)에 구분없이 1사고당(EO) 및 총보상한도(AI)로 계약	

13 영업배상책임보험의 타보험약관조항에 대해 설명하시오.

1. 타보험약관 조항의 의의

중복보험간 보험금의 분담 여부 및 분담방법을 구체적으로 규정한 약관조항을 말한다.

2. 유 형

(1) 분담방식

① 균등액분담방식

② 비례분담방식

(2) 비분담방식

① 우선보상방식

② 초과액보상방식

③ 면책방식

3. 국문영업배상책임보험의 타보험약관 조항

(1) 제9조(의무보험과의 관계)

① 회사는 이 약관에 의하여 보상하여야 하는 금액이 의무보험에서 보상하는 금액을 초과할 때에 한하여 그 초과액만을 보상한다. 다만, 의무보험이 다수인 경우에는 제10조(보험금의 분담)를 따른다.

② 제1항의 의무보험은 피보험자가 법률에 의하여 의무적으로 가입하여야 하는 보험으로서 공제계약을 포함한다.

③ 피보험자가 의무보험에 가입하여야 함에도 불구하고 가입하지 않은 경우에는 그가 가입했더라면 의무보험에서 보상했을 금액을 제1항의 "의무보험에서 보상하는 금액"으로 본다.

(2) 제10조(보험금의 분담)

① 이 계약에서 보장하는 위험과 같은 위험을 보장하는 다른 계약(공제계약을 포함한다)이 있을 경우 각 계약에 대하여 다른 계약이 없는 것으로 하여 각각 산출한 보상책임액의 합계액이 손해액을 초과할 때에는 아래에 따라 손해를 보상한다. 이 계약과 다른 계약이 모두 의무보험인 경우에도 같다.

$$\text{손해액} \times \frac{\text{이 계약의 보상책임액}}{\text{다른 계약이 없는 것으로 하여 각각 계산한 보상책임액의 합계액}}$$

② 이 계약이 의무보험이 아니고 다른 의무보험이 있는 경우에는 다른 의무보험에서 보상되는 금액(피보험자가 가입을 하지 않은 경우에는 보상될 것으로 추정되는 금액)을 차감한 금액을 손해액으로 간주하여 제1항에 의한 보상할 금액을 결정한다.

③ 피보험자가 다른 계약에 대하여 보험금 청구를 포기한 경우에도 회사의 제1항에 의한 지급보험금 결정에는 영향을 미치지 않는다.

4. C.G.L.의 타보험약관 조항

① 우선보상방식

② 초과액보상방식

③ 비례분담방식

14 **배상책임보험을 유형별로 비교 설명하시오.**

1. 일반배상책임보험 vs 전문직업인배상책임보험

일반배상책임보험	피보험자가 타인에게 지는 법률상 배상책임손해를 담보한다.
전문직업인배상책임보험	① 피보험자가 수행하는 전문직업 행위로 인해 타인에게 지는 법률상 손해배상책임손해를 담보한다. ② 위험의 전문성 여부는 담보위험에 의해 판단되는 것이지 직업 자체에 의해 결정되는 것은 아니다.

2. 임의배상책임보험 vs 의무배상책임보험

임의배상책임보험	① 피보험자의 임의적 의사에 따라 가입하는 보험이다. ② 피보험자 자체적 구제 보험이다.
의무배상책임보험	① 법령에 의해 가입이 강제되어 있는 보험이다. ② 법령에 의한 피해자 구제 보험이다.

3. 개인배상책임보험 vs 영업배상책임보험

개인배상책임보험	개인의 일상생활 중 사고로 발생한 배상책임을 담보한다. 주로 장기종합보험에서 특약 형태로 담보하고 있다.
영업배상책임보험	업무활동 중 사고로 발생한 배상책임을 담보한다.

4. 제3자 배상책임보험 vs 보관자배상책임보험 vs 혼합배상책임보험

제3자 배상책임보험	피보험자의 제3자에 대한 배상책임을 담보한다.
보관자배상책임보험	피보험자가 보호, 관리, 통제하는 재물에 대한 손해를 담보한다.
혼합배상책임보험	제3자와 보관자배상책임을 모두 담보한다.

5. 기초배상책임보험 vs 초과배상책임보험 vs 포괄배상책임보험

기초배상책임보험	어떠한 배상책임 위험에 대하여 최초로 가입한 보험이다.
초과배상책임보험	기초배상책임보험의 보상한도를 초과하여 일정한도까지 보상하는 보험이다.
포괄배상책임보험	여러 가지 배상책임 위험에 대하여 이미 체결된 기초배상책임에서 ① 그 한도액을 초과하거나, ② 담보하지 않는 위험에 대해 새로이 보상한도를 정하여 보상하는 보험이다.

6. 법률상 배상책임보험 vs 계약상 가중책임보험

법률상 배상책임보험	① 법률상 배상책임을 담보한다. ② 본인책임주의에 근거한 배상책임과 법률규정에 근거한 전가책임이 있다.
계약상 가중책임보험	① 당사자간의 약정에 의한 배상책임을 담보한다. ② 실질적으로 계약상 가중책임은 보험사고의 우연성 결여로 대부분의 배상책임보험에서 면책하고 있다. 그러나 계약상 가중책임도 법률에 의해 보호받을 수 있는 범위 내에서 보험으로 담보할 필요성이 제기되어 마련되었다.

7. 손해사고기준 배상책임보험 vs 배상청구기준 배상책임보험

손해사고기준 배상책임보험	① 배상책임사고가 발생한 시점을 보험사고로 보는 보험이다. ② 대부분의 배상책임보험이 해당한다.
배상청구기준 배상책임보험	① 손해배상청구가 발생한 시점을 보험사고로 보는 보험이다. ② 생산물배상책임보험, 전문직업인배상책임보험 등이 있다.

15 보관자배상책임보험과 제3자배상책임보험의 비교 설명하시오.

구 분	보관자배상책임보험	제3자 배상책임보험
보험의 목적	보관물(특정)	피보험자의 전 재산(불특정)
피해자	보관물 위탁자(특정)	불특정 다수
책임법리	채무불이행책임	불법행위책임
예	창고업자배상책임보험	자동차배상책임보험

일반배상책임보험과 전문직업인배상책임보험을 비교 설명하시오.

구 분	일반(영업)배상책임보험	전문직업인배상책임보험
보험사고	시설 및 영업/업무에 기인된 사고	전문업무에 기인된 사고
	비행배상(신체/재물의 물리적 손해)	① 비행배상 ② 하자배상[업무 중 부주의 또는 부작위(E & O)로 인한 사고]
피해자	불특정 다수	서비스 이용 고객
담보기준	손해사고기준	배상청구기준
보상한도	인당 및 사고당	사고당

17 도급업자특약과 시설소유관리자특약을 비교 설명하시오.

1. 도급업자특약과 시설소유관리자특약의 공통점

도급업자특약과 시설소유관리자특약 모두 '제3자 배상책임위험'만을 담보하며, 해당 목적물 자체의 사고는 담보하지 않는다.

2. 차이점

구 분	도급업자특약	시설소유관리자특약
시 설	① 신축, 증·개축, 수리 또는 철거와 같이 공사가 진행 중인 시설 ② 공사에 이용되는 사무소, 가설물, 자재 보관장 등의 시설	완성시설을 본래의 용도에 맞게 이용되는 시설
업무장소	주로 시설 밖	주로 시설 내
보험기간	① 포괄계약의 경우 1년 기준 ② 개별계약은 당해 도급공사기간	언제나 1년
보험료	① 포괄계약의 경우 보험기간과 비례 ② 개별계약의 경우 보험기간과 관계없이 도급공 사금액에 의하여 결정	언제나 보험기간과 비례

기업포괄배상책임보험에 대해 설명하시오.

1. 의 의

① 피보험자의 업무에 따르는 각종의 배상책임위험에 관하여 피보험자가 이미 가입하고 있는 영업배상책임보험(C.G.L.), 근로자재해보장책임보험(WC/EL), 자동차배상책임보험 등 각종 기초배상책임보험의 보상한도액을 초과하는 손해와 기타 부담보위험을 총괄하여 담보하는 약관이다.

② 본 약관은 대형계약자의 개별적인 위험담보에 적합하도록 작성되는 이른바 Tailor made policy(맞춤형 정책)로서 비표준약관이기 때문에 보험약관의 형태가 매우 다양한 것이 특징이다.

2. 기 능

① 기초배상책임보험의 보상한도액을 필요한 금액까지 증가시킨다.

② 보험기간 중 모든 사고에 대한 총보상한도액이 소진된 경우, 기초배상책임보험의 역할을 한다.

③ 기초배상책임보험에서 담보하지 않는 기타의 배상책임위험도 추가 담보된다.

3. 보상하는 손해

(1) 담보위험

① 기초보험을 초과하는 손해를 보상한다.

② 각종 부담보위험 특약

(2) 방어비용

기초보험증권에는 적용되지 아니한다. 그러나 기초보험증권의 보상한도액이 사고로 소진된 경우에는 그 사고에 대하여도 동 규정이 적용된다.

4. 보상한도액

(1) 총보상한도액(Aggregate Limit)

C.G.L.과 같이 보험기간 중의 모든 사고에 대한 총보상한도액을 규정하고 있고, 또한 총보상한도액은 생산물위험에 대한 총보상한도액과 기초위험을 제외한 기타의 모든 위험에 대한 총보상한도액으로 구분된다.

(2) 피보험자부담한도액(Retained Limit)

기초보험증권의 보상한도액 또는 기초보험이 없는 배상책임위험에 대하여 별도로 설정된 기초공제금액을 초과하는 손해만을 보상하는 바, 이와 같이 기업포괄배상책임보험에서 부담하지 않는 손해인 기초보험증권의 보상한도액 또는 기초공제금을 피보험자부담한도액이라 한다.

(3) 사고당 한도액(Occurrence Limit)

손해의 형태별로 1사고당 정의를 규정하고 있다.

19 창고업자특약에 대해 설명하시오.

1. 의 의

보관자책임보험으로 창고업자가 임치인에 대하여 부담하는 손해배상책임을 담보한다.

2. 법적 근거

보관자배상책임보험과 유사하다.

3. 보상하는 손해

(1) 창고업자특약 Ⅰ

열거위험방식(화재, 폭발, 파손, 강도, 도난사고)을 적용하고, 일부보험일 경우 비례보상방식을 따른다.

(2) 창고업자특약 Ⅱ

포괄위험담보방식을 적용하여 사고의 원인을 묻지 않고 보험증권에 지정한 장소에서 보관 중인 물건에 대한 손해를 보상한도 내에서 실손보상한다. 창고업자특약 Ⅰ과 혼용되지 않는다.

4. 보상한도

일반적으로 보험사고가 생긴 때와 곳에 있어서 수탁물이 손해를 입지 아니하였을 경우의 가액을 한도로 한다.

5. 현물보상 조항

보험자는 손해의 일부 또는 전부에 대하여 현물보상으로써 보험금의 지급에 갈음할 수 있다.

20 임차자특약에 대해 설명하시오.

1. 의 의

임차인이 임차한 물건(부동산)에 발생한 우연한 사고로 임대인에게 손해배상책임을 부담하는 것을 담보하는 보험이다.

* 임대차 계약이란 당사자 일방(임대인)이 상대방에게 목적물을 사용, 수익하게 할 것을 약정하고 상대방(임차인)이 이에 대하여 차임을 지급할 것을 내용으로 하는 계약을 말한다(민법 제618조).

2. 법적 근거

(1) 「민법」 제390조(채무불이행책임)

임차인이 의무이행을 하지 아니한 때에는 임대인은 손해배상을 청구할 수 있다(대법원 2017.5.18. 선고 2012다86895, 86901, 전원합의체 판결).

(2) 「민법」 제654조(원상회복의무)

임차인이 목적물을 반환하는 때에는 원상회복의무를 가진다.

3. 보상하는 손해

임차인(피보험자)이 임차한 부동산에 생긴 사고로 임대인(피해자)에게 지는 법률상 배상책임을 담보하고 있다. 임차자 외에 동거친족·동숙자 및 이들이 고용한 자, 방문자도 피보험자에 포함된다.

주차장특약에 대해 설명하시오.

1. 의의

피보험자의 소유·사용·관리하는 주차시설 및 그 시설용도에 따른 주차업무를 담보의 대상으로 한다. 시설이 주차시설로 제한된다는 점을 제외하면 시설소유관리자특약과 유사하다.

2. 주차시설

「주차장법」에 의한 주차장을 말하며, 노상·노외주차장, 기계식주차장, 부설주차장으로 구분한다. 이에 해당하지 않는 경우에는 시설소유관리자특약을 통해 담보할 수 있다.

3. 법적 근거

「주차장법」에 따른 주차장 소유·관리자의 차량관리책임에 근거한다(주차장법 제10조, 제17조, 제19조).

4. 보상하는 손해

피보험자가 소유·사용·관리하는 주차시설 및 그 시설의 용도에 따른 주차업무의 수행으로 인해 제3자에게 입힌 재산손해, 신체손해에 대한 법률상 배상책임을 담보한다.

5. 보상하지 않는 손해

보통약관 면책손해와 벌과금 및 징벌적 손해에 대한 배상책임에 대하여는 보상하지 않는다.

(1) 주요 면책위험
   ① 주차장 내에서 무면허 운전자의 자동차조작으로 생긴 손해
   ② 주차장 이외의 장소에 주차한 자동차 및 그 자동차에 기인된 사고로 생긴 손해배상책임
   ③ 주차장관리자의 자동차 사용 중 사고로 인한 배상책임손해
   ④ 차량의 사용손실 등 일체의 간접손해

(2) 약 관

① 계약자 또는 피보험자가 소유·점유·임차·사용 또는 관리(화물의 하역작업 포함)하는 자동차, 항공기, 선박으로 생긴 손해에 대한 배상책임. 그러나 피보험자가 주차의 목적으로 수탁받은 차량으로 생긴 손해에 대한 배상책임은 보상한다.

② 통상적이거나 급격한 사고에 의한 것인가의 여부에 관계없이 공해물질의 배출, 방출, 누출, 넘쳐 흐름 또는 유출로 생긴 손해에 대한 배상책임

③ 시설의 수리, 개조 신축 또는 철거공사로 생긴 손해에 대한 배상책임. 그러나 통상적인 유지, 보수작업으로 생긴 손해에 대한 배상책임은 보상한다.

④ 아래의 사유로 생긴 손해에 대한 배상책임과 그러한 음식물이나 재물 자체의 손해에 대한 배상책임
  ㉠ 피보험자의 시설 내에서 사용, 소비되는 피보험자의 점유를 벗어난 음식물이나 재물
  ㉡ 피보험자의 점유를 벗어나고 시설 밖에서 사용, 소비되는 음식물이나 재물

⑤ 공사의 종료(공사물건의 인도를 요하는 경우 인도) 또는 폐기 후 공사의 결과로 부담하는 손해에 대한 배상책임 및 공사물건 자체의 손해에 대한 배상책임

⑥ 피보험자의 근로자가 피보험자의 업무에 종사 중 입은 신체장해에 대한 손해배상책임

⑦ 피보험자가 양도한 시설로 생긴 손해에 대한 배상책임과 시설자체의 손해에 대한 배상책임

⑧ 아래의 사유로 생긴 물리적으로 파손되지 아니한 유체물의 사용손실에 대한 배상책임
  ㉠ 피보험자의 채무불이행이나 이행지체
  ㉡ 피보험자의 생산물이나 공사물건이 피보험자가 보증한 성능, 품질 적합성 또는 내구성 결함

⑨ 의사(한의사 및 수의사를 포함한다), 간호사, 약사, 건축사, 설계사, 측량사, 이용사, 미용사, 안마사, 침술사(뜸을 포함한다), 접골사 등 전문직업인의 직업상 과실로 생긴 손해에 대한 배상책임

⑩ 가입 여부를 묻지 아니하고 피보험자가 법률에 의하여 의무적으로 가입하여야 하는 보험(공제계약을 포함한다. 이하 '의무보험'이라 함)에서 보상하는 손해에 대한 배상책임

⑪ 지하매설물에 입힌 손해 및 손해를 입은 지하매설물로 생긴 다른 재물의 손해에 대한 배상책임

⑫ 이륜자동차의 도난으로 생긴 손해에 대한 배상책임. 그러므로 이륜자동차의 도난 이외의 손해에 대한 배상책임은 보상한다.

⑬ 타이어나 튜브에만 생긴 손해 또는 일부 부분품, 부속품이나 부속기계장치만의 도난으로 생긴 손해에 대한 배상책임. 타이어나 튜브의 손해는 장기간 사용에 따른 제품의 마모에서 비롯되는 것이 일반적이므로 해당 손해가 주차장 내에서 발생했음을 입증하기 어렵기 때문이다. 그러나 화재, 도난 또는 타이어 이외의 부분과 함께 손해가 발생한 경우에는 보상한다.

⑭ 자연마모, 결빙, 기계적 고장이나 전기적 고장으로 차량에 발생한 손해 배상책임

⑮ 차량에 부착한 고정설비가 아닌 차량 내에 놓아둔 물건의 손해에 대한 배상책임

⑯ 정부, 공공기관 기타 지방자치단체의 몰수, 국유화 또는 징발로 생긴 손해에 대한 배상책임

⑰ 주차장 내에서 자동차 또는 중기운전면허가 없는 사람의 차량 조작으로 생긴 손해에 대한 배상책임, 대리주차를 수행하는 자가 무면허인 경우

⑱ 공공도로(「도로교통법」상의 도로에 한한다)에서 수행하는 주차대행업무로 생긴 손해에 대한 배상책임. 이는 「자동차손해배상보장법」의 담보대상인 운행 중 사고이므로 면책한다.

⑲ 차량의 수리작업(차량부품의 수리, 대체작업을 포함한다)으로 생긴 손해에 대한 배상책임

⑳ 차량의 사용손실 등 일체의 간접손해
　　예 휴차기간의 영업손실과 렌트카비용(대차료)

22 차량정비업자특약에 대해 설명하시오.

1. 의 의

차량정비업자가 수탁받은 차량에 입힌 손해(보관자책임)와 피보험자가 차량정비를 위하여 소유·사용 및 관리하는 시설 및 업무활동에 기인한 사고로 타인에게 입힌 제3자 배상책임을 포괄 담보한다.

2. 가입대상

「자동차관리법」상의 자동차관리업 중 자동차정비업자를 의미한다.

3. 주요 면책손해

① 타이어나 튜브에만 생긴 손해 또는 일부 부분품, 부속품이나 부속기계장치만의 도난으로 생긴 손해에 대한 배상책임

② 자연마모, 결빙, 기계적 고장이나 전기적 고장으로 차량에 발생한 손해배상책임

③ 차량에 부착한 고정설비가 아닌 차량 내에 놓아둔 물건의 손해

④ 시설 밖에서의 시험목적 이외의 차량운행 중 사고

⑤ 차량부품의 수리, 대체 또는 통상적인 수리작업 중 발생한 사고로 차량에 입힌 손해배상책임

⑥ 차량의 정비를 위한 견인 또는 정비가 끝난 차량의 인도 중 사고

⑦ 공사의 종료(공사물건의 인도를 요하는 경우에는 인도) 또는 폐기 후 공사의 결과로 부담하는 배상책임 및 공사물건

⑧ 차량의 사용손실 등 일체의 간접손해

23 선주배상책임보험에 대해 설명하시오.

1. 의 의

피보험자가 소유·사용 또는 관리하는 선박에 의하여 운송하는 여객이 우연한 사고로 신체장해를 입은 경우의 법적 배상책임을 담보하는 배상책임보험의 하나이다.

2. 가입대상

「해운법」상의 해상여객운송 대상인 선박이 가입대상이다.

3. 보상하는 손해

피보험자가 보험증권에 기재된 선박에 탑승한 여객(유람, 관광 및 도하목적의 탑승객을 말한다)의 신체에 손해를 입혀 법률상 배상책임을 부담함으로써 입은 손해를 보상한다.

4. 주요 보상하지 않는 손해(기본 면책손해+)

① 승선한 여객 이외의 제3자에게 입힌 신체장해에 대한 배상책임
② 재물손해에 대한 배상책임
③ 선박 또는 선박에 승강시키는 연락용 선박의 뚜렷한 정원초과로 생긴 손해에 대한 배상책임. 그러나 뚜렷한 정원 초과로 생긴 손해가 아님을 피보험자가 입증한 때에는 정원을 한도로 보상한다.

5. 부가할 수 있는 특별약관

① 구조비담보 특별약관
② 승객 외 제3자담보 특별약관
③ 관습상의 비용담보 특별약관

24 선박수리업자특약에 대해 설명하시오.

1. 의의

선박수리업자특약은 보관자배상책임과 제3자 배상책임을 담보한다. 수리를 수탁받은 선박과 선박에 선적된 물건에 입힌 위험을 담보하고, 피보험자의 수리 업무 또는 관련시설에 기인한 사고로 인한 재물손해 및 제3자의 신체손해를 담보한다.

2. 보상하는 손해

피보험자가 선박수리작업의 수행 또는 작업의 수행을 위하여 소유·사용·관리하는 아래에 기재된 시설로 생긴 아래의 사고를 담보한다.

① 피보험자가 수리하기 위하여 보관·관리 또는 작업항에서 100마일 이내의 해면에서 시험운항하는 선박에 손해를 입히는 사고

② 시험운항 중이 아닌 항해 중의 선박을 제외하고 위 ① 이외의 피보험자가 수리작업 중인 선박에 손해를 입히는 사고

③ ① 또는 ②의 선박에 적재된 또는 하역되어 있는 화물이나 기타 재물에 손해를 입히는 사고

④ 수리의 목적으로 선박에서 분리하여 피보험자가 보관·관리 중 생긴 기계, 장치에 손해를 입히는 사고(피보험자의 구내와 선박간 또는 피보험자의 구내와 전문수리업자나 제조업자의 구내간 운반 중 발생한 사고를 포함한다)

⑤ ①, ② 이외의 재물에 손해를 입히는 사고

⑥ 타인의 신체에 장해를 입히는 사고

⑦ 잔해의 제거 중 발생하는 사고

25 항만하역업자(싸이로)특약에 대해 설명하시오.

1. 의 의

본 특약은 소유·사용·관리하는 부두구역 내에서 수행하는 하역작업과 각종 시설의 결함에 기인한 사고로 선박 및 하역화물은 물론 기타 제3자에게 입힌 인적·물적 손해를 보상한다.

2. 가입대상

선박하역사업(자동차, 기차 및 항공기 제외)에 한정된다.

3. 주요 면책위험

① 하역 화물의 사용손실 등 일체의 간접손해에 대한 배상책임

② 색깔 및 향기의 변질만으로 생긴 손해에 대한 배상책임

③ 지붕, 문, 창의 통풍장치에서 새어든 비 또는 눈 등으로 생긴 손해에 대한 배상책임. 그러나 상당한 주의를 다한 경우에도 발생하였을 것으로 피보험자가 입증한 손해는 보상한다.

④ 선박사고로 생긴 위약금, 체선료, 억류, 사용손실, 운임손실, 용선료손실, 시장손실 등 일체의 간접손해에 대한 배상책임

4. 추가특약

(1) 바케트·그래브사고담보 추가특약

피보험자가 고철을 선적 또는 하역하거나 전자석, 그래브, 바게트 기타 이와 유사한 장비로 선적 또는 하역하는 작업으로 선박에 입힌 직접 손해를 보상한다.

(2) 화재위험부담보 추가특약

화재사고로 입힌 하역화물에 생긴 손해에 대한 배상책임을 보상하지 않는 특약이다.

(3) 항만하역위험확장부담 추가특약

항만해역 내(항만 내의 해상, 접안시설을 포함)에서의 하역작업의 수행 또는 하역작업의 수행을 위하여 소유·사용·관리하는 시설로 생긴 우연한 사고로 인한 배상책임손해를 보상한다.

26 학교경영자특약에 대해 설명하시오.

1. 의 의

학교시설이나 활동으로 인한 사고로 타인에게 부담하는 배상책임을 담보하는 보험을 말한다.

2. 보상하는 손해

보험증권에 기재된 피보험자가 학교경영과 관련하여 소유·사용 또는 관리하는 시설(이하 "학교시설") 및 학교업무와 관련된 지역에서 학교업무의 수행으로 인한 사고로 타인에게 부담하는 배상책임을 말한다.

> **심화학습** 특약상 용어의 정의
>
> ① 학 교
>   교육기본법, 초·중등교육법, 고등교육법 등에 의한 정규교육기관을 말하며, 유아교육기관부터 대학교까지 보험가입의 대상이 된다.
> ② 학교업무
>   ㉠ 학교시설 내에서 이루어지는 통상적인 업무활동
>   ㉡ 학교가 주관하는 업무
>   ㉢ 학교의 장이나 그 대리인이 허가하고 학교 교직원의 인솔·감독하에 이루어지는 교외활동 포함

3. 보상하지 않는 손해

보통약관 면책사유와 벌과금 및 징벌적 손해에 대한 배상책임은 보상하지 않는다.

① 계약자 또는 피보험자가 소유·점유·임차·사용 또는 관리(화물의 하역작업 포함)하는 자동차, 항공기, 선박으로 생긴 손해에 대한 배상책임. 그러나 아래의 경우는 보상한다.
  ㉠ 시설 내에서 피보험자가 소유·임차 또는 사용하지 아니하는 자동차의 주차로 생긴 손해에 대한 배상책임
  ㉡ 피보험자의 시설에 양륙되어 있는 선박 또는 피보험자가 요금을 받지 아니하고 여객이나 물건을 운송하는 길이 26피트 이하의 피보험자 소유가 아닌 소형선박으로 생긴 손해에 대한 배상책임

② 통상적이거나 급격한 사고에 의한 것인가의 여부에 관계없이 공해물질의 배출, 방출, 누출, 넘쳐흐름 또는 유출로 생긴 손해에 대한 배상책임

③ 학교시설의 수리, 개조 신축 또는 철거공사로 생긴 손해에 대한 배상책임. 그러나 통상적인 유지·보수작업으로 생긴 손해에 대한 배상책임은 보상한다.

④ 다음의 사유로 생긴 손해에 대한 배상책임과 그러한 음식물이나 재물 자체의 손해에 대한 배상책임
    ㉠ 피보험자의 시설 내에서 사용·소비되는 피보험자의 점유를 벗어난 음식물이나 재물
    ㉡ 피보험자의 점유를 벗어나고 시설 밖에서 사용, 소비되는 음식물이나 재물

⑤ 공사의 종료(공사물건의 인도를 요하는 경우 인도) 또는 폐기 후 공사의 결과로 부담하는 손해에 대한 배상책임 및 공사물건 자체의 손해에 대한 배상책임

⑥ 피보험자의 근로자(교사를 포함)가 피보험자의 업무에 종사 중 입은 신체장해에 대한 손해배상책임

⑦ 에너지 및 관리할 수 있는 자연력, 상표권, 특허권 등 무체물에 입힌 손해에 대한 배상책임

⑧ 피보험자가 양도한 시설로 생긴 손해에 대한 배상책임과 시설자체의 손해에 대한 배상책임

⑨ 아래의 사유로 생긴 물리적으로 파손되지 아니한 유체물의 사용손실에 대한 배상책임
    ㉠ 피보험자의 채무불이행이나 이행지체
    ㉡ 피보험자의 생산물이나 공사물건이 성능, 품질 적합성 또는 내구성 결함

⑩ 의사(한의사 및 수의사를 포함한다), 간호사, 약사, 건축사, 설계사, 측량사, 이용사, 미용사, 안마사, 침술사(뜸을 포함한다), 접골사 등 전문직업인의 직업상 과실로 생긴 손해에 대한 배상책임

⑪ 가입 여부를 묻지 아니하고 피보험자가 법률에 의하여 의무적으로 가입하여야 하는 보험(공제계약을 포함한다. 이하 '의무보험'이라 함)에서 보상하는 손해에 대한 배상책임

⑫ 지하매설물에 입힌 손해 및 손해를 입은 지하매설물로 생긴 다른 재물의 손해에 대한 배상책임

⑬ 총기(공기총을 포함한다) 또는 동·식물의 소유, 임차, 사용이나 관리로 생긴 손해에 대한 배상책임

⑭ 학교시설을 타인이 임차하여 사용하는 중 그 타인(타인의 구성원을 포함한다)에게 입힌 손해에 대한 배상책임. 그러나 일부를 사용할 경우 그 밖의 지역에서 생긴 손해에 대한 배상책임을 보상한다.

⑮ 교직원이나 학생들의 개인적인 배상책임

⑯ 학교의 운동선수로 등록된 자 또는 그의 지도감독을 위하여 등록된 자가 그 운동을 위한 연습, 경기 또는 지도 중에 생긴 손해에 대한 배상책임

⑰ 군사훈련 및 데모로 생긴 손해에 대한 배상책임

4. 추가특약

(1) 치료비담보 추가특약

학교경영자의 법률상 책임 없는 경우에도 치료비를 보상한다. 학생의 치료비는 피해일로부터 180일을 한도로 한다.

(2) 구내치료비담보 추가특약

학교구내에서 발생한 사고로 학생이 입은 신체장해의 치료비를 담보한다. 따라서 학교구내인 점을 제외하고 치료비담보 추가특약과 같다.

(3) 신입생담보 추가특약

학교경영자특약에서 정하는 사고로 신입생이 입학식 이전에 학교에서 주최하는 행사에 참석 중에 입은 신체장해에 대한 치료비를 보상한다. 반드시 학교 측의 인솔이 있어야 하며, 학교행사에 참석하기 위해 이동하거나 학교행사 종료 후 이동하는 동안은 제외한다.

* **신입생** : 해당 학교의 입학전형에 합격하여 입학금 및 등록금 등을 납입한 자로서, 학교가 확정한 자를 말한다.

27 경비업자특약에 대해 설명하시오.

1. 의 의

경비계약에 의해 경비업자가 경비업무를 수행 중 경비대상이 화재, 폭발, 도난, 파손 등의 사고로 피해를 입거나 기타 제3자에게 인적·물적 피해를 입힘으로써 부담하는 손해를 보상한다.

2. 가입대상

「경비업법」에 의한 경비업체를 대상으로 한다.

3. 특약의 종류

구 분	특별약관 I	특별약관 II
인수대상	용역경비계약	보안경비계약
면책위험의 범위	① 면책위험 넓음 ② 추가특약을 첨부하여 담보위험 확장	면책위험 좁음

4. 추가특약

(1) 귀중품담보 추가특약

화폐, 수표, 유가증권, 인지, 금·은 등의 보석류, 시계, 모피류, 글·그림류, 골동품에 입힌 배상책임손해를 보상한다.

(2) 공동주택담보 추가특약

공동주택과 단독주택에서 발생한 손해에 대한 배상책임손해를 보상한다.

(3) 업무시간담보 추가특약

불특정 다수인의 출입이 허용되는 사업장의 근무시간 중의 사고로 생긴 손해에 대한 배상책임손해를 보상한다.

(4) 경비업자특약 II

피보험자가 체결한 경비계약에 의거한 보안경비업무의 수행으로 타인(경비업무 위탁자 및 그 사용인을 포함)에게 생긴 우연한 사고로 인한 손해를 보상한다.

28 건설기계업자특약에 대해 설명하시오.

1. 의 의

피보험자(건설기계업자)가 소유·사용 또는 관리하는 중장비 및 그 중기의 용도에 따른 업무의 수행으로 생긴 우연한 사고로 타인의 신체에 장해를 입히거나 재물을 망가뜨려 법률상 배상책임을 부담함으로써 입은 손해를 담보하는 특약이다.

2. 대 상

(1) 가입대상

① 중기를 직접 소유·관리 또는 운영하는 업체 및 개인 중기 소유자

② 중기를 임차하여 건설, 설비 또는 토목공사 등을 수행하는 업체 또는 개인 중기 임차자

(2) 가입제한

「자동차손해배상보장법」의 적용대상인 9종 건설기계[덤프트럭, 타이어식 기중기, 콘크리트믹서트럭, 트럭적재식 콘크리트펌프, 트럭적재식 아스팔트살포기, 타이어식 굴삭기, 트럭지게차, 도로보수트럭, 노면측정장비(노면측정장치를 가진 자주식인 것)]는 가입이 제한된다.

3. 주요 보상하지 않는 손해

① 지하자원에 입힌 손해에 대한 배상책임

② 중기 자체의 결함으로 생긴 손해로서 중기제작자에게 배상책임이 있는 손해로 인한 배상책임

③ 폭발로 생긴 손해에 대한 배상책임

④ 통상적인 중기 용도에 따르지 않은 작업이나 중기의 허용된 사용능력을 뚜렷이 초과하여 사용함으로써 발생된 손해에 대한 배상책임. 그러나 피보험자가 손해발생의 원인이 사용능력의 초과와 무관함을 입증할 때는 보상한다.

4. 추가특약

① 물적손해확장담보 추가특약

② 유리제품담보 추가특약

나에게 나무를 벨 시간 8시간이 주어진다면
그중 6시간은 도끼를 가는 것에 사용하겠다.

– 에이브러햄 링컨 –

제3과목

자동차보험의
이론과 실무
(대인배상 및 자기신체손해)

Essential
(에센셜)

기초이론

Chapter 1 자동차보험

Theme 1 자동차보험의 개요

1. 의 의

피보험자가 (피보험)자동차를 소유·사용·관리 중 발생한 자동차사고로 인한 손해를 보상하는 보험이다.

2. 기 능

(1) 피보험자의 경제적 구제
　① 개인 : 생활안정
　② 기업 : 경영상의 안정

(2) 피해자 보호·구제
　① 책임보험(대인배상Ⅰ)
　② 정부보장사업
　③ 진료수가제도
　④ 최저보험금제도
　⑤ 과실상계 후 치료비 지불보증
　⑥ 가불금제도 등

(3) 교통사고 예방
　① 위험률 변경에 따른 보험료 할인·할증
　② 면책조항

(4) 산업기금 조성

보험회사에 의해 각종 투자재원으로 활용됨으로써 산업자금으로 활용된다.

3. 종 류

(1) 개인용

10인승 이하 개인소유 자가용 승용차

(2) 업무용

개인용을 제외한 비사업용 자동차

(3) 영업용

사업용 자동차

4. 담보종목

(1) 배상책임 담보

대인배상 Ⅰ·Ⅱ, 대물

(2) 배상책임 외 담보

자기신체사고, 무보험차 상해, 자기차량손해

5. 주요용어 정리

보험가액과 피보험이익은 손해보험에만 있는 개념이다.

보험금액	약관상 보상한도액
보험가액	법률상 보상한도액, 피보험이익의 금전적 평가액. 따라서 배상책임보험에서는 보험사고발생 전까지 보험가액을 정할 수 없다.
피보험이익	보험계약의 목적. 피보험자가 보험의 목적에 가지는 경제적 이익
보험의 목적	보험에 의해 보호되는 신체 또는 재물 등
보험사고	보험자의 보상책임이 발생되는 사고. 우연성, 발생가능성, 한정성

1. 개 요

자동차사고가 발생하면 다음과 같은 책임이 발생하며, 보험에서는 민사상의 책임만을 담보한다.

형사상 책임	교특법(형법의 특별법), 형법
민사상 책임	자배법 : 운행자책임, 민법 : 불법행위책임 등
행정적 책임	도로교통법 : 행정처분

2. 「자동차손해배상 보장법」(이하 '자배법')

(1) 의 의

자동차의 운행으로 사람 또는 재물에 관한 손해가 발생할 경우 그 손해배상을 보장하는 제도이다.

(2) 취 지

피해자보호, 자동차운송의 건전한 발전을 촉진하는데 있다.

(3) 특 징

① 「민법」의 특별법

「민법」에 우선 적용된다.

② 배상책임 주체의 확대

운행자와 운행 등의 용어의 정의를 통해 배상책임 주체를 확보함으로써 배상자력을 확보하였다.

③ 입증책임의 전환

가해자에게 입증책임을 부담하고 있다.

④ 조건부무과실 책임

운행자는 피해자가 ㉠ 승객일 경우 승객의 고의 또는 자살이 있거나, ㉡ 비승객일 경우 3면책요건을 모두 입증하지 못하면 운행자 책임을 진다.

⑤ 운행자 책임

「자배법」 제3조의 운행자 책임은 인적손해에만 적용된다.

*「자배법」상 손해배상책임 : 「자배법」에서는 자기를 위하여 자동차를 운행하는 자(운행자)가 그 운행으로 말미암아 타인을 사상케 한 경우, 그 손해를 배상할 책임을 지도록 하고 있다(제3조).

(4) 「자배법」상 무보험상태 방지를 위한 조치들

① 보험가입 강제(제5조)

② 미가입자에 대한 통지(제6조)

③ 미가입자에 대한 벌칙(제48조)

④ 계약인수거절 또는 보험자 임의해지 제한(제24조, 제25조)

⑤ 양도에 따른 보험계약 자동승계(제26조)

(5) 그 밖의 피해자보호를 위한 각종 장치

① 가입의무화

② 정부보장사업

③ 피해자 직접청구권

④ 가불금제도

⑤ 진료수가제도

Theme 3 피해자 직접청구권

1. 서 론

(1) 의의 및 효과
손해배상청구권자(피해자)가 보험자에게 직접 본인의 손해에 대한 보상을 청구할 수 있는 권리를 말하며, 보험회사는 약관상 피보험자의 보험금액을 한도로 지급 후, 해당 금액을 한도로 피보험자에게 지급한 것으로 한다.

(2) 취 지
① 보상절차 간소화를 통해 피해자를 효율적으로 구제할 수 있다.
② 피보험자가 보험금을 다른 곳에 유용하는 것을 방지할 수 있다.
③ 가해자의 무능력, 무성의로부터 피해자를 보호할 수 있다.

2. 법률상 근거

(1) 「자배법」 제10조
보험가입자 등에게 '「자배법」 제3조'에 따른 손해배상책임이 발생하면 그 피해자는 대통령령에서 정하는 바에 따라 보험회사 등에게 「상법」 제724조 제2항에 따라 보험금 등을 자기에게 직접 지급하여 줄 것을 청구할 수 있다.

(2) 「상법」 제724조 제2항
제3자는 피보험자가 책임질 사고로 입은 손해에 대하여 보험금액의 한도 내에서 보험자에게 직접 보상을 청구할 수 있다.

(3) 표준약관 제29조
피보험자가 법률상 손해배상책임을 지는 사고가 생긴 경우, 손해배상청구권자는 보험회사에 직접 손해배상금을 청구할 수 있다. 다만, 보험회사는 피보험자가 그 사고에 가지는 항변으로 손해배상청구권에 대항할 수 있다.

3. 약관상 지급절차

(1) 피보험자에게 통지

보험회사는 피해자 직접청구시 지체 없이 피보험자에게 통지한다.

(2) 피보험자 협조의무

피보험자는 보험회사의 증거확보, 권리보전 등에 대해 협조해야 하며, 이를 해태할 경우 그로 인해 늘어난 손해는 보상하지 않는다.

(3) 손해배상액 결정과 지급

보험회사는 직접청구를 받은 때로부터 지체 없이 지급할 손해배상액을 정하고, 그 정하여진 날로부터 7일 이내 지급한다.

(4) 지급지연

① 지연이란?

보험회사가 직접청구를 받은 때로부터 30일 이내 청구권자에게 손해배상금 지급/거절이유 또는 지연이유(추가 조사가 필요한 경우 그 내용과 시기 포함)를 서면(전자우편 등에 서면에 갈음할 수 있는 통신수단을 포함)으로 통지하지 않은 경우, 정당한 사유 없이 손해배상액을 정하는 것을 지연한 것으로 본다.

② 지연의 효과

보험회사가 정당한 사유 없이 손해배상액의 결정이나 지급을 지연할 경우, ㉠ 지연한 일수에 대하여 보험개발원이 공시한 정기예금이율에 따라 연단위 복리로 계산한 금액, ㉡ 직접청구권자의 책임 있는 사유로 지급이 지연될 경우 그 해당기간에 대한 이자를 더하여 준다.

(5) 정기금 지급

보험회사는 직접청구권자의 요청이 있을 경우, 손해배상액을 일정기간으로 정하여 정기금으로 지급할 수 있다. 이 경우, 각 정기금의 지급기간에 대하여 보험개발원이 공시한 정기예금이율에 따라 연단위 복리로 계산한 금액을 손해배상금에 더하여 준다.

4. 특징

(1) 독립성
보험사고발생시 피보험자에게 가지는 권리와는 별개로 법 규정(「상법」, 「자배법」)에 의해 보험자에 대한 직접청구권을 원시 취득한다.

(2) 강행성
「자배법」 제40조 '동법 제10조에 대한 권리는 압류 또는 양도할 수 없다'와 「상법」 제724조 제2항에 의해 강행규정화 되어있는 조항으로서 이를 피해자에게 불리하게 변경할 수 없다.

(3) 배타성
표준약관 제26조 제5항에 의해 "보험금청구권과 경합시 직접청구권이 우선한다"는 조항을 통해 피해자의 불법행위 채권에 최우선적 지위를 부여한다.

(4) 자주성
피보험자의 협력 없이 직접청구권을 행사할 수 있다. 단, 직접청구권은 피보험자가 가입한 책임보험계약을 전제로 하고 있기 때문에 보험자가 피보험자에게 가지는 항변으로 피해자에게 대항할 수 있다.

(5) 부종성
피해자의 피보험자에 대한 손해배상청구권 소멸시 같이 소멸된다.

5. 법적 성질(손해배상청구권설 & 보험금청구권설)

(1) 구별취지
학설에 따라 아래의 항목들을 달리하고 있다.

구 분	손해배상청구권설	보험금청구권설
지급액 산정기준	일반손해배상액 또는 소송판결액 기준	약관상 기준
지연이자	연 5푼(민사손배채권)	연 6푼(상시채권)
소멸시효	3년	3년

(2) 손해배상청구권설(판례)
직접청구권을 피해자가 피보험자에게 가지는 손해배상청구권으로 보는 설로, 피보험자와 보험자가 손해배상채무를 중첩적으로 인수한 연대채무자로 본다.

(3) 보험금청구권설

직접청구권을 피해자가 법 규정에 의해 보험자에게 청구하는 보험금청구권으로 보고, 손해의 보상을 약정한 것일 뿐 사고에 대한 귀책사유가 없고, 채무의 인수를 약정한 것으로는 볼 수 없다는 설이다. 아래의 내용을 구체적 근거로 하고 있다.

① 책임보험계약의 기초는 계약자의 보험료 납부에 대한 보험자의 보험금 지급관계로 이루어 져 있다.

② 「상법」 제724조 제1항 : 보험자는 피보험자가 제3자에게 배상을 한 후에 보험금을 지급한다.

③ 「상법」 제724조 제2항 : 제3자는 보험금액의 한도 내에서 직접청구가 가능하다.

④ 손해배상청구권설은 보험자가 피보험자에 대한 항변으로 피해자에게 대항하기 어렵기 때문에 불합리하다.

6. 보험자의 항변사유

(1) 피보험자의 제3자(피해자)에 대한 항변사유

피해자는 가해자인 피보험자에 대한 손해배상청구권을 전제로 하여 직접청구권을 가지는 것이므로, 보험자는 피보험자가 그 사고에 관하여 가지는 항변으로써 제3자에게 대항할 수 있다(상법 제724조 제2항 단서).

(2) 보험자의 계약자 또는 피보험자에 대한 항변사유

보험자의 계약자 또는 피보험자에 대한 항변사유로 피해자에게 대항할 수 있다.

① 직접청구권은 법에 의하여 인정된 독립된 권리이지만 책임보험계약에 바탕을 두고 있다. 따라서 보험자는 보험계약자 또는 피보험자에 대한 보험계약상의 항변사유로(보험계약의 하자, 면책사 유의 발생 등) 피해자에게 대항할 수 있어야 한다.

② 보험사고발생 후의 항변사유로 대항할 수 없다. 직접청구권의 독립성에 따라 손해발생 후 보험계 약자나 피보험자의 행위로 인한 불이익을 받지 않아야 한다. 따라서 보험사고발생에 관한 항변으 로만 대항할 수 있고, 피보험자의 통지의무 불이행 등 사고발생 후의 항변사유로는 피해자(제3 자)에게 대항할 수 없다고 본다. 그럼에도 불구하고 피해자에게 보상하는 경우 피보험자에게 구 상이 가능하다.

(3) 대인배상Ⅰ에서의 고의사고 특칙

피해자의 충실한 보호를 위하여 '계약자 등의 고의'로 인한 손해의 경우 직접청구시 보험자는 보상하 며 계약자 등에게 구상할 수 있다.

7. 보험금청구권과의 경합

표준약관 제26조 제5항에 의거 직접청구권이 우선한다. 그러나 피보험자가 이미 손해배상한 금액을 보험금으로 청구한 경우 보험금청구권이 우선이다(① 책임보험계약의 근본목적, ② 피해자의 이중 이득방지 때문이다).

8. 기타 의무

(1) 보험자의 의무

① 통지의무

「상법」과 약관에 의거 보험자가 피해자로부터 직접청구를 받은 때에는 지체 없이 피보험자에게 이를 통지함으로써 피보험자를 보호한다(상법 제724조 제3항). 따라서 피보험자에게는 협조의무가 부여된다.

② 보험가입자에게 의견 제시 기회부여의무

보험사업자 등은 보험금 등을 지급하는 때에는 보험가입자에게 의견을 제시할 기회를 주어야 한다(자배법 시행령 제8조 제2항).

(2) 피보험자의 협조의무

표준약관 제30조 제1항에 "피보험자는 보험회사의 요청에 따라 증거확보, 권리보전 등에 협력하여야 하며, 만일 피보험자가 정당한 이유 없이 협력하지 않은 경우 그로 인하여 늘어난 손해는 보상하지 아니한다"고 규정되어 있다(상법 제724조 제4항 참조).

9. 소멸시효

(1) 「자배법」

① 「자배법」 제41조

「자배법」 제10조의 규정에 의한 청구권은 3년간 이를 행사하지 아니하면 시효로 인해 소멸한다.

② 기산점

「자배법」 제10조 제1항 '보험가입자 등에게 제3조에 따른 손해배상책임이 발생하면'이란 문구의 해석상 피보험자가 피해자에게 손해배상책임을 지는 사고가 발생한 때부터 기산한다. 그러나 과실 없이 그 사고의 발생을 알 수 없었을 경우 '그 사고의 발생을 알았거나 알 수 있었을 때부터' 기산한다.

(2) 학설에 따른 견해

① 손해배상청구권설

　　㉠ 시효는 그 권리를 행사할 수 있는 때로부터 진행하므로(민법 제166조 제1항), 손해배상청구권설은 「민법」 제766조 제1항 '불법행위로 인한 손해배상청구권의 소멸시효에 관한 규정'에 의거 피해자 또는 그 법정대리인이 가해자 및 손해를 안 날로부터 3년이라고 판결한 바가 있다.

　　㉡ 제3자는 피보험자에 대한 손해배상청구권을 전제로 하여 직접청구권을 가지는 것이므로 배상청구권이 시효로 소멸한 경우라면 직접청구권도 함께 시효로 소멸한다고 풀이한다. 예를 들어 창고업자(보관자)의 책임보험계약에서 물건소유자가 임치물의 멸실 후 그 책임에 관한 시효기간(1년)이 지나도록 권리를 행사하지 않으면 그의 직접청구권도 함께 소멸한다.

② 보험금청구권설

　　「상법」 제662조에 따라 보험금청구권의 소멸시효를 3년으로 보고 있으며, 일반적인 시효기산점 '보험사고가 확정된 때'로부터 기산한다.

10. 직접청구권과 손해배상청구권, 보험금청구권과의 관계

(1) 가해자인 피보험자에 대한 손해배상청구권과의 관계

　　이 청구권들은 그 발생 근거가 각기 다른 독립된 권리이기 때문에 피해자는 직접청구권과 손해배상청구권을 임의로 선택하여 행사할 수 있다. 그러나 피해자가 이중으로 이득을 취하는 것은 허용할 수 없으므로 그 중 하나의 청구권을 행사하여 이행된 때에는 그 범위 내에서 양 청구권은 동시에 소멸한다(청구권경합 중 한 경우로 본다).

(2) 피보험자의 보험금청구권과의 관계

　　직접청구권과 보험금청구권은 서로 병존하고 있는데, 어느 청구권이 우선하는 지가 문제가 된다. 이와 관련하여 피보험자의 책임재산의 복구를 중시하여 보험금청구권이 우선하다는 견해와 반대로 직접청구권을 우선하는 견해가 있다. 판례는 「상법」의 직접청구권 규정이 피보험자의 보험금청구권에 우선함을 선언하는 규정이라고 보았다.

1. 불법행위

(1) 의 의

고의 또는 과실로 타인에게 손해를 가하는 위법행위로, 법률상 채권·채무 발생의 이유가 된다.

(2) 성립요건

① 고의 또는 과실

㉠ 고의 : 일정한 결과가 발생하리라는 것을 인식하면서도 감히 이를 행하는(의욕) 심리상태를 말한다.

    * **미필적 고의** : 일정한 결과가 발생할지도 모른다는 인식(가능성)

㉡ 과실 : 일정한 결과가 발생한다는 것을 알고 있었어야 함에도 불구하고 부주의로 그것을 알지 못하고서 어떤 행위를 하는 심리상태를 말한다. ⇒ 결과발생에 대한 인식과 의욕이 없다.

② 책임능력

자기의 행위의 책임을 인식할 수 있는 능력 = 행위의 결과가 위법이라는 것을 인식하는 능력을 말한다.

③ 위법행위

일반적으로 침해행위 측면과 그 침해행위로 인한 피해법익 측면 등 양 측에서 이를 파악하고 있으며, 이것이 침해되면 위법성이 있는 것으로 된다.

④ 위법행위로 인한 손해발생

위법행위와 손해발생 사이에 상당인과관계가 존재하여야 하며, 이는 일반적으로 피해자가 입증해야 한다.

(3) 효 과

피해자에게 손해배상청구권이 발생하게 된다.

2. 사용자 손해배상책임

(1) 의 의

사용자는 피용자가 사용자의 업무 중 제3자에게 가한 손해를 배상할 책임이 있다. 그러나 사용자가 피용자의 선임 및 그 사무·감독에 상당한 주의를 한 때는 그러하지 아니하다.

(2) 성립요건

① 배상의무자 = 사용자 또는 사용자에 갈음하는 자

② 사실적 사용관계

③ 피용자 업무 중 제3자에게 손해를 주었을 것

④ 피용자의 불법행위 성립

⑤ 사용자 면책사유가 없을 것

3. 공동불법행위

(1) 의 의

복수의 사람이 공동으로 불법행위를 하여 타인에게 손해를 주는 경우 연대책임을 진다.

(2) 불법행위 책임자

① 공동으로 불법행위를 한 수인

② 수인의 행위 중 가해자가 명확하지 않은 경우

③ 교사자, 방조자

공동불법행위의 유형·효과

1. 공동불법행위

여러 사람이 공동으로 타인에게 손해를 가하는 불법행위를 말하며, ① <u>협의의 공동불법행위</u>, ② <u>가해자 불명의 공동불법행위</u>, ③ <u>교사·방조</u>가 있다.

2. 유 형

(1) 협의의 공동불법행위

① <u>각자의 행위가 각각 독립하여 불법행위의 요건을 갖추고</u>, ② <u>각자의 행위가 서로 관련되고, 공동성이 있는 경우</u>를 말한다.

(2) 가해자 불명의 공동불법행위

수 인의 행위 중 어느 자의 행위가 손해발생의 원인이 되었는지를 알 수 없는 때에 성립하는 것으로 각 가해자 역시 고의, 과실 및 책임능력이 있을 것을 요건으로 한다.

(3) 교사·방조

교사라 함은 타인으로 하여금 불법행위의 의사결정을 하게 하는 것을 말하고, 방조라 함은 타인의 불법행위를 보조하는 것을 말한다. 부작위 내지 과실에 의한 방조도 이에 해당한다.

3. 효 과

공동불법행위 사고에서 가해자들은 피해자에 대하여 부진정연대채무를 부담하므로 피해자는 배상자력이 있는 연대채무자 중 1인을 상대로 청구하거나 연대채무자 전원을 상대로 연대하여 청구할 수 있다.

공동불법행위자간 구상권 인정 여부에 관하여 부진정연대채무자간 구상은 이론상 발생하지 않으나, 판례는 일관되게 구상권을 인정하고 있다.

Theme 6 　손해배상책임의 소멸

1. 합 의

(1) 의 의
당사자간 분쟁을 사적으로 해결하는 약정으로, 통상 '권리포기조항'과 '부제소의 특약'을 삽입한다.

(2) 효 과
① **확정적 효력**

　　법률관계의 안정성을 가져온다.

② **창설적 효력**

　　법률관계의 재정립, 새로운 법률효과가 적용된다.

③ **유 형**

　　㉠ 부진정 연대채무자 사이의 효력 : 변제의 사유가 있다면 채권의 목적이 달성되었으므로 연대
　　　채무자 전원에 효력을 미친다(절대적 효력). 그 밖의 사유는 상대적 효력을 미친다(예 배상권
　　　리자 1인 채무자에 대한 청구권 포기는 다른 채무자에 효력이 없다).

　　㉡ 표현상속인과의 합의 : 가해자가 선의이며 무과실일 경우 '채권의 준점유자(표현상속인)에
　　　대한 변제'로서 유효하다. 단, 손해배상채권포기 합의는 효력이 없다.

　　㉢ 후발청구소송 : 후발손해의 발생이 예견될 수 없거나 청구를 포기하였다고 볼 수 없는 상황이
　　　라면 후발청구소송은 이전 소송과 별개로 가능하다.

　　㉣ 가족 중 1인의 합의 : 미성년자의 부모가 피해자의 손해를 합의할 때에는 부모 본인들의 손해
　　　(위자료)의 합의와는 별개로 한다.

(3) 효력제한
① **합의의 성립 부정**

　　합의시 문구는 단순 예문에 불과하며, 손해전부에 대한 포기라고 볼 수 없다.

② **불공정 법률행위**

　　당사자의 궁박, 경솔 또는 무경험으로 인하여 현저하게 공정을 잃은 법률행위는 무효로 한다(민
　　법 제104조).

③ **착 오**

　　화해의 목적인 분쟁 이외의 사항에 착오가 있을 때에 한하여 취소할 수 있다.

④ **제한적 해석이론(한정적 포기이론)**

　　합의 당시 인식했던 손해에 대해서만 효력이 있다.

(4) 법률상 합의권자
합의의 당사자는 원칙적으로 배상(청구)권리자와 배상의무자이다. 이들이 법률행위능력이 없다면
이들의 법정대리인(친권자, 후견인, 임의대리인)이 합의권자가 된다.

2. 소멸시효

(1) 의 의
권리자의 권리 불행사 상태가 일정기간 계속되는 경우 그 권리가 소멸되는 제도이다.

(2) 취 지
법적 안정성 확보, 채증상의 곤란 해소 등 사회적·공익적 이유에 근거하고 있다.

(3) 기산점
① 소멸시효의 기산점(민법 제166조)
  ㉠ 소멸시효는 권리를 행사할 수 있는 때로부터 진행한다.
  ㉡ 부작위(법률상의 의무를 이행하지 않는 것)를 목적으로 하는 채권의 소멸시효는 위반행위를 한 때로부터 진행한다.
② 불법행위에 의한 손배청구권의 소멸시효(민법 제766조)
  ㉠ 불법행위로 인한 손해배상의 청구권은 피해자나 그 법정대리인이 그 손해 및 가해자를 안 날로부터 3년간 이를 행사하지 아니하면 시효로 인하여 소멸한다.
  ㉡ 불법행위를 한 날로부터 10년을 경과한 때에도 같다.

(4) 소멸시효 중단사유
① 청구/최고
② 압류 등의 법적절차
③ 채무승인

(5) 소멸시효 완성의 효과
기산일에 소급하여 권리가 상실된다.

3. 혼 동

(1) 의 의

채권과 채무가 동일한 주체에 귀속한 때 채권은 소멸한다. 그러나 그 채권이 제3자의 권리의 목적인 때에는 그러하지 아니하다.

(2) 효 과

채권은 원칙적으로 소멸한다. 그러나 법률상 의미가 남아있을 경우 존속한다.

(3) 자동차사고에서의 주요 유형

① 가해자가 살아서 피해자를 상속하는 경우

예외적으로 인정한다. → 생계를 같이하는 사이인 경우 소멸하지 않는다.

② 가해자의 대습상속인이 피해자의 손배청구권을 대습상속할 경우

가해자가 피해자의 손배청구권을 상속한 것이 아니므로 혼동에 의해 소멸되지 아니한다.

심화학습	대습상속

추정상속인(피대습자)이 상속개시 이전에 사망 또는 결격으로 인하여 상속권을 상실한 경우 그 사람의 직계비속이 상속하는 제도로서 피대습자가 피상속인 사망 전(상속개시 전) 사망하여야 한다. 동시사망도 인정한다.

4. 변 제

(1) 의 의

채무의 내용인 급부를 실현하는 것을 말한다.

(2) 효 과

① 표현수령권자에 대한 변제의 효력

표현수령권자가 선의/무과실일 경우 변제의 효력을 인정한다.

② 예금계좌에 입금시킨 경우

계좌에 기재된 때 변제의 효력이 발생한다.

③ 변제공탁

채권자가 변제를 받지 아니하거나 받을 수 없는 때 또는 변제자가 과실 없이 채권자를 알 수 없는 경우에 변제자는 변제물을 공탁하여 그 채무를 면할 수 있다(민법 제487조).

합 의

1. 의 의

합의란 일반적으로 재판에 의하지 않고 당사자 간에 존재하는 분쟁을 사적으로 해결하는 약정을 말한다.

> **심화학습** 「민법」 제731조(화해의 의의)
>
> 화해는 당사자가 상호 양보하여 당사자 간의 분쟁을 종지할 것을 약정함으로써 그 효력이 생긴다.

2. 법적 성격

합의는 당사자간 상호 양보하여 분쟁을 끝내는 것을 주요 내용으로 하므로 「민법」상의 화해계약의 일종이라고 할 수 있다.

3. 효 력

(1) 확정적 효력

합의가 있게 되면 당사자 간에 있었던 법률관계는 합의내용에 따라 확정되고 서로 다툴 수 없게 된다.

(2) 창설적 효력

합의가 있게 되면 종래의 법률관계가 어떠했는지 불문하고 현재의 합의에 의한 법률관계의 재정립과 그에 따른 새로운 법률효과가 발생한다.

4. 합의 후 추가손해보상에 대한 보상여부

(1) 합의서 권리포기조항의 제한적 해석이론(한정적 포기이론)

피해자보호를 위한 이론으로 합의서의 권리포기는 합의 당시 피해자가 인식, 예상했던 손해만을 포기한 것으로, 당시 예상불가한 중대손해에 대해서는 추가청구가 가능하다.

(2) 제한적 해석 판단을 위한 기준

① 합의에 이르게 된 경위, ② 합의 당시 예측할 수 있었던 사항들의 범위, ③ 합의금과 후발손해의 불균형정도, ④ 후발손해의 중대성 등을 종합 검토한다.

(3) 손해액 산정방법

합의 후 현재 나타난 최종적 전체 손해액에서 합의금을 단순 공제할 것이 아니라 합의의 효력이 여전히 미치는 손해, 즉 합의 당시 인식하고 있었거나 예견할 수 있었던 손해 등을 고려하여 산정한다.

(4) 적용요건

① 합의가 손해의 범위를 정확히 확인하기 어려운 상황에서 이루어졌을 것

② 후발손해가 합의 당시의 사정으로 보아 예상이 불가능할 것

③ 합의의 당사자가 후발손해를 예상했더라면 사회통념상 그 합의금액으로는 화해하지 않았을 것이라고 보는 것이 상당할 만큼 그 후발손해가 중대한 경우일 것

④ 손해가 사고와 상당인과관계가 있고, 소멸시효가 완성되지 않았을 것

상속에 대한 법정순위는 다음과 같다.

1. 제1순위 직계비속

(1) 특 징

① 자녀, 손자녀(외손자녀 포함) 등을 말하며, 자연혈족, 법정혈족 모두 인정한다.

② 최근친이 우선이며, 촌수가 같으면 공동상속한다.

(2) 태아의 권리

태아는 이미 출생한 것으로 본다.

① 인격소급설(= 정지조건설, 판례)

출생 전에는 무권리상태이고, 출생과 동시에 태아 시절까지 소급하여 권리능력을 취득한다.

ⓐ 장점 : 태아 사산시 불예측 또는 미예측에 대한 손해가 발생하지 않는다.

ⓑ 단점 : 태아의 법정대리인을 인정하지 않으므로 태아가 상속할 재산을 태아시절 보존, 관리할 수 없다.

② 해제조건설(다수설)

출생 전부터 제한된 권리능력을 인정한다. 다만, 사산시에는 태아시절까지 소급하여 권리능력이 소멸한다.

ⓐ 장점 : 태아의 법정대리인을 통해 태아의 권리보전이 용이하다.

ⓑ 단점 : 태아 사산시, 불예측 또는 미예측 손해가 발생할 수 있다.

2. 제2순위 직계존속

① 사망자의 부모/조부모 등을 말한다.

② 생/양친 관계 없으며, 둘 다 존재할 경우 동 순위이다.

③ 적모/계모는 상속권이 없다.

3. 제3순위 형제자매

남녀의 성별, 기혼·미혼, 동복·이복 등에 차별은 없다.

4. 제4순위

4촌 이내 방계혈족이다.

5. 배우자

① 법률상의 배우자를 말하며, 최우선자와 공독상속하는 경우에는 5할을 가산한다.

② 사실혼은 인정하지 않는다.

Theme 9   과실상계

1. 의의

손해의 발생, 확대, 회피, 경감 등에 대하여 피해자의 과실을 참작하여 손해배상액을 정하는 제도이다.

2. 취지

손해의 공평한 분담이라는 이념에 근거한다.

3. 피해자 과실상계의 적용

(1) 과실의 존재

「민법」 제750조 불법행위 성립요건으로서의 과실과 달리 손해액의 공평하고 합리적인 조정을 위한 것으로 판례에서는 사회통념상 단순 부주의로 해석하고 있다(= 이질설 ⇔ 동질설).

(2) 사리변식능력의 존재

피해자에게 사리변식능력(= 손해의 발생을 피하는데 필요한 정도의 능력)이 존재하면 족하다. 판례에서는 ① 만 6세 이하, ② 심신상실자, 정신병자 등의 사리변식능력의 존재를 불인정하고 있다.

(3) 상당인과관계의 존재

피해자의 과실과 손해의 발생 또는 확대간 상당인과관계가 있어야 한다.

(4) 피해자측 과실의 고려

피해자와 일정신분관계에 있는 자의 과실도 고려한다.

4. 피해자측 과실의 적용

피해자 본인의 과실과 동일하게 평가하여 단순 합산한다.

(1) 포함하는 경우

① 감독의무자의 과실

피해자의 과실상계능력 유무와 무관하다(일시적 감독관계는 포함하지 않음).

② 피용자의 과실

피해자 = 사용자인 경우 피용자의 과실은 피해자측 과실에 포함된다(단, 사용자가 피용자 선임/감독에 상당한 주의를 다하였거나 상당한 주의를 하여도 손해가 있었음을 입증하는 경우는 예외).

③ 가족의 과실

배우자, 친자는 포함하지만 나머지 친족은 상황별(case by case)로 판단해야 한다.

④ 보유자 = 피해자인 경우

운전자의 과실을 참작한다.

(2) 불포함하는 경우

① 사용자의 과실
② 우호동료관계
③ 애인/약혼관계

5. 피해자 과실평가 방법

(1) 상대설

차 대 차 사고에 적용한다. 가해자와 피해자간 과실비율에 따라 산정하고 불가항력부분은 과실비율에 따라 안분한다.

(2) 절대설

차 대 사람 사고에 적용한다. 피해자 과실만 판단하여 감액하고 불가항력부분은 과실상계 요소가 아니므로 그 자체를 가해자가 부담한다.

(3) 가해자 위법성설

피해자 과실은 가해자의 위법성을 감소시키는 하나의 표지일 뿐이고, 불가항력부분은 배상으로부터 공제한다.

(4) 사 례

가해자 과실 : 4, 피해자 과실 : 2, 불가항력 : 4의 비율로 사고가 발생한 경우

① 절대설 : 20% 상계

② 상대설 : 33% 상계 → 2 + (4 × 1/3) = 3.3

③ 가해자 위법성설 : 60% 상계(피해자 + 불가항력)

6. 적용범위

(1) 자동차 보험금 지급기준

전 항목에 적용한다. 그러나 상계 후 금액이 치료관계비에 미달할 경우 치료관계비는 보상한다.

(2) 소송실무

전 항목에 적용한다. 다만, 위자료에 있어서는 참작설이 다수설이다.

7. 효 과

(1) 필요적 참작

손해배상의 책임 및 그 금액을 정함에 있어 필요적으로 이를 참작하여야 한다.

(2) 면책여부 판단

「민법」에서는 가해자의 면책 여부 판단 요소로 피해자 과실을 참작하여야 한다.

8. 참작/과실평가 기준

(1) 교통법규

피해자의 교통법규위반 유무 및 그 정도의 형태로 구체화된다.

(2) 우자 위험부담이론

위험도가 강한 편, 회피/방어능력이 우수한 편에서 위험책임을 부담한다.

① 위험성이 높은 차 > 낮은 차

② 차 > 사람

③ 건강한 성인 > 유아/노인/불구자

(3) 요보호자 수정이론

사회적 보호가 필요한 자는 과실상계율을 저감해야 한다는 이론이다. 「도로교통법」에서 아동, 고령자, 신체장애자 등 보호를 위해 적용한다.

(4) 신뢰의 원칙

특별한 사정이 없는 한 모든 교통관여자는 타 교통관여자가 교통법규를 준수하고 사고를 회피하기 위한 적절한 행동을 취하리라고 신뢰하여 행동하면 족하고, 따라서 타인이 위 신뢰에 반하는 행동을 취하는 것까지 염두에 두어가며 행동할 필요는 없다.

9. 관련문제

(1) 과실상계와 손익상계의 순서

과실상계 후 손익상계한다(판례).

(2) 손해방지의무 불이행과 배상액 감경가능 여부

손해방지의무가 존재하는 경우 정당한 사유 없이 이를 위반하면 참작할 수 있다(판례).

10. 자동차보험에서의 과실비율 적용기준

(1) 의 의

사고유형에 따른 과실비율의 정형화로 분쟁을 줄일 수 있다. 동 기준의 적용이 곤란할 경우 판례를 적용한다.

(2) 과실수정방법

① 복수의 수정요소는 합산한다. 다만, 현저한 과실과 중과실이 경합할 경우 하나의 수정요소로 적용한다.

② 수정요소 구분이 점선으로 되어 있는 경우에는 택일하여 중한 쪽 과실만 가산한다.

③ 일방의 기본수치에 가산하고 상대방 기본수치에서는 감산하여 합계는 항상 100%가 되어야 한다.

(3) 유형별 과실적용

① 과실 우선적용 사고

　　㉠ 보호자의 자녀감호 태만

　　㉡ 차량 밑에서 놀거나 잠

　　㉢ 차도에서 택시 잡기

　　㉣ 안전벨트 미착용

　　㉤ 이륜차 안전모 미착용 탑승

　　㉥ 정원 초과

　　㉦ 적재함에 탑승행위

　　㉧ 차 내에 서 있다가 넘어진 사고

　　㉨ 출발 후 갑자기 뛰어내림

　　㉩ 달리는 차에 매달려가다가 추락

② 과실적용원칙

　　㉠ 최저, 최고의 중간수치를 기본과실로 한다.

　　㉡ 최종 과실률은 최저, 최고치를 벗어나지 못한다.

　　㉢ 과실 없는 타 차량의 탑승 피해자에게도 적용한다.

　　㉣ 기타 주변 사정을 종합적으로 고려한다.

③ 차 – 사람 사고

　　㉠ 가산요소

　　　　ⓐ 야간(해가 진 후 ~ 해가 뜨기 전) : 예외 → 가로등의 조명등이 밝을 때, 운전자가 전조등을 OFF한 경우(오히려 보행자의 과실비율 감산)

　　　　ⓑ 간선도로(폭 14m 이상, 왕복 4차로 이상)

　　　　ⓒ 차 앞, 차 뒤 횡단(골목길 급충돌 포함) : 예외 → 횡단보도 또는 경찰신호에 따라 횡단하던 중 사고

　　　　ⓓ 정지, 후회, 사행

　　　　ⓔ 횡단규제, 표지 위반

　　　　ⓕ 교차로 사각횡단

　　㉡ 감산요소

　　　　ⓐ 주택/상점가(출퇴근 시간대 공장, 관청가 등 포함)

　　　　ⓑ 어린이(사고일 현재 만 12세 이하)

　　　　ⓒ 노인(사고일 현재 만 65세 이상)

　　　　ⓓ 집단횡단(2인 이상의 동시횡단)

　　　　ⓔ 보ㆍ차도 구분 없음

ⓕ 차의 현저한 과실
　　　　• 전방주시에 있어서 현저한 부주의
　　　　•「도로교통법」상 주취한계 미달 운전
　　　　• 10km 이상 20km 미만 속도위반
　　　　• 핸들 또는 브레이크 조작의 현저한 부적절
　　　ⓖ 차의 중과실
　　　　• 졸음운전
　　　　• 중앙선 침범
　　　　•「도로교통법」상 주취한계 초과운전
　　　　• 20km 이상 제한속도 위반
　　　　• 무면허운전
　　　　• 약물운전
　④ 차 – 차 사고
　　㉠ 적용원칙
　　　ⓐ 직진차량간
　　　　• 우측 차의 과실을 좌측 차의 과실보다 적게 산정
　　　　• 대로 차의 기본과실을 적게 산정
　　　ⓑ 직진 차 – 좌회전 차간 사고
　　　　• 직진 차의 과실을 적게 산정
　　　　• 좌회전 차 : 서행불이행, 급좌회전, 신호불이행 등이 있으면 가산
　　㉡ 수정요소
　　　ⓐ 대형차에 대해 가산
　　　　• 36인 이상 승합차
　　　　• 최대적재량 5t 이상 화물차
　　　　• 견인능력 5t 이상 특수차
　　　　• 건설기계
　　　　• 기타 이와 유사한 자동차
　　　ⓑ 차의 현저한 과실/중과실
　　　ⓒ 명확한 선 진입
　　　ⓓ 서행(즉시 정지할 수 있는 속도) 또는 감속(제한속도 1/2) 불이행
　⑤ 차 – 이륜차(원동기장치 자전거 포함)
　　㉠ 우자부담원칙 : 이륜차가 유리하다.
　　㉡ 이륜차를 끌고 가는 경우 보행자 취급한다.
　⑥ 자동차 – 자전거(농기계 포함)
　　차 대 차, 차 대 이륜차보다 유리하지만 보행자와 동일시할 정도는 아니다.

1. 의 의

사고의 당사자가 사고로 인해 손해와 동시에 이득을 얻고 그 이득이 ① 손해와 상당인과관계를 갖고, ② 손해의 전보를 목적으로 지급된 경우 그것을 공제하는 것을 말한다(요건). 부당이득공제, 과실상계처럼 서로 대립하는 두 개의 채권을 대등액에서 소멸케 하는 것은 아니다.

2. 과실상계, 동승자 감액과의 비교

(1) 유사성

피해자의 손해배상을 감액하여, 적정 배상액을 산출하기 위한 제도이다.

(2) 이질성 : 효력발생의 근거

　① 과실상계

　　피해자의 부주의(사고, 손해발생, 확대에 기여)

　② 동승자 감액

　　동승자의 운행자성(동승경위, 평소차량이용 실태)

　③ 손익상계

　　이중이득, 부당이득 방지

3. 유 형

　① 사망과 상실수익액에서 생활비 공제

　② 중간이자 공제

　③ 타 법령, 타 약관 보상시 제외 또는 비례보상

4. 구체적인 예

(1) 양육비

비공제설이 통설, 판례이다.

(2) 보험금

① **생명보험금**

공제하지 않는다.

② **손해보험금**

손해의 전보가 목적이므로 공제한다.

③ **상해보험금**

손해보험적 성격의 계약일 경우 공제될 여지가 있다.

(3) 사회보장적 급부(「근로기준법」, 「산업재해보상보험법」상)

같은 성격의 항목 내에서 공제한다.

(4) 「공무원연금법」상 급여

유족급여를 제외한 나머지 유족보상금을 공제한다(판례).

(5) 기타 「연금법」에 의한 급여, 「국민건강보험법」, 형사합의금 등

공제하는 것이 타당하며, 동일 목적의 급부인지에 대한 판단이 중요하다.

과실상계와 손익상계의 비교

1. 서론

과실상계와 손익상계 모두 피해자의 손해배상금을 감액하여 적정배상액을 지급하기 위한 제도이다.

(1) 과실상계

손해의 발생, 확대, 회피, 경감에 대해 피해자의 과실이 있을 경우 이를 참작하여 손해배상금을 산정하는 것이다.

(2) 손익상계

사고로 피해자가 손해와 이득을 동시에 얻었을 때 그 이득이 이중 또는 부당이득에 해당한다면 최종 손해배상금에서 이를 공제하는 것을 말한다.

2. 취지

(1) 과실상계

손해의 공정한 분담을 그 취지로 한다.

(2) 손익상계

이중 또는 부당이득 방지를 취지로 한다.

3. 효과

(1) 과실상계

해당 과실을 참작하거나 해당 부분을 직접 공제하기도 한다.

(2) 손익상계

해당 금액을 최종배상금에서 공제한다. 과실상계 후 손익상계 한다.

4. 적용요건

(1) 과실상계

손해의 발생, 확대, 회피, 경감에 대하여 상당인과관계가 있는 피해자의 과실을 그 근거로 하는데, 여기서의 과실은 「민법」상 위법성 여부를 판단하는 과실이 아닌 손해의 분담을 위한 단순 부주의 정도로 해석한다. 따라서 피해자에게 책임능력이 아닌 손해의 발생을 피하는데 필요한 사리분별력만을 원한다.

(2) 손익상계

피해자의 과실이 아닌 불법행위와 상당인과관계가 있는 이중 또는 부당이득이 있을 경우 적용한다. 위법성 여부의 판단을 불문하고 이중(부당)이득이 있다면 적용할 수 있으나, 피해자에게 특정능력기준을 요하지는 않는다.

5. 산정방법

(1) 과실상계

'자동차사고 과실비율 인정기준'에 따라 산정된 과실을 상대설(차 대 차 사고), 절대설(차 대 사람 사고), 가해자 위법성설 등에 따라 적용한다.

(2) 손익상계

피해자의 현실적 손해보다 최종배상금이 크고 그 차액이 이중 또는 부당이득에 해당하는 경우 이를 공제한다.

6. 적용범위/유형

(1) 과실상계

① 보험금 지급기준은 전 항목에 적용한다. 그러나 상계 후 금액이 치료관계비에 미달할 경우 치료관계비는 보상한다.

② 소송실무의 경우 역시 전 항목에 적용한다. 다만, 위자료에 있어서 판례는 참작설을 따르고 있다.

(2) 손익상계

① 사망과 상실수익액 산정시 생활비를 공제한다.

② 중간이자 공제 방식을 적용한다.

③ 타 법령, 타 약관 보상시 해당부분 공제 또는 비례보상한다.

Theme 12 신뢰의 원칙

1. 의 의

특별한 사정이 없는 한 모든 교통관여자는 타 교통관여자가 교통법규를 준수하고 사고를 회피하기 위한 적절한 행동을 취하리라고 신뢰하여 행동하면 족하다. 따라서 타인이 위 신뢰에 반하는 행동을 취할 것까지 염두에 두어가며 행동할 필요는 없다.

2. 기 능

신뢰의 원칙은 단순히 과실상계 여부나 그 비율을 결정하는 기준이 아니라, 이 원칙을 지킨 사람에게는 과실을 물을 수 없어 무과실을 적용할 수 있다.

3. 적용유형

① 신호대가 설치된 교차로에서 차량 상호간의 사고
② 명백히 통행 우선권이 확보된 상태의 차량과의 사고
③ 교행 중 사고에서 정상운행차량의 경우
④ 차량과 횡단자간의 사고

4. 적용 한계

① 피해자가 노인, 유아 등인 경우
② 피해자의 교통질서위반이 일반적으로 용이하게 예견 가능한 경우
③ 자기에게 교통법규위반이 있는 경우

Theme 13 구상권

1. 의 의

타인을 대신하여 채무를 변제한 사람(채권자)이 그 타인에 대하여 가지는 (상환)청구권을 말한다.

> **심화학습 용어정의**
>
> • **부진정 연대채무** : 채무 당사자간 상호의사 표현 없이도 우연한 사유에 의해서 성립하는 연대채무관계를 말한다.
> • **보험자대위** : 보험자가 피보험자의 손해를 보상하고 나면 그 범위 내에서 피보험자가 가진 권리를 취득한다.

2. 소멸시효

(1) 일반채권, 부당이득반환청구권일 경우

소멸시효는 10년이다(민법 제162조).

(2) 손해배상청구권

소멸시효는 3년 또는 10년이다(민법 제766조).

3. 자동차보험에서의 구상

(1) 대인배상 Ⅰ, Ⅱ

① 횡적 책임경합(대등한 개체간)
   ㉠ 공동불법행위 사고 [예] 차 – 차 사고
   ㉡ 과실책임 vs 연대책임 [예] 자동차사고 vs 도로관리상 하자(국가배상법)
   ㉢ 과실 vs 무과실 : A(과실 100%), B(무과실), C(B차량 승객 피해자)
      A, B는 C에 대해 부진정 연대채무를 지며, B측 선 배상 후 A측에 전액 구상이 가능하다.

② 종적 책임경합
   동일한 사고차량에 대하여 신분을 달리하는 수인의 배상의무자간의 구상문제이다.
   ㉠ 피용자 업무 중 사고 : 피용자 = 불법행위책임, 사용자 = 사용자배상책임
   ㉡ 자동차사고 : 운전자 = 불법행위책임, 소유자 = 운행자책임
   ㉢ 약관상 면책되는 피보험자에 대한 구상문제

(2) 무보험차 상해 담보

'피보험자 = 피해자'이기 때문에 '구상권 = 손해배상청구권'이다.

4. 산정기준

(1) 조 건
상대 채무자에 대한 구상은 부진정 연대채무에 대한 선 배상(보상)을 전제로 한다.

(2) 구상할 금액
① 상대방 부담분을 기준으로 산정한다.
② 자동차사고에서는 각자 사고발생에 기여한 과실비율에 따라 산정한다. 따라서 손해배상책임이 있어도 과실이 없다면 피구상책임이 없다.

보험자대위

1. 의 의

보험자가 보험사고로 인한 피보험자의 손실을 보상한 경우, 피보험자 또는 계약자가 보험의 목적 또는 제3자에 대해 가지는 권리를 법률상 당연히 이전시키는 제도를 말한다.

2. 특징 및 법적 성질

(1) 특 징

① 손해보험에서만 인정되는 제도이다. 그러나 예외적으로 손해보험성 상해보험의 경우 당사자 약정이 있을 때 피보험자의 권리를 해하지 않는 범위에서 인정하고 있다(상법 제792조).

② 자동차보험에서는 자기신체사고를 제외하고 전 종목에 적용된다.

③ 무보험차 상해의 경우 피보험자의 손해액이 보험가입금액을 초과할 경우 제한된다.

(2) 법적 성질

보험자대위는 당사자의 의사표시에 따른 양도행위의 효과가 아니라 법률상 인정한 당연한 효과로서, 대위의 요건이 충족되면 당사자의 의사표시와 상관 없이 당연히 권리가 보험자에게 이전된다. 따라서 목적물(잔존물)대위에서 인도·등기를 요하는 물권변동의 절차(민법 제186조, 제188조)나 청구권대위에서 지명채권양도의 대항요건(민법 제450조)의 절차가 없어도 채무자 또는 그 밖의 제3자에게 대항할 수 있다.

3. 보험자대위의 유형

(1) 보험의 목적에 대한 보험자대위(= 잔존물대위)

① 의 의

보험의 목적이 전부멸실 한 경우에 보험금액의 전부를 지급한 보험자는 그 목적에 대한 피보험자의 권리를 취득하는데(상법 제681조), 이를 보험의 목적에 관한 보험자대위 또는 목적물대위, 잔존물대위라 한다.

② 인정근거

피보험자의 이익을 방지하기 위한 것으로 보는 이득방지설이 다수설이다.

③ 요 건
  ㉠ 보험의 목적의 전부멸실 : 보험사고로 보험의 목적의 전부가 멸실되어야 한다(상법 제681조). 여기서 전부멸실이란 보험계약의 체결당시에 보험의 목적이 지닌 형태의 멸실을 의미하고, 일부잔존물이 있어도 경제적 가치가 전부멸실하였으면 전손으로 본다.
  ㉡ 보험금액의 전부지급 : 보험자가 보험금액의 전부를 피보험자에게 지급하여야 한다(상법 제681조).

④ 효 과
  ㉠ 보험의 목적에 관한 권리의 이전
    ⓐ 이전되는 권리내용 : 보험자는 피보험자가 보험의 목적에 대하여 가졌던 모든 권리를 취득한다.
    ⓑ 이전되는 권리범위 : 피보험자가 보험의 목적에 대하여 가지는 모든 권리에는 보험 목적의 소유권뿐만 아니라 채권 등도 포함한다.
    ⓒ 권리이전의 시기 : 보험자가 보험금을 전부지급한 때부터 그 권리가 이전한다.
  ㉡ 일부보험의 경우 : 일부보험은 보험자가 보험금액의 보험가액에 대한 비율에 따라 보상할 책임을 지므로(상법 제674조) 보험자가 보험금액의 전부를 지급하면 보험금액의 보험가액에 대한 비율에 따라 피보험자 보험의 목적에 대하여 가지는 권리를 취득한다(상법 제681조 단서).
  ㉢ 피보험자의 협조의무 : 보험자의 권리행사를 위하여 피보험자의 협조를 요구하는데, 이는 보험의 목적을 피보험자가 점유하는 것이 일반적이고 또한 그 내용을 잘 알고 있는 위치에 있기 때문에 손해감소를 위한 조치나 필요한 통지 등 보험자의 권리행사에 협력하도록 하고 있다.
  ㉣ 목적물에 대한 부담과 대위권의 포기 : 보험자는 그 대위권에 의하여 보험의 목적에 관한 소유권을 취득함으로써 그 목적물에 부수하는 의무를 부담하지 않으면 안 되는 경우가 있다. 즉, 대위권에 의한 권리취득이 오히려 잔존물 제거의무 등 보험자에게 불이익할 때는 대위권을 포기하고 보험의 목적에 따른 공법상, 사법상의 부담을 피보험자에게 귀속시킬 수 있다.

(2) 제3자에 대한 보험자대위(= 청구권대위)
  ① 의 의
  ㉠ 손해가 제3자의 행위로 인하여 발생한 경우에 보험금을 지급한 보험자는 그 지급한 금액의 한도에서 그 제3자에 대한 보험계약자 또는 피보험자의 권리를 취득한다. 다만, 보험자가 보상할 보험금의 일부를 지급한 경우에는 피보험자의 권리를 침해하지 아니하는 범위에서 그 권리를 행사할 수 있다.
  ㉡ 보험계약자나 피보험자의 권리가 그와 생계를 같이 하는 가족에 대한 것인 경우 보험자는 그 권리를 취득하지 못한다. 다만, 손해가 그 가족의 고의로 인하여 발생한 경우에는 그러하지 아니하다.

② 인정근거

피보험자의 이중이득방지와 보험사고발생에 예방적 효과에 근거를 두고 있다.

③ 요 건

ㄱ 제3자에 의한 보험사고와 손해발생 : 보험사고로 인한 피보험자의 손해가 제3자의 행위로 말미암은 것이어야 한다.

ㄴ 보험자의 보험금 지급 : 보험자가 피보험자에게 보험금을 지급하여야 한다. 따라서 보험금을 일부 지급하여도 그 지급한 범위 안에서 대위권을 행사할 수 있는 것이 목적물대위와 다르다.

ㄷ 제3자에 대한 피보험자의 권리의 존재 : 청구권대위는 보험자가 보험금을 지급하면 당연히 발생하지만 피보험자의 권리에서 나오므로, 제3자의 행위에 의하여 보험사고가 발생하여 피보험자가 제3자에게 손해배상청구권을 가지고 있어야 한다.

④ 효 과

ㄱ 피보험자 권리의 이전 : 제3자의 행위로 인하여 보험사고의 발생 시에 보험금액을 지급한 보험자는 그 지급한 금액의 한도에서 그 제3자에 대한 보험계약자 또는 피보험자의 권리를 취득한다(상법 제682조).

ㄴ 권리행사의 범위 : 보험자 대위권의 범위는 지급한 보험금액의 한도 내에서 피보험자 또는 보험계약자가 제3자에 대하여 가지는 권리로 지급한 보험금액을 초과할 수 없다.

ㄷ 피보험자의 협조의무 : 피보험자는 제3자에 대한 권리내용, 보전방법을 잘 알고 있는 위치에 있으므로 보험금을 지급받은 후 보험자가 권리를 행사할 수 있도록 협조할 의무가 있다.

ㄹ 피보험자에 의한 권리처분 : 보험자의 보험금 지급에 의하여 보험자대위의 효과가 발생하면 보험계약자, 피보험자는 보험금을 지급받은 한도 내에서 그 권리를 잃게 되므로 제3자에 대한 권리를 행사하거나 처분할 수 없고 보험자만이 그 권한을 갖는다.

⑤ 대위권 행사의 제한

ㄱ 보험금의 일부를 지급한 경우 : 보험자가 보상할 보험금액의 일부를 지급한 때에는 피보험자의 권리를 해지지 않는 범위 내에서만 그 권리를 행사할 수 있다(상법 제681조 단서).

ㄴ 일부보험의 경우 : 우리 「상법」 제681조 단서에 아무 규정이 없으므로 이전하는 권리가 보험금 지급액의 상당액에 대한 청구권이라는 절대설, 비례부담(안분)의 원칙에 따른 금액에 대한 청구권이라는 상대설, 피보험자의 손해액을 충당하고 나머지 남은 손해배상액에 대한 차액이라는 차액(원칙)설이 있다. 차액설이 통설이다.

1. 수개의 책임보험

(1) 의 의

피보험자가 동일한 사고로 제3자에게 배상책임을 짐으로써 입은 손해를 보상하는 수개의 책임보험 계약을 동시 또는 이시로 체결하는 경우를 말한다.

(2) 수 개의 책임보험의 요건

① 동일한 보험사고

② 중복 보험기간

③ 수개의 보험계약 체결

④ 보험금 총액이 실제손해 초과

⑤ 동일한 피보험자

2. 중복보험

보상책임의 전부 또는 일부가 중복되는 수개의 책임보험을 말한다.

(1) 자동차보험약관

"독립책임액 분담방식"으로 손해액을 보상한다.

(2) 상 법

① 비례보상방식

보험금액의 비율에 따라 보상책임을 진다.

② 연대책임주의

각 보험자는 각자의 보험금액 한도 내에서 연대책임을 진다.

＊「상법」제673조 : 보험자 1인에 대한 권리의 포기는 다른 보험자에 대해 영향을 주지 않는다.

1. 손해배상책임의 발생요건

(1) 「자배법」 제3조

자기를 위하여 자동차를 운행하는 자는 그 운행으로 다른 사람을 사망하게 하거나 부상하게 한 경우에는 그 손해를 배상할 책임을 진다.

(2) 손해배상책임의 발생요건

① 손해배상책임의 주체가 운행자일 것

② 자동차운행으로 인한 사고일 것

③ 피해자는 타인에 해당되고, 그 타인이 사상되었을 것

④ 「자배법」상 운행자 면책사유에 해당되지 않을 것

2. 자동차손해배상책임의 주체

(1) 운행자

운행자란 '자기를 위하여 자동차를 운행하는 자'로 자동차에 대한 운행지배권을 가지고, 그 운행으로 인한 이익(경제적 이익뿐만 아니라 사회생활상의 이익을 포함)이 자기에게 귀속되는 자를 말한다.

(2) 자기를 위하여 자동차를 운행하는 자

「자배법」 제3조에 의하면 「민법」과는 달리 직접 가해자인 운전자가 손해배상책임을 지는 것이 아니라, '자기를 위하여 자동차를 운행하는 자', 즉 운행자가 손해배상책임을 지도록 규정하였다. 여기서 '자기를 위하여 자동차를 운행하는 자'란 자동차의 소유자 또는 사용자를 말하지만, 이 밖에도 자동차의 임차인, 자동차보관업자, 위탁판매업자, 자동차의 정비업자, 육상운송업자 등은 물론 무단운전자와 절취운전자도 포함한다.

3. 자동차손해배상책임의 객체

(1) 타인(피해자)

타인은 운행자, 운전자 및 운전보조자를 제외한 모든 자로서 운행자에 대하여 손해배상을 청구할 수 있는 피해자를 말한다. 따라서 동승 중인 가족은 「자동차손해배상 보장법」상의 타인에 해당한다.

(2) 타인의 범위

운행자와 운전자의 가족이 자동차사고로 죽거나 다친 경우에 그 가족 또한 운행자의 지위에 서지 않는 한 당연히 손해배상책임의 객체인 타인에 속하므로 자동차보험 대인배상 Ⅰ(책임보험)에서 보상받을 수 있다.

4. 운행과 손해간의 상당인과관계

운행자가 타인의 사상에 대하여 손해배상책임을 지려면, 자기를 위한 운행과 타인의 생명 또는 신체의 사상과의 사이에 상당인과관계가 존재하여야 한다.

5. 운행자의 면책사유

책임을 면하려면 운행자가 입증하여야 한다.

(1) 운행자의 3면책요건이 존재하는 경우

피해자가 승객 이외인 경우, 운행자가 다음의 3면책요건을 입증하면 운행자책임을 면한다.

① 운행자 및 운전자의 무과실일 것

② 피해자에게 고의 또는 과실이 있거나 또는 제3자의 고의 또는 과실이 존재할 것

③ 자동차에 구조상 결함이나 기능상 장애가 없다는 것을 증명할 것

(2) 승객이 고의나 자살행위로 사망하거나 부상당한 경우

자동차에 탑승한 승객이 사상당한 경우에는 그 원인이 그 승객의 고의 또는 자살행위로 말미암은 것임을 운행자가 입증해야 한다.

(3) 「자배법」 제3조 단서 이외의 면책사유

불가항력, 정당방위, 긴급피난 등은 면책사유가 된다.

6. 입증책임의 전환

「자배법」상 운행자(가해자)의 면책사유 입증책임은 「민법」상 불법행위책임과 비교할 때 입증책임이 전환된 것으로 볼 수 있다. 즉, 입증책임이 「민법」상 피해자로부터 「자배법」상 운행자로 전환된 것이라고 할 수 있다. 피해자는 입증책임이 없고, 다만 교통사고에 의하여 손해를 입었다는 사실만 입증하면 된다. 그러므로 운행자가 책임을 면하려면 승객 이외의 경우에 3면책요건을, 승객의 경우에는 고의 또는 자살행위임을 입증하여야 한다.

7. 조건부 무과실책임주의

「민법」에서는 과실이 없으면 책임이 없다는 과실책임주의를 채택하고 있는데(제750조) 반하여, 「자배법」 제3조에서는 운행자가 타인의 생명 또는 신체를 사상한 때 그 손해에 대한 배상책임을 고의 또는 과실의 유무에 관계없이 운행자에게 일단 배상책임을 인정하므로, 무과실책임주의라고 할 수 있다. 다만, 책임을 면하려면 운행자가 승객 이외의 피해자에 대하여는 3면책요건을, 승객인 피해자에 대하여는 승객 자신의 고의 및 자살행위로 인한 사상임을 입증하여야 한다. 따라서, 승객 이외의 피해자의 경우 일단 운행자가 책임을 지고, 단서 위의 3면책요건을 입증함으로써 책임을 면하게 되는 조건부(상대적) 무과실책임주의를 취하며, 승객인 피해자는 가해자 측의 과실 없이 운행자가 책임을 지게 되는 절대적 무과실책임주의라고 본다.

8. 타법과의 관계

(1) 「민법」의 특별법
「자배법」은 「민법」의 특별법이므로 교통사고로 인한 인적 손해에 대하여는 당사자가 「자배법」의 적용을 청구하지 않더라도 「민법」에 우선하여 적용된다.

(2) 「국가배상법」과의 관계
① 국가 또는 지방자치단체는 공무원이 그 직무를 집행함에 있어 자동차사고로 타인의 생명 또는 신체를 사상한 경우 「국가배상법」과 「자배법」의 관계가 문제된다. 하지만 「자배법」의 입법취지에 비추어 볼 때, 동법 제3조는 자동차의 운행이 사적인 용무를 위한 것이건 국가 등의 공무를 위한 것이건 구별하지 아니하고 「국가배상법」에 우선하여 적용된다고 보아야 한다.

② 즉 공무원이 직무상 자동차를 운전하다가 사고를 일으켜 다른 사람에게 손해를 입힌 경우에는 그 사고가 자동차를 운전한 공무원의 경과실에 의한 것인지 중과실 또는 고의에 의한 것인지를 가리지 않고, 그 공무원이 「자배법」 제3조의 '자기를 위하여 자동차를 운행하는 자'에 해당하므로 「자배법」상 손해배상책임을 부담한다.

1. 운행자

자기를 위하여 자동차를 운행하는 자로서 차량에 대한 <u>운행지배</u>와 <u>운행이익</u>을 가지는 자를 말한다. 판례에서는 차량에 대한 운행지배만 있어도 운행자성을 인정하고 있다.

* **운행지배** : 자동차의 운행과 관련하여 현실적으로 자동차를 관리할 수 있는 것을 말하는데 최근에는 그 범위가 확대되어 지배가능성만 있어도 족하다고 보고 있다. 이는 「자배법」의 목적인 피해자보호에 부합하는 것이라 볼 수 있다.

* **운행이익** : 자동차 운행으로부터 나오는 직·간접적 이익과 정신적 만족을 포함한 일체의 이익을 말한다.

2. 보유자와 운전자

(1) 보유자

자동차의 소유자나 자동차를 사용할 권리가 있는 자로서 자기를 위하여 자동차를 운행하는 자를 말한다. 판례에서는 운행지배를 상실할 만한 특별한 사정이 없는 한 운행자로 추정한다.

(2) 운전자

운행자를 위하여 운전하는 자로 운행지배와 운행이익이 운행자에 귀속된다.

3. 인정방법

(1) 구체설(요건사실설)

피해자가 운행자의 책임을 주장, 입증해야 한다. 조건부 무과실책임주의에 부합하지 않는다.

(2) 추상설(항변설, 간접반증설)

피해자(원고)는 가해자(피고)가 소유자임을 입증하면 가해자는 운행자라 추정이 이루어져 피해자는 입증을 다한 것이고, 가해자가 면책사유를 입증해야 한다. 현재 판례와 통설이다.

| 판 례 | 「자동차손해배상 보장법」 제3조 소정의 "자기를 위하여 자동차를 운행하는 자"의 의의(대법원 1987.4.28. 선고, 86다카667, 판결) |

「자동차손해배상 보장법」 제3조 소정의 "자기를 위하여 자동차를 운행하는 자"라 함은 일반적, 추상적으로 자동차의 운행을 지배하여 그 이익을 향수하는 책임주체로서의 지위에 있는 자를 말한다 할 것이므로 통상적으로 그 지위에 있다고 인정되는 자동차의 소유자는 비록 제3자가 무단히 그 자동차를 운전하다가 사고를 내었다 하더라도 그 운행에 있어 소유자의 운행지배 및 운행이익이 완전히 상실되었다고 볼 수 없는 경우에는 그 사고에 대하여 위 법조의 운행자로서의 책임을 진다.

| 판 례 | 소유자의 운행지배 및 운행이익의 상실여부의 판단기준(대법원 1987.4.28. 선고, 86다카667, 판결) |

운행지배 및 운행이익의 상실여부는 자동차나 그 자동차열쇠의 관리상태, 소유자의 의사와 관계없이 운행이 가능하게 된 경위, 소유자와 운전자의 인적관계, 운전자의 차량 반환의사의 유무와 기타 객관적이고 외형적인 여러 사정을 종합적으로 평가하여 이를 판단하여야 한다.

1. 서 론

「자배법」에서는 운행자 개념을 통하여 배상의무자 범위를 확대하고, 조건부 무과실 책임주의를 채택함으로써 피해자 보호수단을 마련하고 있다.

2. 운행자책임 판단요소

* 「**자배법**」 제3조 운행자책임 : 운행자는 그 '운행'으로 '인하여' 타인을 사상케 한 경우 그 손해를 배상할 책임을 진다.

(1) 배상의무자 = 운행자

피해자에게 손해배상의무를 지닌 자가 당해 차량을 자기를 위해 운행한 운행자에 해당하여야 한다. 판례에서는 운행지배와 운행이익을 기준으로 운행자를 판단하는 이원설의 입장을 취하고 있다.

(2) 「자배법」상 자동차의 운행으로 인한 사고

① 「**자배법**」상 자동차

「자동차관리법」의 적용을 받는 자동차와 「건설기계관리법」의 적용을 받는 건설기계 중 대통령령이 정하는 것을 말한다.

② 운 행

「자배법」 제2조 '운행'이란 사람 또는 물건의 운송여부에 관계없이 자동차를 그 용법에 따라 사용 또는 관리하는 것을 말하며, 용법의 정의에 대하여 통설과 판례는 고유장치설의 입장을 취하고 있다.

③ 운행으로 인한 사고

운행자는 운행과 인과관계가 있는 사고(손해)에 대해서만 책임을 지며, 통설과 판례는 상당인과관계설(통상적으로 동일한 조건하에서 동일한 결과를 발생케 하는 관계)의 입장을 취하고 있다.

(3) 그 사고로 타인이 사상될 것

타인이라 함은 운행자와 운전자를 제외한 모든 자로서 「자배법」상 보호를 받을 수 있는 자를 말한다.

(4) 운행자 면책사유가 없을 것

① 피해자가 승객일 경우

피해자의 고의 또는 자살행위가 없다면 운행자는 책임을 면치 못한다.

② 피해자가 비승객일 경우

아래의 3면책요건을 모두 만족하여야 한다.

㉠ 운행자 및 운전자의 무과실일 것

㉡ 피해자 또는 제3자의 과실이 있을 것

㉢ 자동차의 구조상 결함 및 기능상 장해가 없을 것

3. 기타 「민법」상 불법행위책임과의 차이

① 차량 소유자의 경우 피해자에 대한 불법행위책임이 없더라도 당해 차량에 대해 운행지배와 이익을 상실했다는 특단의 사정이 없는 한 운행자책임을 진다.

② 차량 탑승객에 대하여 운행자는 조건부 무과실책임을 진다.

운행자성 판단 주요 유형

1. 무단운전

(1) 의 의

일정한 신분관계에 있는 자가 보유자의 승낙 없이 운전한 경우를 말한다. 승낙은 묵시적·간접적이어도 인정된다.

(2) 보유자의 운행지배 판단요소

① 신분관계가 가까울수록 보유자의 운행지배가 높다.

② 차량보관·관리가 허술할수록 보유자의 운행지배가 높다.

 * 차량과 열쇠의 보관·관리가 허술하면 보유자가 객관적으로 용인했다 추정된다(객관적 용인설). 차량보관허술은 불법행위책임과 연결될 수도 있다.

③ 운행거리가 짧을수록 보유자의 운행지배가 높다.

④ 피해자의 주관적 인식이나 무단운전에 대한 가담정도가 약할수록 보유자의 운행지배가 높다.

⑤ 판례는 "사회통념상 선해할 만한 사정" 여부 또는 "보유자의 사후 승낙개연성" 여부를 고려하여 판단하도록 하고 있다. → 무단운전에 대한 사회적 평가, 사회적 비난 가능성 또는 무단운전의 극단성 등을 함께 판단요소로 하고 있다.

2. 절취운전

(1) 의 의

인적관계가 없는 제3자가 보유자 승낙 없이 운전한 경우를 말한다.

(2) 보유자의 책임

보유자의 차량관리상 과실에 대하여 「자배법」상 손해배상책임을 적용할 수 있을까?

판례는 객관적 용인설을 따르고 있다. 즉 제반사항을 종합적으로 검토하여 보유자의 중대한 과실로 인한 객관적 용인이 인정될 경우 운행자책임을 물을 수 있다.

3. 명의대여

보유자(대여자)의 운행자성은 보유자가 운행지배와 이익이 없다는 특별한 사정을 입증하지 못하는 한 운행자성이 있다고 추정된다(추정설).

 * 빌려준 사람 = 명의대여자, 명의수탁자, 빌린 사람 = 명의차용인, 명의신탁자

4. 사용대차(무상대여)/임대차(유상대여)

기본적으로 명의대여와 같이 보유자(대여자)의 운행자성은 보유자가 운행지배와 이익이 없다는 특별한 사정을 입증하지 못하는 한 운행자성이 있다고 추정된다(추정설).

* 대주 = 대여자, 차주 = 빌린 자
* 특별한 사정 : ① 차주의 적극/극단적 요청이나 강요, ② 대주의 수차례 반환 요청 등
* 피교습자(운전연습생) : 운행자성 인정

5. 명의잔존(= 양도하여 명의이전 절차가 종료 전인 상태)

매매대금결제 여부와 명의이전 서류교부 여부가 중요하다. 판례는 약관상 양도에 대한 기준을 따르고 있다.

6. 취급업자

취급업자는 보유자/운행자에 해당한다. 따라서 소유자는 의뢰 ~ 인도까지의 기간 동안 운행지배를 상실한다.

7. 소유권유보부 할부판매

매도인의 운행자성은 인정되지 않는다. 통상 판매대금을 담보하기 위하여 소유권을 유보한 것일 뿐 실질적인 지배는 없다고 보기 때문이다.

8. 도급/하도급

도급인의 운행에 관한 실질적 지휘·감독 사실이 중요한 판단기준이다.

9. 가정용 차량

실질적 사용, 관리, 비용부담 여부가 중요하다.

10. 피용자의 개인소유 차량의 업무 중 사용

사용자의 권장, 지시, 묵시적 승인, 업무상 당연히 사용해야 할 경우 사용자의 운행자성이 인정된다. 그러나 개인적인 편의를 위한 사용은 인정되지 않는다.

절취운전시 보유자책임과 운전자한정특약 위반시 효과

1. 절취운전

보유자와 아무런 인적관계가 없는 제3자가 불법영득의 의사로 자동차를 절취하여 운전한 경우를 말한다.

2. 보유자의 손해배상책임

① 특단의 사정이 없는 한 절취 순간 보유자의 운행자성이 상실되는 것으로 보고 있다. 따라서 보유자는 운행자책임을 면하게 된다.

② 피해자가 공범(방조범)인가 여부는 고려대상이 아니다.

③ 그러나 절취운전에 관한 보유자의 자동차 관리 상의 하자가 있을 경우 「민법」 제750조의 불법행위책임이 발생하게 되고, 이를 「자배법」에 적용시키는 문제에 관하여 통설과 판례는 적용설의 입장에서 보유자의 운행자책임을 긍정하고 있다(근거 : 객관적 용인설과 피해자보호).

3. 운전자한정특약 위배시 효과

(1) 운전자한정특약

약관상 기명피보험자가 설정한 인원 이외의 자가 운전할 경우 대인배상 I을 제외한 전담보가 면책된다.

(2) 절취운전으로 인한 특약위배시 효과

기명피보험자의 명시적, 묵시적 승인이 없는 절취운전의 경우 비록 특약위반이라 하더라도 기명피보험자와의 관계에 있어서는 면책시킬 수 없다(= 면책약관 개별적용).

손해배상책임의 객체 : 타인

1. 개 념

(1) 「자배법」상 타인

「자배법」의 보호대상자로서 운행자와 당해 자동차 운전자(운전보조자 포함)를 제외한 그 외의 자를 말한다(판례).

(2) 운행자의 타인성

만약 운행자가 피해자가 될 경우, 운행자라는 이유로 항상 보호받지 못하게 된다면, 이는 운행자 제도와 손해배상제도의 본래취지(배상책임의 주체적 역할을 정하고 손해를 공평하게 분담한다)에 부합하지 않는다.

2. 타인성 문제의 유형과 인정범위

공동운행자	① 사용대차 ② 임대차 ③ 대리운전	
운행관여자	① 운전자 ② 운전보조자 ③ 운전위탁자 ④ 운전지도원	
운행미관여자	① 운행자의 근친자 ② 운전자의 근친자	
무상동승자	운행목적에 따라	① 동승자만을 위한 운행 ② 공동목적 ③ 편 승 ④ 운전자만을 위한 운행
	동승경위에 따라	① 피해자 강요 ② 무단동승 ③ 의뢰동승 ④ 유인승낙 ⑤ 유 인

1. 공동운행자

(1) 의 의

하나의 차량에 대하여 2인 이상의 운행자가 있는 경우 이들 운행자를 말한다. 운행지배와 운행이익이 단독으로만 존재하는 것이 아니기 때문에 수인(數人)의 운행자가 있을 수 있다.

(2) 유 형

① 전부적 공동운행자

　수인이 ㉠ 단일목적, ㉡ 공동경비를 부담하는 경우로서 서로 타인성을 주장할 수 없다.

② 부분적 공동운행자

　수인이 ㉠ 차량의 공유, ㉡ 경비분담을 하지만, 1인이 구체적으로 운행을 독점하는 경우이다. 유형별로 운행지배가 직접적, 현실적, 구체적(직, 현, 구)인지 여부가 중요하다.

③ 절충적 공동운행자

　수인 중 1인이 소유, 관리를 하지만 다른 1인이 자기 목적을 위해 수시로 사용하는 경우이다. 유형별로 운행지배가 직접적, 현실적, 구체적인지 여부가 중요하다.

④ 중첩적 공동운행자

　수인의 운행지배가 수직적으로 중복되는 경우로서 유형별로 운행지배가 직접적, 현실적, 구체적인지 여부가 중요하다(예 임대인 – 임차인, 대주 – 차주).

　그렇다면 이들 중 1인이 피해자인 경우 그의 타인성은 어떻게 해야 할까?

저자의 TIP　쉽게 외워요!

직, 현, 구
① 누가 사고발생을 방지할 수 있는 지위에 있는가?
② 누가 운전을 지휘・감독할 수 있는 지위에 있는가?
③ 누가 더 주도적으로 운행에 관여하는가?

---

2. 공동운행자의 타인성 기준에 대한 학설

공동운행자 중 어느 1인이 피해자에 해당할 경우 그 운행자의 타인성 여부에 관하여 '무상동승에 관한 이론'들을 적용한다.

(1) 위험인수설(승인설)

① 의 의

무상동승의 뜻을 비친 의뢰자는 곧 위험인수자라 할 수 있으므로, 손해배상청구를 할 수 없다는 설이다.

② 비 판

차량이 위험체라는 사실의 인식만으로 그 위험까지 인수했다고 보는 것은 곤란하다. 따라서 잠입형 동승을 해결하는 한 가지 방법일 뿐 일반적 상황에서는 적용하기 힘들다.

(2) 면책특약설

① 의 의

운전자 – 동승자 사이에 묵시적인 면책특약이 있다고 본다.

② 비 판

면책대상이 인간의 생명과 신체에 대한 배상책임이므로 묵시만으로 그 특약이 인정되는 것은 상식에 맞지 않다.

(3) 무상수취인의 책임경감이론의 유추설

① 의 의

계약법상 '무상으로 채무를 부담한 자는 그 책임이 경감' 된다는 내용에서 유추하여, 운전자는 고의 또는 중과실에 대해서만 책임을 부담한다.

② 비 판

㉠ 신체사고에 대해 경과실이기 때문에 면책한다는 것은 타당하지 않으며, ㉡ 경과실과 중과실은 양적 차이에 불과한데 과실의 경중에 따라 책임유무가 결정되는 것은 공평성에 어긋난다.

(4) 개별적 해결설

① 의 의

「자배법」상 무상동승자에 대한 보유자 책임제한 규정이 없기 때문에 민법에 따를 수밖에 없으므로(자배법 제4조), 다양한 형태의 무상동승을 하나의 이론으로 설명하기 힘들다는 입장이다. 따라서 유형별로 종합적 상황을 고려하여, 특별한 사정(예 동승자의 운행지배 간섭행위)이 없다면 동승자는 타인에 해당한다.

잠입동승의 경우 과실상계의 대상이지만, 무상동승의 경우 위자료 참작사유에 그친다.

② 비 판

호의동승에 관한 「자배법」상 보유자책임에 이론적 노력의 포기로 볼 수밖에 없다.

(5) 타인성 조각설

① 의 의

동승자가 본래의 운행자보다 그 지배가 더 <u>직</u>, <u>현</u>, <u>구</u>였다면(특별한 사정), 스스로 운행자성을 가지면서 동승자의 타인성이 조각되며, 과실상계와 위자료 참작이론으로 보완된다.

② 비 판

㉠ 타인성 조각의 전제가 운행자성 취득에 있기 때문에 일반 무상동승 상황에 적용하기 어렵다.

㉡ 동승자의 대외적인 운행자 책임여부에도 문제가 발생한다.

이러한 이유들로 타인성 조각설은 '공동운행자 상호간 타인성 유무'를 가릴 때 적용되는 것이 더 타당하다.

(6) 운행자성 조각설(책임상대설)

① 의 의

특별한 사정이 있다면 내부관계에 한하여 보유자는 운행자성을 상실하고 동승자는 운행자성을 취득한다. 외부관계에서는 보유자만 운행자 책임을 진다. 따라서 운행자 책임은 상대적이다.

② 비 판

운행자성을 상대적으로 파악하는 것은 적절하지 않다. 왜냐하면 운행자성은 차에 대한 관리 상의 위험책임으로서 차에 대한 운행자의 객관적 지배에서 오기 때문이다.

(7) 비율적 책임설

① 의 의

타인성 조각설의 발전된 형태로 동승자는 운행자성과 타인성을 동시에 가질 수 있고, 그가 취득한 운행자성 만큼 타인성을 상실하여 상실한 비율의 한도 내에서 배상청구권이 감소한다(예 보유자의 운행자성 100%, 동승자의 운행자성 40%라면 동승자의 타인성은 60%).

② 비 판

타인성 조각의 이유를 동승자의 운행자성 취득에 두고 있기 때문에 외부관계에서 제3자인 피해자에 대하여 보유자와 부진정 연대채무관계에 서게 되고 동승자의 운행자성 취득비율에 상관없이 보유자와 함께 제3자에 대한 100% 손해배상책임을 지게 된다.

(8) 수정책임상대설(책임상대설의 과실상계적 운용설)

책임상대설의 발전된 형태로 동승자의 운행자성을 고려하지 않고, 보유자 운행자성의 비율적 조각을 인정하여 감소한 운행자성만큼 동승자에 대해 그 책임도 감소하고(예 보유자의 제3자에 대한 운행자성 100%, 보유자의 동승자에 대한 운행자성 60%라면 동승자의 타인성은 60%), 이를 동승자 감액 주장시 과실상계처럼 처리하기 때문에 '책임상대설의 과실상계적 운용설'이라 부른다.

위험인수설		
면책특약설	동승자의 면책에 대한 내용(운행자성에 대한 내용 아님)	
무상수취인의 책임경감이론의 유추설		
개별적 해결설	동승자의 운행자성 취득인정	① 동승자에 대한 보유자 책임 없음 ② 제3자인 피해자에 대하여 연대책임
타인성 조각설		운행자성 취득에 따른 타인성의 전면적 상실
비율적 책임설		운행자성 취득 비율만큼 상실
운행자성 조각설(책임상대설)	운행자성 취득은 상대적이다.	
수정책임상대설	① 동승자 운행자성은 고려하지 않는다. ② 보유자의 운행자성 상실 비율만큼 동승자는 타인성을 가진다.	

3. 결 론

배상의무자인 공동운행자의 운행자성을 비율적으로 파악하여 책임론(누구 책임?)이 아닌 손해론(얼마나 손해?)의 입장에서 동승자에 대한 과실상계의 유추적용을 통해 책임의 상대화와 양적처리를 시도했다는 이유로 초기에는 수정책임상대설이 주류를 이루었다.

그러나 공동운행자 문제는 ① 내부관계의 문제인 점(운행자 상호간의 타인성 문제), ② 피해자인 운행자도 대외적으로 운행자로서 책임을 질수 있다는 점, ③ 비율적 책임설 역시 타인성 상실에 따른 배상액의 감액을 인정하기 때문에(손해론) 비율적 책임설이 더 타당하다는 의견이 현재는 더 유력하다.

판례는 운행지배가 타 공동운행자보다 간·잠·추(간접적·잠재적·추상적)일 때 보다 직·현·구 (직접적, 현실적, 구체적)인 공동운행자에 대하여 타인성을 주장할 수 있고, 상호평등의 경우에는 인정되지 않는다고 보고 있다. 그러나 타인성이 인정된다는 사실만으로 운행자성을 부인할 수는 없다고 보고 있다.

4. 구체적 사례 검토

(1) 사용대차

일반적으로 대차인(의뢰인)이 대여인보다 직, 현, 구(직접적, 현실적, 구체적)이다.

(2) 임대차

사용대차와 비슷하다. 그러나 "렌트카업자의 경우 임차인보다 더 직, 현, 구"라는 판례가 있다. 그러나 그 반대인(임차인도 일반임차인과 같다는) 판례 역시 있다.

(3) 대리업자

의뢰자(소유자)가 사상될 경우, 대리운전은 유상/쌍무 계약이므로 업자에게 직, 현, 구가 발생하기 때문에 의뢰자의 타인성이 인정된다. 하지만 상반되는 판례 또한 있다.

(4) 배상액의 감액

통상 40%를 감액한다.

(5) 대인배상 II 인적관계 면책조항

약관상 대인배상 II 피보험자 인적관계 면책조항에 해당하는지 유의해야 한다.

Theme 8 | 그 밖의 타인성 문제 유형

1. 운행관여자

(1) 운전자

① 운행자를 위하여 운전업무에 종사하는 자이다.

② 운전업무에 종사할 의무가 있는 자로서 선관주의의무를 부담한다(스스로가 사고를 미연에 방지하여야 할 의무).

(2) 운전보조자

① 업무로써 운전자의 운전행위에 참여하여 그 지배 하에서 운전행위를 도와주는 자이다.

② 사고발생을 미연에 방지할 의무가 있거나, 실제 운전에 관여한 경우에는 타인에 해당하지 않는다.

2. 운행미관여자(가족)

운행자 및 운전자의 직계비속 등 근친자들에 대하여 판례는 타인성을 인정하고 있다.

3. 무상동승자

대가의 지불 없이 타인의 자동차에 동승하는 것으로 호의동승은 무상동승에 포함된다. 보통은 무상동승자의 타인성을 인정한다.

(1) 무상동승자에 대한 배상액의 감경

대법원 판례는 무상동승의 일정유형에 대해 그 책임제한을 긍정하고 있다.

> **판례** 대법원 1990.4.25. 선고, 90다카3062, 판결)
>
> 피해자가 사고차량에 무상으로 동승하다가 사고를 당한 경우 운행의 목적, 호의동승자와 운행자와의 인적관계, 피해자가 차량에 동승한 경위 등 제반사정을 비추어 사고차량의 운전자에게 일반의 교통사고와 같은 책임을 지우는 것이 신의칙이나 형평의 원칙에 비추어 매우 불합리한 것으로 인정되는 경우에는 그 배상액을 감경할 사유로 삼을 수 있다.

(2) 문제점(복수의 가해행위와 무상동승 감액적용 여부)

동승하고 있던 피해자가 상대방 차량의 운행자를 상대로 손해배상청구를 하는 경우, 상대 차량 측에서 피해자의 동승자 감액을 주장할 수 있는가?

판례는 동승자 감액은 동승한 차량 측에서만 적용되므로(상대적 사유) 부정설의 입장을 취하고 있다. 단, 동승자의 과실상계 사유는 양 차량측 모두 적용한다(절대적 사유).

Chapter 1 용어·구성

Theme 1 용어

제1조(용어의 정의)

이 약관에서 사용하는 용어의 뜻은 다음과 같습니다.

1. 가지급금 : 자동차사고로 인하여 소요되는 비용을 충당하기 위하여, 보험회사가 피보험자에 대한 보상책임이나 피해자에 대한 손해배상책임을 확정하기 전에 그 비용의 일부를 피보험자 또는 피해자에게 미리 지급하는 것을 말합니다.

2. 단기요율 : 보험기간이 1년 미만인 보험계약에 적용되는 보험요율을 말합니다.

3. 마약 또는 약물 등 : 「도로교통법」제45조에서 정한 '마약, 대마, 향정신성의약품 그 밖에 행정안전부령이 정하는 것'을 말합니다.

4. 무면허운전(조종) : 「도로교통법」또는 「건설기계관리법」의 운전(조종)면허에 관한 규정에 위반되는 무면허 또는 무자격운전(조종)을 말하며, 운전(조종)면허의 효력이 정지된 상황이거나 운전(조종)이 금지된 상황에서 운전(조종)하는 것을 포함합니다.

5. 무보험자동차 : 피보험자동차가 아니면서 피보험자를 죽게 하거나 다치게 한 자동차로서 다음 중 어느 하나에 해당하는 것을 말합니다. 이 경우 자동차라 함은 「자동차관리법」에 의한 자동차, 「건설기계관리법」에 의한 건설기계, 「군수품관리법」에 의한 차량, 「도로교통법」에 의한 원동기장치자전거 및 개인형이동장치, 「농업기계화촉진법」에 의한 농업기계를 말하며, 피보험자가 소유한 자동차를 제외합니다.

   가. 자동차보험 「대인배상Ⅱ」나 공제계약이 없는 자동차

   나. 자동차보험 「대인배상Ⅱ」나 공제계약에서 보상하지 않는 경우에 해당하는 자동차

   다. 이 약관에서 보상될 수 있는 금액보다 보상한도가 낮은 자동차보험의 「대인배상Ⅱ」나 공제계약이 적용되는 자동차. 다만, 피보험자를 죽게 하거나 다치게 한 자동차가 2대 이상이고 각각의 자동차에 적용되는 자동차보험의 「대인배상Ⅱ」또는 공제계약에서 보상되는 금액의 합계액이 이 약관에서 보상될 수 있는 금액보다 낮은 경우에 한하는 그 각각의 자동차

   라. 피보험자를 죽게 하거나 다치게 한 자동차가 명확히 밝혀지지 않은 경우 그 자동차(「도로교통법」에 의한 개인형이동장치는 제외)

6. 부분품, 부속품, 부속기계장치

   가. 부분품 : 엔진, 변속기(트랜스미션) 등 자동차가 공장에서 출고될 때 원형 그대로 부착되어 자동차의 조성부분이 되는 재료를 말합니다.

   나. 부속품 : 자동차에 정착[*1] 또는 장비[*2]되어 있는 물품을 말하며, 자동차 실내에서만 사용하는 것을 목적으로 해서 자동차에 고정되어 있는 내비게이션이나 고속도로통행료단말기[*3]를 포함합니다. 다만 다음의 물품을 제외합니다.

      (1) 연료, 보디커버, 세차용품

      (2) 법령에 의해 자동차에 정착[*1]하거나 장비[*2]하는 것이 금지되어 있는 물건

      (3) 통상 장식품으로 보는 물건

      (4) 부속기계장치

   다. 부속기계장치 : 의료방역차, 검사측정차, 전원차, 방송중계차 등 자동차등록증상 그 용도가 특정한 자동차에 정착되거나 장비되어 있는 정밀기계장치를 말합니다.

      (*1) 정착 : 볼트, 너트 등으로 고정되어 있어서 공구 등을 사용하지 않으면 쉽게 분리할 수 없는 상태

      (*2) 장비 : 자동차의 기능을 충분히 발휘하기 위해 갖추어 두고 있는 상태 또는 법령에 따라 자동차에 갖추어 두고 있는 상태

      (*3) 고속도로통행료단말기 : 고속도로 통행료 등의 지급을 위해 고속도로 요금소와 통행료 등에 관한 정보를 주고받는 송수신장치(예) 하이패스 단말기)

7. 운전(조종) : 「도로교통법」상 도로[도로교통법 제44조(술에 취한 상태에서의 운전금지)·제45조(과로한 때의 운전 금지)·제54조(사고발생시 조치) 제1항·제148조(벌칙) 및 제148조의2(벌칙)의 경우에는 도로 외의 곳을 포함]에서 자동차 또는 건설기계를 그 본래의 사용방법에 따라 사용하는 것을 말합니다.

8. 운행 : 사람 또는 물건의 운송 여부와 관계없이 자동차를 그 용법에 따라 사용하거나 관리하는 것을 말합니다(「자동차손해배상 보장법」 제2조 제2호).

9. 음주운전(조종) : 「도로교통법」에 정한 술에 취한 상태에서 운전(조종)하거나 음주측정에 불응하는 행위를 말합니다.

10. 의무보험 : 「자동차손해배상 보장법」 제5조에 따라 자동차보유자가 의무적으로 가입하는 보험을 말합니다.

11. 자동차보유자 : 자동차의 소유자나 자동차를 사용할 권리가 있는 자로서 자기를 위하여 자동차를 운행하는 자를 말합니다(「자동차손해배상 보장법」 제2조 제3호).

12. 자동차 취급업자 : 자동차정비업, 대리운전업, 주차장업, 급유업, 세차업, 자동차판매업, 자동차탁송업 등 자동차를 취급하는 일에 종사하는 자를 말하며 이들 또는 이들의 피용자가 법인인 경우에는 그 법인의 이사와 감사를 포함합니다.

13. 피보험자 : 보험회사에 보상을 청구할 수 있는 자로서 다음 중 어느 하나에 해당하는 자를 말하며, 구체적인 피보험자의 범위는 각각의 보장종목에서 정하는 바에 따릅니다.

   가. 기명피보험자 : 피보험자동차를 소유·사용·관리하는 자 중에서 보험계약자가 지정하여 보험증권의 기명피보험자란에 기재되어 있는 피보험자를 말합니다.

   나. 친족피보험자 : 기명피보험자와 같이 살거나 살림을 같이 하는 친족으로서 피보험자동차를 사용하거나 관리하고 있는 자를 말합니다.

다. 승낙피보험자 : 기명피보험자의 승낙을 얻어 피보험자동차를 사용하거나 관리하고 있는 자를 말합니다. 단, 기명피보험자가 법인인 경우, 법인의 대표이사나 대리감독자를 기명피보험자로 봅니다.

라. 사용피보험자 : 기명피보험자의 사용자 또는 계약에 따라 기명피보험자의 사용자에 준하는 지위를 얻은 자. 다만, 기명피보험자가 피보험자동차를 사용자의 업무에 사용하고 있는 때에 한합니다.

마. 운전피보험자 : 다른 피보험자(기명피보험자, 친족피보험자, 승낙피보험자, 사용피보험자를 말함)를 위하여 피보험자동차를 운전 중인 자(운전보조자를 포함)를 말합니다.

14. 피보험자동차 : 보험증권에 기재된 자동차를 말합니다.

15. 피보험자의 부모, 배우자, 자녀

가. 피보험자의 부모 : 피보험자의 부모, 양부모를 말합니다.

나. 피보험자의 배우자 : 법률상의 배우자 또는 사실혼관계에 있는 배우자를 말합니다.

다. 피보험자의 자녀 : 법률상의 혼인관계에서 출생한 자녀, 사실혼관계에서 출생한 자녀, 양자 또는 양녀를 말합니다.

16. 휴대품, 인명보호장구 및 소지품

가. 휴대품 : 통상적으로 몸에 지니고 있는 물품으로 현금, 유가증권, 만년필, 소모품, 손목시계, 귀금속, 장신구, 그 밖에 이와 유사한 물품을 말합니다.

나. 인명보호장구 : 외부충격으로부터 탑승자의 신체를 보호하는 특수기능이 포함된 것으로 「도로교통법 시행규칙」 제32조에서 정하는 승차용 안전모 또는 전용의류[*1]를 말합니다.

다. 소지품 : 휴대품을 제외한 물품으로 정착[*2]되어 있지 않고 휴대할 수 있는 물품을 말합니다.[*3]

(*1) 예 : 바이크 전용 슈트, 에어백 등(라이더자켓·팬츠·부츠 등 이와 유사한 일반의류는 제외)

(*2) 정착 : 볼트, 너트 등으로 고정되어 있어서 공구 등을 사용하지 않으면 쉽게 분리할 수 없는 상태

(*3) 예 : 휴대전화기, 노트북, 캠코더, 카메라, 음성재생기(CD 플레이어, MP3 플레이어, 카세트테이프 플레이어 등), 녹음기, 전자수첩, 전자사전, 휴대용라디오, 핸드백, 서류가방, 골프채 등

17. 차종 : 차종이란 자동차보험요율서에 규정하고 있는 차종 구분을 말합니다.

18. 사고발생 시의 조치의무위반 : 「도로교통법」에서 정한 사고발생시의 조치를 하지 않은 경우를 말합니다. 다만, 주·정차된 차만 손괴한 것이 분명한 경우에 피해자에게 인적사항을 제공하지 아니한 경우는 제외합니다.

19. 보험가액

가. 보험계약을 체결하는 경우 보험계약 체결 당시 보험개발원이 정한 최근의 자동차보험 차량기준가액표(적용요령 포함)에 정한 가액을 말합니다.

나. 보험계약 체결 후 사고가 발생한 경우 보험사고 발생 당시 보험개발원이 정한 최근의 자동차보험 차량기준가액표(적용요령 포함)에 정한 가액을 말합니다.

20. 마약·약물운전

마약 또는 약물 등의 영향으로 인하여 정상적인 운전을 하지 못할 우려가 있는 상태에서 운전하는 행위를 말합니다.

Theme 2 구 성

제2조(자동차보험의 구성)

① 보험회사가 판매하는 자동차보험은 「대인배상Ⅰ」, 「대인배상Ⅱ」, 「대물배상」, 「자기신체사고」, 「무보험 자동차에 의한 상해」, 「자기차량손해」의 6가지 보장종목과 특별약관으로 구성되어 있습니다.

② 보험계약자는 다음과 같은 방법에 의해 자동차보험에 가입합니다.

    1. 의무보험 : 「자동차손해배상 보장법」 제5조에 의해 보험에 가입할 의무가 있는 자동차보유자는 「대인배 상Ⅰ」과 「대물배상」(「자동차손해배상 보장법」에서 정한 보상한도에 한함)을 반드시 가입하여야 합니다.

    2. 임의보험 : 의무보험에 가입하는 보험계약자는 의무보험에 해당하지 않는 보장 종목을 선택하여 가입할 수 있습니다.

③ 각 보장종목별 보상내용은 다음과 같으며 상세한 내용은 제2편 자동차보험에서 보상하는 내용에 규정되어 있습니다.

    1. 배상책임 : 자동차사고로 인하여 피보험자가 손해배상책임을 짐으로써 입은 손해를 보상

    2. 배상책임 이외의 보장종목 : 자동차사고로 인하여 피보험자가 입은 손해를 보상

④ 자동차보험료는 보험회사가 금융감독원에 신고한 후 사용하는 '자동차보험요율서'에서 정한 방법에 의하여 계산합니다.

〈예 시〉

납입할 보험료 = 기본보험료 × 특약요율 × 가입자특성요율(보험가입경력요율 ± 교통법규위반경력요율) × 특별요율 × 우량할인·불량할증요율 × 사고건수별 특성요율

가. 기본보험료 : 차량의 종류, 배기량, 용도, 보험가입금액, 성별, 연령 등에 따라 미리 정해놓은 기본적인 보험료

나. 특약요율 : 운전자의 연령범위를 제한하는 특약, 가족으로 운전자를 한정하는 특약 등 가입 시에 적용하는 요율

다. 가입자특성 요율 : 보험가입기간이나 법규위반경력에 따라 적용하는 요율

라. 특별요율 : 자동차의 구조나 운행실태가 같은 종류의 차량과 다른 경우 적용하는 요율

마. 우량할인·불량할증요율 : 사고발생 실적에 따라 적용하는 요율

바. 사고건수별 특성요율 : 직전 3년간 사고유무 및 사고건수에 따라 적용하는 요율

심화학습   **개인용 자동차보험 가입대상**

법정정원 10인승이하의 개인소유 자가용승용차(승차정원 10인 이하의 비사업용 자동차를 말합니다) 다만, 인가된 자동차학원 또는 자동차학원 대표자 소유의 자동차로서 운전교습, 도로주행교육 및 시험에 사용되는 승용차는 제외됩니다.

Theme 1 대인배상Ⅰ

제3조(보상하는 손해)

「대인배상Ⅰ」에서 보험회사는 피보험자가 피보험자동차의 운행으로 인하여 다른 사람을 죽거나 다치게 하여 「자동차손해배상 보장법」 제3조에 의한 손해배상책임을 짐으로써 입은 손해를 보상합니다.

제4조(피보험자)

「대인배상Ⅰ」에서 피보험자라 함은 다음 중 어느 하나에 해당하는 자를 말하며, 다음 에서 정하는 자 외에도 「자동차손해배상 보장법」상 자동차보유자에 해당하는 자가 있는 경우에는 그 자를 「대인배상Ⅰ」의 피보험자로 봅니다.

    1. 기명피보험자

    2. 친족피보험자

    3. 승낙피보험자

    4. 사용피보험자

    5. 운전피보험자

제5조(보상하지 않는 손해)

보험계약자 또는 피보험자의 고의로 인한 손해는 「대인배상Ⅰ」에서 보상하지 않습니다. 다만, 「자동차손해배상 보장법」 제10조의 규정에 따라 피해자가 보험회사에 직접 청구를 한 경우, 보험회사는 자동차손해배상 보장법령에서 정한 금액을 한도로 피해자 에게 손해배상금을 지급한 다음 지급한 날부터 3년 이내에 고의로 사고를 일으킨 보험계약자나 피보험자에게 그 금액의 지급을 청구합니다.

Theme 2   대인배상Ⅱ

제6조(보상하는 손해)

① 「대인배상Ⅱ」에서 보험회사는 피보험자가 피보험자동차를 소유·사용·관리하는 동안에 생긴 피보험자동차의 사고로 인하여 다른 사람을 죽게 하거나 다치게 하여 법률상 손해배상책임을 짐으로써 입은 손해(「대인배상Ⅰ」에서 보상하는 손해를 초과하는 손해에 한함)를 보상합니다.

② 「대물배상」에서 보험회사는 피보험자가 피보험자동차를 소유·사용·관리하는 동안에 생긴 피보험자동차의 사고로 인하여 다른 사람의 재물을 없애거나 훼손하여 법률상 손해배상책임을 짐으로써 입은 손해를 보상합니다.

제7조(피보험자)

「대인배상Ⅱ」와 「대물배상」에서 피보험자라 함은 다음 중 어느 하나에 해당하는 자를 말합니다.

1. 기명피보험자
2. 친족피보험자
3. 승낙피보험자. 다만, 자동차 취급업자가 업무상 위탁받은 피보험자동차를 사용하거나 관리하는 경우에는 피보험자로 보지 않습니다.
4. 사용피보험자
5. 운전피보험자. 다만, 자동차 취급업자가 업무상 위탁받은 피보험자동차를 사용하거나 관리하는 경우에는 피보험자로 보지 않습니다.

제8조(보상하지 않는 손해)

① 다음 중 어느 하나에 해당하는 손해는 「대인배상Ⅱ」와 「대물배상」에서 보상하지 않습니다.

1. 보험계약자 또는 기명피보험자의 고의로 인한 손해
2. 기명피보험자 이외의 피보험자의 고의로 인한 손해
3. 전쟁, 혁명, 내란, 사변, 폭동, 소요 또는 이와 유사한 사태로 인한 손해
4. 지진, 분화, 태풍, 홍수, 해일 등 천재지변으로 인한 손해
5. 핵연료물질의 직접 또는 간접적인 영향으로 인한 손해
6. 피보험자동차가 승용차 또는 승합차(버스)인 경우에 영리를 목적으로 요금이나 대가를 받고 피보험자동차를 반복적으로 사용하거나 빌려준 때에 생긴 손해.
7. 피보험자가 제3자와 손해배상에 관한 계약을 맺고 있을 때 그 계약으로 인하여 늘어난 손해
8. 피보험자동차를 시험용, 경기용 또는 경기를 위해 연습용으로 사용하던 중 생긴 손해. 다만, 운전면허시험을 위한 도로주행시험용으로 사용하던 중 생긴 손해는 보상합니다.

② 다음 중 어느 하나에 해당하는 사람이 죽거나 다친 경우에는 「대인배상Ⅱ」에서 보상하지 않습니다.

1. 피보험자 또는 그 부모, 배우자 및 자녀. 만약, 기명피보험자가 법인인 경우에는 이사와 감사 또는 그 부모, 배우자, 자녀
2. 배상책임이 있는 피보험자의 피용자로서 「산업재해보상보험법」에 의한 재해보상을 받을 수 있는 사람. 다만, 그 사람이 입은 손해가 같은 법에 의한 보상범위를 넘어서는 경우 그 초과손해를 보상합니다.
3. 피보험자동차가 피보험자의 사용자의 업무에 사용되는 경우 그 사용자의 업무에 종사 중인 다른 피용자로서, 「산업재해보상보험법」에 의한 재해보상을 받을 수 있는 사람. 다만, 그 사람이 입은 손해가 같은 법에 의한 보상범위를 넘는 경우 그 초과손해를 보상합니다.

③ 다음 중 어느 하나에 해당하는 손해는 「대물배상」에서 보상하지 않습니다.

1. 피보험자 또는 그 부모, 배우자나 자녀가 소유·사용·관리하는 재물에 생긴 손해(피보험자가 법인인 경우에는 이사와 감사 또는 그 부모, 배우자나 자녀가 소유·사용·관리하는 재물을 포함)
2. 피보험자가 사용자의 업무에 종사하고 있을 때 피보험자의 사용자가 소유·사용·관리하는 재물에 생긴 손해
3. 피보험자동차에 싣고 있거나 운송중인 물품에 생긴 손해
4. 다른 사람의 서화, 골동품, 조각물, 그 밖에 미술품과 탑승자와 통행인의 의류나 휴대품에 생긴 손해. 그러나 탑승자의 신체를 보호할 인명보호장구에 한하여 피해자 1인당 200만원의 한도에서 실제 손해를 보상합니다.
5. 탑승자와 통행인의 분실 또는 도난으로 인한 소지품에 생긴 손해. 그러나 훼손된 소지품에 한하여 피해자 1인당 200만원의 한도에서 실제 손해를 보상합니다.
6. 피보험자가 피보험자동차를 공사수행을 위하여 사용 또는 관리하던 중 지하케이블, 도관, 기타 지하시설물을 파손한 경우 또는 지반의 침하로 생긴 손해 및 건물구조물의 붕괴, 도괴로 인한 손해

④ 제1항 제2호와 관련해서 보험회사가 제9조(피보험자 개별적용) 제1항에 따라 피해자에게 손해배상을 하는 경우, 보험회사는 손해배상액을 지급한 날부터 3년 이내에 고의로 사고를 일으킨 피보험자에게 그 금액의 지급을 청구합니다.

제9조(피보험자 개별적용)

① 이 장의 규정은 각각의 피보험자마다 개별적으로 적용합니다. 다만 제8조(보상하지 않는 손해) 제1항 제1호, 제6호, 제8호를 제외합니다.

② 제1항에 따라 제10조(지급보험금의 계산)에 정하는 보험금의 한도가 증액되지는 않습니다.

제10조(지급보험금의 계산)

① 「대인배상 I」, 「대인배상 II」에서 보험회사는 이 약관의 '보험금 지급기준에 의해 산출한 금액'과 '비용'을 합한 금액에서 '공제액'을 공제한 후 보험금으로 지급하되 다음의 금액을 한도로 합니다.

1. 「대인배상 I」: 자동차손해배상 보장법령에서 정한 기준에 따라 산출한 금액
2. 「대인배상 II」: 보험증권에 기재된 보험가입금액

> 지급 보험금 = '보험금 지급기준에 의해 산출한 금액' 또는 '법원의 확정판결 등[*1]에 따라 피보험자가 배상하여야 할 금액' + '비용' + '공제액'

② 소송(민사조정, 중재를 포함)이 제기되었을 경우에는 대한민국 법원의 확정판결 등[*1]에 따라 피보험자가 손해배상청구권자에게 배상하여야 할 금액(지연배상금을 포함)을 제1항의 '보험금 지급기준에 의해 산출한 금액'으로 봅니다.

(*1) '법원의 확정판결 등'이라 함은 법원의 확정판결 또는 법원의 확정판결과 동 일한 효력을 갖는 조정결정, 중재판정 등을 말합니다.

③ 제1항의 '비용'은 다음 중 어느 하나에 해당하는 금액을 말합니다. 이 비용은 보험가입금액과 관계없이 보상하여 드립니다.

1. 손해의 방지와 경감을 위하여 지출한 비용(긴급조치비용을 포함)
2. 다른 사람으로부터 손해배상을 받을 수 있는 권리의 보전과 행사를 위하여 지출한 필요 비용 또는 유익한 비용
3. 그 밖에 보험회사의 동의를 얻어 지출한 비용

④ 제1항의 '공제액'은 다음의 금액을 말합니다.

1. 「대인배상 II」: 「대인배상 I」에서 지급되는 금액 또는 피보험자동차가 「대인배상 I」에 가입되지 않은 경우에는 「대인배상 I」에서 지급될 수 있는 금액
2. 「대물배상」: 사고차량을 고칠 때에 엔진, 변속기(트랜스미션) 등 부분품을 교체한 경우 교체된 기존 부분품의 감가상각에 해당하는 금액

제11조(음주운전, 무면허운전, 마약 · 약물운전 또는 사고발생시의 조치의무위반 관련 사고부담금)

① 피보험자 본인이 음주운전이나 무면허운전 또는 마약 · 약물운전을 하는 동안에 생긴 사고 또는 사고발생시의 조치의무를 위반한 경우 또는 기명피보험자의 명시적 · 묵시적 승인 하에서 피보험자동차의 운전자가 음주운전이나 무면허운전 또는 마약 · 약물운전을 하는 동안에 생긴 사고 또는 사고발생시의 조치의무를 위반한 경우로 인하여 보험회사가「대인배상Ⅰ」,「대인배상Ⅱ」,「대물배상」에서 보험금을 지급하는 경우, 피보험자는 다음에서 정하는 사고부담금을 보험회사에 납입하여야 합니다(단, 마약 · 약물운전은「대인배상Ⅱ」손해에 대해서만 적용합니다).

　1.「대인배상Ⅰ」: 1사고당 음주운전 1,000만원, 무면허운전 300만원, 사고발생시의 조치의무위반 300만원

　2.「대인배상Ⅱ」: 1사고당 1억원

② 피보험자는 지체 없이 음주운전, 무면허운전, 마약 · 약물운전 또는 사고발생시의 조치의무위반사고부담금을 보험회사에 납입하여야 합니다. 다만, 피보험자가 경제적인 사유 등으로 이 사고부담금을 미납하였을 때 보험회사는 피해자에게 이 사고부담금을 포함하여 손해배상금을 우선 지급하고 피보험자에게 이 사고부담금의 지급을 청구할 수 있습니다.

Theme 4   자기신체사고

제12조(보상하는 손해)

「자기신체사고」에서 보험회사는 피보험자가 피보험자동차를 소유·사용·관리하는 동안에 생긴 다음 중 어느 하나의 사고로 인하여 죽거나 상해[*1]를 입은 때 그로 인한 손해를 보상하여 드립니다.

1. 피보험자동차의 운행으로 인한 사고[*2]
2. 피보험자동차의 운행중 발생한 다음의 사고. 다만, 피보험자가 피보험자동차에 탑승 중일 때에 한합니다.
   가. 날아오거나 떨어지는 물체와 충돌
   나. 화재 또는 폭발
   다. 피보험자동차의 낙하
   (*1) 피보험자의 신체에 이상이 있는 점을 뒷받침 할 수 있는 의학적 소견이 있는 경우에 한합니다.
   (*2) 피보험자동차가 전기차(전기 공급원으로부터 충전받은 전기에너지를 동력원으로 사용하는 자동차를 말하며 이하 같습니다)인 경우, 정격의 충전설비를 이용하여 피보험자동차의 구동용 배터리를 충전하는 과정에서 발생한 감전, 화재 또는 폭발 사고는 피보험자가 피보험자동차에 탑승 여부를 불문하고 보상합니다.

제13조(피보험자)

「자기신체사고」에서 피보험자는 다음과 같습니다. 단, 도난시 운전자는 피보험자에서 제외합니다.

1. 제7조의 대인배상Ⅱ에 해당하는 피보험자(단, 기명피보험자가 법인인 경우 그 이사와 감사)
2. 위 1호의 피보험자의 부모, 배우자, 자녀[*1]
   (*1) '피보험자의 부모'란 피보험자의 부모와 양부모를 말합니다.
   '피보험자의 배우자'란 법률 상의 배우자 또는 사실혼관계에 있는 배우자를 말합니다.
   '피보험자의 자녀'란 법률 상의 혼인관계에서 출생한 자녀, 사실혼 관계에서 출생한 자녀, 양자 또는 양녀를 말합니다.

제14조(보상하지 않는 손해)

다음 중 어느 하나에 해당하는 손해는 「자기신체사고」에서 보상하지 않습니다.

1. 피보험자의 고의로 그 본인이 상해를 입은 때. 이 경우 그 피보험자에 대한 보험금만 지급하지 않습니다.
2. 상해가 보험금을 받을 자의 고의로 생긴 때에는 그 사람이 받을 수 있는 금액
3. 피보험자동차 또는 피보험자동차 이외의 자동차를 시험용, 경기용 또는 경기를 위해 연습용으로 사용하던 중 생긴 손해. 다만, 운전면허시험을 위한 도로주행시험용으로 사용하던 중 생긴 손해는 보상합니다.
4. 전쟁, 혁명, 내란, 사변, 폭동, 소요 및 이와 유사한 사태로 인한 손해
5. 지진, 분화 등 천재지변으로 인한 손해
6. 핵연료물질의 직접 또는 간접적인 영향으로 인한 손해
7. 피보험자동차가 승용차 또는 승합차(버스)인 경우에 영리를 목적으로 요금이나 대가를 받고 피보험자동차를 반복적으로 사용하거나 대여한 때에 생긴 손해.
8. 피보험자가 정규승차용 구조장치가 아닌 장소에 탑승 중 생긴 손해

제15조(보험금의 종류와 한도)

보험회사가 「자기신체사고」에서 지급하는 보험금의 종류와 한도는 다음과 같습니다.

1. 사망 : 피보험자가 상해를 입은 직접적인 결과로 사망하였을 때에는 보험증권에 기재된 사망보험가입금액을 한도로 지급합니다.

2. 부상 : 피보험자가 상해를 입은 직접적인 결과로 의사의 치료를 요하는 경우에는 '별표 5 자기신체사고 지급기준'의 '가 상해구분 및 급별 보험가입금액표'상의 보험가입금액을 한도로 합니다.

3. 후유장애 : 피보험자가 상해를 입은 직접적인 결과로 치료를 받은 후에도 신체에 장애가 남은 때에는 '별표 5 자기신체사고 지급기준'의 '나 후유장애 구분 및 보험가입금액표'상의 보험증권에 기재된 후유장애 보험가입금액에 해당하는 각 장애등급별 보험금액을 한도로 합니다.

제16조(지급보험금의 계산)

「자기신체사고」의 지급보험금은 다음과 같이 계산합니다.

① 위 15조의 사망, 부상, 후유장애의 지급보험금은 다음과 같은 방법으로 각각 계산합니다. 다만, 비용은 '공제액'이 발생하지 않는 경우에는 지급하지 않습니다.

> 지급보험금 = 실제 손해액 + 비용 − 공제액

1. 실제손해액은 보통약관 '⟨별표 1 ~ 4⟩의 보험금 지급기준'에 따라 산출한 금액 또는 소송이 제기된 경우 확정판결 금액으로써 '⟨별표 3⟩의 1. 과실상계' 및 보상한도를 적용하기 전의 금액을 말합니다.

2. 위 '비용'은 다음의 금액을 말합니다. 이 비용은 보험가입금액과 관계없이 보상하여 드립니다.
   가. 손해의 방지와 경감을 위하여 지출한 비용
   나. 남으로부터 손해배상을 받을 수 있는 권리의 보전과 행사를 위하여 지출한 비용

3. '공제액'은 다음의 금액을 말합니다.
   가. 자동차보험(공제계약 포함) 대인배상 Ⅰ (정부보장사업 포함) 및 대인배상 Ⅱ에 의해 보상받을 수 있는 금액
   나. 배상의무자 이외의 제3자로부터 보상받은 금액
   다. 무보험자동차에 의한 상해에 따라서 지급될 수 있는 금액

4. 다만, '3'의 '공제액'이 발생하지 않는 경우에는 사망의 경우 보험증권에 기재된 사망보험가입금액, 부상의 경우 실제 소요된 치료비(성형수술비 포함), 후유장애의 경우 보험증권에 기재된 후유장애 보험가입금액에 해당 하는 각 장애 등급별 보험금액을 각각 지급합니다.

② 보험회사가 사망보험금을 지급할 경우에 이미 후유장애로 지급한 보험금이 있을 때에는 사망보험금에서 이를 공제한 금액을 지급합니다. 다만 보험계약자인 기명피보험자가 본인의 사망보험금 수익자를 지정하거나 변경하고 그 사실을 보험회사에 서면으로 통지한 경우에는 그 수익자에게 보험금을 지급합니다.

Theme 5 　무보험자동차에 의한 상해

제17조(보상하는 손해)

「무보험자동차에 의한 상해」에서 보험회사는 피보험자가 무보험자동차로 인하여 생긴 사고로 죽거나 다친 때에 그로 인한 손해에 대하여 배상의무자[*1]가 있는 경우에 이 약관에서 정하는 바에 따라 보상하여 드립니다.

(*1) '배상의무자'라 함은 무보험자동차로 인하여 생긴 사고로 피보험자를 죽게 하거나 다치게 함으로써 피보험자에게 입힌 손해에 대하여 법률상 손해배상 책임을 지는 사람을 말합니다.

제18조(피보험자)

「무보험자동차에 의한 상해」에서 피보험자는 다음과 같습니다.

1. 기명피보험자 및 기명피보험자의 배우자(피보험자동차에 탑승 중이었는지 여부를 불문합니다). 다만, 기명피보험자가 법인인 경우에는 이사와 감사를 기명피보험자로 봅니다.

2. 기명피보험자 또는 그 배우자의 부모 및 자녀(피보험자동차에 탑승 중이었는지 여부를 불문합니다)

3. 피보험자동차에 탑승 중인 경우로 기명피보험자의 승낙을 얻어 피보험자동차를 사용 또는 관리 중인 자. 다만, 자동차정비업, 주차장업, 급유업, 세차업, 자동차판매업, 자동차탁송업, 대리운전업 등 자동차를 취급하는 것을 업으로 하는 자(이들의 피용자 및 이들이 법인인 경우에는 그 이사와 감사를 포함합니다)가 업무로서 위탁받은 피보험자동차를 사용 또는 관리하는 경우에는 피보험자로 보지 아니합니다.

4. 위 '1' 내지 '3'에서 규정하는 피보험자를 위하여 피보험자동차를 운전중인 자. 다만, 자동차정비업, 주차장업, 급유업, 세차업, 자동차판매업, 자동차탁송업, 대리운전업 등 자동차를 취급하는 것을 업으로 하는 자(이들의 피용자 및 이들이 법인인 경우에는 그 이사와 감사를 포함합니다)가 업무로서 위탁받은 피보험자동차를 사용 또는 관리하는 경우에는 피보험자로 보지 아니합니다.

5. 기명피보험자가 법인인 경우 위 '1' 및 '2'에서 규정하고 있는 자는 피보험자동차에 탑승 중에만 피보험자로 봅니다.

제19조(보상하지 않는 손해)

다음 중 어느 하나에 해당하는 손해는 「무보험자동차에 의한 상해」에서 보상하지 않습니다.

1. 보험계약자의 고의로 인한 손해

2. 피보험자의 고의로 그 본인이 상해를 입은 때. 이 경우 당해 피보험자에 대한 보험금만 지급하지 않습니다.

3. 상해가 보험금을 받을 자의 고의로 생긴 때는 그 사람이 받을 수 있는 금액

4. 전쟁, 혁명, 내란, 사변, 폭동, 소요 및 이와 유사한 사태로 인한 손해

5. 지진, 분화, 태풍, 홍수, 해일 등 천재지변으로 인한 손해

6. 핵연료물질의 직접 또는 간접적인 영향으로 인한 손해

7. 피보험자동차가 승용차 또는 승합차(버스)인 경우에 영리를 목적으로 요금이나 대가를 받고 피보험자동차를 반복적으로 사용하거나 대여한 때에 생긴 손해.

8. 피보험자동차 또는 피보험자동차 이외의 자동차를 시험용, 경기용 또는 경기를 위해 연습용으로 사용하던 중 생긴 손해. 다만, 운전면허시험을 위한 도로주행시험용으로 사용하던 중 생긴 손해는 보상합니다.

9. 피보험자가 피보험자동차가 아닌 자동차를 영리를 목적으로 요금이나 대가를 받고 운전하던 중 생긴 사고로 인한 손해

10. 다음 중 어느 하나에 해당하는 사람이 배상의무자^(*1)일 경우에는 보상하지 않습니다. 다만, 이들이 무보험자동차를 운전하지 않은 경우로, 이들 이외에 다른 배상의무자^(*1)가 있는 경우에는 보상합니다.

가. 상해를 입은 피보험자의 부모, 배우자, 자녀

나. 피보험자가 사용자의 업무에 종사하고 있을 때 피보험자의 사용자 또는 피보험자의 사용자의 업무에 종사 중인 다른 피용자

　　(*1) '배상의무자'라 함은 무보험자동차의 사고로 인하여 피보험자를 죽게 하거나 다치게 함으로써 피보험자에게 입힌 손해에 대하여 법률상 손해배상책임을 지는 사람을 말합니다.

제20조(지급보험금의 계산)

「무보험자동차에 의한 상해」의 지급보험금은 '보험금 지급기준에 의해 산출한 금액'과 '비용'을 합한 액수에서 '공제액'을 공제한 후 보험금으로 지급합니다. 다만, 「도로교통법」에 의한 개인형이동장치로 인한 손해는 「자동차손해배상 보장법 시행령」 제3조에서 정하는 금액을 한도로 합니다.

$$\text{지급보험금} = \text{보험금 지급기준에 의해 산출한 금액} + \text{비용} - \text{공제액}$$

1. 위 '지급보험금'은 피보험자 1인당 보험증권에 기재된 보험가입금액을 한도로 합니다.

2. 위 '비용'은 다음의 금액을 말합니다. 이 비용은 보험가입금액에 관계없이 보상하여 드립니다.

가. 손해의 방지와 경감을 위하여 지출한 비용

나. 남으로부터 손해배상을 받을 수 있는 권리의 보전과행사를 위하여 지출한 비용

3. 위 '공제액'은 다음의 금액을 말합니다.

가. 대인배상 I (책임공제 및 정부보장사업을 포함합니다)에 의하여 지급될 수 있는 금액

나. 배상의무자가 가입한 대인배상 II 또는 공제계약에 의하여 지급될 수 있는 금액

다. 피보험자가 탑승 중이었던 자동차가 가입한 대인배상 II 또는 공제계약에 의하여 지급될 수 있는 금액

라. 피보험자가 배상의무자로부터 이미 지급받은 손해배상액

마. 배상의무자가 아닌 제3자가 부담할 금액으로 피보험자가 이미 지급받은 금액

제25조(보험금을 청구할 수 있는 경우)

피보험자는 다음에서 정하는 보험종목 별 보험금을 청구할 수 있는 경우에 따라 보험금을 청구할 수 있습니다.

1. 「대인배상Ⅰ」, 「대인배상Ⅱ」, 「대물배상」 : 대한민국 법원에 의한 판결의 확정, 재판상의 화해, 중재 또는 서면에 의한 합의로 손해배상액이 확정된 때
2. 「자기신체사고」 : 피보험자가 피보험자동차를 소유, 사용, 관리하는 동안에 생긴 자동차의 사고로 인하여 죽거나 다친 때
3. 「무보험자동차에 의한 상해」 : 피보험자가 무보험자동차에 의해 생긴 사고로 죽거나 다친 때

제26조(청구절차 및 유의사항)

① 보험회사는 보험금 청구에 관한 서류를 받았을 때에는 지체 없이 지급할 보험금액을 정하고 그 정하여진 날부터 7일 이내에 지급합니다.

② 보험회사가 정당한 사유 없이 보험금액을 정하는 것을 지연하였거나 제1항에서 정한 지급기일 내에 보험금을 지급하지 않았을 때, 지급할 보험금이 있는 경우에는 그 다음 날부터 지급일까지의 기간에 대하여 〈부표〉 '보험금을 지급할 때의 적립이율'에 따라 연단위 복리로 계산한 금액을 보험금에 더하여 지급합니다. 다만, 피보험자의 책임 있는 사유로 지급이 지연될 때에는 그 해당기간에 대한 이자를 더하여 드리지 않습니다.

③ 보험회사가 보험금 청구에 관한 서류를 받은 때부터 30일 이내에 피보험자에게 보험금을 지급하는 것을 거절하는 이유 또는 그 지급을 연기하는 이유(추가 조사가 필요한 때에는 확인이 필요한 사항과 확인이 종료되는 시기를 포함)를 서면(전자우편 등 서면에 갈음할 수 있는 통신수단을 포함)으로 통지하지 않는 경우, 정당한 사유 없이 보험금액을 정하는 것을 지연한 것으로 봅니다.

④ 보험회사는 손해배상청구권자가 손해배상을 받기 전에는 보험금의 전부 또는 일부를 피보험자에게 지급하지 않으며, 피보험자가 손해배상청구권자에게 지급한 손해배상액을 초과하여 피보험자에게 지급하지 않습니다.

⑤ 피보험자의 보험금 청구가 손해배상청구권자의 직접청구와 경합할 때에는 보험회사가 손해배상청구권자에게 우선하여 보험금을 지급합니다.

⑥ 「대인배상Ⅰ」, 「대인배상Ⅱ」, 「자기신체사고」, 「무보험자동차에 의한 상해」에서 보험회사는 피보험자 또는 손해배상청구권자의 청구가 있거나 그 밖의 원인으로 보험사고가 발생한 사실을 알았을 때에는 피해자 또는 손해배상청구권자를 진료하는 의료기관에 그 진료에 따른 자동차보험 진료수가의 지급의사 유무 및 지급한도 등을 통지합니다.

제27조(제출서류)

피보험자는 보장종목별로 다음의 서류 등을 구비하여 보험금을 청구하여야 합니다.

1. 보험금 청구서 : 대인배상, 자기신체사고, 무보험자동차에 의한 상해
2. 손해액을 증명하는 서류(진단서 등) : 대인배상, 자기신체사고, 무보험자동차에 의한 상해
3. 손해배상의 이행사실을 증명하는 서류 : 대인배상
4. 사고발생의 때와 장소 및 사고 사실이 신고된 관할 경찰관서의 교통사고 사실확인원 등 : 무보험자동차에 의한 상해
5. 배상의무자의 주소, 성명 또는 명칭, 차량번호 : 무보험자동차에 의한 상해
6. 배상의무자의 「대인배상Ⅱ」 또는 공제 계약의 유무 및 내용 : 무보험자동차에 의한 상해
7. 피보험자가 입은 손해를 보상할 「대인 배상Ⅱ」 또는 공제계약, 배상의무자 또는 제3자로부터 이미 지급받은 손해 배상금이 있을 때에는 그 금액 : 무보험자동차에 의한 상해
9. 그 밖에 보험회사가 꼭 필요하여 요청 하는 서류 등 : 대인배상, 자기신체사고, 무보험자동차에 의한 상해

제28조(가지급금의 지급)

① 피보험자가 가지급금을 청구한 경우 보험회사는 이 약관에 따라 지급할 금액의 한도에서 가지급금(자동차보험 진료수가는 전액, 진료수가 이외의 보험금은 이 약관에 따라 지급할 금액의 50%)을 지급합니다.
② 보험회사는 가지급금 청구에 관한 서류를 받았을 때에는 지체 없이 지급할 가지급액을 정하고 그 정하여진 날부터 7일 이내에 지급합니다.
③ 보험회사가 정당한 사유 없이 가지급액을 정하는 것을 지연하거나 제2항에서 정하는 지급기일 내에 가지급금을 지급하지 않았을 때, 지급할 가지급금이 있는 경우에는 그 다음 날부터 지급일까지의 기간에 대하여 보험개발원이 공시한 보험계약대출이율을 연단위 복리로 계산한 금액을 가지급금에 더하여 드립니다.
④ 보험회사가 가지급금 청구에 관한 서류를 받은 때부터 10일 이내에 피보험자에게 가지급금을 지급하는 것을 거절하는 이유 또는 그 지급을 연기하는 이유(추가 조사가 필요한 때에는 확인이 필요한 사항과 확인이 종료되는 시기를 포함)를 서면(전자우편 등 서면에 갈음할 수 있는 통신수단을 포함)으로 통지하지 않는 경우, 정당한 사유 없이 가지급액을 정하는 것을 지연한 것으로 봅니다.
⑤ 보험회사는 이 약관상 보험회사의 보험금 지급책임이 발생하지 않는 것이 객관적으로 명백할 경우에 가지급금을 지급하지 않을 수 있습니다.
⑥ 피보험자에게 지급한 가지급금은 장래 지급될 보험금에서 공제되나 최종적인 보험금의 결정에는 영향을 미치지 않습니다.
⑦ 피보험자가 가지급금을 청구할 때는 보험금을 청구하는 경우와 동일하게 제27조(제출서류)에서 정하는 서류 등을 보험회사에 제출하여야 합니다.

Theme 2 손해배상청구권자의 직접청구

제29조(손해배상을 청구할 수 있는 경우)

피보험자가 법률상의 손해배상책임을 지는 사고가 생긴 경우, 손해배상청구권자는 보험회사에 직접 손해배상 금을 청구할 수 있습니다. 다만 보험회사는 피보험자가 그 사고에 관하여 가지는 항변으로 손해배상청구권자 에게 대항할 수 있습니다.

제30조(청구절차 및 유의사항)

① 보험회사가 손해배상청구권자의 청구를 받았을 때에는 지체 없이 피보험자에게 통지합니다. 이 경우 피보 험자는 보험회사의 요청에 따라 증거확보, 권리보전 등에 협력하여야 하며, 만일 피보험자가 정당한 이유 없이 협력하지 않은 경우 그로 인하여 늘어난 손해에 대하여는 보상하지 않습니다.

② 보험회사가 손해배상청구권자에게 지급하는 손해배상금은 이 약관에 의하여 보험회사가 피보험자에게 지 급책임을 지는 금액을 한도로 합니다.

③ 보험회사가 손해배상청구권자에게 손해배상금을 직접 지급할 때에는 그 금액의 한도에서 피보험자에게 보험금을 지급하는 것으로 합니다.

④ 보험회사는 손해배상청구에 관한 서류 등을 받았을 때에는 지체 없이 지급할 손해배상액을 정하고 그 정하 여진 날부터 7일 이내에 지급합니다.

⑤ 보험회사가 정당한 사유 없이 손해배상액을 정하는 것을 지연하였거나 제4항에서 정하는 지급기일 내에 손해배상금을 지급하지 않았을 때, 지급할 손해배상금이 있는 경우에는 그 다음 날부터 지급일까지의 기간 에 대하여 〈부표〉 '보험금을 지급할 때의 적립이율'에 따라 연단위 복리로 계산한 금액을 손해배상금에 더하여 지급합니다. 다만, 손해배상청구권자의 책임 있는 사유로 지급이 지연될 때에는 그 해당 기간에 대한 이자를 더하여 드리지 않습니다.

⑥ 보험회사가 손해배상 청구에 관한 서류를 받은 때부터 30일 이내에 손해배상청구권자에게 손해배상금을 지급하는 것을 거절하는 이유 또는 그 지급을 연기하는 이유(추가 조사가 필요한 때에는 확인이 필요한 사항과 확인이 종료되는 시기를 포함)를 서면(전자우편 등 서면에 갈음할 수 있는 통신수단을 포함)으로 통지하지 않는 경우, 정당한 사유 없이 손해배상액을 정하는 것을 지연한 것으로 봅니다.

⑦ 보험회사는 손해배상청구권자의 요청이 있을 때는 손해배상금을 일정기간으로 정하여 정기금으로 지급할 수 있습니다. 이 경우 각 정기금의 지급기일의 다음 날부터 다 지급하는 날까지의 기간에 대하여 보험개발 원이 공시한 보험계약대출이율에 따라 연단위 복리로 계산한 금액을 손해배상금에 더하여 드립니다.

제31조(제출서류)

손해배상청구권자는 다음의 서류 등을 구비하여 보험회사에 손해배상을 청구하여야 합니다.

1. 교통사고 발생사실을 확인할 수 있는 서류 : 대인배상
2. 손해배상청구서
3. 손해액을 증명하는 서류
4. 그 밖에 보험회사가 꼭 필요하여 요청하는 서류 등

제32조(가지급금의 지급)

① 손해배상청구권자가 가지급금을 청구한 경우 보험회사는 「자동차손해배상 보장법」 또는 「교통사고처리특례법」 등에 의해 이 약관에 따라 지급할 금액의 한도에서 가지급금(자동차보험 진료수가는 전액, 진료수가 이외의 손해배상금은 이 약관에 따라 지급할 금액의 50%)을 지급합니다.

② 보험회사는 가지급금 청구에 관한 서류 등을 받았을 때에는 지체 없이 지급할 가지급액을 정하고 그 정하여진 날부터 7일 이내에 지급합니다.

③ 보험회사가 정당한 사유 없이 가지급액을 정하는 것을 지연하거나 제2항에 정한 지급기일 내에 가지급금을 지급하지 않았을 때에는 지급할 가지급금이 있는 경우 그 다음 날부터 지급일까지의 기간에 대하여 보험개발원이 공시한 보험계약대출이율에 따라 연단위 복리로 계산한 금액을 가지급금에 더하여 드립니다.

④ 보험회사가 가지급금 청구에 관한 서류를 받은 때부터 10일 이내에 손해배상청구권자에게 가지급금을 지급하는 것을 거절하는 이유 또는 그 지급을 연기하는 이유(추가 조사가 필요한 때에는 확인이 필요한 사항과 확인이 종료되는 시기를 포함)를 서면(전자우편 등 서면에 갈음할 수 있는 통신수단을 포함)으로 통지하지 않는 경우, 정당한 사유 없이 가지급액을 정하는 것을 지연한 것으로 봅니다.

⑤ 보험회사는 「자동차손해배상 보장법」 등 관련 법령상 피보험자의 손해배상책임이 발생하지 않거나 이 약관상 보험회사의 보험금 지급책임이 발생하지 않는 것이 객관적으로 명백할 경우에는 가지급금을 지급하지 아니할 수 있습니다.

⑥ 손해배상청구권자에게 지급한 가지급금은 장래 지급될 손해배상액에서 공제되나, 최종적인 손해배상액의 결정에는 영향을 미치지 않습니다.

⑦ 손해배상청구권자가 가지급금을 청구할 때는 손해배상을 청구하는 경우와 동일하게 제31조(제출서류)에 정한 서류 등을 보험회사에 제출하여야 합니다.

Theme 3 보험금의 분담 등

제33조(보험금의 분담)

「대인배상 Ⅰ · Ⅱ」, 「대물배상」, 「무보험자동차에 의한 상해」, 「자기신체사고」, 「자기차량손해」에서는 다음과 같이 보험금을 분담합니다.

1. 이 보험계약과 보상책임의 전부 또는 일부가 중복되는 다른 보험계약(공제계약을 포함)이 있는 경우 : 다른 보험계약이 없는 것으로 가정하여 각각의 보험회사에 가입된 자동차 보험계약에 의해 산출한 보상책임액의 합계액이 손해액보다 많을 때 에는 다음의 산식에 따라 산출한 보험금을 지급합니다.

$$손해액 \times \frac{이\ 보험계약에\ 의해\ 산출한\ 보상책임액}{다른\ 보험계약이\ 없는\ 것으로\ 하여\ 각\ 보험계약에\ 의해\ 산출한\ 보상책임액의\ 합계액}$$

2. 이 보험계약의 「대인배상Ⅰ」, 「대인배상Ⅱ」, 「대물배상」에서 동일한 사고로 인하여 이 보험계약에서 배상책임이 있는 피보험자가 둘 이상 있는 경우에는 제10조(지급보험금의 계산)에 의한 보상한도와 범위에 따른 보험금을 각 피보험자의 배상책임의 비율에 따라 분담하여 지급합니다.

3. 제1호 또는 제2호의 규정에도 불구하고 자동차취급업자가 가입한 보험계약에서 보험금이 지급될 수 있는 경우에는 그 보험금을 초과하는 손해를 보상합니다.

제34조(보험회사의 대위)

① 보험회사가 피보험자 또는 손해배상청구권자에게 보험금 또는 손해배상금을 지급한 경우에는 지급한 보험금 또는 손해배상금의 범위에서 제3자에 대한 피보험자의 권리를 취득합니다. 다만, 보험회사가 보상한 금액이 피보험자의 손해의 일부를 보상한 경우에는 피보험자의 권리를 침해하지 않는 범위에서 그 권리를 취득합니다.

② 보험회사는 다음의 권리는 취득하지 않습니다.

1. 「자기신체사고」의 경우 제3자에 대한 피보험자의 권리. 다만, 보험금을 '별표 1. 대인배상, 무보험자동차에 의한 상해 지급기준'에 의해 지급할 때는 피보험자의 권리를 취득합니다.

2. 「자기차량손해」의 경우 피보험자동차를 정당한 권리에 따라 사용하거나 관리 하던 자에 대한 피보험자의 권리. 다만, 다음의 경우에는 피보험자의 권리를 취득합니다.

   가. 고의로 사고를 낸 경우, 무면허운전이나 음주운전을 하던 중에 사고를 낸 경우 또는 마약 또는 약물 등의 영향으로 정상적인 운전을 하지 못할 우려가 있는 상태에서 운전을 하던 중에 사고를 낸 경우

   나. 자동차 취급업자가 업무로 위탁받은 피보험자동차를 사용하거나 관리하는 동안에 사고를 낸 경우

3. 피보험자가 생계를 같이하는 가족에 대하여 갖는 권리. 다만, 손해가 그 가족의 고의로 인하여 발생한 경우에는 피보험자의 권리를 취득합니다.

③ 피보험자는 보험회사가 제1항 또는 제2항에 따라 취득한 권리의 행사 및 보전에 관하여 필요한 조치를 취하여야 하며, 또한 보험회사가 요구하는 자료를 제출하여야 합니다.

제35조(보험회사의 불성실행위로 인한 손해배상책임)

① 보험회사는 이 보험계약과 관련하여 임직원, 보험설계사, 보험대리점의 책임 있는 사유로 인하여 보험계약자 및 피보험자에게 발생된 손해에 대하여 관계법률 등에서 정한 바에 따라 손해배상책임을 집니다.

② 보험회사가 보험금의 지급여부나 지급금액에 관하여 보험계약자 또는 피보험자의 곤궁, 경솔 또는 무경험을 이용하여 현저하게 공정을 잃은 합의를 한 경우에도 손해를 배상할 책임을 집니다.

제36조(합의 등의 협조·대행)

① 보험회사는 피보험자의 협조 요청이 있는 경우 피보험자의 법률상 손해배상책임을 확정하기 위하여 피보험자가 손해배상청구권자와 행하는 합의·절충·중재 또는 소송(확인의 소를 포함)에 대하여 협조하거나, 피보험자를 위하여 이러한 절차를 대행합니다.

② 보험회사는 피보험자에 대하여 보상책임을 지는 한도(동일한 사고로 이미 지급한 보험금이나 가지급금이 있는 경우에는 그 금액을 공제한 금액. 이하 같음) 내에서 제1항의 절차에 협조하거나 대행합니다.

③ 보험회사가 제1항의 절차에 협조하거나 대행하는 경우에는 피보험자는 보험회사의 요청에 따라 협력해야 합니다. 피보험자가 정당한 이유 없이 협력하지 않는 경우 그로 인하여 늘어난 손해에 대하여는 보상하지 않습니다.

④ 보험회사는 다음의 경우에는 제1항의 절차를 대행하지 않습니다.

  1. 피보험자가 손해배상청구권자에 대하여 부담하는 법률 상의 손해배상책임액이 보험증권에 기재된 보험가입금액을 명백하게 초과하는 때

  2. 피보험자가 정당한 이유 없이 협력하지 않는 때

제37조(공탁금의 대출)

보험회사가 제36조(합의 등의 협조·대행) 제1항의 절차를 대행하는 경우에는, 피보험자에 대하여 보상책임을 지는 한도에서 가압류나 가집행을 면하기 위한 공탁금을 피보험자에게 대출할 수 있으며 이에 소요되는 비용을 보상합니다. 이 경우 대출금의 이자는 공탁금에 붙여지는 것과 같은 이율로 정하며, 피보험자는 공탁금(이자를 포함)의 회수청구권을 보험회사에 양도하여야 합니다.

〈부표〉 보험금을 지급할 때의 적립이율

기 간	지급이자
지급기일의 다음 날부터 30일 이내 기간	보험계약대출이율
지급기일의 31일 이후부터 60일 이내 기간	보험계약대출이율＋가산이율(4.0%)
지급기일의 61일 이후부터 90일 이내 기간	보험계약대출이율＋가산이율(6.0%)
지급기일의 91일 이후 기간	보험계약대출이율＋가산이율(8.0%)

주) 보험계약대출이율은 보험개발원이 공시하는 보험계약대출이율을 적용합니다.

제38조(보험계약의 성립)

① 이 보험계약은 보험계약자가 청약을 하고 보험회사가 승낙을 하면 성립합니다.

② 보험계약자가 청약을 할 때 '제1회 보험료(보험료를 분납하기로 약정한 경우)' 또는 '보험료 전액(보험료를 일시에 지급하기로 약정한 경우)'(이하 '제1회 보험료 등'이라 함)을 지급하였을 때, 보험회사가 이를 받은 날부터 15일 이내에 승낙 또는 거절의 통지를 발송하지 않으면 승낙한 것으로 봅니다.

③ 보험회사가 청약을 승낙했을 때에는 지체 없이 보험증권을 보험계약자에게 드립니다. 그러나 보험계약자가 제1회 보험료 등을 지급하지 않은 경우에는 그러하지 않습니다.

④ 보험계약이 성립되면 보험회사는 제42조(보험기간)의 규정에 따라 보험기간의 첫날부터 보상책임을 집니다. 다만, 보험계약자로부터 제1회 보험료 등을 받은 경우에는, 그 이후 승낙 전에 발생한 사고에 대해서도 청약을 거절할 사유가 없는 한 보상합니다.

제39조(약관 교부 및 설명의무 등)

① 보험회사는 보험계약자가 청약을 한 경우 보험계약자에게 약관 및 보험계약자 보관용 청약서(청약서 부본)를 드리고 약관의 중요한 내용을 설명하여 드립니다.

② 통신판매 보험계약[*1]에서 보험회사는 보험계약자의 동의를 얻어 다음 중 어느 하나의 방법으로 약관을 교부하고 중요한 내용을 설명하여 드립니다.

　1. 사이버몰(컴퓨터를 이용하여 보험거래를 할 수 있도록 설정된 가상의 영업장)을 이용하여 모집하는 경우 : 사이버몰에서 약관 및 그 설명문(약관의 중요한 내용을 알 수 있도록 설명한 문서)을 읽거나 내려 받게 하는 방법. 이 경우 보험계약자가 이를 읽거나 내려 받은 것을 확인한 때에는 약관을 드리고 중요한 내용을 설명한 것으로 봅니다.

　2. 전화를 이용하여 모집하는 경우 : 전화를 이용하여 청약내용, 보험료납입, 보험기간, 계약 전 알릴의무, 약관의 중요한 내용 등 계약 체결을 위하여 필요한 사항을 질문하거나 설명하는 방법. 이 경우 보험계약자의 답변과 확인내용을 음성 녹음함으로써 약관의 중요한 내용을 설명한 것으로 봅니다.

③ 보험회사는 다음 각 호의 방법 중 계약자가 원하는 방법을 확인하여 지체 없이 약관 및 계약자 보관용 청약서를 제공하여 드립니다. 만약, 회사가 전자우편 및 전자적 의사표시로 제공한 경우 계약자 또는 그 대리인이 약관 및 계약자 보관용 청약서 등을 수신하였을 때에는 해당 문서를 드린 것으로 봅니다.

　1. 서면교부

　2. 우편 또는 전자우편

　3. 휴대전화 문자메시지 또는 이에 준하는 전자적 의사표시

④ 다음 중 어느 하나에 해당하는 경우 보험계약자는 계약 체결일부터 3개월 이내에 계약을 취소할 수 있습니다. 다만, 의무보험은 제외합니다.

　1. 보험계약자가 청약을 했을 때 보험회사가 보험계약자에게 약관 및 보험계약자 보관용 청약서(청약서 부본)를 드리지 않은 경우

　2. 보험계약자가 청약을 했을 때 보험회사가 청약시 보험계약자에게 약관의 중요한 내용을 설명하지 않은 경우

　3. 보험계약자가 보험계약을 체결할 때 청약서에 자필서명[*2]을 하지 않은 경우

⑤ 제4항에 따라 계약이 취소된 경우 보험회사는 이미 받은 보험료를 보험계약자에게 돌려드리며, 보험료를 받은 기간에 대하여 보험개발원이 공시한 보험계약대출이율에 따라 연단위 복리로 계산한 금액을 더하여 지급합니다.

　(*1) '통신판매 보험계약'이라 함은 보험회사가 전화·우편·컴퓨터통신 등 통신수단을 이용하여 모집하는 보험계약을 말합니다.

　(*2) 자필서명에는 날인(도장을 찍음) 또는 「전자서명법」 제2조 제2호의 규정에 의한 방식을 포함합니다.

제40조(설명서 교부 및 보험안내자료 등의 효력)

① 회사는 일반금융소비자에게 청약을 권유하거나 일반금융소비자가 설명을 요청하는 경우 보험상품에 관한 중요한 사항을 계약자가 이해할 수 있도록 설명하고 계약자가 이해하였음을 서명, 기명날인, 녹취 등을 통해 확인 받아야 하며, 설명서를 제공하여야 합니다.

② 설명서, 약관, 청약서 부본 및 증권의 제공 사실에 관하여 계약자와 회사 간에 다툼이 있는 경우에는 회사가 이를 증명하여야 합니다.

③ 보험회사가 보험모집과정에서 제작·사용한 보험안내자료(서류·사진·도화 등 모든 안내자료를 포함)의 내용이 보험약관의 내용과 다른 경우에는 보험계약자에게 유리한 내용으로 보험계약이 성립된 것으로 봅니다.

제41조(청약 철회)

① 일반금융소비자(*1)는 보험증권을 받은 날부터 15일과 청약을 한 날부터 30일 중 먼저 도래하는 기간 내에 보험계약의 청약을 철회할 수 있습니다.

② 제1항에서 보험회사가 보험계약자에게 보험증권을 드린 것에 관해 다툼이 있으면 보험회사가 이를 증명합니다.

③ 제1항에도 불구하고 다음 중 어느 하나에 해당하는 경우에는 보험계약의 청약을 철회할 수 없습니다.

　1. 전문금융소비자(*2)가 보험계약의 청약을 한 경우

　2. 「자동차손해배상 보장법」에 따른 의무보험(다만, 일반금융소비자가 동종의 다른 의무보험에 가입한 경우는 제외)

　3. 보험기간이 90일 이내인 보험계약

　　(*1) '일반금융소비자'라 함은 전문금융소비자가 아닌 계약자를 말합니다.

　　(*2) '전문금융소비자'라 함은 보험계약에 관한 전문성, 자산규모 등에 비추어 보험계약에 따른 위험감수능력이 있는 자로서, 국가, 지방자치단체, 한국은행, 금융회사, 주권상장법인 등을 포함하며 「금융소비자 보호에 관한 법률」 제2조(정의) 제9호에서 정하는 전문금융소비자를 말합니다.

④ 청약 철회는 계약자가 전화로 신청하거나, 철회의사를 표시하기 위한 서면, 전자우편, 휴대전화 문자메시지 또는 이에 준하는 전자적 의사표시(이하 '서면 등'이라 합니다)를 발송한 때 효력이 발생합니다. 계약자는 서면 등을 발송한 때에 그 발송 사실을 회사에 지체 없이 알려야 합니다.

⑤ 보험회사는 보험계약자의 청약 철회를 접수한 날부터 3영업일 이내에 받은 보험료를 보험계약자에게 돌려드립니다.

⑥ 청약을 철회할 당시에 이미 보험사고가 발생하였으나 보험계약자가 보험사고가 발생한 사실을 알지 못한 경우에는 청약 철회의 효력은 발생하지 않습니다.

⑦ 보험회사가 제5항의 보험료 반환기일을 지키지 못하는 경우, 반환기일의 다음 날부터 반환하는 날까지의 기간은 보험개발원이 공시한 보험계약대출이율에 따라 연단위 복리로 계산한 금액을 더하여 돌려드립니다. 다만, 계약자가 제1회 보험료를 신용카드로 납입한 계약의 청약을 철회하는 경우에 회사는 청약의 철회를 접수한 날부터 3영업일 이내에 해당 신용카드회사로 하여금 대금청구를 하지 않도록 해야 하며, 이 경우 회사는 보험료를 반환한 것으로 봅니다.

제42조(보험기간)

보험회사가 피보험자에 대해 보상책임을 지는 보험기간은 다음과 같습니다.

1. 원칙 : 보험증권에 기재된 보험기간의 첫날 24시부터 마지막 날 24시까지. 다만, 의무보험(책임공제를 포함)의 경우 전(前) 계약의 보험기간과 중복되는 경우에는 전 계약의 보험기간이 끝나는 시점부터 시작합니다.

2. 예외 : 자동차보험에 처음 가입하는 자동차[*1] 및 의무보험

   보험료를 받은 때부터 마지막 날 24시까지. 다만, 보험증권에 기재된 보험기간 이전에 보험료를 받았을 경우에는 그 보험기간의 첫날 0시부터 시작합니다.

   (*1) '자동차보험에 처음 가입하는 자동차'라 함은 자동차 판매업자 또는 그 밖의 양도인 등으로부터 매수인 또는 양수인에게 인도된 날부터 10일 이내에 처음으로 그 매수인 또는 양수인을 기명피보험자로 하는 자동차보험에 가입하는 신차 또는 중고차를 말합니다. 다만, 피보험자동차의 양도인이 맺은 보험계약을 양수인이 승계한 후 그 보험기간이 종료되어 이 보험계약을 맺은 경우를 제외합니다.

제43조(사고발생지역)

보험회사는 대한민국(북한지역을 포함) 안에서 생긴 사고에 대하여 보험계약자가 가입한 보장종목에 따라 보상해 드립니다.

보험계약자 등의 의무

제44조(계약 전 알릴의무)

① 보험계약자는 청약을 할 때 다음의 사항에 관해서 알고 있는 사실을 보험회사에 알려야 하며, 제3호의 경우에는 기명피보험자의 동의가 필요합니다.

1. 피보험자동차의 검사에 관한 사항
2. 피보험자동차의 용도, 차종, 등록번호(이에 준하는 번호도 포함하며 이하 같음), 차명, 연식, 적재정량, 구조 등 피보험자동차에 관한 사항
3. 기명피보험자의 성명, 연령 등에 관한 사항
4. 그 밖에 보험청약서에 기재된 사항 중에서 보험료의 계산에 영향을 미치는 사항

② 보험회사는 이 보험계약을 맺은 후 보험계약자가 계약 전 알릴의무를 위반한 사실이 확인되었을 때에는 추가보험료를 더 내도록 청구하거나, 제53조(보험회사의 보험계약 해지) 제1항 제1호, 제4호에 따라 해지할 수 있습니다.

제45조(계약 후 알릴의무)

① 보험계약자는 보험계약을 맺은 후 다음의 사실이 생긴 것을 알았을 때에는 지체 없이 보험회사에 그 사실을 알리고 승인을 받아야 합니다. 이 경우 그 사실에 따라 보험료가 변경되는 경우 보험회사는 보험료를 더 받거나 돌려주고 계약을 승인하거나, 제53조(보험회사의 보험계약 해지) 제1항 제2호, 제4호에 따라 해지할 수 있습니다.

1. 용도, 차종, 등록번호, 적재정량, 구조 등 피보험자동차에 관한 사항이 변경된 사실
2. 피보험자동차에 화약류, 고압가스, 폭발물, 인화물 등 위험물을 싣게 된 사실
3. 그 밖에 위험이 뚜렷이 증가하는 사실이나 적용할 보험료에 차이가 발생한 사실

② 보험계약자는 보험증권에 기재된 주소 또는 연락처가 변경된 때에는 지체 없이 보험회사에 알려야 합니다. 보험계약자가 이를 알리지 않으면 보험회사가 알고 있는 최근의 주소로 알리게 되므로 불이익을 당할 수 있습니다.

제46조(사고발생시 의무)

① 보험계약자 또는 피보험자는 사고가 생긴 것을 알았을 때에는 다음의 사항을 이행하여야 합니다.

1. 지체 없이 손해의 방지와 경감에 힘쓰고, 다른 사람으로부터 손해배상을 받을 수 있는 권리가 있는 경우에는 그 권리(공동불법행위에서 연대채무자 상호간의 구상권을 포함하며 이하 같음)의 보전과 행사에 필요한 절차를 밟아야 합니다.
2. 다음 사항을 보험회사에 지체 없이 알려야 합니다.
   가. 사고가 발생한 때, 곳, 상황 및 손해의 정도
   나. 피해자 및 가해자의 성명, 주소, 전화번호
   다. 사고에 대한 증인이 있을 때에는 그의 성명, 주소, 전화번호
   라. 손해배상의 청구를 받은 때에는 그 내용

3. 손해배상의 청구를 받은 경우에는 미리 보험회사의 동의 없이 그 전부 또는 일부를 합의하여서는 안 됩니다. 그러나 피해자의 응급치료, 호송 그 밖의 긴급조치는 보험회사의 동의가 필요하지 않습니다.

4. 손해배상청구의 소송을 제기하려고 할 때 또는 제기 당한 때에는 지체 없이 보험회사에 알려야 합니다.

5. 피보험자동차를 도난당하였을 때에는 지체 없이 그 사실을 경찰관서에 신고하여야 합니다.

6. 보험회사가 사고를 증명하는 서류 등 꼭 필요하다고 인정하는 자료를 요구한 경우에는 지체 없이 이를 제출하여야 하며, 또한 보험회사가 사고에 관해 조사하는데 협력하여야 합니다.

② 보험회사는 보험계약자 또는 피보험자가 정당한 이유 없이 제1항에서 정한 사항을 이행하지 않은 경우 그로 인하여 늘어난 손해액이나 회복할 수 있었을 금액을 보험금에서 공제하거나 지급하지 않습니다.

제47조(보험계약 내용의 변경)

① 보험계약자는 의무보험을 제외하고는 보험회사의 승낙을 얻어 다음에 정한 사항을 변경할 수 있습니다. 이 경우 승낙을 서면 등으로 알리거나 보험증권의 뒷면에 기재하여 드립니다.

    1. 보험계약자. 다만, 보험계약자가 이 보험계약의 권리·의무를 피보험자동차의 양수인에게 이전함에 따라 보험계약자가 변경되는 경우에는 제48조(피보험자동차의 양도)에 따릅니다.

    2. 보험가입금액, 특별약관 등 그 밖의 계약의 내용

② 보험회사는 제1항에 따라 계약내용의 변경으로 보험료가 변경된 경우 보험계약자에게 보험료를 반환하거나 추가보험료를 청구할 수 있습니다.

③ 보험계약 체결 후 보험계약자가 사망한 경우 이 보험계약에 의한 보험계약자의 권리·의무는 사망시점에서의 법정상속인에게 이전합니다.

제48조(피보험자동차의 양도)

① 보험계약자 또는 기명피보험자가 보험기간 중에 피보험자동차를 양도한 경우에는 이 보험계약으로 인하여 생긴 보험계약자 및 피보험자의 권리와 의무는 피보험자동차의 양수인에게 승계되지 않습니다. 그러나 보험계약자가 이 권리와 의무를 양수인에게 이전하고자 한다는 뜻을 서면 등으로 보험회사에 통지하여 보험회사가 승인한 경우에는 그 승인한 때부터 양수인에 대하여 이 보험계약을 적용합니다.

② 보험회사가 제1항에 의한 보험계약자의 통지를 받은 날부터 10일 이내에 승인 여부를 보험계약자에게 통지하지 않으면, 그 10일이 되는 날의 다음 날 0시에 승인한 것으로 봅니다.

③ 제1항에서 규정하는 피보험자동차의 양도에는 소유권을 유보한 매매계약에 따라 자동차를 '산 사람' 또는 대차계약에 따라 자동차를 '빌린 사람'이 그 자동차를 피보험자동차로 하고, 자신을 보험계약자 또는 기명피보험자로 하는 보험계약이 존속하는 동안에 그 자동차를 '판 사람' 또는 '빌려준 사람'에게 반환하는 경우도 포함합니다. 이 경우 '판사람' 또는 '빌려준 사람'은 양수인으로 봅니다.

④ 보험회사가 제1항의 승인을 하는 경우에는 피보험자동차의 양수인에게 적용되는 보험요율에 따라 보험료의 차이가 나는 경우 피보험자동차가 양도되기 전의 보험계약자에게 남는 보험료를 돌려드리거나, 피보험자동차의 양도 후의 보험계약자에게 추가보험료를 청구합니다.

⑤ 보험회사가 제1항의 승인을 거절한 경우 피보험자동차가 양도된 후에 발생한 사고에 대하여는 보험금을 지급하지 않습니다.

⑥ 보험계약자 또는 기명피보험자가 보험기간 중에 사망하여 법정상속인이 피보험자동차를 상속하는 경우 이 보험계약도 승계된 것으로 봅니다. 다만, 보험기간이 종료되거나 자동차의 명의를 변경하는 경우에는 법정상속인을 보험계약자 또는 기명피보험자로 하는 새로운 보험계약을 맺어야 합니다.

제49조(피보험자동차의 교체)

① 보험계약자 또는 기명피보험자가 보험기간 중에 기존의 피보험자동차를 폐차 또는 양도한 다음 그 자동차와 동일한 차종의 다른 자동차로 교체한 경우에는, 보험계약자가 이 보험계약을 교체된 자동차에 승계시키고자 한다는 뜻을 서면 등으로 보험회사에 통지하여 보험회사가 승인한 때부터 이 보험계약이 교체된 자동차에 적용됩니다. 이 경우 기존의 피보험자동차에 대한 보험계약의 효력은 보험회사가 승인할 때에 상실됩니다.

② 보험회사가 서면 등의 방법으로 통지를 받은 날부터 10일 이내에 제1항에 의한 승인 여부를 보험계약자에게 통지하지 않으면, 그 10일이 되는 날의 다음 날 0시에 승인한 것으로 봅니다.

③ 제1항에서 규정한 '동일한 차종의 다른 자동차로 교체한 경우'라 함은, 자가용자동차로서 승용자동차간, 2종·3종 화물자동차간, 초소형·경·4종 화물자동차간 또는 경·3종 승합자동차간, 개인소유 1종·2종·3종 화물자동차간 또는 개인소유 1종·2종·3종 승합자동차간에 교체한 경우를 말합니다.

④ 보험회사가 제1항의 승인을 하는 경우에는 교체된 자동차에 적용하는 보험요율에 따라 보험료의 차이가 나는 경우 보험계약자에게 남는 보험료를 돌려드리거나 추가보험료를 청구할 수 있습니다. 이 경우 기존의 피보험자동차를 말소 등록한 날 또는 소유권을 이전 등록한 날부터 승계를 승인한 날의 전날까지의 기간에 해당하는 보험료를 일할로 계산하여 보험계약자에게 반환하여 드립니다.

⑤ 보험회사가 제1항의 승인을 거절한 경우 교체된 자동차를 사용하다가 발생한 사고에 대해서는 보험금을 지급하지 않습니다.

> ─〈예 시〉─
>
> **일할계산의 사례**
>
> $$\text{기납입보험료 총액} \times \frac{\text{해당 기간}}{365(\text{윤년} : 366)}$$

제50조(보험계약의 취소)

보험회사가 보험계약자 또는 피보험자의 사기에 의해 보험계약을 체결한 점을 증명 한 경우, 보험회사는 보험기간이 시작된 날부터 6개월 이내(사기 사실을 안 날부터는 1개월 이내)에 계약을 취소할 수 있습니다.

제51조(보험계약의 효력 상실)

보험회사가 파산선고를 받은 날부터 보험계약자가 보험계약을 해지하지 않고 3개월 이 경과하는 경우에는 보험계약이 효력을 상실합니다.

제52조(보험계약자의 보험계약 해지·해제)

① 보험계약자는 언제든지 임의로 보험계약의 일부 또는 전부를 해지할 수 있습니다. 다만, 의무보험은 다음 중 어느 하나에 해당하는 경우에만 해지할 수 있습니다.

1. 피보험자동차가 「자동차손해배상 보장법」 제5조 제4항에 정한 자동차(의무보험 가입대상에서 제외되거나 도로가 아닌 장소에 한하여 운행하는 자동차)로 변경된 경우

2. 피보험자동차를 양도한 경우. 다만, 제48조(피보험자동차의 양도) 또는 제49조(피보험자동차의 교체)에 따라 보험계약이 양수인 또는 교체된 자동차에 승계된 경우에는 의무보험에 대한 보험계약을 해지할 수 없습니다.

3. 피보험자동차의 말소등록으로 운행을 중지한 경우. 다만, 제49조(피보험자동차의 교체)에 따라 보험계약이 교체된 자동차에 승계된 경우에는 의무보험에 대한 보험계약을 해지할 수 없습니다.

4. 천재지변, 교통사고, 화재, 도난 등의 사유로 인하여 피보험자동차를 더 이상 운행할 수 없게 된 경우. 다만, 제49조(피보험자동차의 교체)에 따라 보험계약 이 교체된 자동차에 승계된 경우에는 의무보험에 대한 보험계약을 해지할 수 없습니다.

5. 이 보험계약을 맺은 후에 피보험자동차에 대하여 이 보험계약과 보험기간의 일부 또는 전부가 중복되는 의무보험이 포함된 다른 보험계약(공제계약을 포 함)을 맺은 경우

6. 보험회사가 파산선고를 받은 경우

7. 「자동차손해배상 보장법」 제5조의2에서 정하는 '보험 등의 가입의무 면제' 사유에 해당하는 경우

8. 자동차해체재활용업자가 해당 자동차·자동차등록증·등록번호판 및 봉인을 인수하고 그 사실을 증명하는 서류를 발급한 경우

9. 「건설기계관리법」에 따라 건설기계해체재활용업자가 해당 건설기계와 등록번호표를 인수하고 그 사실을 증명하는 서류를 발급한 경우

② 이 보험계약이 의무보험만 체결된 경우로서, 이 보험계약을 맺기 전에 피보험자동차에 대하여 의무보험이 포함된 다른 보험계약(공제계약을 포함하며 이하 같음)이 유효하게 맺어져 있는 경우에는 보험계약자는 그 다른 보험계약이 종료하기 전에 이 보험계약을 해제할 수 있습니다. 만일, 그 다른 보험계약이 종료된 후에는 그 종료일 다음 날부터 보험기간이 개시되는 의무보험이 포함된 새로운 보험계약을 맺은 경우에 한하여 이 보험계약을 해제할 수 있습니다.

③ 타인을 위한 보험계약에서 보험계약자는 기명피보험자의 동의를 얻거나 보험증권을 소지한 경우에 한하여 제1항 또는 제2항의 규정에 따라 보험계약을 해지하거나 또는 해제할 수 있습니다.

제52조의2(위법계약의 해지)

① 계약자는 「금융소비자 보호에 관한 법률」 제47조 및 관련규정이 정하는 바에 따라 계약 체결에 대한 회사의 법 위반사항이 있는 경우 계약 체결일부터 5년 이내의 범위에서 계약자가 위반사항을 안 날부터 1년 이내에 계약해지요구서에 증빙서류를 첨부하여 위법계약의 해지를 요구할 수 있습니다. 다만, 「자동차손해배상 보장법」에 따른 의무보험에 대해 해지 요구를 할 때에는 동종의 다른 의무보험에 가입되어 있는 경우에만 해지할 수 있습니다.

② 회사는 해지요구를 받은 날부터 10일 이내에 수락여부를 계약자에 통지하여야 하며, 거절할 때에는 거절 사유를 함께 통지하여야 합니다.

③ 계약자는 회사가 정당한 사유 없이 제1항의 요구를 따르지 않는 경우 해당 계약을 해지할 수 있습니다.

④ 제1항 및 제3항에 따라 계약이 해지된 경우 회사는 제54조(보험료의 환급) 제3항 제1호에 따른 보험료를 계약자에게 지급합니다.

⑤ 계약자는 제1항에 따른 제척기간에도 불구하고 민법 등 관계법령에서 정하는 바에 따라 법률 상의 권리를 행사할 수 있습니다.

제53조(보험회사의 보험계약 해지)

① 보험회사는 다음 중 어느 하나에 해당하는 경우가 발생하였을 때, 그 사실을 안 날부터 1월 이내에 보험계약을 해지할 수 있습니다. 다만, 제1호·제2호·제4호·제5호에 의한 계약해지는 의무보험에 대해 적용하지 않습니다.

  1. 보험계약자가 보험계약을 맺을 때 고의 또는 중대한 과실로 제44조(계약 전 알릴의무) 제1항의 사항에 관하여 알고 있는 사실을 알리지 않거나 사실과 다르게 알린 경우. 다만, 다음 중 어느 하나에 해당하는 경우 보험회사는 보험 계약을 해지하지 못합니다.

    가. 보험계약을 맺은 때에 보험회사가 보험계약자가 알려야 할 사실을 알고 있었거나 과실로 알지 못하였을 때

    나. 보험계약자가 보험금을 지급할 사고가 발생하기 전에 보험청약서의 기재사항에 대하여 서면으로 변경을 신청하여 보험회사가 이를 승인하였을 때

    다. 보험회사가 보험계약을 맺은 날부터 보험계약을 해지하지 않고 6개월이 경과한 때

    라. 보험을 모집한 자(이하 "보험설계사 등"이라 합니다)가 보험계약자 또는 피보험자에게 계약 전 알릴의무를 이행할 기회를 부여하지 아니하였거나 보험계약자 또는 피보험자가 사실대로 알리는 것을 방해한 경우, 또는 보험계약자 또는 피보험자에 대해 사실대로 알리지 않게 하였거나 부실하게 알리도록 권유했을 때. 다만, 보험설계사 등의 행위가 없었다 하더라도 보험계약자 또는 피보험자가 사실대로 알리지 않거나 부실하게 알린 것으로 인정되는 경우에는 그러하지 아니합니다.

    마. 보험계약자가 알려야 할 사항이 보험회사가 위험을 측정하는데 관련이 없을 때 또는 적용할 보험료에 차액이 생기지 않은 때

  2. 보험계약자가 보험계약을 맺은 후에 제45조(계약 후 알릴의무) 제1항에 정한 사실이 생긴 것을 알았음에도 불구하고 지체 없이 알리지 않거나 사실과 다르게 알린 경우. 다만, 보험계약자가 알려야 할 사실이 뚜렷하게 위험을 증가시킨 것이 아닌 때에는 보험회사가 보험계약을 해지하지 못합니다.

  3. 보험계약자가 정당한 이유 없이 법령에 정한 자동차검사를 받지 않은 경우

  4. 보험회사가 제44조(계약 전 알릴의무) 제2항, 제45조(계약 후 알릴의무) 제1항, 제48조(피보험자동차의 양도) 제4항, 제49조(피보험자동차의 교체) 제4항에 따라 추가보험료를 청구한 날부터 14일 이내에 보험계약자가 그 보험료를 내지 않은 경우. 다만, 다음 중 어느 하나에 해당하는 경우 보험회사는 보험계약을 해지하지 못합니다.

    가. 보험회사가 제44조 제1항에서 규정하는 계약 전 알릴의무위반사실을 안 날부터 1월이 지난 경우

    나. 보험회사가 보험계약자로부터 제45조(계약 후 알릴의무) 제1항에서 정하는 사실을 통지받은 후 1월이 지난 경우

  5. 보험금의 청구에 관하여 보험계약자, 피보험자, 보험금을 수령하는 자 또는 이들의 법정대리인의 사기행위가 발생한 경우

② 보험회사는 보험계약자가 계약 전 알릴의무 또는 계약 후 알릴의무를 이행하지 아니하여 제1항 제1호 또는 제2호에 따라 보험계약을 해지한 때에는 해지 이전에 생긴 사고에 대해서도 보상하지 않으며, 이 경우 보험회사는 지급한 보험금의 반환을 청구할 수 있습니다. 다만, 계약 전 알릴의무 또는 계약 후 알릴의무를 위반한 사실이 사고의 발생에 영향을 미치지 않았음이 증명된 때에는 보험회사는 보상합니다.

③ 보험회사는 보험계약자가 다른 보험의 가입내역을 알리지 않거나 사실과 다르게 알렸다는 이유로 계약을 해지하거나 보험금 지급을 거절하지 아니합니다.

제54조(보험료의 환급 등)

① 보험기간이 시작되기 전에 보험료가 변경된 때에는 변경 전 보험료와 변경 후 보험료의 차액을 더 받거나 돌려드립니다.

② 보험회사의 고의·과실로 보험료가 적정하지 않게 산정되어 보험계약자가 적정보험료를 초과하여 납입한 경우, 보험회사는 이를 안 날 또는 보험계약자가 반환을 청구한 날부터 3일 이내에 적정보험료를 초과하는 금액 및 이에 대한 이자(납입한 날부터 반환하는 날까지의 기간에 대해 보험개발원이 공시한 보험계약대출이율에 따라 연단위 복리로 계산한 금액)를 돌려드립니다. 다만, 보험회사에게 고의·과실이 없을 경우에는 적정보험료를 초과한 금액만 돌려드립니다.

③ 보험회사는 보험계약이 취소되거나 해지된 때, 또는 그 효력이 상실된 때에는 다 음과 같이 보험료를 돌려드립니다.

　1. 보험계약자 또는 피보험자의 책임 없는 사유에 의하는 경우 : 제39조 제4항에 의해 계약이 취소된 때에는 보험회사에 납입한 보험료의 전액, 효력 상실되거나 해지(제52조의2에 따른 위법계약 해지를 포함한다)된 경우에는 경과하지 않은 기간에 대하여 일단위로 계산한 보험료

　2. 보험계약자 또는 피보험자의 책임 있는 사유에 의하는 경우 : 이미 경과한 기간에 대하여 단기요율로 계산한 보험료를 뺀 잔액

　3. 보험계약이 해지(제52조의2에 따른 위법계약 해지를 포함한다)된 경우, 계약을 해지하기 전에 보험회사가 보상하여야 하는 사고가 발생한 때에는 보험료를 환급하지 않습니다.

④ 제3항에서 '보험계약자 또는 피보험자에게 책임이 있는 사유'라 함은 다음의 경우를 말합니다.

　1. 보험계약자 또는 피보험자가 임의 해지하는 경우(의무보험의 해지는 제외)

　2. 보험회사가 제50조(보험계약의 취소) 또는 제53조(보험회사의 보험계약 해지)에 따라 보험계약을 취소하거나 해지하는 경우

　3. 보험료 미납으로 인한 보험계약의 효력 상실

⑤ 보험계약이 해제된 경우에는 보험료 전액을 환급합니다.

⑥ 이 약관에 의해 보험회사가 보험계약자가 낸 보험료의 전부 또는 일부를 돌려드리는 경우에는 보험료를 반환할 의무가 생긴 날부터 3일 이내에 드립니다.

⑦ 보험회사가 제6항의 반환기일이 지난 후 보험료를 반환하는 경우에는 반환기일의 다음 날부터 반환하는 날까지의 기간은 보험개발원이 공시한 보험계약대출이율에 따라 연단위 복리로 계산한 금액을 더하여 돌려드립니다. 다만, 이 약관에서 이자의 계산에 관해 달리 정하는 경우에는 그에 따릅니다.

제55조(약관의 해석)

① 보험회사는 신의성실의 원칙에 따라 공정하게 약관을 해석하여야 하며 보험계약자에 따라 다르게 해석하지 않습니다.

② 보험회사는 약관의 뜻이 명백하지 않은 경우에는 보험계약자에게 유리하게 해석합니다.

③ 보험회사는 보상하지 않는 손해 등 보험계약자나 피보험자에게 불리하거나 부담 을 주는 내용은 확대하여 해석하지 않습니다.

제56조(보험회사의 개인정보이용 및 보험계약 정보의 제공)

① 보험회사는 제27조(제출서류) 제5호, 제6호의 배상의무자의 개인정보와 제46조(사고발생시 의무) 제2호 나목, 다목의 피해자, 가해자 및 증인의 개인정보를 보험사고의 처리를 위한 목적으로만 이용할 수 있습니다.

② 보험회사는 보험계약에 의한 의무의 이행 및 관리를 위한 판단자료로 활용하기 위하여 「개인정보 보호법」 제15조, 제17조, 제22조 내지 제24조, 「신용정보의 이용 및 보호에 관한 법률」 제32조, 같은 법 시행령 제28조에서 정하는 절차에 따라 보험계약자와 피보험자의 동의를 받아 다음의 사항을 다른 보험회사 및 보험 관계단체에 제공할 수 있습니다.

  1. 기명피보험자의 성명, 주민등록번호 및 주소와 피보험자동차의 차량번호, 형식, 연식

  2. 계약일시, 보험종목, 보장종목, 보험가입금액, 자기부담금 및 보험료 할인·할증에 관한 사항, 특별약관의 가입사항, 계약해지시 그 내용 및 사유

  3. 사고일시 또는 일자, 사고내용 및 각종 보험금의 지급내용 및 사유

제57조(피보험자동차 등에 대한 조사)

보험회사는 피보험자동차 등에 관하여 필요한 조사를 하거나 보험계약자 또는 피보험자에게 필요한 설명 또는 증명을 요구할 수 있습니다. 이 경우 보험계약자, 피보험자 또는 이들의 대리인은 이러한 조사 또는 요구에 협력하여야 합니다.

제58조(예금보험기금에 의한 보험금 등의 지급보장)

보험회사가 파산 등으로 인하여 보험금 등을 지급하지 못할 경우에는 「예금자보호법」에서 정하는 바에 따라 그 지급을 보장합니다.

제59조(보험사기행위 금지)

보험계약자, 피보험자, 피해자 등이 보험사기행위를 행한 경우 관련법령에 따라 형사처벌 등을 받을 수 있습니다.

제60조(분쟁의 조정)

① 이 보험계약의 내용 또는 보험금의 지급 등에 관하여 보험회사와 보험계약자, 피보험자, 손해배상청구권자, 그 밖에 이해관계에 있는 자 사이에 분쟁이 있을 경우에는 금융감독원에 설치된 금융분쟁조정위원회의 조정을 받을 수 있으며, 분쟁조정 과정에서 계약자는 관계 법령이 정하는 바에 따라 회사가 기록 및 유지·관리하는 자료의 열람(사본의 제공 또는 청취를 포함한다)을 요구할 수 있습니다.

② 회사는 일반금융소비자인 계약자가 조정을 통하여 주장하는 권리나 이익의 가액이 「금융소비자 보호에 관한 법률」 제42조에서 정하는 일정금액 이내인 분쟁사건에 대하여 조정절차가 개시된 경우에는 관계법령이 정하는 경우를 제외하고는 소를 제기하지 않습니다.

제61조(관할법원)

이 보험계약에 관한 소송 및 민사조정은 보험회사의 본점 또는 지점 소재지 중 보험계약자 또는 피보험자가 선택하는 대한민국 내의 법원을 합의에 따른 관할법원으로 합니다.

제62조(준용규정)

이 계약은 대한민국 법에 따라 규율되고 해석되며, 약관에서 정하지 않은 사항은 「금융소비자 보호에 관한 법률」, 「상법」, 「민법」 등 관계법령을 따릅니다.

Theme 1 사 망

※ 나이(연령)는 만 나이(연령)를 기준으로 합니다.

각 보장종목별 보험가입금액 한도 내에서 다음의 금액을 지급함.

1. 장례비 : 5,000,000원

2. 위자료

가) 사망자 본인 및 유족의 위자료
    (1) 사망 당시 피해자의 나이가 65세 미만인 경우 : 80,000,000원
    (2) 사망 당시 피해자의 나이가 65세 이상인 경우 : 50,000,000원
나) 청구권자의 범위 및 청구권자별 지급기준 : 민법상 상속규정에 따름

3. 상실수익액

가) 산정방법
    사망한 본인의 월평균 현실소득액(제세액공제)에서 본인의 생활비(월평균 현실소득액에 생활비율을 곱한 금액)를 공제한 금액에 취업가능월수에 해당하는 호프만계수를 곱하여 산정(단, 사망일부터 취업가능연한까지 월수에 해당하는 호프만계수의 총합은 240을 한도로 함)

> ── 〈산 식〉 ──
> (월평균현실소득액 − 생활비) × (사망일부터 보험금지급일까지의 월수 + 보험금지급일부터 취업가능연한까지 월수에 해당하는 호프만계수)
> ※ 생활비율 : 1/3

(가) 산정대상기간

1) 급여소득자

사고발생 직전 또는 사망 직전 과거 3개월로 하되, 계절적 요인 등에 따라 급여의 차등이 있는 경우와 상여금, 체력단련비, 연월차휴가보상금 등 매월 수령하는 금액이 아닌 것은 과거 1년간으로 함.

2) 급여소득자 이외의 자

사고발생 직전 과거 1년간으로 하며, 기간이 1년 미만인 경우에는 계절적인 요인 등을 감안하여 타당한 기간으로 함.

(나) 산정방법

1) 현실소득액을 증명할 수 있는 자

세법에 의한 관계증빙서에 따라 소득을 산정할 수 있는 자에 한하여 다음과 같이 산정한 금액으로 함.

가) 급여소득자

피해자가 근로의 대가로서 받은 보수액에서 제세액을 공제한 금액. 그러나 피해자가 사망 직전에 보수액의 인상이 확정된 경우에는 인상된 금액에서 제세액을 공제한 금액

> 〈용어풀이〉
>
> ① '급여소득자'라 함은 소득세법 제20조에서 규정한 근로소득을 얻고 있는 자로서 일용근로자 이외의 자를 말함.
> ② '근로의 대가로 받은 보수'라 함은 본봉, 수당, 성과급, 상여금, 체력단련비, 연월차휴가보상금 등을 말하며, 실비변상적인 성격을 가진 대가는 제외함.
> ③ '세법에 따른 관계증빙서'라 함은 사고발생 전에 신고하거나 납부하여 발행된 관계증빙서를 말함. 다만, 신규취업자, 신규사업 개시자 또는 사망 직전에 보수액의 인상이 확정된 경우에 한하여 세법 규정에 따라 정상적으로 신고하거나 납부(신고 또는 납부가 지체된 경우는 제외함)하여 발행된 관계증빙서를 포함함.

나) 사업소득자

① 세법에 따른 관계증빙서에 따라 증명된 수입액에서 그 수입을 위하여 필요한 제경비 및 제세액을 공제하고 본인의 기여율을 감안하여 산정한 금액

> 〈산 식〉
>
> [연간수입액 − 주요경비 − (연간수입액 × 기준경비율) − 제세공과금] × 노무기여율 × 투자비율

(주석)

1. 제 경비가 세법에 따른 관계증빙서에 따라 증명되는 경우에는 위 기준경비율 또는 단순경비율을 적용하지 않고 그 증명된 경비를 공제함.
2. 소득세법 등에 의해 단순경비율 적용대상자는 기준 경비율 대신 그 비율을 적용함.
3. 투자비율은 증명이 불가능할 때에는 '1/동업자수'로 함.
4. 노무기여율은 85/100를 한도로 타당한 율을 적용함.

② 본인이 없더라도 사업의 계속성이 유지될 수 있는 경우에는 위 ①의 산식에 따르지 않고 일용근로자 임금을 인정함.

③ 위 ①에 따라 산정한 금액이 일용근로자 임금에 미달한 경우에는 일용근로자 임금을 인정함.

〈용어풀이〉

① 이 보험계약에서 사업소득자라 함은 소득세법 제19조에서 규정한 소득을 얻고 있는 자를 말함.
② 이 보험계약에서 일용근로자 임금이라 함은 통계법 제15조에 의한 통계작성지정기관(대한건설협회, 중소기업중앙회)이 통계법 제17조에 따라 조사·공표한 노임 중 공사부문은 보통인부, 제조부문은 단순노무종사원의 임금을 적용하여 아래와 같이 산정합니다.

〈산 식〉

(공사부문 보통인부임금 + 제조부문 단순노무종사원임금) ÷ 2
※ 월 임금 산출시 25일을 기준으로 산정

다) 그 밖의 유직자(이자소득자, 배당소득자 제외)
세법 상의 관계증빙서에 따라 증명된 소득액에서 제세액을 공제한 금액. 다만, 부동산임대소득자의 경우에는 일용근로자 임금을 인정하며, 이 기준에서 정한 여타의 증명되는 소득이 있는 경우에는 그 소득과 일용근로자 임금 중 많은 금액을 인정함.

라) 위 가), 나), 다)에 해당하는 자로서 기술직 종사자는 통계법 제15조에 의한 통계작성지정기관(공사부문 : 대한건설협회, 제조부문 : 중소기업중앙회)이 통계법 제17조에 따라 조사, 공표한 노임에 의한 해당 직종 임금이 많은 경우에는 그 금액을 인정함. 다만, 사고발생 직전 1년 이내 해당 직종에 종사하고 있었음을 관련서류를 통해 객관적으로 증명한 경우에 한함.

〈용어풀이〉

기술직 종사자가 '관련서류를 통해 객관적으로 증명한 경우'라 함은 자격증, 노무비 지급확인서 등의 입증서류를 보험회사로 제출한 것을 말함.

2) 현실소득액을 증명하기 곤란한 자
세법에 의한 관계증빙서에 의하여 소득을 산정할 수 없는 자는 다음과 같이 산정한 금액으로 함.
가) 급여소득자 : 일용근로자 임금
나) 사업소득자 : 일용근로자 임금
다) 그 밖의 유직자 : 일용근로자 임금
라) 위 가), 나), 다)에 해당하는 자로서 기술직 종사자
통계법 제15조에 의한 통계작성지정기관(공사부문 : 대한건설협회, 제조부문 : 중소기업중앙회)이 통계법 제17조에 따라 조사, 공표한 노임에 의한 해당직종 임금이 많은 경우에는 그 금액을 인정함. 다만, 사고발생 직전 1년 이내 해당 직종에 종사하고 있었음을 관련서류를 통해 객관적으로 증명한 경우에 한함.

3) 미성년자로서 현실소득액이 일용근로자 임금에 미달한 자
19세에 이르기까지는 현실소득액, 19세 이후는 일용근로자 임금

(1) 가사종사자 : 일용근로자 임금

(2) 무직자(학생 포함) : 일용근로자 임금

(3) 현역병 등 군 복무해당자(복무예정자 포함) : 일용근로자 임금

(4) 소득이 두 가지 이상인 자
(가) 세법에 따른 관계증빙서에 따라 증명된 소득이 두 가지 이상 있는 경우에는 그 합산액을 인정함
(나) 세법에 따른 관계증빙서에 따라 증명된 소득과 증명 곤란한 소득이 있는 때 혹은 증명이 곤란한 소득이
    두 가지 이상 있는 경우에 이 기준에 따라 인정하는 소득 중 많은 금액을 인정함

(5) 외국인
(가) 유직자
    ① 국내에서 소득을 얻고 있는 자로서 그 증명이 가능한 자 : 위 1)의 현실소득액의 증명이 가능한 자의
       현실소득액 산정방법으로 산정한 금액
    ② 위 ① 이외의 자 : 일용근로자 임금
(나) 무직자(학생 및 미성년자 포함) : 일용근로자 임금

취업가능월수

라. 취업가능월수

(1) 취업 가능 연한을 65세로 하여 취업가능월수를 산정함. 다만, 법령, 단체협약 또는 그 밖의 별도의 정년에 관한 규정이 있으면 이에 의하여 취업가능월수를 산정하며 피해자가 「농업·농촌 및 식품산업 기본법」 제3조 제2호에 따른 농업인이나 「수산업·어촌 발전 기본법」 제3조 제3호에 따른 어업인일 경우(피해자가 객관적 자료를 통해 증명한 경우에 한함)에는 취업가능연한을 70세로 하여 취업가능월수를 산정함

(2) 피해자가 사망 당시(후유장애를 입은 경우에는 노동능력상실일) 62세 이상인 경우에는 다음의 「62세 이상 피해자의 취업가능월 수」에 의하되, 사망일 또는 노동능력상실일부터 정년에 이르기까지는 월현실소득액을, 그 이후부터 취업가능월수까지는 일용근로자 임금을 인정함

〈62세 이상 피해자의 취업가능월수〉

나 이	취업가능월수
62세부터 67세 미만	36월
67세부터 76세 미만	24월
76세 이상	12월

(3) 취업가능연한이 사회통념상 65세 미만인 직종에 종사하는 자인 경우 해당 직종에 타당한 취업가능연한 이후 65세에 이르기까지의 현실소득액은 사망 또는 노동능력상실 당시의 일용근로자 임금을 인정함.

(4) 취업시기는 19세로 함.

(5) 외국인

   (가) 적법한 일시체류자[*1]인 경우 생활 본거지인 본국의 소득기준을 적용함. 다만 적법한 일시체류자가 국내에서 취업활동을 한 경우 아래 (다)를 적용함.

   (나) 적법한 취업활동자[*2]인 경우 외국인 근로자의 적법한 체류기간 동안은 국내의 소득기준을 적용하고, 적법한 체류기간 종료 후에는 본국의 소득기준을 적용함. 다만, 사고 당시 남은 적법한 체류기간이 3년 미만인 경우 사고일부터 3년간 국내의 소득기준을 적용함.

   (다) 그 밖의 경우 사고일부터 3년은 국내의 소득기준을, 그 후부터는 본국의 소득기준을 적용함.

   (*1) '적법한 일시체류자'라 함은 국내 입국허가를 득하였으나 취업활동의 허가를 얻지 못한 자를 말합니다.

마. 호프만 계수 : 법정이율 월 5/12%, 단리에 따라 중간이자를 공제하고 계산하는 방법

〈산 식〉

$$1/(1 + i) + 1/(1 + 2i) + \cdots\cdots\cdots + 1/(1 + ni)$$

$i = 5/12\%$, $n =$ 취업가능월수

각 보장종목별 보험가입금액 한도 내에서 다음의 금액을 지급하되, 「대인배상 Ⅰ」은 「자동차손해배상 보장법시행령」 [별표 1]에서 정한 상해급별 보상한도 내에서 지급함.

1. 적극손해
(2022년 12월 31일 이전 사고에 적용)

가. 구조수색비 : 사회통념상으로 보아 필요타당한 실비

나. 치료관계비 : 의사의 진단기간에서 치료에 소요되는 다음의 비용(외국에서 치료를 받은 경우에는 국내의료기관에서의 치료에 소요되는 비용 상당액. 다만, 국내의료기관에서 치료가 불가능하여 외국에서 치료를 받는 경우에는 그에 소요되는 타당한 비용)으로 하되, 관련법규에서 환자의 진료비로 인정하는 선택진료비를 포함함.

  (1) 입원료

    (가) 입원료는 대중적인 일반병실(이하 '기준병실'이라 함)의 입원료를 지급함. 다만, 의사가 치료상 부득이 기준병실 보다 입원가 비싼병실(이하 '상급병실'이라 함)에 입원하여야 한다고 판단하여 상급병실에 입원하였을 때에는 그 병실의 입원료를 지급함.

    (나) 병실의 사정으로 부득이 상급병실에 입원하였을 때에는 7일의 범위에서는 그 병실의 입원료를 지급함. 만약, 입원일수가 7일을 넘을 때에는 그 넘는 기간은 기준병실의 입원료와 상급병실의 입원료와의 차액은 지급하지 아니함.

    (다) 피보험자나 피해자의 희망으로 상급병실에 입원하였을 때는 기준병실의 입원료와 상급병실의 입원료와의 차액은 지급하지 아니함.

  (2) 응급치료, 호송, 진찰, 전원, 퇴원, 투약, 수술(성형수술 포함), 처치, 의지, 의치, 안경, 보청기 등에 소요되는 필요타당한 실비

  (3) 치아보철비 : 금주조관보철(백금관보철 포함) 또는 임플란트(실제 시술한 경우로 1치당 1회에 한함)에 소요되는 비용. 다만, 치아보철물이 외상으로 인하여 손상 또는 파괴되어 사용할 수 없게 된 경우에는 원상회복에 소요되는 비용

(2023년 1월 1일 이후 사고에 적용)

가. 구조수색비 : 사회통념상으로 보아 필요타당한 실비

나. 치료관계비 : 의사의 진단기간에서 치료에 소요되는 다음의 비용(외국에서 치료를 받은 경우에는 국내의료기관에서의 치료에 소요되는 비용 상당액. 다만, 국내의료기관에서 치료가 불가능하여 외국에서 치료를 받는 경우에는 그에 소요되는 타당한 비용)으로 하되, 관련법규에서 환자의 진료비로 인정하는 선택진료비를 포함함. 다만, '자동차손해배상 보장법 시행령' 〈별표 1〉에서 정한 상해급별 구분 중 12급 내지 14급에 해당하는 교통사고 환자가 상해를 입은 날로부터 4주를 경과한 후에도 의학적 소견에 따른 향후 치료를 요하는 경우에는 의료법에 따른 진단서상 향후 치료에 대한 소견 범위에 기재된 치료기간 내 치료에 소요되는 비용으로 함.

(1) 입원료

(가) 입원료는 대중적인 일반병실(이하 '기준병실'이라 함)의 입원료를 지급함. 다만, 의사가 치료상 부득이 기준병실 보다 입원료가 비싼병실(이하 '상급병실'이라 함)에 입원하여야 한다고 판단하여 상급병실에 입원하였을 때에는 그 병실의 입원료를 지급함.

(나) 병실의 사정으로 부득이 상급병실에 입원하였을 때에는 7일의 범위에서는 그 병실의 입원료를 지급함. 만약, 입원일수가 7일을 넘을 때에는 그 넘는 기간은 기준병실의 입원료와 상급병실의 입원료와의 차액은 지급하지 아니함.

(다) 피보험자나 피해자의 희망으로 상급병실에 입원하였을 때는 기준병실의 입원료와 상급병실의 입원료와의 차액은 지급하지 아니함.

(2) 응급치료, 호송, 진찰, 전원, 퇴원, 투약, 수술(성형수술 포함), 처치, 의지, 의치, 안경, 보청기 등에 소요되는 필요타당한 실비

(3) 아보철비 : 금주조관보철(백금관보철 포함) 또는 임플란트(실제 시술한 경우로 1치당 1회에 한함)에 소요되는 비용. 다만, 치아보철물이 외상으로 인하여 손상 또는 파괴되어 사용할 수 없게 된 경우에는 원상회복에 소요되는 비용

2. 위자료

가. 청구권자의 범위 : 피해자 본인

나. 지급기준 : 책임보험 상해구분에 따라 다음과 같이 급별로 인정함.

(단위 : 만원)

급 별	인정액	급 별	인정액	급 별	인정액	급 별	인정액
1	200	5	75	9	25	13	15
2	176	6	50	10	20	14	15
3	152	7	40	11	20		
4	158	8	30	12	15		

다. 과실상계 후 후유장애 상실수익액과 가정간호비가 후유장애 보험금 보상한도를 초과하는 경우에는 부상보험금 한도 내에서 부상 위자료를 지급함.

3. 휴업손해

가. 산정방법

부상으로 인하여 휴업함으로써 수입의 감소가 있었음을 관계서류를 통해 증명할 수 있는 경우에 한하여 휴업기간 중 피해자의 실제 수입감소액의 85% 해당액을 지급함.

> ⟨용어풀이⟩
>
> '관계서류를 통해 증명할 수 있는 경우'라 함은 세법상 관계서류 또는 기타 객관적으로 인정되는 자료 등을 통해 증명한 경우를 말함

나. 휴업일수의 산정

(1) 휴업일수의 산정 : 피해자의 상해정도를 감안, 치료 기간의 범위에서 인정함.

(2) 사고 당시 피해자의 나이가 취업가능연한을 초과한 경우, 휴업일수를 산정하지 아니함. 다만, 위 가.에 따라 관계서류를 통해 증명한 경우에는 그러하지 아니함.

(3) 취업가능연한 : 65세를 기준으로 함. 다만, 법령, 단체협약 또는 그 밖의 별도의 정년에 관한 규정이 있으면 이에 의하며 피해자가 「농업·농촌 및 식품산업 기본법」 제3조 제2호에 따른 농업인이나 「수산업·어촌 발전 기본법」 제3조 제3호에 따른 어업인일 경우(피해자가 객관적 자료를 통해 증명한 경우에 한함)에는 70세로 함.

다. 수입감소액의 산정

(1) 유직자

(가) 사망한 경우 현실소득액의 산정방법에 따라 산정한 금액을 기준으로 하여 수입감소액을 산정함.

(나) 실제의 수입감소액이 위 (가)의 기준으로 산정한 금액에 미달하는 경우에는 실제의 수입감소액으로 함.

(2) 가사종사자

(가) 일용근로자 임금을 수입감소액으로 함.

> ⟨용어풀이⟩
>
> 가사종사자라 함은 사고 당시 2인 이상으로 구성된 세대에서 경제활동을 하지 않고 가사활동에 종사하는 자로서 주민등록 관계서류와 세법상 관계서류 등을 통해 해당 사실을 증명한 사람을 말함.

(3) 무직자

(가) 무직자는 수입의 감소가 없는 것으로 함.

(나) 유아, 연소자, 학생, 연금생활자, 그 밖의 금리나 임대료에 의한 생활자는 수입의 감소가 없는 것으로 함.

(4) 소득이 두 가지 이상의 자

사망한 경우 현실소득액의 산정방법과 동일

(5) 외국인

사망한 경우 현실소득액의 산정방법과 동일

4. 간병비

가. 청구권자의 범위 : 피해자 본인

나. 인정대상

(1) 책임보험 상해구분상 1 ~ 5급에 해당하는 자 중 객관적인 증빙자료를 제출한 경우 인정함.

(2) 동일한 사고로 부모 중 1인이 사망 또는 상해등급 1 ~ 5급의 상해를 입은 7세 미만의 자 중 객관적인 증빙자료를 제출한 경우 인정함.

(3) 「의료법」 제4조의2에 따른 비용을 보험회사가 부담하는 경우에는 비용 및 기간에 관계없이 인정하지 않음.

> ─〈용어풀이〉
>
> '객관적인 증빙자료'라 함은 진단서, 진료기록, 입원기록, 가족관계증명서 등 보험회사가 상해등급과 신분관계를 판단할 수 있는 서류를 말함.

다. 지급기준

(1) 위 인정대상 (1)에 해당하는 자는 책임보험 상해구분에 따라서 다음과 같이 상해등급별 인정일수를 한도로 하여 실제 입원기간을 인정함.

(2) 위 인정대상 (2)에 해당하는 자는 최대 60일을 한도로 하여 실제 입원기간을 인정함.

(3) 간병인원은 1일 1인 이내에 한하며, 1일 일용근로자 임금을 기준으로 지급함.

(4) 위 (1)과 (2)의 간병비가 피해자 1인에게 중복될 때에는 양자 중 많은 금액을 지급함.

상해등급	인정일수
1급 ~ 2급	60일
3급 ~ 4급	30일
5급	15일

5. 그 밖의 손해배상금

위 1. 내지 3. 외에 그 밖의 손해배상금으로 다음의 금액을 지급함.

가. 입원하는 경우

입원기간 중 한 끼당 4,030원(병원에서 환자의 식사를 제공하지 않거나 환자의 요청에 따라 병원에서 제공하는 식사를 이용하지 않는 경우에 한함)

나. 통원하는 경우

실제 통원한 일수에 대하여 1일 8,000원

각 보장종목별 보험가입금액 한도 내에서 다음의 금액을 지급하되, 「대인배상 I」은 「자동차손해배상 보장법시행령」 [별표 2]에서 정한 후유장애급별 보상한도 내에서 지급함.

1. 위자료

가. 청구권자의 범위 : 피해자 본인

나. 지급기준 : 노동능력상실률에 따라 (1)항 또는 (2)항에 의해 산정한 금액을 피해자 본인에게 지급함.

   (1) 노동능력상실률이 50% 이상인 경우

     (가) 후유장애 판정 당시[*1] 피해자의 나이가 65세 미만인 경우

       45,000,000원 × 노동능력상실률 × 85%

     (나) 후유장애 판정 당시[*1] 피해자의 나이가 65세 이상인 경우

       40,000,000원 × 노동능력상실률 × 85%

     (다) 상기 (가), (나)에도 불구하고 피해자가 이 약관에 따른 가정간호비 지급 대상인 경우에는 아래 기준을 적용함.

       ① 후유장애 판정 당시[*1] 피해자의 나이가 65세 미만인 경우

         80,000,000원 × 노동능력상실률 × 85%

       ② 후유장애 판정 당시[*1] 피해자의 나이가 65세 이상인 경우

         50,000,000원 × 노동능력상실률 × 85%

         (*1) 후유장애 판정에 대한 다툼이 있을 경우 최초 후유장애 판정 시점의 피해자 연령을 기준으로 후유장애 위자료를 산정합니다.

   (2) 노동능력상실률이 50% 미만인 경우

(단위 : %, 만원)

노동능력상실율	인정액
45% 이상 50% 미만	400
35% 이상 40% 미만	240
27% 이상 35% 미만	200
20% 이상 27% 미만	160
14% 이상 20% 미만	120
9% 이상 14% 미만	100
5% 이상 9% 미만	80
0 초과 5% 미만	50

다. 후유장애 상실수익액을 지급하는 경우에는 후유장애 위자료를 지급함. 다만, 부상 위자료 해당액이 더 많은 경우에는 그 금액을 후유장애 위자료로 지급함.

2. 상실수익액

가. 산정방법

피해자가 노동능력을 상실한 경우 피해자의 월평균 현실 소득액에 노동능력상실률과 노동능력상실기간에 해당하는 호프만계수를 곱하여 산정함. (단, 노동능력상실일부터 취업가능연한까지 월수에 해당하는 호프만계수의 총합은 240을 한도로 함)

> ─〈 산 식 〉─
>
> **월평균현실소득액 × 노동능력상실률 × (노동능력상실일부터 보험금지급일까지의 월수 + 보험금지급일부터 취업가능연한까지의 월수에 해당하는 호프만계수)**

나. 현실소득액의 산정방법

(1) 유직자

(가) 산정대상기간

① 급여소득자 : 사고발생 직전 또는 노동능력 상실 직전 과거 3개월로 하되, 계절적 요인 등에 따라 급여의 변동이 있는 경우와 상여금, 체력단련비, 연월차휴가보상금 등 매월 수령하는 금액이 아닌 것은 과거 1년간으로 함.

② 급여소득자 이외의 자 : 사고발생 직전 과거 1년간으로 하며, 그 기간이 1년 미만인 경우에는 계절적인 요인 등을 감안하여 타당한 기간으로 함.

(나) 산정방법 : 사망한 경우 현실소득액의 산정방법과 동일

(2) 가사종사자 : 사망한 경우 현실소득액의 산정방법과 동일

(3) 무직자(학생포함) : 사망한 경우 현실소득액의 산정방법과 동일

(4) 현역병 등 군 복무해당자 : 사망한 경우 현실소득액의 산정방법과 동일

(5) 소득이 두 가지 이상인 자 : 사망한 경우 현실소득액의 산정방법과 동일

(6) 외국인 : 사망한 경우 현실소득액의 산정방법과 동일

다. 노동능력상실률

맥브라이드식 후유장애 평가방법에 따라 일반의 옥내 또는 옥외근로자를 기준으로 실질적으로 부상 치료 진단을 실시한 의사 또는 해당과목 전문의가 진단·판정한 타당한 노동능력상실률을 적용하며, 그 판정과 관련하여 다툼이 있을 경우 보험금청구권자와 보험회사가 협의하여 정한 제3의 전문의료기관의 전문의에게 판정을 의뢰할 수 있음.

라. 노동능력상실기간 : 사망한 경우 취업가능월수와 동일

마. 호프만계수 : 사망한 경우와 동일

3. 가정간호비

가. 인정대상

치료가 종결되어 더 이상의 치료효과를 기대할 수 없게 된 때에 1인 이상의 해당 전문의로부터 노동능력상실률 100%의 후유장애 판정을 받은 자로서 다음 요건에 해당하는 '식물인간상태의 환자 또는 척수손상으로 인한 사지완전마비 환자'로 생명유지에 필요한 일상생활의 처리동작에 있어 항상 다른 사람의 개호를 요하는 자

(1) 식물인간상태의 환자

뇌손상으로 다음 항목에 모두 해당되는 상태에 있는 자

(가) 스스로는 이동이 불가능하다.

(나) 자력으로는 식사가 불가능하다.

(다) 대소변을 가릴 수 없는 상태이다.

(라) 안구는 겨우 물건을 쫓아가는 수가 있으나, 알아보지는 못한다.

(마) 소리를 내도 뜻이 있는 말은 못한다.

(바) '눈을 떠라', '손으로 물건을 쥐어라'하는 정도의 간단한 명령에는 가까스로 응할 수 있어도 그 이상의 의사소통은 불가능하다.

(2) 척수손상으로 인한 사지완전마비 환자

척수손상으로 인해 양팔과 양다리가 모두 마비된 환자로서 다음 항목에 모두 해당되는 자

(가) 생존에 필요한 일상생활의 동작(식사, 배설, 보행 등)을 자력으로 할 수 없다.

(나) 침대에서 몸을 일으켜 의자로 옮기거나 집안에서 걷기 등의 자력이동이 불가능하다.

(다) 욕창을 방지하기 위해 수시로 체위를 변경시켜야 하는 등 다른 사람의 상시 개호를 필요로 한다.

나. 지급기준

가정간호 인원은 1일 1인 이내에 한하며, 가정간호비는 일용근로자 임금을 기준으로 보험금수령권자의 선택에 따라 일시금 또는 퇴원일 부터 향후 생존기간에 한하여 매월 정기금으로 지급함.

동승자에 대한 감액

피보험자동차에 동승한 자는 아래의 「동승자 유형별 감액비율표」에 따라 감액함.

동승자 유형별 감액비율표

가. 기준요소

동승의 유형 및 운행목적	감액비율[*1]
동승자의 강요 및 무단 동승	100%
음주운전자의 차량 동승	40%
동승자의 요청 동승	30%
상호 의논합의 동승	20%
운전자의 권유 동승	10%
운전자의 강요 동승	0%

(*1) 다만, 피보험자와 동승자가 「여객자동차운수사업법」에 따른 토요일, 일요일 및 공 휴일을 제외한 날의
출·퇴근 시간대(오전 7시부터 오전 9시까지 및 오후 6시부터 오후 8시까지를 말한다)에 실제의 출·퇴
근 용도로 자택과 직장 사이를 이동하면서 승용차 함께 타기를 실시한 경우에는 위 동승자 감액비율을
적용하지 않습니다.

나. 수정요소
동승자의 동승과정에 과실이 있는 경우 : +10 ~ 20%

Theme 8 기왕증

가. 기왕증[*1]으로 인한 손해는 보상하지 아니함. 다만, 당해 자동차사고로 인하여 기왕증이 악화된 경우에는 기왕증이 손해에 관여한 정도(기왕증 관여도)를 반영하여 보상함.

   (*1) '기왕증'이라 함은 당해 자동차사고가 있기 전에 이미 가지고 있던 증상으로 특이체질 및 병적 소인 등을 포함하는 것을 말합니다.

나. 기왕증은 해당과목 전문의가 판정한 비율에 따라 공제함. 다만, 그 판정에 다툼이 있을 경우 보험금 청구권자와 보험회사가 협의하여 정한 제3의 전문의료기관의 전문의에게 판정을 의뢰할 수 있음.

1. 과실상계
(2022년 12월 31일 이전 사고에 적용)

가. 과실상계의 방법

(1) 이 기준의 「대인배상Ⅰ」, 「대인배상Ⅱ」, 「대물배상」에 의하여 산출한 금액에 대하여 피해자 측의 과실비율에 따라 상계하며, 「무보험자동차에 의한 상해」의 경우에는 피보험자의 과실비율에 따라 상계함.

(2) 「대인배상Ⅰ」에서 사망보험금은 위 (1)에 의하여 상계한 후의 금액이 2,000만원에 미달하면 2,000만원을 보상하며, 부상보험금의 경우 위 (1)에 의하여 상계한 후의 금액이 치료관계비와 간병비의 합산액에 미달하면 치료관계비(입원환자 식대를 포함)와 간병비를 보상함.

(3) 「대인배상Ⅱ」또는 「무보험자동차에 의한 상해」에서 사망보험금, 부상보험금 및 후유장애보험금을 합산한 금액을 기준으로 위 (1)에 의하여 상계한 후의 금액이 치료관계비와 간병비의 합산액에 미달하면 치료관계비(입원환자 식대를 포함하며, 「대인배상Ⅰ」에서 지급될 수 있는 금액을 공제)와 간병비를 보상함.

나. 과실비율의 적용기준

별도로 정한 자동차사고 과실비율의 인정기준을 참고하여 산정하고, 사고유형이 그 기준에 없거나 그 기준에 의한 과실비율의 적용이 곤란할 때에는 판결례를 참작하여 적용함. 그러나 소송이 제기되었을 경우에는 확정판결에 의한 과실비율을 적용함.

2. 손익상계

보험사고로 인하여 다른 이익을 받을 경우 이를 상계하여 보험금을 지급함.

가. 상해 구분 및 급별 보험가입금액표

상해등급	보험가입금액		
	1,500만원	3,000만원	5,000만원
1급	1,500만원	3,000만원	5,000만원
2급	800만원	1,600만원	2,700만원
3급	750만원	1,500만원	2,500만원
4급	700만원	1,400만원	2,300만원
5급	500만원	1,000만원	1,650만원
6급	400만원	800만원	1,300만원
7급	250만원	500만원	800만원
8급	180만원	200만원	400만원
9급	140만원	200만원	350만원
10급	120만원	140만원	300만원
11급	100만원	140만원	250만원
12급	60만원	80만원	200만원
13급	40만원	80만원	150만원
14급	20만원	80만원	100만원

주) 상해등급은 「자동차손해배상 보장법 시행령」 별표 1에서 정한 상해구분에 의함

나. 후유장애구분 및 급별 보험가입금액표

장해등급	보험가입금액					
	1,500만원	3,000만원	5,000만원	1억원	2억원	3억원
1급	1,500만원	3,000만원	5,000만원	1억원	2억원	3억원
2급	1,200만원	2,700만원	4,500만원	9,000만원	1.8억원	2.7억원
3급	1,050만원	2,400만원	4,000만원	8,000만원	1.6억원	2.4억원
4급	1,050만원	2,100만원	3,500만원	7,000만원	1.4억원	2.1억원
5급	900만원	1,800만원	3,000만원	6,000만원	1.2억원	1.8억원
6급	750만원	1,500만원	2,500만원	5,000만원	1.0억원	1.5억원
7급	600만원	1,200만원	2,000만원	4,000만원	8,000만원	1.2억원
8급	450만원	900만원	1,500만원	3,000만원	6,000만원	9,000만원
9급	360만원	720만원	1,200만원	2,400만원	4,800만원	7,200만원
10급	270만원	540만원	900만원	1,800만원	3,600만원	5,400만원
11급	210만원	420만원	700만원	1,400만원	1,400만원	1,400만원
12급	150만원	300만원	500만원	1,000만원	1,000만원	1,000만원
13급	90만원	180만원	300만원	600만원	600만원	600만원
14급	60만원	120만원	200만원	400만원	400만원	400만원

주) 장애등급은 「자동차손해배상 보장법 시행령」 별표 2에서 정한 후유장애구분에 의함

Theme 11 상해의 구분과 책임보험금의 한도금액

[자동차손해배상 보장법 시행령 별표 1] 상해의 구분과 책임보험금의 한도금액(제3조 제1항 제2호 관련)

가. 상해 구분별 한도금액

상해등급	한도액	
	2016.3.31. 이전 사고	2016.4.1. 이후 사고
1	2,000만원	3,000만원
2	1,000만원	1,500만원
3	1,000만원	1,200만원
4	900만원	1,000만원
5	900만원	900만원
6	500만원	700만원
7	500만원	500만원
8	240만원	300만원
9	240만원	240만원
10	160만원	200만원
11	160만원	160만원
12	80만원	120만원
13	80만원	80만원
14	80만원	50만원

나. 상해 구분별 내용

1급상해 내용

1. 수술 여부와 상관없이 뇌손상으로 신경학적 증상이 고도인 상해(신경학적 증상이 48시간 이상 지속되는 경우에 해당한다)
2. 양안 안구 파열로 안구 적출술 또는 안구내용 제거술과 의안 삽입술을 시행한 상해
3. 심장 파열로 수술을 시행한 상해
4. 흉부 대동맥 손상 또는 이에 준하는 대혈관 손상으로 수술 또는 스탠트 그라프트 삽입술을 시행한 상해
5. 척추 손상으로 완전 사지마비 또는 완전 하반신마비를 동반한 상해
6. 척수 손상을 동반한 불안정성 방출성 척추 골절
7. 척수 손상을 동반한 척추 신연손상 또는 전이성(회전성) 골절
8. 상완신경총 완전 손상으로 수술을 시행한 상해
9. 상완부 완전 절단 소실로 재접합술을 시행한 상해(주관절부 이단을 포함한다)
10. 불안정성 골반골 골절로 수술을 시행한 상해

11. 비구 골절 또는 비구 골절 탈구로 수술을 시행한 상해
12. 대퇴부 완전 절단 소실로 재접합술을 시행한 상해
13. 골의 분절 소실로 유리생골 이식술(근육, 근막 또는 피부 등 연부 조직을 포함한 경우)을 시행한 상해
14. 화상, 좌창, 괴사창 등 연부 조직의 심한 손상이 몸 표면의 9 퍼센트 이상인 상해
15. 그 밖에 1급에 해당한다고 인정되는 상해

2급상해 내용

1. 뇌손상으로 신경학적 증상이 중등도인 상해(신경학적 증상이 48시간 이상 지속되는 경우로 수술을 시행한 경우에 해당한다)
2. 흉부 기관, 기관지 파열, 폐 손상 또는 식도 손상으로 절제술을 시행한 상해
3. 내부 장기 손상으로 장기의 일부분이라도 적출 수술을 시행한 상해
4. 신장 파열로 수술한 상해
5. 척추 손상으로 불완전 사지마비를 동반한 상해
6. 신경 손상 없는 불안정성 방출성 척추 골절로 수술적 고정술을 시행한 상해 또는 경추 골절(치돌기 골절을 포함 한다) 혹은 탈구로 할로베스트나 수술적 고정술을 시행한 상해
7. 상완 신경총 상부, 간부 또는 하부 간부의 완전 손상으로 수술을 시행한 상해
8. 전완부 완전 절단 소실로 재접합술을 시행한 상해
9. 고관절의 골절성 탈구로 수술을 시행한 상해(비구 골절을 동반하지 않은 경우에 해당한다)
10. 대퇴 골두 골절로 수술을 시행한 상해
11. 대퇴골 경부 분쇄 골절, 전자하부 분쇄 골절, 과부 분쇄 골절, 경골 과부 분쇄 골절 또는 경골 원위 관절내 분쇄 골절
12. 슬관절의 골절 및 탈구로 수술을 시행한 상해
13. 하퇴부 완전 절단 소실로 재접합술을 시행한 상해
14. 사지 연부 조직에 손상이 심하여 유리 피판술을 시행한 상해
15. 그 밖에 2급에 해당한다고 인정되는 상해

3급상해 내용

1. 뇌손상으로 신경학적 증상이 고도인 상해(신경학적 증상이 48시간 미만 지속되는 경우로 수술을 시행한 경우에 해당한다)
2. 뇌손상으로 신경학적 증상이 중등도인 상해(신경학적 증상이 48시간 이상 지속되는 경우로 수술을 시행하지 않은 경우에 해당한다)
3. 단안 안구 적출술 또는 안구 내용 제거술과 의안 삽입술을 시행한 상해
4. 흉부 대동맥손상 또는 이에 준하는 대혈관 손상으로 수술을 시행하지 않은 상해
5. 절제술을 제외한 개흉 또는 흉강경 수술을 시행한 상해(진단적 목적으로 시행한 경우에는 4급에 해당한다)
6. 요도 파열로 요도 성형술 또는 요도 내시경을 이용한 요도 절개술을 시행한 상해
7. 내부 장기 손상으로 장기 적출 없이 재건수술 또는 지혈 수술 등을 시행한 상해(장간막 파열을 포함한다)
8. 척추 손상으로 불완전 하반신마비을 동반한 상해
9. 견관절 골절 및 탈구로 수술을 시행한 상해
10. 상완부 완전 절단 소실로 재접합술을 시행하지 않은 상해(주관절부 이단을 포함한다)

11. 주관절부 골절 및 탈구로 수술을 시행한 상해
12. 수근부 완전 절단 소실로 재접합술을 시행한 상해
13. 대퇴골 또는 경골 골절(대퇴골 골두 골절은 제외한다)
14. 대퇴부 완전 절단 소실로 재접합술을 시행하지 않은 상해
15. 슬관절의 전방 및 후방 십자인대의 파열
16. 족관절 골절 및 탈구로 수술을 시행한 상해
17. 족근관절의 손상으로 족근골의 완전 탈구가 동반된 상해
18. 족근부 완전 절단 소실로 재접합술을 시행한 상해
19. 그 밖에 3급에 해당한다고 인정되는 상해

4급상해 내용

1. 뇌손상으로 신경학적 증상이 고도인 상해(신경학적 증상이 48시간 미만 지속되는 경우로 수술을 시행하지 않은 경우에 해당한다)
2. 각막 이식술을 시행한 상해
3. 후안부 안내 수술을 시행한 상해(유리체 출혈, 망막 박리 등으로 수술을 시행한 경우에 해당한다)
4. 흉부 또는 복합 손상으로 인공호흡기를 시행한 상해(기관절개술을 시행한 경우도 해당한다)
5. 진단적 목적으로 복부 또는 흉부 수술을 시행한 상해(복강경 또는 흉강경을 포함한다)
6. 상완신경총 완전 손상으로 수술을 시행하지 않은 상해
7. 상완신경총 불완전 손상으로 수술을 시행한 상해(2개 이상의 주요 말초신경 장애를 보이는 손상에 해당한다)
8. 상완골 경부 골절
9. 상완골 간부 분쇄성 골절
10. 상완골 과상부 또는 상완골 원위부 관절내 골절로 수술을 시행한 상해(경과 골절, 과간 골절, 내과 골절, 소두 골절 등에 해당한다)
11. 요골 원위부 골절과 척골 골두 탈구가 동반된 상해(갈레아찌 골절을 말한다)
12. 척골 근위부 골절과 요골 골두 탈구가 동반된 상해(몬테지아 골절을 말한다)
13. 전완부 완전 절단 소실로 재접합술을 시행하지 않은 상해
14. 요수근관절 골절 및 탈구로 수술을 시행한 상해(수근골간 관절 탈구, 원위 요척관절 탈구를 포함한다)
15. 수근골 골절 및 탈구가 동반된 상해
16. 무지 또는 다발성 수지의 완전 절단 소실로 재접합술을 시행한 상해
17. 불안정성 골반골 골절로 수술하지 않은 상해
18. 골반환이 안정적인 골반골 골절로 수술을 시행한 상해(천골 골절 및 미골 골절을 포함한다)
19. 골반골 관절의 이개로 수술을 시행한 상해
20. 비구 골절 또는 비구 골절 탈구로 수술을 시행하지 않은 상해
21. 슬관절 탈구로 수술을 시행한 상해
22. 하퇴부 완전 절단 소실로 재접합술을 시행하지 않은 상해
23. 거골 또는 종골 골절
24. 무족지 또는 다발성 족지의 완전 절단 소실로 재접합술을 시행한 상해
25. 사지의 연부 조직에 손상이 심하여 유경 피판술 또는 원거리 피판술을 시행한 상해
26. 화상, 좌창, 괴사창 등으로 연부 조직의 손상이 몸 표면의 약 4.5퍼센트 이상인 상해
27. 그 밖에 4급에 해당한다고 인정되는 상해

5급상해 내용

1. 뇌손상으로 신경학적 증상이 중등도에 해당하는 상해(신경학적 증상이 48시간 미만 지속되는 경우로 수술을 시행한 경우에 해당한다)
2. 안와 골절에 의한 복시로 안와 골절 재건술과 사시 수술을 시행한 상해
3. 복강내 출혈 또는 장기 파열 등으로 중재적 방사선학적 시술을 통하여 지혈술을 시행하거나 경피적 배액술 등을 시행하여 보존적으로 치료한 상해
4. 안정성 추체 골절
5. 상완 신경총 상부 간부 또는 하부 간부의 완전 손상으로 수술하지 않은 상해
6. 상완골 간부 골절
7. 요골 골두 또는 척골 구상돌기 골절로 수술을 시행한 상해
8. 요골과 척골의 간부 골절이 동반된 상해
9. 요골 경상돌기 골절
10. 요골 원위부 관절내 골절
11. 수근 주상골 골절
12. 수근부 완전 절단 소실로 재접합술을 시행하지 않은 상해
13. 무지를 제외한 단일 수지의 완전 절단 소실로 재접합술을 시행한 상해
14. 고관절의 골절성 탈구로 수술을 시행하지 않은 상해(비구 골절을 동반하지 않은 경우에 해당한다)
15. 고관절 탈구로 수술을 시행한 상해
16. 대퇴골두 골절로 수술을 시행하지 않은 상해
17. 대퇴골 또는 근위 경골의 견열 골절
18. 슬관절의 골절 및 탈구로 수술을 시행하지 않은 상해
19. 슬관절의 전방 또는 후방 십자인대의 파열
20. 슬개골 골절
21. 족관절의 양과 골절 또는 삼과 골절(내과, 외과, 후과를 말한다)
22. 족관절 탈구로 수술을 시행한 상해
23. 그 밖의 족근골 골절(거골 및 종골은 제외한다)
24. 중족족근관절 손상(리스프랑 관절을 말한다)
25. 3개 이상의 중족골 골절로 수술을 시행한 상해
26. 족근부 완전 절단 소실로 재접합술을 시행하지 않은 상해
27. 무족지를 제외한 단일 족지의 완전 절단 소실로 재접합술을 시행한 상해
28. 아킬레스건, 슬개건, 대퇴 사두건 또는 대퇴 이두건 파열로 수술을 시행한 상해
29. 사지 근 또는 건 파열로 6개 이상의 근 또는 건 봉합술을 시행한 상해
30. 다발성 사지의 주요 혈관 손상으로 봉합술 또는 이식술을 시행한 상해
31. 사지의 주요 말초신경 손상으로 수술을 시행한 상해
32. 23치 이상의 치과보철을 필요로 하는 상해
33. 그 밖에 5급에 해당한다고 인정되는 상해

6급상해 내용

1. 뇌손상으로 신경학증상이 경도인 상해(수술을 시행한 경우에 해당한다)

2. 뇌손상으로 신경학적 증상이 중등도에 해당하는 상해(신경학적 증상이 48시간 미만 지속되는 경우로 수술을 시행하지 않은 경우에 해당한다)

3. 전안부 안내 수술을 시행한 상해(외상성 백내장, 녹내장 등으로 수술을 시행한 경우에 해당한다)

4. 심장 타박

5. 폐좌상(일측 폐의 50퍼센트 이상 면적을 흉부 CT 등에서 확인한 경우에 한한다)

6. 요도 파열로 유치 카테타, 부지 삽입술을 시행한 상해

7. 혈흉 또는 기흉이 발생하여 폐쇄식 흉관 삽관수술을 시행한 상해

8. 견관절의 회전근개 파열로 수술을 시행한 상해

9. 외상성 상부관절와순 파열로 수술을 시행한 상해

10. 견관절 탈구로 수술을 시행한 상해

11. 견관절의 골절 및 탈구로 수술을 시행하지 않은 상해

12. 상완골 대결절 견열 골절

13. 상완골 원위부 견열 골절(외상과 골절, 내상과 골절 등에 해당한다)

14. 주관절부 골절 및 탈구로 수술을 시행하지 않은 상해

15. 주관절 탈구로 수술을 시행한 상해

16. 주관절 내측 또는 외측 측부 인대 파열로 수술을 시행한 상해

17. 요골간부 또는 원위부 관절외 골절

18. 요골 경부 골절

19. 척골 주두부 골절

20. 척골 간부 골절(근위부 골절은 제외한다)

21. 다발성 수근중수골 관절 탈구 또는 다발성 골절 탈구

22. 무지 또는 다발성 수지의 완전 절단 소실로 재접합술을 시행하지 않은 상해

23. 슬관절 탈구로 수술을 시행하지 않은 상해

24. 슬관절 내측 또는 외측 측부인대 파열로 수술을 시행한 상해

25. 반월상 연골 파열로 수술을 시행한 상해

26. 족관절 골절 및 탈구로 수술을 시행하지 않은 상해

27. 족관절 내측 또는 외측 측부인대의 파열 또는 골절을 동반하지 않은 원위 경비골 이개

28. 2개 이하의 중족골 골절로 수술을 시행한 상해

29. 무족지 또는 다발성 족지의 완전 절단 소실로 재접합술을 시행하지 않은 상해

30. 사지 근 또는 건 파열로 3~5개의 근 또는 건 봉합술을 시행한 상해

31. 19치 이상 22치 이하의 치과보철을 필요로 하는 상해

32. 그 밖에 6급에 해당한다고 인정되는 상해

7급상해 내용

1. 다발성 안면 두개골 골절 또는 뇌신경 손상과 동반된 안면 두개골 골절
2. 복시를 동반한 마비 또는 제한 사시로 사시수술을 시행한 상해
3. 안와 골절로 재건술을 시행한 상해
4. 골다공증성 척추 압박 골절
5. 쇄골 골절
6. 견갑골 골절(견갑골극, 체부, 흉곽내 탈구, 경부, 과부, 견봉 돌기, 오구돌기를 포함한다)
7. 견봉 쇄골인대 및 오구 쇄골인대 완전 파열
8. 상완신경총 불완전 손상으로 수술을 시행하지 않은 상해
9. 요골 골두 또는 척골 구상돌기 골절로 수술을 시행하지 않은 상해
10. 척골 경상돌기 기저부 골절
11. 삼각섬유연골 복합체 손상
12. 요수근관절 탈구로 수술을 시행한 상해(수근골간관절 탈구, 원위 요척 관절 탈구를 포함한다)
13. 요수근관절 골절 및 탈구로 수술을 시행하지 않은 상해(수근골간관절 탈구, 원위 요척관절 탈구를 포함한다)
14. 주상골 외 수근골 골절
15. 수근부 주상골 · 월상골간 인대 파열
16. 수근중수골 관절의 탈구 또는 골절 탈구
17. 다발성 중수골 골절
18. 중수수지관절의 골절 및 탈구
19. 무지를 제외한 단일 수지의 완전 절단 소실로 재접합술을 시행하지 않은 상해
20. 골반골 관절의 이개로 수술을 시행하지 않은 상해
21. 고관절 탈구로 수술을 시행하지 않은 상해
22. 비골 간부 골절 또는 골두 골절
23. 족관절 탈구로 수술을 시행하지 않은 상해
24. 족관절 내과, 외과 또는 후과 골절
25. 무족지를 제외한 단일 족지의 완전 절단 소실로 재접합술을 시행하지 않은 상해
26. 16치 이상 18치 이하의 치과보철을 필요로 하는 상해
27. 그 밖에 7급에 해당한다고 인정되는 상해

8급상해 내용

1. 뇌손상으로 신경학적 증상이 경도인 상해(수술을 시행하지 않은 경우에 해당한다)
2. 상악골, 하악골, 치조골 등의 안면 두개골 골절
3. 외상성 시신경병증
4. 외상성 안검하수로 수술을 시행한 상해
5. 복합 고막 파열
6. 혈흉 또는 기흉이 발생하여 폐쇄식 흉관 삽관수술을 시행하지 않은 상해
7. 3개 이상의 다발성 늑골 골절
8. 각종 돌기 골절(극돌기, 횡돌기) 또는 후궁 골절
9. 견관절 탈구로 수술을 시행하지 않은 상해

10. 상완골 과상부 또는 상완골 원위부 관절내 골절(경과 골절, 과간 골절, 내과 골절, 소두 골절 등을 말한다)로 수술을 시행하지 않은 상해
11. 주관절 탈구로 수술을 시행하지 않은 상해
12. 중수골 골절
13. 수지골의 근위지간 또는 원위지간 골절 탈구
14. 다발성 수지골 골절
15. 무지 중수지관절 측부인대 파열
16. 골반환이 안정적인 골반골 골절(천골 골절 및 미골 골절을 포함한다)로 수술을 시행하지 않은 상해
17. 슬관절 십자인대 부분 파열로 수술을 시행하지 않은 상해
18. 3개 이상의 중족골 골절로 수술을 시행하지 않은 상해
19. 수족지골 골절 및 탈구로 수술을 시행한 상해
20. 사지의 근 또는 건 파열로 1~2개의 근 또는 건 봉합 술을 시행한 상해
21. 사지의 주요 말초신경 손상으로 수술을 시행하지 않은 상해
22. 사지의 감각신경 손상으로 수술을 시행한 상해
23. 사지의 다발성 주요 혈관손상으로 봉합술 혹은 이식술을 시행한 상해
24. 사지의 연부 조직 손상으로 피부 이식술이나 국소 피판술을 시행한 상해
25. 13치 이상 15치 이하의 치과보철을 필요로 하는 상해
26. 그 밖에 8급에 해당한다고 인정되는 상해

9급상해 내용
1. 안면부의 비골 골절로 수술을 시행한 상해
2. 2개 이하의 단순 늑골 골절
3. 고환 손상으로 수술을 시행한 상해
4. 음경 손상으로 수술을 시행한 상해
5. 흉골 골절
6. 추간판 탈출증
7. 흉쇄관절 탈구
8. 주관절 내측 또는 외측 측부 인대 파열로 수술을 시행하지 않은 상해
9. 요수근관절 탈구로 수술을 시행하지 않은 상해(수근골간 관절 탈구, 원위 요척관절 탈구를 포함한다)
10. 수지골 골절로 수술을 시행한 상해
11. 수지관절 탈구
12. 슬관절 측부인대 부분 파열로 수술을 시행하지 않은 상해
13. 2개 이하의 중족골 골절로 수술을 시행하지 않은 상해
14. 수족지골 골절 또는 수족지관절 탈구로 수술을 시행한 상해
15. 그 밖에 명기되지 않은 견열 골절 등 제불완전 골절
16. 아킬레스건, 슬개건, 대퇴 사두건 또는 대퇴 이두건 파열로 수술을 시행하지 않은 상해
17. 수족지 신전건 1개의 파열로 건 봉합술을 시행한 상해
18. 사지의 주요 혈관손상으로 봉합술 혹은 이식술을 시행 한 상해
19. 11치 이상 12치 이하의 치과보철을 필요로 하는 상해
20. 그 밖에 9급에 해당한다고 인정되는 상해

10급상해 내용

1. 3cm 이상 안면부 열상
2. 안검과 누소관 열상으로 봉합술과 누소관 재건술을 시행한 상해
3. 각막, 공막 등의 열상으로 일차 봉합술만 시행한 상해
4. 견관절부위의 회전근개 파열로 수술을 시행하지 않은 상해
5. 외상성 상부관절와순 파열 중 수술을 시행하지 않은 상해
6. 수족지관절 골절 및 탈구로 수술을 시행하지 않은 상해
7. 하지 3대 관절의 혈관절증
8. 연부조직 또는 피부 결손으로 수술을 시행하지 않은 상해
9. 9치 이상 10치 이하의 치과보철을 필요로 하는 상해
10. 그 밖에 10급에 해당한다고 인정되는 상해

11급상해 내용

1. 뇌진탕
2. 안면부의 비골 골절로 수술을 시행하지 않는 상해
3. 수지골 골절로 수술을 시행하지 않은 상해
4. 수족지골 골절 또는 수족지관절 탈구로 수술을 시행하지 않은 상해
5. 6치 이상 8치 이하의 치과보철을 필요로 하는 상해
6. 그 밖에 11급에 해당한다고 인정되는 상해

12급상해 내용

1. 외상 후 급성 스트레스 장애
2. 3cm 미만 안면부 열상
3. 척추 염좌
4. 사지 관절의 근 또는 건의 단순 염좌
5. 사지의 열상으로 창상 봉합술을 시행한 상해(길이에 관계없이 적용한다)
6. 사지 감각 신경 손상으로 수술을 시행하지 않은 상해
7. 4치 이상 5치 이하의 치과보철을 필요로 하는 상해
8. 그 밖에 12급에 해당한다고 인정되는 상해

13급상해 내용

1. 결막의 열상으로 일차 봉합술을 시행한 상해
2. 단순 고막 파열
3. 흉부 타박상으로 늑골 골절 없이 흉부의 동통을 동반한 상해
4. 2치 이상 3치 이하의 치과보철을 필요로 하는 상해
5. 그 밖에 13급에 해당한다고 인정되는 상해

14급상해 내용

1. 방광, 요도, 고환, 음경, 신장, 간, 지라 등 손상으로 수술을 시행하지 않은 상해
2. 수족지 관절 염좌
3. 사지의 단순 타박
4. 1치 이하의 치과보철을 필요로 하는 상해
5. 그 밖에 14급에 해당한다고 인정되는 상해

다. 영역별 세부지침

1. 공 통

가) 2급부터 11급까지의 상해 내용 중 2가지 이상의 상해가 중복된 경우에는 가장 높은 등급에 해당하는 상해부터 하위 3등급(예 상해 내용이 2급에 해당하는 경우에는 5급까지) 사이의 상해가 중복된 경우에만 가장 높은 상해 내용의 등급보다 한 등급 높은 금액으로 배상(이하 "병급"이라 한다)한다.

나) 일반 외상과 치과보철을 필요로 하는 상해가 중복된 경우에는 각각의 상해 등급별 금액을 배상하되, 그 합산액이 1급의 금액을 초과하지 않는 범위에서 배상한다.

다) 1개의 상해에서 2개 이상의 상향 또는 하향 조정의 요인이 있을 때 등급 상향 또는 하향 조정은 1회만 큰 폭의 조정을 적용한다. 다만, 상향 조정 요인과 하향 조정 요인이 여러 개가 함께 있을 때에는 큰 폭의 상향 또는 큰 폭의 하향 조정 요인을 각각 선택하여 함께 반영한다.

라) 재해 발생시 만 13세 미만인 사람은 소아로 인정한다.

마) 연부 조직에 손상이 심하여 유리 피판술, 유경 피판술, 원거리 피판술, 국소 피판술이나 피부 이식술을 시행할 경우 안면부는 1등급 상위등급을 적용하고, 수부, 족부에 국한된 손상에 대해서는 한 등급 아래의 등급을 적용한다.

2. 두 부

가) "뇌손상"이란 국소성 뇌손상인 외상성 두개강안의 출혈(경막상·하 출혈, 뇌실 내 및 뇌실질 내 출혈, 거미막하 출혈 등을 말한다) 또는 경막하 수활액낭종, 거미막 낭종, 두개골 골절(두개 기저부 골절을 포함한다) 등과 미만성 축삭손상을 포함한 뇌좌상을 말한다.

나) 4급 이하에서 의식 외에 뇌신경 손상이나 국소성 신경학적 이상 소견이 있는 경우 한 등급을 상향조정할 수 있다.

다) 신경학적 증상은 글라스고우 혼수척도(Glasgow coma scale)로 구분하며, 고도는 8점 이하, 중등도는 9~12점, 경도는 13~15점을 말한다.

라) 글라스고우 혼수척도는 진정치료 전에 평가하는 것을 원칙으로 한다.

마) 글라스고우 혼수척도 평가시 의식이 있는 상태에서 기관지 삽관이 필요한 경우는 제외한다.

바) 의무기록상 의식상태가 혼수(coma)와 반혼수(semicoma)는 고도, 혼미(stupor)는 중등도, 기면(drowsy)은 경도로 본다.

사) 두피 좌상, 열창은 14급으로 본다.

아) 만성 경막하 혈종으로 수술을 시행한 경우에는 6급 2호를 적용한다.

자) 외상 후 급성 스트레스 장애는 다른 진단이 전혀 없이 단독 상병으로 외상 후 1개월 이내 발병된 경우에 적용한다.

3. 흉 · 복부

심장타박(6급)의 경우, ① 심전도에서 Tachyarrythmia 또는 ST변화 또는 부정맥, ② 심초음파에서 심낭액증가소견이 있거나 심장벽운동저하, ③ 심장효소치증가(CPK-MB, and Troponin T)의 세가지 요구 충족시 인정한다.

4. 척 추

가) 완전 마비는 근력등급 3 이하인 경우이며, 불완전 마비는 근력등급 4인 경우로 정한다.

나) 척추관 협착증이나 추간판 탈출증이 외상으로 증상이 발생한 경우나 악화된 경우는 9급으로 본다.

다) 척추 손상으로 인하여 신경근증이나 감각이상을 호소하는 경우는 9급으로 본다.

라) 마미증후군은 척수손상으로 본다.

5. 상 · 하지

1) 공 통

가) 2급부터 11급까지의 내용 중 사지 골절에서 별도로 상해 등급이 규정되지 않은 경우, 보존적 치료를 시행한 골절은 해당 등급에서 2급 낮은 등급을 적용하며, 도수 정복 및 경피적 핀고정술을 시행한 경우에는 해당 등급에서 1급 낮은 등급을 적용한다.

나) 2급부터 11급까지의 상해 내용 중 개방성 골절 또는 탈구에서 거스틸로 2형 이상(개방창의 길이가 1cm 이상인 경우를 말한다)의 개방성 골절 또는 탈구에서만 1등급 상위 등급을 적용한다.

다) 2급부터 11급까지의 상해 내용 중 "수술적 치료를 시행하지 않은"이라고 명기되지 않은 각 등급 손상 내용은 수술적 치료를 시행 한 경우를 말하며, 보존적 치료를 시행한 경우가 따로 명시되지 않은 경우는 두 등급 하향 조정함을 원칙으로 한다.

라) 양측 또는 단측을 별도로 규정한 경우에는 병합하지 않으나, 별도 규정이 없는 양측 손상인 경우에는 병합한다.

마) 골절에 주요 말초신경의 손상 동반시 해당 골절보다 1등급 상위 등급을 적용한다.

바) 재접합술을 시행한 절단소실의 경우 해당 부위의 절단보다 2급 높은 등급을 적용한다.

사) 아절단은 완전 절단에 준한다.

아) 관절 이단의 경우는 상위부 절단으로 본다.

자) 골절 치료로 인공관절 치환술 시행할 경우 해당부위의 골절과 동일한 등급으로 본다.

차) 사지 근 또는 건의 부분 파열로 보존적으로 치료한 경우 근 또는 건의 단순 염좌(12급)로 본다.

카) 사지 관절의 인공관절 재치환시 해당 부위 골절보다 1등급 높은 등급을 적용한다.

타) 보존적으로 치료한 사지 주요 관절 골절 및 탈구는 해당 관절의 골절 및 탈구보다 3등급 낮은 등급을 적용한다.

파) 수술을 시행한 사지 주요 관절 탈구는 해당 관절의 보존적으로 치료한 탈구보다 2등급 높은 등급을 적용한다.

하) 동일 관절 혹은 동일 골의 손상은 병합하지 않으며 상위 등급을 적용한다.

거) 분쇄 골절을 형성하는 골절선은 선상 골절이 아닌 골절선으로 판단한다.

너) 수족지 절단시 절단부위에 따른 차이는 두지 않는다.

더) "근, 건, 인대 파열"이란 완전 파열을 말하며, 부분 파열은 수술을 시행한 경우에 완전 파열로 본다.

러) 사지골 골절 중 상해등급에서 별도로 명시하지 않은 사지골 골절(견열 골절을 포함한다)은 제불완전 골절로 본다. 다만, 관혈적 정복술을 시행한 경우는 해당 부위 골절 항에 적용한다.

머) 사지골 골절시 시행한 외고정술도 수술을 한 것으로 본다.

버) 소아의 경우, 성인의 동일 부위 골절보다 1급 낮게 적용한다. 다만, 성장판 손상이 동반된 경우와 연부조직 손상은 성인과 동일한 등급을 적용한다.

서) 주요 동맥 또는 정맥 파열로 봉합술을 시행한 상해의 경우, 주요 동맥 또는 정맥이란 수술을 통한 혈행의 확보가 의학적으로 필요한 경우를 말하며, "다발성 혈관 손상"이란 2개 부위 이상의 주요 동맥 또는 정맥의 손상을 말한다.

2) 상 지

가) 상부관절순 파열은 외상성 파열만 인정한다.

나) 회전근개 파열 개수에 따른 차등을 두지 않는다.

다) "근, 건, 인대 파열"이란 완전 파열을 말하며, 부분 파열은 수술을 시행한 경우에 완전 파열로 본다.

라) 사지골 골절 중 상해등급에서 별도로 명시하지 않은 사지골 골절(견열 골절을 포함한다)은 제불완전 골절로 본다. 다만, 관혈적 정복술을 시행한 경우는 해당 부위 골절 항에 적용한다.

마) 사지골 골절시 시행한 외고정술도 수술을 한 것으로 본다.

바) 소아의 경우, 성인의 동일 부위 골절보다 1급 낮게 적용한다. 다만, 성장판 손상이 동반된 경우와 연부조직 손상은 성인과 동일한 등급을 적용한다.

사) 6급의 견관절 탈구에서 재발성 탈구를 초래할 수 있는 해부학적 병변이 병발된 경우는 수술 여부에 상관없이 6급을 적용한다.

아) 견봉 쇄골간 관절 탈구, 관절낭 또는 견봉 쇄골간 인대 파열은 견봉 쇄골인대 및 오구 쇄골인대의 완전 파열에 포함되고, 견봉 쇄골인대 및 오구 쇄골인대의 완전 파열로 수술한 경우 7급을 적용하며, 부분 파열로 보존적 치료를 시행한 경우 9급을 적용하고, 단순 염좌의 경우 12급을 적용한다.

자) 주요 동맥 또는 정맥 파열로 봉합술을 시행한 상해의 경우, 주요 동맥 또는 정맥이란 수술을 통한 혈행의 확보가 의학적으로 필요한 경우를 말하며, "다발성 혈관 손상"이란 2부위 이상의 주요 동맥 또는 정맥의 손상을 말한다.

3) 하 지

가) 양측 치골지 골절, 치골 상하지 골절 등에서는 병급하지 않는다.

나) 천골 골절, 미골 골절은 골반골 골절로 본다.

다) 슬관절 십자인대 파열은 전후방 십자인대의 동시 파열이 별도로 규정되어 있으므로 병급하지 않으나 내외측 측부인대 동시 파열, 십자인대와 측부인대 파열, 반월상 연골판 파열 등은 병급한다.

라) 후경골건 및 전경골건 파열은 족관절 측부인대 파열로 수술을 시행한 경우의 등급으로 본다.

마) 대퇴골 또는 경비골의 견열성 골절의 경우, 동일 관절의 인대 손상에 대하여 수술적 치료를 시행한 경우는 인대 손상 등급으로 본다.

바) 경골 후과의 단독 골절시 족관절 내과 또는 외과의 골절로 본다.

사) 고관절이란 대퇴골두와 골반골의 비구를 포함하며, "골절 탈구"란 골절과 동시에 관절의 탈구가 발생한 상태를 말한다.

아) 불안정성 골반 골절은 골반환을 이루는 골간의 골절 탈구를 포함 한다.

자) "하지의 3대 관절"이란 고관절, 슬관절, 족관절을 말한다.

차) 슬관절의 전방 또는 후방 십자인대의 파열은 인대 복원수술을 시행하거나 완전 파열에 준하는 파열에 적용한다.

카) 골반환이 안정적인 골반골의 수술을 시행한 골절은 치골 골절로 수술한 경우 등을 포함한다.

[자동차손해배상 보장법 시행령 별표 2] 후유장애의 구분과 책임보험금의 한도금액

가. 장애 구분별 한도금액

장애등급	한도액	
	2016.3.31. 이전 사고	2016.4.1. 이후 사고
1	1억원	1.5억원
2	9,000만원	1.35억원
3	8,000만원	1.2억원
4	7,000만원	1.05억원
5	6,000만원	9,000만원
6	5,000만원	7,500만원
7	4,000만원	6,000만원
8	3,000만원	4,500만원
9	2,250만원	3,800만원
10	1,880만원	2,700만원
11	1,500만원	2,300만원
12	1,250만원	1,900만원
13	1,000만원	1,500만원
14	630만원	1,000만원

나. 장애 구분별 내용

1급장애 내용

1. 두 눈이 실명된 사람
2. 말하는 기능과 음식물을 씹는 기능을 완전히 잃은 사람
3. 신경계통의 기능 또는 정신기능에 뚜렷한 장애가 남아 항상 보호를 받아야 하는 사람
4. 흉복부 장기의 기능에 뚜렷한 장애가 남아 항상 보호를 받아야 하는 사람
5. 반신불수가 된 사람
6. 두 팔을 팔꿈치관절 이상의 부위에서 잃은 사람
7. 두 팔을 완전히 사용하지 못하게 된 사람
8. 두 다리를 무릎관절 이상의 부위에서 잃은 사람
9. 두 다리를 완전히 사용하지 못하게 된 사람

2급장애 내용

1. 한쪽 눈이 실명되고 다른 쪽 눈의 시력이 0.02 이하로 된 사람
2. 두 눈의 시력이 각각 0.02 이하로 된 사람
3. 두 팔을 손목관절 이상의 부위에서 잃은 사람

4. 두 다리를 발목관절 이상의 부위에서 잃은 사람
5. 신경계통의 기능 또는 정신기능에 뚜렷한 장애가 남아 수시로 보호를 받아야 하는 사람
6. 흉복부 장기의 기능에 뚜렷한 장애가 남아 수시로 보호를 받아야 하는 사람

3급장애 내용
1. 한쪽 눈이 실명되고 다른 쪽 눈의 시력이 0.06 이하로 된 사람
2. 말하는 기능이나 음식물을 씹는 기능을 완전히 잃은 사람
3. 신경계통의 기능 또는 정신기능에 뚜렷한 장애가 남아 일생 동안 노무에 종사할 수 없는 사람
4. 흉복부 장기의 기능에 뚜렷한 장애가 남아 일생동안 노무에 종사할 수 없는 사람
5. 두 손의 손가락을 모두 잃은 사람

4급장애 내용
1. 두 눈의 시력이 0.06 이하로 된 사람
2. 말하는 기능과 음식물을 씹는 기능에 뚜렷한 장애가 남은 사람
3. 고막이 전부 결손되거나 그 외의 원인으로 인하여 두 귀의 청력을 완전히 잃은 사람
4. 한쪽 팔을 팔꿈치관절 이상의 부위에서 잃은 사람
5. 한쪽 다리를 무릎관절 이상의 부위에서 잃은 사람
6. 두 손의 손가락을 모두 제대로 못쓰게 된 사람
7. 두 발을 족근중족(Lisfranc) 관절 이상의 부위에서 잃은 사람

5급장애 내용
1. 한쪽 눈이 실명되고 다른 쪽 눈의 시력이 0.1 이하로 된 사람
2. 한쪽 팔을 손목관절 이상의 부위에서 잃은 사람
3. 한쪽 다리를 발목관절 이상의 부위에서 잃은 사람
4. 한쪽 팔을 완전히 사용하지 못하게 된 사람
5. 한쪽 다리를 완전히 사용하지 못하게 된 사람
6. 두 발의 발가락을 모두 잃은 사람
7. 신경계통의 기능 또는 정신기능에 뚜렷한 장애가 남아 특별히 손쉬운 노무 외에는 종사할 수 없는 사람
8. 흉복부 장기의 기능에 뚜렷한 장애가 남아 특별히 손쉬운 노무 외에는 종사할 수 없는 사람

6급장애 내용
1. 두 눈의 시력이 0.1 이하로 된 사람
2. 말하는 기능이나 음식물을 씹는 기능에 뚜렷한 장애가 남은 사람
3. 고막이 대부분 결손되거나 그 외의 원인으로 인하여 두 귀의 청력이 귀에 입을 대고 말하지 아니하면 큰 말소리를 알아듣지 못하게 된 사람
4. 한 귀가 전혀 들리지 아니하게 되고 다른 귀의 청력이 40센티미터 이상의 거리에서는 보통의 말소리를 알아듣지 못하게 된 사람
5. 척추에 뚜렷한 기형이나 뚜렷한 운동장애가 남은 사람
6. 한쪽 팔의 3대 관절 중 2개 관절을 못쓰게 된 사람
7. 한쪽 다리의 3대 관절 중 2개 관절을 못쓰게 된 사람
8. 한쪽 손의 5개 손가락을 잃거나 한쪽 손의 엄지손가락과 둘째손가락을 포함하여 4개의 손가락을 잃은 사람

7급장애 내용

1. 한쪽 눈이 실명되고 다른 쪽 눈의 시력이 0.6 이하로 된 사람
2. 두 귀의 청력이 모두 40센티미터 이상의 거리에서는 보통의 말소리를 알아듣지 못하게 된 사람
3. 한쪽 귀가 전혀 들리지 아니하게 되고 다른 쪽 귀의 청력이 1미터 이상의 거리에서는 보통의 말소리를 알아듣지 못하게 된 사람
4. 신경계통의 기능 또는 정신기능에 장애가 남아 손쉬운 노무 외에는 종사하지 못하는 사람
5. 흉복부 장기의 기능에 장애가 남아 손쉬운 노무 외에는 종사하지 못하는 사람
6. 한쪽 손의 엄지손가락과 둘째손가락을 잃은 사람 또는 한쪽 손의 엄지손가락이나 둘째손가락을 포함하여 3개 이상의 손가락을 잃은 사람
7. 한쪽 손의 5개의 손가락 또는 한쪽 손의 엄지손가락과 둘째손가락을 포함하여 4개의 손가락을 제대로 못쓰게 된 사람
8. 한쪽 발을 족근중족 관절 이상의 부위에서 잃은 사람
9. 한쪽 팔에 가관절이 남아 뚜렷한 운동장애가 남은 사람
10. 한쪽 다리에 가관절이 남아 뚜렷한 운동장애가 남은 사람
11. 두 발의 발가락을 모두 제대로 못쓰게 된 사람
12. 외모에 뚜렷한 흉터가 남은 사람
13. 양쪽의 고환을 잃은 사람

8급장애 내용

1. 한쪽 눈이 시력이 0.02 이하로 된 사람
2. 척추에 운동장애가 남은 사람
3. 한쪽 손의 엄지손가락을 포함하여 2개의 손가락을 잃은 사람
4. 한쪽 손의 엄지손가락과 둘째손가락을 제대로 못쓰게 된 사람 또는 한쪽 손의 엄지손가락이나 둘째손가락을 포함하여 3개 이상의 손가락을 제대로 못쓰게 된 사람
5. 한쪽 다리가 5센티미터 이상 짧아진 사람
6. 한쪽 팔의 3대 관절 중 1개 관절을 제대로 못쓰게 된 사람
7. 한쪽 다리의 3대 관절 중 1개 관절을 제대로 못쓰게 된 사람
8. 한쪽 팔에 가관절이 남은 사람
9. 한쪽 다리에 가관절이 남은 사람
10. 한쪽 발의 발가락을 모두 잃은 사람
11. 비장 또는 한쪽의 신장을 잃은 사람

9급장애 내용

1. 두 눈의 시력이 각각 0.6 이하로 된 사람
2. 한쪽 눈의 시력이 0.06 이하로 된 사람
3. 두 눈에 반맹증, 시야협착 또는 시야결손이 남은 사람
4. 두 눈의 눈꺼풀에 뚜렷한 결손이 남은 사람
5. 코가 결손되어 그 기능에 뚜렷한 장애가 남은 사람
6. 말하는 기능과 음식물을 씹는 기능에 장애가 남은 사람
7. 두 귀의 청력이 모두 1미터 이상의 거리에서는 보통의 말소리를 알아듣지 못하게 된 사람

8. 한쪽 귀의 청력이 귀에 입을 대고 말하지 아니하면 큰 말소리를 알아듣지 못하고 다른 쪽 귀의 청력이 1미터 이상의 거리에서는 보통의 말소리를 알아듣지 못하게 된 사람
9. 한쪽 귀의 청력을 완전히 잃은 사람
10. 한쪽 손의 엄지손가락을 잃은 사람 또는 둘째손가락을 포함하여 2개의 손가락을 잃은 사람 또는 엄지손가락과 둘째손가락 외의 3개의 손가락을 잃은 사람
11. 한쪽 손의 엄지손가락을 포함하여 2개의 손가락을 제대로 못쓰게 된 사람
12. 한쪽 발의 엄지발가락을 포함하여 2개 이상의 발가락을 잃은 사람
13. 한쪽 발의 발가락을 모두 제대로 못쓰게 된 사람
14. 생식기에 뚜렷한 장애가 남은 사람
15. 신경계통의 기능 또는 정신기능에 장애가 남아 노무가 상당한 정도로 제한된 사람
16. 흉복부 장기의 기능에 장애가 남아 노무가 상당한 정도로 제한된 사람

10급장애 내용
1. 한쪽 눈이 시력이 0.1 이하로 된 사람
2. 말하는 기능이나 음식물을 씹는 기능에 장애가 남은 사람
3. 14개 이상의 치아에 대하여 치과보철을 한 사람
4. 한쪽 귀의 청력이 귀에 입을 대고 말하지 아니하면 큰 말소리를 알아듣지 못하게 된 사람
5. 두 귀의 청력이 모두 1미터 이상의 거리에서 보통의 말소리를 듣는데 지장이 있는 사람
6. 한쪽 손의 둘째손가락을 잃은 사람 또는 엄지손가락과 둘째손가락 외의 2개의 손가락을 잃은 사람
7. 한쪽 손의 지손가락을 제대로 못쓰게 된 사람 또는 한쪽 손의 둘째손가락을 포함하여 2개의 손가락을 제대로 못쓰게 된 사람 또는 한 쪽 손의 엄지손가락과 둘째손가락 외의 3개의 손가락을 제대로 못쓰게 된 사람
8. 한쪽 다리가 3센티미터 이상 짧아진 사람
9. 한쪽 발의 엄지발가락 또는 그 외의 4개의 발가락을 잃은 사람
10. 한쪽 팔의 3대 관절 중 1개 관절의 기능에 뚜렷한 장애가 남은 사람
11. 한쪽 다리의 3대 관절 중 1개 관절의 기능에 뚜렷한 장애가 남은 사람

11급장애 내용
1. 두 눈이 모두 근접반사 기능에 뚜렷한 장애가 남거나 뚜렷한 운동장애가 남은 사람
2. 두 눈의 눈꺼풀에 뚜렷한 장애가 남은 사람
3. 한쪽 눈의 눈꺼풀에 결손이 남은 사람
4. 한쪽 귀의 청력이 40센티미터 이상의 거리에서는 보통의 말소리를 알아듣지 못하게 된 사람
5. 두 귀의 청력이 모두 1미터 이상의 거리에서는 작은 말소리를 알아듣지 못하게 된 사람
6. 척추에 기형이 남은 사람
7. 한쪽 손의 가운데손가락 또는 넷째손가락을 잃은 사람
8. 한쪽 손의 둘째손가락을 제대로 못쓰게 된 사람 또는 한쪽 손의 엄지손가락과 둘째손가락 외의 2개의 손가락을 제대로 못쓰게 된 사람
9. 한쪽 발의 엄지발가락을 포함하여 2개 이상의 발가락을 제대로 못쓰게 된 사람
10. 흉복부 장기의 기능에 장애가 남은 사람
11. 10개 이상의 치아에 대하여 치과보철을 한 사람

12급장애 내용

1. 한쪽 눈의 근접반사 기능에 뚜렷한 장애가 있거나 뚜렷한 운동장애가 남은 사람
2. 한쪽 눈의 눈꺼풀에 뚜렷한 운동장애가 남은 사람
3. 7개 이상의 치아에 대하여 치과보철을 한 사람
4. 한쪽 귀의 귓바퀴가 대부분 결손된 사람
5. 쇄골, 흉골, 늑골, 견갑골 또는 골반골에 뚜렷한 기형이 남은 사람
6. 한쪽 팔의 3대 관절 중 1개 관절의 기능에 장애가 남은 사람
7. 한쪽 다리의 3대 관절 중 1개 관절의 기능에 장애가 남은 사람
8. 장관골에 기형이 남은 사람
9. 한쪽 손의 가운데손가락이나 넷째손가락을 제대로 못쓰게 된 사람
10. 한쪽 발의 둘째발가락을 잃은 사람 또는 한쪽 발의 둘째발가락을 포함하여 2개의 발가락을 잃은 사람 또는 한쪽 발의 가운데 발가락 이하의 3개의 발가락을 잃은 사람
11. 한쪽 발의 엄지발가락 또는 그 외의 4개의 발가락을 제대로 못쓰게 된 사람
12. 국부에 뚜렷한 신경증상이 남은 사람
13. 외모에 흉터가 남은 사람

13급장애 내용

1. 한쪽 눈의 시력이 0.6 이하로 된 사람
2. 한쪽 눈에 반맹증, 시야협착 또는 시야결손이 남은 사람
3. 두 눈의 눈꺼풀의 일부에 결손이 남거나 속눈썹에 결손이 남은 사람
4. 5개 이상의 치아에 대하여 치과보철을 한 사람
5. 한쪽 손의 새끼손가락을 잃은 사람
6. 한쪽 손의 엄지손가락 마디뼈의 일부를 잃은 사람
7. 한쪽 손의 둘째손가락 마디뼈의 일부를 잃은 사람
8. 한쪽 손의 둘째손가락의 끝관절을 굽히고 펼 수 없게 된 사람
9. 한쪽 다리가 1센티미터 이상 짧아진 사람
10. 한쪽 발의 가운데발가락 이하의 발가락 1개 또는 2개를 잃은 사람
11. 한쪽 발의 둘째발가락을 제대로 못쓰게 된 사람 또는 한쪽 발이 둘째발가락을 포함하여 2개의 발가락을 제대로 못쓰게 된 사람 또는 한쪽 발의 가운데발가락 이하의 발가락 3개를 제대로 못쓰게 된 사람

14급장애 내용

1. 한쪽 눈의 눈꺼풀의 일부에 결손이 있거나 속눈썹에 결손이 남은 사람
2. 3개 이상의 치아에 대하여 치과보철을 한 사람
3. 한쪽 귀의 청력이 1미터 이상의 거리에서는 보통의 말소리를 알아듣지 못하게 된 사람
4. 팔의 노출된 면에 손바닥 크기의 흉터가 남은 사람
5. 다리의 노출된 면에 손바닥 크기의 흉터가 남은 사람
6. 한쪽 손의 새끼손가락을 제대로 못쓰게 된 사람
7. 한쪽 손의 엄지손가락과 둘째손가락 외의 손가락 마디뼈의 일부를 잃은 사람

8. 한 손의 엄지손가락과 둘째손가락 외의 손가락 끝관절을 제대로 못쓰게 된 사람
9. 한 발의 가운데발가락 이하의 발가락 1개 또는 2개를 제대로 못쓰게 된 사람
10. 국부에 신경증상이 남은 사람

다. 비 고

1. 신체장애가 둘 이상 있는 경우에는 중한 신체장애에 해당하는 장애등급보다 한 등급 높은 금액으로 배상한다.
2. 시력의 측정은 국제식 시력표로 하며, 굴절 이상이 있는 사람에 대하여는 원칙적으로 교정시력을 측정한다.
3. "손가락을 잃은 것"이란 엄지손가락은 지관절, 그 밖의 손가락은 제1지관절 이상을 잃은 경우를 말한다.
4. "손가락을 제대로 못쓰게 된 것"이란 손가락 끝부분의 2분의 1 이상을 잃거나 중수지 관절 또는 제1지관절 (엄지손가락의 경우에는 지관절을 말한다)에 뚜렷한 운동장애가 남은 경우를 말한다.
5. "발가락을 잃은 것"이란 발가락의 전부를 잃은 경우를 말한다.
6. "발가락을 제대로 못쓰게 된 것"이란 엄지발가락은 끝관절의 2분의 1 이상을, 그 밖 의 발가락은 끝관절 이상을 잃거나 중족지관절 또는 제1지관절(엄지발가락의 경우에는 지관절을 말한다)에 뚜렷한 운동장애가 남은 경우를 말한다.
7. "흉터가 남은 것"이란 성형수술을 한 후에도 육안으로 식별이 가능한 흔적이 있는 상태를 말한다.
8. "항상 보호를 받아야 하는 것"이란 일상생활에서 기본적인 음식섭취, 배뇨 등을 다른 사람에게 의존하여야 하는 것을 말한다.
9. "수시로 보호를 받아야 하는 것"이란 일상생활에서 기본적인 음식섭취, 배뇨 등은 가능하나, 그 외의 일은 다른 사람에게 의존하여야 하는 것을 말한다.
10. "항상보호 또는 수시보호를 받아야 하는 기간"은 의사가 판정하는 노동능력상실기간을 기준으로 하여 타당한 기간으로 정한다.
11. "제대로 못 쓰게 된 것"이란 정상기능의 4분의 3 이상을 상실한 경우를 말하고, "뚜렷한 장애가 남은 것"이란 정상기능의 2분의 1 이상을 상실한 경우를 말하며, "장애가 남은 것"이란 정상기능의 4분의 1 이상을 상실한 경우를 말한다.
12. "신경계통의 기능 또는 정신기능에 뚜렷한 장애가 남아 특별히 손쉬운 노무 외에는 종사할 수 없는 것"이란 신경계통의 기능 또는 정신기능의 뚜렷한 장애로 노동능력이 일반인의 4분의 1 정도만 남아 평생동안 특별히 쉬운 일 외에는 노동을 할 수 없는 사람을 말한다.
13. "신경계통의 기능 또는 정신기능에 장애가 남아 노무가 상당한 정도로 제한된 것"이란 노동능력이 어느 정도 남아 있으나 신경계통의 기능 또는 정신기능의 장애로 종사할 수 있는 직종의 범위가 상당한 정도로 제한된 경우로서 다음 각 목의 어느 하 나에 해당하는 경우를 말한다.
    가) 신체적 능력은 정상이지만 뇌손상에 따른 정신적 결손증상이 인정되는 경우
    나) 전간(癲癇) 발작과 현기증이 나타날 가능성이 의학적 · 타각적(他覺的) 소견으로 증명되는 사람
    다) 사지에 경도(輕度)의 단마비(單痲痹)가 인정되는 사람
14. "흉복부 장기의 기능에 뚜렷한 장애가 남아 특별히 손쉬운 노무 외에는 종사할 수 없는 것"이란 흉복부 장기의 장애로 노동능력이 일반인의 4분의 1 정도만 남은 경우를 말한다.
15. "흉복부 장기의 기능에 장애가 남아 손쉬운 노무 외에는 종사할 수 없는 것"이란 중 등도(中等度)의 흉복부 장기의 장애로 노동능력이 일반인의 2분의 1 정도만 남은 경우를 말한다.
16. "흉복부 장기의 기능에 장애가 남아 노무가 상당한 정도로 제한된 것"이란 중등도의 흉복부 장기의 장애로 취업가능한 직종의 범위가 상당한 정도로 제한된 경우를 말한다.

당신이 뛸 경우, 당신은 질지도 모른다.
만약 뛰지 않는다면, 당신은 확실히 진다.

- 제시 잭슨 -

Drill
(드릴)

01 대인배상 Ⅰ의 피해자보호에 대해 설명하시오.

1. 대인배상 Ⅰ

피보험자가 피보험자동차의 운행으로 인하여 다른 사람을 죽거나 다치게 하여 「자배법」 제3조에 의한 손해배상책임을 짐으로써 입은 손해를 보상하는 담보이다.

2. 피해자보호를 위한 특징

(1) 「자배법」의 적용

「자배법」의 적용을 받는 의무보험으로써 피해자 보호를 위해 다음과 같은 특징을 가진다.

① 운행자 책임의 적용

ㄱ 운행자 개념을 통해 배상주체의 범위를 확대하고, ㄴ 조건무 무과실주의, ㄷ 입증책임의 전환 등을 통해 피해자에 대한 배상력을 확보하고 있다.

② 최저보험금

사망의 경우 피해자의 손해액이 2천만원 미만인 경우 2천만원을 보상한다.

③ 치료비지불보증

부상 손해액이 자동차보험진료수가 기준에 따른 치료비에 미달하는 경우 「자배법」상 부상한도 별표에서 정하는 금액 내에서 해당 치료비를 부상손해액으로 한다.

(2) 피보험자의 확대

보유자를 피보험자에 포함시켰다.

(3) 고의사고에 대한 피보험자의 직접청구권 인정

계약자 또는 피보험자의 고의로 인한 손해에 대해 피해자의 「자배법」상 직접청구권을 인정하고, 손해배상금 지급일로부터 3년 이내에 고의사고를 일으킨 계약자 또는 피보험자에게 구상이 가능하다.

02 **자동차손해배상 보장사업(정부보장사업)에 대해 설명하시오.**

1. 의 의

자동차 운행으로 인한 사고의 피해자가 의무보험(대인배상Ⅰ)에 의하여 보상 받을 수 없는 경우, 정부가 최저한의 보상을 해주는 제도를 말한다(자배법 제30조).

2. 보상책임 발생요건

① 보유불명자동차에 의한 사고(뺑소니)

② 무보험차 사고

③ 타 법률에서 보상받지 않을 것

3. 지급보험금

책임보험인 대인배상Ⅰ의 지급기준과 같다.

(1) 사 망

최저보험금인 2,000만원에서 최고 1억5천만원 한도 내(2016.4.1. 이후 사고)에서 보상되며, 과실상계 후 금액이 최저보험금에 미달할 경우 최저보험금을 보상한다.

* **2016.4.1. 이전 : 최저 2,000만원 ~ 최고 1억원**

(2) 부 상

최고 3,000만원(2016.4.1. 이후)

(3) 장 해

최고 1억5천만원(2016.4.1. 이후)

4. 기타 사항

(1) 청구권 소멸시효

손해의 사실을 안 날(통상 사고발생일)로부터 3년을 소멸시효로 한다.

(2) 대위가능

피해자의 손해배상청구권에 대하여 대위가 가능하다.

(3) 정부의 지원

사망자나 중증 후유장애인의 유자녀 및 피부양가족의 생계와 학업, 재활 등을 지원한다.

03 자동차보험의 가입대상과 적용 자동차에 대해 설명하시오.

1. 자동차보험의 가입대상

「자동차관리법」상 자동차와 「건설기계관리법」상 건설기계 등을 대상으로 다음과 같이 적용된다.

(1) 개인용 자동차보험
승차정원 10인 이하 개인소유 자가용 자동차

(2) 업무용 자동차보험
자가용 자동차 중 개인용 가입차량 제외 자동차

(3) 영업용 자동차보험
모든 사업용 자동차

2. 「자배법」상 적용 자동차

(1) 「자동차관리법」상 자동차
원동기에 의해 육상을 이동할 목적으로 제작된 용구(피견인차 포함)로 다음과 같이 분류한다.
① 승용자동차
② 승합자동차
③ 화물자동차
④ 특수자동차
⑤ 이륜자동차[배기량이 50cc 미만(최고정격출력 4kW 이하)인 것도 포함]

(2) 「건설기계관리법」상 건설기계
① 덤프트럭
② 콘크리트 믹서 트럭
③ 타이어식 기중기
④ 타이어식 굴삭기
⑤ 트럭 적재식 아스팔트 살포기
⑥ 트럭 적재식 콘크리트 펌프
⑦ 트럭지게차
⑧ 도로보수트럭
⑨ 노면측정장비

(3) 「자동차관리법」상 적용제외 자동차

① 「건설기계관리법」에 따른 건설기계

② 「농업기계화 촉진법」에 따른 농업기계

③ 「군수품관리법」에 따른 차량

④ 궤도 또는 공중선에 의하여 운행되는 차량

⑤ 「의료기기법」에 따른 의료기기

3. 대인배상Ⅰ의 의무가입 자동차

(1) 특 징

① 「자배법」 적용대상 자동차와 원칙적으로 동일하다.

② 무보차 상해의 범위보다는 좁다.

(2) 예 외

아래 대통령령으로 정하는 자동차

① 한국주류 국제연합 군대보유 자동차

② 한국주류 미합중국 군대보유 자동차

③ 운수업자가 아닌 외국인으로서 국토교통부장관 지정자가 보유하는 자동차

④ 피견인자동차

4. 무보험자동차 상해 적용 자동차

범위가 제일 넓고, 거의 모든 이동용 용구가 해당된다.

① 「자동차관리법」상 자동차

② 「건설기계관리법」상 건설기계

③ 「군수품관리법」상 차량

④ 「농업기계화촉진법」상 농업기계

⑤ 「도로교통법」상 원동기장치부착 자전거

5. 다른 자동차 운전특약

자가용 자동차 중 본래의 피보험자동차와 동일한 차종의 자동차로 인정범위가 가장 좁다.

① 승용자동차(다인승 1, 2종 포함)간

② 경·3종 승합자동차간

③ 경·4종 화물자동차 상호간

04 대인배상, 자기신체사고, 무보험자동차상해에서 보상하는 손해에 대해 설명하시오.

1. 보상하는 손해

(1) 대인배상 I

피보험자가 피보험자동차의 운행으로 인하여 타인을 사상케 한 경우,「자배법」제3조에 의한 손해배상책임을 짐으로써 입은 손해를 보상한다.

(2) 대인배상 II

피보험자가 피보험자동차를 소유·사용·관리하는 동안에 생긴 피보험자동차의 사고로 인하여 타인을 사상케 하여 법률상 손해배상책임을 짐으로써 입은 손해를 보상한다. 단, 대인배상 I에서 보상하는 손해를 초과하는 손해에 한한다.

(3) 자기신체사고

피보험자가 피보험자동차를 소유·사용·관리하는 동안에 생긴 다음 중 어느 하나의 사고로 인하여 상해를 입은 때 그로 인한 손해를 보상한다.
① 피보험자동차의 운행으로 인한 사고
② 피보험자동차의 운행 중 발생한 다음의 사고. 단, 피보험자가 피보험자동차에 탑승 중 일 때 한한다.
   ㉠ 날아오거나 떨어지는 물체와 충돌
   ㉡ 화재 또는 폭발
   ㉢ 피보험자동차의 낙하

(4) 무보험자동차에 의한 상해

피보험자가 무보험자동차로 인하여 생긴 사고로 상해를 입은 때 그로 인한 손해에 대하여 배상의무자가 있는 경우 보상한다.
배상의무자란, 무보험자동차로 인하여 생긴 사고로 피보험자를 사상케 함으로써 피보험자에게 입힌 손해에 대하여 법률상 손해배상책임을 지는 사람을 말한다.

2. 보상항목

(1) 대인배상 Ⅰ, Ⅱ

　① 사망보험금 : 장례비, 위자료, 상실수익액

　② 부상보험금 : 적극손해(치료관계비 등), 위자료, 휴업손해 등

　③ 후유장애 보험금 : 위자료, 상실수익액, 가정간호비

(2) 자기신체사고

사망/부상/후유장애 보험금

(3) 무보험자동차에 의한 상해

대인배상과 동일하다. 단, 대인배상 Ⅰ을 초과하는 손해에 한하여 보상한다.

3. 보험금 한도

(1) 대인배상 Ⅰ

「자배법」에서 정한 기준에 따라 산출한 금액을 보상하며, 부상 및 후유장애의 경우 최고 1급 ～ 최저 14급으로 구성된다.

　① 사망 : 1억5천만원 ～ 2천만원

　② 부상 : 3천만원 ～ 50만원

　③ 후유장애 : 1억5천만원 ～ 1천만원

(2) 대인배상 Ⅱ

보험가입금액 한도 내에서 보상한다.

(3) 자기신체사고

　① 사 망

　　보험가입금액 한도 내에서 보상한다.

　② 부상/후유장애

　　상해/후유장애 등급별 보험가입금액 한도 내에서 보상한다.

(4) 무보험자동차에 의한 상해

1인당 보험증권에 기재된 보험가입금액(2억원/5억원) 한도 내에서 보상한다.

05 자동차보험에서의 피보험자에 대해 설명하시오.

1. 의 의

피보험이익의 주체로서 피보험이익을 받는 사람이며, 보험금청구권자이다. 배상책임보험에서는 피보험자 = 배상의무자이어야만 보험금청구권이 발생한다.

* 기명피보험자가 법인일 경우 그 법인의 이사와 감사를 기명피보험자로 본다.

2. 종 류

각 종류별 우선순위는 없다.

(1) 기명피보험자

피보험자동차를 소유·사용·관리하는 자(계약 체결 당시면 족함) 중 보험증권에 기재된 사람을 말한다. 실무에서는 소유자, 할부차량 매수인, 리스임차인 등도 인정하고 있다.

(2) 친족피보험자

기명피보험자와 같이 살거나, 살림을 같이 하는 친족으로 피보험자동차를 사용하거나 관리하고 있는 자를 말한다.

① 기명피보험자의 묵시적 승낙이 있을 것으로 추정되기 때문에 피보험자로 인정한다.

② 사고발생 당시 피보험자를 사용·관리 중이어야 한다.

③ 친 족

   8촌 이내 혈족, 4촌 이내 인척(혼인에 의해 형성된 친족관계), 배우자

④ '같이 산다'

   농일가옥거수만으로 충분하고, 일시적 별거는 인정한다.

⑤ '살림을 같이 한다'

   생계를 같이 하거나 부양관계에 있는 것을 의미한다.

⑥ 같이 살거나, 살림을 같이 하는지 불확실한 경우 사회통념상 기명피보험자의 승낙 없이 자동차를 사용할 수 있는 관계인가 여부가 중요하다.

심화학습 **피보험자의 부모, 배우자, 자녀**

• **부모** : 피보험자의 부모, 양부모를 말한다.
• **배우자** : 법률상 배우자, 사실혼 관계에 있는 배우자를 말한다.
• **자녀** : 법률상 혼인관계에서 출생한 자녀, 사실혼 관계에서 출생한 자녀, 양자 또는 양녀를 말한다.

---

(3) 승낙피보험자

기명피보험자의 승낙을 얻어 피보험자동차를 사용하거나 관리하고 있는 자를 말한다.

① 불가피한 상황으로 발생하는 위험으로부터 보호하기 위한 취지이다.

② 기명피보험자의 명시적, 묵시적, 추정적 승낙이어도 인정된다.

③ 승낙피보험자의 승낙은 인정되지 않는다.

   * **예외** : 승낙피보험자에게 포괄적 사용, 관리를 위임한 경우(판례)

④ 반드시 현실적으로 피보험자동차를 사용 또는 관리하는 경우뿐 아니라 사회통념상 피보험자동차에 대한 지배 또는 관리 상태의 경우도 포함한다.

⑤ 양도 중인 경우 양수인을 승낙피보험자로 인정한다(판례).

(4) 사용피보험자

기명피보험자의 사용자 또는 계약에 따라 기명피보험자의 사용자에 준하는 지위를 얻은 자를 말한다. 다만, 기명피보험자가 피보험자동차를 사용자의 업무에 사용하고 있는 때에 한한다.

① 기명피보험자가 피보험자동차를 사용자의 업무에 사용하고 있을 때 그 사용자

② 사용관계는 업무상 지휘/감독 관계면 족하다.

③ 사용자는 「자배법」상 책임과 더불어 「민법」상 사용자배상책임(제756조)도 부담한다.

(5) 운전피보험자

다른 피보험자(기명피보험자, 친족피보험자, 승낙피보험자, 사용피보험자)를 위하여 피보험자동차를 운전 중인 자(운전보조자를 포함)를 말한다.

심화학습	'위하여' 용어설명

- **'위하여'**
  도와준다는 의미로 해석한다.
- **「자배법」상 '위하여'**
  자동차 사용에 있어서 운행지배와 운행이익이 운행자에게 귀속되는 것을 의미한다.

3. 피보험자 개별적용

(1) 의 의

동일사고로 복수의 피보험자가 발생할 경우 각 피보험자별로 책임발생요건이나 면책사유 등을 개별적으로 적용하는 것이다.

(2) 취 지

피보험자가 복수일 경우 피보험자의 이익 또한 개별적으로 존재하기 때문에 이를 보호해 주어야 한다(판례).

(3) 제외조항

표준약관 대인배상 Ⅱ 면책조항에서 일부를 제외하고 전면적으로 적용하고 있다.

① 계약자 또는 기명피보험자의 고의로 인한 손해

② 유상운송 면책

③ 시험용/경기용 등의 사용

④ 피보험자 본인 사상 면책(약관 해석상 개별적용 할 수 없음)

피보험자가 복수인 경우, 피해자가 피보험자(A)인 이상 어느 다른 피보험자가 A에 대해 배상책임을 부담하더라도 A의 피보험자 신분에는 변동이 없다. 다른 피보험자들을 개별 적용한들 피보험자 면책조항에 해당한다.

⑤ 이상위험, 천재지변 등(위험의 성격상 개별 적용할 수 없음)

(4) 구상권

판례는 피보험자에게 구상할 수 없다고 하고 있다. 하지만 학설에서는 아니다.

06 자기신체사고, 무보험자동차상해, 타차운전담보특약의 피보험자에 대해 설명하시오.

1. 자기신체사고

① 대인배상 Ⅱ의 피보험자
② 피보험자의 부모, 배우자, 자녀

2. 무보험자동차에 의한 상해

① 기명피보험자와 그의 배우자
② ①의 부모, 자녀
③ 승낙피보험자(단, 피보험자동차에 탑승 중일 것, 취급업자는 제외)
④ ①, ②, ③을 위하여 피보험자동차를 운전 중인 자(단, 취급업자 제외)

3. 다른 자동차 운전담보특약

① 기명피보험자와 그의 배우자(단, 운전가능 범위에 포함되지 않는 경우에는 피보험자로 보지 않는다)
② 1인 지정 한정운전특약의 경우 증권에 기재된 지정운전자

07 자동차보험의 면책사유에 대해 설명하시오.

1. 의 의

보험기간 중 보험사고가 발생하여도 보험자가 보험금 지급책임을 면하게 되는 사유를 말한다.

2. 취 지

(1) 우연성 결여

보험사고는 장래 발생할지도 모를 우연한 사고에 대비하기 위한 경제적 제도이다. 따라서 그와 같은 우연성을 결여한 경우에는 보험의 본질적 기능을 해치게 된다.

예 ① 고의에 의한 사고, ② 자연발생적 손해(마모손실 손해 등)

(2) 위험의 이질성, 위험률의 차이

보험은 위험의 동질성을 기초로 대수의 법칙에 의하여 위험률을 측정, 그 위험을 분산시킨다. 따라서 위험의 동질성이 없는 경우 그 위험 또는 그 위험률 측정결과인 보험료는 특정위험단체 내의 형평성을 깨뜨리므로 원칙적으로 그 특정위험단체에서 배제된다.

예 ① 산업재해 면책약관, ② 유상운송 면책조항

(3) 이상위험, 거대위험의 배제

정상적인 보험료는 그 위험이 담보되지 않는 거대위험 또는 이상위험으로서 그 위험률의 측정이나 손해액의 측정이 곤란한 위험 등은 보험자의 부담능력을 초과하여 보험재정을 파탄시킬 수 있으므로 보험재정의 건전성 유지를 위하여 이들 위험은 배제된다.

예 <u>천, 전, 핵</u>(천재지변, 전쟁, 핵연료물질)에 의한 면책조항

(4) 범법행위의 억제

보험은 적법한 위험을 담보하는 것이 원칙이며, 반면 범법적 행위는 부득이 담보위험에 포함시킨다고 하더라도 이를 예방 또는 억제하는 기능도 가져야 한다.

예 ① 음주/무면허 운전면책, ② 유상운송면책, ③ 고의사고 면책 등

(5) 중복담보 배제 또는 보험상호간 영역조정

동일한 보험사고 이중이득 또는 부당이득을 취하려는 도덕적 위험을 예방하고 특히 손해보험의 경우 실손보상의 원칙을 확보하기 위한 등의 목적으로 이해된다.

예 산업재해 면책조항

3. 면책사유의 일반적 분류

(1) 「상법」상 면책사유

① 보험 전반적 면책사유

    ㉠ 보험계약자 등의 고의, 중과실로 인한 보험사고

    ㉡ 전쟁위험 면책 등

    ㉢ 보험계약해지로 인한 면책

    ㉣ 보험사고의 객관적 확정으로 인한 면책사유

② 손해보험 면책사유

    ㉠ 초과보험, 중복보험의 사기

    ㉡ 보험목적의 성질, 하자 또는 자연소모로 인한 손해

(2) 절대적 면책사유와 상대적 면책사유

① 절대적 면책사유

    당사자 약정에 의해서도 담보할 수 없는 면책위험으로서 공서양속에 반하거나 반사회성, 보험의 본질 등에 반하는 위험을 말한다. 따라서 피보험자 개별 적용을 하지 않는다.

    예 고의사고

② 상대적 면책사유

    당사자 약정으로 보험담보가 가능한 면책위험으로 피보험자 개별 적용을 한다.

    예 유상운송면책, 산업재해면책

(3) 책임면제사유와 담보위험제외사유

① 책임면제사유

    사고발생 원인(인위적 사고 등)을 이유로 하는 면책사유

② 담보위험제외사유

    사고발생 당시 상황(인수 부적합한 위험 등)을 이유로 하는 면책사유

4. 보험약관의 담보별 공통적 면책사유와 고유 면책사유

(1) 담보별 공통적 면책사유

    ① 고의사고

    ② 유상운송 : 대인배상 Ⅰ에서 담보

    ③ 시험용, 경기용 등 사용

    ④ 무면허운전

        ㉠ 대인배상 Ⅰ은 300만원 부분면책

        ㉡ 자기신체사고/무보험자동차상해에서 담보

    ⑤ 음주운전

        대인배상 Ⅰ, Ⅱ 합하여 1억1,000만원 부분면책

        * 대인배상 사고부담금은 「자동차손해배상 보장법 시행규칙」 개정(2020.7.21.)으로 현행 최대 1억 300만원에서 1억1,000만원으로 인상되었다.

    ⑥ 이상위험(천, 전, 핵)

        ㉠ 대인배상 Ⅰ에서 상황에 따라 부책

        ㉡ 풍수해 손해는 자기신체사고에서 담보

(2) 담보별 고유 면책사유

    ① 대인배상 Ⅰ

        음주/무면허운전 부분면책(사고부담금제)

    ② 대인배상 Ⅱ

        ㉠ 피보험자와 그 부모, 배우자, 자녀 면책

        ㉡ 산업재해면책

        ㉢ 제3자와의 계약으로 늘어난 손해 면책 등

    ③ 무보험자동차상해

        <u>배상의무자</u>가 다음 중 어느 하나에 해당하는 사람일 경우에는 보상하지 않는다.

        ㉠ 상해를 입은 피보험자의 부모, 배우자, 자녀

        ㉡ 피보험자가 사용자의 업무에 종사하고 있을 때 피보험자의 사용자 또는 피보험자의 사용자의 업무에 종사 중인 다른 피용자

        * '배상의무자'라 함은 무보험자동차의 사고로 인하여 피보험자를 죽게 하거나 다치게 함으로써 피보험자에게 입힌 손해에 대하여 법률상 손해배상책임을 지는 사람을 말한다.

5. 구체적 설명

(1) 고의로 인한 손해

우연성이 없고, 신의성실의 원칙에 반하며, 비도덕적이고 공서양속에 반하는 행위여야 한다.

① 「상법」

보험사고가 보험계약자 또는 피보험자나 보험수익자의 고의 또는 중대한 과실로 인하여 생긴 때에는 보험자는 보험금액을 지급할 책임이 없다.

② 약관과 「상법」의 차이

상법에서는 고의뿐 아니라 중과실로 인한 보험사고도 면책으로 하고 있으나, 자동차보험약관에서는 중과실 사고를 담보하고 있다.

이는 ㉠ 중대한 과실은 우연성이 결여되거나 공서양속에 반하는 정도가 아니고, ㉡ 자동차사고는 중대한 과실로 발생하는 것이 대부분이며, ㉢ 실무상 중과실과 경과실을 구별하기 어렵고, ㉣ 자동차보험 본래의 기능면에서도 면책하기 어렵기 때문이다.

또한, 인보험 및 상해보험에서도 중대한 과실을 담보하고 있다. 따라서 결국은 자동차보험을 제외한 손해보험에서만 중과실 면책조항이 적용된다.

③ 결과적 가중손해

보험계약자 등의 예상범위를 초과하는 고의에 의한 결과적 가중손해는 고의에 의한 손해로 보지 않을 것으로 예상된다(판례).

④ 피보험자 개별 적용 여부

대인배상 Ⅱ에서 보험계약자 또는 기명피보험자의 고의만 개별 적용을 배제한다.

(2) 유상운송면책

비사업용 자동차의 보험요율을 사업용 자동차보다 저렴하게 하기 위한 취지이다.

① 약 관

영리를 목적으로 요금이나 대가를 받고 반복적으로 피보험자동차를 사용하거나 대여한 때에 생긴 사고로 인한 손해는 면책한다.

② 예외 조항

임대차계약(계약기간이 30일 이상을 초과하는 경우에 한 함)에 의하여 임차인 피보험자동차를 전속적으로 사용하는 경우는 보상한다. 그러나 임차인이 피보험자동차를 요금이나 대가를 목적으로 반복적으로 사용하는 경우에는 보상하지 않는다. 업무용 자동차보험은 제외한다.

③ 유상운송 면책조건

    ㉠ 영리성 : 영리를 목적으로 '요금이나 대가'를 받아야 한다. '요금이나 대가'는 실비 변상적 성격의 경비 등은 포함되지 않는다고 본다.

    ㉡ 반복성 : 일정한 단위시간 내에 2회 이상 되풀이 하는 것으로 유상운송 면책조항의 취지상 '유상운송으로 인하여 변경 또는 증가된 위험이 보험계약 체결 당시 존재하고 있었다면 보험자가 보험계약을 체결하지 않거나 같은 보험료로 인수하지 않았을 정도로 파악해야 한다(판례).'

    ㉢ 사고발생과의 인과관계 : 유상운송 중이면 족하고 유상운송과 사고발생 사이에 인과관계를 요하지 않는다. 또한 유상운송 일련의 과정 중에 발생한 사고도 유상운송 중 사고로 본다. 따라서 유상운송을 하러가거나 유상운송을 끝내고 귀가 중의 사고인 경우도 포함된다.

    ㉣ 유상운송의 주체 : 어느 누가 피보험차량을 운행했던 간에 유상운송이면 무조건 면책된다.

④ 보험종목별·차종별 유상운송 면책의 차이점

구 분	적용차종	유상운송	장기임대차	담보특약	비 고
개인용	승 용	면 책	부 책	불 가	
	다인승 1, 2종 승용	면 책	부 책	가 능	
업무용	승 용	면 책	면 책	불 가	
	다인승 1, 2종 승용	면 책	면 책	가 능	
	승 합	면 책	면 책	가 능	
	화물차	부책(규정 無)			

(3) 무면허운전 면책

① 취 지

    중대한 법규위반을 방지하고, 위험률을 관리하기 위한 취지이다.

② 면책요건

    ㉠ 운전자가 무면허운전을 했을 것

    ㉡ 피보험자 본인이 무면허운전을 했을 것

    ㉢ 기명피보험자의 명시적, 묵시적 승인하에 피보험자동차의 운전자가 무면허운전을 하였을 것

③ 무면허운전

    ㉠ 약관상 무면허운전 : 「도로교통법」 또는 「건설기계관리법」상의 운전(조종)면허에 관한 규정에 위반하는 무면허 또는 무자격운전(조종)을 말하며, 운전(조종)면허 효력 정지 또는 금지 중에 있을 때 운전하는 것

        ⓐ 운전면허를 받지 아니하고 운전

        ⓑ 면허시험 합격 후 운전면허증을 현실적으로 교부받지 않고 운전

        ⓒ 면허의 취소 또는 정지기간 중에 운전

ⓛ 약관상 운전 : 도로 또는 도로 이외의 장소에서 자동차를 그 본래의 사용방법에 따라 사용하는 것

ⓒ 판례상 운전 : 원동기의 시동을 걸고 핸들이나 가속기 또는 브레이크 등을 다루어 일정한 방향과 속도로 움직이게 하여 발진하거나 발진조작을 완료하는 것(기어를 넣는 것)

ⓔ 묵시적 승인 여부의 판단기준(판례) : ⓐ 기명피보험자와 무면허운전자와의 관계, ⓑ 평소 차량의 운전 및 관리상황, ⓒ 당해 무면허운전이 가능하게 된 경위와 그 운행목적, ⓓ 평소 운전자의 무면허운전에 대해 기명피보험자가 취해 온 태도 등을 종합적으로 판단한다.

ⓜ 승인의 주체 : 주체는 기명피보험자이다. 그 외의 피보험자의 경우 면책불가론과 기명피보험자 준용론간의 논란이 있다.

ⓗ 기명피보험자가 통상의 주의의무를 다하였음에도 운전자가 면허 없는 사실을 몰랐다면 무면허운전 면책약관을 적용할 수 없다.

ⓢ 무면허운전과 사고발생간에 인과관계가 필요하지 않다.

④ 면책손해의 범위

ⓐ 대인배상 Ⅰ : 1사고당 300만원의 사고부담금을 부과한다. 부담금은 귀책사유가 있는 피보험자, 즉 무면허운전을 한 피보험자 본인 또는 무면허운전을 명시적·묵시적으로 승인한 피보험자가 부담한다.

ⓑ 대인배상 Ⅱ : 전부면책

⑤ 특수사례(판례)

소지한 면허로 피보험자동차를 운전할 수 없는데도, 보험자 측이 자동차검사증과 운전면허증을 제출받고 청약서의 운전자란에 그 면허번호를 기재하여 보험계약을 체결한 경우, 무면허운전 면책조항을 배제키로 하는 개별 약정이 있다고 볼 수 있는지 여부가 문제되나, 우리나라 대법원 판례는 "소지한 면허가 취소/정지된 상태에서 이루어진 운전이 아닌 한 무면허운전 면책약관을 배제하는 개별 약정이 있었다"고 하여 대체로 이를 긍정하고 있다.

(4) 음주운전 면책

① 취 지

ⓐ 사고위험의 증가로 그 위험을 보상하지 않겠다는 취지

ⓑ 중대한 법규위반을 방지하기 위한 취지

② 면책요건

ⓐ 음주운전이 있었을 것 : 혈중 알코올농도 0.03% 초과

ⓑ 피보험자 본인이 음주운전을 하였을 것

ⓒ 기명피보험자의 명시적, 묵시적 승인하에 피보험자동차의 운전자가 음주운전을 하였을 것

ⓔ 사고가 음주 운전 중에 발생했을 것

(5) 시험용, 경기용 등 사용 면책

① 취 지

손해발생의 위험이 매우 크기 때문이다.

② 면책요건

단순 입사시험, 운전면허 시험, 시운전 등은 불포함하며, 한 패끼리 모여 하는 도로상의 경주도 불포함한다.

③ 적용범위

대인배상 Ⅰ을 제외한 전담보에 적용된다.

(6) 이상위험 면책

① 취 지

㉠ 통계적으로 보험료 산정이 어렵다.

㉡ 사고의 대형화, 누적적인 손해증대로 보험자의 인수능력을 초과할 우려가 있다.

② 적용범위

㉠ 풍수재 면책의 경우 자기신체사고에서는 담보한다.

㉡ 대인배상 Ⅰ의 경우 운행과 상당인과관계가 있는 경우라면 명시규정이 없기 때문에 부책한 사례가 있다.

(7) 피보험자 및 그 가족 면책(대인배상 Ⅱ)

본 약관에 해당하는 피보험자는 그 스스로가 배상책임을 부담하여야 할 주체로서의 지위에 있다고 보아야 하며, 그러한 자의 부모, 배우자 및 자녀가 사상한 경우에는 그 손해는 그 가정 내에서 처리함이 보통이고 손해배상을 청구하지 않는 것이 사회통념상에도 부합하며, 나아가 이러한 자들이 신체사상에 대하여 '자기신체사고'로 보상받을 수 있는 길을 별도로 열어 놓고 있으므로 대인배상의 담보범위에서 제외하기 위함이 그 취지라 할 수 있다.

(8) 산업재해(업무상 재해) 면책(대인배상 Ⅱ)

① 취 지

㉠ 위험의 이질성

㉡ 중복담보의 배제가 그 취지이다.

② 피용자 재해 면책요건

㉠ 피해자가 배상책임 의무가 있는 피보험자(사용자)의 피용자여야 한다.

㉡ 그 피용자인 피해자는 「산재보험법」에 의한 보상을 받을 수 있는 자야 한다.

③ 동료재해면책

ㄱ 피보험자가 피보험자동차를 사용자의 업무에 사용 중일 것

ㄴ 피해자가 피보험자와 동일한 사용자의 업무에 종사 중인 다른 피용자일 것

ㄷ 그 피해자가 「산재보험법」에 의한 보상을 받을 수 있는 자일 것

ㄹ 피보험자가 동료 피용자에게 법률상 손해배상책임을 질 것

④ 면책범위

ㄱ 대인배상 Ⅱ에만 적용된다.

ㄴ 산재보험 초과손해는 보상된다.

⑤ 대인배상 Ⅰ과의 관계

피해 피용자가 「자배법」상 타인에 해당하면 대인배상 Ⅰ에서는 보상된다. 따라서 피해 피용자가 산재보험금을 받았다 하더라도 그의 손해 중 산재보험금으로 전보되지 않은 대인배상 Ⅰ 부분에 대하여는 보험자에게 손해에 대한 보상을 청구할 수 있다.

(9) 제3자와의 계약으로 늘어난 손해 면책(대인배상 Ⅱ)

① 취 지

ㄱ 예측하지 못한 손해에 해당하고, ㄴ 대인배상에서 담보할 성질의 위험이 아니기 때문이다.

② 계약의 유형

ㄱ 배상책임과 손해에 대하여 법정요건 이하의 요건을 적용하는 것

ㄴ 입증책임을 피보험자에게 불리하도록 전환하는 것

ㄷ 법률상 손배책임액 이상으로 손해배상금에 대하여 약정하는 것 등

자기신체사고, 무보험자동차상해, 타차운전담보특약의 면책사유에 대해 설명하시오.

1. 자기신체사고

공통 면책사유와 같다.

단, 피보험자, 보험금을 받을 자의 고의사고의 경우 그 사람이 받을 수 있는 금액만을 면책한다.

2. 무보험자동차사고

자기신체사고 면책사유 외에 다음 중 어느 하나에 해당하는 사람이 배상의무자일 경우 보상하지 아니한다. 단, 이들이 무보험자동차를 운전하지 않은 경우로, 이들 이외에 다른 배상의무자가 있는 경우에는 보상한다.

① 상해를 입은 피보험자의 부모, 배우자, 자녀

② 피보험자가 사용자의 업무에 종사하고 있을 때 피보험자의 사용자 또는 피보험자의 동료 피용자 (사용자의 업무에 종사 중일 것)

3. 다른 자동차 운전담보특약

대인배상 Ⅱ + 자기신체사고 + 무보험자동차에 의한 상해 면책사유 외에 다음에 해당하는 손해는 보상하지 아니한다.

① 피보험자가 사용자의 업무에 종사하고 있을 때, 그 사용자 소유 자동차를 운전 중 생긴 사고로 인한 손해

② 피보험자가 소속한 법인 소유 자동차를 운전 중 생긴 사고로 인한 손해

③ 피보험자가 자동차 취급업무상 수탁받은 자동차를 운전 중 생긴 사고로 인한 손해

④ 피보험자가 다른 자동차를 유상운송(요금이나 대가를 지불 또는 받고) 운전 중 생긴 사고로 인한 손해

⑤ 피보험자가 다른 자동차의 사용에 대하여 정당한 권리를 가지고 있는 자의 승낙을 받지 않고, 다른 자동차를 운전 중 생긴 사고로 인한 손해

⑥ 피보험자가 다른 자동차의 소유자에 대하여 법률상 손해배상책임을 짐으로써 입은 손해

⑦ 피보험자가 다른 자동차를 시험용 또는 경기용(이를 위한 연습포함)으로 사용하던 중 생긴 사고로 인한 손해

⑧ 보험증권에 기재된 운전가능 범위 외의 자가 다른 자동차를 운전 중 생긴 사고로 인한 손해

09 개인용 자동차보험과 업무용 자동차보험의 유상운송 면책에 대해 비교 설명하시오.

1. 유상운송

대인배상 Ⅱ에서는 피보험자동차가 영리의 목적으로 요금이나 대가를 받으며, 반복적으로 사용되는 동안의 손해를 면책사유로 하고 있다. 이는 사업용 자동차와의 보험요율 차이, 「여객자동차운수사업법」상 범법행위가 되기 때문이다.

2. 개인용 자동차보험과 업무용 자동차보험의 유상운송 면책 비교

구 분	개인용 자동차보험	업무용 자동차보험
대상차종	10인 이하의 자가용 승용차	승용차 또는 승합차
면책 예외	계약기간이 30일을 초과하는 임대차계약에 따라 임차인이 피보험자동차를 전속적으로 사용하는 경우	해당사항 없음
유상운송위험담보특약	다인승 1, 2종 승용차만이 가입가능	모두 가능

10 가불금, 우선지급금, 가지급금에 대해 비교 설명하시오.

1. 가불금제도(자배법)

(1) 법적 근거와 취지

「자배법」상 인정된 제도로서 보험가입자 등이 「자배법」상 책임을 지게 된 때에 그 책임의 존부 등을 따지지 않고(우선지급제도와 다른 점), 일정금액을 우선 지급함으로써 피해자를 보호하는 제도이다.

(2) 청구권자

피해자가 청구권자이다.

(3) 청구내용

치료비(자동차보험 진료수가에 의한 진료비) 전액과 나머지 손해배상금에 대하여는 피해자 1인당 보상한도액의 50% 상당액을 가불금으로 청구할 수 있다.

(4) 지급기한

청구일 ~ 10일 이내이다.

(5) 지급액 반환

보험가입자는 가불금 지급 후 보험가입자 등에게 손해배상책임이 없다는 것이 판명된 때에는 지급액 전액을, 또 지급한 가불금이 지급해야 할 보험금을 초과한 경우에는 그 초과액을 지급받은 자에게 그 반환을 청구할 수 있다. 반환받지 못할 경우 정부에 이를 청구할 수 있다.

(6) 기 타

가불금 청구권은 이를 압류 또는 양도할 수 없고, 이 청구권의 소멸시효는 3년이다.

2. 우선지급제도(교통사고처리특례법)

(1) 의 의

교통사고로 인해 가해자와 피해자간 합의가 성립되기 이전에도 치료비에 관한 통상비용의 전액과 약관에서 정한 지급기준금액의 50% 해당액을 우선 지급하여 피해자보호를 강화하는 제도로서 「교특법」에 의해 부여된 것이 아니라, 「교특법」의 적용을 받기 위한 보험약관에 의해 부여된 것이다.

(2) 청구권자

피해자가 청구권자이다.

(3) 지급범위

① 치료비에 관한 통상비용의 전액

② 부상의 경우, 지급기준에 의하여 산출한 위자료 전액과 휴업손해액의 50% 해당액

③ 후유장애의 경우, 지급기준에 의하여 산출한 위자료 전액과 상실수익액의 50% 해당액

다만, 사망의 경우에는 우선지급할 손해배상금이 없다. 또한 「자배법」에 의한 가불금이 있을 때에는 보험사업자 등은 우선지급할 손해배상금에서 이를 공제할 수 있다.

(4) 지급기한

청구일 ~ 7일 이내이다.

3. 가지급보험금제도(보험약관)

(1) 의 의

약관상 가불금제도와 우선지급금제도를 충족시키기 위한 제도이다. 이에 따라 가지급보험금의 지급 범위가 다른 어느 것보다도 넓다.

(2) 청구권자

피보험자 이외의 피해자도 가능하다.

(3) 지급기한

지급액을 정한 날 ~ 7일 이내이다.

(4) 지급내용

대인배상의 경우 치료비(자동차보험 진료수가)는 전액, 진료수가 이외의 손해배상금은 약관에서 정하는 금액의 50%, 자기신체사고나 무보험자동차상해 등에서는 약관에 따른 금액의 50%이다.

(5) 지급을 거부할 수 있는 경우

해당 약관상 보험금 지급책임이 발생하지 않는 것이 객관적으로 명백할 경우이다.

(6) 기타 사항

보험금지급에 관한 약관규정을 준용한다.

4. 가불금, 우선지급금, 가지급보험금의 상호관계

대인사고가 발생하면 피해자는 위 3가지에 대한 청구권을 갖는다. 3가지 청구권은 각각 별개로 모두 청구할 수 있는 것이 아니고, 3가지 청구권 중 가장 지급범위가 넓은 가지급보험금의 지급범위(보상한도액) 내에서 지급된다고 본다.

한편, 가불금, 우선지급금, 가지급보험금을 지급받게 되면 향후 지급될 보험금에서 이를 공제하게 되며, 특히 가지급보험금의 지급은 향후 최종보험금의 결정에 영향을 미치지 않는다.

11 합의 등의 협조·대행, 공탁금에 대해 설명하시오.

1. 약관 규정

보험회사는 피보험자의 협조요청이 있는 경우 피보험자의 법률상 손해배상책임을 확정하기 위하여 피보험자가 손해배상청구권자와 행하는 합의·절충·중재 또는 소송에 대하여 협조하거나, 피보험자를 위하여 이러한 절차를 대행한다.

2. 취 지

피보험자와 보험사는 보험계약으로 이루어진 공동이익체로서 보상책임액의 합리적인 확정과 피보험자에 대한 서비스 등의 차원이다.

3. 적용담보

대인배상에서만 인정된다.

4. 대행조건

피보험자에 대하여 보상책임을 지는 한도 내에서 대행한다. 그러나 다음과 같은 경우 대행하지 않는다.
① 피보험자가 손해배상청구권자에게 대하여 부담하는 법률상 손해배상책임액이 보험증권에 기재된 보험가입금액을 명백하게 초과하는 때
② 피보험자가 정당한 이유 없이 협력하지 않는 때

5. 효 과

소요된 비용은 약관에 따라 보상된다. 단, 피보험자가 정당한 이유 없이 협력하지 않는 경우 보험사는 그로 인하여 늘어난 손해에 대하여는 보상하지 않는다.

6. 공탁금의 대출

(1) 상법 규정

대인배상 등 책임보험의 보험자에게 피보험자를 위한 방어의무를 부과하고 있으므로, 피보험자는 담보의 제공 또는 공탁으로서 재판의 집행을 면할 수 있는 경우에는 보험자에 대하여 보험금액의 한도 내에서 담보의 제공 또는 공탁을 청구할 수 있다(상법 제720조 제2항).

(2) 약관 규정

약관에서는 보험자가 피보험자에게 공탁금을 대부하는 경우 공탁금 및 이자의 회수청구권을 보험자에게 양도하도록 규정하고 있다.

12 배상책임 관련 비용에 대해 설명하시오.

1. 손해방지·경감비용

보험사고발생시 그로 인한 손해의 발생을 방지하거나 손해의 확대를 방지함은 물론 손해를 경감할 목적으로 행하는 행위에 필요하거나 유익하였던 비용으로 보험금액을 초과하더라도 보험자가 부담한다(긴급조치비용 포함).

2. 권리보전·행사비용

자동차사고발생과 관련하여 제3자의 행위가 개입되고 제3자에게도 책임이 있는 경우, 제3자에 대한 청구권을 보전하고 행사하기 위해 필요한 비용이다.

3. 기타 보험회사의 동의를 얻어 지출한 비용

합의·절충비용, 소송비용 및 변호사 보수 등이 있다.

(1) 보험자 동의를 얻어 지출한 비용

보험자의 사전 동의를 얻어 지출한 비용은 보상한다.

(2) 보험자 요청에 의한 협력비용

피보험자가 보험회사에 협력하기 위해 지출한 비용은 보상한다.

(3) 방어비용(소송, 변호사 보수 등)

피해자가 피보험자를 상대로 손해배상청구를 한 경우 그 방어를 위하여 지출한 재판상 또는 재판 외 필요비용이다. 「상법」상 보험자의 방어의무를 전제로 하며, 보험의 목적에 포함된다고 규정되어 있다.

「상법」에서는 보험자의 지시에 의한 경우 보험금액을 초과하여도 보험자가 이를 부담하지만 약관에서는 보험자의 지시 여부를 불문한다.

「상법」상 손해방지비용과 방어비용의 비교

구 분	손해방지비용	방어비용
유사점	① 양 비용의 지출이 어떠한 효과를 발생하지 않았던 때에도 그 보상이 이루어진다. ② 보험자의 의도에 의한 비용 지출의 경우, 그 비용과 보상액의 합산액이 보험금액을 초과하는 경우에도 그 비용을 보상한다. ③ 양 비용의 보상은 모두 필요성의 존재라고 하는 요건에 의존한다. ④ 각각 보험자의 소송 진행에 관한 지시 또는 지도권을 승인하고 있다.	
차이점	① 보험금액을 초과해도 보상한다. ② 피보험자가 선급청구 할 수 없다. ③ 피해자의 피보험자에 대한 청구를 전제로 하는 것은 아니다. 그러나 보험사고로 인한 손해배상의무를 확정하는데 아무런 의미가 없는 비용은 해당하지 않는다.	① 보험금액 한도 내에서 보험자가 부담한다. ② 선급청구 할 수 있다.

13 　자동차보험의 보험기간 시기와 종기에 대해 설명하시오.

1. 대인배상 Ⅰ 및 자동차보험에 처음 가입하는 자동차

(1) 시 기

보험계약자와 피해자 모두에게 보험혜택을 주기 위해 의무보험인 대인배상 Ⅰ에서는 보험책임 개시의 시각을 임의보험과 다르게 규정하고 있다.

① 원 칙

보험자가 보험료를 받은 때를 그 시기로 하며, 이륜자동차보험계약의 경우 보험계약자가 보험료를 우체국에 납입한 때에 접수 우체국에서 발행하는 영수증에 기록된 영수일시가 보험료의 영수시점이다.

② 예 외

㉠ 보험기간 개시 이전에 보험계약을 맺고 보험료를 받은 경우 : 보험기간의 첫날 0시
㉡ 책임개시일이 이전 대인배상 Ⅰ 계약의 종기와 같은 날일 경우 : 이전 계약의 종기

(2) 종 기

보험기간 마지막 날 24시이다.

심화학습	자동차보험에 처음 가입하는 자동차

자동차 판매업자 또는 그 밖의 양도인 등으로부터 매수인 또는 양수인에게 인도된 날부터 10일 이내에 처음으로 그 매수인 또는 양수인을 기명피보험자로 하는 자동차보험에 가입하는 신차 또는 중고차를 말한다. 다만, 피보험자동차의 양도인이 맺은 보험계약을 양수인이 승계한 후 그 보험기간이 종료되어 이 보험계약을 맺은 경우를 제외한다.

---

2. 임의보험(대인배상 Ⅰ 이외의 담보종목)

(1) 시 기

최초보험료의 지급을 전제로 하여 보험기간 첫날의 24시이다.

(2) 종 기

보험기간의 마지막 날 24시이다.

14 자동차보험의 고지의무와 통지의무에 대해 설명하시오.

1. 고지의무(계약 전 알릴의무)

(1) 고지해야 할 중요한 사항(보험자 서면 질문사항)

① 피보험자동차의 검사에 관한 사항

② 피보험자동차의 용도, 차종, 등록번호(이에 준하는 번호도 포함), 차명, 연식, 적재정량, 구조 등 피보험자동차에 관한 사항

③ 기명피보험자의 성명, 연령 등에 관한 사항(기명피보험자의 동의가 필요)

④ 그 밖에 보험청약서에 기재된 사항 중에서 보험료의 계산에 영향을 미치는 사항

(2) 고지의무위반 효과

보험자는 보험계약을 맺은 후 보험계약자가 계약 전 알릴의무를 위반한 사실이 확인되었을 때에는 추가보험료를 더 내도록 청구하거나, 보험계약을 해지할 수 있다.

2. 통지의무(계약 후 알릴의무)

(1) 통지해야 할 사항

① 용도, 차종, 등록번호, 적재정량, 구조 등 피보험자동차에 관한 사항 변경

② 피보험자동차에 화약류, 고압가스, 폭발물, 인화물 등 위험물을 싣게 된 사실

③ 그 밖에 위험이 뚜렷이 증가하는 사실이나 적용할 보험료에 차이가 발생한 사실

(2) 통지를 받은 경우 보험자의 선택

통지를 받은 경우 보험자는 그 사실에 따라 보험료가 변경되는 경우 보험료를 더 받거나 돌려주고 계약을 승인하거나, 보험계약을 해지할 수 있다.

15 자동차보험의 보험사고발생시 의무에 대해 설명하시오.

1. 의 의

보험계약자 또는 피보험자가 보험사고의 발생을 안 때에 이행해야할 의무로서 ① 손해방지경감의무 및 권리보전의무, ② 사고발생 통지의무, ③ 손해배상 합의전 보험사의 동의의무, ④ 소송사실 통지의무, ⑤ 도난신고의무, ⑥ 서류제출 및 보험사고조사 협력의무 등이 있다.

2. 의무발생요건

(1) 보험사고의 발생

의무는 보험사고가 일어난 때 발생한다.

(2) 보험계약자 등의 보험사고의 발생사실 인지

보험계약자 등이 보험사고의 발생사실을 알아야 한다.

(3) 보험자의 부지(不知)

보험자가 뒤늦게 보험사고의 발생을 알았다면 보험계약자 등에게 통지의무위반으로 대항할 수 있다.

3. 의무의 주요 유형

(1) 보험사고발생 통지의무

① 통지의무자와 시점

보험계약자 또는 피보험자는 보험사고의 발생 사실을 안 때 지체 없이 통지를 하여야 한다. 지체 없이란 '귀책사유 있는 지연이 없이'라는 것을 의미하고 '즉시'의 의미는 아니다.

② 통지방식

통지방식에는 제한이 없다.

③ 통지의 내용

보험자가 보험금액 지급의무를 지게 될 보험사고가 발생하였다는 것을 알 수 있도록 하여야 한다.

㉠ 사고가 발생한 때, 곳, 상황 및 손해의 정도

㉡ 피해자 및 가해자의 성명, 주소, 전화번호

㉢ 사고에 대한 증인이 있을 때에는 그의 성명, 주소, 전화번호

㉣ 손해배상의 청구를 받은 때에는 그 내용

④ 통지의무 해태의 효과

　　보험회사는 보험계약자 또는 피보험자가 정당한 이유 없이 통지의무를 이행하지 않을 경우 그로 인하여 늘어난 손해액이나 회복할 수 있었을 금액을 보험금에서 공제하거나 지급하지 않는다. 그러나 이러한 사유로 피해자에게 대항할 수는 없다고 봄이 상당하며, 통지의무해태로 인하여 손해가 증가되었다는 사실은 보험자가 입증하여야 한다.

(2) 손해방지경감의무

① 의무발생시점

　　보험계약자나 피보험자가 보험사고발생 사실을 안 때이다.

② 보상책임 없는 사고의 경우

　　원칙적으로 의무가 발생하지 아니한다. 그러나 사고발생시 피보험자의 법률상 배상책임 여부가 판명되지 아니한 상태에서 피해자의 위급구호를 위한 긴급비용지출의 경우 후에 피보험자의 배상책임이 없음이 밝혀져도 이는 보험자가 부담한다. 이 경우 응급처치일부터 면책통보를 한 날까지의 치료비에 한정한다(판례).

③ 손해방지경감의무 해태의 효과

　　보험계약자 등이 정당한 이유 없이 의무를 해태할 경우 그로 인한 손해액이나 회복할 수 있었을 금액을 공제하거나 지급하지 아니한다. 그러나 이러한 사유로 피해자에게 대항할 수는 없다고 봄이 상당하다.

(3) 권리보전의무

　　보험계약자 등은 사고가 생긴 것을 안 때에는 다른 사람으로부터 손해배상을 받을 수 있는 권리가 있는 경우, 그 권리의 보전과 행사에 필요한 절차를 밟아야 하며, 그 정도는 보험계약이 없는 경우 자기의 이익보호를 위하여 적절한 조치를 취하는 정도면 족하다고 본다.

　　보험계약자 등이 정당한 이유 없이 이를 이행하지 아니한 경우, 그로 인해 늘어난 손해액이나 회복할 수 있었을 금액을 공제하거나 지급하지 아니한다.

(4) 손해배상 합의 전 보험사의 동의의무

　　손해배상의 청구를 받은 경우에 미리 회사의 동의 없이 그 전부 또는 일부를 합의하여서는 아니된다. 그러나 피해자의 응급치료, 호송 그 밖의 긴급조치에 대하여는 회사의 동의를 필요로 하지 아니한다.

(5) 소송사실 통지의무

　　보험계약자나 피보험자는 손해배상청구의 소송을 걸려고 할 때, 또는 피해자가 소송을 걸어온 때에는 지체 없이 회사에 곧 알려야 하며, 정당한 이유 없이 이를 이행하지 않은 경우 그로 인하여 늘어난 손해액이나 회복할 수 있었을 금액을 보험금에서 공제하거나 지급하지 않는다.

(6) 도난신고의무

피보험자동차를 도난당하였을 때에는 지체 없이 그 사실을 경찰관서에 신고하여야 한다.

(7) 서류제출 및 보험사고 조사 협력의무

보험회사가 사고를 증명하는 서류 등 꼭 필요하다고 인정하는 자료를 요구한 경우에는 지체 없이 이를 제출하여야 하며, 또한 보험회사가 사고에 관해 조사하는데 협력하여야 한다.

(8) 보험료 지급의무

보험계약은 유상계약으로서 보험계약자는 보험자에 대하여 보험료를 지급할 의무가 있다. 만약 이를 해태한 경우 보험자는 상당한 기간을 정하여 보험계약자에게 최고하고 그 기간 내에 지급되지 아니한 때에는 그 계약을 해제할 수 있다고 보며, 보험계약시 계약 성립 후 부지급 상태로 2개월이 경과할 경우 그 계약은 해지된 것으로 본다(해제의제). 보험료 지급의무는 1년의 시효에 의하여 소멸한다.

16 **자동차보험의 보험계약의 변경에 대해 설명하시오.**

1. 보험계약 내용의 변경

(1) 보험계약의 변경

보험계약자는 의무보험을 제외하고는 보험회사의 승낙을 얻어 다음에 정한 사항을 변경할 수 있다. 이 경우 승낙을 서면 등으로 알리거나 보험증권의 뒷면에 기재하여 교부한다.

① 보험계약자. 다만, 보험계약자가 이 보험계약의 권리/의무를 피보험자동차의 양수인에게 이전함에 따라 보험계약자가 변경되는 경우에는 제48조(피보험자동차의 양도)에 따른다.

② 보험가입금액, 특별약관 등 그 밖의 계약내용

(2) 추가보험료 청구

보험회사는 그 계약내용의 변경으로 보험료가 변경된 경우 보험계약자에게 보험료를 반환하거나 추가보험료를 청구할 수 있다.

(3) 보험계약자의 사망

보험계약 체결 후 보험계약자가 사망한 경우 이 보험계약에 의한 보험계약자의 권리/의무는 사망시점에서의 법정상속인에게 이전한다.

2. 피보험자동차의 교체

(1) 의 의

보험계약자 또는 기명피보험자가 보험기간 중에 기존의 피보험자동차를 폐차 또는 양도하고 그 자동차와 동일한 차종의 다른 자동차로 교체하는 것을 말한다.

(2) 동일한 차종의 범위

① 개인용 자동차보험

개인소유 자가용 승용차간에 적용된다. 따라서 소형, 중형, 대형 승용차간에 대체한 경우에도 동일한 차종으로 대체한 경우로 본다(다인승 1, 2종 승용차를 포함한다).

② 업무용 자동차보험

㉠ 자가용 승용차간 : 소형/중형/대형 승용차간 교체한 경우 동일한 차종으로 교체한 것으로 본다. 다인승 1, 2종 승용차를 포함한다.

㉡ 화물자동차간 : 2종/3종 화물자동차간 또는 경/4종 화물자동차간 교체한 경우 동일한 차종으로 교체한 것으로 본다.

㉢ 승합자동차간 : 경/3종 승합자동차간 교체한 경우 동일한 차종으로 교체한 것으로 본다.

③ 영업용 자동차보험

동일한 차종으로 교체한 경우와 2종/3종 화물자동차간 교체한 경우 동일한 차종으로 교체한 것으로 본다.

(3) 승계시점

원칙은 보험사의 승인을 받은 때이다. 그러나 영업용과 업무용의 경우는 예외이다.

① 영업용 자동차

피보험자동차를 법령에 따라 교체한 때에는 교체된 자동차를 등록한 날로부터 자동승계된다.

② 업무용 자동차

피보험자동차가 관용자동차인 경우 피보험자동차를 대체하는 때에 자동승계된다.

(4) 효 과

① 기존 계약의 효력상실

② 대체 승인 전 사고에 대한 보험자 면책

③ 승인의제

보험회사가 서면 등의 방법으로 통지를 받은 날로부터 10일 이내 승인 여부를 보험계약자에게 통지하지 않으면, 그 10일이 되는 다음날 0시에 승인한 것으로 본다.

④ 보험료의 반환 또는 추징

교체된 자동차에 적용하는 보험요율에 따라 보험료의 차이가 나는 경우 보험계약자에게 남는 보험료를 반환하거나 추가보험료를 청구할 수 있다.

17 　자동차보험의 피보험자동차의 양도에 대해 설명하시오.

1. 양도의 개념

(1) 표준약관 제48조(피보험자동차의 양도)

① 보험계약자 또는 기명피보험자가 보험기간 중에 피보험자동차를 양도한 경우에는 이 보험계약으로 인하여 생긴 보험계약자 및 피보험자의 권리와 의무는 피보험자동차의 양수인에게 승계되지 않는다. 그러나 보험계약자가 이 권리와 의무를 양수인에게 이전하고자 한다는 뜻을 서면 등으로 보험회사에 통지하여 보험회사가 승인한 경우에는 그 승인한 때부터 양수인에 대하여 이 보험계약을 적용한다.

② 피보험자동차의 양도에는 소유권을 유보한 매매계약에 따라 자동차를 '산 사람' 또는 대차계약에 따라 자동차를 '빌린 사람'이 그 자동차를 피보험자동차로 하고, 자신을 보험계약자 또는 기명피보험자로 하는 보험계약이 존속하는 동안에 그 자동차를 '판 사람' 또는 '빌려준 사람'에게 반환하는 경우도 포함한다. 이 경우 '판 사람' 또는 '빌려준 사람'은 양수인으로 본다.

(2) 「상법」 제726조의4 제1항(자동차의 양도)

피보험자가 보험기간 중에 자동차를 양도한 때에는 양수인은 보험자의 승낙을 얻은 경우에 한하여 보험계약으로 인하여 생긴 권리와 의무를 승계한다.

2. 승 인

보험회사가 보험계약자의 통지를 받은 날부터 10일 이내에 승인 여부를 보험계약자에게 통지하지 않으면, 그 10일이 되는 날의 다음날 0시에 승인한 것으로 본다.

3. 승인효과

① 보험회사가 승인을 하는 경우에는 피보험자동차의 양수인에게 적용되는 보험요율에 따라 보험료의 차이가 나는 경우 피보험자동차가 양도되기 전의 보험계약자에게 남는 보험료를 돌려주거나, 피보험자동차의 양도 후의 보험계약자에게 추가보험료를 청구한다.

② 보험회사가 승인을 거절한 경우 피보험자동차가 양도된 후에 발생한 사고에 대하여는 보험금을 지급하지 않는다.

4. 기명피보험자 사망의 경우 특칙

보험계약자 또는 기명피보험자가 보험기간 중에 사망하여 법정상속인이 피보험자동차를 상속하는 경우 이 보험계약도 승계된 것으로 본다. 다만, 보험기간이 종료되거나 자동차의 명의를 변경하는 경우에는 법정상속인을 보험계약자 또는 기명피보험자로 하는 새로운 보험계약을 맺어야 한다.

5. 의무보험의 승계[자배법 제26조(의무보험 계약의 승계)]

① 의무보험에 가입된 자동차가 양도된 경우에 그 자동차의 양도일(양수인이 매매대금을 지급하고 현실적으로 자동차의 점유를 이전받은 날을 말한다)부터 「자동차관리법」 제12조에 따른 자동차 소유권 이전등록 신청기간이 끝나는 날(자동차소유권 이전등록 신청기간이 끝나기 전에 양수인이 새로운 책임보험 등의 계약을 체결한 경우에는 그 계약 체결일)까지의 기간은 「상법」 제726조의4에도 불구하고 자동차의 양수인이 의무보험의 계약에 관한 양도인의 권리의무를 승계한다.

② 제1항의 경우 양도인은 양수인에게 그 승계기간에 해당하는 의무보험의 보험료(공제계약의 경우에는 공제분담금을 말한다)의 반환을 청구할 수 있다.

③ 제2항에 따라 양수인이 의무보험의 승계기간에 해당하는 보험료를 양도인에게 반환한 경우에는 그 금액의 범위에서 양수인은 보험회사 등에게 보험료의 지급의무를 지지 아니한다.

18 다른 자동차운전담보특약에 대해 설명하시오.

1. 적용대상

이 특별약관은 보통약관 제2편 제2장 제2절 '무보험자동차에 의한 상해'에 가입한 경우에 한하여 가입할 수 있습니다.

2. 보상내용

① 보험회사(이하 "회사"라 합니다)는 피보험자가 다른 자동차를 운전 중(주차 또는 정차 중을 제외합니다. 이하 같습니다) 생긴 대인사고나 대물사고로 인하여 법률상 손해배상책임을 짐으로써 손해를 입은 때 또는 피보험자가 상해를 입었을 때에는 피보험자가 운전한 다른 자동차를 보통약관 '대인배상Ⅱ', '대물배상', '자기신체사고' 또는 '자동차상해 특별약관'의 피보험자동차로 간주하여 보통약관에서 규정하는 바에 따라 보상하여 드립니다.

② 회사는 피보험자가 다른 자동차를 운전 하던 중에 생긴 사고로 다른 자동차의 소유자가 상해를 입었을 때에는 보통약관 '자기신체사고' 또는 '자동차상해 특별약관'의 피보험자로 간주하여 보통약관에서 규정한 바에 따라 보상하여 드립니다.

③ 회사가 보상할 위 '①' 또는 '②'의 손해에 대하여 다른 자동차의 보험계약에 의하여 보험금이 지급될 수 있는 경우에는 보험회사가 보상할 금액이 다른 자동차의 보험계약에 의하여 지급될 수 있는 금액을 초과하는 때에 한하여 그 초과액만을 보상합니다.

3. 보상하지 않는 손해

회사는 보통약관 제5조, 제8조, 제14조, 제19조, 제23조에서 정하는 사항 이외에 다음과 같은 손해에 대하여도 보상하지 아니합니다.

① 피보험자가 사용자의 업무에 종사하고 있을 때 그 사용자가 소유 하는 자동차를 운전하던 중에 생긴 사고로 인한 손해

② 피보험자가 소속한 법인이 소유하는 자동차를 운전하던 중에 생긴 사고로 인한 손해

③ 피보험자가 자동차정비업, 주차장업, 급유업, 세차업, 자동차판매업, 대리운전업(대리운전자를 포함합니다) 등 자동차 취급업무상 수탁한 자동차를 운전하던 중에 생긴 사고로 인한 손해

④ 피보험자가 요금 또는 대가를 지불하거나 받고 다른 자동차를 운전하던 중에 생긴 사고로 인한 손해

⑤ 피보험자가 다른 자동차의 사용에 대하여 정당한 권리를 가지고 있는 자의 승낙을 받지 아니하고 다른 자동차를 운전하던 중에 생긴 사고로 인한 손해

⑥ 피보험자가 다른 자동차의 소유자에 대하여 법률 상의 손해배상 책임을 짐으로써 입은 손해

⑦ 피보험자가 다른 자동차를 시험용 또는 경기용이나 경기를 위한 연습용으로 사용하던 중에 생긴 사고로 인한 손해. 다만, 운전 면허시험을 위한 도로주행시험용으로 사용하던 중에 생긴 손해는 보상합니다.

⑧ 보험증권에 기재된 운전가능 연령범위 또는 운전가능 범위 외의 자가 다른 자동차를 운전 중 생긴 사고로 인한 손해

4. 피보험자

이 특별약관에서 피보험자란 기명피보험자 및 기명피보험자의 배우자를 말합니다. 다만, 기명피보험자의 배우자는 운전자를 한정하는 다른 특별약관에 의하여 운전가능 범위에 포함되지 않는 경우에는 피보험자로 보지 아니합니다.

5. 준용규정

이 특별약관에서 정하지 아니한 사항은 보통약관에 따릅니다.

주1) 다른 자동차란
자가용자동차로서 피보험자동차와 동일한 차종[승용자동차(일반 승용 및 다목적 승용을 포함합니다), 경·3종 승합자동차 및 초소형·경·4종 화물자동차간에는 동일한 차종으로 봅니다]으로서 다음 각 호의 하나에 해당하는 자동차를 말합니다.
1. 기명피보험자와 그 부모, 배우자 또는 자녀가 소유하거나 통상적으로 사용하는 자동차가 아닌 것
2. 기명피보험자가 자동차를 교체(대체)한 경우, 그 사실이 생긴 때부터 보험회사가 보통약관 제49조 피보험자동차를 다른 자동차로 교체(대체)하는 경우의 승인을 한 때까지의 교체(대체)자동차

주2) 주차란
운전자가 승객을 기다리거나 화물을 싣거나 고장이나 그 밖의 사유로 인하여 차를 계속하여 정지 상태에 두는 것 또는 운전자가 차로부터 떠나서 즉시 그 차를 운전할 수 없는 상태에 두는 것을 말합니다.

주3) 정차란
운전자가 5분을 초과 하지 아니하고 차를 정지시키는 것으로서 주차 외의 정지 상태를 말합니다.

주4) 운전가능 연령범위란
운전자 연령 제한 특별약관에서 규정하는 운전할 자의 연령범위에 속하는 자를 말합니다.

주5) 운전가능범위란
운전자범위 제한 특별약관에서 규정하는 운전할 자의 범위에 속하는 자를 말합니다.

주6) 배우자란
법률상의 배우자 또는 사실혼관계에 있는 배우자

19 의무보험일시담보특약에 대해 설명하시오.

1. 적용대상

이 특별약관은 보통약관 배상책임(대인배상Ⅰ 및 대물배상)에 대하여 자동적으로 적용됩니다.

2. 보험계약자 및 기명피보험자

보험회사(이하 "회사"라 합니다)는 보통약관 제48조 '① 피보험자동 차를 양도하는 경우'의 규정에 불구하고(단서의 승인이 있는 경우는 제외합니다) 보험증권에 기재된 피보험자동차가 양도된 날부터 15일째 되는 날의 24시까지의 기간 동안은 그 자동차를 보통약관 배상책임(대인배상Ⅰ 및 대물배상)의 피보험자동차로 간주하고 양수인을 보험계약자 및 기명피보험자로 봅니다.

3. 보상내용

① 회사는 피보험자가 피보험자동차를 소유, 사용, 관리하는 동안에 생긴 피보험자동차의 사고로 인하여 남을 죽게 하거나 다치게 한 경우와 남의 재물을 없애거나 훼손하여 법률상 손해배상책임을 짐으로써 입은 손해를 보통약관 배상책임(대인배상Ⅰ 및 대물배상)에서 규정하는 바에 따라 보상합니다. 다만, '대물배상'의 경우 회사가 매 사고에 대하여 지급하는 보험금은 1사고당 대물 의무보험금액을 한도로 합니다.

② 회사는 위 '①'의 규정에 불구하고 다음 각 호의 손해는 보상하지 아니합니다.

　1. 양도된 피보험자동차가 양수인 명의로 이전 등록된 이후에 발생한 손해

　2. 양도된 피보험자동차에 대하여 양수인 명의로 유효한 보통약관배상책임(대인배상Ⅰ 및 대물배상)에 가입한 이후에 발생한 손해

　3. 보통약관 '제42조' 보험기간의 '대인배상Ⅰ 및 대물배상' 계약 성립시 설정된 보험기간의 마지막 날 24시 이후에 발생한 손해

　4. '대물배상'에서 양도인의 보험증권에 기재된 운전가능 범위 또는 운전가능 연령범위 외의 자가 피보험자동차를 운전 중 생긴 사고로 인한 손해

③ 위 '①'에 의하여 회사가 보상한 경우에는 자동차보험요율서에서 정한 불량할증을 양수인에게 적용합니다.

4. 보험료의 청구 및 납입

① 회사는 이 특별약관 '3. 보상내용'에 의해 회사가 보상책임을 지는 기간에 대하여는 단기요율로 계산한 해당 보험료를 양수인에게 청구할 수 있습니다.

② 양수인은 위 '①'의 보험료의 납입을 청구 받은 때에는 지체 없이 이를 보험회사에 납입하여야 합니다.

5. 준용규정

이 특별약관에서 정하지 아니한 사항은 보통약관에 따릅니다.

주1) 의무보험이란
자동차손해배상 보장법(이하 "자배법"이라 합니다) 시행령 제3조 제1항 및 제2항의 규정에 의한 책임보험금을 담보하는 대인배상 I 및 자배법 시행령 제3조 제3항의 규정에 의한 금액(이하 "대물의무 보험금액"이라 합니다)을 담보하는 대물배상을 말합니다. 다만, 대물의무 보험금액 이상을 담보하는 대물배상의 경우 대물의무 보험금액 한도만을 말합니다.

주2) 보통약관 보험계약의 승계 제48조 피보험자동차를 양도하는 경우

주3) 보통약관 제42조 보험기간

20 유상운송위험담보특약에 대해 설명하시오.

1. 보상내용

보험회사는 보험증권에 기재된 자동차(이하 '피보험자동차'라 합니다)가 유상으로 운송용에 제공하는 경우에는 이 특별약관에 따라 보상합니다. 그러나 대인배상 I 에 대하여는 그러하지 아니합니다.

2. 보상하는 손해

보통약관 보험회사가 보상하지 않는 사항(면책사항)의 '제8조 ①의 6, 제14조의7, 제19조의7, 제23조의5'에도 불구하고 요금이나 대가를 목적으로 피보험자동차를 사용 또는 대여한 때에 생긴 사고로 인한 손해에 대하여도 보상합니다.

3. 보상하지 않는 손해

회사는 이 특별약관의 제2조에도 불구하고 피보험자가 6인승 이하의 피보험자동차를 사용하여 「여객자동차운수사업법」상 여객자동차운송사업[*1]에 해당하는 운송을 하는 중 발생한 사고는 보상하지 않습니다. 다만, 피보험자동차가 구급용 승용차 또는 장애인 택시로서 유상으로 운송용에 제공하는 경우 발생한 사고는 보상합니다.

[*1] 여객자동차운송사업이란 다른 사람의 수요에 응하여 자동차를 사용하여 유상으로 여객을 운송하는 사업을 말하며, 유치원·어린이집·학원·체육시설의 통학이나 시설이용에 이용되는 경우는 제외합니다.

4. 준용규정

이 특별약관에서 정하지 아니한 사항은 보통약관에 따릅니다.
주1) 운전가능 범위란 운전자 범위 제한 특별약관에서 규정하는 운전할 자의 범위에 속하는 자를 말합니다.
주2) 운전가능 연령범위란 운전자 연령 제한 특별약관에서 규정하는 운전할 자의 연령범위에 속하는 자를 말합니다.
주3) 단기요율이란 보험기간이 1년 미만인 단기계약을 체결하거나 해지하는 경우에 적용되는 요율입니다.

21 **운전자 연령 만 ○○세 이상 한정운전특약에 대해 설명하시오.**

1. 보상내용

보험회사(이하 '회사'라 합니다)는 피보험자가 보험증권에 기재된 자동차(이하 '피보험자동차'라 합니다)에 대하여 운전할 자를 만 ○○세 이상으로 한정하는 경우에는 이 특별약관이 정하는 바에 따라 보상합니다.

2. 보상하지 않는 손해

① 회사는 이 특별약관에 의하여 만 ○○세 미만의 자가 피보험자동차를 운전하던 중에 발생된 사고에 대하여는 보험금을 지급하지 아니합니다.

② 위 '①'의 규정에도 불구하고 회사는 다음 중 어느 하나에 해당하는 손해에 대하여는 보험금을 지급합니다.

　1) 보험계약자 또는 피보험자에게 이 특별약관의 내용을 알려주었다는 사실을 회사가 입증하지 못하는 경우 보통약관 제2편의 '대인배상Ⅱ와 대물배상', '자기 신체사고' 또는 '자동차상해 특별약관', '무보험자동차에 의한 상해', '자기차량손해' 또는 '차량단독사고 손해보상 특별약관'에서의 손해

　2) 피보험자동차를 도난당하였을 경우 그 도난당하였을 때로부터 발견될 때까지의 사이에 발생된 피보험자동차의 사고로 인한 보통약관 제2편의 '대인배상Ⅱ와 대물배상', '자기신체사고', '자동차상해 특별약관', '자기차량손해', '차량단독사고 손해보상 특별약관'의 손해[주1]

　3) 관련법규에 의해 사업자등록을 한 자동차 취급업자가 업무상 위탁받은 피보험자동차를 사용하거나 관리하던 중 발생된 피보험자동차의 사고로 인한 손해 중에서 보통약관 제2절의 '대인배상Ⅱ와 대물배상'에서 보상하는 손해[주1]. 다만, 자동차 취급업자가 가입한 보험계약에서 보험금이 지급될 수 있는 경우에는 그 보험금을 초과하는 손해를 보상하고, 대물배상의 경우 「자동차손해배상 보장법」 제5조, 같은법 시행령 제3조에서 정하는 금액을 한도로 합니다.

　주1) 대인배상Ⅱ와 대물배상은 기명피보험자의 법률상 손해배상책임이 있는 경우에 한하여 보험금을 지급합니다.

> ─〈용어풀이〉─
> 이 특별약관에서 만 ○○세 미만의 자란 주민등록상의 생년월일을 기준으로 사고일 현재 만 ○○세 미만의 사람을 말합니다.

3. 준용규정

이 특별약관에서 정하지 아니한 사항은 보통약관에 따릅니다.

4. 기 타

대인배상 I 에 대해서는 이 특별약관의 내용과 관계없이 보통약관의 규정에 따라 보상합니다.

22 기명피보험자 1인 한정운전특약에 대해 설명하시오.

1. 보상내용

보험회사(이하 '회사'라 합니다)는 피보험자가 보험증권에 기재된 자동차(이하 '피보험자동차'라 합니다)에 대하여 운전할 자를 보험증권에 기재된 피보험자(이하 '기명피보험자'라 합니다) 1인으로 한정하는 경우에는 이 특별약관이 정하는 바에 따라 보상합니다.

2. 보상하지 않는 손해

회사는 이 특별약관에 의하여 기명피보험자 이외의 자가 피보험자동차를 운전하던 중에 발생된 사고에 대하여는 보험금을 지급하지 아니합니다. 그러나 다음 중 어느 하나에 해당하는 손해에 대하여는 보험금을 지급합니다.

1) 피보험자동차를 도난당하였을 경우 그 도난당하였을 때로부터 발견될 때까지의 사이에 발생된 피보험자동차의 사고로 인한 보통약관 제2편의 '대인배상Ⅱ와 대물배상', '자기신체사고' 또는 '자동차상해 특별약관', '자기차량손해' 또는 '차량단독사고 손해보상 특별약관'에서 보상하는 손해[주1]

2) 관련법규에 의해 사업자등록을 한 자동차 취급업자가 업무상 위탁받은 피보험자동차를 사용하거나 관리하던 중 발생된 피보험자동차의 사고로 인한 손해 중에서 보통약관 제2절의 '대인배상Ⅱ와 대물배상'에서 보상하는 손해[주1]. 다만, 자동차 취급업자가 가입한 보험계약에서 보험금이 지급될 수 있는 경우에는 그 보험금을 초과하는 손해를 보상하고, 대물배상의 경우 「자동차손해배상 보장법」 제5조, 같은 법 시행령 제3조에서 정하는 금액을 한도로 합니다.

주1) 대인배상Ⅱ와 대물배상은 기명피보험자의 법률상 손해배상책임이 있는 경우에 한하여 보험금을 지급합니다.

3. 준용규정

이 특별약관에 정하지 아니한 사항은 보통약관의 규정에 따릅니다.

4. 기 타

대인배상Ⅰ에 대해서는 이 특별약관의 내용과 관계없이 보통약관의 규정에 따라 보상합니다.

기명피보험자 및 지정 1인 운전자 한정운전 특별약관

기명피보험자 1인 한정운전 특별약관의 내용과 다음 사항 외의 내용은 동일합니다.

1. **보상하는 손해**

    피보험자동차를 운전할 자를 보험증권에 기재된 피보험자(이하 '기명피보험자'라 합니다)와 기명피보험자가 지정한 지정 1인 운전자로 한정

2. **보상하지 않는 손해**

    기명피보험자와 추가 지정된 지정 1인 운전자 이외의 자가 피보험자동차를 운전하던 중에 발생된 사고

23 부부 한정운전특약에 대해 설명하시오.

기명피보험자 1인 한정운전 특별약관의 내용과 다음 사항 외의 내용은 동일합니다.

1. 보상하는 손해

피보험자동차를 운전할 자를 보험증권에 기재된 피보험자(이하 '기명피보험자'라 합니다)와 그 배우자로 한정

2. 보상하지 않는 손해

기명피보험자와 그 배우자 이외의 자가 피보험자동차를 운전하던 중에 발생된 사고
주) 배우자란 기명피보험자의 법률상의 배우자 또는 사실혼관계에 있는 배우자를 말합니다.

심화학습 **부부 및 자녀 운전자 한정운전 특별약관**

기명피보험자 1인 한정운전 특별약관의 내용과 다음 사항 외의 내용은 동일합니다.
1. 보상하는 손해
   보험증권에 기재된 피보험자(이하 '기명피보험자'라 합니다)와 그 배우자 및 자녀로 한정
2. 보상하지 않는 손해
   기명피보험자와 그 배우자 및 자녀 이외의 자가 피보험자동차를 운전하던 중에 발생된 사고
   주1) 배우자란 기명피보험자의 법률 상의 배우자 또는 사실혼관계에 있는 배우자를 말합니다.
   주2) 자녀란 다음에 해당하는 경우를 말합니다.
   　　1. 법률 상의 혼인관계에서 출생한 자녀, 사실혼관계에서 출생한 자녀, 양자 또는 양녀, 계자녀(사실
   　　　혼관계 배우자의 자녀 제외)
   　　2. 기명피보험자의 며느리 또는 사위, 계자녀(사실혼관계 배우자의 자녀 제외)의 배우자

가족 한정운전특약에 대해 설명하시오.

기명피보험자 1인 한정운전 특별약관의 내용과 다음 사항 외의 내용은 동일합니다.

1. 보상하는 손해

보험증권에 기재된 피보험자(이하 '기명피보험자'라 합니다)와 그 가족으로 한정

2. 보상하지 않는 손해

기명피보험자와 그 가족 이외의 자가 피보험자동차를 운전하던 중에 발생된 사고

주) 가족이란
1. 기명피보험자의 부모와 양부모, 계부모(부모의 사실혼관계 배우자 제외)
2. 기명피보험자의 법률상 배우자의 부모 또는 양부모, 계부모(부모의 사실혼관계 배우자 제외)
3. 기명피보험자의 법률상의 배우자 또는 사실혼관계에 있는 배우자
4. 법률상의 혼인관계에서 출생한 자녀, 사실혼관계에서 출생한 자녀, 양자 또는 양녀, 계자녀(사실혼관계 배우자의 자녀 제외)
5. 기명피보험자의 며느리 또는 사위, 계자녀(사실혼관계 배우자의 자녀 제외)의 배우

심화학습 가족 및 형제자매 한정운전 특별약관

기명피보험자 1인 한정운전 특별약관의 내용과 다음 사항 외의 내용은 동일합니다.
1. 보상하는 손해
   보험 증권에 기재된 피보험자(이하 '기명피보험자'라 합니다)와 그 가족 및 형제자매로 한정
2. 보상하지 않는 손해
   기명피보험자와 그 가족 및 형제자매 이외의 자가 피보험자동차를 운전하던 중에 발생된 사고
   주1) 가족이란
      1. 기명피보험자의 부모와 양부모, 계부모(부모의 사실혼관계 배우자 제외)
      2. 기명피보험자의 법률상 배우자의 부모 또는 양부모, 계부모(부모의 사실혼관계 배우자 제외)
      3. 기명피보험자의 법률상의 배우자 또는 사실혼관계에 있는 배우자
      4. 법률상의 혼인관계에서 출생한 자녀, 사실혼관계에서 출생한 자녀, 양자 또는 양녀, 계자녀(사실혼관계 배우자의 자녀 제외)
      5. 기명피보험자의 며느리 또는 사위, 계자녀(사실혼관계 배우자의 자녀 제외)의 배우
   주2) 형제자매란
      기명피보험자와 부모가 동일한 기명피보험자의 형제자매 및 그 양자, 양녀, 계자녀로 인한 형제자매를 말합니다.

25 임직원 한정운전특약에 대해 설명하시오.

1. 보상하는 손해

보험회사(이하 '회사'라 합니다)는 보험증권에 기재된 피보험자(이하 '기명피보험자'라 합니다)가 보험증권에 기재된 자동차(이하 '피보험자동차'라 합니다)에 대하여 운전할 자를 기명피보험자가 사업자등록을 한 사업장 소속의 임직원으로 한정하는 경우에는 이 특별약관이 정하는 바에 따라 보상합니다.

심화학습　용어풀이

이 특별약관에서 임직원이라 함은 다음 중 하나에 해당하는 사람을 말합니다.
① 기명피보험자
② 기명피보험자와 근로계약을 체결한 직원(계약직 직원 포함, 단, 계약직 직원의 경우 피보험자와 체결한 근로계약기간에 한정)
③ 기명피보험자와 계약관계에 있는 자로서 기명피보험자의 업무를 위하여 피보험자동차를 운행하는 자
④ 기명피보험자의 운전자 채용을 위한 면접에 응시한 지원자

---

2. 보상하지 않는 손해

기명피보험자 1인 한정운전 특별약관의 내용과 동일합니다.

3. 보험계약자 및 피보험자의 의무

① 회사는 피보험자동차를 운전한 자가 이 특별약관에서 정한 임직 원임을 확인하는데 필요한 재직증명서, 근로계약서, 기명피보험 자의 사업자등록증 등의 서류를 보험계약자 및 피보험자에게 요청할 수 있으며, 이 경우 보험계약자 및 피보험자는 운전자가 임직원임을 증명하는 서류를 회사에 제출해야 합니다.

② 회사는 보험계약자 및 피보험자가 위 ①의 규정을 위반하여 입증서류를 회사에 제출하지 않는 경우 보험금을 지급하지 않을 수 있습니다.

4. 준용규정

기명피보험자 1인 한정운전 특별약관의 내용과 동일합니다.

5. 기 타

기명피보험자 1인 한정운전 특별약관의 내용과 동일합니다.

26 임시운전자특약에 대해 설명하시오.

1. 보상내용

보험회사는 이 특별약관에 의하여 기명피보험자의 승낙을 얻은 운전자가 피보험자동차를 운전하던 중 발생된 사고에 대하여 '운전자 연령 한정운전 특별약관' 또는 '운전자(범위) 한정운전 특별약관' 가입 여부에 관계없이 이 특약에서 선택한 기간에는 해당운전자를 피보험자동차가 가입한 보통약관의 피보험자로 간주하여 이 특별약관이 정하는 바에 따라 보상합니다.

주) '선택한 기간'이란 1 ~ 30일 중 선택한 기간을 말합니다.

2. 준용규정

기명피보험자 1인 한정운전 특별약관의 내용과 동일합니다.

대리운전 중 사고보상특약에 대해 설명하시오.

1. 보상내용

① 보험회사는 이 특별약관의 피보험자가 당해 자동차의 피보험자의 요청에 의하여 당해 자동차를 운전 중(주차 또는 정차 중을 제외합니다) 발생한 사고에 대하여 보통약관 '자기신체사고', '무보험자동차에 의한 상해', '자기차량손해'와 특별약관 '자동차상해', '차량단독사고 손해보상 특별약관'에 대해서도 약관이 정하는 바에 따라 보상하여 드립니다. 또한 이 경우에는 "운전자 연령한정운전 특별약관" 및 "운전자(범위) 한정운전 특별약관"을 적용하지 않습니다.

② 위 '①'의 사고로 발생한 손해에 대해 자동차취급업자 종합보험 또는 대리운전업자보험 등의 다른 보험계약에 의하여 보험금이 지급될 수 있는 경우에는, 회사는 발생한 손해가 위 다른 보험계약에 의하여 지급될 수 있는 금액을 초과하는 때에 한하여 그 초과액만을 이 특별약관에 따라 보상합니다.

2. 보상하지 않는 손해

회사는 보통약관 제5조, 제14조, 제19조, 제23조에서 정하는 사항이 외에 다음의 손해에 대해서도 보상하지 아니합니다.

① 기명피보험자가 요청한 목적에 반하여 통상적인 경로를 현저히 벗어나서 피보험자동차를 운전하던 중 발생한 사고로 인한 손해

② 피보험자동차를 취급하는 자 외의 사람이 피보험자동차를 운전 중에 생긴 사고로 인한 손해

③ 자동차를 취급하는 자가 피보험자동차를 사용·관리하는 동안에 생긴 피보험자동차의 사고로 인하여 죽거나 다친 손해

④ 자동차를 취급하는 자가 무보험자동차에 의하여 생긴 사고로 죽거나 다친 손해

⑤ 피보험자동차의 기명피보험자가 자동차를 취급하는 자인 경우 그 피용자가 운전하던 중 발생한 사고로 인한 손해

3. 피보험자

이 특별약관에서 피보험자란 '자동차를 취급하는 자'를 말합니다.

4. 준용규정

이 특별약관에서 정하지 아니한 사항은 보통약관에 따릅니다.

28 **자동차상해특약에 대해 설명하시오.**

회사는 이 특별약관에 의하여 보통약관 '자기신체사고'를 이 특별약관으로 대체하여 적용합니다.

1. 보상내용

① 보험회사(이하 "회사"라 합니다)는 피보험자가 피보험자동차를 소유, 사용, 관리하는 동안에 생긴 다음 중 어느 하나의 사고로 인하여 상해[*1]를 입은 때 그로 인한 손해를 보상하여 드립니다.

(*1) 피보험자의 신체에 이상이 있는 점을 뒷받침 할 수 있는 의학적 소견이 있는 경우에 한합니다.

   1. 피보험자동차의 운행으로 인한 사고

   2. 피보험자동차의 운행 중 발생한 다음의 사고. 다만, 피보험자가 피보험자동차에 탑승 중일 때에 한합니다.

     가. 날아오거나 떨어지는 물체와 충돌

     나. 화재 또는 폭발

     다. 피보험자동차의 낙하

② 회사가 이 약관에 따라 지급하는 보험금은 보험증권에 기재된 보험가입금액을 한도로 다음과 같이 계산합니다.

> 지급보험금 = 실제손해액[*2] + 비용 − 공제액

(*2) 실제손해액이란 이 보험계약의 보통약관 '〈별표 1 ~ 4〉' 보험금 지급기준에 의해 산출한 금액 또는 대인배상의 소송이 제기된 경우 확정판결금액(과실 상계 및 보상한도 미적용 기준)을 말합니다.

1. 위 '비용'은 다음의 금액을 말합니다. 이 비용은 보험가입금액과 관계없이 보상하여 드립니다.

   가. 손해의 방지와 경감을 위하여 지출한 비용(긴급조치비용을 포함합니다)

   나. 남에게서 손해배상을 받을 수 있는 권리의 보전과 행사를 위하여 지출한 필요 또는 유익비용

2. 위 '공제액'은 다음의 금액을 말합니다.

   가. 자동차보험(공제계약을 포함합니다) 대인배상Ⅰ(정부보장사업을 포함합니다) 및 대인배상Ⅱ에 의하여 보상받을 수 있는 금액

   나. 무보험자동차에 의한 상해에 따라서 지급될 수 있는 금액. 다만, 무보험자동차에 의한 상해보험금의 청구를 포기한 경우에는 공제하지 아니합니다.

   다. 피보험자가 배상의무자에게서 이미 받은 손해배상액

   라. 배상의무자가 아닌 제3자가 부담할 금액으로 피보험자가 이미 받은 금액

주) 공제계약이란

조합원이 상부상조하기 위하여 자주적으로 만든 상호부조단체인 공제조합에 가입된 계약으로 여객 자동차운수사업법의 적용을 받으며 공제에는 버스공제조합, 전세버스공제조합, 택시 공제조합, 개인택시공제조합, 화물제조합 등이 있습니다. 자동차보험과 마찬가지로 자동차 사고로 타인을 사상 케하거나 타인의 재물을 손괴하여 조합원이 법률상 손해배상책임을 짐으로써 발생하는 조합원의 재산상의 손해를 담보합니다.

③ 위 '②'의 규정에도 불구하고 배상의무자가 가입한 자동차보험(공제계약을 포함)의 대인배상Ⅰ과 대인배상Ⅱ에 의한 손해배상을 받을 수 있는 금액을 포함하여 피보험자가 회사에 청구하는 경우, 이 약관에 따라 지급하는 보험금은 보험증권에 기재된 보험가입금액을 한도로 이 약관에 의하여 산출한 금액과 배상의무자가 가입한 자동차보험(공제계약을 포함)의 대인배상Ⅰ 및 대인배상Ⅱ 의 보험금지급기준에 의하여 보상받을 수 있는 금액을 합한 액수로 합니다. 단, 피보험자의 과실 이 없는 것으로 확정된 경우에는 본 항을 적용하지 않습니다.

④ 회사가 사망보험금을 지급할 경우에 이미 후유장애로 지급한 보험금이 있을 때에는 사망보험금에 서 이를 공제한 금액을 지급합니다.

⑤ 다만, 보험계약자인 기명피보험자가 본인의 사망보험금 수익자를 지정하거나 변경하고 그 사실 을 회사에 문서로 통지한 경우에는 그 수익자에게 보험금을 지급합니다.

2. 보상하지 않는 손해

회사는 다음과 같은 손해는 보상하지 않습니다.

① 보통약관 제14조에서 정하는 사항에 해당하는 경우

② 보험증권에 기재된 운전 가능한 연령 또는 범위 외의 사람이 피보험자동차를 운전하던 중에 생긴 사고로 인한 손해

3. 보상하지 않는 손해의 범위

피보험자는 보험회사에 보상을 청구할 수 있는 사람으로 그 범위는 다음과 같습니다.

① 보통약관 '배상책임'의 대인배상Ⅱ에 해당하는 피보험자

② 위 '①'의 피보험자의 부모, 배우자 및 자녀(제1조 용어의 정의 제15항)

4. 준용규정

이 특별약관에 정하지 아니한 사항은 보통약관에 따릅니다.

29 상해간병비지원특약에 대해 설명하시오.

1. 가입조건

이 특별약관은 이 보험계약의 보통약관 '자기신체사고' 또는 '자동차상해 특별약관'에 가입한 경우에 한하여 가입할 수 있습니다.

2. 보상내용

보험회사(이하 "회사"라 합니다)는 피보험자가 피보험자동차를 소유, 사용, 관리하는 동안에 생긴 다음 중 어느 하나의 사고로 인하여 상해[*1]를 입었을 때 자동차손해배상 보장법 시행령에서 정한 상해 구분에 따라 아래와 같이 간병비용을 지급하여 드립니다.

(*1) 피보험자의 신체에 이상이 있는 점을 뒷받침할 수 있는 의학적 소견이 있는 경우에 한합니다.

1. 피보험자동차의 운행으로 인한 사고
2. 피보험자동차의 운행 중 발생한 다음의 사고. 다만, 피보험자가 피보험자동차에 탑승 중일 때에 한합니다.

   가. 날아오거나 떨어지는 물체와 충돌

   나. 화재 또는 폭발

   다. 피보험자동차의 낙하

구 분	1급~3급	4급~6급	7급~11급
고급형	500만원	200만원	10만원
기본형	100만원		10만원
실속형	100만원		미지급

3. 보험금을 지급하지 않는 경우

보험회사는 다음과 같은 경우에 이 특별약관의 보험금을 지급하지 않습니다.

① 보통약관 제14조에서 정하는 사항에 해당하거나 보험증권에 기재된 운전 가능한 연령 또는 범위 외의 자가 운전 중 생긴 사고로 인한 손해 등 보통약관 '자기신체사고' 또는 '자동차상해 특별약관' 에서 보험금이 지급되지 않는 경우

② '자동차상해 특별약관', '1. 보상내용 ②'의 계산방법에 따라 산출한 지급보험금이 없는 경우[*2]

   (*2) 공제액이 실제손해액보다 크거나 같은 경우

4. 피보험자

이 특별약관에서 피보험자란 기명피보험자와 그 가족을 말합니다.

주) 가족이란
1. 기명피보험자의 부모와 양부모, 계부모(부모의 사실혼관계 배우자 제외)
2. 기명피보험자의 법률상 배우자의 부모 또는 양부모, 계부모(부모의 사실혼관계 배우자 제외)
3. 기명피보험자의 법률상의 배우자 또는 사실혼관계에 있는 배우자
4. 법률상의 혼인관계에서 출생한 자녀, 사실혼관계에서 출생한 자녀, 양자 또는 양녀, 계자녀(사실혼관계 배우자의 자녀 제외)
5. 기명피보험자의 며느리 또는 사위, 계자녀(사실혼관계 배우자의 자녀 제외)의 배우

5. 준용규정

이 특별약관에서 정하지 아니한 사항은 보통약관에 따릅니다.

30 주말·휴일 확대보상에 대해 설명하시오.

1. 가입조건

이 특별약관은 이 보험계약의 '자동차상해 특별약관'에 가입한 경우에 한하여 가입할 수 있습니다.

2. 보상내용

보험회사(이하 "회사"라 합니다)는 피보험자가 주말 및 휴일에 피보험자동차를 소유, 사용, 관리하는 동안에 생긴 다음 중 어느 하나의 사고로 인하여 사망 또는 후유장애의 피해를 입어 '자동차상해' 보험금이 지급되는 경우 보험증권에 기재된 '자동차상해'의 사망 또는 후유장애 보험가입금액을 2배로 확대하여 확대된 가입금액을 한도로 보상하여 드립니다.

1. 피보험자동차의 운행으로 인한 사고
2. 피보험자동차의 운행 중 발생한 다음의 사고. 다만, 피보험자가 피보험자동차에 탑승 중일 때에 한합니다.
   가. 날아오거나 떨어지는 물체와 충돌
   나. 화재 또는 폭발
   다. 피보험자동차의 낙하

3. 보험금을 지급하지 않는 경우

회사는 '자동차상해 특별약관'의 '2. 보상하지 않는 손해'에서 정하여진 사항은 보험금을 지급하지 않습니다.

4. 피보험자

이 특별약관에서 피보험자란 기명피보험자와 그 가족을 말합니다.

5. 준용규정

이 특별약관에서 정하지 아니한 사항은 보통약관에 따릅니다.

주1) 주말이란

금요일 18:00 ∼ 월요일 06:00까지를 말합니다.

주2) 휴일이란

법정공휴일(국가에서 정한 임시공휴일 포함) 및 근로자의 날의 전일(前日) 18:00부터 법정공휴일과 근로자의 날 다음 날의 06:00까지를 말합니다.

주3) 가족이란

1. 기명피보험자의 부모와 양부모, 계부모(부모의 사실혼관계 배우자 제외)

2. 기명피보험자의 법률상 배우자의 부모 또는 양부모, 계부모(부모의 사실혼관계 배우자 제외)

3. 기명피보험자의 법률상의 배우자 또는 사실혼관계에 있는 배우자

4. 법률상의 혼인관계에서 출생한 자녀, 사실혼관계에서 출생한 자녀, 양자 또는 양녀, 계자녀(사실혼관계 배우자의 자녀 제외)

5. 기명피보험자의 며느리 또는 사위, 계자녀(사실혼관계 배우자의 자녀 제외)의 배우

31 상급병실료지원특약에 대해 설명하시오.

이 특약에서 상급병실이란 특실까지를 의미합니다.

1. 가입조건

이 특별약관은 이 보험계약의 보통약관 '자기신체사고' 또는 '자동차상해 특별약관'에 가입한 경우에 한하여 가입할 수 있습니다.

2. 보상내용

① 보험회사는 피보험자가 피보험자동차를 소유, 사용, 관리하는 동안에 생긴 다음 중 어느 하나의 사고로 인하여 상해(*1)를 입어 이 보험계약의 보통약관 '자기신체사고' 또는 특별약관 '자동차상해' 보험금이 지급되는 경우 상급병실을 이용함으로써 추가로 발생 되는 병실료 차액을 30일간을 한도로 500만원 한도 내에서 지급 하여 드립니다.

(*1) 피보험자의 신체에 이상이 있는 점을 뒷받침할 수 있는 의학적 소견이 있는 경우에 한합니다.

1. 피보험자동차의 운행으로 인한 사고

2. 피보험자동차의 운행 중 발생한 다음의 사고. 다만, 피보험자가 피보험자동차에 탑승 중일 때에 한합니다.

　가. 날아오거나 떨어지는 물체와 충돌

　나. 화재 또는 폭발

　다. 피보험자동차의 낙하

② 위 ①항의 경우에 다른 보험계약에 의하여 병실료 차액이 지급될 수 있는 경우에는 그 병실료 차액이 다른 보험계약에서 지급될 수 있는 금액을 초과하는 경우에 한하여 그 초과금액만을 지급 합니다.

3. 보험금을 지급하지 않는 경우

보험회사는 다음과 같은 경우에 이 특별약관의 보험금을 지급하지 않습니다.

① 보통약관 제14조에서 정하는 사항에 해당하거나 보험증권에 기재된 운전 가능한 연령 또는 범위 외의 자가 운전 중 생긴 사고로 인한 손해 등 보통약관 '자기신체사고' 또는 '자동차상해 특별약관' 에서 보험금이 지급되지 않는 경우

② '자동차상해 특별약관', '1. 보상내용 ②'의 계산방법에 따라 산출한 지급보험금이 없는 경우[*2]

　(*2) 공제액이 실제손해액보다 크거나 같은 경우

4. 피보험자

이 특별약관에서 피보험자는 기명피보험자와 그 가족을 말합니다.

주) 가족이란

1. 기명피보험자의 부모와 양부모, 계부모(부모의 사실혼관계 배우자 제외)
2. 기명피보험자의 법률상 배우자의 부모 또는 양부모, 계부모(부모의 사실혼관계 배우자 제외)
3. 기명피보험자의 법률상의 배우자 또는 사실혼관계에 있는 배우자
4. 법률상의 혼인관계에서 출생한 자녀, 사실혼관계에서 출생한 자녀, 양자 또는 양녀, 계자녀(사실혼관계 배우자의 자녀 제외)
5. 기명피보험자의 며느리 또는 사위, 계자녀(사실혼관계 배우자의 자녀 제외)의 배우

5. 준용규정

이 특별약관에서 정하지 아니한 사항은 보통약관에 따릅니다.

32 성형·치아보철비용지원특약에 대해 설명하시오.

1. 가입조건

이 특별약관은 이 보험계약의 보통약관 '자기신체사고' 또는 '자동차상해 특별약관'에 가입한 경우에 한하여 가입할 수 있습니다.

2. 보상내용

보험회사는 피보험자가 피보험자동차를 소유, 사용, 관리하는 동안에 생긴 다음 중 어느 하나의 사고로 인하여 상해[*1]를 입어 이 보험계약의 보통약관 '자기신체사고' 또는 '자동차상해 특별약관' 보험금이 지급되는 경우 이 특별약관에 의하여 다음과 같이 성형비용 및 치아 보철비용을 추가로 지급하여 드립니다.

(*1) 피보험자의 신체에 이상이 있는 점을 뒷받침할 수 있는 의학적 소견이 있는 경우에 한합니다.

1. 피보험자동차의 운행으로 인한 사고
2. 피보험자동차의 운행 중 발생한 다음의 사고. 다만, 피보험자가 피보험자동차에 탑승 중일 때에 한합니다.
   가. 날아오거나 떨어지는 물체와 충돌
   나. 화재 또는 폭발
   다. 피보험자동차의 낙하

심화학습 **성형비용, 치아보철비용**

가. **성형비용** : 피보험자가 상해를 입은 직접적인 결과로 의사의 진단에 의해 안면부, 상지, 하지부분에 성형수술이 필요한 경우에는 성형 부위 1cm당 10만원을 1회에 한하여 1천만원을 한도로 지급
나. **치아보철비용** : 피보험자가 상해를 입은 직접적인 결과로 의사의 진단에 의해 치아보철을 하는 경우에는 1대당 20만원의 치아보철 비용을 지급. 다만, 피보험자가 상해를 입기 전에 이미 보철을 하고 있었던 경우(틀니를 포함합니다)에는 보험금을 지급하지 않습니다.
주1) 안면부란 : 이마를 포함하여 목까지의 얼굴 부분을 말 합니다.
주2) 상지란 : 견관절(어깨관절) 이하의 팔 부분을 말 합니다.
주3) 하지란 : 고관절(엉덩관절) 이하 대퇴부, 하퇴부, 족부를 의미하며 둔부, 서혜부, 복부 등은 제외합니다.

---

3. 보험금을 지급하지 않는 경우

보험회사는 다음과 같은 경우에 이 특별약관의 보험금을 지급하지 않습니다.

① 보통약관 제14조에서 정하는 사항에 해당하거나 보험증권에 기재된 운전 가능한 연령 또는 범위 외의 자가 운전 중 생긴 사고로 인한 손해 등 보통약관 '자기신체사고' 또는 '자동차상해 특별약관' 에서 보험금이 지급되지 않는 경우

② '자동차상해 특별약관', '1. 보상내용 ②'의 계산방법에 따라 산출한 지급보험금이 없는 경우[*2]
    (*2) 공제액이 실제손해 액보다 크거나 같은 경우

4. 피보험자

이 특별약관에서 피보험자란 기명피보험자와 그 가족을 말합니다.

주) 가족이란
1. 기명피보험자의 부모와 양부모, 계부모(부모의 사실혼관계 배우자 제외)
2. 기명피보험자의 법률상 배우자의 부모 또는 양부모, 계부모(부모의 사실혼관계 배우자 제외)
3. 기명피보험자의 법률상의 배우자 또는 사실혼관계에 있는 배우자
4. 법률상의 혼인관계에서 출생한 자녀, 사실혼관계에서 출생한 자녀, 양자 또는 양녀, 계자녀(사실 혼관계 배우자의 자녀 제외)
5. 기명피보험자의 며느리 또는 사위, 계자녀(사실혼관계 배우자의 자녀 제외)의 배우자

5. 준용규정

이 특별약관에서 정하지 아니한 사항은 보통약관에 따릅니다.

33 안심용품 · 장례용품지원특약에 대해 설명하시오.

1. 가입조건

이 특별약관은 이 보험계약의 보통약관 '자기신체사고' 또는 '자동차상해 특별약관'에 가입한 경우에 한하여 가입할 수 있습니다.

2. 보상내용

① 안심용품 지원

보험회사(이하 "회사"라 합니다)는 피보험자가 피보험자동차를 소유, 사용, 관리하는 동안에 생긴 다음 중 어느 하나의 사고로 인하여 상해[*1]를 입어 이 보험계약의 보통약관 '자기신체사고' 또는 '자동차상해 특별약관'에 따라서 보험금이 지급되는 경우 1사고당 회사가 정한 1개의 안심용품 등을 지급하여 드립니다. 제공물품 중에서 생산중단 등으로 공급할 수 없는 경우에는 해당하는 용품 상당액에 해당하는 유사용품으로 대체하여 지급하여 드립니다.

(*1) 피보험자의 신체에 이상이 있는 점을 뒷받침할 수 있는 의학적 소견이 있는 경우에 한합니다.

1. 피보험자동차의 운행으로 인한 사고

2. 피보험자동차의 운행 중 발생한 다음의 사고. 다만, 피보험자가 피보험자동차에 탑승 중일 때에 한합니다.

   가. 날아오거나 떨어지는 물체와 충돌

   나. 화재 또는 폭발

   다. 피보험자동차의 낙하

② 장례용품 지원

회사는 피보험자가 피보험자동차에 탑승 중 발생한 사고로 사망한 경우 보통약관 '자기신체사고' 또는 '자동차상해 특별약관'에 따라서 보험금이 지급되는 여부를 불문하고 1사고당 회사가 정한 장례용품 등을 제공하여 드립니다. 다만, 사고접수가 지연되는 등의 사유로 제공이 어려운 경우에는 장례용품 상당액에 해당하는 대용품으로 대체하여 지급해 드립니다.

3. 보상하지 않는 손해

회사는 다음과 같은 경우에 이 특별약관의 보험금을 지급하지 않습니다.

① 보통약관 제14조에서 정하는 사항에 해당하거나 보험증권에 기재된 운전 가능한 연령 또는 범위 외의 자가 운전 중 생긴 사고로 인한 손해 등 보통약관 '자기신체사고' 또는 '자동차상해 특별약관'에서 보험금이 지급되지 않는 경우

② '자동차상해 특별약관', '1. 보상내용 ②'의 계산방법에 따라 산출한 지급보험금이 없는 경우[*2]
  (*2) 공제액이 실제손해액보다 크거나 같은 경우

③ 피보험자가 사망한 경우

④ 이 특별약관 '2. 보상내용 ② 장례용품'이 지급되는 경우에는 위 '①' 내지 '③'은 적용하지 않습니다.

4. 피보험자

이 특별약관에서 피보험자란 기명피보험자와 그 가족을 말합니다.

주) 가족이란
  1. 기명피보험자의 부모와 양부모, 계부모(부모의 사실혼관계 배우자 제외)
  2. 기명피보험자의 법률상 배우자의 부모 또는 양부모, 계부모(부모의 사실혼관계 배우자 제외)
  3. 기명피보험자의 법률상의 배우자 또는 사실혼관계에 있는 배우자
  4. 법률상의 혼인관계에서 출생한 자녀, 사실혼관계에서 출생한 자녀, 양자 또는 양녀, 계자녀(사실혼관계 배우자의 자녀 제외)
  5. 기명피보험자의 며느리 또는 사위, 계자녀(사실혼관계 배우자의 자녀 제외)의 배우

5. 준용규정

이 특별약관에서 정하지 아니한 사항은 보통약관에 따릅니다.

34 법률비용지원특약에 대해 설명하시오.

1. 보상내용

① 보험회사(이하 "회사"라고 합니다)는 피보험자가 피보험자동차를 소유·사용·관리하는 동안에 생긴 피보험자동차의 사고로 인하여 남을 죽게 하거나 다치게 하여 형사상 책임을 지거나,「형법」 제258조 제1항 또는 제2항,「교통사고처리특례법」제4조 제1항 제2호의 중상해를 입혀 발생된 손해에 대해 이 특별약관이 정하는 바에 따라 보상하여 드립니다.

② 이 특별약관에서 정한 보험금의 종류와 한도는 사고마다 다음과 같습니다. 다만, 이 특별약관은 실속형, 기본형, 고급형의 상품으로 구분되며, 가입하신 상품의 지급기준에 따라 보상하여 드립니다.

　가. 방어비용

　　피보험자가 타인(피보험자의 부모, 배우자 및 자녀는 제외합니다)을 죽게 하거나 다치게 하여 구속영장에 의해 구속되거나 검사에 의해 공소가 제기된 경우에는 보상 한도액 내에서 실제 발생한 변호사비용 등 방어비용을 지급하여 드립니다(단, 약식기소 제외).

〈방어비용 보상 한도액〉

구 분	실속형	기본형	고급형
보상한도	200만원	300만원	500만원

　　다만, 검사가 약식기소를 하였으나「형사소송법」제450조에 따라서 법원에서 공판 절차로 재판이 진행되는 경우, 또는 동법 제453조에 따라서 정식 재판이 청구되는 경우는 보상 한도액 내에서 방어비용을 지급하여 드립니다.

　나. 형사합의금

　　(1) 다음 각 호에 해당하여 피보험자가 형사합의를 한 경우에는 피해자 1인당 아래 표 "형사합의금 보상 한도액"의 상해급수별 보상 한도액 내에서 피보험자가 형사합의금으로 지급한 금액을 보상합니다(단, 1) 내지 3)에 중복 해당되는 경우에는 보험금을 중복하여 지급하지 아니합니다). 법원에 공탁한 경우에는 실제 공탁금액을 보상 한도액 내에서 지급하고, 향후 피보험자가 공탁금을 회수하는 경우에는 지급받은 보험금(형사합의금)을 반환하여야 합니다.

　　1) 피보험자가 타인(피보험자의 부모, 배우자 및 자녀는 제외합니다. 이하 같습니다)을 사망케 한 경우

　　2) 피보험자가「교통사고처리특례법」제3조 제2항 단서에 해당하는 사고를 일으켜 타인을 다치게 한 경우

　　3) 피보험자가 타인에게「형법」제258조 제1항 또는 제2항,「교통사고처리특례법」제4조 제1항 제2호의 중상해를 입힌 경우

(2) 다음 각 호 모두에 해당하는 경우, 회사는 형사합의금을 피해자에게 직접 지급할 수 있습니다.

 1) 피보험자와 피해자간 형사합의금액을 확정하고, 피해자가 형사합의금액을 별도로 장래에 지급받는 조건으로 형사합의를 한 경우

 2) 보험회사가 피해자에게 형사합의금을 직접 지급하는 경우 피보험자가 이 특별약관에 따라 피해자에게 직접 지급되는 보험금(형사합의금)에 상응하는 청구권을 포기한 경우

〈형사합의금 보상 한도액〉

구 분	실속형	기본형	고급형
사망의 경우	2,000만원	2,000만원	3,000만원
상해 1~3급의 경우	500만원	1,000만원	3,000만원
상해 4~7급의 경우	300만원	400만원	500만원

주) 상해급수는 자동차손해배상 보장법 시행령 제3조에서 정한 상해구분에 따릅니다.

〈용어풀이〉

「형법」제258조 제1항 또는 제2항,「교통사고처리특례법」제4조 제1항 제2호의 '중상해'란 사람의 신체를 상해하여 생명에 대한 위험을 발생하게 한 경우, 신체의 상해로 인하여 불구 또는 불치나 난치의 질병에 이르게 한 경우를 말합니다.

다. 벌 금

 대한민국 법원의 확정판결에 의하여 피보험자가 부담하는 벌금을 2천만원 한도로 지급. 단,「특정범죄가중처벌 등에 관한 법률」제5조의13에 의한 경우, 3천만원 한도로 지급

③ 한 사고로 제2항의 보험금을 두 가지 이상 지급할 사유가 발생한 때에는 이를 합산한 금액을 지급합니다.

2. 보상하지 않는 손해

① 회사는 다음과 같은 손해에 대하여는 보험금을 지급하지 아니합니다.

 1. 보험계약자나 피보험자의 고의 또는 싸움으로 인한 손해

 2. 전쟁, 혁명, 내란, 사변, 폭동, 소요, 기타 이들과 유사한 사태로 인한 손해

 3. 지진, 분화, 태풍, 홍수, 해일 또는 이와 유사한 천재지변으로 인한 손해

 4. 핵연료물질의 직접 또는 간접적인 영향으로 인한 손해

 5. 피보험자가 무면허운전 또는 음주운전을 하던 중 생긴 사고로 인한 손해

 6. 피보험자가 사고를 일으키고 도주한 때에 생긴 손해

 7. 피보험자가 피보험자동차를 범죄의 목적으로 운전하던 중 생긴 사고로 인한 손해

 8. 피보험자가 요금이나 대가를 받고 반복적으로 피보험자동차를 운전하던 중 생긴 사고로 인한 손해

9. 피보험자가 마약 또는 약물 등의 영향에 의하여 정상적인 운전을 하지 못할 상태에서 운전하던 중 생긴 사고로 인 한 손해

10. 피보험자동차를 시험용(단, 운전면허시험을 위한 도로주행 시험용은 제외) 또는 경기용으로 경기를 위한 연습용으로 운전하던 중 생긴 사고로 인한 손해

11. 보험증권에 기재된 운전 가능한 연령 또는 범위 외의 자가 운전 중 생긴 사고로 인한 손해

② 회사는 피해자가 기명피보험자 또는 기명피보험자의 부모, 배우자 및 자녀인 경우에는 보험금을 지급하지 아니합니다.

3. 피보험자

이 특별약관에서 피보험자란 보통약관 제7조의 피보험자 중에서 보험증권에 기재된 운전자 한정 범위에 속하는 자를 말합니다.

4. 보험금의 분담

'1. 보상 내용 ②'의 보험금이 지급되는 경우로 이 보험계약과 보상책임의 전부 또는 일부가 중복되는 다른 보험계약(공제계약을 포함합니다)이 있는 경우에, 다른 보험계약이 없는 것으로 하여 각 보험계약에 의해 산출한 보상책임액이 손해액보다 많게 되는 경우에는 다음의 산식에 따라 보험금을 지급합니다.

$$
손해액 \times \frac{이\ 보험계약에\ 의해\ 산출한\ 보상책임액}{다른\ 보험계약이\ 없는\ 것으로\ 하여\ 각\ 보험계약에\ 의해\ 산출한\ 보상책임액의\ 합계액}
$$

5. 보험금 청구시 제출서류

(1) 위 '1. 보상내용 ②'에 따라 보험금을 청구하고자 하는 피보험자는 다음의 서류를 제출하여야 합니다.

1. 경찰서에서 발행한 교통사고 사실 확인원
2. 경찰서 혹은 검찰청에 제출된 교통사고 형사합의서(단, 합의금액이 명시된 경우에 한함)
3. 검사에 의해 기소된 경우 검찰청에서 발행한 공소장
4. 법원에 공탁한 경우 법원 혹은 검찰청에 제출한 공탁(확인)서 및 공탁금 회수제한 신고서
5. 변호사가 발행한 세금계산서 등 방어비용 지불 증빙 서류
6. 기타 회사가 필요하다고 인정하는 서류

(2) 위 1. 보상내용 ②의'2. 형사합의금 (2)'에 따라 보험회사가 형사합의금을 피해자에게 직접 지급할 경우, 피보험자는 다음의 서류를 제출해야 합니다.

1. 경찰서 혹은 검찰청에 제출된 자동차 교통사고 형사합의서(단, 합의금액이 명시되어 있어야 하며, 합의금액을 장래에 지급한다는 내용이 포함되어 있어야 함)

2. 보험금(형사합의금) 수령에 관한 위임장 및 확인서(보험회사 양식)

3. 경찰서에서 발행한 교통사고 사실 확인원 또는 검찰에 의해 기소된 경우 검찰청에서 발행한 공소장

4. 진단서, 소견서 등 피해자의 상해등급을 확인할 수 있는 서류

5. 그 밖에 보험회사가 필요하다고 인정하는 서류

6. 보험금의 지급

각 피보험자의 보험금 청구가 경합하는 때에는 회사는 기명피보험자에게 우선하여 보험금을 지급합니다.

7. 준용규정

이 특별약관에서 정하지 아니한 사항은 보통약관에 따릅니다.

할 수 있다고 믿는 사람은 그렇게 되고,

할 수 없다고 믿는 사람도 역시 그렇게 된다.

- 샤를 드골 -

제4과목

제3보험의
이론과 실무

Essential
(에센셜)

PART 01

질병·상해보험 표준약관

Chapter 1 · 보험금 지급

Theme 1 · 목적·용어

제1조(목적)

이 보험계약(이하 '계약'이라 합니다)은 보험계약자(이하 '계약자'라 합니다)와 보험회사(이하 '회사'라 합니다) 사이에 피보험자의 질병이나 상해에 대한 위험을 보장하기 위하여 체결됩니다.

제2조(용어의 정의)

이 계약에서 사용되는 용어의 정의는, 이 계약의 다른 조항에서 달리 정의되지 않는 한 다음과 같습니다.

1. 계약관계 관련 용어

  가. 계약자 : 회사와 계약을 체결하고 보험료를 납입할 의무를 지는 사람을 말합니다.

  나. 보험수익자 : 보험금 지급사유가 발생하는 때에 회사에 보험금을 청구하여 받을 수 있는 사람을 말합니다.

  다. 보험증권 : 계약의 성립과 그 내용을 증명하기 위하여 회사가 계약자에게 드리는 증서를 말합니다.

  라. 진단계약 : 계약을 체결하기 위하여 피보험자가 건강진단을 받아야 하는 계약을 말합니다.

  마. 피보험자 : 보험사고의 대상이 되는 사람을 말합니다.

2. 지급사유 관련 용어

  가. 상해 : 보험기간 중에 발생한 급격하고도 우연한 외래의 사고로 신체(의수, 의족, 의안, 의치 등 신체보조장구는 제외하나, 인공장기나 부분 의치 등 신체에 이식되어 그 기능을 대신할 경우는 포함합니다)에 입은 상해를 말합니다.

  나. 장해 : 〈부표 9〉 장해분류표에서 정한 기준에 따른 장해상태를 말합니다.

  다. 중요한 사항 : 계약 전 알릴의무와 관련하여 회사가 그 사실을 알았더라면 계약의 청약을 거절하거나 보험가입금액 한도 제한, 일부 보장 제외, 보험금 삭감, 보험료 할증과 같이 조건부로 승낙하는 등 계약 승낙에 영향을 미칠 수 있는 사항을 말합니다.

3. 지급금과 이자율 관련 용어

　　가. 연단위 복리 : 회사가 지급할 금전에 이자를 줄 때 1년마다 마지막 날에 그 이자를 원금에 더한 금액을 다음 1년의 원금으로 하는 이자 계산방법을 말합니다.

　　나. 평균공시이율 : 전체 보험회사 공시이율의 평균으로, 이 계약 체결 시점의 이율을 말합니다.

　　다. 해약환급금 : 계약이 해지되는 때에 회사가 계약자에게 돌려주는 금액을 말합니다.

4. 기간과 날짜 관련 용어

　　가. 보험기간 : 계약에 따라 보장을 받는 기간을 말합니다.

　　나. 영업일 : 회사가 영업점에서 정상적으로 영업하는 날을 말하며, 토요일, '관공서의 공휴일에 관한 규정'에 따른 공휴일과 근로자의 날을 제외합니다.

제3조(보험금의 지급사유)

회사는 피보험자에게 다음 중 어느 하나의 사유가 발생한 경우에는 보험수익자에게 약정한 보험금을 지급합니다.

1. 보험기간 중에 상해의 직접결과로써 사망한 경우(질병으로 인한 사망은 제외합니다) : 사망보험금

2. 보험기간 중 진단확정된 질병 또는 상해로 장해분류표(〈부표 9〉 참조)에서 정한 각 장해지급률에 해당하는 장해상태가 되었을 때 : 후유장해보험금

3. 보험기간 중 진단확정된 질병 또는 상해로 입원, 통원, 요양, 수술 또는 수발(간병)이 필요한 상태가 되었을 때 : 입원보험금, 간병보험금 등

제4조(보험금 지급에 관한 세부규정)

① 제3조(보험금의 지급사유) 제1호 '사망'에는 보험기간에 다음 어느 하나의 사유가 발생한 경우를 포함합니다.

  1. 실종선고를 받은 경우 : 법원에서 인정한 실종기간이 끝나는 때에 사망한 것으로 봅니다.

  2. 관공서에서 수해, 화재나 그 밖의 재난을 조사하고 사망한 것으로 통보하는 경우 : 가족관계등록부에 기재된 사망연월일을 기준으로 합니다.

② 「호스피스·완화의료 및 임종과정에 있는 환자의 연명의료 결정에 관한 법률」에 따른 연명의료중단 등 결정 및 그 이행으로 피보험자가 사망하는 경우 연명의료중단 등 결정 및 그 이행은 제3조(보험금의 지급사유) 제1호 '사망'의 원인 및 '사망보험금' 지급에 영향을 미치지 않습니다.

③ 제3조(보험금의 지급사유) 제2호에서 장해지급률이 상해 발생일 또는 질병의 진단 확정일부터 180일 이내에 확정되지 않는 경우에는 상해 발생일 또는 질병의 진단확정일부터 180일이 되는 날의 의사 진단에 기초하여 고정될 것으로 인정되는 상태를 장해지급률로 결정합니다. 다만, 장해분류표(〈부표 9〉 참조)에 장해 판정시기를 별도로 정한 경우에는 그에 따릅니다.

④ 제3항에 따라 장해지급률이 결정되었으나 그 이후 보장받을 수 있는 기간(계약의 효력이 없어진 경우에는 보험기간이 10년 이상인 계약은 상해 발생일 또는 질병의 진단확정일부터 2년 이내로 하고, 보험기간이 10년 미만인 계약은 상해 발생일 또는 질병의 진단확정일부터 1년 이내)에 장해상태가 더 악화된 때에는 그 악화된 장해상태를 기준으로 장해지급률을 결정합니다.

④ 삭제 〈2018.7.10.〉

⑤ 삭제 〈2018.7.10.〉

⑥ 삭제 〈2018.7.10.〉

⑦ 삭제 〈2018.7.10.〉

⑧ 장해분류표에 해당되지 않는 후유장해는 피보험자의 직업, 연령, 신분 또는 성별 등에 관계없이 신체의 장해정도에 따라 장해분류표의 구분에 준하여 지급액을 결정합니다. 다만, 장해분류표의 각 장해분류별 최저 지급률 장해정도에 이르지 않는 후유장해에 대하여는 후유장해보험금을 지급하지 않습니다.

⑨ 보험수익자와 회사가 제3조(보험금의 지급사유)의 보험금 지급사유에 대해 합의하지 못할 때는 보험수익자와 회사가 함께 제3자를 정하고 그 제3자의 의견에 따를 수 있습니다. 제3자는 의료법 제3조(의료기관)에 규정한 종합병원 소속 전문의 중에 정하며, 보험금 지급사유 판정에 드는 의료비용은 회사가 전액 부담합니다.

⑩ 같은 질병 또는 상해로 두 가지 이상의 후유장해가 생긴 경우에는 후유장해 지급률을 합산하여 지급합니다. 다만, 장해분류표의 각 신체부위별 판정기준에 별도로 정한 경우에는 그 기준에 따릅니다.

⑪ 다른 질병 또는 상해로 인하여 후유장해가 2회 이상 발생하였을 경우에는 그 때마다 이에 해당하는 후유장해지급률을 결정합니다. 그러나 그 후유장해가 이미 후유장해보험금을 지급받은 동일한 부위에 가중된 때에는 최종 장해상태에 해당하는 후유장해보험금에서 이미 지급받은 후유장해보험금을 차감하여 지급합니다. 다만, 장해분류표의 각 신체부위별 판정기준에서 별도로 정한 경우에는 그 기준에 따릅니다.

⑫ 이미 이 계약에서 후유장해보험금 지급사유에 해당되지 않았거나(보장개시 이전의 원인에 의하거나 또는 그 이전에 발생한 후유장해를 포함합니다), 후유장해보험금이 지급되지 않았던 피보험자에게 그 신체의 동일 부위에 또다시 제11항에 규정하는 후유장해상태가 발생하였을 경우에는 직전까지의 후유장해에 대한 후유장해보험금이 지급된 것으로 보고 최종 후유장해 상태에 해당되는 후유장해보험금에서 이를 차감하여 지급합니다.

⑬ 회사가 지급하여야 할 하나의 진단확정된 질병 또는 상해로 인한 후유장해보험금은 보험가입금액을 한도로 합니다.

보험금 지급 면책사유

제5조(보험금을 지급하지 않는 사유)

① 회사는 다음 중 어느 한가지로 보험금 지급사유가 발생한 때에는 보험금을 지급하지 않습니다.

1. 피보험자가 고의로 자신을 해친 경우. 다만, 피보험자가 심신상실 등으로 자유로운 의사결정을 할 수 없는 상태에서 자신을 해친 경우에는 보험금을 지급합니다.

2. 보험수익자가 고의로 피보험자를 해친 경우. 다만, 그 보험수익자가 보험금의 일부 보험수익자인 경우에는 다른 보험수익자에 대한 보험금은 지급합니다.

3. 계약자가 고의로 피보험자를 해친 경우

4. 피보험자의 임신, 출산(제왕절개를 포함합니다), 산후기. 그러나, 회사가 보장하는 보험금 지급사유와 보장개시일부터 2년이 지난 후에 발생한 습관성 유산, 불임 및 인공수정 관련 합병증으로 인한 경우에는 보험금을 지급합니다.

> 【습관성 유산, 불임 및 인공수정】
> 한국표준질병·사인분류상의 N96 ~ N98에 해당하는 질병을 말합니다.

5. 전쟁, 외국의 무력행사, 혁명, 내란, 사변, 폭동

② 회사는 다른 약정이 없으면 피보험자가 직업, 직무 또는 동호회 활동목적으로 아래에 열거된 행위로 인하여 제3조(보험금의 지급사유)의 상해 관련 보험금 지급사유가 발생한 때에는 해당 보험금을 지급하지 않습니다.

1. 전문등반(전문적인 등산용구를 사용하여 암벽 또는 빙벽을 오르내리거나 특수한 기술, 경험, 사전훈련을 필요로 하는 등반을 말합니다), 글라이더 조종, 스카이다이빙, 스쿠버다이빙, 행글라이딩, 수상보트, 패러글라이딩

2. 모터보트, 자동차 또는 오토바이에 의한 경기, 시범, 흥행(이를 위한 연습을 포함합니다) 또는 시운전(다만, 공용도로 상에서 시운전을 하는 동안 보험금 지급사유가 발생한 경우에는 보장합니다)

3. 선박에 탑승하는 것을 직무로 하는 사람이 직무상 선박에 탑승하고 있는 동안

제6조(보험금 지급사유의 통지)

계약자 또는 피보험자나 보험수익자는 제3조(보험금의 지급사유)에서 정한 보험금 지급사유의 발생을 안 때에는 지체 없이 그 사실을 회사에 알려야 합니다.

보험금 청구·지급

제7조(보험금의 청구)

① 보험수익자는 다음의 서류를 제출하고 보험금을 청구하여야 합니다.
  1. 청구서(회사 양식)
  2. 사고증명서[진료비계산서, 사망진단서, 장해진단서, 입원치료확인서, 의사처방전(처방조제비) 등]
  3. 신분증(주민등록증이나 운전면허증 등 사진이 붙은 정부기관발행 신분증, 본인이 아닌 경우에는 본인의 인감증명서 또는 본인서명사실확인서 포함)
  4. 기타 보험수익자가 보험금의 수령에 필요하여 제출하는 서류

② 제1항 제2호의 사고증명서는 의료법 제3조(의료기관)에서 규정한 국내의 병원이나 의원 또는 국외의 의료관련법에서 정한 의료기관에서 발급한 것이어야 합니다.

제8조(보험금의 지급절차)

① 회사는 제7조(보험금의 청구)에서 정한 서류를 접수한 때에는 접수증을 드리고 휴대전화 문자메시지 또는 전자우편 등으로도 송부하며, 그 서류를 접수한 날부터 3영업일 이내에 보험금을 지급합니다.

② 회사가 보험금 지급사유를 조사·확인하기 위해 필요한 기간이 제1항의 지급기일을 초과할 것이 명백히 예상되는 경우에는 그 구체적인 사유와 지급예정일 및 보험금 가지급제도(회사가 추정하는 보험금의 50% 이내를 지급)에 대하여 피보험자 또는 보험수익자에게 즉시 통지합니다. 다만, 지급예정일은 다음 각 호의 어느 하나에 해당하는 경우를 제외하고는 제7조(보험금의 청구)에서 정한 서류를 접수한 날부터 30영업일 이내에서 정합니다.
  1. 소송제기
  2. 분쟁조정 신청
  3. 수사기관의 조사
  4. 해외에서 발생한 보험사고에 대한 조사
  5. 제6항에 따른 회사의 조사요청에 대한 동의 거부 등 계약자, 피보험자 또는 보험수익자의 책임 있는 사유로 보험금 지급사유의 조사와 확인이 지연되는 경우
  6. 제4조(보험금 지급에 관한 세부규정) 제9항에 따라 보험금 지급사유에 대해 제3자의 의견에 따르기로 한 경우

③ 제2항에 의하여 장해지급률의 판정 및 지급할 보험금의 결정과 관련하여 확정된 장해지급률에 따른 보험금을 초과한 부분에 대한 분쟁으로 보험금 지급이 늦어지는 경우에는 보험수익자의 청구에 따라 이미 확정된 보험금을 먼저 가지급합니다.

④ 제2항에 의하여 추가적인 조사가 이루어지는 경우, 회사는 보험수익자의 청구에 따라 회사가 추정하는 보험금의 50% 상당액을 가지급보험금으로 지급합니다.

⑤ 회사는 제1항의 규정에 정한 지급기일 내에 보험금을 지급하지 않았을 때(제2항의 규정에서 정한 지급예정일을 통지한 경우를 포함합니다)에는 그 다음 날부터 지급일까지의 기간에 대하여 〈부표 9-1〉 '보험금을 지급할 때의 적립이율 계산'에서 정한 이율로 계산한 금액을 보험금에 더하여 지급합니다. 그러나 계약자, 피보험자 또는 보험수익자의 책임 있는 사유로 지급이 지연된 때에는 그 해당 기간에 대한 이자는 더하여 지급하지 않습니다.

⑥ 계약자, 피보험자 또는 보험수익자는 제16조(알릴의무 위반의 효과) 및 제2항의 보험금 지급사유조사와 관련하여 의료기관, 국민건강보험공단, 경찰서 등 관공서에 대한 회사의 서면에 의한 조사요청에 동의하여야 합니다. 다만, 정당한 사유 없이 이에 동의하지 않을 경우 사실 확인이 끝날 때까지 회사는 보험금 지급 지연에 따른 이자를 지급하지 않습니다.

⑦ 회사는 제6항의 서면조사에 대한 동의 요청시 조사목적, 사용처 등을 명시하고 설명합니다.

만기환급금

제9조(만기환급금의 지급)

① 회사는 보험기간이 끝난 때에 만기환급금을 보험수익자에게 지급합니다.

② 회사는 계약자 및 보험수익자의 청구에 의하여 제1항에 의한 만기환급금을 지급하는 경우 청구일부터 3영업일 이내에 지급합니다.

③ 회사는 제1항에 의한 만기환급금의 지급시기가 되면 지급시기 7일 이전에 그 사유와 지급할 금액을 계약자 또는 보험수익자에게 알려드리며, 만기환급금을 지급함에 있어 지급일까지의 기간에 대한 이자의 계산은 〈부표 9-1〉 '보험금을 지급할 때의 적립이율 계산'에 따릅니다.

제10조(보험금 받는 방법의 변경)

① 계약자(보험금 지급사유 발생 후에는 보험수익자)는 회사의 사업방법서에서 정한 바에 따라 보험금의 전부 또는 일부에 대하여 나누어 지급받거나 일시에 지급받는 방법으로 변경할 수 있습니다.

② 회사는 제1항에 따라 일시에 지급할 금액을 나누어 지급하는 경우에는 나중에 지급할 금액에 대하여 평균공시이율을 연단위 복리로 계산한 금액을 더하며, 나누어 지급할 금액을 일시에 지급하는 경우에는 평균공시이율을 연단위 복리로 할인한 금액을 지급합니다.

제11조(주소변경통지)

① 계약자(보험수익자가 계약자와 다른 경우 보험수익자를 포함합니다)는 주소 또는 연락처가 변경된 경우에는 지체 없이 그 변경내용을 회사에 알려야 합니다.

② 제1항에서 정한대로 계약자 또는 보험수익자가 변경내용을 알리지 않은 경우에는 계약자 또는 보험수익자가 회사에 알린 최종의 주소 또는 연락처로 등기우편 등 우편물에 대한 기록이 남는 방법으로 회사가 알린 사항은 일반적으로 도달에 필요한 기간이 지난 때에 계약자 또는 보험수익자에게 도달된 것으로 봅니다.

제12조(보험수익자의 지정)

보험수익자를 지정하지 않은 때에는 보험수익자를 제9조(만기환급금의 지급) 제1항의 경우는 계약자로 하고, 제3조(보험금의 지급사유) 제1호의 경우는 피보험자의 법정상속인, 같은 조 제2호 및 제3호의 경우는 피보험자로 합니다.

제13조(대표자의 지정)

① 계약자 또는 보험수익자가 2명 이상인 경우에는 각 대표자를 1명 지정하여야 합니다. 이 경우 그 대표자는 각각 다른 계약자 또는 보험수익자를 대리하는 것으로 합니다.

② 지정된 계약자 또는 보험수익자의 소재가 확실하지 않은 경우에는 이 계약에 관하여 회사가 계약자 또는 보험수익자 1명에 대하여 한 행위는 각각 다른 계약자 또는 보험수익자에게도 효력이 미칩니다.

③ 계약자가 2명 이상인 경우에는 그 책임을 연대로 합니다.

Theme 1 계약 전 알릴의무

제14조(계약 전 알릴의무)

계약자 또는 피보험자는 청약할 때(진단계약의 경우에는 건강진단할 때를 말합니다) 청약서에서 질문한 사항에 대하여 알고 있는 사실을 반드시 사실대로 알려야(이하 '계약 전 알릴의무'라 하며, 상법상 '고지의무'와 같습니다) 합니다. 다만, 진단계약의 경우 의료법 제3조(의료기관)의 규정에 따른 종합병원과 병원에서 직장 또는 개인이 실시한 건강진단서 사본 등 건강상태를 판단할 수 있는 자료로 건강진단을 대신할 수 있습니다.

제15조(상해보험계약 후 알릴의무)

① 계약자 또는 피보험자는 보험기간 중에 피보험자에게 다음 각 호의 변경이 발생한 경우에는 우편, 전화, 방문 등의 방법으로 지체 없이 회사에 알려야 합니다.

　1. 보험증권 등에 기재된 직업 또는 직무의 변경

　　가. 현재의 직업 또는 직무가 변경된 경우

　　나. 직업이 없는 자가 취직한 경우

　　다. 현재의 직업을 그만둔 경우

［직업]

1) 생계유지 등을 위하여 일정한 기간 동안(예 6개월 이상) 계속하여 종사하는 일

2) 1)에 해당하지 않는 경우에는 개인의 사회적 신분에 따르는 위치나 자리를 말함

　　예 학생, 미취학아동, 무직 등

［직무]

직책이나 직업상 책임을 지고 담당하여 맡은 일

---

　2. 보험증권 등에 기재된 피보험자의 운전 목적이 변경된 경우

　　예 자가용에서 영업용으로 변경, 영업용에서 자가용으로 변경 등

　3. 보험증권 등에 기재된 피보험자의 운전여부가 변경된 경우

　　예 비운전자에서 운전자로 변경, 운전자에서 비운전자로 변경 등

　4. 이륜자동차 또는 원동기장치 자전거(전동킥보드, 전동이륜평행차, 전동기의 동력만으로 움직일 수 있는 자전거 등 개인형 이동장치를 포함)를 계속적으로 사용(직업, 직무 또는 동호회 활동과 출퇴근용도 등으로 주로 사용하는 경우에 한함)하게 된 경우(다만, 전동휠체어, 의료용 스쿠터 등 보행보조용 의자차는 제외합니다)

② 회사는 제1항의 통지로 인하여 위험의 변동이 발생한 경우에는 제22조(계약내용의 변경 등)에 따라 계약내용을 변경할 수 있습니다.

위험변경 사항 통지 (우편, 전화, 방문 등) → 계약자, 피보험자의 계약 변경사항 확인 후 청약 → 계약 변경사항 인수 심사 → 정산금액 처리 (환급 또는 추가납입) → 계약변경 완료

[위험변경에 따른 계약변경 절차]

③ 회사는 제2항에 따라 계약내용을 변경할 때 위험이 감소된 경우에는 보험료를 감액하고, 이후 기간 보장을 위한 재원인 책임준비금 등의 차이로 인하여 발생한 정산금액(이하 "정산금액"이라 합니다)을 환급하여 드립니다. 한편 위험이 증가된 경우에는 보험료의 증액 및 정산금액의 추가납입을 요구할 수 있으며, 계약자는 이를 납입하여야 합니다.

④ 제1항의 통지에 따라 위험의 증가로 보험료를 더 내야 할 경우 회사가 청구한 추가보험료(정산금액을 포함합니다)를 계약자가 납입하지 않았을 때, 회사는 위험이 증가되기 전에 적용된 보험요율(이하 "변경 전 요율"이라 합니다)의 위험이 증가된 후에 적용해야 할 보험요율(이하 "변경 후 요율"이라 합니다)에 대한 비율에 따라 보험금을 삭감하여 지급합니다. 다만, 증가된 위험과 관계없이 발생한 보험금 지급사유에 관해서는 원래대로 지급합니다.

⑤ 계약자 또는 피보험자가 고의 또는 중대한 과실로 제1항 각 호의 변경사실을 회사에 알리지 않았을 경우 변경 후 요율이 변경 전 요율보다 높을 때에는 회사는 그 변경사실을 안 날부터 1개월 이내에 계약자 또는 피보험자에게 제4항에 따라 보장됨을 통보하고 이에 따라 보험금을 지급합니다.

제16조(알릴의무위반의 효과)

① 회사는 아래와 같은 사실이 있을 경우에는 손해의 발생여부에 관계없이 이 계약을 해지할 수 있습니다.

   1. 계약자 또는 피보험자가 고의 또는 중대한 과실로 제14조(계약 전 알릴의무)를 위반하고 그 의무가 중요한 사항에 해당하는 경우

   2. 뚜렷한 위험의 증가와 관련된 제15조(상해보험계약 후 알릴의무) 제1항에서 정한 계약 후 알릴의무를 계약자 또는 피보험자의 고의 또는 중대한 과실로 이행하지 않았을때

② 제1항 제1호의 경우에도 불구하고 다음 중 하나에 해당하는 경우에는 회사는 계약을 해지할 수 없습니다.

   1. 회사가 계약 당시에 그 사실을 알았거나 과실로 인하여 알지 못하였을 때

   2. 회사가 그 사실을 안 날부터 1개월 이상 지났거나 또는 제1회 보험료를 받은 때부터 보험금 지급사유가 발생하지 않고 2년(진단계약의 경우 질병에 대하여는 1년)이 지났을 때

   3. 계약을 체결한 날부터 3년이 지났을 때

   4. 회사가 이 계약을 청약할 때 피보험자의 건강상태를 판단할 수 있는 기초자료(건강진단서 사본 등)에 따라 승낙한 경우에 건강진단서 사본 등에 명기되어 있는 사항으로 보험금 지급사유가 발생하였을 때(계약자 또는 피보험자가 회사에 제출한 기초자료의 내용 중 중요사항을 고의로 사실과 다르게 작성한 때에는 계약을 해지할 수 있습니다)

   5. 보험설계사 등이 계약자 또는 피보험자에게 고지할 기회를 주지 않았거나 계약자 또는 피보험자가 사실대로 고지하는 것을 방해한 경우, 계약자 또는 피보험자에게 사실대로 고지하지 않게 하였거나 부실한 고지를 권유했을 때. 다만, 보험설계사 등의 행위가 없었다 하더라도 계약자 또는 피보험자가 사실대로 고지하지 않거나 부실한 고지를 했다고 인정되는 경우에는 계약을 해지할 수 있습니다.

③ 제1항에 따라 계약을 해지하였을 때에는 제34조(해약환급금) 제1항에 따른 해약환급금을 계약자에게 지급합니다.

④ 제1항 제1호에 의한 계약의 해지가 보험금 지급사유 발생 후에 이루어진 경우에 회사는 보험금을 지급하지 않으며, 계약 전 알릴의무위반 사실(계약해지 등의 원인이 되는 위반사실을 구체적으로 명시)뿐만 아니라 계약 전 알릴의무 사항이 중요한 사항에 해당되는 사유를 "반대증거가 있는 경우 이의를 제기할 수 있습니다"라는 문구와 함께 계약자에게 서면 또는 전자문서 등으로 알려드립니다. 회사가 전자문서로 안내하고자 할 경우에는 계약자에게 서면 또는 「전자서명법」 제2조 제2호에 따른 전자서명으로 동의를 얻어 수신확인을 조건으로 전자문서를 송신하여야 합니다. 계약자의 전자문서 수신이 확인되기 전까지는 그 전자문서는 송신되지 않은 것으로 봅니다. 회사는 전자문서가 수신되지 않은 것을 확인한 경우에는 서면(등기우편 등)으로 다시 알려드립니다.

⑤ 제1항 제2호에 의한 계약의 해지가 보험금 지급사유 발생 후에 이루어진 경우에는 제15조(상해보험계약 후 알릴의무) 제4항 또는 제5항에 따라 보험금을 지급합니다.

⑥ 제1항에도 불구하고 알릴의무를 위반한 사실이 보험금 지급사유 발생에 영향을 미쳤음을 회사가 증명하지 못한 경우에는 제4항 및 제5항에 관계없이 약정한 보험금을 지급합니다.

⑦ 회사는 다른 보험가입내역에 대한 계약 전 알릴의무위반을 이유로 계약을 해지하거나 보험금 지급을 거절하지 않습니다.

제17조(사기에 의한 계약)

계약자 또는 피보험자가 대리진단, 약물사용을 수단으로 진단절차를 통과하거나 진단서 위·변조 또는 청약일 이전에 암 또는 인간면역결핍바이러스(HIV) 감염의 진단 확정을 받은 후 이를 숨기고 가입하는 등 사기에 의하여 계약이 성립되었음을 회사가 증명하는 경우에는 계약일부터 5년 이내(사기사실을 안 날부터 1개월 이내)에 계약을 취소할 수 있습니다.

Chapter 3 보험계약의 성립과 유지

Theme 1 보험계약의 성립

제18조(보험계약의 성립)

① 계약은 계약자의 청약과 회사의 승낙으로 이루어집니다.

② 회사는 피보험자가 계약에 적합하지 않은 경우에는 승낙을 거절하거나 별도의 조건(보험가입금액 제한, 일부보장 제외, 보험금 삭감, 보험료 할증 등)을 붙여 승낙할 수 있습니다.

③ 회사는 계약의 청약을 받고, 제1회 보험료를 받은 경우에 건강진단을 받지 않는 계약은 청약일, 진단계약은 진단일(재진단의 경우에는 최종 진단일)부터 30일 이내에 승낙 또는 거절하여야 하며, 승낙한 때에는 보험증권을 드립니다. 그러나 30일 이내에 승낙 또는 거절의 통지가 없으면 승낙된 것으로 봅니다.

④ 회사가 제1회 보험료를 받고 승낙을 거절한 경우에는 거절통지와 함께 받은 금액을 계약자에게 돌려 드리며, 보험료를 받은 기간에 대하여 평균공시이율 + 1%를 연단위 복리로 계산한 금액을 더하여 지급합니다. 다만, 회사는 계약자가 제1회 보험료를 신용카드로 납입한 계약의 승낙을 거절하는 경우에는 신용카드의 매출을 취소하며 이자를 더하여 지급하지 않습니다.

⑤ 회사가 제2항에 따라 일부보장 제외 조건을 붙여 승낙하였더라도 청약일로부터 5년(갱신형 계약의 경우에는 최초 청약일로부터 5년)이 지나는 동안 보장이 제외되는 질병으로 추가 진단(단순 건강검진 제외) 또는 치료 사실이 없을 경우, 청약일로부터 5년이 지난 이후에는 이 약관에 따라 보장합니다.

⑥ 제5항의 '청약일로부터 5년이 지나는 동안'이라 함은 이 약관 제28조[보험료의 납입이 연체되는 경우 납입 최고(독촉)와 계약의 해지]에서 정한 계약의 해지가 발생하지 않은 경우를 말합니다.

⑦ 이 약관 제29조[보험료의 납입연체로 인한 해지계약의 부활(효력회복)]에서 정한 계약의 부활이 이루어진 경우 부활을 청약한 날을 제5항의 청약일로 하여 적용합니다.

Theme 2　청약의 철회

제19조(청약의 철회)

① 계약자는 보험증권을 받은 날 부터 15일 이내에 그 청약을 철회할 수 있습니다. 다만, 회사가 건강상태 진단을 지원하는 계약, 보험기간이 90일 이내인 계약 또는 전문금융소비자가 체결한 계약은 청약을 철회할 수 없습니다.

> 【전문금융소비자】보험계약에 관한 전문성, 자산규모 등에 비추어 보험계약에 따른 위험감수능력이 있는 자로서, 국가, 지방자치단체, 한국은행, 금융회사, 주권상장법인 등을 포함하며「금융소비자 보호에 관한 법률」제2조(정의) 제9호에서 정하는 전문금융소비자를 말합니다.
> 【일반금융소비자】전문금융소비자가 아닌 계약자를 말합니다.

② 제1항에도 불구하고 청약한 날부터 30일이 초과된 계약은 청약을 철회할 수 없습니다.

③ 청약 철회는 계약자가 전화로 신청하거나, 철회의사를 표시하기 위한 서면, 전자우편, 휴대전화 문자메시지 또는 이에 준하는 전자적 의사표시(이하 '서면 등'이라 합니다)를 발송한 때 효력이 발생합니다. 계약자는 서면 등을 발송한 때에 그 발송 사실을 회사에 지체 없이 알려야 합니다.

④ 계약자가 청약을 철회한 때에는 회사는 청약의 철회를 접수한 날부터 3영업일 이내에 납입한 보험료를 돌려드리며, 보험료 반환이 늦어진 기간에 대하여는 이 계약의 보험계약대출 이율을 연단위 복리로 계산한 금액을 더하여 지급합니다. 다만, 계약자가 제1회 보험료를 신용카드로 납입한 계약의 청약을 철회하는 경우에 회사는 청약의 철회를 접수한 날부터 3영업일 이내에 해당 신용카드회사로 하여금 대금청구를 하지 않도록 해야 하며, 이 경우 회사는 보험료를 반환한 것으로 봅니다.

⑤ 청약을 철회할 때에 이미 보험금 지급사유가 발생하였으나 계약자가 그 보험금 지급사유가 발생한 사실을 알지 못한 경우에는 청약 철회의 효력은 발생하지 않습니다.

⑥ 제1항에서 보험증권을 받은 날에 대한 다툼이 발생한 경우 회사가 이를 증명하여야 합니다.

제20조(약관교부 및 설명의무 등)

① 회사는 계약자가 청약할 때에 계약자에게 약관의 중요한 내용을 설명하여야 하며, 청약 후에 다음 각 호의 방법 중 계약자가 원하는 방법을 확인하여 지체 없이 약관 및 계약자 보관용 청약서를 제공하여 드립니다. 만약, 회사가 전자우편 및 전자적 의사표시로 제공한 경우 계약자 또는 그 대리인이 약관 및 계약자 보관용 청약서 등을 수신하였을 때에는 해당 문서를 드린 것으로 봅니다.

　1. 서면교부

　2. 우편 또는 전자우편

　3. 휴대전화 문자메시지 또는 이에 준하는 전자적 의사표시

② 제1항과 관련하여 통신판매계약의 경우, 회사는 계약자가 가입한 특약만 포함한 약관을 드리며, 계약자의 동의를 얻어 다음의 방법으로 약관의 중요한 내용을 설명할 수 있습니다.

　1. 전화를 이용하여 청약내용, 보험료 납입, 보험기간, 계약 전 알릴의무, 약관의 중요한 내용 등 계약을 체결하는데 필요한 사항을 질문 또는 설명하는 방법. 이 경우 계약자의 답변과 확인내용을 음성 녹음함으로써 약관의 중요한 내용을 설명한 것으로 봅니다.

> 【통신판매계약】 전화·우편·인터넷 등 통신수단을 이용하여 체결하는 계약을 말합니다.

③ 회사가 제1항에 따라 제공될 약관 및 계약자 보관용 청약서를 청약할 때 계약자에게 전달하지 않거나 약관의 중요한 내용을 설명하지 않은 때 또는 계약을 체결할 때 계약자가 청약서에 자필서명[날인(도장을 찍음) 및 「전자서명법」 제2조 제2호에 따른 전자서명을 포함합니다)을 하지 않은 때에는 계약자는 계약이 성립한 날부터 3개월 이내에 계약을 취소할 수 있습니다.

④ 제3항에도 불구하고 전화를 이용하여 계약을 체결하는 경우 다음의 각 호의 어느 하나를 충족하는 때에는 자필서명을 생략할 수 있으며, 제2항의 규정에 따른 음성녹음 내용을 문서화한 확인서를 계약자에게 드림으로써 계약자 보관용 청약서를 전달한 것으로 봅니다.

　1. 계약자, 피보험자 및 보험수익자가 동일한 계약의 경우

　2. 계약자, 피보험자가 동일하고 보험수익자가 계약자의 법정상속인인 계약일 경우

⑤ 제3항에 따라 계약이 취소된 경우에는 회사는 이미 납입한 보험료를 계약자에게 돌려 드리며, 보험료를 받은 기간에 대하여 보험계약대출이율을 연단위 복리로 계산한 금액을 더하여 지급합니다.

계약의 무효

제21조(계약의 무효)

다음 중 한 가지에 해당되는 경우에는 계약을 무효로 하며 이미 납입한 보험료를 돌려드립니다. 다만, 회사의 고의 또는 과실로 계약이 무효로 된 경우와 회사가 승낙 전에 무효임을 알았거나 알 수 있었음에도 보험료를 반환하지 않은 경우에는 보험료를 납입한 날의 다음 날부터 반환일까지의 기간에 대하여 회사는 이 계약의 보험계약대출이율을 연단위 복리로 계산한 금액을 더하여 돌려드립니다.

1. 타인의 사망을 보험금 지급사유로 하는 계약에서 계약을 체결할 때까지 피보험자의 서면(「전자서명법」 제2조 제2호에 따른 전자서명이 있는 경우로서 「상법 시행령」 제44조의2에 정하는 바에 따라 본인 확인 및 위조·변조 방지에 대한 신뢰성을 갖춘 전자문서를 포함)에 의한 동의를 얻지 않은 경우. 다만, 단체가 규약에 따라 구성원의 전부 또는 일부를 피보험자로 하는 계약을 체결하는 경우에는 이를 적용하지 않습니다. 이 때 단체보험의 보험수익자를 피보험자 또는 그 상속인이 아닌 자로 지정할 때에는 단체의 규약에서 명시적으로 정한 경우가 아니면 이를 적용합니다.

2. 만 15세 미만자, 심신상실자 또는 심신박약자를 피보험자로 하여 사망을 보험금 지급사유로 한 경우. 다만, 심신박약자가 계약을 체결하거나 소속 단체의 규약에 따라 단체보험의 피보험자가 될 때에 의사능력이 있는 경우에는 계약이 유효합니다.

3. 계약을 체결할 때 계약에서 정한 피보험자의 나이에 미달되었거나 초과되었을 경우. 다만, 회사가 나이의 착오를 발견하였을 때 이미 계약나이에 도달한 경우에는 유효한 계약으로 보나, 제2호의 만 15세 미만자에 관한 예외가 인정되는 것은 아닙니다.

제22조(계약내용의 변경 등)

① 계약자는 회사의 승낙을 얻어 다음의 사항을 변경할 수 있습니다. 이 경우 승낙을 서면 등으로 알리거나 보험증권의 뒷면에 기재하여 드립니다.

  1. 보험종목

  2. 보험기간

  3. 보험료 납입주기, 납입방법 및 납입기간

  4. 계약자, 피보험자

  5. 보험가입금액, 보험료 등 기타 계약의 내용

② 계약자는 보험수익자를 변경할 수 있으며 이 경우에는 회사의 승낙이 필요하지 않습니다. 다만, 변경된 보험수익자가 회사에 권리를 대항하기 위해서는 계약자가 보험수익자가 변경되었음을 회사에 통지하여야 합니다.

③ 회사는 계약자가 제1회 보험료를 납입한 때부터 1년 이상 지난 유효한 계약으로서 그 보험종목의 변경을 요청할 때에는 회사의 사업방법서에서 정하는 방법에 따라 이를 변경하여 드립니다.

④ 회사는 계약자가 제1항 제5호에 따라 보험가입금액을 감액하고자 할 때에는 그 감액된 부분은 해지된 것으로 보며, 이로써 회사가 지급하여야 할 해약환급금이 있을 때에는 제34조(해약환급금) 제1항에 따른 해약환급금을 계약자에게 지급합니다.

⑤ 계약자가 제2항에 따라 보험수익자를 변경하고자 할 경우에는 보험금 지급사유가 발생하기 전에 피보험자가 서면으로 동의하여야 합니다.

⑥ 회사는 제1항에 따라 계약자를 변경한 경우, 변경된 계약자에게 보험증권 및 약관을 교부하고 변경된 계약자가 요청하는 경우 약관의 중요한 내용을 설명하여 드립니다.

보험나이

제23조(보험나이 등)

① 이 약관에서의 피보험자의 나이는 보험나이를 기준으로 합니다. 다만, 제21조(계약의 무효) 제2호의 경우에는 실제 만 나이를 적용합니다.

② 제1항의 보험나이는 계약일 현재 피보험자의 실제 만 나이를 기준으로 6개월 미만의 끝수는 버리고 6개월 이상의 끝수는 1년으로 하여 계산하며, 이후 매년 계약 해당일에 나이가 증가하는 것으로 합니다.

③ 피보험자의 나이 또는 성별에 관한 기재사항이 사실과 다른 경우에는 정정된 나이 또는 성별에 해당하는 보험금 및 보험료로 변경합니다.

【보험나이 계산 예시】

생년월일 : 1988년 10월 2일, 현재(계약일) : 2014년 4월 13일

⇒ 2014년 4월 13일 − 1988년 10월 2일 = 25년 6월 11일 = 26세

제24조(계약의 소멸)

피보험자의 사망으로 인하여 이 약관에서 규정하는 보험금 지급사유가 더 이상 발생할 수 없는 경우에는 이 계약은 그 때부터 효력이 없습니다. 이 때 사망을 보험금 지급사유로 하지 않는 경우에는 '보험료 및 해약환급금 산출방법서'에서 정하는 바에 따라 회사가 적립한 사망 당시의 책임준비금을 지급합니다. 〈개정 2023.6.26.〉

> 【계약자적립액】 장래의 해약환급금 등을 지급하기 위하여 계약자가 납입한 보험료 중 일정액을 기준으로 보험료 및 해약환급금 산출방법서에서 정한 방법에 따라 계산한 금액을 말합니다.

Chapter 4 보험료의 납입

Theme 1 제1회 보험료 · 보장개시

제25조(제1회 보험료 및 회사의 보장개시)

① 회사는 계약의 청약을 승낙하고 제1회 보험료를 받은 때부터 이 약관이 정한 바에 따라 보장을 합니다. 또한, 회사가 청약과 함께 제1회 보험료를 받은 후 승낙한 경우에도 제1회 보험료를 받은 때부터 보장이 개시됩니다. 자동이체 또는 신용카드로 납입하는 경우에는 자동이체신청 또는 신용카드매출승인에 필요한 정보를 제공한 때를 제1회 보험료를 받은 때로 하며, 계약자의 책임 있는 사유로 자동이체 또는 매출승인이 불가능한 경우에는 보험료가 납입되지 않은 것으로 봅니다.

② 회사가 청약과 함께 제1회 보험료를 받고 청약을 승낙하기 전에 보험금 지급사유가 발생하였을 때에도 보장개시일부터 이 약관이 정하는 바에 따라 보장을 합니다.

> 【보장개시일】회사가 보장을 개시하는 날로서 계약이 성립되고 제1회 보험료를 받은 날을 말하나, 회사가 승낙하기 전이라도 청약과 함께 제1회 보험료를 받은 경우에는 제1회 보험료를 받은 날을 말합니다. 또한, 보장개시일을 계약일로 봅니다.

③ 회사는 제2항에도 불구하고 다음 중 한 가지에 해당되는 경우에는 보장을 하지 않습니다.

1. 제14조(계약 전 알릴의무)에 따라 계약자 또는 피보험자가 회사에 알린 내용이나 건강진단 내용이 보험금 지급사유의 발생에 영향을 미쳤음을 회사가 증명하는 경우
2. 제16조(알릴의무위반의 효과)를 준용하여 회사가 보장을 하지 않을 수 있는 경우
3. 진단계약에서 보험금 지급사유가 발생할 때까지 진단을 받지 않은 경우. 다만, 진단계약에서 진단을 받지 않은 경우라도 상해로 보험금 지급사유가 발생하는 경우에는 보장을 해드립니다.

제26조(제2회 이후 보험료의 납입)

계약자는 제2회 이후의 보험료를 납입기일까지 납입하여야 하며, 회사는 계약자가 보험료를 납입한 경우에는 영수증을 발행하여 드립니다. 다만, 금융회사(우체국을 포함합니다)를 통하여 보험료를 납입한 경우에는 그 금융회사 발행 증빙서류를 영수증으로 대신합니다.

【납입기일】 계약자가 제2회 이후의 보험료를 납입하기로 한 날을 말합니다.

보험료 자동대출납입

제27조(보험료의 자동대출납입)

① 계약자는 제28조[보험료의 납입이 연체되는 경우 납입최고(독촉)와 계약의 해지]에 따른 보험료의 납입최고(독촉)기간이 지나기 전까지 회사가 정한 방법에 따라 보험료의 자동대출납입을 신청할 수 있으며, 이 경우 제35조(보험계약대출) 제1항에 따른 보험계약대출금으로 보험료가 자동으로 납입되어 계약은 유효하게 지속됩니다. 다만, 계약자가 서면 이외에 인터넷 또는 전화(음성녹음) 등으로 자동대출납입을 신청할 경우 회사는 자동대출납입 신청내역을 서면 또는 전화(음성녹음) 등으로 계약자에게 알려드립니다.

② 제1항의 규정에 의한 대출금과 보험료의 자동대출납입일의 다음 날부터 그 다음 보험료의 납입최고(독촉)기간까지의 이자(보험계약대출이율 이내에서 회사가 별도로 정하는 이율을 적용하여 계산)를 더한 금액이 해당 보험료가 납입된 것으로 계산한 해약환급금과 계약자에게 지급할 기타 모든 지급금의 합계액에서 계약자의 회사에 대한 모든 채무액을 뺀 금액을 초과하는 경우에는 보험료의 자동대출납입을 더는 할 수 없습니다.

③ 제1항 및 제2항에 따른 보험료의 자동대출납입 기간은 최초 자동대출납입일부터 1년을 한도로 하며 그 이후의 기간에 대한 보험료의 자동대출납입을 위해서는 제1항에 따라 재신청을 하여야 합니다.

④ 보험료의 자동대출납입이 행하여진 경우에도 자동대출납입 전 납입최고(독촉)기간이 끝나는 날의 다음 날부터 1개월 이내에 계약자가 계약의 해지를 청구한 때에는 회사는 보험료의 자동대출납입이 없었던 것으로 하여 제34조(해약환급금) 제1항에 따른 해약환급금을 지급합니다.

제28조(보험료의 납입이 연체되는 경우 납입최고(독촉)와 계약의 해지)

① 계약자가 제2회 이후의 보험료를 납입기일까지 납입하지 않아 보험료 납입이 연체 중인 경우에 회사는 14일(보험기간이 1년 미만인 경우에는 7일) 이상의 기간을 납입최고(독촉)기간[납입최고(독촉)기간의 마지막 날이 영업일이 아닌 때에는 최고(독촉)기간은 그 다음 날까지로 합니다]으로 정하여 아래 사항에 대하여 서면(등기우편 등), 전화(음성녹음) 또는 전자문서 등으로 알려드립니다. 다만, 해지 전에 발생한 보험금 지급사유에 대하여 회사는 보상하여 드립니다.

　　1. 계약자(보험수익자와 계약자가 다른 경우 보험수익자를 포함합니다)에게 납입최고(독촉)기간 내에 연체보험료를 납입하여야 한다는 내용

　　2. 납입최고(독촉)기간이 끝나는 날까지 보험료를 납입하지 않을 경우 납입최고(독촉)기간이 끝나는 날의 다음 날에 계약이 해지된다는 내용(이 경우 계약이 해지되는 때에는 즉시 해약환급금에서 보험계약대출 원금과 이자가 차감된다는 내용을 포함합니다)

② 회사가 제1항에 따른 납입최고(독촉) 등을 전자문서로 안내하고자 할 경우에는 계약자에게 서면 또는 「전자서명법」 제2조 제2호에 따른 전자서명으로 동의를 얻어 수신확인을 조건으로 전자문서를 송신하여야 하며, 계약자가 전자문서에 대하여 수신을 확인하기 전까지는 그 전자문서는 송신되지 않은 것으로 봅니다. 회사는 전자문서가 수신되지 않은 것을 확인한 경우에는 제1항에서 정한 내용을 서면(등기우편 등) 또는 전화(음성녹음)로 다시알려 드립니다.

③ 제1항에 따라 계약이 해지된 경우에는 제34조(해약환급금) 제1항에 따른 해약환급금을 계약자에게 지급합니다.

| Theme 5 | 보험계약의 부활 |

제29조[보험료의 납입연체로 인한 해지계약의 부활(효력회복)]

① 제28조[보험료 납입이 연체되는 경우 납입최고(독촉)와 계약의 해지]에 따라 계약이 해지되었으나 해약환급금을 받지 않은 경우(보험계약대출 등에 따라 해약환급금이 차감되었으나 받지 않은 경우 또는 해지환급금이 없는 경우를 포함합니다) 계약자는 해지된 날부터 3년 이내에 회사가 정한 절차에 따라 계약의 부활(효력회복)을 청약할 수 있습니다. 회사가 부활(효력회복)을 승낙한 때에 계약자는 부활(효력회복)을 청약한 날까지의 연체된 보험료에 평균공시이율 + 1% 범위 내에서 각 상품별로 회사가 정하는 이율로 계산한 금액을 더하여 납입하여야 합니다. 다만 금리연동형보험은 각 상품별 사업방법서에서 별도로 정한 이율로 계산합니다.

② 제1항에 따라 해지계약을 부활(효력회복)하는 경우에는 제14조(계약 전 알릴의무), 제16조(알릴의무위반의 효과), 제17조(사기에 의한 계약), 제18조(보험계약의 성립) 및 제25조(제1회 보험료 및 회사의 보장개시)를 준용합니다. 이 때 회사는 해지 전 발생한 보험금 지급사유를 이유로 부활(효력회복)을 거절하지 않습니다.

〈개정 2023.6.26.〉

③ 제1항에서 정한 계약의 부활이 이루어진 경우라도 계약자 또는 피보험자가 최초 계약 청약시(2회 이상 부활이 이루어진 경우 종전 모든 부활 청약 포함) 제14조(계약 전 알릴의무)를 위반한 경우에는 제16조(알릴의무위반의 효과)가 적용됩니다. 〈신설 2023.6.26.〉

제30조[강제집행 등으로 인한 해지계약의 특별부활(효력회복)]

① 회사는 계약자의 해약환급금 청구권에 대한 강제집행, 담보권실행, 국세 및 지방세 체납처분절차에 따라 계약이 해지된 경우 해지 당시의 보험수익자가 계약자의 동의를 얻어 계약 해지로 회사가 채권자에게 지급한 금액을 회사에 지급하고 제22조(계약내용의 변경 등) 제1항의 절차에 따라 계약자 명의를 보험수익자로 변경하여 계약의 특별부활(효력회복)을 청약할 수 있음을 보험수익자에게 통지하여야 합니다.

② 회사는 제1항에 따른 계약자 명의변경 신청 및 계약의 특별부활(효력회복) 청약을 승낙합니다.

③ 회사는 제1항의 통지를 지정된 보험수익자에게 하여야 합니다. 다만, 회사는 법정상속인이 보험수익자로 지정된 경우에는 제1항의 통지를 계약자에게 할 수 있습니다.

④ 회사는 제1항의 통지를 계약이 해지된 날부터 7일 이내에 하여야 합니다.

⑤ 보험수익자는 통지를 받은 날(제3항에 따라 계약자에게 통지된 경우에는 계약자가 통지를 받은 날을 말합니다)부터 15일 이내에 제1항의 절차를 이행할 수 있습니다.

제31조(계약의 임의해지 및 피보험자의 서면동의 철회)

① 계약자는 계약이 소멸하기 전에는 언제든지 계약을 해지할 수 있으며, 이 경우 회사는 제34조(해약환급금) 제1항에 따른 해약환급금을 계약자에게 지급합니다.

② 제21조(계약의 무효)에 따라 사망을 보험금 지급사유로 하는 계약에서 서면으로 동의를 한 피보험자는 계약의 효력이 유지되는 기간에는 언제든지 서면동의를 장래를 향하여 철회할 수 있으며, 서면동의 철회로 계약이 해지되어 회사가 지급하여야 할 해약환급금이 있을 때에는 제34조(해약환급금) 제1항에 따른 해약환급금을 계약자에게 지급합니다.

위법계약의 해지

제31조의2(위법계약의 해지)

① 계약자는 「금융소비자 보호에 관한 법률」 제47조 및 관련규정이 정하는 바에 따라 계약 체결에 대한 회사의 법 위반사항이 있는 경우 계약 체결일부터 5년 이내의 범위에서 계약자가 위반사항을 안 날부터 1년 이내에 계약해지요구서에 증빙서류를 첨부하여 위법계약의 해지를 요구할 수 있습니다.

② 회사는 해지요구를 받은 날부터 10일 이내에 수락 여부를 계약자에 통지하여야 하며, 거절할 때에는 거절 사유를 함께 통지하여야 합니다.

③ 계약자는 회사가 정당한 사유 없이 제1항의 요구를 따르지 않는 경우 해당 계약을 해지할 수 있습니다.

④ 제1항 및 제3항에 따라 계약이 해지된 경우 회사는 제34조(해약환급금) 제4항에 따른 해약환급금을 계약자에게 지급합니다.

⑤ 계약자는 제1항에 따른 제척기간에도 불구하고 민법 등 관계법령에서 정하는 바에 따라 법률상의 권리를 행사할 수 있습니다.

제32조(중대사유로 인한 해지)

① 회사는 아래와 같은 사실이 있을 경우에는 안 날부터 1개월 이내에 계약을 해지할 수 있습니다.

1. 계약자, 피보험자 또는 보험수익자가 보험금을 지급받을 목적으로 고의로 보험금 지급사유를 발생시킨 경우

2. 계약자, 피보험자 또는 보험수익자가 보험금 청구에 관한 서류에 고의로 사실과 다른 것을 기재하였거나 그 서류 또는 증거를 위조 또는 변조한 경우. 다만, 이미 보험금 지급사유가 발생한 경우에는 보험금 지급에 영향을 미치지 않습니다.

② 회사가 제1항에 따라 계약을 해지한 경우 회사는 그 취지를 계약자에게 통지하고 제34조(해약환급금) 제1항에 따른 해약환급금을 지급합니다.

제33조(회사의 파산선고와 해지)

① 회사가 파산의 선고를 받은 때에는 계약자는 계약을 해지할 수 있습니다.

② 제1항의 규정에 따라 해지하지 않은 계약은 파산선고 후 3개월이 지난 때에는 그 효력을 잃습니다.

③ 제1항의 규정에 따라 계약이 해지되거나 제2항의 규정에 따라 계약이 효력을 잃는 경우에 회사는 제34조(해약환급금) 제1항에 의한 해약환급금을 계약자에게 지급합니다.

Theme 4 **해약환급금**

제34조(해약환급금)

① 이 약관에 따른 해약환급금은 보험료 및 해약환급금 산출방법서에 따라 계산합니다.

② 해약환급금의 지급사유가 발생한 경우 계약자는 회사에 해약환급금을 청구하여야 하며, 회사는 청구를 접수한 날부터 3영업일 이내에 해약환급금을 지급합니다. 해약환급금 지급일까지의 기간에 대한 이자의 계산은 〈부표 9-1〉 '보험금을 지급할 때의 적립이율 계산'에 따릅니다.

③ 회사는 경과기간별 해약환급금에 관한 표를 계약자에게 제공하여 드립니다.

④ 제31조의2(위법계약의 해지)에 따라 위법계약이 해지되는 경우 회사가 적립한 해지 당시의 해약환급금을 반환하여 드립니다.

제35조(보험계약대출)

① 계약자는 이 계약의 해약환급금 범위 내에서 회사가 정한 방법에 따라 대출(이하 '보험계약대출'이라 합니다)을 받을 수 있습니다. 그러나 순수보장성보험 등 보험상품의 종류에 따라 보험계약대출이 제한될 수도 있습니다.

② 계약자는 제1항에 따른 보험계약대출금과 그 이자를 언제든지 상환할 수 있으며 상환하지 않은 때에는 회사는 보험금, 해약환급금 등의 지급사유가 발생한 날에 지급금에서 보험계약대출의 원금과 이자를 차감할 수 있습니다.

③ 제2항의 규정에도 불구하고 회사는 제28조[보험료 납입이 연체되는 경우 납입최고(독촉)와 계약의 해지]에 따라 계약이 해지되는 때에는 즉시 해약환급금에서 보험계약대출의 원금과 이자를 차감합니다.

④ 회사는 보험수익자에게 보험계약대출 사실을 통지할 수 있습니다.

제36조(배당금의 지급)

① 회사는 금융감독원장이 정하는 방법에 따라 회사가 결정한 배당금을 계약자에게 지급합니다.

② 회사는 배당금 지급이 결정되었을 때에는 그 내역을 계약자에게 알려드립니다.

Chapter 6 분쟁의 조정 등

Theme 1 분쟁의 조정

제37조(분쟁의 조정)

① 계약에 관하여 분쟁이 있는 경우 분쟁 당사자 또는 기타 이해관계인과 회사는 금융감독원장에게 조정을 신청할 수 있으며, 분쟁조정 과정에서 계약자는 관계법령이 정하는 바에 따라 회사가 기록 및 유지·관리하는 자료의 열람(사본의 제공 또는 청취를 포함한다)을 요구할 수 있습니다.

② 회사는 일반금융소비자인 계약자가 조정을 통하여 주장하는 권리나 이익의 가액이 「금융소비자 보호에 관한 법률」 제42조에서 정하는 일정 금액 이내인 분쟁사건에 대하여 조정절차가 개시된 경우에는 관계법령이 정하는 경우를 제외하고는 소를 제기하지 않습니다.

제38조(관할법원)

이 계약에 관한 소송 및 민사조정은 계약자의 주소지를 관할하는 법원으로 합니다. 다만, 회사와 계약자가 합의하여 관할법원을 달리 정할 수 있습니다.

제39조(소멸시효)

보험금청구권, 만기환급금청구권, 보험료 반환청구권, 해약환급금청구권, 계약자적립액 반환청구권 및 배당금청구권은 3년간 행사하지 않으면 소멸시효가 완성됩니다.

제40조(약관의 해석)

① 회사는 신의성실의 원칙에 따라 공정하게 약관을 해석하여야 하며 계약자에 따라 다르게 해석하지 않습니다.

② 회사는 약관의 뜻이 명백하지 않은 경우에는 계약자에게 유리하게 해석합니다.

③ 회사는 보험금을 지급하지 않는 사유 등 계약자나 피보험자에게 불리하거나 부담을 주는 내용은 확대하여 해석하지 않습니다.

설명서, 안내자료 등

제41조(설명서 교부 및 보험안내자료 등의 효력)

① 회사는 일반금융소비자에게 청약을 권유하거나 일반금융소비자가 설명을 요청하는 경우 보험상품에 관한 중요한 사항을 계약자가 이해할 수 있도록 설명하고 계약자가 이해하였음을 서명(「전자서명법」 제2조 제2호에 따른 전자서명을 포함), 기명날인 또는 녹취 등을 통해 확인받아야 하며, 설명서를 제공하여야 합니다.

② 설명서, 약관, 계약자 보관용 청약서 및 보험증권의 제공 사실에 관하여 계약자와 회사간에 다툼이 있는 경우에는 회사가 이를 증명하여야 합니다.

③ 보험설계사 등이 모집과정에서 사용한 회사 제작의 보험안내자료(계약의 청약을 권유하기 위해 만든 자료 등을 말합니다)의 내용이 약관의 내용과 다른 경우에는 계약자에게 유리한 내용으로 계약이 성립된 것으로 봅니다.

Theme 4   보험회사의 배상책임

제42조(회사의 손해배상책임)

① 회사는 계약과 관련하여 임직원, 보험설계사 및 대리점의 책임 있는 사유로 계약자, 피보험자 및 보험수익 자에게 발생된 손해에 대하여 관계법령 등에 따라 손해배상의 책임을 집니다.

② 회사는 보험금 지급 거절 및 지연지급의 사유가 없음을 알았거나 알 수 있었는데도 소를 제기하여 계약자, 피보험자 또는 보험수익자에게 손해를 가한 경우에는 그에 따른 손해를 배상할 책임을 집니다.

③ 회사가 보험금 지급여부 및 지급금액에 관하여 현저하게 공정을 잃은 합의로 보험수익자에게 손해를 가한 경우에도 회사는 제2항에 따라 손해를 배상할 책임을 집니다.

제43조(개인정보보호)

① 회사는 이 계약과 관련된 개인정보를 이 계약의 체결, 유지, 보험금 지급 등을 위하여 「개인정보 보호법」, 「신용정보의 이용 및 보호에 관한 법률」 등 관계법령에 정한 경우를 제외하고 계약자, 피보험자 또는 보험수익자의 동의 없이 수집, 이용, 조회 또는 제공하지 않습니다. 다만, 회사는 이 계약의 체결, 유지, 보험금 지급 등을 위하여 위 관계법령에 따라 계약자 및 피보험자의 동의를 받아 다른 보험회사 및 보험관련단체 등에 개인정보를 제공할 수 있습니다.

② 회사는 계약과 관련된 개인정보를 안전하게 관리하여야 합니다.

제44조(준거법)

이 계약은 대한민국 법에 따라 규율되고 해석되며, 약관에서 정하지 않은 사항은 「금융소비자 보호에 관한 법률」, 「상법」, 「민법」 등 관계법령을 따릅니다.

제45조(예금보험에 의한 지급보장)

회사가 파산 등으로 인하여 보험금 등을 지급하지 못할 경우에는 「예금자보호법」에서 정하는 바에 따라 그 지급을 보장합니다.

〈부표 9-1〉 보험금을 지급할 때의 적립이율 계산(제8조 제5항, 제9조 제3항 및 제34조 제2항 관련)

구 분	기 간	지급이자
사망보험금, 후유장해보험금, 입원보험금, 간병보험금 등 (제3조)	지급기일의 다음 날부터 30일 이내 기간	보험계약대출이율
	지급기일의 31일 이후부터 60일 이내 기간	보험계약대출이율 + 가산이율(4.0%)
	지급기일의 61일 이후부터 90일 이내 기간	보험계약대출이율 + 가산이율(6.0%)
	지급기일의 91일 이후 기간	보험계약대출이율 + 가산이율(8.0%)
만기환급금(제9조 제1항) 및 해약환급금(제34조 제1항)	지급사유가 발생한 날의 다음 날부터 청구일까지의 기간	1년 이내 : 평균공시이율의 50% 1년 초과기간 : 평균공시이율의 40%
	청구일의 다음 날부터 지급일까지의 기간	보험계약대출이율

주) 1. 만기환급금은 회사가 보험금의 지급시기 도래 7일 이전에 지급할 사유와 금액을 알리지 않은 경우, 지급사유가 발생한 날의 다음 날부터 청구일까지의 기간은 평균공시이율을 적용한 이자를 지급합니다.
2. 지급이자의 계산은 연단위 복리로 계산하며, 금리연동형보험은 일자 계산합니다.
3. 계약자 등의 책임 있는 사유로 보험금 지급이 지연된 때에는 그 해당기간에 대한 이자는 지급되지 않을 수 있습니다. 다만, 회사는 계약자 등이 분쟁조정을 신청했다는 사유만으로 이자지급을 거절하지 않습니다.
4. 금리연동형보험의 경우 상기 평균공시이율은 적립순보험료에 대한 적립이율을 말합니다.
5. 가산이율 적용시 제8조(보험금의 지급절차) 제2항 각 호의 어느 하나에 해당되는 사유로 지연된 경우에는 해당 기간에 대하여 가산이율을 적용하지 않습니다.
6. 가산이율 적용시 금융위원회 또는 금융감독원이 정당한 사유로 인정하는 경우에는 해당 기간에 대하여 가산이율을 적용하지 않습니다.

장해의 정의

1. 장해의 정의

① '장해'라 함은 상해 또는 질병에 대하여 치유된 후 신체에 남아 있는 영구적인 정신 또는 육체의 훼손상태 및 기능상실상태를 말한다. 다만, 질병과 부상의 주증상과 합병증상 및 이에 대한 치료를 받는 과정에서 일시적으로 나타나는 증상은 장해에 포함되지 않는다.

② '영구적'이라 함은 원칙적으로 치유하는 때 장래 회복할 가망이 없는 상태로서 정신적 또는 육체적 훼손상태임이 의학적으로 인정되는 경우를 말한다.

③ '치유된 후'라 함은 상해 또는 질병에 대한 치료의 효과를 기대할 수 없게 되고 또한 그 증상이 고정된 상태를 말한다.

④ 다만, 영구히 고정된 증상은 아니지만 치료 종결 후 한시적으로 나타나는 장해에 대하여는 그 기간이 5년 이상인 경우 해당 장해지급률의 20%를 장해지급률로 한다.

⑤ 위 ④에 따라 장해지급률이 결정되었으나 그 이후 보장받을 수 있는 기간(계약의 효력이 없어진 경우에는 보험기간이 10년 이상인 계약은 상해 발생일 또는 질병의 진단확정일부터 2년 이내로 하고, 보험기간이 10년 미만인 계약은 상해 발생일 또는 질병의 진단확정일부터 1년 이내)에 장해상태가 더 악화된 때에는 그 악화된 장해상태를 기준으로 장해지급률을 결정한다.

1. 신체부위

'신체부위'라 함은 ① 눈, ② 귀, ③ 코, ④ 씹어먹거나 말하는 기능, ⑤ 외모, ⑥ 척추(등뼈), ⑦ 체간골, ⑧ 팔, ⑨ 다리, ⑩ 손가락, ⑪ 발가락, ⑫ 흉·복부장기 및 비뇨생식기, ⑬ 신경계·정신행동의 13개 부위를 말하며, 이를 각각 동일한 신체부위라 한다. 다만, 좌·우의 눈, 귀, 팔, 다리, 손가락, 발가락은 각각 다른 신체부위로 본다.

2. 기 타

① 하나의 장해가 관찰방법에 따라서 장해분류표상 2가지 이상의 신체부위에서 장해로 평가되는 경우에는 그 중 높은 지급률을 적용한다.

② 동일한 신체부위에 2가지 이상의 장해가 발생한 경우에는 합산하지 않고 그 중 높은 지급률을 적용함을 원칙으로 한다. 그러나 각 신체부위별 판정기준에서 별도로 정한 경우에는 그 기준에 따른다.

③ 하나의 장해가 다른 장해와 통상 파생하는 관계에 있는 경우에는 그 중 높은 지급률만을 적용하며, 하나의 장해로 둘 이상의 파생장해가 발생하는 경우 각 파생장해의 지급률을 합산한 지급률과 최초 장해의 지급률을 비교하여 그 중 높은 지급률을 적용한다.

④ 의학적으로 뇌사판정을 받고 호흡기능과 심장박동기능을 상실하여 인공심박동기 등 장치에 의존하여 생명을 연장하고 있는 뇌사상태는 장해의 판정대상에 포함되지 않는다. 다만, 뇌사판정을 받은 경우가 아닌 식물인간상태(의식이 전혀 없고 사지의 자발적인 움직임이 불가능하여 일상생활에서 항시 간호가 필요한 상태)는 각 신체부위별 판정기준에 따라 평가한다.

⑤ 장해진단서에는 ㉠ 장해진단명 및 발생시기, ㉡ 장해의 내용과 그 정도, ㉢ 사고와의 인과관계 및 사고의 관여도, ㉣ 향후 치료의 문제 및 호전도를 필수적으로 기재해야 한다. 다만, 신경계·정신행동 장해의 경우 ㉠ 개호(장해로 혼자서 활동이 어려운 사람을 곁에서 돌보는 것) 여부, ㉡ 객관적 이유 및 개호의 내용을 추가로 기재하여야 한다.

1. 장해의 분류

장해의 분류	지급률
1. 두 눈이 멀었을 때	100
2. 한 눈이 멀었을 때	50
3. 한 눈의 교정시력이 0.02 이하로 된 때	35
4. 한 눈의 교정시력이 0.06 이하로 된 때	25
5. 한 눈의 교정시력이 0.1 이하로 된 때	15
6. 한 눈의 교정시력이 0.2 이하로 된 때	5
7. 한 눈의 안구(눈동자)에 뚜렷한 운동장해나 뚜렷한 조절기능장해를 남긴 때	10
8. 한 눈에 뚜렷한 시야장해를 남긴 때	5
9. 한 눈의 눈꺼풀에 뚜렷한 결손을 남긴 때	10
10. 한 눈의 눈꺼풀에 뚜렷한 운동장해를 남긴 때	5

2. 장해판정기준

① 시력장해의 경우 공인된 시력검사표에 따라 최소 3회 이상 측정한다.

② '교정시력'이라 함은 안경(콘택트렌즈를 포함한 모든 종류의 시력 교정수단)으로 교정한 원거리 최대교정시력을 말한다. 다만, 각막이식술을 받은 환자인 경우 각막이식술 이전의 시력상태를 기준으로 평가한다.

③ '한눈이 멀었을 때'라 함은 안구의 적출은 물론 명암을 가리지 못하거나('광각무') 겨우 가릴 수 있는 경우('광각유')를 말한다.

④ '한눈의 교정시력이 0.02이하로 된 때'라 함은 안전수동(Hand Movement)[주1], 안전수지(Finger Counting)[주2] 상태를 포함한다.

> ※ **주1) 안전수동** : 물체를 감별할 정도의 시력상태가 아니며 눈앞에서 손의 움직임을 식별할 수 있을 정도의 시력상태
>
> **주2) 안전수지** : 시표의 가장 큰 글씨를 읽을 수 있는 정도의 시력은 아니나 눈 앞 30cm 이내에서 손가락의 갯수를 식별할 수 있을 정도의 시력상태

⑤ 안구(눈동자) 운동장해의 판정은 질병의 진단 또는 외상 후 1년 이상이 지난 뒤 그 장해 정도를 평가한다.

⑥ '안구(눈동자)의 뚜렷한 운동장해'라 함은 아래의 두 경우 중 하나에 해당하는 경우를 말한다.

> ㉠ 한 눈의 안구(눈동자)의 주시야(머리를 움직이지 않고 눈만을 움직여서 볼 수 있는 범위)의 운동범위가 정상의 1/2 이하로 감소된 경우
>
> ㉡ 중심 20도 이내에서 복시(물체가 둘로 보이거나 겹쳐 보임)를 남긴 경우

⑦ '안구(눈동자)의 뚜렷한 조절기능장해'라 함은 조절력이 정상의 1/2 이하로 감소된 경우를 말한다. 다만, 조절력의 감소를 무시할 수 있는 50세 이상(장해진단시 연령 기준)의 경우에는 제외한다.

⑧ '뚜렷한 시야 장해'라 함은 한 눈의 시야 범위가 정상시야 범위의 60% 이하로 제한된 경우를 말한다. 이 경우 시야검사는 공인된 시야검사방법으로 측정하며, 시야장해 평가시 자동시야검사계(골드만 시야검사)를 이용하여 8방향 시야범위 합계를 정상범위와 비교하여 평가한다.

⑨ '눈꺼풀에 뚜렷한 결손을 남긴 때'라 함은 눈꺼풀의 결손으로 눈을 감았을 때 각막(검은 자위)이 완전히 덮이지 않는 경우를 말한다.

⑩ '눈꺼풀에 뚜렷한 운동장해를 남긴 때'라 함은 눈을 떴을 때 동공을 1/2 이상 덮거나 또는 눈을 감았을 때 각막을 완전히 덮을 수 없는 경우를 말한다.

⑪ 외상이나 화상 등으로 안구의 적출이 불가피한 경우에는 외모의 추상(추한 모습)이 가산된다. 이 경우 안구가 적출되어 눈자위의 조직요몰(凹沒) 등으로 의안마저 끼워 넣을 수 없는 상태이면 '뚜렷한 추상(추한 모습)'으로, 의안을 끼워 넣을 수 있는 상태이면 '약간의 추상(추한 모습)'으로 지급률을 가산한다.

⑫ '눈꺼풀에 뚜렷한 결손을 남긴 때'에 해당하는 경우에는 추상(추한 모습)장해를 포함하여 장해를 평가한 것으로 보고 추상(추한 모습)장해를 가산하지 않는다. 다만, 안면부의 추상(추한 모습)은 두 가지 장해평가방법 중 피보험자에게 유리한 것을 적용한다.

1. 장해의 분류

장해의 분류	지급률
1. 두 귀의 청력을 완전히 잃었을 때	80
2. 한 귀의 청력을 완전히 잃고, 다른 귀의 청력에 심한 장해를 남긴 때	45
3. 한 귀의 청력을 완전히 잃었을 때	25
4. 한 귀의 청력에 심한 장해를 남긴 때	15
5. 한 귀의 청력에 약간의 장해를 남긴 때	5
6. 한 귀의 귓바퀴의 대부분이 결손된 때	10
7. 평형기능에 장해를 남긴 때	10

2. 장해판정기준

① 청력장해는 순음청력검사 결과에 따라 데시벨(dB : decibel)로서 표시하고 3회 이상 청력검사를 실시한 후 적용한다. 다만, 각 측정치의 결과값 차이가 ±10dB 이상인 경우 청성뇌간반응검사(ABR)를 통해 객관적인 장해 상태를 재평가하여야 한다.

② '한 귀의 청력을 완전히 잃었을 때'라 함은 순음청력검사 결과 평균순음역치가 90dB 이상인 경우를 말한다.

③ '심한 장해를 남긴 때'라 함은 순음청력검사 결과 평균순음역치가 80dB 이상인 경우에 해당되어, 귀에다 대고 말하지 않고는 큰 소리를 알아듣지 못하는 경우를 말한다.

④ '약간의 장해를 남긴 때'라 함은 순음청력검사 결과 평균순음역치가 70dB 이상인 경우에 해당되어, 50cm 이상의 거리에서는 보통의 말소리를 알아듣지 못하는 경우를 말한다.

⑤ 순음청력검사를 실시하기 곤란하거나(청력의 감소가 의심되지만 의사소통이 되지 않는 경우, 만 3세 미만의 소아 포함) 검사결과에 대한 검증이 필요한 경우에는 '언어청력검사, 임피던스 청력검사, 청성뇌간반응검사(ABR), 이음향방사검사' 등을 추가실시 후 장해를 평가한다.

3. 귓바퀴의 결손

① '귓바퀴의 대부분이 결손된 때'라 함은 귓바퀴의 연골부가 1/2 이상 결손된 경우를 말한다.

② 귓바퀴의 연골부가 1/2 미만 결손이고 청력에 이상이 없으면 외모의 추상(추한 모습)장해로만 평가한다.

4. 평형기능의 장해

① '평형기능에 장해를 남긴 때'라 함은 전정기관 이상으로 보행 등 일상생활이 어려운 상태로 아래의 평형장해 평가항목별 합산점수가 30점 이상인 경우를 말한다.

항 목	내 용	점 수
검사 소견	양측 전정기능 소실	14
	양측 전정기능 감소	10
	일측 전정기능 소실	4
치료 병력	장기 통원치료(1년간 12회 이상)	6
	장기 통원치료(1년간 6회 이상)	4
	단기 통원치료(6개월간 6회 이상)	2
	단기 통원치료(6개월간 6회 미만)	0
기능 장해 소견	두 눈을 감고 일어서기 곤란하거나 두 눈을 뜨고 10m 거리를 직선으로 걷다가 쓰러지는 경우	20
	두 눈을 뜨고 10m 거리를 직선으로 걷다가 중간에 균형을 잡으려 멈추어야 하는 경우	12
	두 눈을 뜨고 10m 거리를 직선으로 걸을 때 중앙에서 60cm 이상 벗어나는 경우	8

② 평형기능의 장해는 장해판정 직전 1년 이상 지속적인 치료 후 장해가 고착되었을 때 판정하며, 뇌병변 여부, 전정기능 이상 및 장해상태를 평가하기 위해 아래의 검사들을 기초로 한다.

ⓐ 뇌영상검사(CT, MRI)

ⓑ 온도안진검사, 전기안진검사(또는 비디오안진검사) 등

Theme 5 코의 장해

1. 장해의 분류

장해의 분류	지급률
1. 코의 호흡기능을 완전히 잃었을 때	15
2. 코의 후각기능을 완전히 잃었을 때	5

2. 장해판정기준

① '코의 호흡기능을 완전히 잃었을 때'라 함은 일상생활에서 구강호흡의 보조를 받지 않는 상태에서 코로 숨쉬는 것만으로 정상적인 호흡을 할 수 없다는 것이 비강통기도검사 등 의학적으로 인정된 검사로 확인되는 경우를 말한다.

② '코의 후각기능을 완전히 잃었을 때'라 함은 후각신경의 손상으로 양쪽 코의 후각기능을 완전히 잃은 경우를 말하며, 후각감퇴는 장해의 대상으로 하지 않는다.

③ 양쪽 코의 후각기능은 후각인지검사, 후각역치검사 등을 통해 6개월 이상 고정된 후각의 완전손실이 확인되어야 한다.

④ 코의 추상(추한 모습)장해를 수반한 때에는 기능장해의 지급률과 추상장해의 지급률을 합산한다.

Theme 6   씹어먹거나 말하는 장해

1. 장해의 분류

장해의 분류	지급률
1. 씹어먹는 기능과 말하는 기능 모두에 심한 장해를 남긴 때	100
2. 씹어먹는 기능에 심한 장해를 남긴 때	80
3. 말하는 기능에 심한 장해를 남긴 때	60
4. 씹어먹는 기능과 말하는 기능 모두에 뚜렷한 장해를 남긴 때	40
5. 씹어먹는 기능 또는 말하는 기능에 뚜렷한 장해를 남긴 때	20
6. 씹어먹는 기능과 말하는 기능 모두에 약간의 장해를 남긴 때	10
7. 씹어먹는 기능 또는 말하는 기능에 약간의 장해를 남긴 때	5
8. 치아에 14개 이상의 결손이 생긴 때	20
9. 치아에 7개 이상의 결손이 생긴 때	10
10. 치아에 5개 이상의 결손이 생긴 때	5

2. 장해의 평가기준

① 씹어먹는 기능의 장해는 윗니(상악치아)와 아랫니(하악치아)의 맞물림(교합), 배열상태 및 아래턱의 개구운동, 삼킴(연하)운동 등에 따라 종합적으로 판단하여 결정한다.

② '씹어먹는 기능에 심한 장해를 남긴 때'라 함은 심한 개구운동 제한이나 저작운동 제한으로 물이나 이에 준하는 음료 이외는 섭취하지 못하는 경우를 말한다.

③ '씹어먹는 기능에 뚜렷한 장해를 남긴 때' 라 함은 아래의 경우 중 하나 이상에 해당되는 때를 말한다.

    ㉠ 뚜렷한 개구운동 제한 또는 뚜렷한 저작운동 제한으로 미음 또는 이에 준하는 정도의 음식물(죽 등)이외는 섭취하지 못하는 경우

    ㉡ 위·아래턱(상·하악)의 가운데 앞니(중절치)간 최대 개구운동이 1cm이하로 제한되는 경우

    ㉢ 위·아래턱(상·하악)의 부정교합(전방, 측방)이 1.5cm이상인 경우

    ㉣ 1개 이하의 치아만 교합되는 상태

    ㉤ 연하기능검사(비디오 투시검사)상 연하장애가 있고, 유동식 섭취시 흡인이 발생하고 연식 외에는 섭취가 불가능한 상태

④ '씹어먹는 기능에 약간의 장해를 남긴 때'라 함은 아래의 경우 중 하나 이상에 해당되는 때를 말한다.

    ㉠ 약간의 개구운동 제한 또는 약간의 저작운동 제한으로 부드러운 고형식(밥, 빵 등)만 섭취 가능한 경우

    ㉡ 위·아래턱(상·하악)의 가운데 앞니(중절치)간 최대 개구운동이 2cm 이하로 제한되는 경우

ⓒ 위·아래턱(상·하악)의 부정교합(전방, 측방)이 1cm 이상인 경우

ⓔ 양측 각 1개 또는 편측 2개 이하의 치아만 교합되는 상태

ⓜ 연하기능검사(비디오 투시검사)상 연하장애가 있고, 유동식 섭취시 간헐적으로 흡인이 발생하고 부드러운 고형식 외에는 섭취가 불가능한 상태

⑤ 개구장해는 턱관절의 이상으로 개구운동 제한이 있는 상태를 말하며, 최대 개구상태에서 위·아래턱(상·하악)의 가운데 앞니(중절치)간 거리를 기준으로 한다. 단, 가운데 앞니(중절치)가 없는 경우에는 측정가능한 인접 치아간 거리의 최대치를 기준으로 한다.

⑥ 부정교합은 위턱(상악)과 아래턱(하악)의 부조화로 윗니(상악치아)와 아랫니(하악치아)가 전방 및 측방으로 맞물림에 제한이 있는 상태를 말한다.

⑦ '말하는 기능에 심한 장해를 남긴 때'라 함은 아래의 경우 중 하나 이상에 해당되는 때를 말한다.
　ㄱ 언어평가상 자음정확도가 30% 미만인 경우
　ㄴ 전실어증, 운동성실어증(브로카실어증)으로 의사소통이 불가한 경우

⑧ '말하는 기능에 뚜렷한 장해를 남긴 때'라 함은 아래의 경우 중 하나 이상에 해당되는 때를 말한다.
　ㄱ 언어평가상 자음정확도가 50% 미만인 경우
　ㄴ 언어평가상 표현언어지수 25 미만인 경우

⑨ '말하는 기능에 약간의 장해를 남긴 때'라 함은 아래의 경우 중 하나 이상에 해당되는 때를 말한다.
　ㄱ 언어평가상 자음정확도가 75% 미만인 경우
　ㄴ 언어평가상 표현언어지수 65 미만인 경우

⑩ 말하는 기능의 장해는 1년 이상 지속적인 언어치료를 시행한 후 증상이 고착되었을 때 평가하며, 객관적인 검사를 기초로 평가한다.

⑪ 뇌·중추신경계 손상(정신·인지기능 저하, 편마비 등)으로 인한 말하는 기능의 장해(실어증, 구음장애) 또는 씹어먹는 기능의 장해는 신경계·정신행동 장해평가와 비교하여 그 중 높은 지급률 하나만 인정한다.

⑫ '치아의 결손'이란 치아의 상실 또는 발치된 경우를 말하며, 치아의 일부 손상으로 금관치료(크라운 보철수복)를 시행한 경우에는 치아의 일부 결손을 인정하여 1/2개 결손으로 적용한다.

⑬ 보철치료를 위해 발치한 정상치아, 노화로 인해 자연 발치된 치아, 보철(복합레진, 인레이, 온레이 등)한 치아, 기존 의치(틀니, 임플란트 등)의 결손은 치아의 상실로 인정하지 않는다.

⑭ 상실된 치아의 크기가 크든지 또는는 치간의 간격이나 치아 배열구조 등의 문제로 사고와 관계없이 새로운 치아가 결손된 경우에는 사고로 결손된 치아 수에 따라 지급률을 결정한다.

⑮ 어린이의 유치는 향후에 영구치로 대체되므로 후유장해의 대상이 되지 않으나, 선천적으로 영구치 결손이 있는 경우에는 유치의 결손을 후유장해로 평가한다.

⑯ 가철성 보철물(신체의 일부에 붙였다 떼었다 할 수 있는 틀니 등)의 파손은 후유장해의 대상이 되지 않는다.

외모의 추상(추한 모습)장해

1. 장해의 분류

장해의 분류	지급률
1. 외모에 뚜렷한 추상(추한 모습)을 남긴 때	15
2. 외모에 약간의 추상(추한 모습)을 남긴 때	5

2. 장해판정기준

① '외모'란 얼굴(눈, 코, 귀, 입 포함), 머리, 목을 말한다.

② '추상(추한 모습)장해'라 함은 성형수술(반흔성형술, 레이저치료 등 포함)을 시행한 후에도 영구히 남게 되는 상태의 추상(추한 모습)을 말한다.

③ '추상(추한 모습)을 남긴 때'라 함은 상처의 흔적, 화상 등으로 피부의 변색, 모발의 결손, 조직(뼈, 피부 등)의 결손 및 함몰 등으로 성형수술을 하여도 더 이상 추상(추한 모습)이 없어지지 않는 경우를 말한다.

④ 다발성 반흔 발생시 각 판정부위(얼굴, 머리, 목) 내의 다발성 반흔의 길이 또는 면적은 합산하여 평가한다. 단, 길이가 5mm 미만의 반흔은 합산대상에서 제외한다.

⑤ 추상(추한 모습)이 얼굴과 머리 또는 목 부위에 걸쳐 있는 경우에는 머리 또는 목에 있는 흉터의 길이 또는 면적의 1/2을 얼굴의 추상(추한 모습)으로 보아 산정한다.

3. 뚜렷한 추상(추한 모습)

(1) 얼굴

① 손바닥 크기 1/2 이상의 추상(추한 모습)

② 길이 10cm 이상의 추상 반흔(추한 모습의 흉터)

③ 지름 5cm 이상의 조직함몰

④ 코의 1/2 이상 결손

(2) 머리

① 손바닥 크기 이상의 반흔(흉터) 및 모발결손

② 머리뼈의 손바닥 크기 이상의 손상 및 결손

(3) 목

손바닥 크기 이상의 추상(추한 모습)

4. 약간의 추상(추한 모습)

(1) 얼 굴

① 손바닥 크기 1/4 이상의 추상(추한 모습)

② 길이 5cm 이상의 추상반흔(추한 모습의 흉터)

③ 지름 2cm 이상의 조직함몰

④ 코의 1/4 이상 결손

(2) 머 리

① 손바닥 크기 1/2 이상의 반흔(흉터) 및 모발결손

② 머리뼈의 손바닥 크기 1/2 이상의 손상 및 결손

(3) 목

손바닥 크기 1/2 이상의 추상(추한 모습)

5. 손바닥 크기

'손바닥 크기'라 함은 해당 환자의 손가락을 제외한 손바닥의 크기를 말하며, 12세 이상의 성인에서는 8×10cm(1/2 크기는 40cm^2, 1/4 크기는 20cm^2), 6 ~ 11세의 경우는 6×8cm(1/2 크기는 24cm^2, 1/4 크기는 12cm^2), 6세 미만의 경우는 4×6cm(1/2 크기는 12cm^2, 1/4 크기는 6cm^2)로 간주한다.

척추(등뼈)의 장해

1. 장해의 분류

장해의 분류	지급률
1. 척추(등뼈)에 심한 운동장해를 남긴 때	40
2. 척추(등뼈)에 뚜렷한 운동장해를 남긴 때	30
3. 척추(등뼈)에 약간의 운동장해를 남긴 때	10
4. 척추(등뼈)에 심한 기형을 남긴 때	50
5. 척추(등뼈)에 뚜렷한 기형을 남긴 때	30
6. 척추(등뼈)에 약간의 기형을 남긴 때	15
7. 추간판탈출증으로 인한 심한 신경장해	20
8. 추간판탈출증으로 인한 뚜렷한 신경장해	15
9. 추간판탈출증으로 인한 약간의 신경장해	10

2. 장해판정기준

① 척추(등뼈)는 경추에서 흉추, 요추, 제1천추까지를 동일한 부위로 한다. 제2천추 이하의 천골 및 미골은 체간골의 장해로 평가한다.

② 척추(등뼈)의 기형장해는 척추체(척추뼈 몸통을 말하며, 횡돌기 및 극돌기는 제외한다. 이하 이 신체부위에서 같다)의 압박률 또는 척추체(척추뼈 몸통)의 만곡 정도에 따라 평가한다.

   ㉠ 척추체(척추뼈 몸통)의 만곡변화는 객관적인 측정방법(Cobb's Angle)에 따라 골절이 발생한 척추체(척추뼈 몸통)의 상·하 인접 정상 척추체(척추뼈 몸통)를 포함하여 측정하며, 생리적 정상만곡을 고려하여 평가한다.

   ㉡ 척추(등뼈)의 기형장해는 척추체(척추뼈 몸통)의 압박률, 골절의 부위 등을 기준으로 판정한다. 척추체(척추뼈 몸통)의 압박률은 인접 상·하부[인접 상·하부 척추체(척추뼈 몸통)에 진구성 골절이 있거나, 다발성 척추 골절이 있는 경우에는 골절된 척추와 가장 인접한 상·하부] 정상 척추체(척추뼈 몸통)의 전방 높이의 평균에 대한 골절된 척추체(척추뼈 몸통) 전방 높이의 감소비를 압박률로 정한다.

   ㉢ 척추(등뼈)의 기형장해는 「산업재해보상보험법 시행규칙」상 경추부, 흉추부, 요추부로 구분하여 각각을 하나의 운동단위로 보며, 하나의 운동단위 내에서 여러 개의 척추체(척추뼈 몸통)에 압박골절이 발생한 경우에는 각 척추체(척추뼈 몸통)의 압박률을 합산하고, 두 개 이상의 운동단위에서 장해가 발생한 경우에는 그 중 가장 높은 지급률을 적용한다.

③ 척추(등뼈)의 장해는 퇴행성 기왕증 병변과 사고가 그 증상을 악화시킨 부분만큼, 즉 이 사고와의 관여도를 산정하여 평가한다.

④ 추간판탈출증으로 인한 신경장해는 수술 또는 시술(비수술적 치료) 후 6개월 이상 지난 후에 평가한다.

⑤ 신경학적 검사상 나타난 저린감이나 방사통 등 신경자극증상의 원인으로 CT, MRI 등 영상검사에서 추간판탈출증이 확인된 경우를 추간판탈출증으로 진단하며, 수술 여부에 관계없이 운동장해 및 기형장해로 평가하지 않는다.

⑥ 심한 운동장해란 다음 중 어느 하나에 해당하는 경우를 말한다.

　㉠ 척추체(척추뼈 몸통)에 골절 또는 탈구로 4개 이상의 척추체(척추뼈 몸통)를 유합(아물어 붙음) 또는 고정한 상태

　㉡ 머리뼈(두개골), 제1경추, 제2경추를 모두 유합 또는 고정한 상태

⑦ 뚜렷한 운동장해란 다음 중 어느 하나에 해당하는 경우를 말한다.

　㉠ 척추체(척추뼈 몸통)에 골절 또는 탈구로 3개의 척추체(척추뼈 몸통)를 유합(아물어 붙음) 또는 고정한 상태

　㉡ 머리뼈(두개골)와 제1경추 또는 제1경추와 제2경추를 유합 또는 고정한 상태

　㉢ 머리뼈(두개골)와 상위목뼈(상위경추 : 제1, 2경추) 사이에 CT 검사상, 두 개 대후두공의 기저점(basion)과 축추 치돌기 상단사이의 거리(BDI : Basion-Dental Interval)에 뚜렷한 이상전위가 있는 상태

　㉣ 상위목뼈(상위경추 : 제1, 2경추) CT 검사상, 환추 전방 궁(arch)의 후방과 치상돌기의 전면과의 거리(ADI : Atlanto-Dental Interval)에 뚜렷한 이상전위가 있는 상태

⑧ **약간의 운동장해**

머리뼈(두개골)와 상위목뼈(상위경추 : 제1, 2경추)를 제외한 척추체(척추뼈 몸통)에 골절 또는 탈구로 2개의 척추체(척추뼈 몸통)를 유합(아물어 붙음) 또는 고정한 상태

⑨ 심한 기형이란 다음 중 어느 하나에 해당하는 경우를 말한다.

　㉠ 척추(등뼈)의 골절 또는 탈구 등으로 35° 이상의 척추전만증(척추가 앞으로 휘어지는 증상), 척추후만증(척추가 뒤로 휘어지는 증상) 또는 20° 이상의 척추측만증(척추가 옆으로 휘어지는 증상) 변형이 있을 때

　㉡ 척추체(척추뼈 몸통) 한 개의 압박률이 60% 이상인 경우 또는 한 운동단위 내에 두 개 이상 척추체(척추뼈 몸통)의 압박 골절로 각 척추체(척추뼈 몸통)의 압박률의 합이 90% 이상일 때

⑩ 뚜렷한 기형이란 다음 중 어느 하나에 해당하는 경우를 말한다.

　㉠ 척추(등뼈)의 골절 또는 탈구 등으로 15° 이상의 척추전만증(척추가 앞으로 휘어지는 증상), 척추후만증(척추가 뒤로 휘어지는 증상) 또는 10° 이상의 척추측만증(척추가 옆으로 휘어지는 증상) 변형이 있을 때

　㉡ 척추체(척추뼈 몸통) 한 개의 압박률이 40% 이상인 경우 또는 한 운동단위 내에 두 개 이상 척추체(척추뼈 몸통)의 압박 골절로 각 척추체(척추뼈 몸통)의 압박률의 합이 60% 이상일 때

⑪ 약간의 기형이란 다음 중 어느 하나에 해당하는 경우를 말한다.

　㉠ 1개 이상의 척추(등뼈)의 골절 또는 탈구로 경도(가벼운 정도)의 척추전만증(척추가 앞으로 휘어지는 증상), 척추후만증(척추가 뒤로 휘어지는 증상) 또는 척추측만증(척추가 옆으로 휘어지는 증상) 변형이 있을 때

　㉡ 척추체(척추뼈 몸통) 한 개의 압박률이 20% 이상인 경우 또는 한 운동단위 내에 두 개 이상 척추체(척추뼈 몸통)의 압박 골절로 각 척추체(척추뼈 몸통)의 압박률의 합이 40% 이상일 때

⑫ '추간판탈출증으로 인한 심한 신경장해'란 추간판탈출증으로 추간판을 2마디 이상(또는 1마디 추간판에 대해 2회 이상) 수술하고도 마미신경증후군이 발생하여 하지의 현저한 마비 또는 대소변의 장해가 있는 경우

⑬ '추간판탈출증으로 인한 뚜렷한 신경장해'란 추간판탈출증으로 추간판 1마디를 수술하고도 신경생리검사에서 명확한 신경근병증의 소견이 지속되고 척추신경근의 불완전 마비가 인정되는 경우

⑭ '추간판탈출증으로 인한 약간의 신경장해'란 추간판탈출증이 확인되고 신경생리검사에서 명확한 신경근병증의 소견이 지속되는 경우

1. 장해의 분류

장해의 분류	지급률
1. 어깨뼈(견갑골)나 골반뼈(장골, 제2천추 이하의 천골, 미골, 좌골 포함)에 뚜렷한 기형을 남긴 때	15
2. 빗장뼈(쇄골), 가슴뼈(흉골), 갈비뼈(늑골)에 뚜렷한 기형을 남긴 때	10

2. 장해판정기준

① '체간골'이라 함은 어깨뼈(견갑골), 골반뼈(장골, 제2천추 이하의 천골, 미골, 좌골 포함), 빗장뼈(쇄골), 가슴뼈(흉골), 갈비뼈(늑골)를 말하며 이를 모두 동일한 부위로 본다.

② '골반뼈의 뚜렷한 기형'이라 함은 아래의 경우 중 하나에 해당하는 때를 말한다.

  ㉠ 천장관절 또는 치골문합부가 분리된 상태로 치유되었거나 좌골이 2.5cm 이상 분리된 부정유합 상태

  ㉡ 육안으로 변형(결손을 포함)을 명백하게 알 수 있을 정도로 방사선 검사로 측정한 각(角) 변형이 20° 이상인 경우

  ㉢ 미골의 기형은 골절이나 탈구로 방사선 검사로 측정한 각(角) 변형이 70° 이상 남은 상태

③ '빗장뼈(쇄골), 가슴뼈(흉골), 갈비뼈(늑골), 어깨뼈(견갑골)에 뚜렷한 기형이 남은 때'라 함은 방사선 검사로 측정한 각(角) 변형이 20° 이상인 경우를 말한다.

④ 갈비뼈(늑골)의 기형은 그 개수와 정도, 부위 등에 관계없이 전체를 일괄하여 하나의 장해로 취급한다. 다발성늑골 기형의 경우 각각의 각(角) 변형을 합산하지 않고 그 중 가장 높은 각(角) 변형을 기준으로 평가한다.

[가슴뼈]

장골능
(Iliac crest)

장골
(Ilium)

장골와
(Iliac fossa)

날개
(Ala)

관골구
(Acetabulum)

치골
(Pubic)

좌골
(Ischium)

천장관절(Sacroiliac joint)

천골익(Ala of sacrum)

상장골극
(Anterior superior iliac spine)

천골(Sacrum)

미골(Coccyx)

치골결절(Pubic tubercle)

치골결합(Pubic symphysis)

치골하각(Subpubic angle)

치골궁
(Pubic arch)

대골반(가골반, Greater pelvis)

소골반(진골반, Lesser pelvis)

[골반뼈]

1. 장해의 분류

장해의 분류	지급률
1. 두 팔의 손목 이상을 잃었을 때	100
2. 한 팔의 손목 이상을 잃었을 때	60
3. 한 팔의 3대 관절 중 관절 하나의 기능을 완전히 잃었을 때	30
4. 한 팔의 3대 관절 중 관절 하나의 기능에 심한 장해를 남긴 때	20
5. 한 팔의 3대 관절 중 관절 하나의 기능에 뚜렷한 장해를 남긴 때	10
6. 한 팔의 3대 관절 중 관절 하나의 기능에 약간의 장해를 남긴 때	5
7. 한 팔에 가관절이 남아 뚜렷한 장해를 남긴 때	20
8. 한 팔에 가관절이 남아 약간의 장해를 남긴 때	10
9. 한 팔의 뼈에 기형을 남긴 때	5

2. 장해판정기준

① 골절부에 금속내고정물 등을 사용하였기 때문에 그것이 기능장해의 원인이 되는 때에는 그 내고정물 등이 제거된 후 장해를 평가한다. 단, 제거가 불가능한 경우에는 고정물 등이 있는 상태에서 장해를 평가한다.

② 관절을 사용하지 않아 발생한 일시적인 기능장해(예를 들면 캐스트로 환부를 고정시켰기 때문에 치유 후의 관절에 기능장해가 발생한 경우)는 장해로 평가하지 않는다.

③ '팔'이라 함은 어깨관절(견관절)부터 손목관절(완관절)까지를 말한다.

④ '팔의 3대 관절'이라 함은 어깨관절(견관절), 팔꿈치관절(주관절), 손목관절(완관절)을 말한다.

⑤ '한 팔의 손목 이상을 잃었을 때'라 함은 손목관절(완관절)부터(손목관절 포함) 심장에 가까운 쪽에서 절단된 때를 말하며, 팔꿈치관절(주관절) 상부에서 절단된 경우도 포함한다.

⑥ 팔의 관절기능장해평가는 팔의 3대 관절의 관절운동범위 제한 등으로 평가한다.

　　㉠ 각 관절의 운동범위 측정은 장해평가시점의 「산업재해보상보험법 시행규칙」 제47조 제1항 및 제3항의 정상인의 신체 각 관절에 대한 평균 운동가능영역을 기준으로 정상각도 및 측정방법 등을 따른다.

　　㉡ 관절기능장해를 표시할 경우 장해부위의 장해각도와 정상부위의 측정치를 동시에 판단하여 장해상태를 명확히 한다. 단, 관절기능장해가 신경손상으로 인한 경우에는 운동범위 측정이 아닌 근력 및 근전도 검사를 기준으로 평가한다.

⑦ '관절 하나의 기능을 완전히 잃었을 때'라 함은 아래의 경우 중 하나에 해당하는 경우를 말한다.
  ㉠ 완전강직(관절굳음)
  ㉡ 근전도 검사상 완전손상(complete injury) 소견이 있으면서 도수근력검사(MMT)에서 근력이
    '0등급(zero)'인 경우

⑧ '관절 하나의 기능에 심한 장해를 남긴 때'라 함은 아래의 경우 중 하나에 해당하는 경우를 말한다.
  ㉠ 해당 관절의 운동범위 합계가 정상 운동범위의 1/4 이하로 제한된 경우
  ㉡ 인공관절이나 인공골두를 삽입한 경우
  ㉢ 근전도 검사상 완전손상(complete injury)소견이 있으면서 도수근력검사(MMT)에서 근력이
    '1등급(trace)'인 경우

⑨ '관절 하나의 기능에 뚜렷한 장해를 남긴 때'라 함은 아래의 경우 중 하나에 해당하는 경우를
  말한다.
  ㉠ 해당 관절의 운동범위 합계가 정상 운동범위의 1/2 이하로 제한된 경우
  ㉡ 근전도 검사상 불완전한 손상(incomplete injury) 소견이 있으면서 도수근력검사(MMT)에서
    근력이 2등급(poor)인 경우

⑩ '관절 하나의 기능에 약간의 장해를 남긴 때'라 함은 아래의 경우 중 하나에 해당하는 때를 말한다.
  ㉠ 해당 관절의 운동범위 합계가 정상 운동범위의 3/4 이하로 제한된 경우
  ㉡ 근전도 검사상 불완전한 손상(incomplete injury) 소견이 있으면서 도수근력검사(MMT)에서
    근력이 3등급(fair)인 경우

⑪ '가관절[주]이 남아 뚜렷한 장해를 남긴 때'라 함은 상완골에 가관절이 남은 경우 또는 요골과 척골
  의 2개 뼈 모두에 가관절이 남은 경우를 말한다.
  ※ 주) 가관절이란, 충분한 경과 및 골이식술 등 골유합을 얻는데 필요한 수술적 치료를 시행하였음
    에도 불구하고 골절부의 유합이 이루어지지 않는 '불유합' 상태를 말하며, 골유합이 지연되
    는 지연유합은 제외한다.

⑫ '가관절이 남아 약간의 장해를 남긴 때'라 함은 요골과 척골 중 어느 한 뼈에 가관절이 남은 경우
  를 말한다.

⑬ '뼈에 기형을 남긴 때'라 함은 상완골 또는 요골과 척골에 변형이 남아 정상에 비해 부정유합된
  각 변형이 15° 이상인 경우를 말한다.

3. 지급률의 결정

① 한 팔의 3대 관절 중 관절 하나에 기능장해가 생기고 다른 관절 하나에 기능장해가 발생한 경우
  지급률은 각각 적용하여 합산한다.

② 1상지(팔과 손가락)의 후유장해지급률은 원칙적으로 각각 합산하되, 지급률은 60% 한도로 한다.

1. 장해의 분류

장해의 분류	지급률
1. 두 다리의 발목 이상을 잃었을 때	100
2. 한 다리의 발목 이상을 잃었을 때	60
3. 한 다리의 3대 관절 중 관절 하나의 기능을 완전히 잃었을 때	30
4. 한 다리의 3대 관절 중 관절 하나의 기능에 심한 장해를 남긴 때	20
5. 한 다리의 3대 관절 중 관절 하나의 기능에 뚜렷한 장해를 남긴 때	10
6. 한 다리의 3대 관절 중 관절 하나의 기능에 약간의 장해를 남긴 때	5
7. 한 다리에 가관절이 남아 뚜렷한 장해를 남긴 때	20
8. 한 다리에 가관절이 남아 약간의 장해를 남긴 때	10
9. 한 다리의 뼈에 기형을 남긴 때	5
10. 한 다리가 5cm 이상 짧아지거나 길어진 때	30
11. 한 다리가 3cm 이상 짧아지거나 길어진 때	15
12. 한 다리가 1cm 이상 짧아지거나 길어진 때	5

2. 장해판정기준

① 골절부에 금속내고정물 등을 사용하였기 때문에 그것이 기능장해의 원인이 되는 때에는 그 내고정물 등이 제거된 후 장해를 평가한다. 단, 제거가 불가능한 경우에는 고정물 등이 있는 상태에서 장해를 평가한다.

② 관절을 사용하지 않아 발생한 일시적인 기능장해(예를 들면 캐스트로 환부를 고정시켰기 때문에 치유 후의 관절에 기능장해가 발생한 경우)는 장해로 평가하지 않는다.

③ '다리'라 함은 엉덩이관절(고관절)부터 발목관절(족관절)까지를 말한다.

④ '다리의 3대 관절'이라 함은 엉덩이관절(고관절), 무릎관절(슬관절), 발목관절(족관절)을 말한다.

⑤ '한 다리의 발목 이상을 잃었을 때'라 함은 발목관절(족관절)부터(발목관절 포함) 심장에 가까운 쪽에서 절단된 때를 말하며, 무릎관절(슬관절)의 상부에서 절단된 경우도 포함한다.

⑥ 다리의 관절기능장해평가는 다리의 3대 관절의 관절운동범위 제한 및 무릎관절(슬관절)의 동요성 등으로 평가한다.

    ㉠ 각 관절의 운동범위 측정은 장해평가시점의 「산업재해보상보험법 시행규칙」 제47조 제1항 및 제3항의 정상인의 신체 각 관절에 대한 평균 운동가능영역을 기준으로 정상각도 및 측정방법 등을 따른다.

    ㉡ 관절기능장해가 신경손상으로 인한 경우에는 운동범위 측정이 아닌 근력 및 근전도 검사를 기준으로 평가한다.

⑦ 관절 하나의 기능을 완전히 잃었을 때'라 함은 아래의 경우 중 하나에 해당하는 때를 말한다.

    ㉠ 완전 강직(관절굳음)

    ㉡ 근전도 검사상 완전손상(complete injury) 소견이 있으면서 도수근력검사(MMT)에서 근력이 '0등급(zero)'인 경우

⑧ '관절 하나의 기능에 심한 장해를 남긴 때'라 함은 아래의 경우 중 하나에 해당하는 때를 말한다.
　㉠ 해당 관절의 운동범위 합계가 정상 운동범위의 1/4 이하로 제한된 경우
　㉡ 인공관절이나 인공골두를 삽입한 경우
　㉢ 객관적 검사(스트레스 엑스선)상 15mm 이상의 동요관절(관절이 흔들리거나 움직이는 것)이 있는 경우
　㉣ 근전도 검사상 완전손상(complete injury) 소견이 있으면서 도수근력검사(MMT)에서 근력이 '1등급(trace)'인 경우
⑨ '관절 하나의 기능에 뚜렷한 장해를 남긴 때'라 함은 아래의 경우 중 하나에 해당하는 때를 말한다.
　㉠ 해당 관절의 운동범위 합계가 정상 운동범위의 1/2 이하로 제한된 경우
　㉡ 객관적 검사(스트레스 엑스선)상 10mm 이상의 동요관절(관절이 흔들리거나 움직이는 것)이 있는 경우
　㉢ 근전도 검사상 불완전한 손상(incomplete injury) 소견이 있으면서 도수근력검사(MMT)에서 근력이 2등급(poor)인 경우
⑩ '관절 하나의 기능에 약간의 장해를 남긴 때'라 함은 아래의 경우 중 하나에 해당하는 때를 말한다.
　㉠ 해당 관절의 운동범위 합계가 정상 운동범위의 3/4 이하로 제한된 경우
　㉡ 객관적 검사(스트레스 엑스선)상 5mm 이상의 동요관절(관절이 흔들리거나 움직이는 것)이 있는 경우
　㉢ 근전도 검사상 불완전한 손상(incomplete injury) 소견이 있으면서 도수근력검사(MMT)에서 근력이 3등급(fair)인 경우
⑪ 동요장해평가시에는 정상측과 환측을 비교하여 증가된 수치로 평가한다.
⑫ '가관절주)이 남아 뚜렷한 장해를 남긴 때'라 함은 대퇴골에 가관절이 남은 경우 또는 경골과 종아리뼈의 2개 뼈 모두에 가관절이 남은 경우를 말한다.
　※ 주) 가관절이란, 충분한 경과 및 골이식술 등 골유합을 얻는데 필요한 수술적 치료를 시행하였음에도 불구하고 골절부의 유합이 이루어지지 않는 '불유합' 상태를 말하며, 골유합이 지연되는 지연유합은 제외한다.
⑬ '가관절이 남아 약간의 장해를 남긴 때'라 함은 경골과 종아리뼈 중 어느 한 뼈에 가관절이 남은 경우를 말한다.
⑭ '뼈에 기형을 남긴 때'라 함은 대퇴골 또는 경골에 기형이 남아 정상에 비해 부정유합된 각 변형이 15° 이상인 경우를 말한다.
⑮ 다리 길이의 단축 또는 과신장은 스캐노그램(scanogram)을 통하여 측정한다.

3. 지급률의 결정

① 한 다리의 3대 관절 중 관절 하나에 기능장해가 생기고 다른 관절 하나에 기능장해가 발생한 경우 지급률은 각각 적용하여 합산한다.
② 1하지(다리와 발가락)의 후유장해 지급률은 원칙적으로 각각 합산하되, 지급률은 60% 한도로 한다.

1. 장해의 분류

장해의 분류	지급률
1. 한 손의 5개 손가락을 모두 잃었을 때	55
2. 한 손의 첫째 손가락을 잃었을 때	15
3. 한 손의 첫째 손가락 이외의 손가락을 잃었을 때(손가락 하나마다)	10
4. 한 손의 5개 손가락 모두의 손가락뼈 일부를 잃었을 때 또는 뚜렷한 장해를 남긴 때	30
5. 한 손의 첫째 손가락의 손가락뼈 일부를 잃었을 때 또는 뚜렷한 장해를 남긴 때	10
6. 한 손의 첫째 손가락 이외의 손가락의 손가락뼈 일부를 잃었을 때 또는 뚜렷한 장해를 남긴 때 (손가락 하나마다)	5

2. 장해판정기준

① 골절부에 금속내고정물 등을 사용하였기 때문에 그것이 기능장해의 원인이 되는 때에는 그 내고 정물 등이 제거된 후에 장해를 평가한다. 단, 제거가 불가능한 경우에는 고정물 등이 있는 상태에 서 장해를 평가한다.

② 관절을 사용하지 않아 발생한 일시적인 기능장해(예를 들면 캐스트로 환부를 고정시켰기 때문에 치유 후의 관절에 기능장해가 발생한 경우)는 장해로 평가하지 않는다.

③ 손가락에는 첫째 손가락에 2개의 손가락관절이 있다. 그 중 심장에서 가까운 쪽부터 중수지관절, 지관절이라 한다.

④ 다른 네 손가락에는 3개의 손가락관절이 있다. 그 중 심장에서 가까운 쪽부터 중수지관절, 제1지 관절(근위지관절) 및 제2지관절(원위지관절)이라 부른다.

⑤ '손가락을 잃었을 때'라 함은 첫째 손가락에서는 지관절부터 심장에서 가까운 쪽에서, 다른 네 손가락에서는 제1지관절(근위지관절)부터(제1지관절 포함) 심장에서 가까운 쪽으로 손가락이 절 단되었을 때를 말한다.

⑥ '손가락뼈 일부를 잃었을 때'라 함은 첫째 손가락의 지관절, 다른 네 손가락의 제1지관절(근위지 관절)부터 심장에서 먼 쪽으로 손가락 뼈의 일부가 절단된 경우를 말하며, 뼈 단면이 불규칙해진 상태나 손가락 길이의 단축 없이 골편만 떨어진 상태는 해당하지 않는다.

⑦ '손가락에 뚜렷한 장해를 남긴 때'라 함은 첫째 손가락의 경우 중수지관절 또는 지관절의 굴신(굽 히고 펴기)운동영역이 정상 운동영역의 1/2 이하인 경우를 말하며, 다른 네 손가락에 있어서는 제1, 제2지관절의 굴신운동영역을 합산하여 정상 운동영역의 1/2 이하이거나 중수지관절의 굴신 (굽히고 펴기)운동영역이 정상 운동영역의 1/2 이하인 경우를 말한다.

⑧ 한 손가락에 장해가 생기고 다른 손가락에 장해가 발생한 경우, 지급률은 각각 적용하여 합산한다.

⑨ 손가락의 관절기능장해 평가는 손가락 관절의 관절운동범위 제한 등으로 평가한다. 각 관절의 운동범위 측정은 장해평가시점의 「산업재해보상보험법 시행규칙」 제47조 제1항 및 제3항의 정상인의 신체 각 관절에 대한 평균 운동가능영역을 기준으로 정상각도 및 측정방법 등을 따른다.

[손가락]

발가락의 장해

1. 장해의 분류

장해의 분류	지급률
1. 한 발의 리스프랑관절 이상을 잃었을 때	40
2. 한 발의 5개 발가락을 모두 잃었을 때	30
3. 한 발의 첫째 발가락을 잃었을 때	10
4. 한 발의 첫째 발가락 이외의 발가락을 잃었을 때(발가락 하나마다)	5
5. 한 발의 5개 발가락 모두의 발가락뼈 일부를 잃었을 때 또는 뚜렷한 장해를 남긴 때	20
6. 한 발의 첫째 발가락의 발가락뼈 일부를 잃었을 때 또는 뚜렷한 장해를 남긴 때	8
7. 한 발의 첫째 발가락 이외의 발가락의 발가락뼈 일부를 잃었을 때 또는 뚜렷한 장해를 남긴 때 (발가락 하나마다)	3

2. 장해판정기준

① 골절부에 금속내고정물 등을 사용하였기 때문에 그것이 기능장해의 원인이 되는 때에는 그 내고 정물 등이 제거된 후에 장해를 평가한다. 단, 제거가 불가능한 경우에는 고정물 등이 있는 상태에 서 장해를 평가한다.

② 관절을 사용하지 않아 발생한 일시적인 기능장해(예를 들면 캐스트로 환부를 고정시켰기 때문에 치유 후의 관절에 기능장해가 발생한 경우)는 장해로 평가하지 않는다.

③ '발가락을 잃었을 때'라 함은 첫째 발가락에서는 지관절부터 심장에 가까운 쪽을, 나머지 네 발가락 에서는 제1지관절(근위지관절)부터(제1지관절 포함) 심장에서 가까운 쪽을 잃었을 때를 말한다.

④ 리스프랑 관절 이상에서 잃은 때라 함은 족근 – 중족골간 관절 이상에서 절단된 경우를 말한다.

⑤ '발가락뼈 일부를 잃었을 때'라 함은 첫째 발가락의 지관절, 다른 네 발가락의 제1지관절(근위지 관절)부터 심장에서 먼 쪽으로 발가락 뼈 일부가 절단된 경우를 말하며, 뼈 단면이 불규칙해진 상태나 발가락 길이의 단축 없이 골편만 떨어진 상태는 해당하지 않는다.

⑥ '발가락에 뚜렷한 장해를 남긴 때'라 함은 첫째 발가락의 경우에 중족지관절과 지관절의 굴신(굽 히고 펴기)운동범위 합계가 정상 운동가능영역의 1/2 이하가 된 경우를 말하며, 다른 네 발가락에 있어서는 중족지관절의 신전운동범위만을 평가하여 정상 운동범위의 1/2 이하로 제한된 경우를 말한다.

⑦ 한 발가락에 장해가 생기고 다른 발가락에 장해가 발생한 경우, 지급률은 각각 적용하여 합산한다.

⑧ 발가락 관절의 운동범위 측정은 장해평가시점의 「산업재해보상보험법 시행규칙」 제47조 제1항 및 제3항의 정상인의 신체 각 관절에 대한 평균 운동가능영역을 기준으로 정상 각도 및 측정방법 등을 따른다.

말절골
중절골
기절골
중족골
내측설상골
중간설상골
외측설상골
입방골
주상골
리스프랑관절
(Lisfranc joint)
거골
종골

원위지관절
(제2지관절)
(Dip joint)
근위지관절
(제1지관절)
(Pip joint)
지관절
중족지관절
(Mp joint)
리스프랑관절
(Lisfranc joint)

주상골
거골
중간설상골
외측설상골
종골
입방골
제5중족골

[발가락]

Theme 14　흉·복부장기 및 비뇨생식기의 장해

1. 장해의 분류

장해의 분류	지급률
1. 심장 기능을 잃었을 때	100
2. 흉복부장기 또는 비뇨생식기 기능을 잃었을 때	75
3. 흉복부장기 또는 비뇨생식기 기능에 심한 장해를 남긴 때	50
4. 흉복부장기 또는 비뇨생식기 기능에 뚜렷한 장해를 남긴 때	30
5. 흉복부장기 또는 비뇨생식기 기능에 약간의 장해를 남긴 때	15

2. 장해의 판정기준

① '심장 기능을 잃었을 때'라 함은 심장 이식을 한 경우를 말한다.

② '흉복부장기 또는 비뇨생식기 기능을 잃었을 때'라 함은 아래의 경우 중 하나에 해당하는 때를 말한다.

    ㉠ 폐, 신장, 또는 간장의 장기이식을 한 경우

    ㉡ 장기이식을 하지 않고서는 생명유지가 불가능하여 혈액투석, 복막투석 등 의료처치를 평생토록 받아야 할 때

    ㉢ 방광의 저장기능과 배뇨기능을 완전히 상실한 때

③ '흉복부장기 또는 비뇨생식기 기능에 심한 장해를 남긴 때'라 함은 아래의 경우 중 하나에 해당하는 때를 말한다.

    ㉠ 위, 대장(결장~직장) 또는 췌장의 전부를 잘라내었을 때

    ㉡ 소장을 3/4 이상 잘라내었을 때 또는 잘라낸 소장의 길이가 3m 이상일 때

    ㉢ 간장의 3/4 이상을 잘라내었을 때

    ㉣ 양쪽 고환 또는 양쪽 난소를 모두 잃었을 때

④ '흉복부장기 또는 비뇨생식기 기능에 뚜렷한 장해를 남긴 때'라 함은 아래의 경우 중 하나에 해당하는 때를 말한다.

    ㉠ 한쪽 폐 또는 한쪽 신장을 전부 잘라내었을 때

    ㉡ 방광 기능상실로 영구적인 요도루, 방광루, 요관 장문합 상태

    ㉢ 위, 췌장을 50% 이상 잘라내었을 때

    ㉣ 대장절제, 항문 괄약근 등의 기능장해로 영구적으로 장루, 인공항문을 설치한 경우(치료과정에서 일시적으로 발생하는 경우는 제외)

    ㉤ 심장기능 이상으로 인공심박동기를 영구적으로 삽입한 경우

    ㉥ 요도괄약근 등의 기능장해로 영구적으로 인공요도괄약근을 설치한 경우

⑤ '흉복부장기 또는 비뇨생식기 기능에 약간의 장해를 남긴 때'라 함은 아래의 경우 중 하나에 해당하는 때를 말한다.

ㅤㅤㄱ 방광의 용량이 50cc 이하로 위축되었거나 요도협착, 배뇨기능 상실로 영구적인 간헐적 인공요도가 필요한 때

ㅤㅤㄴ 음경의 1/2 이상이 결손되었거나 질구 협착으로 성생활이 불가능한 때

ㅤㅤㄷ 폐질환 또는 폐 부분절제술 후 일상생활에서 호흡곤란으로 지속적인 산소치료가 필요하며, 폐기능 검사(PFT)상 폐환기 기능(1초간 노력성 호기량, FEV1)이 정상예측치의 40% 이하로 저하된 때

⑥ 흉복부, 비뇨생식기계 장해는 질병 또는 외상의 직접 결과로 인한 장해를 말하며, 노화에 의한 기능장해 또는 질병이나 외상이 없는 상태에서 예방적으로 장기를 절제, 적출한 경우는 장해로 보지 않는다.

⑦ 상기 흉복부 및 비뇨생식기계 장해항목에 명기되지 않은 기타 장해상태에 대해서는 '〈붙임〉 일상생활 기본동작(ADLs) 제한 장해평가표'에 해당하는 장해가 있을 때 ADLs 장해지급률을 준용한다.

⑧ 상기 장해항목에 해당되지 않는 장기간의 간병이 필요한 만성질환(만성간질환, 만성폐쇄성폐질환 등)은 장해의 평가대상으로 인정하지 않는다.

신경계 · 정신행동 장해

1. 장해의 분류

장해의 분류	지급률
1. 신경계에 장해가 남아 일상생활 기본동작에 제한을 남긴 때	10 ~ 100
2. 정신행동에 극심한 장해를 남긴때	100
3. 정신행동에 심한 장해를 남긴 때	75
4. 정신행동에 뚜렷한 장해를 남긴 때	50
5. 정신행동에 약간의 장해를 남긴 때	25
6. 정신행동에 경미한 장해를 남긴 때	10
7. 극심한 치매 : CDR척도 5점	100
8. 심한치매 : CDR척도 4점	80
9. 뚜렷한 치매 : CDR 척도 3점	60
10. 약간의 치매 : CDR 척도 2점	40
11. 심한 간질발작이 남았을 때	70
12. 뚜렷한 간질발작이 남았을 때	40
13. 약간의 간질발작이 남았을 때	10

2. 장해판정기준

(1) 신경계

① "신경계에 장해를 남긴 때"라 함은 뇌, 척수 및 말초신경계 손상으로 "〈붙임〉 일상생활 기본동작 (ADLs) 제한 장해평가표"의 5가지 기본동작중 하나 이상의 동작이 제한되었을 때를 말한다.

② 위 ①의 경우 "〈붙임〉 일상생활 기본동작(ADLs) 제한 장해평가표"상 지급률이 10% 미만인 경우에는 보장대상이 되는 장해로 인정하지 않는다.

③ 신경계의 장해로 발생하는 다른 신체부위의 장해(눈, 귀, 코, 팔, 다리 등)는 해당 장해로도 평가하고 그 중 높은 지급률을 적용한다.

④ 뇌졸중, 뇌손상, 척수 및 신경계의 질환 등은 발병 또는 외상 후 12개월 동안 지속적으로 치료한 후에 장해를 평가한다. 그러나 12개월이 지났다고 하더라도 뚜렷하게 기능 향상이 진행되고 있는 경우 또는 단기간 내에 사망이 예상되는 경우는 6개월의 범위에서 장해평가를 유보한다.

⑤ 장해진단 전문의는 재활의학과, 신경외과 또는 신경과 전문의로 한다.

(2) 정신행동

① 정신행동장해는 보험기간 중에 발생한 뇌의 질병 또는 상해를 입은 후 18개월이 지난 후에 판정함을 원칙으로 한다. 단, 질병발생 또는 상해를 입은 후 의식상실이 1개월 이상 지속된 경우에는 질병발생 또는 상해를 입은 후 12개월이 지난 후에 판정할 수 있다.

② 정신행동장해는 장해판정 직전 1년 이상 충분한 정신건강의학과의 전문적 치료를 받은 후 치료에도 불구하고 장해가 고착되었을 때 판정하여야 하며, 그렇지 않은 경우에는 그로써 고정되거나 중하게 된 장해에 대해서는 인정하지 않는다.

③ '정신행동에 극심한 장해를 남긴 때'라 함은 장해판정 직전 1년 이상 지속적인 정신건강의학과의 치료를 받았으며 GAF 30점 이하인 상태를 말한다.

④ '정신행동에 심한 장해를 남긴 때'라 함은 장해판정 직전 1년 이상 지속적인 정신건강의학과의 치료를 받았으며 GAF 40점 이하인 상태를 말한다.

⑤ '정신행동에 뚜렷한 장해를 남긴 때'라 함은 장해판정 직전 1년 이상 지속적인 정신건강의학과의 치료를 받았으며, 보건복지부고시 「장애정도판정기준」의 '능력장애측정기준'[주] 상 6개 항목 중 3개 항목 이상에서 독립적 수행이 불가능하여 타인의 도움이 필요하고 GAF 50점 이하인 상태를 말한다.

※ 주) 능력장애측정기준의 항목 : ㉮ 적절한 음식섭취, ㉯ 대소변관리, 세면, 목욕, 청소 등의 청결 유지, ㉰ 적절한 대화기술 및 협조적인 대인관계, ㉱ 규칙적인 통원·약물 복용, ㉲ 소지품 및 금전관리나 적절한 구매행위, ㉳ 대중교통이나 일반공공시설의 이용

⑥ '정신행동에 약간의 장해를 남긴 때'라 함은 장해판정 직전 1년 이상 지속적인 정신건강의학과의 치료를 받았으며, 보건복지부고시 「장애정도판정기준」의 '능력장애측정기준'상 6개 항목 중 2개 항목 이상에서 독립적 수행이 불가능하여 타인의 도움이 필요하고 GAF 60점 이하인 상태를 말한다.

⑦ '정신행동에 경미한 장해를 남긴 때'라 함은 장해판정 직전 1년 이상 지속적인 정신건강의학과의 치료를 받았으며, 보건복지부고시 「장애정도판정기준」의 '능력장애측정기준'상 6개 항목 중 2개 항목 이상에서 독립적 수행이 불가능하여 타인의 도움이 필요하고 GAF 70점 이하인 상태를 말한다.

⑧ 지속적인 정신건강의학과의 치료란 3개월 이상 약물치료가 중단되지 않았음을 의미한다.

⑨ 심리학적 평가보고서는 정신건강의학과 의료기관에서 실시되어져야 하며, 자격을 갖춘 임상심리 전문가가 시행하고 작성하여야 한다.

⑩ 정신행동장해 진단 전문의는 정신건강의학과 전문의를 말한다.

⑪ 정신행동장해는 뇌의 기능 및 결손을 입증할 수 있는 뇌자기공명촬영, 뇌전산화촬영, 뇌파 등 객관적 근거를 기초로 평가한다. 다만, 보호자나 환자의 진술, 감정의의 추정 혹은 인정, 한국표준화가 이루어지지 않고 신빙성이 적은 검사들(뇌 SPECT 등)은 객관적 근거로 인정하지 않는다.

⑫ 각종 기질성 정신장해와 외상후 간질에 한하여 보상한다.

⑬ 외상후 스트레스장애, 우울증(반응성) 등의 질환, 정신분열증(조현병), 편집증, 조울증(양극성장애), 불안장애, 전환장애, 공포장애, 강박장애 등 각종 신경증 및 각종 인격장애는 보상의 대상이 되지 않는다.

(3) 치 매

① "치매"라 함은 정상적으로 성숙한 뇌가 질병이나 외상 후 기질성 손상으로 파괴되어 한번 획득한 지적기능이 지속적 또는 전반적으로 저하되는 것을 말한다.

② 치매의 장해평가는 임상적인 증상 뿐 아니라 뇌영상검사(CT 및 MRI, SPECT 등)를 기초로 진단되어져야 하며, 18개월 이상 지속적인 치료 후 평가한다. 다만, 진단시점에 이미 극심한 치매 또는 심한 치매로 진행된 경우에는 6개월간 지속적인 치료 후 평가한다.

③ 치매의 장해평가는 전문의(정신건강의학과, 신경과)에 의한 임상치매척도(한국판 Expanded Clinical Dementia Rating) 검사결과에 따른다.

(4) 뇌전증(간질)

① "뇌전증(간질)"이라 함은 돌발적 뇌파이상을 나타내는 뇌질환으로 발작(경련, 의식장해 등)을 반복하는 것을 말한다.

② 간질발작의 빈도 및 양상은 지속적인 항간질제(항전간제) 약물로도 조절되지 않는 간질을 말하며, 진료기록에 기재되어 객관적으로 확인되는 간질발작의 빈도 및 양상을 기준으로 한다.

③ "심한 간질 발작"이라 함은 월 8회 이상의 중증발작이 연 6개월 이상의 기간에 걸쳐 발생하고, 발작할 때 유발된 호흡장애, 흡인성 폐렴, 심한 탈진, 구역질, 두통, 인지장해 등으로 요양관리가 필요한 상태를 말한다.

④ "뚜렷한 간질 발작"이라 함은 월 5회 이상의 중증발작 또는 월 10회 이상의 경증발작이 연 6개월 이상의 기간에 걸쳐 발생하는 상태를 말한다.

⑤ "약간의 간질 발작"이라 함은 월 1회 이상의 중증발작 또는 월 2회 이상의 경증발작이 연 6개월 이상의 기간에 걸쳐 발생하는 상태를 말한다.

⑥ "중증발작"이라 함은 전신경련을 동반하는 발작으로써 신체의 균형을 유지하지 못하고 쓰러지는 발작 또는 의식장해가 3분 이상 지속되는 발작을 말한다.

⑦ "경증발작"이라 함은 운동장해가 발생하나 스스로 신체의 균형을 유지할 수 있는 발작 또는 3분 이내에 정상으로 회복되는 발작을 말한다.

유 형	제한 정도에 따른 지급률
이동동작	• 특별한 보조기구를 사용함에도 불구하고 다른 사람의 계속적인 도움이 없이는 방 밖을 나올 수 없는 상태 또는 침대에서 휠체어로 옮기기를 포함하여 휠체어 이동시 다른 사람의 계속적인 도움이 필요한 상태(지급률 40%) • 휠체어 또는 다른 사람의 도움 없이는 방밖을 나올 수 없는 상태 또는 보행이 불가능하나 스스로 휠체어를 밀어 이동이 가능한 상태 (30%) • 목발 또는 보행기(walker)를 사용하지 않으면 독립적인 보행이 불가능한 상태 (20%) • 보조기구 없이 독립적인 보행은 가능하나 보행시 파행(절뚝거림)이 있으며, 난간을 잡지 않고는 계단을 오르내리기가 불가능한 상태 또는 평지에서 100m 이상을 걷지 못하는 상태 (10%)
음식물 섭취	• 입으로 식사를 전혀 할 수 없어 계속적으로 튜브(비위관 또는 위루관)나 경정맥 수액을 통해 부분 혹은 전적인 영양공급을 받는 상태 (20%) • 수저 사용이 불가능하여 다른 사람의 계속적인 도움이 없이는 식사를 전혀 할 수 없는 상태 (15%) • 숟가락 사용은 가능하나 젓가락 사용이 불가능하여 음식물 섭취에 있어 부분적으로 다른 사람의 도움이 필요한 상태 (10%) • 독립적인 음식물 섭취는 가능하나 젓가락을 이용하여 생선을 바르거나 음식물을 자르지는 못하는 상태 (5%)
배변・배뇨	• 배설을 돕기 위해 설치한 의료장치나 외과적 시술물을 사용함에 있어 타인의 계속적인 도움이 필요한 상태, 또는 지속적인 유치도뇨관 삽입상태, 방광루, 요도루, 장루상태 (20%) • 화장실에 가서 변기위에 앉는 일(요강을 사용하는 일 포함)과 대소변 후에 뒤처리시 다른 사람의 계속적인 도움이 필요한 상태, 또는 간헐적으로 자가 인공도뇨가 가능한 상태(CIC), 기저귀를 이용한 배뇨, 배변 상태 (15%) • 화장실에 가는 일, 배변, 배뇨는 독립적으로 가능하나 대소변후 뒤처리에 있어 다른 사람의 도움이 필요한 상태 (10%) • 빈번하고 불규칙한 배변으로 인해 2시간 이상 계속되는 업무를 수행하는 것이 어려운 상태, 또는 배변, 배뇨는 독립적으로 가능하나 요실금, 변실금이 있을 때 (5%)
목 욕	• 세안, 양치, 샤워, 목욕 등 모든 개인위생 관리시 타인의 지속적인 도움이 필요한 상태 (10%) • 세안, 양치시 부분적인 도움 하에 혼자서 가능하나 목욕이나 샤워시 타인의 도움이 필요한 상태 (5%) • 세안, 양치와 같은 개인위생 관리를 독립적으로 시행가능하나 목욕이나 샤워시 부분적으로 타인의 도움이 필요한 상태 (3%)
옷 입고 벗기	• 상・하의 의복 착탈시 다른 사람의 계속적인 도움이 필요한 상태 (10%) • 상・하의 의복 착탈시 부분적으로 다른 사람의 도움이 필요한 상태 또는 상의 또는 하의 중 하나만 혼자서 착탈의가 가능한 상태 (5%) • 상・하의 의복 착탈시 혼자서 가능하나 미세동작(단추 잠그고 풀기, 지퍼 올리고 내리기, 끈 묶고 풀기 등)이 필요한 마무리는 타인의 도움이 필요한 상태 (3%)

제4과목

Essential(에센셜)

실손의료보험 표준약관

Chapter 1 기본형 실손의료보험(급여 실손의료비)

Theme 1 보장종목

제1조(보장종목)

① 회사가 판매하는 기본형 실손의료보험상품은 다음과 같이 상해급여형, 질병급여형의 2개 보장종목으로 구성되어 있습니다.

보장종목	보상하는 내용
상해급여	피보험자가 상해로 인하여 의료기관에 입원 또는 통원하여 급여[주]치료를 받거나 급여 처방조제를 받은 경우에 보상
질병급여	피보험자가 질병으로 인하여 의료기관에 입원 또는 통원하여 급여 치료를 받거나 급여 처방조제를 받은 경우에 보상

주)「국민건강보험법」에서 정한 요양급여 또는 「의료급여법」에서 정한 의료급여

② 회사는 이 약관의 명칭에 '급여 실손의료비'라는 문구를 포함하여 사용합니다.

제2조(용어의 정의)

용 어	정 의
계 약	보험계약
진단계약	계약을 체결하기 위하여 피보험자가 건강진단을 받아야 하는 계약
보험증권	계약의 성립과 계약내용을 증명하기 위하여 회사가 계약자에게 드리는 증서
계약자	보험회사와 계약을 체결하고 보험료를 납입하는 사람
피보험자	보험금 지급사유 또는 보험사고발생의 대상(객체)이 되는 사람
보험수익자	보험금을 수령하는 사람
보험기간	회사가 계약에서 정한 보상책임을 지는 기간
회 사	보험회사
보험연도	당해연도 계약 해당일부터 차년도 계약 해당일 전일까지 매 1년 단위의 연도. 예를 들어 보험계약일이 2021년 7월 1일인 경우 보험연도는 2021년 7월 1일부터 2022년 6월 30일까지 1년이 됩니다.
연단위 복리	회사가 지급할 금전에 대한 이자를 줄 때 1년마다 마지막 날에 그 이자를 원금에 더한 금액을 다음 1년의 원금으로 하는 이자 계산방법
평균공시이율	전체 보험회사 공시이율의 평균으로 이 계약 체결 시점의 이율을 말함
해약환급금	계약이 해지되는 때에 회사가 계약자에게 돌려주는 금액
영업일	회사가 영업점에서 정상적으로 영업하는 날을 말하며, 토요일, 「관공서의 공휴일에 관한 규정」에 따른 공휴일과 근로자의 날은 제외
상 해	보험기간 중 발생한 급격하고 우연한 외래의 사고
상해보험계약	상해를 보장하는 계약
의 사	「의료법」 제2조(의료인)에서 정한 의사, 한의사 및 치과의사의 자격을 가진 사람
약 사	「약사법」 제2조(정의)에서 정한 약사 및 한약사의 자격을 가진 사람
의료기관	다음 각 호의 의료기관 1. 「의료법」 제3조(의료기관) 제2항에서 정하는 의료기관을 말하며, 종합병원·병원·치과병원·한방병원·요양병원·의원·치과의원·한의원(조산원 제외) 2. 「국민건강보험법」 제42조 제1항 제4호에 의한 보건소·보건의료원·보건지소 및 동법 제42조 제1항 제5호에 의한 보건진료소
약 국	「약사법」 제2조 제3호에 따른 장소로서, 약사가 수여(授與)할 목적으로 의약품 조제업무를 하는 장소를 말하며, 의료기관의 조제실은 제외하며 「국민건강보험법」 제42조 제1항 제3호에 의한 한국희귀·필수의약품센터를 포함함
입 원	의사가 피보험자의 질병 또는 상해로 인하여 치료가 필요하다고 인정한 경우로서 자택 등에서 치료가 곤란하여 의료기관 또는 이와 동등하다고 인정되는 의료기관에 입실하여 계속하여 6시간 이상 체류하면서 의사의 관찰 및 관리 하에 치료를 받는 것
입원의 정의 중 '이와 동등하다고 인정되는 의료기관'	보건소, 보건의료원 및 보건지소 등 「의료법」 제3조(의료기관) 제2항에서 정한 의료기관에 준하는 의료기관으로서 군의무대, 치매요양원, 노인요양원 등에 속해 있는 요양원, 요양시설, 복지시설 등과 같이 의료기관이 아닌 곳은 이에 해당되지 않음

입원실료	입원치료 중 발생한 기준병실 사용료, 환자 관리료, 식대 등
입원제비용	입원치료 중 발생한 진찰료, 검사료, 방사선료, 투약 및 처방료(퇴원시 의사로부터 치료목적으로 처방받은 약제비 포함), 주사료, 이학요법(물리치료, 재활치료)료, 정신요법료, 처치료, 치료재료, 석고붕대료(cast), 지정진료비 등
입원수술비	입원치료 중 발생한 수술료, 마취료, 수술재료비 등
입원의료비	입원실료, 입원제비용, 입원수술비
통 원	의사가 피보험자의 질병 또는 상해로 치료가 필요하다고 인정하는 경우로서, 의료기관에 입원하지 않고 의료기관을 방문하여 의사의 관리 하에 치료에 전념하는 것.
처방조제	의사 및 약사가 피보험자의 질병 또는 상해로 치료가 필요하다고 인정하는 경우로서, 통원으로 인하여 발행된 의사의 처방전으로 약국의 약사가 조제하는 것. 이 경우「국민건강보험법」제42조 제1항 제3호에 따른 한국희귀의약품센터에서의 처방조제 및 의약분업 예외 지역에서의 약사의 직접조제를 포함
외래제비용	통원치료 중 발생한 진찰료, 검사료, 방사선료, 투약 및 처방료, 주사료, 이학요법(물리치료, 재활치료)료, 정신요법료, 처치료, 치료재료, 석고붕대료(cast), 지정진료비 등
외래수술비	통원치료 중 발생한 수술료, 마취료, 수술재료비 등
처방조제비	의료기관 의사의 처방전에 따라 조제되는 약국의 처방조제비 및 약사의 직접조제비
통원의료비	외래제비용, 외래수술비, 처방조제비
요양급여	「국민건강보험법」제41조(요양급여)에 따른 가입자 및 피부양자의 질병·부상 등에 대한 다음의 요양급여 1. 진찰·검사 2. 약제·치료재료의 지급 3. 처치·수술 또는 그 밖의 치료 4. 예방·재활 5. 입 원 6. 간 호 7. 이 송
의료급여	「의료급여법」제7조(의료급여의 내용 등)에 따른 가입자 및 피부양자의 질병·부상 등에 대한 다음 각 호의 의료급여 1. 진찰·검사 2. 약제·치료재료의 지급 3. 처치·수술 또는 그 밖의 치료 4. 예방·재활 5. 입 원 6. 간 호 7. 이 송 8. 그 밖에 의료 목적의 달성을 위한 조치
「국민건강보험법」에 따른 본인부담금 상한제	「국민건강보험법」에 따른 요양급여 중 연간 본인부담금 총액이「국민건강보험법 시행령」별표 3에서 정하는 금액을 넘는 경우에 그 초과한 금액을 공단에서 부담하는 제도를 말하며, 국민건강보험 관련법령의 변경에 따라 환급기준이 변경될 경우에는 회사는 변경되는 기준에 따름
「의료급여법」에 따른 본인부담금 보상제 및 본인부담금 상한제	「의료급여법」에 따른 의료급여 중 본인부담금이「의료급여법 시행령」제13조(급여비용의 부담)에서 정하는 금액을 넘는 경우에 그 초과한 금액을 의료급여기금 등에서 부담하는 제도를 말하며, 의료급여 관련법령의 변경에 따라 환급기준이 변경될 경우에는 회사는 변경된 기준에 따름
보장대상의료비	실제 부담액 – 보장제외금액[*] * 제3관 회사가 보장하지 않는 사항에 따른 금액
보장책임액	(보장대상의료비 – 피보험자부담 공제금액)과 보험가입금액 중 작은 금액
다수보험	실손 의료보험계약(우체국보험, 각종 공제, 상해·질병·간병보험 등 제3보험, 개인연금·퇴직보험 등 의료비를 실손으로 보상하는 보험·공제계약을 포함)이 동시에 또는 순차적으로 2개 이상 체결되었고, 그 계약이 동일한 보험사고에 대하여 각 계약별 보장책임액이 있는 여러 개의 실손 의료보험계약을 말함

제3조(보장종목별 보상내용)

회사가 이 계약의 보험기간 중 보장종목별로 각각 보상하거나 공제하는 내용은 다음과 같습니다.

① 회사는 피보험자가 상해·질병으로 인하여 의료기관에 입원 또는 통원(외래 및 처방조제)하여 치료를 받은 경우에는 급여의료비를 제5조(보험가입금액 한도 등)에서 정한 연간 보험가입금액의 한도 내에서 다음과 같이 보상합니다. 다만, 법령 등에 따라 의료비를 감면받거나 의료기관으로부터 의료비를 감면받은 경우(의료비를 납부하는 대가로 수수한 금액 등은 감면받은 의료비에 포함)에는 감면 후 실제 본인이 부담한 의료비 기준으로 계산하며, 감면받은 의료비가 근로소득에 포함된 경우, 「국가유공자 등 예우 및 지원에 관한 법률」 및 「독립유공자 예우에 관한 법률」에 따라 의료비를 감면받은 경우에는 감면 전 의료비로 급여의료비를 계산합니다.

구 분	보상금액
입 원 (입원실료, 입원제비용 입원수술비)	「국민건강보험법」에서 정한 요양급여 또는 「의료급여법」에서 정한 의료급여 중 본인부담금(본인이 실제로 부담한 금액으로서 요양급여 비용 또는 의료급여 비용의 일부를 본인이 부담하는 일부본인부담금과 요양급여 비용 또는 의료급여 비용의 전부를 본인이 부담하는 전액본인부담금을 말합니다)의 80%에 해당하는 금액
통 원 (외래제비용, 외래수술비, 처방조제비)	통원 1회당(외래 및 처방조제 합산) 「국민건강보험법」에서 정한 요양급여 또는 「의료급여법」에서 정한 의료급여 중 본인부담금(본인이 실제로 부담한 금액으로서 요양급여 비용 또는 의료급여 비용의 일부를 본인이 부담하는 일부본인부담금과 요양급여 비용 또는 의료급여 비용의 전부를 본인이 부담하는 전액본인부담금을 말합니다)에서 〈표 1〉의 '통원항목별 공제금액'을 뺀 금액 〈표 1〉 통원항목별 공제금액 {표}

〈표 1〉 통원항목별 공제금액

항 목	공제금액
「의료법」 제3조 제2항에 의한 의료기관(동법 제3조의3에 의한 종합병원은 제외), 「국민건강보험법」 제42조 제1항 제4호에 의한 보건소·보건의료원·보건지소, 동법 제42조 제1항 제5호에 의한 보건진료소에서의 외래 및 「국민건강보험법」 제42조 제1항 제2호에 의한 약국, 동법 제42조 제1항 제3호에 의한 한국희귀·필수의약품센터에서의 처방·조제(의약분업 예외지역 등에서의 약사의 직접 조제 포함)	1만원과 보장대상 의료비의 20% 중 큰 금액
「국민건강보험법」 제42조 제2항에 의한 전문요양기관, 「의료법」 제3조의4에 의한 상급종합병원, 동법 제3조의3에 의한 종합병원에서의 외래 및 그에 따른 「국민건강보험법」 제42조 제1항 제2호에 의한 약국, 동법 제42조 제1항 제3호에 의한 한국희귀·필수의약품센터에서의 처방·조제	2만원과 보장대상 의료비의 20% 중 큰 금액

② 제1항의 상해에는 유독가스 또는 유독물질을 우연히 일시에 흡입, 흡수 또는 섭취한 결과로 생긴 중독증상이 포함됩니다. 다만, 유독가스 또는 유독물질을 상습적으로 흡입, 흡수 또는 섭취한 결과로 생긴 중독증상과 세균성 음식물 중독증상은 포함되지 않습니다.

③ 피보험자가 「국민건강보험법」 제5조, 제53조, 제54조에 따라 요양급여 또는 「의료급여법」 제4조, 제15조, 제17조에 따라 의료급여를 적용받지 못하는 경우에는 다음과 같이 보상합니다.

1. 의료비(「국민건강보험 요양급여의 기준에 관한 규칙」에 따라 보건복지부장관이 정한 급여의료비 항목만 해당합니다) 중 본인이 실제로 부담한 금액(통원의 경우 본인이 실제로 부담한 금액에서 같은 조 제1항 〈표 1〉의 '통원항목별 공제금액'을 뺀 금액)의 40%를 제5조(보험가입금액 한도 등)에서 정한 연간 보험가입금액의 한도 내에서 보상합니다.

2. 법령 등에 따라 의료비를 감면받거나 의료기관으로부터 의료비를 감면받은 경우(의료비를 납부하는 대가로 수수한 금액 등은 감면받은 의료비에 포함)에는 제1호를 적용하지 아니하고 감면 후 실제 본인이 부담한 의료비에 대해서만 제1항의 보상금액에 따라 계산한 금액을 제5조(보험가입금액 한도 등)에서 정한 연간 보험가입금액의 한도 내에서 보상합니다. 다만, 감면받은 의료비가 근로소득에 포함된 경우, 「국가유공자 등 예우 및 지원에 관한 법률」 및 「독립유공자 예우에 관한 법률」에 따라 의료비를 감면받은 경우에는 감면 전 의료비에 대해서 제1항의 보상금액에 따라 계산한 금액을 제5조에서 정한 연간 보험가입금액의 한도 내에서 보상합니다.

④ 피보험자가 입원하여 치료를 받던 중 보험계약이 종료되더라도 그 계속 중인 입원에 대해서는 다음 예시와 같이 보험계약 종료일 다음 날부터 180일까지 보상합니다.

⑤ 피보험자가 통원하여 치료를 받던 중 보험계약이 종료되더라도 그 계속 중인 통원에 대해서는 다음 예시와 같이 보험계약 종료일 다음 날부터 180일 이내의 통원을 보상하며 최대 90회 한도 내에서 보상합니다.

〈입원 및 통원 보상기간 예시〉			
보상대상기간 (1년)	보상대상기간 (1년)	보상대상기간 (1년)	추가보상 (180일)
↑ 계약일 (2022. 1. 1.)	↑ 계약 해당일 (2023. 1. 1.)	↑ 계약 해당일 (2024. 1. 1.)	↑ 계약 종료일 (2024. 12. 31.) ↑ 보상 종료일 (2025. 6. 29.)

⑥ 종전 계약을 자동갱신하거나 같은 회사의 보험상품에 재가입하는 경우에는 종전 계약의 보험기간을 연장하는 것으로 보아 제4항과 제5항을 적용하지 않습니다.

⑦ 하나의 상해·질병(같은 상해·질병으로 2회 이상 치료를 받는 경우에도 이를 하나의 상해로 봅니다)으로 인해 동일한 의료기관에서 같은 날 외래 및 처방을 함께 받은 경우 처방일자를 기준으로 외래 및 처방조제를 합산하되(조제일자가 다른 경우도 동일하게 적용) 통원 1회로 보아 제1항, 제5항 및 제6항을 적용합니다.

⑧ 하나의 상해·질병으로 인해 하루에 같은 치료를 목적으로 2회 이상 통원치료(외래 및 처방조제 합산)를 받은 경우 1회의 통원으로 보아 제1항, 제5항 및 제6항을 적용합니다. 이 때 공제금액은 2회 이상의 중복방문 의료기관 중 가장 높은 공제금액을 적용합니다.

⑨ "하나의 질병"이란 발생 원인이 동일한 질병(의학상 중요한 관련이 있는 질병은 하나의 질병으로 간주하며, 하나의 질병으로 2회 이상 치료를 받는 경우에는 이를 하나의 질병으로 봅니다)을 말하며, 질병의 치료 중에 발생된 합병증 또는 새로 발견된 질병의 치료가 병행되거나 의학상 관련이 없는 여러 종류의 질병을 갖고 있는 상태에서 통원한 경우에는 하나의 질병으로 간주합니다.

⑩ 회사는 피보험자가 상해·질병으로 인하여 의료기관에서 본인의 장기 등(「장기 등 이식에 관한 법률」 제4조에 의한 "장기 등"을 의미합니다)의 기능회복을 위하여 「장기 등 이식에 관한 법률」 제42조 및 관련 고시에 따라 장기 등의 적출 및 이식에 드는 비용(공여적합성 여부를 확인하기 위한 검사비, 뇌사장기기증자 관리료 및 이에 속하는 비용항목 포함)은 제1항부터 제8항에 따라 보상합니다.

상해급여 의료비 면책사항

제4조(보상하지 않는 사항)

회사가 보상하지 않는 사항은 보장종목별로 다음과 같습니다.

(1) 상해급여

① 회사는 다음의 사유로 인하여 생긴 급여의료비는 보상하지 않습니다.
1. 피보험자가 고의로 자신을 해친 경우. 다만, 피보험자가 심신상실 등으로 자유로운 의사결정을 할 수 없는 상태에서 자신을 해친 사실이 증명된 경우에는 보상합니다.
2. 보험수익자가 고의로 피보험자를 해친 경우. 다만, 그 보험수익자가 보험금의 일부 보험수익자인 경우에는 다른 보험수익자에 대한 보험금은 지급합니다.
3. 계약자가 고의로 피보험자를 해친 경우
4. 피보험자가 임신, 출산(제왕절개를 포함합니다), 산후기로 입원 또는 통원한 경우. 다만, 회사가 보상하는 상해로 인하여 입원 또는 통원한 경우에는 보상합니다.
5. 전쟁, 외국의 무력행사, 혁명, 내란, 사변, 폭동으로 인한 경우
6. 피보험자가 정당한 이유 없이 입원기간 중 의사의 지시를 따르지 않거나 의사가 통원치료가 가능하다고 인정함에도 피보험자 본인이 자의적으로 입원하여 발생한 입원의료비
7. 피보험자가 정당한 이유 없이 통원기간 중 의사의 지시를 따르지 않아 발생한 통원의료비
② 회사는 다른 약정이 없으면 피보험자가 직업, 직무 또는 동호회 활동 목적으로 한 다음의 어느 하나에 해당하는 행위로 인하여 생긴 상해에 대해서는 보상하지 않습니다.
1. 전문등반(전문적인 등산용구를 사용하여 암벽 또는 빙벽을 오르내리거나 특수한 기술, 경험, 사전 훈련이 필요한 등반을 말합니다), 글라이더 조종, 스카이다이빙, 스쿠버다이빙, 행글라이딩, 수상보트, 패러글라이딩
2. 모터보트·자동차 또는 오토바이에 의한 경기, 시범, 행사(이를 위한 연습을 포함합니다) 또는 시운전(다만, 공용도로에서 시운전을 하는 동안 발생한 상해는 보상합니다)
3. 선박에 탑승하는 것을 직무로 하는 사람이 직무상 선박에 탑승하고 있는 동안
③ 회사는 다음의 급여의료비에 대해서는 보상하지 않습니다.
1. 「국민건강보험법」에 따른 요양급여 중 본인부담금의 경우 국민건강보험 관련법령에 따라 국민건강보험공단으로부터 사전 또는 사후 환급이 가능한 금액(본인부담금 상한제)
2. 「의료급여법」에 따른 의료급여 중 본인부담금의 경우 의료급여 관련법령에 따라 의료급여기금 등으로부터 사전 또는 사후 환급이 가능한 금액(「의료급여법」에 따른 본인부담금 보상제 및 본인부담금 상한제)
3. 자동차보험(공제를 포함합니다)에서 보상받는 치료관계비(과실상계 후 금액을 기준으로 합니다) 또는 산재보험에서 보상받는 의료비. 다만, 본인부담의료비(자동차보험 진료수가에 관한 기준 및 산재보험 요양급여 산정기준에 따라 발생한 실제 본인 부담의료비)는 제3조(보장종목별 보상내용) (1) 상해급여 제1항, 제2항 및 제4항부터 제8항에 따라 보상합니다.
4. 「응급의료에 관한 법률」 및 동법 시행규칙에서 정한 응급환자에 해당하지 않는 자가 동법 제26조 권역응급의료센터 또는 「의료법」 제3조의4에 따른 상급종합병원 응급실을 이용하면서 발생한 응급의료관리료로서 전액본인부담금에 해당하는 의료비

(2) 질병급여

① 회사는 다음의 사유로 인하여 생긴 급여의료비는 보상하지 않습니다.

1. 피보험자가 고의로 자신을 해친 경우. 다만, 피보험자가 심신상실 등으로 자유로운 의사결정을 할 수 없는 상태에서 자신을 해친 사실이 증명된 경우에는 보상합니다.

2. 보험수익자가 고의로 피보험자를 해친 경우. 다만, 그 보험수익자가 보험금의 일부 보험수익자인 경우에는 다른 보험수익자에 대한 보험금은 지급합니다.

3. 계약자가 고의로 피보험자를 해친 경우

4. 피보험자가 정당한 이유 없이 입원기간 중 의사의 지시를 따르지 않거나 의사가 통원치료가 가능하다고 인정함에도 피보험자 본인이 자의적으로 입원하여 발생한 입원의료비

5. 피보험자가 정당한 이유 없이 통원기간 중 의사의 지시를 따르지 않아 발생한 통원의료비

② 회사는 '한국표준질병사인분류'에 따른 다음의 의료비에 대해서는 보상하지 않습니다.

1. 정신 및 행동장애(F04 ~ F99). 다만, F04 ~ F09, F20 ~ F29, F30 ~ F39, F40 ~ F48, F51, F90 ~ F98과 관련한 치료에서 발생한 「국민건강보험법」에 따른 요양급여에 해당하는 의료비는 보상합니다.

2. 여성생식기의 비염증성 장애로 인한 습관성 유산, 불임 및 인공수정관련 합병증(N96 ~ N98) 으로 발생한 의료비 중 전액본인부담금 및 보험가입일로부터 2년 이내에 발생한 의료비

3. 피보험자가 임신, 출산(제왕절개를 포함합니다), 산후기로 입원 또는 통원한 경우(O00 ~ O99)

4. 선천성 뇌질환(Q00 ~ Q04). 다만, 피보험자가 보험가입당시 태아인 경우에는 보상합니다.

5. 요실금(N39.3, N39.4, R32)

③ 회사는 다음의 급여의료비에 대해서는 보상하지 않습니다.

1. 「국민건강보험법」에 따른 요양급여 중 본인부담금의 경우 국민건강보험 관련법령에 따라 국민건강보험공단으로부터 사전 또는 사후 환급이 가능한 금액(본인부담금 상한제)

2. 「의료급여법」에 따른 의료급여 중 본인부담금의 경우 의료급여 관련법령에 따라 의료급여기금 등으로부터 사전 또는 사후 환급이 가능한 금액(「의료급여법」에 따른 본인부담금 보상제 및 본인부담금 상한제)

3. 성장호르몬제 투여에 소요된 비용으로 부담한 전액본인부담금

4. 산재보험에서 보상받는 의료비. 다만, 본인부담의료비(산재보험 요양급여 산정기준에 따라 발생한 실제 본인 부담의료비)는 제3조(보장종목별 보상내용) (2) 질병급여 제1항 및 제3항부터 제8항에 따라 보상합니다.

5. 사람면역결핍바이러스(HIV) 감염으로 인한 치료비(다만, 「의료법」에서 정한 의료인의 진료상 또는 치료 중 혈액에 의한 HIV 감염은 해당 진료기록을 통해 객관적으로 확인되는 경우는 보상합니다)

6. 「응급의료에 관한 법률」 및 동법 시행규칙에서 정한 응급환자에 해당하지 않는 자가 동법 제26조 권역응급의료센터 또는 「의료법」 제3조의4에 따른 상급종합병원 응급실을 이용하면서 발생한 응급의료관리료로서 전액본인부담금에 해당하는 의료비

제4조의2(특별약관에서 보상하는 사항)

① 제3조 및 제4조에도 불구하고 다음 각 호에 해당하는 의료비는 기본형 실손의료보험에서 보상하지 않습니다.

1. 비급여 의료비

2. 제1호와 관련하여 자동차보험(공제를 포함합니다) 또는 산재보험에서 발생한 본인부담의료비

② 제1항 제1호 및 제2호에서 정한 의료비와 다른 의료비가 함께 청구되어 각 항목별 의료비가 구분되지 않는 경우 회사는 보험금 지급금액 결정을 위해 계약자, 피보험자 또는 보험수익자에게 각각의 의료비에 대한 확인을 요청할 수 있습니다.

보험가입금액 등

제5조(보험가입금액 한도 등)

① 이 계약의 연간 보험가입금액은 제3조(보장종목별 보상내용) (1) 상해급여에 대하여 입원과 통원의 보상금액을 합산하여 5천만원 이내에서, (2) 질병급여에 대하여 입원과 통원의 보상금액을 합산하여 5천만원 이내에서 회사가 정한 금액 중 계약자가 선택한 금액을 말하며, 제3조(보장종목별 보상내용)에 의한 급여의 료비를 이 금액 한도 내에서 보상합니다.

② 이 계약에서 '연간'이라 함은 계약일로부터 매 1년 단위로 도래하는 계약 해당일 전일까지의 기간을 말하며, 입원 또는 통원 치료시 해당일이 속한 보험연도의 보험가입금액 한도를 적용합니다.

③ 제1항 및 제2항에도 불구하고 「국민건강보험법」에 따른 본인부담금 상한제 또는 「의료급여법」에 따른 본인부담금 보상제 및 본인부담금 상한제 적용항목은 실제 본인이 부담한 금액(「국민건강보험법」 또는 「의료급여법」 등 관련법령에서 사전 또는 사후 환급이 가능한 금액은 제외한 금액)을 한도로 제3조(보장종목별 보상내용) 및 제4조(보상하지 않는 사항)에 따라 보상합니다.

④ 제3조(보장종목별 보상내용)에서 정한 입원의 경우 급여의료비 중 보상금액을 제외한 나머지 금액['「국민건강보험법」에서 정한 요양급여 또는 「의료급여법」에서 정한 의료급여 중 본인부담금'(본인이 실제로 부담한 금액을 말합니다)의 20%에 해당하는 금액]이 계약일 또는 매년 계약 해당일부터 기산하여 연간 200만원을 초과하는 경우 그 초과금액은 제1항의 한도 내에서 보상합니다.

⑤ 제3조(보장종목별 보상내용)에서 정한 통원의 경우 (1) 상해급여 또는 (2) 질병급여 각각에 대하여 통원 1회당 20만원 이내에서 회사가 정한 금액 중 계약자가 선택한 금액의 한도 내에서 보상합니다.

⑥ 제3조(보장종목별 보상내용) (1) 상해급여 제4항 또는 제5항 및 (2) 질병급여 제3항 또는 제4항에 따른 계속 중인 입원 또는 통원의 보상한도는 연간 보험가입금액에서 직전 보험기간 종료일까지 지급한 금액을 차감한 잔여 금액을 한도로 적용합니다.

제5조의2(보험가입금액 한도 등에 대한 설명의무)

① 회사는 제18조(약관 교부 및 설명의무 등)에 따라 계약자가 청약할 때에 약관의 중요한 내용을 설명할 경우, 제5조(보험가입금액 한도 등)의 내용도 함께 설명하여 드립니다.

② 제1항에 따라 보험가입금액 한도 등을 설명할 때에, 회사는 계약자에게 제5조(보험가입금액 한도 등) 제3항의 '본인부담금 상한제' 및 '본인부담금 보상제'에 대한 사항을 구체적으로 설명하여 드립니다.

※ 「**국민건강보험법**」에 따른 **본인부담금 상한제** : 요양급여비용 중 본인이 부담한 비용의 연간 총액이 일정 상한액(국민건강보험 지역가입자의 세대별 보험료 부담수준 또는 직장가입자의 개인별 보험료 부담수준에 따라 국민건강보험법 등 관련법령에서 정한 금액(81만원~584만원))을 초과하는 경우 그 초과액을 국민건강보험공단이 부담하는 제도

※ 「**의료급여법**」에 따른 **본인부담금 보상제** : 수급권자의 급여대상 본인부담금이 매 30일간 다음 금액을 초과하는 경우, 초과금액의 50%에 해당하는 금액을 의료급여기금 등이 부담하는 제도
1. 1종 수급권자 : 2만원
2. 2종 수급권자 : 20만원

※ 「**의료급여법**」에 따른 **본인부담금 상한제** : 본인부담금 보상제에 따라 지급받은 금액을 차감한 급여대상 본인부담금이 다음 금액을 초과하는 경우, 그 초과액 전액을 의료급여기금 등이 부담하는 제도
1. 1종 수급권자 : 매 30일간 5만원
2. 2종 수급권자 : 연간 80만원(다만, 의료법 제3조 제2항 제3호 라목에 따른 요양병원에 연간 240일을 초과하여 입원한 경우에는 연간 120만원으로 한다)

다만, 관련법령 등이 변경되는 경우 변경된 기준을 따릅니다(상기 예시금액은 2021년 5월 기준).

보험금 청구

제7조(보험금의 청구)

① 보험수익자는 다음의 서류를 제출하고 보험금을 청구하여야 합니다.

    1. 청구서(회사 양식)

    2. 사고증명서(진료비계산서, 진료비세부내역서, 입원치료확인서, 의사처방전(처방조제비)〕 등

    3. 신분증(주민등록증이나 운전면허증 등 본인임을 확인할 수 있는 사진이 붙은 정부기관에서 발행한 신분증, 본인이 아닌 경우에는 본인의 인감증명서 또는 본인서명사실확인서 포함)

    4. 그 밖에 보험수익자가 보험금 수령에 필요하여 제출하는 서류

② 제1항 제2호의 사고증명서는 「의료법」 제3조(의료기관)에서 규정한 국내의 의료기관에서 발급한 것이어야 합니다.

제8조(보험금의 지급절차)

① 회사는 제7조(보험금의 청구)에서 정한 서류를 접수한 때에는 접수증을 드리고 휴대전화 문자메시지 또는 전자우편 등으로도 송부하며, 그 서류를 접수한 날부터 3영업일 이내에 보험금을 지급합니다.

② 제1항에도 불구하고 회사는 보험금 지급사유를 조사·확인하기 위하여 제1항의 지급기일 이내에 보험금을 지급하지 못할 것으로 명백히 예상되는 경우에는 그 구체적인 사유와 지급예정일 및 보험금 가지급제도(회사가 추정하는 보험금의 50% 이내의 금액을 지급하는 제도를 말합니다)에 대하여 피보험자 또는 보험수익자에게 즉시 통지하여 드립니다. 다만, 지급예정일은 다음 각 호의 어느 하나에 해당하는 경우를 제외하고는 제7조(보험금의 청구)에서 정한 서류를 접수한 날부터 30영업일 이내에서 정합니다.

1. 소송제기
2. 분쟁조정 신청
3. 수사기관의 조사
4. 외국에서 발생한 보험사고에 대한 조사
5. 제5항에 따른 회사의 조사요청에 대한 동의 거부 등 계약자, 피보험자 또는 보험수익자에게 책임이 있는 사유로 보험금 지급사유의 조사와 확인이 지연되는 경우
6. 제7항에 따라 보험금 지급사유에 대해 제3자의 의견에 따르기로 한 경우

③ 제2항에 따라 추가적인 조사가 이루어지는 경우 회사는 보험수익자의 청구에 따라 회사가 추정하는 보험금의 50% 상당액을 가지급보험금으로 지급합니다.

④ 회사는 제1항에서 정한 지급기일 내에 보험금을 지급하지 않았을 때(제2항에서 정한 지급예정일을 통지한 경우를 포함합니다)에는 그 다음 날부터 지급일까지의 기간에 대하여 〈붙임 2〉에서 정한 이율로 계산한 금액을 보험금에 더하여 지급합니다. 다만, 계약자, 피보험자 또는 보험수익자에게 책임이 있는 사유로 지급이 지연된 경우에는 그 기간에 대한 이자는 지급하지 않습니다.

⑤ 계약자, 피보험자 또는 보험수익자는 제14조(알릴의무위반의 효과) 및 제2항의 보험금 지급사유조사와 관련하여 의료기관 및 국민건강보험공단, 경찰서 등 관공서에 대한 회사의 서면에 의한 조사요청에 동의하여야 합니다. 다만 정당한 사유 없이 이에 동의하지 않을 경우에는 사실확인이 끝날 때까지 회사는 보험금 지급지연에 따른 이자를 지급하지 않습니다.

⑥ 회사는 제5항의 서면조사에 대한 동의 요청시 조사목적, 사용처 등을 명시하고 설명합니다.

⑦ 보험수익자와 회사가 제3조(보장종목별 보상내용)의 보험금 지급사유에 대해 합의하지 못할 때는 보험수익자와 회사가 함께 제3자를 정하고 그 제3자의 의견에 따를 수 있습니다. 제3자는 「의료법」 제3조(의료기관)에 규정한 종합병원 소속 전문의 중에 정하며, 보험금 지급사유 판정에 드는 의료비용은 회사가 전액 부담합니다.

⑧ 회사는 계약자, 피보험자 또는 보험수익자에게 「국민건강보험법」에 따른 본인부담금 상한제, 「의료급여법」에 따른 본인부담금 상한제 및 보상제와 관련한 확인요청을 할 수 있습니다.

⑨ 회사는 보험금 지급금액 결정을 위해 확인이 필요한 경우 계약자, 피보험자 또는 보험수익자에게 건강보험 심사평가원의 진료비확인요청제도를 활용할 수 있도록 동의해 줄 것을 요청할 수 있으며, 진료비확인요청제도를 활용할 경우 회사는 이를 활용한 사례를 집적하고 먼저 유사 사례가 있는지를 확인하고 이용합니다.

⑩ 회사는 보험금 지급시 보험수익자에게 휴대전화 문자메시지, 전자우편 또는 이와 유사한 전자적 장치 등으로 다음 각 호의 사항을 안내하여 드리며, 보험수익자는 안내한 사항과 관련하여 구체적인 계산내역 등에 대하여 회사에 설명을 요청할 수 있습니다.

1. 보험금 지급일 등 지급절차
2. 보험금 지급내역
3. 보험금 심사 지연시 지연사유 및 예상지급일
4. 보험금을 감액하여 지급하거나 지급하지 아니하는 경우에는 그 사유 등

〈붙임 2〉 보험금을 지급할 때의 적립이율 계산

구분	기 간	지급이자
보장관련 보험금 (제3조)	지급기일의 다음 날부터 30일 이내 기간	보험계약대출이율
	지급기일의 31일 이후부터 60일 이내 기간	보험계약대출이율 + 가산이율(4.0%)
	지급기일의 61일 이후부터 90일 이내 기간	보험계약대출이율 + 가산이율(6.0%)
	지급기일의 91일 이후 기간	보험계약대출이율 + 가산이율(8.0%)
해지환급금 (제34조 제1항)	지급사유가 발생한 날의 다음 날부터 청구일까지의 기간	1년 이내 : 평균공시이율의 50%
		1년 초과기간 : 평균공시이율의 40%
	청구일의 다음 날부터 지급일까지의 기간	보험계약대출이율

주)1. 만기환급금은 회사가 보험금의 지급시기 도래 7일 이전에 지급할 사유와 금액을 알리지 않은 경우, 지급사유가 발생한 날의 다음 날부터 청구일까지의 기간은 평균공시이율을 적용한 이자를 지급합니다.
2. 지급이자의 계산은 연단위 복리로 계산하며, 금리연동형보험은 날짜 단위로 계산합니다.
3. 계약자 등에게 책임이 있는 사유로 보험금 지급이 지연된 경우에는 그 해당기간에 대한 이자는 지급되지 않을 수 있습니다. 다만, 회사는 계약자 등이 분쟁조정을 신청했다는 사유만으로 이자 지급을 거절하지 않습니다.
4. 금리연동형보험의 경우 상기 평균공시이율은 적립순보험료에 대한 적립이율을 말합니다.
5. 가산이율 적용시 제8조(보험금의 지급절차) 제2항 각 호의 어느 하나에 해당되는 사유로 지연된 경우에는 해당기간에 대하여 가산이율을 적용하지 않습니다.
6. 가산이율 적용시 금융위원회 또는 금융감독원이 정당한 사유로 인정하는 경우에는 해당 기간에 대하여 가산이율을 적용하지 않습니다.

제14조(알릴의무위반의 효과)

① 회사는 다음과 같은 사실이 있을 경우에는 보험금 지급사유의 발생 여부에 관계없이 그 사실을 안 날부터 1개월 이내에 이 계약을 해지할 수 있습니다.

  1. 계약자나 피보험자가 고의 또는 중대한 과실로 제12조(계약 전 알릴의무)를 위반하고 그 알릴의무가 있는 사항이 중요한 사항에 해당하는 경우

  2. 계약자나 피보험자가 고의 또는 중대한 과실로 뚜렷한 위험의 증가와 관련된 제13조(상해보험계약 후 알릴의무) 제1항에서 정한 계약 후 알릴의무를 이행하지 않았을 때

② 제1항 제1호의 경우라도 다음의 어느 하나에 해당하는 경우에는 회사는 계약을 해지할 수 없습니다.

  1. 회사가 계약 당시에 그 사실을 알았거나 과실로 알지 못하였을 때

  2. 회사가 그 사실을 안 날부터 1개월 이상 지났거나 또는 제1회 보험료를 받은 날부터 보험금 지급사유가 발생하지 않고 2년(진단계약의 경우 질병에 대해서는 1년)이 지났을 때

  3. 계약 체결일부터 3년이 지났을 때

  4. 이 계약을 청약할 때 회사가 피보험자의 건강상태를 판단할 수 있는 기초자료(건강진단서 사본 등을 말합니다)에 따라 승낙한 경우에 건강진단서 사본 등에 명기되어 있는 사항으로 보험금 지급사유가 발생하였을 때. 다만, 계약자 또는 피보험자가 회사에 제출한 기초자료의 내용 중 중요사항을 고의로 사실과 다르게 작성한 때에는 계약을 해지할 수 있습니다.

  5. 보험설계사 등이 다음의 어느 하나에 해당하는 행위를 하였을 때. 다만, 보험설계사 등이 다음의 행위를 하지 않았더라도 계약자 또는 피보험자가 사실대로 고지하지 않거나 부실하게 고지했다고 인정되는 경우에는 계약을 해지할 수 있습니다.

    가. 계약자 또는 피보험자에게 고지할 기회를 주지 않았을 때

    나. 계약자 또는 피보험자가 사실대로 고지하는 것을 방해하였을 때

    다. 계약자 또는 피보험자에게 사실대로 고지하지 않게 하였거나 부실하게 고지하도록 권유했을 때

③ 제1항에 따라 계약을 해지하였을 때에는 회사는 제34조(해약환급금) 제1항에 따른 해약환급금을 계약자에게 지급합니다.

④ 제1항 제1호에 따른 계약의 해지가 보험금 지급사유가 발생한 후에 이루어진 경우에 회사는 보험금을 지급하지 않습니다. 이 경우 회사는 계약자에게 계약 전 알릴의무위반 사실(계약해지 등의 원인이 되는 위반 사실을 구체적으로 명시)과 계약 전 알릴의무 사항이 중요한 사항에 해당되는 사유를 "반대증거가 있는 경우 이의를 제기할 수 있습니다"라는 문구와 함께 서면 등으로 알려드립니다.

⑤ 제1항 제2호에 따른 계약의 해지가 보험금 지급사유 발생 후에 이루어진 경우에는 회사는 제13조(상해보험계약 후 알릴의무) 제4항 또는 제5항에 따라 보험금을 지급합니다.

⑥ 제1항에도 불구하고 알릴의무를 위반한 사실이 보험금 지급사유가 발생하는 데에 영향을 미쳤음을 회사가 증명하지 못한 경우에는 제4항 및 제5항에도 불구하고 해당 보험금을 지급합니다.

⑦ 회사는 다른 보험가입내역에 대한 계약 전 알릴의무위반을 이유로 계약을 해지하거나 보험금 지급을 거절하지 않습니다.

보험계약의 재가입

제23조(재가입)

① 계약이 다음 각 호의 조건을 충족하고 계약자가 제4항에 따라 재가입 의사를 표시한 때에는 이 약관의 제16조(보험계약의 성립) 및 제18조(약관 교부 및 설명의무 등)를 준용하여 회사가 정한 절차에 따라 계약자는 기존 계약에 이어 재가입할 수 있으며, 이 경우 회사는 기존계약의 가입 이후 발생한 상해 또는 질병을 사유로 가입을 거절할 수 없습니다.

   1. 재가입일에 있어서 피보험자의 나이가 회사가 최초 가입 당시 정한 재가입 나이의 범위 내일 것

   2. 재가입 전 계약의 보험료가 정상적으로 납입완료 되었을 것

② 이 계약의 자동갱신종료 후 계약자가 재가입을 원하는 경우 계약자는 재가입 시점에서 회사가 판매하는 실손의료보험 상품으로 가입을 할 수 있으며, 회사는 이를 거절할 수 없습니다.

③ 회사는 계약자에게 보장내용 변경주기가 끝나는 날 이전까지 2회 이상 재가입 요건, 보장내용 변경내역, 보험료 수준, 재가입 절차 및 재가입 의사 여부를 확인하는 내용 등을 서면(등기우편 등), 전화(음성녹음), 전자문서, 휴대전화 문자메시지 또는 이에 준하는 전자적 의사표시 등으로 알려드리고, 회사는 계약자의 재가입 의사를 전화(음성녹음), 직접 방문 또는 전자적 의사표시, 통신판매계약의 경우 통신수단을 통해 확인합니다.

④ 계약자는 제3항에 따른 재가입안내와 재가입 여부 확인 요청을 받은 경우 재가입 의사를 표시하여야 합니다.

⑤ 제3항 및 제4항에도 불구하고, 회사가 계약자의 재가입 의사를 확인하지 못한 경우(계약자와의 연락두절로 회사의 안내가 계약자에게 도달하지 못한 경우 포함)에는 직전 계약과 동일한 조건으로 보험계약을 연장합니다.

⑥ 제5항에 따라 직전 계약과 동일한 조건으로 자동 연장된 경우 계약자는 그 연장된 날로부터 90일 이내에 그 계약을 취소할 수 있으며, 회사는 연장된 날 이후 계약자가 납입한 보험료 전액을 환급합니다.

⑦ 제5항에 따라 직전 계약과 동일한 조건으로 자동 연장된 경우 보험계약의 연장일은 회사가 계약자의 재가입 의사를 확인한 날(계약자 등이 회사에 보험금을 청구함으로써 계약자에게 연락이 닿아 회사가 계약자의 재가입 의사를 확인한 날 등)까지로 합니다. 계약자의 재가입 의사가 확인된 경우에는 제1항에서 정한 절차에 따라 회사가 재가입 의사를 확인한 날에 판매 중인 상품으로 다시 재가입하는 것으로 하며, 기존 계약은 해지됩니다. 다만, 계약자가 재가입을 원하지 않는 경우에는 해당 시점으로부터 계약은 해지됩니다.

⑧ 제5항에 따라 직전 계약과 동일한 조건으로 자동 연장된 경우 계약자는 회사에 재가입 의사를 표시할 수 있습니다. 회사는 계약자의 재가입 의사가 확인되었을 때에는 제1항에서 정한 절차에 따라 회사가 재가입 의사를 확인한 날에 판매 중인 상품으로 재가입하는 것으로 하며, 기존 계약은 해지됩니다.

⑨ 제7항 또는 제8항에 따라 계약이 해지된 경우 회사는 제34조(해약환급금) 제1항에 따른 해약환급금을 계약자에게 지급합니다.

제37조(다수보험의 처리)

① 다수보험의 경우 각 계약의 보장대상의료비 및 보장책임액에 따라 제2항에서 정한 방법으로 계산된 각 계약의 비례분담액을 지급합니다.

② 각 계약의 보장책임액 합계액이 각 계약의 보장대상의료비 중 최고액에서 각 계약의 피보험자부담 공제금액 중 최소액을 차감한 금액을 초과한 다수보험은 아래의 산출방식에 따라 각 계약의 비례분담액을 계산합니다.

$$
\text{각 계약별 비례분담액} = (\text{각 계약의 보장대상의료비 중 최고액} - \text{각 계약의 피보험자부담 공제금액 중 최소액})
$$

$$
\times \frac{\text{각 계약별 보장책임액}}{\text{각 계약별 보장책임액을 합한 금액}}
$$

제38조(연대책임)

① 2009년 10월 1일 이후에 신규로 체결된 보험수익자가 동일한 다수보험의 경우 보험수익자는 보험금 전부 또는 일부의 지급을 다수 계약이 체결되어 있는 회사 중 한 회사에 청구할 수 있고, 청구를 받은 회사는 해당 보험금을 이 계약의 보험가입금액 한도 내에서 지급합니다.

② 제1항에 따라 보험금을 지급한 회사는 보험수익자가 다른 회사에 대하여 가지는 해당 보험금청구권을 취득합니다. 다만, 회사가 지급한 금액이 보험수익자가 다른 회사에 청구할 수 있는 보험금의 일부인 경우에는 해당 보험수익자의 보험금청구권을 침해하지 않는 범위에서 그 권리를 취득합니다.

보험회사의 손해배상책임

제44조(회사의 손해배상책임)

④ 회사가 제18조(약관 교부 및 설명의무 등) 제6항에 따른 의무를 이행하지 않아 계약자가 다수의 실손의료보험에 가입한 경우, 회사는 계약자에게 손해를 배상할 책임을 집니다.

⑤ 회사가 제4항에 따라 계약자에게 손해를 배상할 책임이 발생한 경우 계약자는 이 계약(또는 특별약관)의 최초 계약일부터 5년 이내에 회사에 손해배상을 청구할 수 있고, 이 계약의 최초 계약일부터 손해배상을 청구하기 전까지 납입한 보험료와 이에 대한 이자(보험료를 받은 기간에 대하여 보험계약대출이율을 연단위 복리로 계산한 금액)를 합한 금액을 손해배상액으로 합니다.

제1조(보장종목)

① 회사가 판매하는 실손의료보험 특별약관(이하 '특별약관'이라 합니다)은 상해 비급여형, 질병 비급여형, 3대 비급여형의 3개의 보장종목으로 구성되어 있습니다.

보장종목	보상하는 내용
상해 비급여	피보험자가 상해로 인하여 의료기관에 입원 또는 통원하여 비급여^{주)} 치료를 받거나 비급여 처방조제를 받은 경우에 보상(3대 비급여 제외)
질병 비급여	피보험자가 질병으로 인하여 의료기관에 입원 또는 통원하여 비급여 치료를 받거나 비급여 처방조제를 받은 경우에 보상(3대 비급여 제외)
3대 비급여	피보험자가 상해 또는 질병의 치료목적으로 의료기관에 입원 또는 통원하여 3대 비급여 치료를 받은 경우에 보상

주) 「국민건강보험법」 또는 「의료급여법」에 따라 보건복지부장관이 정한 비급여 대상(「국민건강보험법」에서 정한 요양급여 또는 「의료급여법」에서 정한 의료급여 절차를 거쳤지만 급여항목이 발생하지 않은 경우로 「국민건강보험법」 또는 「의료급여법」에 따른 비급여항목 포함)

> ※ 건강보험심사평가원에서는 국민 알 권리 증진 및 의료기관 선택에 도움이 될 수 있도록 비급여 진료비용을 공개하고 있으며, 의료기관 등에서 진료를 받고 지불한 비급여(전액 본인부담금포함) 진료비용이 건강보험(의료급여)에 해당되는지 확인할 수 있도록 비급여 진료비 확인제도를 운영하고 있습니다.

② 회사는 이 특별약관의 명칭에 '비급여 실손의료비'라는 문구를 포함하여 사용합니다.

제2조(용어의 정의)

① 이 특별약관에서 사용하는 용어의 뜻은 다음과 같습니다.

3대 비급여 치료	용 어	정 의
도수치료 · 체외충격파 치료 · 증식치료	도수치료	치료자가 손(정형용 교정장치 장비 등의 도움을 받는 경우를 포함합니다)을 이용해서 환자의 근골격계통(관절, 근육, 연부조직, 림프절 등)의 기능 개선 및 통증감소를 위하여 실시하는 치료행위[*] [*] 의사 또는 의사의 지도하에 물리치료사가 도수치료를 하는 경우에 한함
	체외충격파 치료	체외에서 충격파를 병변에 가해 혈관 재형성을 돕고 건(힘줄) 및 뼈의 치유 과정을 자극 하거나 재활성화 시켜 기능개선 및 통증감소를 위하여 실시하는 치료행위(체외충격파 쇄석술은 제외)
	증식치료	근골격계 통증이 있는 부위의 인대나 건(힘줄), 관절, 연골 등에 증식물질을 주사하여 통증이 소실되거나 완화되는 것을 유도하는 치료행위
주사료	주사료	주사치료시 사용된 행위, 약제 및 치료재료대
	항암제	식품의약품안전처가 「의약품등 분류번호에 관한 규정」에 따라 지정하는 '조직세포의 기능용 의약품' 중 '종양용약'과 '조직세포의 치료 및 진단 목적제제'[*] [*] 「의약품등 분류번호에 관한 규정」에 따른 의약품분류표가 변경되는 경우 치료시점의 의약품분류표에 따릅니다.
	항생제 (항진균제 포함)	식품의약품안전처가 「의약품등 분류번호에 관한 규정」에 따라 지정하는 '항병원생물성 의약품' 중 '항생물질제제', '화학요법제' 및 '기생동물에 대한 의약품 중 항원충제'[*] [*] 「의약품등 분류번호에 관한 규정」에 따른 의약품분류표가 변경되는 경우 치료시점의 의약품분류표에 따릅니다.
	희귀의약품	식품의약품안전처장이 「희귀의약품 지정에 관한 규정」에 따라 지정하는 의약품[*] [*] 「희귀의약품 지정에 관한 규정」에 따른 희귀의약품 지정 항목이 변경되는 경우 치료 시점의 희귀의약품 지정 항목에 따릅니다.
자기공명 영상진단		자기공명영상 장치를 이용하여 고주파 등을 통한 신호의 차이를 영상화하여 조직의 구조를 분석하는 검사(MRI/MRA)[*] [*] 자기공명영상진단 결과를 다른 의료기관에서 판독하는 경우 포함(보건복지부에서 고시하는 「건강 보험 행위 급여 · 비급여 목록 및 급여 상대가치점수」 상의 MRI 범주에 따름)
입원의료비		입원실료, 입원제비용, 입원수술비, 비급여 병실료
보장대상 의료비		실제 부담액 – 보장제외금액[*] [*] 제3관 회사가 보장하지 않는 사항에 따른 금액 및 비급여 병실료 중 회사가 보장하지 않는 금액
상급병실료 차액		상급병상을 이용함에 따라 요양급여 대상인 입원료 외에 추가로 부담하는 입원실 이용 비용

② 제1항에서 정하지 않은 용어의 뜻은 기본형 실손의료보험 표준약관 제2조(용어의 정의)를 준용합니다.

제3조(보장종목별 보상내용)

회사가 이 계약의 보험기간 중 보상하거나 공제하는 내용은 보장종목별로 다음과 같습니다.

① 회사는 피보험자가 상해 · 질병으로 인하여 의료기관에 입원 또는 통원(외래 및 처방조제)하여 치료를 받은 경우에는 비급여 의료비(3대 비급여는 제외합니다)를 제5조(보험가입금액의 한도 등)에서 정한 연간 보험 가입금액의 한도 내에서 다음과 같이 보상합니다. 다만, 법령 등에 따라 의료비를 감면받거나 의료기관으로부터 의료비를 감면받은 경우(의료비를 납부하는 대가로 수수한 금액 등은 감면받은 의료비에 포함)에는 감면 후 실제 본인이 부담한 의료비 기준으로 계산하며, 감면받은 의료비가 근로소득에 포함된 경우, 「국가유공자 등 예우 및 지원에 관한 법률」 및 「독립유공자 예우에 관한 법률」에 따라 의료비를 감면받은 경우에는 감면 전 의료비로 비급여 의료비를 계산합니다.

구 분	보상금액
입 원 (입원실료, 입원제비용, 입원수술비)	'비급여 의료비(비급여 병실료는 제외합니다)'(본인이 실제로 부담한 금액을 말합니다)의 70%에 해당하는 금액
상급병실료 차액	비급여 병실료의 50%. 다만, 1일 평균금액 10만원을 한도로 하며, 1일 평균금액은 입원기간 동안 비급여 병실료 전체를 총 입원일수로 나누어 산출합니다.
통 원 (외래제비용, 외래수술비, 처방조제비)	통원 1회당(외래 및 처방 · 조제비 합산) '비급여 의료비(비급여 병실료는 제외합니다)'(본인이 실제로 부담한 금액을 말합니다)에서 〈표 1〉의 '통원항목별 공제금액'을 뺀 금액(매년 계약 해당일부터 1년간 통원 100회를 한도로 합니다) 〈표 1〉 통원항목별 공제금액

〈표 1〉 통원항목별 공제금액

항 목	공제금액
「국민건강보험법」 제42조 제1항 제1호에 의한 의료기관, 동법 제42조 제1항 제4호에 의한 보건소 · 보건의료원 · 보건지소, 동법 제42조 제1항 제5호에 의한 보건진료소에서의 외래 및 「국민건강보험법」 제42조 제1항 제2호에 의한 약국, 동법 제42조 제1항 제3호에 의한 한국희귀 · 필수의약품센터에서의 처방 · 조제)	3만원과 보장대상 의료비의 30% 중 큰 금액

② 제1항의 상해에는 유독가스 또는 유독물질을 우연히 일시에 흡입, 흡수 또는 섭취한 결과로 생긴 중독증상이 포함됩니다. 다만, 유독가스 또는 유독물질을 상습적으로 흡입, 흡수 또는 섭취한 결과로 생긴 중독증상과 세균성 음식물 중독증상은 포함되지 않습니다.

③ 피보험자가 입원하여 치료를 받던 중 보험계약이 종료되더라도 그 계속 중인 입원에 대해서는 다음 예시와 같이 보험계약 종료일 다음 날부터 180일까지 보상합니다.

④ 피보험자가 통원하여 치료를 받던 중 보험계약이 종료되더라도 그 계속 중인 통원에 대해서는 다음 예시와 같이 보험계약 종료일 다음 날부터 180일 이내의 통원을 보상하며 최대 90회 한도 내에서 보상합니다.

〈입원 및 통원 보상기간 예시〉

보상대상기간 (1년)	보상대상기간 (1년)	보상대상기간 (1년)	추가보상 (180일)	
↑ 계약일 (2022. 1. 1.)	↑ 계약 해당일 (2023. 1. 1.)	↑ 계약 해당일 (2024. 1. 1.)	↑ 계약 종료일 (2024. 12. 31.)	↑ 보상 종료일 (2025. 6. 29.)

⑤ 종전 계약을 자동갱신하거나 같은 회사의 보험상품에 재가입하는 경우에는 종전 계약의 보험기간을 연장하는 것으로 보아 제3항과 제4항을 적용하지 않습니다.

⑥ 하나의 상해·질병(같은 상해·질병으로 2회 이상 치료를 받는 경우에도 이를 하나의 상해로 봅니다)으로 인해 동일한 의료기관에서 같은 날 외래 및 처방을 함께 받은 경우 처방일자를 기준으로 외래 및 처방조제를 합산하되(조제일자가 다른 경우도 동일하게 적용) 통원 1회로 보아 제1항, 제4항 및 제5항을 적용합니다.

⑦ 하나의 상해·질병으로 인해 하루에 같은 치료를 목적으로 2회 이상 통원치료(외래 및 처방·조제 합산)를 받은 경우 1회의 통원으로 보아 제1항, 제4항 및 제5항을 적용합니다.

⑧ "하나의 질병"이란 발생 원인이 동일한 질병(의학상 중요한 관련이 있는 질병은 하나의 질병으로 간주하며, 하나의 질병으로 2회 이상 치료를 받는 경우 제6항에는 이를 하나의 질병으로 봅니다)을 말하며, 질병의 치료 중에 발생된 합병증 또는 새로 발견된 질병의 치료가 병행되거나 의학상 관련이 없는 여러 종류의 질병을 갖고 있는 상태에서 통원한 경우에는 하나의 질병으로 간주합니다.

⑨ 피보험자가 「국민건강보험법」 제5조, 제53조, 제54조에 따라 요양급여 또는 「의료급여법」 제4조, 제15조, 제17조에 따라 의료급여를 적용받지 못하는 경우에는 다음과 같이 보상합니다.

　1. 의료비(「국민건강보험 요양급여의 기준에 관한 규칙」에 따라 보건복지부장관이 정한 비급여 의료비 항목만 해당합니다) 중 본인이 실제로 부담한 금액(통원의 경우 본인이 실제로 부담한 금액에서 같은 조 제1항 〈표 1〉의 '공제금액'을 뺀 금액)의 40%를 제5조(보험가입금액 한도 등)에서 정한 연간 보험가입금액의 한도 내에서 보상합니다.

　2. 법령 등에 따라 의료비를 감면받거나 의료기관으로부터 의료비를 감면받은 경우(의료비를 납부하는 대가로 수수한 금액 등은 감면받은 의료비에 포함)에는 제1호를 적용하지 아니하고 감면 후 실제 본인이 부담한 의료비에 대해서만 제1항의 보상금액에 따라 계산한 금액을 제5조(보험가입금액 한도 등)에서 정한 연간 보험가입금액의 한도 내에서 보상합니다. 다만, 감면받은 의료비가 근로소득에 포함된 경우, 「국가유공자 등 예우 및 지원에 관한 법률」 및 「독립유공자 예우에 관한 법률」에 따라 의료비를 감면받은 경우에는 감면 전 의료비에 대해서 제1항의 보상금액에 따라 계산한 금액을 제5조에서 정한 연간 보험가입금액의 한도 내에서 보상합니다.

⑩ 회사는 피보험자가 상해·질병으로 인하여 의료기관에서 본인의 장기 등(「장기 등 이식에 관한 법률」 제4조에 의한 "장기 등"을 의미합니다)의 기능회복을 위하여 「장기 등 이식에 관한 법률」 제42조 및 관련 고시에 따라 장기 등의 적출 및 이식에 드는 비용(공여적합성 여부를 확인하기 위한 검사비, 뇌사장기기증자 관리료 및 이에 속하는 비용항목 포함)은 제1항부터 제8항에 따라 보상합니다.

3대 비급여 의료비 보상하는 사항

① 회사는 이 특별약관의 보험기간 중 상해 또는 질병의 치료목적으로 의료기관에 입원 또는 통원하여 아래의 비급여 의료행위로 치료를 받은 경우에는 본인이 실제로 부담한 비급여 의료비(행위료, 약제비, 치료재료대, 조영제, 판독료 포함)에서 공제금액을 뺀 금액을 아래의 보장한도 범위 내에서 각각 보상합니다. 다만, 법령 등에 따라 의료비를 감면받거나 의료기관으로부터 의료비를 감면받은 경우(의료비를 납부하는 대가로 수수한 금액 등은 감면받은 의료비에 포함)에는 감면 후 실제 본인이 부담한 의료비 기준으로 계산하며, 감면받은 의료비가 근로소득에 포함된 경우, 「국가유공자 등 예우 및 지원에 관한 법률」 및 「독립유공자 예우에 관한 법률」에 따라 의료비를 감면받은 경우에는 감면 전 의료비로 비급여 의료비를 계산합니다.

<표 1> 공제금액 및 보장한도

구 분		공제금액	보장한도
도수치료·체외충격파치료·증식치료	"도수치료·체외충격파치료·증식치료"로 인하여 본인이 실제로 부담한 비급여 의료비(행위료, 약제비, 치료재료대 포함)	1회당 3만원과 보장대상의료비의 30%중 큰 금액	계약일 또는 매년 계약 해당일부터 1년 단위로 각 상해·질병 치료행위를 합산하여 350만원 이내에서 50회까지 보상[주]
주사료	주사치료를 받아 본인이 실제로 부담한 비급여 의료비	1회당 3만원과 보장대상의료비의 30%중 큰 금액	계약일 또는 매년 계약 해당일부터 1년 단위로 각 상해·질병 치료행위를 합산하여 250만원 이내에서 50회까지 보상
자기공명영상진단	자기공명영상진단을 받아 본인이 실제로 부담한 비급여 의료비(조영제, 판독료 포함)	1회당 3만원과 보장대상의료비의 30%중 큰 금액	계약일 또는 매년 계약 해당일부터 1년 단위로 각 상해·질병 치료행위를 합산하여 300만원 이내에서 보상

주) 도수치료·체외충격파치료·증식치료의 각 치료횟수를 합산하여 최초 10회 보장하고, 이후 객관적이고 일반적으로 인정되는 검사결과 등을 토대로 증상의 개선, 병변호전 등이 확인된 경우에 한하여 10회 단위로 연간 50회까지 보상합니다.

〈증상의 개선, 병변호전 등은 어떻게 확인하나요?〉

1. 증상의 개선, 병변호전 등과 관련하여 기능적 회복 및 호전여부는 관절가동(ROM), 통증평가척도, 자세평가 및 근력 검사(MMT)를 포함한 이학적 검사, 초음파 검사 등을 통해 해당 부위의 체절기능부전(Somatic dysfunction) 등을 평가한 결과로 판단합니다.
2. 보험수익자와 회사가 위 제1호의 판단결과를 합의하지 못한 때는 보험수익자와 회사가 함께 제3자를 정하고 그 제3자의 의견에 따를 수 있으며 제3자는 의료법 제3조(의료기관)의 종합병원 소속 전문의 중에 정하며, 보험금 지급사유 판정에 드는 의료비용은 회사가 전액 부담합니다.

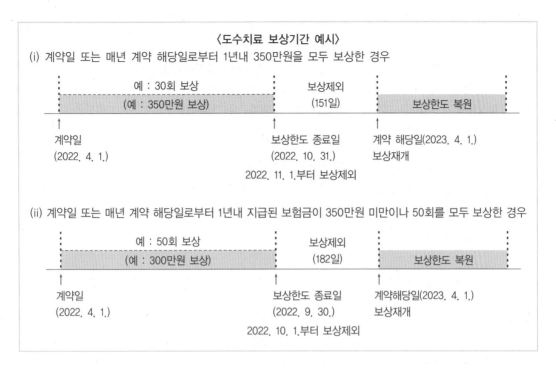

〈도수치료 보상기간 예시〉

(i) 계약일 또는 매년 계약 해당일로부터 1년내 350만원을 모두 보상한 경우

예 : 30회 보상
(예 : 350만원 보상)
보상제외 (151일)
보상한도 복원

계약일 (2022. 4. 1.)
보상한도 종료일 (2022. 10. 31.)
계약 해당일(2023. 4. 1.) 보상재개

2022. 11. 1.부터 보상제외

(ii) 계약일 또는 매년 계약 해당일로부터 1년내 지급된 보험금이 350만원 미만이나 50회를 모두 보상한 경우

예 : 50회 보상
(예 : 300만원 보상)
보상제외 (182일)
보상한도 복원

계약일 (2022. 4. 1.)
보상한도 종료일 (2022. 9. 30.)
계약해당일(2023. 4. 1.) 보상재개

2022. 10. 1.부터 보상제외

② 제1항의 주사료에서 항암제, 항생제(항진균제 포함), 희귀의약품을 위해 사용된 비급여 주사료는 제3조(보장종목별 보상내용) (1) 상해 비급여 또는 (2) 질병 비급여에서 보상합니다.

③ 제1항의 상해에는 유독가스 또는 유독물질을 우연히 일시에 흡입, 흡수 또는 섭취한 결과로 생긴 중독증상이 포함됩니다. 다만, 유독가스 또는 유독물질을 상습적으로 흡입, 흡수 또는 섭취한 결과로 생긴 중독증상과 세균성 음식물 중독증상은 포함되지 않습니다.

④ 의료기관을 1회 통원(또는 1회 입원)하여 2종류(회) 이상 치료를 받거나 동일한 치료를 2회 이상 받은 경우는 다음과 같이 1회당 공제금액 및 보상한도를 적용합니다.

　1. 이 특별약관에서 정한 도수치료, 체외충격파치료, 증식치료 중 2종류 이상의 치료를 받거나 동일한 치료를 2회 이상 받는 경우 각 치료행위를 1회로 보고 각각 제1항에서 정한 1회당 공제금액 및 보상한도를 적용합니다.

　2. 의료기관을 1회 통원(또는 1회 입원)하여 치료목적으로 2회 이상 주사치료를 받더라도 1회로 보고 제1항에서 정한 공제금액 및 보상한도를 적용합니다.

　3. 의료기관을 1회 통원(또는 1회 입원)하여 2개 이상 부위에 걸쳐 이 특별약관에서 정한 자기공명영상진단을 받거나 동일한 부위에 대해 2회 이상 이 특별약관에서 정한 자기공명영상진단을 받는 경우 각 진단행위를 1회로 보아 각각 1회당 공제금액 및 보상한도를 적용합니다.

⑤ 제4항에서 1회 입원이라 함은 퇴원없이 계속 중인 입원(동일한 상해 또는 질병 치료목적으로 퇴원 당일 다른 의료기관으로 옮겨 입원하는 경우 포함)을 말합니다. 동일한 상해 또는 질병으로 인한 입원이라고 하더라도 퇴원 후 재입원하는 경우에는 퇴원 전후 입원기간을 각각 1회 입원으로 봅니다.

⑥ 제1항에서 보상하는 비급여 의료비와 다른 의료비가 함께 청구되고 각 항목별 의료비가 구분되지 않는 경우 회사는 보험금 지급금액 결정을 위해 계약자, 피보험자 또는 보험수익자에게 제1항에서 보상하는 의료비의 확인을 요청할 수 있습니다.

⑦ 피보험자가 입원 또는 통원하여 치료를 받던 중 보험계약이 종료되더라도 그 계속 중인 치료에 대하여는 보험계약 종료일 다음 날부터 180일까지 보상합니다. 이 경우 보상한도는 연간 보상한도(금액)에서 직전 보험계약 종료일까지 지급한 금액을 차감한 잔여 금액과 연간 보상한도(횟수)에서 직전 보험계약 종료일까지 보상한 횟수를 차감한 잔여 횟수를 한도로 적용합니다. 다만, 종전 계약을 자동갱신하거나 같은 회사의 보험상품에 재가입하는 경우에는 종전 계약의 보험기간을 연장하는 것으로 보아 제1항을 적용합니다.

<보상기간 예시>

보상대상기간 (1년)	보상대상기간 (1년)	보상대상기간 (1년)	추가보상 (180일)
↑ 계약일 (2022. 1. 1.)	↑ 계약 해당일 (2023. 1. 1.)	↑ 계약 해당일 (2024. 1. 1.)	↑ 계약 종료일 (2024. 12. 31.)

↑ 보상 종료일 (2025. 6. 29.)

⑧ 피보험자가 「국민건강보험법」 제5조, 제53조, 제54조에 따라 요양급여 또는 「의료급여법」 제4조, 제15조, 제17조에 따라 의료급여를 적용받지 못하는 경우에는 다음과 같이 보상합니다.
1. 의료비(「국민건강보험 요양급여의 기준에 관한 규칙」에 따라 보건복지부장관이 정한 비급여 의료비 항목만 해당합니다) 중 본인이 실제로 부담한 금액(통원의 경우 본인이 실제로 부담한 금액에서 같은 조 제1항 <표 1>의 '공제금액'을 뺀 금액)의 40%를 제5조(보험가입금액 한도 등)에서 정한 연간 보험가 입금액의 한도 내에서 보상합니다.
2. 법령 등에 따라 의료비를 감면받거나 의료기관으로부터 의료비를 감면받은 경우(의료비를 납부하는 대가로 수수한 금액 등은 감면받은 의료비에 포함)에는 제1호를 적용하지 아니하고 감면 후 실제 본인이 부담한 의료비에 대해서만 제1항의 보상금액에 따라 계산한 금액을 제5조(보험가입금액 한도 등)에서 정한 연간 보험가입금액의 한도 내에서 보상합니다. 다만, 감면받은 의료비가 근로소득에 포함된 경우, 「국가유공자 등 예우 및 지원에 관한 법률」 및 「독립유공자 예우에 관한 법률」에 따라 의료비를 감면받은 경우에는 감면 전 의료비에 대해서 제1항의 보상금액에 따라 계산한 금액을 제5조에서 정한 연간 보험가입금액의 한도 내에서 보상합니다.
⑨ 회사는 피보험자가 상해 또는 질병으로 인하여 의료기관에서 본인의 장기 등(「장기 등 이식에 관한 법률」 제4조에 의한 "장기 등"을 의미합니다)의 기능회복을 위하여 「장기 등 이식에 관한 법률」 제42조 및 관련 고시에 따라 장기 등의 적출 및 이식에 드는 비용(공여적합성 여부를 확인하기 위한 검사비, 뇌사장기기증자 관리료 및 이에 속하는 비용항목 포함)은 제1항부터 제8항에 따라 보상합니다.

① 회사는 다음의 사유로 인하여 생긴 비급여 의료비는 보상하지 않습니다.

1. 피보험자가 고의로 자신을 해친 경우. 다만, 피보험자가 심신상실 등으로 자유로운 의사결정을 할 수 없는 상태에서 자신을 해친 사실이 증명된 경우에는 보상합니다.

2. 보험수익자가 고의로 피보험자를 해친 경우. 다만, 그 보험수익자가 보험금의 일부 보험수익자인 경우에는 다른 보험수익자에 대한 보험금은 지급합니다.

3. 계약자가 고의로 피보험자를 해친 경우

4. 피보험자가 임신, 출산(제왕절개를 포함합니다), 산후기로 입원 또는 통원한 경우. 다만, 회사가 보상하는 상해로 인하여 입원 또는 통원한 경우에는 보상합니다.

5. 전쟁, 외국의 무력행사, 혁명, 내란, 사변, 폭동으로 인한 경우

6. 피보험자가 정당한 이유 없이 입원기간 중 의사의 지시를 따르지 않거나 의사가 통원치료가 가능하다고 인정함에도 피보험자 본인이 자의적으로 입원하여 발생한 입원의료비

7. 피보험자가 정당한 이유 없이 통원기간 중 의사의 지시를 따르지 않아 발생한 통원의료비

② 회사는 다른 약정이 없으면 피보험자가 직업, 직무 또는 동호회 활동 목적으로 한 다음의 어느 하나에 해당하는 행위로 인하여 생긴 상해에 대해서는 보상하지 않습니다.

1. 전문등반(전문적인 등산용구를 사용하여 암벽 또는 빙벽을 오르내리거나 특수한 기술, 경험, 사전 훈련이 필요한 등반을 말합니다), 글라이더 조종, 스카이다이빙, 스쿠버다이빙, 행글라이딩, 수상보트, 패러글라이딩

2. 모터보트·자동차 또는 오토바이에 의한 경기, 시범, 행사(이를 위한 연습을 포함합니다) 또는 시운전 (다만, 공용도로에서 시운전을 하는 동안 발생한 상해는 보상합니다)

3. 선박에 탑승하는 것을 직무로 하는 사람이 직무상 선박에 탑승하고 있는 동안

③ 회사는 다음의 비급여 의료비에 대해서는 보상하지 않습니다.

1. 치과치료(다만, 안면부 골절로 발생한 의료비는 치아 관련 치료를 제외하고 보상합니다)·한방치료(다만, 「의료법」 제2조에 따른 한의사를 제외한 '의사'의 의료행위에 의해서 발생한 의료비는 보상합니다)

2. 영양제, 비타민제 등의 약제와 관련하여 소요된 비용. 다만 약관상 보상하는 상해를 치료함에 있어 아래 각 목에 해당하는 경우는 치료 목적으로 보아 보상합니다.

   가. 약사법령에 의하여 약제별 허가사항 또는 신고된 사항(효능/효과 및 용법/용량 등)대로 사용된 경우

   나. 요양급여 약제가 관련법령 또는 고시 등에서 정한 별도의 적용 기준대로 비급여 약제로 사용된 경우

   다. 요양급여 약제가 관련법령에 따라 별도의 비급여사용승인 절차를 거쳐 그 승인 내용대로 사용된 경우

   라. 상기 가목 부터 다목의 약제가 두 가지 이상 함께 사용된 경우(함께 사용된 약제중 어느 하나라도 상기 가목 부터 다목에 해당하지 않는 경우 제외)

3. 호르몬 투여, 보신용 투약, 의약외품과 관련하여 소요된 비용

4. 의치, 의수족, 의안, 안경, 콘택트렌즈, 보청기, 목발, 팔걸이(Arm Sling), 보조기 등 진료 재료의 구입 및 대체 비용. 다만, 인공장기 등 신체에 이식되어 그 기능을 대신하는 경우에는 보상합니다.

5. 진료와 무관한 각종 비용(TV시청료, 전화료, 각종 증명료 등을 말합니다), 의사의 임상적 소견과 관련이 없는 검사비용, 간병비

6. 자동차보험(공제를 포함합니다)에서 보상받는 치료관계비(과실상계 후 금액을 기준으로 합니다) 또는 산재보험에서 보상받는 의료비. 다만, 본인부담의료비(자동차보험 진료수가에 관한 기준 및 산재보험 요양급여 산정기준에 따라 발생한 실제 본인 부담의료비)는 제3조(보장종목별 보상내용) (1) 상해비급여 제1항부터 제7항에 따라 보상합니다.

7. 「국민건강보험법」 제42조의 요양기관이 아닌 외국에 있는 의료기관에서 발생한 의료비

8. 「응급의료에 관한 법률」 및 동법 시행규칙에서 정한 응급환자에 해당하지 않는 자가 동법 제26조 권역응급의료센터 또는 「의료법」 제3조의4에 따른 상급종합병원 응급실을 이용하면서 발생한 응급의료관리료

　질병 비급여 의료비 면책사항

① 회사는 다음의 사유로 인하여 생긴 비급여 의료비는 보상하지 않습니다.

　1. 피보험자가 고의로 자신을 해친 경우. 다만, 피보험자가 심신상실 등으로 자유로운 의사결정을 할 수 없는 상태에서 자신을 해친 사실이 증명된 경우에는 보상합니다.

　2. 보험수익자가 고의로 피보험자를 해친 경우. 다만, 그 보험수익자가 보험금의 일부 보험수익자인 경우에는 다른 보험수익자에 대한 보험금은 지급합니다.

　3. 계약자가 고의로 피보험자를 해친 경우

　4. 피보험자가 정당한 이유 없이 입원기간 중 의사의 지시를 따르지 않거나 의사가 통원치료가 가능하다고 인정함에도 피보험자 본인이 자의적으로 입원하여 발생한 입원의료비

　5. 피보험자가 정당한 이유 없이 통원기간 중 의사의 지시를 따르지 않아 발생한 통원의료비

② 회사는 '한국표준질병사인분류'에 따른 다음의 비급여 의료비에 대해서는 보상하지 않습니다.

　1. 정신 및 행동장애(F04 ~ F99)

　2. 여성생식기의 비염증성 장애로 인한 습관성 유산, 불임 및 인공수정관련 합병증(N96 ~ N98)

　3. 피보험자가 임신, 출산(제왕절개를 포함합니다), 산후기로 입원 또는 통원한 경우(O00 ~ O99)

　4. 선천성 뇌질환(Q00 ~ Q04)

　5. 비만(E66)

　6. 요실금(N39.3, N39.4, R32)

　7. 직장 또는 항문 질환(K60 ~ K62, K64)

③ 회사는 다음의 비급여 의료비에 대해서는 보상하지 않습니다.

　1. 치과치료(K00 ~ K08) 및 한방치료(다만, 「의료법」 제2조에 따른 한의사를 제외한 '의사'의 의료행위에 의해서 발생한 의료비는 보상합니다)

　2. 영양제, 비타민제 등의 약제와 관련하여 소요된 비용. 다만 약관상 보상하는 질병을 치료함에 있어 아래 각 목에 해당하는 경우는 치료 목적으로 보아 보상합니다.

　　가. 약사법령에 의하여 약제별 허가사항 또는 신고된 사항(효능/효과 및 용법/용량 등)대로 사용된 경우

　　나. 요양급여 약제가 관련법령 또는 고시 등에서 정한 별도의 적용기준대로 비급여 약제로 사용된 경우

　　다. 요양급여 약제가 관련법령에 따라 별도의 비급여 사용승인 절차를 거쳐 그 승인 내용대로 사용된 경우

　　라. 상기 가목 부터 다목의 약제가 두 가지 이상 함께 사용된 경우(함께 사용된 약제중 어느 하나라도 상기 가목 부터 다목에 해당하지 않는 경우 제외)

　3. 호르몬 투여, 보신용 투약, 의약외품과 관련하여 소요된 비용

　4. 의치, 의수족, 의안, 안경, 콘택트렌즈, 보청기, 목발, 팔걸이(Arm Sling), 보조기 등 진료 재료의 구입 및 대체비용. 다만, 인공장기 등 신체에 이식되어 그 기능을 대신하는 경우에는 보상합니다.

　5. 진료와 무관한 각종 비용(TV시청료, 전화료, 각종 증명료 등을 말합니다), 의사의 임상적 소견과 관련이 없는 검사비용, 간병비

　6. 산재보험에서 보상받는 의료비. 다만, 본인부담의료비(산재보험 요양급여 산정기준에 따라 발생한 실제 본인 부담의료비)는 제3조(보장종목별 보상내용) (2) 질병비급여 제1항부터 제7항에 따라 보상합니다.

7. 사람면역결핍바이러스(HIV) 감염으로 인한 치료비(다만, 「의료법」에서 정한 의료인의 진료상 또는 치료 중 혈액에 의한 HIV 감염은 해당 진료기록을 통해 객관적으로 확인되는 경우는 보상합니다)
8. 「국민건강보험법」 제42조의 요양기관이 아닌 외국에 있는 의료기관에서 발생한 의료비
9. 「응급의료에 관한 법률」 및 동법 시행규칙에서 정한 응급환자에 해당하지 않는 자가 동법 제26조 권역응급의료센터 또는 「의료법」 제3조의4에 따른 상급종합병원 응급실을 이용하면서 발생한 응급의료관리료

① 회사는 다음의 사유로 인하여 생긴 비급여 의료비는 보상하지 않습니다.

　1. 피보험자가 고의로 자신을 해친 경우. 다만, 피보험자가 심신상실 등으로 자유로운 의사결정을 할 수 없는 상태에서 자신을 해친 사실이 증명된 경우에는 제3조(보장종목별 보상내용)에 따라 보상합니다.

　2. 보험수익자가 고의로 피보험자를 해친 경우. 다만, 그 보험수익자가 보험금의 일부 보험수익자인 경우에는 다른 보험수익자에 대한 보험금은 제3조(보장종목별 보상내용)에 따라 지급합니다.

　3. 계약자가 고의로 피보험자를 해친 경우

　4. 전쟁, 외국의 무력행사, 혁명, 내란, 사변, 폭동으로 인한 경우

　5. 피보험자가 정당한 이유 없이 입원 또는 통원기간 중 의사의 지시를 따르지 않아 발생한 의료비

② 회사는 다른 약정이 없으면 피보험자가 직업, 직무 또는 동호회 활동 목적으로 한 다음의 어느 하나에 해당하는 행위로 인하여 생긴 상해에 대해서는 보상하지 않습니다.

　1. 전문등반(전문적인 등산용구를 사용하여 암벽 또는 빙벽을 오르내리거나 특수한 기술, 경험, 사전 훈련이 필요한 등반을 말합니다), 글라이더 조종, 스카이다이빙, 스쿠버다이빙, 행글라이딩, 수상보트, 패러글라이딩

　2. 모터보트·자동차 또는 오토바이에 의한 경기, 시범, 행사(이를 위한 연습을 포함합니다) 또는 시운전(다만, 공용도로에서 시운전을 하는 동안 발생한 상해는 제3조(보장종목별 보상내용)에 따라 보상합니다)

　3. 선박에 탑승하는 것을 직무로 하는 사람이 직무상 선박에 탑승하고 있는 동안

③ 회사는 '한국표준질병사인분류'에 따른 다음의 비급여 의료비에 대해서는 보상하지 않습니다.

　1. 정신 및 행동장애(F04 ~ F99)

　2. 여성생식기의 비염증성 장애로 인한 습관성 유산, 불임 및 인공수정관련 합병증(N96 ~ N98)

　3. 피보험자가 임신, 출산(제왕절개를 포함합니다), 산후기로 입원 또는 통원한 경우(O00 ~ O99). 다만, 회사가 보상하는 상해로 인하여 입원 또는 통원한 경우에는 제3조(보장종목별 보상내용)에 따라 보상합니다.

　4. 선천성 뇌질환(Q00 ~ Q04)

　5. 비만(E66)

　6. 요실금(N39.3, N39.4, R32)

　7. 직장 또는 항문 질환(K60 ~ K62, K64)

④ 회사는 다음의 비급여 의료비에 대해서는 보상하지 않습니다.

　1. 치과치료(다만, 안면부 골절로 발생한 의료비는 치아관련 치료를 제외하고 제3조(보장종목별 보상내용)에 따라 보상하며, K00 ~ K08과 무관한 질병으로 인한 의료비는 제3조(보장종목별 보상내용)에 따라 보상합니다)·한방치료(다만, 「의료법」 제2조에 따른 한의사를 제외한 '의사'의 의료행위에 의해서 발생한 의료비는 제3조(보장종목별 보상내용)에 따라 보상합니다)

　2. 영양제, 비타민제 등의 약제와 관련하여 소요된 비용. 다만 약관상 보상하는 상해 또는 질병을 치료함에 있어 아래 각 목에 해당하는 경우는 치료 목적으로 보아 보상합니다.

　　가. 약사법령에 의하여 약제별 허가사항 또는 신고된 사항(효능/효과 및 용법/용량 등)대로 사용된 경우

　　나. 요양급여 약제가 관련법령 또는 고시 등에서 정한 별도의 적용기준대로 비급여 약제로 사용된 경우

　　다. 요양급여 약제가 관련법령에 따라 별도의 비급여 사용승인 절차를 거쳐 그 승인 내용대로 사용된 경우

　　라. 상기 가목 부터 다목의 약제가 두 가지 이상 함께 사용된 경우(함께 사용된 약제 중 어느 하나라도 상기 가목 부터 다목에 해당하지 않는 경우 제외)

3. 호르몬 투여, 보신용 투약, 의약외품과 관련하여 소요된 비용
4. 의치, 의수족, 의안, 안경, 콘택트렌즈, 보청기, 목발, 팔걸이(Arm Sling), 보조기 등 진료 재료의 구입 및 대체비용. 다만, 인공장기 등 신체에 이식되어 그 기능을 대신하는 경우에는 보상합니다.
5. 진료와 무관한 각종 비용(TV시청료, 전화료, 각종 증명료 등을 말합니다), 의사의 임상적 소견과 관련이 없는 검사비용, 간병비
6. 자동차보험(공제를 포함합니다)에서 보상받는 치료관계비(과실상계 후 금액을 기준으로 합니다) 또는 산재보험에서 보상받는 의료비. 다만, 본인부담의료비(자동차보험 진료수가에 관한 기준 및 산재보험 요양급여 산정기준에 따라 발생한 실제 본인 부담의료비)는 제3조(보장종목별 보상내용) (3) 3대 비급여 제1항부터 제7항에 따라 보상합니다.
7. 사람면역결핍바이러스(HIV) 감염으로 인한 치료비(다만, 「의료법」에서 정한 의료인의 진료상 또는 치료중 혈액에 의한 HIV 감염은 해당 진료기록을 통해 객관적으로 확인되는 경우는 제3조(보장종목별 보상내용)에 따라 보상합니다)
8. 「국민건강보험법」 제42조의 요양기관이 아닌 외국에 있는 의료기관에서 발생한 의료비
9. 「응급의료에 관한 법률」 및 동법 시행규칙에서 정한 응급환자에 해당하지 않는 자가 동법 제26조 권역응급의료센터 또는 「의료법」 제3조의4에 따른 상급종합병원 응급실을 이용하면서 발생한 응급의료관리료

공통 비급여 의료비 면책사항

회사는 「국민건강보험 요양급여의 기준에 관한 규칙」 제9조 제1항([별표 2] 비급여 대상)에 따른 아래 각 호의 비급여 의료비에 대해서는 보상하지 않습니다.

1. 다음 각 목의 질환으로서 업무 또는 일상생활에 지장이 없는 경우에 실시 또는 사용되는 치료로 인하여 발생한 비급여 의료비

   가. 단순한 피로 또는 권태

   나. 주근깨, 다모, 무모, 백모증, 딸기코(주사비), 점, 모반[피보험자가 보험가입 당시 태아인 경우 화염 상모반 등 선천성 비신생물성모반(Q82.5)은 보상합니다], 사마귀, 여드름, 노화현상으로 인한 탈모 등 피부질환

   다. 발기부전(impotence)・불감증

   라. 단순 코골음[수면무호흡증(G47.3)은 보상합니다]

   마. 치료를 동반하지 않는 단순포경(phimosis)

   바. 검열반 등 안과질환

   사. 그 밖에 일상생활에 지장이 없는 경우로 국민건강보험 비급여 대상에 해당하는 치료

2. 다음 각 목의 진료로서 신체의 필수 기능 개선 목적이 아닌 경우에 실시 또는 사용되는 치료로 인하여 발생한 비급여 의료비

   가. 쌍꺼풀수술(이중검수술), 성형수술(융비술), 유방 확대(다만, 유방암 환자의 환측 유방재건술은 보상합니다)・축소술, 지방흡입술, 주름살 제거술 등 미용목적의 성형수술과 그로 인한 후유증치료

   나. 사시교정, 안와격리증(양쪽 눈을 감싸고 있는 뼈와 뼈 사이의 거리가 넓은 증상)의 교정 등 시각계 수술로서 시력개선 목적이 아닌 외모개선 목적의 수술

   다. 치과교정

   라. 씹는 기능 및 발음 기능의 개선 목적이 아닌 외모개선 목적의 턱얼굴(안면)교정술

   마. 관절운동 제한이 없는 반흔구축성형술 등 외모개선 목적의 반흔제거술

   바. 안경, 콘택트렌즈 등을 대체하기 위한 시력교정술(국민건강보험 요양급여 대상 수술방법 또는 치료 재료가 사용되지 않은 부분은 시력교정술로 봅니다)

   사. 질병 치료가 아닌 단순히 키 성장(성장촉진)을 목적으로 하는 진료

   아. 외모개선 목적의 다리정맥류 수술

   자. 그 밖에 외모개선 목적의 치료로 국민건강보험 비급여 대상에 해당하는 치료

3. 다음 각 목의 예방진료로서 질병・부상의 진료를 직접목적으로 하지 아니하는 경우에 실시 또는 사용으로 인하여 발생한 비급여 의료비

   가. 본인의 희망에 의한 건강검진(다만, 검사결과 이상 소견에 따라 건강검진센터 등에서 발생한 추가 의료비용은 보상합니다)

   나. 예방접종(파상풍 혈청주사 등 치료목적으로 사용하는 예방주사 제외)

   다. 그 밖에 예방진료로서 국민건강보험 비급여 대상에 해당하는 치료

4. 다음 각 목의 진료로서 보험급여 시책상 요양급여로 인정하기 어려운 경우 및 그 밖에 건강보험급여 원리에 부합하지 아니하는 경우 발생한 비급여 의료비

　　가. 친자확인을 위한 진단

　　나. 불임검사, 불임수술, 불임복원술

　　다. 보조생식술(체내, 체외 인공수정을 포함합니다)

　　라. 인공유산에 든 비용(다만, 회사가 보상하는 상해 또는 질병으로 임신상태를 유지하기 어려워 의사의 권고에 따라 불가피하게 시행한 경우는 제외)

　　마. 그 밖에 요양급여를 함에 있어서 비용효과성 등 진료 상의 경제성이 불분명하여 국민건강보험 비급여 대상에 해당하는 치료

주) (4) 공통은 (1) 상해 비급여, (2) 질병 비급여, (3) 3대 비급여에 대하여 공통적으로 적용됩니다.

보험가입금액 등

제5조(보험가입금액 한도 등)

① 이 계약의 연간 보험가입금액은 제3조(보장종목별 보상내용) (1) 상해 비급여에 대하여 입원과 통원의 보상 금액을 합산하여 5천만원 이내에서, (2) 질병 비급여에 대하여 입원과 통원의 보상금액을 합산하여 5천만원 이내에서 회사가 정한 금액 중 계약자가 선택한 금액을 말하며, 제3조(보장종목별 보상내용)에 의한 비급여 의료비를 이 금액 한도 내에서 보상합니다. 다만, (3) 3대 비급여의 보험가입금액은 제3조 (3) 3대 비급여 제1항에서 정한 연간 보상한도로 합니다.

② 이 계약에서 '연간'이라 함은 계약일로부터 매 1년 단위로 도래하는 계약 해당일 전일까지의 기간을 말하며, 입원 또는 통원 치료시 해당일이 속한 연도의 보험가입금액 한도를 적용합니다.

③ 제3조(보장종목별 보상내용)에서 정한 통원의 경우 (1) 상해 비급여 또는 (2) 질병 비급여 각각에 대하여 통원 1회당 20만원 이내에서 회사가 정한 금액 중 계약자가 선택한 금액으로 하며, (3) 3대 비급여의 경우 각 비급여 의료비별 보상한도로 합니다.

④ 제3조 (1) 상해 비급여 제3항 또는 제4항, (2) 질병 비급여 제2항 또는 제3항 및 (3) 3대 비급여 제7항에 따른 계속 중인 입원 또는 통원의 보상한도는 연간 보상한도(보험가입금액)에서 직전 보험기간 종료일까지 지급한 금액을 차감한 잔여 금액과 연간 보상한도(횟수)에서 직전 보험기간 종료일까지 보상한 횟수를 차감한 잔여 횟수를 한도로 적용합니다.

제6조(보험료의 계산)

① 보험기간이 종료되어 갱신되는 계약(이하 '갱신계약'이라 합니다)의 보험료는 갱신일 현재의 보험요율에 관한 제도를 반영하여 계산된 보험료를 적용하며, 그 보험료는 나이의 증가, 보험료산출에 관한 기초율의 변동, 요율 상대도(할인·할증요율) 적용 등의 사유로 인하여 인상 또는 인하될 수 있습니다.

② 갱신계약의 「요율 상대도(할인·할증요율) 적용 전 보험료」는 매년 최대 25% 범위(나이의 증가로 인한 보험료 증감분은 제외) 내에서 인상 또는 인하될 수 있습니다. 다만, 회사가 금융위원회로부터 경영개선권고, 경영개선요구 또는 경영개선명령을 받은 경우는 예외로 합니다.

③ 제1항에 따른 요율 상대도(할인·할증요율)는 보험료 갱신 전 12개월 이내 기간 동안의 이 특별약관에 따른 보험금 지급 실적을 고려하여 보험료 갱신시 순보험료(특별약관의 순보험료 총액을 대상으로 합니다)에 아래와 같이 적용할 수 있습니다. 다만, 국민건강보험법상 산정특례대상질환(암질환, 뇌혈관질환, 심장질환, 희귀난치성질환 등)으로 인한 비급여 의료비 및 노인장기요양보험법상 장기요양대상자 중 1등급 또는 2등급으로 판정받은 자에 대한 비급여 의료비는 요율 상대도 계산시 보험금 지급실적에서 제외합니다.

구 분	1단계(할인)	2단계(유지)	3단계(할증)	4단계(할증)	5단계(할증)
보험료 갱신 전 12개월 이내 기간 동안 보험금 지급실적(원)	0원 (보험금 지급실적 없음)	0원 초과~ 100만원 미만	100만원 이상~ 150만원 미만	150만원 이상~ 300만원 미만	300만원 이상
요율 상대도	할 인[주]	100%	200%	300%	400%

주) 매년 상대도 적용 전·후의 총 보험료 수준이 일치하도록 3~5단계의 할증대상자의 할증재원을 1단계(할인) 대상자들에게 분배할 경우 산출됨

④ 제3항에 따른 요율 상대도의 할증은 이 특별약관에 따른 보험금 지급실적이 연간 100만원 이상인 계약에 한하여 적용하며 매년 상대도 적용 전·후의 총보험료 수준이 일치하도록 할인요율을 조정함을 원칙으로 합니다.

⑤ 이 조항에 따른 보험료 계산방법은 보장내용 변경주기 및 관계법령 개정에 따라 변경될 수 있습니다.

【의료이용량에 따른 갱신년도별 보험료 적용 예시】

▶ 최초보험료, XX세 남자, 월 14,000원, 매년 보험료* 최대 인상(25%) 가정시

* 기본형 실손의료보험과 실손의료보험 특별약관에 함께 가입하였을 경우를 가정하여 산출한 보험료입니다.

(단위 : 원)

구 분		XX세	XX+1세	XX+2세	XX+3세	XX+4세	XX+5세
나이 증가분(A)			560	728	946	1,230	1,599
보험료 산출 기초율(위험률 등) 증가분 (B = 전년도 기준보험료의 최대 25% 가정)			3,640	4,732	6,152	7,997	10,396
기준보험료 (C = 전년도 기준보험료 + A + B)		14,000	18,200	23,660	30,758	39,985	51,980
의료이용량에 따른 보험료 (D = C에 요율상대도를 반영한 값)	1단계 (요율상대도 95% 가정)		17,756	23,083 (20,775*)	30,008 (27,007*)	39,011 (35,109*)	50,714 (45,642*)
	2단계 (요율상대도 100%)		18,200	23,660	30,758	39,985	51,980
	3단계 (요율상대도 200%)		27,073	35,194	45,753	59,478	77,322
	4단계 (요율상대도 300%)		35,945	46,729	60,747	78,971	102,663
	5단계 (요율상대도 400%)		44,818	58,263	75,742	98,464	128,003

* (   )은 직전 2년 무사고시 보험료 10% 할인 추가 적용 기준

(상기 보험료계산 예시는 단순 예시로, 실제로 납입해야 하는 보험료와 상이할 수 있습니다)

Theme 11　진료비용 공개제도

제7조(비급여 진료비용 공개제도 등의 안내)

회사는 계약자가 특별약관을 청약하였을 때 계약자의 알권리를 증진하고 합리적인 의료이용 선택에 도움이 될 수 있도록 「의료법」등 관계법령에 따른 '비급여 진료비용 공개제도'와 '비급여 진료 사전설명제도'에 대해 설명하고 안내합니다.

> ※ **비급여 진료비용 공개제도** : 국민이 쉽게 이해하고 의료기관을 선택할 때 참고할 수 있도록 건강보험심사평가원이 매년 비급여 진료비용을 조사하여 최저·최고 금액 등 비급여 진료비용에 대한 정보를 비교·공개하는 제도
>
> ※ **비급여 진료 사전설명제도** : 진료에 필요한 비급여 항목 및 가격을 환자가 사전에 인지하고 선택할 수 있도록 의료기관이 비급여 진료 전에 비급여 제공항목과 가격을 미리 설명하도록 의무화하는 제도

제8조(특별약관의 소멸)

피보험자의 사망으로 인하여 이 특별약관에서 규정하는 보험금 지급사유가 더 이상 발생할 수 없는 경우에는 이 계약은 그 때부터 효력이 없습니다.

제9조(준용규정)

이 특별약관에서 정하지 않은 사항은 기본형 실손의료보험 표준약관을 따릅니다.

기본형 – 보장종목

해외여행 실손의료보험은 해외여행 중에 피보험자의 상해 또는 질병으로 인한 의료비를 보험회사가 보상하는 상품으로 해외여행 중이란 피보험자가 보험증권에 기재된 여행을 목적으로 주거지를 출발하여 여행을 마치고 주거지에 도착할 때까지의 기간을 의미합니다.

제1조(보장종목)

회사는 기본형 해외여행 실손의료보험상품을 상해의료비형, 질병의료비형 등 2가지 이내의 보장종목으로 구성합니다.

보장 종목	세부 구성 항목	보상하는 내용
상해 의료비	해 외	피보험자가 해외여행 중에 입은 상해로 인하여 해외의료기관[주1]에서 의료비가 발생한 경우에 보상
	국내(급여)	피보험자가 해외여행 중에 입은 상해로 인하여 의료기관에 입원 또는 통원하여 급여[주2] 치료를 받거나 급여 처방조제를 받은 경우에 보상
질병 의료비	해 외	피보험자가 해외여행 중에 질병으로 인하여 해외의료기관[주1]에서 의료비가 발생한 경우에 보상
	국내(급여)	피보험자가 해외여행 중에 질병으로 인하여 의료기관에 입원 또는 통원하여 급여치료를 받거나 급여 처방조제를 받은 경우에 보상

주1) 해외의료기관은 해외소재 의료기관을 말하며, 해외소재약국을 포함합니다. 이하 동일합니다.
주2) 「국민건강보험법」에서 정한 요양급여 또는 「의료급여법」에서 정한 의료급여

기본형 – 보상하는 사항

제3조(보장종목별 보상내용)

회사가 이 계약의 보험기간 중 보장종목별로 각각 보상하는 내용은 다음과 같습니다.

해 외	① 회사는 피보험자가 보험증권에 기재된 해외여행 중에 상해·질병을 입고, 이로 인해 해외의료기관에서 의사(치료받는 국가의 법에서 정한 병원 및 의사의 자격을 가진 자에 한함)의 치료를 받은 때에는 보험가입금액을 한도로 피보험자가 실제 부담한 의료비 전액을 보상합니다. ② 해외여행 중에 피보험자가 입은 상해·질병으로 인해 치료를 받던 중 보험기간이 끝났을 경우에는 보험기간 종료일부터 180일까지(보험기간 종료일은 제외합니다) 보상합니다.
국 내 (급여)	① 회사는 피보험자가 보험증권에 기재된 해외여행 중에 상해·질병을 입고, 이로 인해 국내 의료기관·약국에서 치료를 받은 때에는 '국내 상해 급여의료비 약관'에 따라 보상합니다. 다만, 보험기간이 1년 미만인 경우에는 해외여행 중에 피보험자가 입은 상해로 보험기간 종료후 30일(보험기간 종료일은 제외합니다) 이내에 의사의 치료를 받기 시작했을 때에는 의사의 치료를 받기 시작한 날부터 180일(통원은 180일 동안 90회)까지만(보험기간 종료일은 제외합니다) 보상합니다.

특별약관 – 보상하는 사항

제1조(보장종목)

회사가 판매하는 해외여행 실손의료보험 특별약관(이하 '특별약관'이라 합니다)은 상해 비급여형(국내), 질병 비급여형(국내), 3대 비급여형(국내)의 3개 보장종목으로 구성되어있습니다.

보장종목	보상하는 내용
상해 비급여(국내)	피보험자가 해외여행 중에 입은 상해로 인하여 의료기관에 입원 또는 통원하여 비급여[주] 치료를 받거나 비급여 처방조제를 받은 경우에 보상(3대 비급여 제외)
질병 비급여(국내)	피보험자가 해외여행 중에 질병으로 인하여 의료기관에 입원 또는 통원하여 비급여 치료를 받거나 비급여 처방조제를 받은 경우에 보상(3대 비급여 제외)
3대 비급여(국내)	피보험자가 해외여행 중에 입은 상해 또는 질병의 치료목적으로 의료기관에 입원 또는 통원하여 3대비급여 치료를 받은 경우에 보상

주) 「국민건강보험법」 또는 「의료급여법」에 따라 보건복지부장관이 정한 비급여 대상 (「국민건강보험법」에서 정한 요양급여 또는 「의료급여법」에서 정한 의료급여 절차를 거쳤지만 급여항목이 발생하지 않은 경우로 「국민건강보험법」 또는 「의료급여법」에 따른 비급여 항목 포함)

> ※ 건강보험심사평가원에서는 국민 알 권리 증진 및 의료기관 선택에 도움이 될 수 있도록 비급여 진료비용을 공개하고 있으며, 의료기관 등에서 진료를 받고 지불한 비급여(전액 본인부담금포함) 진료비용이 건강보험(의료급여)에 해당되는지 확인할 수 있도록 비급여 진료비 확인제도를 운영하고 있습니다.

남들보다 더 잘하려고 고민하지 마세요.

지금의 나보다 잘하려고 애쓰는 게 중요해요.

- 윌리엄 포그너 -

Drill
(드릴)

01 제3보험의 특징에 대해 설명하시오.

1. 의 의

제3보험은 상해보험, 질병보험, 간병보험을 말하며, 실손보상의 손해보험과 신체를 보험목적으로 하는 인보험의 이중적 성격을 띠고 있다. 즉, 위험보장을 목적으로 사람의 질병·상해 또는 이에 따른 간병에 관하여 금전 및 그 밖의 급여를 지급할 것을 약속하고 대가를 수수하는 계약으로서 상해보험계약, 질병보험계약, 간병보험계약을 말한다(보험업법 제2조 제5호).

심화학습	「보험업법」에 따른 제3보험의 분류
「보험업법」에서는 제3보험을 상해보험, 질병보험, 간병보험으로 분류한다.	
상해보험	• 우연하고도 급격한 외래의 사고로 인한 치료비, 사망·후유장해 등을 보상한다. • 실손보상 또는 정액보상이 가능하다.
질병보험	• 질병에 걸리거나 질병으로 인해 발생되는 치료비, 후유장해 등을 보상한다. • 실손보상 또는 정액보상이 가능하다.
간병보험	• 상해·질병으로 인한 활동불능 또는 인식불능 등 개호상태로 인한 간병비 등을 보상한다. • 실손보상 또는 정액보상이 가능하다.

2. 인보험으로서의 특징

(1) 보험의 목적

손해보험이 피보험자의 재물을 보험의 목적으로 하는 반면에 제3보험은 피보험자의 신체를 대상으로 한다.

(2) 피보험이익의 부존재

사람의 가치는 금전으로 평가할 수 없으므로 제3보험은 피보험이익의 개념이 원칙적으로 존재하지 않는다.

(3) 초과·일부·중복보험의 개념

피보험이익의 개념이 존재하지 않으므로 피보험이익을 기본으로 하는 보험가액의 개념도 존재하지 않는다. 따라서 「상법」상 초과·중복·일부보험의 개념도 존재하지 않는다.

(4) 보험자대위 및 손해방지의 의무

제3보험은 피보험이익의 개념이 없기 때문에 피보험이익에서 비롯되는 실손보상의 원칙이 적용되지 않는다. 따라서 보험자대위 및 손해방지의무의 규정을 두고 있지는 않다. 상법상 상해보험의 경우에 한하여 보험자대위를 허용하지만, 제3보험 약관에서 이를 규정하고 있지는 않다.

(5) 중과실 사고의 담보

제3보험은 인보험의 범주에 속하므로 중과실 사고도 담보한다. 손해보험과 생명보험 모두 고의사고는 절대적 면책사유에 해당하나, 제3보험 실무상 판매되는 약관에는 고의사고도 담보하는 경우가 있다.

(6) 피보험자의 동의

타인의 사망을 보험사고로 하는 보험계약은 타인의 서면동의를 요한다. 동의 없는 보험계약은 효력이 발생하지 않는다. 다만, 단체보험에서는 동의 없이도 가능하다.

(7) 15세 미만자 등의 사망담보

15세 미만자, 심신상실, 심신박약자의 사망을 담보로 하는 보험계약은 무효로 한다. 다만 상해·질병 담보는 가능하다.

3. 손해보험으로서의 특징

(1) 보험사고의 특징

인보험의 보험사고인 사망은 그 시기만 불확정한 반면, 제3보험에서의 상해·질병·간병의 진단 등 보험사고는 손해보험과 마찬가지로 보험사고의 발생여부, 시기, 원인, 형태 등이 모두 불확정하다는 특징을 가진다.

(2) 실손보상 방식과 비례보상의 적용

제3보험은 정액보상과 실손보상방식이 모두 가능하다. 따라서 실손보상방식의 상품의 경우에는 초과·중복·일부보험 규정을 준용하여 독립책임비례방식에 따라 비례보상하도록 하고 있다.

심화학습 | **생명보험, 손해보험, 제3보험의 비교**

구 분	생명보험	손해보험	제3보험
보험사고	생존 또는 사망	재산상의 손해	신체의 상해, 질병, 간병
보험사고 객체	사 람	재 물	사 람
피보험이익	없 음	존 재	없 음
중복보험 (보험가액 초과)	없 음	존 재	실손보상급부에 존재
보상방법	정 액	실 손	정액, 실손
비례보상	해당 없음	비례보상	비례보상가능
피보험자(보험대상액)	보험사고의 대상	손해의 보상을 받을 권리가 있는 사람	보험사고의 대상
보험기간	장 기	단 기	장 기

02 제3보험의 실손보상방식에 대해 설명하시오.

1. 의 의

제3보험은 사람의 신체를 담보하는 보험으로서 원칙적으로 이득과 손실의 개념이 존재하기 어렵다. 하지만 치료비 담보 등의 경우는 피보험이익이 인정되므로 실손보상방식이 적용된다. 즉 실손보상방식은 보험기간 내에 보험사고가 발생한 경우에 피보험자가 입은 실제손해액만큼을 보상하는 것을 말한다. 보험사고로 이익을 얻을 경우에 도덕적 위험이 발생할 수 있기 때문에 보험의 기본원칙인 이득금지원칙의 실현방식으로 실제 손해액의 한도 내에서 보상하기 위한 방식이다.

보상금액은 보험가입금액을 한도(보험가입금액이 보험가액을 초과하는 경우에는 보험가액이 한도)로 하며, 보험가입금액이 보험가액보다 큰 초과보험인 경우와 보험가입금액이 보험가액과 동일한 전부보험일 때만 해당된다. 보험가입금액이 보험가액보다 작은 일부보험일 때는 보험가액에 대한 보험가입금액의 비율로 비례보상되기 때문에 실제손해의 일부만 보상받을 수 있다.

2. 제3보험에서의 실손보상담보

(1) 의료비 담보(상해·질병 의료비 등)

피보험자가 상해 또는 질병의 치료를 위하여 부담한 실제비용을 기준으로 일정금액을 보험가입금액 한도 내에서 보상한다. 다수의 의료비 담보계약이 체결된 경우에는 비례보상한다.

(2) 해외여행보험

① 인질구조비용특약

피보험자가 여행 도중 인질상태에 놓이게 되었을 경우, 해당 피보험자의 사망후유장해 보험가입금액의 10% 범위 내에서 실제로 소요된 구조비용(수색구조비용, 구조대 파견비용, 정보수집비, 정보제공자 사례비 등)을 보상한다.

② 특별비용특약

피보험자가 해외여행 중 생사가 불명하거나 긴급수색·구조 등이 필요한 상태가 된 경우에 피보험자 또는 피보험자의 법정상속인이 부담하는 비용을 보상하는 보험으로서 수색구조비용(실비), 항공운임 등의 교통비, 숙박비, 이송비용(실비) 및 기타 제 잡비를 일정 한도 내에서 보상한다.

(3) 운전자보험 비용담보(벌금 및 형사합의금)

① 피보험자가 보험기간 중 자동차를 운전하던 중에 급격하고도 우연한 자동차사고로 타인의 신체에 상해를 입혔을 때, 신체상해와 관련하여 법원의 확정판결에 의해 정해진 벌금액을 담보한다. 뺑소니 사고, 음주 및 무면허 사고, 자동차를 영업목적으로 운행하던 중 발생한 사고는 보상하지 아니한다.

② 보험가입금액 한도 내에서 인사사고에 한하여 형사합의금을 담보한다.

(4) 소득보상보험

취업불능상태로 인하여 피보험자가 입은 손실을 담보한다.

3. 다수 보험계약의 중복보험처리

보상책임을 같이하는 다수의 보험계약의 경우 독립책임액 안분방식을 취한다.

03 계약 전 알릴의무 사항에 해당하는 10대 질병에 대해 설명하시오.

1. 계약 전 알릴의무의 의의

보험계약 체결시 보험자의 인수 여부, 인수조건이나 보험료 결정에 영향을 미치는 중요한 사항을
보험계약자나 피보험자가 보험자에게 알려야 하는 의무를 '계약 전 알릴의무'라고 한다. 이는「상법」
에서 고지의무로 칭한다.

2. 10대 질병

① 암
② 백혈병
③ 고혈압
④ 협심증
⑤ 심근경색
⑥ 심장판막증
⑦ 간경화증
⑧ 뇌졸중증(뇌출혈, 뇌경색)
⑨ 당뇨병
⑩ 에이즈(AIDS) 및 HIV 보균

04 보험료의 납입면제방식에 대해 설명하시오.

1. 의 의

납입면제방식이란 보험기간 중의 보험사고로 일정한 조건(고도의 후유장해, 질병의 진단 등)을 만족한 경우에 보험계약자의 차회 이후의 보험료 납입을 면제하면서도, 보험계약기간 동안 보장을 유지하는 방식이다.

2. 법적 성질

납입면제는 보험자의 보험금 지급의무에 대한 보험계약자의 보험료 납입의무를 면제하는 것이므로 채무면제의 일종으로 볼 수 있다[채권자가 채무자에게 채무를 면제하는 의사를 표시한 때에는 채권은 소멸한다. 그러나 면제로써 정당한 이익을 가진 제3자에게 대항하지 못한다(민법 제506조)].

3. 납입면제의 요건

(1) 생명보험에서의 납입면제 요건

① 피보험자가 장해분류표 중 동일한 재해 또는 재해 이외의 동일한 원인으로 여러 신체부위의 장해지급률을 더하여 50% 이상인 장해상태가 되었을 때

② 암, 뇌출혈, 급성심근경색이나 중대한 질병으로 진단확정 되었을 때

③ 중대한 수술을 받았을 때

(2) 손해보험에서의 납입면제 요건

① 피보험자가 보험기간 중 발생한 상해 또는 질병의 직접결과로 80% 이상의 후유장해 상태가 된 때

② 피보험자가 보험료 납입기간 중 '첫 번째 암'의 보장개시일 이후 첫 번째 암으로 진단확정 된 때

(3) 납입면제의 예외(손해보험의 경우)

① 배우자를 피보험자로 하는 특별약관

② 자동갱신 특별약관

위의 경우에 보장보험료 납입을 면제하지 않는다.

4. 실무 처리 과정

보험회사에서 정한 구비서류를 제출하여 납입면제를 청구하고 보험회사는 서류를 접수한 날부터 3영업일 이내에 보험료 납입을 면제한다. 다만, 지급사유의 조사나 확인이 필요한 경우에는 접수 후 10영업일 이내에 보험료 납입을 면제한다.

05 특정여가활동 상해특약에 대해 설명하시오.

1. 의 의

보험회사는 피보험자가 보험기간 중에 약관에서 정한 특정여가활동을 하는 동안 발생한 급격하고 우연한 외래의 사고로 상해를 입었을 때, 그 상해로 인한 손해를 보상한다.

2. 특정여가활동의 종류

(1) 스포츠시설 내의 상해

피보험자가 스포츠를 목적으로 스포츠 전용시설 또는 그의 병용 시설 내에서 발생한 사고를 보상한다. 즉, 스포츠시설 내에서 스포츠 활동, 착·탈의, 휴식, 준비운동 등으로 인한 상해사고를 보상한다.

(2) 게이트볼

게이트볼 시합 또는 5인 이상이 연습하는 동안에 발생한 상해사고를 보상한다.

(3) 낚 시

낚시를 하는 동안 발생하는 상해사고를 보상한다. 단, 직업상 물고기잡이는 해당되지 않는다.

(4) 유료시설의 관객 또는 입장객

유료시설에 관객 또는 입장객으로 있는 동안 발생한 상해사고를 보상한다. 단, 유료시설이란 구체적으로 관리되고 있는 유료시설을 말하며, 이 시설이 무료로 개방되는 경우에는 보상하지 않는다.

(5) 여행 중 사고

피보험자가 숙박을 동반한 여행목적으로 보험증권에 기재된 주소지를 출발하여 여행을 마치고 당해 주소지로 도착할 때까지 발생한 상해사고를 보상한다. 다만, 업무출장 및 업무목적 병행 여행은 제외한다.

06 건강(우량)체특약에 대해 설명하시오.

1. 건강(우량)체

건강우량체라 함은 보험가입적격자로서 아래의 사유에 해당하는 자를 말한다.

① 최근 1년간 어떠한 형태와 종류를 불문하고 담배를 피우거나 씹거나 또는 기타 이와 유사한 형태로 사용하지 아니한 자

② 수축기혈압이 139mmHg 이하이고 이완기혈압이 89mmHg 이하이며, <u>BMI수치가 18.5 이상 ~ 25 미만인 자</u>

심화학습 체질량지수(Body Mass Index ; BMI, 카우프지수)		
사람의 비만도를 판정하는 지수로, 체중과 키의 관계로 측정한다.		
체질량지수(BMI) = 체중(kg)/[키(m)]^2		
판정기준	저체중	18.5 미만
	정 상	18.5 ~ 22.9
	과체중	23 ~ 24.9
	비 만	25 ~ 29.9
	고도비만	30 이상

2. 건강체서비스 특별약관

주로 생명보험계약에서 운용되는 특약으로 피보험자가 건강(우량)체이고 보험가입적격자인 경우 보험요율을 할인하여 주는 특약을 말한다. 주 계약 또는 해당 특약의 보험기간 중 피보험자가 건강체에 해당되는 경우, 계약자의 청약과 보험자의 승낙으로 가입할 수 있다. 이 경우, ① <u>계약자는 특약의 청약일 장래로의 보험료를 할인받으며</u>, ② <u>보험료 변동시점 정산기준의 책임준비금을 정산한 잔여액이 있을 경우</u> 보험자는 이를 계약자에게 지급하여야 한다.

07 단체보험의 특징과 피보험자의 지정변경에 대해 설명하시오.

1. 의 의

동일한 단체에 소속된 5인 이상의 구성원이 동일한 계약으로 단체 또는 단체의 대표자를 통해 가입하는 보험이다.

2. 단체보험의 특징

(1) 서면동의 불필요

단체가 규약에 따라 구성원의 전부 또는 일부를 피보험자로 하는 생명보험계약을 체결하는 경우에는 피보험자의 서면에 의한 동의를 요하지 않는다(상법 제735조의3 제1항).

(2) 보험수익자 변경

피보험자 또는 그 상속인이 아닌 자를 보험수익자로 지정할 때에는 단체규약에서 명시적으로 정하는 경우 외에는 해당 피보험자의 서면동의를 받아야 한다(상법 제735조의3 제3항).

3. 피보험자의 변경

(1) 변 경

보험계약 체결 후 피보험자를 변경하는 경우 계약자는 보험자에게 변경내역을 서면으로 알리고 승인을 받아야 한다. 이를 위반할 경우, 변경된 피보험자에 대한 보상책임은 발생하지 않는다.

(2) 책임개시

보험자의 책임은 원칙적으로 승인한 이후부터 시작되며, 거절할 사유가 없다면 서면이 보험자에게 도달한 때부터 발생한다.

(3) 피보험자의 탈퇴

피보험자가 단체보험계약에서 탈퇴하는 경우, 계약자는 이를 보험자에게 서면으로 알려야 한다. 탈퇴자의 계약에 대하여는 약관상 탈퇴일로부터 1개월 이내에 피보험자의 동의 및 보험회사의 승낙을 얻어 개별계약으로 전환할 수 있다.

08 특별조건부 계약인수에 대해 설명하시오.

1. 의 의

보험회사는 피보험자가 계약에 적합하지 아니한 경우에는 승낙을 거절하거나 별도의 조건을 부과하여 계약을 인수할 수 있다. 피보험자가 일반인과 비교하여 사고발생위험이 높은 것을 '표준하체'라고 한다. 즉 표준미달체로 판정된 피보험자에게 일정의 조건을 부가시킴으로써 표준체로 가입한 보험가입자와 형평성을 유지시키고 있다.

2. 특별조건부 계약인수의 방법

(1) 보험가입금액 제한

피보험자의 직업, 직종, 연령, 건강상태, 과거 사고발생력 등을 고려하여 일정금액 이하로 보험가입금액을 제한한다.

(2) 일부보장 제외

피보험자의 과거병력 등을 고려하여 특정 질병이나 신체의 특정 부위에 발생한 질환을 담보하지 않을 것을 조건으로 보험계약을 인수한다. 제한하는 기간에 따라 보험계약일로부터 일정기간 내로 제한하는 것과 보험기간 전기간 동안 제한하는 것이 있다.

(3) 보험금 삭감

보험가입 후 일정 기간 이내에 보험금을 청구하는 경우, 보험금을 삭감하여 지급하는 것을 조건으로 계약한다. 삭감방법에는 계단식 삭감방법과 평균식 삭감방법이 있다.

(4) 보험료 할증

피보험자의 건강, 직업, 과거 사고경력 등을 고려하여 보험료를 표준체 위험요율보다 높게 적용하여 계약을 인수한다.

09 사망일 인정기준에 대해 설명하시오.

1. 의 의

사망은 의학적으로 심장의 박동이 완전 영구히 정지된 때 사망으로 인정되고, 이와 같이 사망한 경우에 사망보험금을 지급하게 된다. 하지만 의학적으로 사망이 확인되지 않은 경우라고 하더라도 다음과 같은 경우에는 사망보험금의 지급대상이 될 수 있다.

2. 사망일 인정기준

(1) 실종선고를 받은 경우

법원에서 인정한 실종기간이 끝나는 때에 사망한 것으로 본다. 일반실종은 부재자의 생사가 5년간 확인되지 아니하는 경우에 인정되고, 특별실종은 그 위난(항공기 추락, 선박의 침몰, 전쟁의 참가, 기타 위난)이 끝난 날로부터 1년이 경과하는 경우에 인정된다.

(2) 인정사망

관공서에서 수해, 화재나 그 밖의 재난을 조사하고 사망한 것으로 인정하는 경우에 가족관계등록부에 기재된 사망 연월일을 기준으로 한다.

(3) 80% 이상의 고도후유장해를 진단받은 경우

약관에 따라서는 피보험자가 보험기간 중에 상해로 후유장해지급률 80% 이상이 되는 경우에 사망보험금을 지급하는 경우가 있다. 이러한 경우에는 후유장해 진단일을 사망일로 추정한다.

(4) 피보험자의 귀환시

일반실종선고, 특별실종선고, 인정사망에 의하여 피보험자가 사망한 것으로 보아 사망보험금이 이미 지급된 후라도, 피보험자가 생존한 것이 확인되면 보험자는 지급된 사망보험금을 회수한다.

10 재해분류표상 재해와 법정감염병에 대해 설명하시오.

1. 재해의 개념

생명보험은 「재해분류표」에서 정한 우발적인 외래의 사고를 재해사고로 보며, 열거위험담보방식으로 재해사고를 정의하고 있다.

2. 보장대상이 되는 재해

① 「한국표준질병·사인분류(KCD)」상의 '손상, 중독 및 사망의 외인(S00 ~ Y84)'에 해당하는 우발적인 외래의 사고
② 「감염병의 예방 및 관리에 관한 법률」 제2조 제2호에서 규정한 제1급 감염병

3. 보험금을 지급하지 않는 재해

① 질병 또는 체질적 요인이 있는 자로서 경미한 외부 요인(사고기여도 20% 미만)으로 발병하거나 그 증상이 악화된 경우
② 사고의 원인이 다음과 같은 경우
    ㉠ 과잉노력 및 격심한 또는 반복적 운동(X50)
    ㉡ 무중력 환경에서의 장시간 체류(X52)
    ㉢ 식량 부족(X53)
    ㉣ 물 부족(X54)
    ㉤ 상세불명의 결핍(X57)
    ㉥ 고의적 자해(X60 ~ X84)
    ㉦ 법적 개입 중 법적 처형(Y35.5)
③ '외과적 및 내과적 치료 중 환자의 재난(Y60 ~ Y69)' 중 진료기관의 고의 또는 과실이 없는 사고 [단, 처치 당시에는 재난의 언급이 없었으나 환자에게 이상반응 또는 이후 합병증의 원인이 된 외과적 및 기타 내과적 처치(Y83 ~ Y84)는 보장]
④ '자연의 힘에 노출(X30 ~ X39)' 중 급격한 액체손실로 인한 탈수
⑤ '우발적 익사 및 익수(W65 ~ W74), 호흡과 관련된 불의의 위협(W75 ~ W84), 눈 또는 인체의 개구부를 통하여 들어온 이물(W44)' 중 질병에 의한 호흡장해 및 삼킴장해
⑥ 「한국표준질병·사인분류」상의 U00 ~ U99에 해당하는 질병

4. 법정 감염병(제1급)

생명보험 「재해분류표」에선 「감염병의 예방 및 관리에 관한 법률」 제2조 제2호에서 규정한 1급 감염병을 재해로 인정하여 재해 보험금을 지급한다. "제1급 감염병"이란 생물테러감염병 또는 치명률이 높거나 집단 발생의 우려가 커서 발생 또는 유행 즉시 신고하여야 하고, 음압격리와 같은 높은 수준의 격리가 필요한 감염병으로서 다음의 감염병을 말한다. 다만, 갑작스러운 국내 유입 또는 유행이 예견되어 긴급한 예방·관리가 필요하여 보건복지부장관이 지정하는 감염병을 포함한다.

① 에볼라바이러스병

② 마버그열

③ 라싸열

④ 크리미안콩고출혈열

⑤ 남아메리카출혈열

⑥ 리프트밸리열

⑦ 두 창

⑧ 페스트

⑨ 탄 저

⑩ 보툴리눔독소증

⑪ 야토병

⑫ 신종감염병증후군

⑬ 중증급성호흡기증후군(SARS)

⑭ 중동호흡기증후군(MERS)

⑮ 동물인플루엔자 인체감염증

⑯ 신종인플루엔자

⑰ 디프테리아

11 상해보험의 보험사고 요건에 대해 설명하시오.

1. 상 해

제3보험 보통약관상 상해란 보험기간 중에 발생한 급격하고도 우연한 외래의 사고로 신체에 입은 상해를 말한다. 신체가 아닌 의족, 의안, 의치 등의 손상은 상해에 해당되지 않는다. 그러나 인공장기나 부분 의치 등과 같이 신체에 이식되어 그 기능을 대체하는 장치의 손상은 상해로 본다.

2. 상해보험 보험사고의 요건

(1) 급격한 사고

시간적으로 갑작스럽게 일어난 사고뿐만 아니라, 피보험자가 예견하지 아니하였거나 예견할 수 없었던 순간에 일어난 사고를 말한다.

(2) 우연한 사고

우연한 사고란 피보험자가 의도한 것이 아닌 예측할 수 없는 사고를 말한다.

(3) 외래의 사고

외래의 사고란 상해 또는 사망의 원인이 피보험자의 신체적 결함, 즉 질병이나 체질적 요인 등에 기인한 것이 아닌 외부적 요인에 의해 초래된 모든 것을 말한다.

3. 인과관계

상해보험사고의 인과관계는 의학적·자연과학적으로 명백히 입증되어야 하는 것은 아니며, 사회적·법적 인과관계이면 족하다. 우리나라는 상당인과관계설을 통설로 하고 있다.

4. 입증책임

재해사망만을 담보하는 상해보험 보험사고에서의 입증책임은 권리를 주장하는 자, 즉 피보험자 측은 보험사고의 요건인 사고의 급격성·우연성·외래성·인과관계 등을 입증하여야 한다. 그 입증은 엄격한 입증일 필요는 없고, 사실상의 추정 또는 표현의 증명으로 충분하다.

12　운전자보험 3대 비용담보특약에 대해 설명하시오.

1.　의 의

운전자보험은 피보험자가 보험기간 중에 자동차를 운전하던 중 발생한 급격하고도 우연한 자동차사고로 인하여 타인의 신체에 상해를 입힘으로써 발생하는 벌금, 방어비용(변호사비용), 교통사고처리지원금 등의 손실비용을 보상한다.

2.　운전자보험 3대 비용담보

(1)　벌금담보

피보험자가 보험기간 중 자동차를 운전하던 중에 급격하고도 우연한 자동차사고로 타인의 신체에 상해를 입힘으로써 신체상해와 관련하여 법원의 확정판결에 의하여 정해진 벌금액을 1사고당 보험가입금액 한도로 보상한다.

(2)　방어비용(변호사선임비용)담보

피보험자가 보험기간 중 자동차를 운전하던 중에 급격하고도 우연한 자동차사고로 타인의 신체에 상해를 입힘으로써 구속영장에 의해 구속되었거나 검찰에 의해 공소제기된 경우에 방어비용을 지급한다.

(3)　교통사고처리지원금(형사합의금)담보

피보험자가 보험기간 중 자동차를 운전하던 중에 급격하고도 우연한 자동차사고로 타인에게 다음의 상해를 입힌 경우 매사고마다 피해자 각각에 대하여 형사합의금을 교통사고처리지원금으로 지급한다.

① 피해자를 사망하게 한 경우

② '중대법규위반 교통사고'로 피해자가 42일 이상의 치료를 요하는 진단을 받을 경우

③ '일반 교통사고'로 피해자에게 「형법」 제258조 제1항 또는 제2항의 중상해를 입혀 검찰에 의해 공소제기 되거나 「자동차손해배상보장법 시행령」 제3조에서 정한 상해급수 1급, 2급 또는 3급에 해당하는 부상을 입힌 경우

3. 공통 면책사유

① 피보험자의 고의

② 계약자의 고의

③ 피보험자가 사고를 내고 도주하였을 때

④ 피보험자가 「도로교통법」에서 정하는 무면허운전 또는 음주운전 상태에서 운전하던 중 사고를 일으킨 때

⑤ 피보험자가 자동차를 경기용이나 경기를 위한 연습용 또는 시험용으로 운전하던 중 사고를 일으킨 때

13 교통기관의 종류와 교통재해 제외사고에 대해 설명하시오.

1. 서 론

교통기관이라 함은 본래 사람이나 물건을 운반하기 위한 것으로 생명보험 교통재해분류표에서는 다음과 같이 정하고 있다.

2. 교통기관의 종류

(1) 자동차

승용자동차, 승합자동차, 화물자동차, 특수자동차, 이륜자동차 9종 건설기계(단, 9종 건설기계가 작업기계로 사용될 때는 자동차로 보지 않음)

(2) 기타 교통기관

기차, 전동차, 기동차, 케이블카, 리프트, 엘리베이터 및 에스컬레이터, 모노레일, 스쿠터, 자전거, 원동기를 붙인 자전거, 항공기, 선박(요트, 모터보트, 보트 포함), 9종 건설기계를 제외한 건설기계 및 농업기계

심화학습	9종 건설기계(자동차손해배상보장법 시행령 제2조)
덤프트럭, 타이어식 기중기, 콘크리트믹서트럭, 트럭적재식 콘크리트펌프, 트럭적재식 아스팔트살포기, 타이어식 굴삭기, 트럭지게차, 도로보수트럭, 노면측정장비	

3. 교통재해로 보지 않는 사고

(1) 유사 교통기관으로 인한 사고

약관에 열거되지 않은 기구라도 그것이 본래 교통수단으로 설계제작된 것이거나, 교통수단으로 불법개조된 것이거나 특수차량이더라도 교통기능을 수행하는 때의 사고는 교통재해로 인정된다.

(2) 구내 교통기관으로 인한 사고

공장, 토목작업장, 채석장, 탄광 또는 광산의 구내에서 사용되는 교통기관에 의한 직무상 관계하는 피보험자의 직무상의 사고는 교통재해로 인정되지 않는다.

14 대중교통 이용 중 교통 상해·사망·후유장해특약에 대해 설명하시오.

1. 보험금 지급사유

보험자는 보험기간 중 피보험자가 대중교통을 이용하는 중에 교통상해를 입고 그 직접결과로써 사망하거나 후유장해로 진단된 경우에 보험금을 지급한다.

2. 대중교통 이용 중 교통상해

(1) 대중교통 이용 중의 범위

① 운행 중 대중교통수단에 피보험자가 탑승 중에 일어난 사고

② 대중교통수단에 피보험자가 탑승 목적으로 승·하차 하던 중 일어난 사고

③ 대중교통수단의 이용을 위해 피보험자가 승강장 내 대기 중 일어난 사고(목적지에 도착하여 승강장을 벗어나기 전까지도 포함)

(2) 대중교통수단의 범위

① 여객수송용 항공기

② 여객수송용 지하철·전철·기차

③ 여객자동차운수사업법에서 규정한 시내버스·농어촌버스·마을버스·시외버스 및 고속버스(전세버스 제외)

④ 여객자동차운수사업법에서 규정한 일반택시·개인택시(렌트카 제외)

⑤ 여객수송용 선박

3. 보험금을 지급하지 아니하는 사유

(1) 시운전·경기 또는 흥행 중 교통사고

시운전·경기 또는 흥행을 위하여 운행 중인 대중교통수단에 탑승하고 있는 동안 발생한 사고는 통상적인 운송목적이 아니기 때문에 보상하지 않는다.

(2) 하역작업 중 사고

하역작업을 하는 동안 발생된 사고는 교통상해에 해당되지 않기 때문에 면책된다.

(3) 설치·수선·점검·정비·청소 중 사고

대중교통수단의 설치·수선·점검·정비나 청소 작업을 하는 동안 발생한 사고도 면책된다.

(4) 작업기계로 사용 중 사고

건설기계 및 농업기계가 작업기계로 사용되는 동안에는 교통수단으로 볼 수 없기 때문에 면책된다.

15 주말, 신주말, 운전 중의 개념에 대해 간략히 설명하시오.

1. 주 말

토요일, 일요일, 법정공휴일, 근로자의 날 00시부터 그 날의 24시까지를 말한다. 법정공휴일은 법에서 정한 공휴일로서 「관공서의 공휴일에 관한 규정」, 「국경일에 관한 법률」에 근거하며, 근로자의 날은 「근로기준법」에 근거한다.

2. 신주말

신주말이란 보험기간 중에 사고발생지의 표준시를 기준으로 금요일, 토요일, 법정공휴일(일요일 포함) 또는 근로자의 날을 말한다.

3. 운전 중

운전 중이라 함은 도로 여부, 주정차 여부, 엔진의 시동 여부를 불문하고 피보험자가 자동차 운전석에 탑승하여 핸들을 조작하거나 조작 가능한 상태를 말한다.

16 질병보험의 입원, 수술, 선진의료적 첨단수술에 대해 간략히 설명하시오.

1. 입원의 정의

병원 또는 의원 등의 의사, 치과의사 또는 한의사 자격을 가진 자에 의하여 해당 질병의 치료가 필요하다고 인정한 경우로서 자택 등에서 치료가 곤란하여 「의료법」 제3조 제2항에서 정한 병원, 의원 또는 이와 동등하다고 인정되는 의료기관에 입실하여 의사의 관리하에 치료에 전념하는 것을 말한다.

2. 수술의 정의

의사, 치과의사 또는 한의사의 자격을 가진 자에 의하여 질병의 치료가 필요하다고 인정된 경우로서 자택 등에서 치료가 곤란하여 「의료법」 제3조 제2항에서 정한 병원・의원 또는 이와 동등하다고 인정되는 의료기관에서 의사의 관리 하에 질병의 치료를 직접적인 목적으로 기구를 사용하여 생체에 절단, 절제 등의 조작을 가하는 것을 말한다. 단, 흡인, 천자 등의 조치 및 신경차단은 제외한다.

3. 선진의료적 첨단수술

(1) 의 의

수술의 정의에 해당하고, 약물투여・방사선조사・기타 보존적 치료로 분류될 수 없는 경우로, 완치율이 높고 일반적으로 의학계에서 인정하고 있는 첨단수술기법을 말한다.

(2) 종 류

① 내시경 수술

② 카테터・고주파 등에 의한 악성신생물 수술

③ 악성신생물 근치 사이버나이프 정위적 방사선 치료

④ 두개내 신생물 근치 감마나이프 정위적 방사선 치료

(3) 약관적용

① 약관에서는 보험기간 중 시술 개시일로부터 60일간을 1회의 수술로 본다.

② 악성신생물 수술의 수술분류표 적용(생명보험)

악성신생물 근치수술은 원칙적으로 5종 수술이 적용되지만, 선진의료수술을 시행할 경우 3종 수술로 인정된다.

* 생명보험약관에서는 각 수술의 난이도, 부위, 비용 등에 따라 수술분류표에서 1종 ~ 5종 수술 또는 1종 ~ 3종 수술로 분류하고 있다.

17 **동일한 질병에 대해 설명하시오.**

다음과 같은 경우 동일한 질병으로 간주한다.
① 발생원인이 동일한 질병
② 의학상 중요한 관련성 있는 질병
③ 질병의 치료 중에 발생된 합병증 또는 새로이 발견된 질병의 치료가 병행될 때
④ 의학성 관련이 없는 여러 종류의 질병을 갖고 있는 상태에서 입원한 때

18 청약 전 진단확정된 질환의 보상책임에 대해 설명하시오.

1. 서 론

원칙적으로 청약 전 이미 진단확정된 질환은 보상하지 않는다. 다만, 청약 전 이미 진단확정된 질병이라고 하더라도 일정한 경우에 보상책임이 발생하는 경우가 있다.

2. 보상하지 않는 질환(원칙)

청약 전 진단확정된 질환은 원칙적으로 보상책임이 발생하지 않는다. 청약 전 진단확정된 질환은 청약서에서 묻는 중요한 사항에 한하고, 청약서상 당해 질병의 고지대상 기간 내에 진단, 처치, 치료를 받은 경우를 말하며, 다음 아래의 사항에 포함되어야 한다.

① 청약일로부터 3개월 이내에 의사로부터 진찰, 처치, 정밀검사를 통하여 진단, 입원, 수술, 투약을 받은 경우

② 청약일로부터 5년 이내에 의사로부터 진찰, 검사를 받고 그 결과 입원, 수술, 정밀검사, 진단, 조직검사를 받았거나 계속하여 7일 이상의 치료 또는 30일 이상의 투약받은 사실이 있는 경우

③ 청약일로부터 5년 이내에 10대 질환으로 진단받은 사실이 있는 경우

3. 보상하는 질환(예외)

① 청약일 이전 진단확정된 질병이라 하여도 청약일 이후 5년이 지나는 동안 그 질병으로 추가적인 진단(단순 건강검진 제외) 또는 치료 사실이 없을 경우에는 청약일로부터 5년이 지난 이후부터 보상한다.

② 갱신형 계약의 경우 최초 계약의 청약일 이후 5년이 지나는 동안 추가적인 진단 또는 치료사실이 없으면 보상한다.

* '5년이 지나는 동안'이라 함은 보험료의 납입연체 등으로 인한 계약해지가 발생하지 않은 경우를 말하며, 보험료의 납입연체로 계약이 해지된 후 부활이 이루어진 경우에는 부활일을 청약일로 적용한다.

19. 질병보험의 역선택을 방지하기 위한 방법에 대해 설명하시오.

1. 서 론

질병은 특성상 신체에 내재하기 때문에 본인이 아닌 한 타인이 외부에서 질병 발병 여부를 객관적으로 확인하기 어렵고, 증상을 통해서만 주관적으로 확인이 가능하기 때문에 보험자는 계약을 인수할 때 역선택의 위험에 빠지지 않게 주의하여야 한다.

2. 역선택 방지수단

(1) 조건부 인수

특정한 질병의 발병위험이 높은 피보험자는 인수거절사유가 된다. 그러나 "특정질병 또는 특정부위 부담보" 특약을 통해 담보제외 조건으로 인수하기도 한다.

(2) 계약 전 질병의 5년 면책조항

청약서상 "계약 전 알릴의무"에 해당하는 질병으로 과거에 진단 또는 치료를 받은 경우에는 해당 질병과 관련한 보험금을 지급하지 않는다. 다만, 청약일로 5년이 지나는 동안 진단 또는 치료가 없다면 보장한다.

(3) 특정 질병 면책조항

질병보험은 ① 선천성 질환, ② 항문질환, ③ 알코올중독 등의 역선택 위험이 높은 질병에 대하여 면책하고 있다.

(4) 담보제외기간 조항

① 암보험의 경우 계약일로부터 90일
② 치매를 담보하는 보험의 경우 계약일로부터 2년

(5) 기간에 따른 감액조항

계약일 이후 일정한 기간 이내에 발병한 질병은 보험가입금액의 일부만 지급한다.
예 암보험, 중대한 질병보험

20 국내여행보험의 질방사망특약과 일반 질병사망특약의 차이를 비교 설명하시오.

1. 국내여행보험의 질병사망 특별약관

보험자는 피보험자가 국내여행 도중 아래의 한 가지 경우에 해당하는 사유가 발생한 때에는 보험수익자에게 보험금을 지급한다.

① 보험기간 중 질병으로 인하여 사망한 경우

② 보험기간 중 진단확정된 질병으로 장해지급률 80% 이상에 해당하는 장해상태가 된 경우

2. 담보의 차이

(1) 일반 질병사망특약의 경우

진단확정된 질병으로 보험기간 이내의 사망만을 담보한다.

(2) 국내여행보험 질병사망특약의 경우

보험기간 마지막 날로부터 30일 이내에 사망 또는 80% 이상의 장해상태가 되었을 때에도 보험금을 지급한다.

21 **암보험의 주요 보장내용에 대해 설명하시오.**

1. 암의 정의

암보험약관에서 '암'이라 함은 한국표준질병·사인분류에서 악성신생물(C00 ~ C97)로 분류되는 질병을 말한다. 다만, 분류번호 C44(기타 피부의 악성신생물), 분류번호 C73(갑상선의 악성신생물) 및 전암(前癌)상태(암으로 변하기 이전 상태)는 제외한다.

2. 보장내용

(1) 암 진단비의 지급

일반적으로 암, 기타 피부암, 갑상선암, 제자리암, 경계성 종양 등으로 진단된 경우에 보험수익자에게 최초 1회에 한하여 진단비를 지급한다.

(2) 암 입원비

암의 직접적인 치료를 목적으로 4일 이상 입원한 경우 약정한 암관련 입원일당을 지급한다. 암 입원비는 120일 한도로 한다.

(3) 암 수술비

암의 직접적인 치료를 목적으로 수술을 한 경우에는 보험수익자에게 수술 1회당 암 수술비 보험금을 지급한다.

22 **암보험의 특징에 대해 설명하시오.**

1. 가입연령

일반적인 암보험은 60세 이하의 건강한 자를 가입대상으로 하여 통상 80세까지 보장한다. 그러나 최근 암보험은 70 ~ 80세의 경우에도 가입이 가능하고 기존에 암으로 진단된 자 또는 만성질환자의 경우에도 가입이 가능하다.

2. 책임개시일 · 면책기간

일반적인 제3보험은 초회 보험료를 납입한 때부터 보장이 개시되지만 암보험은 계약일로부터 그 날을 포함하여 90일이 경과한 날의 다음날을 보장개시일로 한다. 그러나 15세 미만의 경우 제1회 보험료를 받은 때부터 책임이 개시된다(소아암, 유사암 포함).

3. 보험금의 감액

① 계약일 이후 1년 또는 2년 이내에 암으로 진단확정된 경우에는 통상 보험가입금액의 50%를 지급한다.
② 자가진단이 가능한 유방암의 경우에는 보장개시일로부터 90일 이내에 진단 확정된 경우 보험가입금액의 10%를 보장하기도 한다.

4. 납입면제

대부분의 보험회사는 피보험자가 암으로 진단확정된 경우에 차회 이후의 보험료 납입을 면제하고 암에 대한 보장을 지속하는 납입면제 제도를 적용하고 있다.

23 종양의 형태학적 분류에 대해 설명하시오.

1. 의 의

한국표준질병·사인분류(KCD)는 종양의 특정 부위와 형태에 따라 형태학적 분류방식을 적용하고 있다. 형태분류 번호는 총 5자리 숫자로 구성되며, 첫 4자릿수는 신생물의 조직학적 형태를 표시하고, 사선 뒤 5번째 자릿수는 그 행동양식을 표시한다.

2. 행동양식 분류번호와 질병코드[제7차 개정 한국표준질병·사인분류(KCD)]

행동양식 분류번호	질병코드
/0 양성신생물	D10 ~ D36
/1 경계성 종양(행동양식 불명 또는 미상의 신생물)	D37 ~ D44 D47.0(D47.1, D47.3, D47.4, D47.5 제외) D48
/2 제자리(상피내)신생물	D00 ~ D09
/3 일차성 악성신생물	C00 ~ C75 C81 ~ C97 D45, D46, D47.1, D47.3, D47.4, D47.5
/6 이차성 및 상세불명 부위의 악성신생물	C76 ~ C80

* 악성신생물에 포함되지만 암상태로 구분되는 암 : C44(기타피부암), C73(갑상선암)

심화학습	제8차 한국표준질병·사인분류 주요 개정내용(통계청고시 제2020-175호, 2021.1.1. 시행)

① 세계보건기구(WHO)가 권고한 국제질병분류(ICD-10)와 종양학국제질병분류(ICD-O-3)의 최신 변경 내용을 반영하였다.
② 사전 현장적용시험을 통해 우리나라 세분화 분류를 사전 검토하였다.
③ 활용도가 낮은 분류는 정비하고, 신규 희귀질환을 반영하였다.
④ 의학용어는 전문분야의 특성을 반영하면서 일반인이 이해하기 쉬운 한글용어로 수정하였다.

24 악성신생물분류표상 D코드임에도 암으로 보장하는 종양의 종류를 쓰시오.

대상 질병명	분류번호
진성 적혈구 증가증	D45
골수 형성이상 증후군	D46
만성 골수증식성 질환	D47.1
본태성(출혈성) 혈소판 증가증	D47.3
골수섬유증	D47.4
만성 호산구성 백혈병[과호산구증후군]	D47.5

25 진행단계에 의한 암의 분류 및 양·악성 종양의 특징을 비교 설명하시오.

1. 진행단계에 의한 암의 분류

(1) 1기

① 원발부위에만 종양이 있고 전이가 일어나지 않음

② 침투두께가 1.5mm 이하인 상태

(2) 2기

① 원발부위에만 종양이 있고 전이가 일어나지 않음

② 침투두께가 1.5mm 이상 ~ 4.0mm 이하인 상태

(3) 3기

① 원발부위에만 종양이 있고 전이가 일어나지 않음

② 침투두께가 4.0mm를 넘는 것 또는 침투가 피하조직까지 도달한 것

③ 소속림프절로 전이가 된 것

④ 원발부위 주변 또는 원발부위에서 소속림프절까지의 사이에 피부전이나 피하전이가 나타난 것

(4) 4기

소속림프절을 벗어난 영역에서 피부전이, 피하전이, 림프절전이가 나타나는 것 또는 내장으로 전이가 있는 것

2. 양성종양과 악성종양의 특징 비교

구 분	양성종양	악성종양
생명 위협 정도	드물다	흔하다
성장 속도	느리다	대부분 빠르다
국소 침입	없 다	흔하다
전 이	없 다	흔하다
조직 파괴	적 다	많 다
기능의 파괴	대부분 적다	대부분 흔하다
제거 후 재발	드물다	있 다
피낭의 형성	있 다	없 다
세포의 모양	정형적	비정형적(다양한 모양)

26 경계성 종양과 상피내암에 대해 설명하시오.

1. 경계성 종양과 상피내암의 정의

(1) 경계성 종양

양성종양과 악성종양의 구분하기 어려운 경계성 종양을 말한다. 한국표준질병·사인분류의 행동양식 불명 또는 미상의 신생물(D37 ~ D44, D47, D48)에 해당하는 신생물이다.

(2) 상피내암(제자리 암)

상피조직에서 발생하는 암이 침윤암으로 발전하기 직전의 단계, 즉 암세포가 상피에는 존재하나 기저막까지는 침입이 안 된 상태를 말한다.

2. 진단확정

해부병리 또는 임상병리의 전문의사 자격증을 가진 자에 의하여 내려져야 하며, 이 진단은 조직검사, 미세침흡인검사, 혈액검사, 현미경 소견을 기초로 하여야 한다. 위의 진단이 어려운 경우 경계성 종양 또는 상피내암의 진단 또는 치료를 받고 있음을 증명할 문서화된 자료 또는 증거가 있어야 한다.

3. 암보험에서의 보장개시일

경계성 종양, 상피내암의 경우 암보험(진단, 수술, 입원)에서 계약일로부터 90일간 면책기간을 적용하지 아니한다. 즉, 제1회 보험료를 받은 때부터 보장책임이 개시된다.

27 중대한 암의 진단확정 방법 및 보상제외 질환에 대해 설명하시오.

1. 암의 진단확정 방법

중대한 암은 해부병리 또는 임상병리 전문의사 자격증을 가진 자 또는 진단검사의학과 전문의 자격증을 가진 자에 의하여 내려져야 하며, 진단 방법은 다음 아래와 같다.

① 조직검사

② 미세침흡인검사

③ 혈액검사 또는 골수검사에 대한 현미경 소견

④ 병리학적 진단이 가능하지 않을 때에는 피보험자가 이와 관련해 진단 또는 치료를 받고 있음을 증명할 만한 문서화된 기록 또는 증거

2. 중대한 암에 해당하지 않는 질환

① 악성흑색종 중에서 침범정도가 낮은 경우(1.5mm 이하)

② 초기 전립선암

③ HIV 감염과 관련된 악성 종양

④ 악성흑색종 이외의 모든 피부암

⑤ '중대한 질병 및 수술 보장 책임개시일' 이전에 발생한 암이 '중대한 질병 및 수술 보장 책임개시일' 이후에 재발되거나 전이된 경우

⑥ 대장점막내암

⑦ 병리학적으로 전암병소, 상피내암, 경계성 종양, TNM 병기분류상 0기

⑧ 신체부위에 관계없이 병리학적으로 양성인 종양

⑨ 갑상선암 및 림프절의 이차성 및 상세불명 부위의 악성신생물에 해당하는 질병 중 갑상선을 일차 부위로 하는 질병

28 뇌사판정의 선행조건에 대해 설명하시오.

① 원인질환이 확정된 상태
② 치료 가능성이 없는 기질적인 뇌병변
③ 깊은 혼수상태
④ 자발호흡이 없고 인공호흡기로 호흡 유지
⑤ 치료 가능한 급성약물중독, 대사성 또는 내분비성 장애가 없음
⑥ 저체온 상태(직장온도 32℃ 이하)가 아님
⑦ 쇼크상태가 아님

29 | CI보험에서 담보하는 질환에 대해 설명하시오.

1. 서 론

CI보험은 사고나 질병 등으로 인해 생명이 위독한 치명적인 중병상태가 되었을 때 사망보험금의 일부 또는 전액을 선지급하거나 별도의 생활비를 생전에 지급함으로써 중병에 걸린 환자의 경제적 생활 안정을 돕는 보험이다. CI보험은 중대한 질병, 중대한 수술, 중대한 화상을 구분하여 담보한다.

2. 중대한 질병

(1) 중대한 암

악성종양세포가 존재하고 또한 주위의 정상조직에 악성종양세포가 침윤파괴적 증식을 특징으로 하는 악성종양이다.

(2) 중대한 급성심근경색증

관상동맥의 폐색으로 말미암아 심근으로의 혈액공급이 급격히 감소되어 전형적인 흉통의 존재와 함께 해당 심근조직의 비가역적인 괴사를 가져오는 질병이다. 중대한 급성심근경색증은 전형적인 급성심근경색 심전도 변화가 새롭게 출현하고, CK-MB를 포함한 심근효소가 발병 당시 새롭게 상승하는 특징이 있다.

(3) 중대한 뇌졸중

뇌혈액 순환의 급격한 차단이 생겨 영구적인 신경학적 결손이 나타나는 질병이다.

(4) 말기 신부전증

양 쪽 신장 모두가 비가역적인 기능부전을 보이는 말기 신장질환으로, 혈액투석이나 복막투석을 지속적으로 받아야 하는 질병이다.

(5) 중증 만성간질환

만성간질환이 진행된 결과 간부전 상태가 되어 회복가능성이 없는 질환이다.

(6) 중증 만성폐질환

양 쪽 폐장 모두가 심한 비가역적인 기능부전을 보여서 도보 동작이 지속적으로 현저하게 제한되고, 평생 일상생활의 기본동작의 제한을 받아야 하는 상태를 말한다.

3. 중대한 수술

① 관상동맥 우회술

② 대동맥 인조혈관 치환수술

③ 특정심장수술

④ 5대장기(간장, 신장, 심장, 췌장, 폐장) 이식수술

4. 중대한 화상 및 부식

중대한 화상 및 부식이란 전신피부의 약 20% 이상이 3도 화상 및 부식을 입은 경우를 말한다.

30 중대한 뇌졸중 진단특약에 대해 설명하시오.

1. 의 의

보험자는 피보험자가 보험기간 중에 중대한 뇌졸중으로 진단 확정된 경우에 1회에 한하여 중대한 뇌졸중 진단비를 지급한다.

2. 중대한 뇌졸중의 정의

지주막하 출혈, 뇌내출혈, 뇌경색이 발생하여 뇌혈액 순환의 급격한 차단이 생겨 그 결과 영구적인 신경학적 결손(언어장애, 운동실조, 마비 등)이 나타나는 질병을 말한다.

3. 진 단

(1) 뇌혈액순환의 급격한 차단

의사가 작성한 진료기록부상의 전형적 병력을 기초로 한다.

(2) 영구적 신경학적 결손

신경학적 검사를 기초로 한 객관적인 신경학적 증후로 나타난 장애로서 후유장해분류표에서 정한 '신경계에 장해가 남아 일상생활 기본동작에 제한을 남긴 때'의 지급률 25% 이상인 장해상태를 말한다.

(3) 진단확정

아래의 검사를 기초로, 영구적 신경학적 결손에 일치되게 '중대한 뇌졸중' 특징 소견이 발병 당시에 새롭게 출현함을 근거로 하여야 한다. 피보험자가 사망하여 아래의 검사방법을 진단의 기초로 할 수 없는 경우에는 피보험자가 중대한 뇌졸중으로 진단 또는 치료를 받고 있었음을 증명할 수 있는 문서화된 기록 또는 증거를 진단확정의 기초로 할 수 있다.

① Brain CT scan(뇌전산화단층촬영)
② MRI(자기공명영상)
③ 뇌혈관 조영술
④ PET scan(양전자방출단층술)
⑤ SPECT(단일광자전산화단층술)

4. 보장제외 질환

① 일과성 허혈 발작

② 가역적 허혈성 신경학적 결손

③ 외상으로 인한 경우

④ 뇌종양으로 인한 경우

⑤ 뇌수술 합병증으로 인한 경우

⑥ 신경학적 결손을 가져오는 안동맥(ophthalmic artery)의 폐색

31 크론병, 다발성 경화증 진단특약에 대해 설명하시오.

1. 크론병

(1) 의 의

크론병(K50)은 입에서 항문까지 소화관 전체에 걸쳐 어느 부위에서든지 발생할 수 있는 만성 염증성 장질환을 말한다. 염증이 장의 모든 층을 침범하며, 병적인 변화가 분포하는 양상이 연속적이지 않고 드문드문 나타나는 경우 많다. 회맹부에 질환이 발생하는 경우가 가장 흔하다.

(2) 진단확정

① 조직병리학적 및 방사선학적 검사

② 내시경 검사(가장 대표적)

③ CT 촬영

④ 위의 검사를 근거로 국내 병원 또는 이와 동등하다고 인정되는 국외의 의료기관의 내과 전문의가 작성한 문서화된 기록 또는 기록결과를 기초로 진단

(3) 보장제외

가족성 크론증은 제외한다.

(4) 보험금의 지급

주로 손해보험에서 진단특약으로 담보하며, 크론병으로 진단비가 지급되면 특약은 소멸한다.

2. 다발성 경화증

(1) 의 의

다발성 경화증(G35)은 중추신경계의 탈수초성 질환(신경세포의 축삭을 둘러싸고 있는 절연물질인 수초가 탈락되는 질병) 중 가장 흔한 유형으로 주로 젊은 연령층에서 발생하는 만성 염증성 질환이다.

(2) 증 상

임상적으로 재발과 완화를 반복하는 질환이며, 초기에는 재발 후 장애 없이 증상이 호전되지만 재발이 반복되면 완전히 호전되지 않고 장해가 남는 것이 특징이다.

(3) 진단확정

① 병력 및 신경학적 검진

② 뇌척수액 검사(CSF)

③ 자기공명영상장치(MRI)

④ 뇌유발전위 검사(Brain E-P)

⑤ 위의 검사들을 근거로 국내의 병원 또는 이와 동등하다고 인정되는 국외의 의료기관의 신경과 전문의가 작성한 문서화된 기록 또는 기록결과를 기초로 진단한다.

(4) 보험금의 지급

주로 손해보험에서 진단특약으로 담보하며, 다발성 경화증으로 진단비가 지급되면 특약은 소멸한다.

32 수혈에 의한 HIV 감염 진단특약에 대해 설명하시오.

1. 서 론

피보험자가 보험기간 중에「의료법」제3조의 규정에 의한 국내의 병원 또는 의원 등에서 수혈을 받고 그 직접적인 원인으로 HIV에 감염되어 진단확정된 경우 진단비를 지급한다.

2. 진단확정

「의료법」제3조 및 제5조의 규정에 의한 국내의 병원 또는 이와 동등하다고 회사가 인정하는 국외의 의료기관의 해당분야 전문의가 작성한 문서화된 기록 또는 기록결과를 기초로 한다.

3. 지급 요건

수혈에 의한 HIV 감염은 다음의 요건이 모두 충족되어야 한다.
① 의학적 필요에 의해 치료의 목적으로 수혈을 받은 경우
② 보장개시일 이후 국내에서 수혈을 받은 경우(부활계약의 경우 부활일 이후)
③ 감염된 혈액을 제공한 공급자가 HIV 감염자의 혈액으로 확인한 경우

4. 보장제외

① 피보험자가 수혈 후 HIV 검사 결과가 음성으로 판명되거나 유지되는 경우
② HIV 감염이 수혈이 아닌 다른 원인으로 인한 경우(약물, 마약투여, 성관계 등에 의한 감염)

33 | 만성 당뇨합병증 진단특약에 대해 설명하시오.

1. 정의(표기체계)

'만성 당뇨합병증'이라 함은 제7차 한국표준질병·사인분류에 있어서 E10~E14의 4단위 세분류 항목에서 다음에 정한 항목 및 기타 당뇨병성 합병증을 말한다.

① .2† : 콩팥(신장) 합병증 동반(신장병증, 모세혈관내 사구체신증 등)

② .3† : 눈 합병증을 동반(백내장, 망막병증)

③ .4† : 신경학적 합병증을 동반(근육위축, 자율신경병증, 단신경병증 등)

④ .5 : 말초순환장애 합병증 동반(괴저, 말초맥관병증, 궤양)

2. 진단확정

「의료법」에서 정한 병원 또는 이와 동등하다고 인정되는 의료기관의 의사자격증을 가진 자에 의해 내려져야 하며, 반드시 피보험자가 당뇨병의 병력과 함께 다음과 같은 기준에 의하여 합병증 진단을 받아야 한다.

(1) 당뇨병성 망막증

내과와 안과에서 시행한 안저검사 및 형광 안저혈관 조형술을 시행하여 망막출혈반, 미세동맥류, 면화반(cotton-wool spot ; 망막의 작은 하얀 점), 부종 등의 소견이 보이는 경우

(2) 당뇨병성 신증

소변검사상 단백뇨가 생길 수 있는 다른 질환이 없는 상태에서 24시간 소변에서 단백질 500mg 이상 검출된 경우(단백뇨균으로 분류), 혈청크레아틴 수치가 1.5mg/dL 이상인 경우(당뇨로 인한 신부전증으로 분류)

(3) 당뇨병성 신경병증

말초신경증과 자율신경병증으로 구분하여 신경전도검사상 당뇨병성 신경병증의 이상소견을 보이거나 Ewing 방법에 의한 심혈관계 자율신경 기능검사상 이상이 있는 경우

(4) 당뇨병성 말초순환장애

이학적 검사상 피부궤양, 괴저 및 말초혈관병증이 있는 경우

34 중증 만성 폐질환과 말기 신부전증에 대해 설명하시오.

1. 중증 만성 폐질환

(1) 의 의

양 쪽 폐장(허파) 모두가 심한 비가역적인 기능부전을 보여서 그 결과 도보 동작이 지속적으로 현저하게 제한되고 평생 일상생활의 기본동작의 제한을 받아야 하는 상태로서 다음의 한 가지 기준 이상에 해당되어야 한다.

① 폐기능 검사에서 최대한 노력하여 잘 불었을 때 1초간 노력성 호기량(FEV 1.0)이 지속적으로 정상예측치의 30% 이하인 경우

② 비가역적인 만성 저산소증으로서 안정상태에서의 동맥혈 가스분석검사상 동맥혈 산소분압(PaO_2)이 60mmHg 이하인 경우

(2) 진단확정

정기적인 흉부 X선, 폐기능 검사, 동맥혈 가스검사 등을 포함한 진단서, 소견서 및 진료기록 등으로 확인되어야 한다.

(3) 진단확정시 유의점

폐기능 검사결과와 동맥혈 가스분석검사는 그 성질상 변동하기 쉬워 가장 적절하게 상병을 나타내고 있다고 생각되는 검사 성적에 근거하여야 한다.

2. 말기 신부전증

(1) 의 의

양 쪽 신장 모두가 비가역적인 기능부전을 보이는 말기 신질환으로서 보존요법으로는 치료가 불가능하여 혈액투석이나 복막투석을 받고 있거나 받은 경우 또는 신장이식을 받은 경우를 말한다.

(2) 예 외

일시적으로 투석치료를 필요로 하는 신부전증은 제외한다.

35 중증 만성 간질환에 대해 설명하시오.

1. 약관상 정의

만성 간질환이 진행된 결과 간부전 상태가 되어 회복 가능성이 없는 질환으로서 영구적 황달이 있으며, 간성혼수 또는 지속적인 복수가 존재하는 질병이다.

* 손해보험의 경우 통제 불가능한 복수증, 영구적 황달, 위나 식도벽의 정맥류, 간성뇌증 중 어느 하나에 해당하는 경우에 만성 말기 간경화로 진단한다.

2. 용어의 정의

(1) 영구적 황달

혈청 빌리루빈이 지속적으로 3.0mg/dL 이상인 경우

(2) 간성혼수

이학적 검사와 뇌파검사를 기초로 한 간성뇌기능의 장애가 반복되는 상태

(3) 지속적 복수

이학적 소견, 복수천자, 영상검사에 의하여 1개월 이상 복수가 지속적으로 존재하는 것

3. 진단의 확정

① 정기적인 이학적 검사
② 혈액검사
③ 영상검사(초음파 등)
④ 소견서, 진료기록 등

36 간병보험의 활동불능상태에 대해 설명하시오.

1. 활동불능상태의 정의

활동불능상태라 함은 질병이나 신체적 부상으로 종일 누워 있으면서, 다음의 (1)의 내용을 포함하고, (2)의 ① ~ ④ 중 어느 하나에 해당하는 상태를 말한다.

(1) 보행에 있어 보조기구(의수, 의족, 휠체어 등)를 사용하여도 「일상생활동작 장해분류표」의 1.(보행을 스스로 할 수 없음)에 규정한 어느 상태 또는 이와 같은 정도의 간병을 필요로 하는 상태에 있기 때문에 항상 타인의 간병이 필요한 경우

(2) 다음의 ① ~ ④ 중 어느 행위에 있어 보조기구를 사용하여도 항상 타인의 간병이 필요한 경우
① 「일상생활동작 장해분류표」의 2.(음식물 섭취를 스스로 할 수 없음)의 상태 또는 이와 같은 정도의 상태
② 「일상생활동작 장해분류표」의 3.(대소변의 배설후 뒤처리를 스스로 할 수 없음)의 상태 또는 이와 같은 정도의 상태
③ 「일상생활동작 장해분류표」의 4.(목욕을 스스로 할 수 없음)의 상태 또는 이와 같은 정도의 상태
④ 「일상생활동작 장해분류표」의 5.(의복을 입고 벗는 일을 스스로 할 수 없음)의 상태 또는 이와 같은 정도의 상태

2. 일상생활동작 장해분류표

(1) 보행을 스스로 할 수 없음
① 두 손, 두 발로 기거나 무릎 또는 엉덩이를 바닥에 붙이 않으면 이동할 수 없다.
② 혼자서 뒤집지 못하거나 침대 위에서 조금밖에 이동할 수 없다.
③ 혼자서 전혀 이동할 수 없다.

(2) 음식물 섭취를 스스로 할 수 없음
① 혼자서 식사도구를 사용하여 식사할 수 없다.
② 혼자서는 전혀 식사를 할 수 없다(신체의 장해에 의해 요양 중이어서 입을 통한 영양 섭취 및 식사가 불가능하여 혈관 또는 신체에 튜브를 통해 수액제를 넣거나 유동식으로 영양공급이 한정되어 있는 상태 포함).

(3) 대소변의 배설 후 뒤처리를 스스로 할 수 없음

　① 혼자서는 배변을 닦아내는 것이 불가능하다.

　② 혼자서는 배변을 위해 앉아 있는 자세를 취할 수 없다.

　③ 잦은 실금으로 인하여 기저귀 또는 특수용기를 사용하고 있다.

　④ 치료를 위한 절대안정으로 침상에서 특수용기를 사용하여 배설행위를 해야 한다.

(4) 목욕을 스스로 할 수 없음

　① 혼자서는 몸을 씻거나 닦거나 할 수 없다.

　② 혼자서는 욕조에 출입을 할 수 없다.

　③ 혼자서는 전혀 목욕을 할 수 없다.

(5) 의복을 입고 벗는 일을 스스로 할 수 없음

　혼자서는 옷을 입거나 벗을 수 없다.

37 K-MMSE와 CDR을 비교 설명하시오.

구 분	MMSE-K(간이인지기능검사)	CDR(임상치매척도)
신뢰성	환자의 주관이 개입할 우려가 있음	객관적 진단 가능
비 고	역선택의 소지가 있음	역선택의 소지가 적음
중증도	점수가 낮을수록 중증(19점 이하)	점수가 높을수록 중증(3점)
난이도	평가 용이	평가 난해
평가시간	짧음(10 ~ 15분)	긺(30 ~ 40분)
비 용	다소 저렴	다소 고액
평가자	일반의, 수련의, 간호사, 사회복지사	신경과, 정신과 전문의

38 일상생활동작 평가항목과 임상치매척도 검사의 평가항목을 쓰시오.

1. **일상생활동작 평가항목**

   ① 이동하기
   ② 식사하기
   ③ 화장실 사용하기
   ④ 목욕하기
   ⑤ 옷입기

2. **임상치매척도검사 평가항목**

   ① 기억력
   ② 지남력
   ③ 판단 및 문제해결능력
   ④ 사회활동능력
   ⑤ 가사활동 및 취미
   ⑥ 개인관리

39 간병보험(LTC)의 책임개시와 진단요건을 설명하시오.

1. 의 의

간병보험이란 피보험자가 보험기간 중 상해 또는 질병으로 인하여 활동불능 또는 치매 상태가 되어 타인의 간병을 필요로 하는 경우에 간병비용을 보장해 주는 보험이다.

2. 책임개시요건

간병보험(LTC)은 피보험자가 보험기간 중 상해나 질병으로 인하여 일상생활장해상태 또는 치매 상태로 판정되었을 경우에 약관상 보장받게 된다.

3. 진단요건

① 중증치매 또는 활동불능 진단확정
② 장기요양 1~3등급 판정
③ 장기요양 1~2등급 판정받고 중증치매 또는 활동불능 진단확정

40 해외여행보험 특별비용 담보특약에 대해 설명하시오.

1. 의 의

피보험자가 해외여행 중 생사가 불명하거나 긴급수색구조 등이 필요한 상태가 된 경우 피보험자 또는 피보험자의 법정상속인이 부담하는 비용을 보상하는 보험이다.

2. 보상하는 손해

보험자는 아래의 사유로 보험계약자, 피보험자, 보험수익자 또는 피보험자의 법정상속인이 부담하는 비용을 보상한다.

(1) 행방불명 또는 조난

여행 도중 피보험자가 탑승한 항공기 또는 선박이 행방불명 또는 조난된 경우, 산악등반 중 조난된 경우

* 조난이 확실치 않은 경우 피보험자의 하산 예정일 이후 계약자 또는 피보험자의 법정상속인이나 이들을 대신한 사람이 공공기관, 조난구조대, 해난구조회사 또는 항공회사에 수색을 의뢰한 경우 조난이 발생한 것으로 본다.

(2) 긴급수색구조

여행 도중 급격하고도 우연한 외래의 사고에 따라 긴급수색구조 등이 필요한 상태가 된 것이 공공기관에 의하여 확인된 경우

(3) 상해사망 또는 입원

해외여행 중 급격하고도 우연한 외래의 사고로 1년 이내 사망한 경우 또는 14일 이상 계속 입원한 경우

(4) 질병사망 또는 입원

질병을 직접 원인으로 하여 여행 도중에 사망한 경우 또는 여행 도중에 질병을 직접 원인으로 하여 14일 이상 계속 입원한 경우. 다만, 입원에 대하여는 여행 도중에 의사가 치료를 개시한 질병으로 인한 입원에 한한다.

3. 비용의 범위

비용의 한도는 보험기간당 총 한도이다.

(1) 수색구조비용

수색, 구조 또는 이송하는 활동에 필요한 비용 중 이들의 활동에 종사한 사람으로부터의 청구에 의하여 지급한 비용을 보상한다(현지 수색활동에 종사한 사람으로부터 청구받은 금액만이 보상된다).

(2) 항공운임 등 교통비

피보험자의 수색, 간호 또는 사고처리를 위하여 사고발생지 또는 피보험자의 법정상속인의 현지 왕복교통비를 말하며, 2명분을 한도로 보상한다.

(3) 숙박비

현지에서의 구원자 2명분(1명당 14일분)을 한도로 보상한다.

(4) 이송비용

피보험자가 사망한 경우 그 유해를 현지로부터 증권상 피보험자의 주소지에 이송하는데 필요한 비용 및 치료를 계속 중인 피보험자를 증권상 피보험자의 주소지로 이송하는데 드는 비용으로서 통상액을 넘는 피보험자의 운임 및 수행하는 의사, 간호사의 호송비를 보상한다.

(5) 제 잡비

구원자의 출입국 절차에 필요한 비용 및 구원자 또는 피보험자가 현지에서 지출한 교통비, 통신비, 유해처리비 등에 필요한 비용을 10만원을 한도로 보상한다.

4. 기 타

① 정당하다고 인정된 부분에 대해서만 보상한다.
② 중복보험계약이 있을시 독립책임액 안분방식을 통해 지급한다.

41 해외여행 인질구조 담보특약에 대해 설명하시오.

1. 의 의

피보험자가 여행 도중 인질상태에 놓였을 경우, 피보험자의 사망후유장해 담보특약의 보험가입금액 10% 범위 내에서 구조에 소요된 실비를 보장한다.

2. 인질상태의 범위

① 불법적인 유괴납치로 소재가 불명하거나, 유괴 또는 납치되었음이 증명되었을 경우
② 정치적이건 비정치적이건을 막론하고 피보험자가 비우호적 집단에 의해 감금되어 있을 경우

3. 비용의 범위

(1) 수색 구조비용

피보험자를 수색, 구조 또는 이송하는 활동에 필요한 비용 중 이들 활동에 종사한 사람의 청구에 의하여 지급한 비용을 보상한다.

(2) 구조대 파견비용

피보험자를 구조하기 위하여 사고발생지로 구조대를 파견하는 경우 현지의 왕복항공운임 등의 교통비를 보상한다.

(3) 정보수집비 · 정보제공자 사례비

피보험자를 구조하는데 직접적으로 사용된 정보수집비 또는 정보제공자에 대한 사례비 등을 보상한다.

42 실손의료비 무사고자 할인특약에 대해 설명하시오.

1. 서 론

일정기간 무사고자에 대하여 보험료를 할인해 주는 특약이다.

2. 무사고 판정기간

갱신 직전 계약의 갱신일이 속한 달의 2개월전 초일부터 갱신계약의 갱신일이 속한 달의 3개월전 말일까지로 한다.

3. 보험료 할인

무사고자 할인특약이 적용되는 경우 보장보험료의 10%를 할인한다.

중대한 재생불량성 빈혈 진단특약의 진단기준에 대해 설명하시오.

1. 중대한 재생불량성 빈혈

① 영구적 재생불량성 빈혈로서, ② 피보험자가 근본적 치료를 목적으로 수혈, 면역억제제, 골수촉진제와 같은 표준적 치료를 3개월 이상 지속적으로 받고 있고, ③ 현재 골수이식이 필요한 상태이다.

2. 진단확정 기준

영구적 재생불량성 빈혈이란 만성 골수부전상태로서 호중구 수가 200/mm³ 미만 또는 골수의 세포충실성이 25% 이하이면서 다음의 두 가지 이상에 해당되는 것을 말한다.

① 호중구 수 500/mm³ 미만

② 혈소판 수 20,000/mm³ 미만

③ 절대망상적혈구 수 20,000/mm³ 미만

3. 제외사항

일시적이거나 회복 가능한 재생불량성 빈혈은 보장에서 제외된다.

44 두 번째 암담보특약에 대해 설명하시오.

1. 의 의

첫 번째 암 진단보험금을 지급한 후에 일정기간 경과 후, 두 번째로 암을 진단받은 경우 다시 암진단비를 지급하는 특약을 말한다.

2. 두 번째 암의 개념

(1) 원발암

원발부위에 발생한 암으로 첫 번째 암이 발생한 기관과 다른 기관에 다른 조직병리학적 특성을 가진 암이어야 한다. 따라서 첫 번째 암이 발생한 기관에 생긴 암이나, 첫 번째 암이 침윤 또는 전이된 암은 제외된다.

(2) 전이암

원발부위의 암세포가 새로운 장소로 퍼져(침윤 또는 원격 전이) 다시 그 곳에 자리잡고 계속적인 분열과 성장과정을 거쳐 증식하는 암을 말한다.

(3) 재발암

첫 번째 암과 동일한 조직병리학적 특성을 가진 암으로서, 치료를 통해 몸에서 첫 번째 암을 제거 후에도, 그 첫 번째 암으로 인해 새롭게 암이 출현되어 치료가 필요한 상태로 판명된 암을 말한다(단, 첫 번째 암 진단확정시 발견된 암세포 중 제거되지 못하고 남아있는 암과 그 암의 증식은 재발암으로 인정하지 않음).

3. 진단확정

해부병리 또는 임상병리의 전문의사 자격증을 가진 자에 의해 내려져야 하며, 이 진단은 조직검사 또는 혈액검사, 미세침흡인검사에 대한 현미경 소견을 기초로 내려져야 한다. 그러나 병리학적 진단이 불가능할 경우 피보험자가 암의 진단 또는 치료를 받고 있음을 증명할만한 문서화된 기록 또는 증거가 있어야 한다.

4. 책임개시일

① 첫 번째 암으로 진단확정된 날을 포함하여 1년이 지난 다음날부터 보상책임이 개시된다. 최초의 진단확정일이 없는 경우에는 해당 월의 말일로 한다.

② 책임개시일 전 2차암 진단시 계약자는 90일 이내에 계약을 취소할 수 있다. 취소하지 않으면, 2차암으로 인하여 발생한 전이암, 재발암에 대하여는 보상하지 않는다. 단, 2차암 책임개시일 이후 5년이 지나는 동안 추가적인 진단, 치료 사실이 없는 경우에 그 후 발생한 전이암, 재발암은 보상한다.

5. 기타 사항

최초로 암진단 후부터 납입면제되는 상품이 있다. 보험기간 중 피보험자가 사망시 책임준비금을 지급한다.

45 | 항공기 납치담보특약에 대해 설명하시오.

1. 의 의

피보험자가 해외여행 도중에 승객으로써 탑승한 항공기가 납치되어 예정목적지에 도착할 수 없게 된 경우에 1일당 일정액을 보상하는 특약이다.

2. 항공기 납치의 개념

부당한 의도를 가진 폭력, 폭행 또는 폭력이나 폭행의 위협으로써 항공기를 탈취하거나 지배권을 행사하는 것을 말한다.

3. 보상범위

당해 항공기의 목적지 도착예정시간에서 12시간이 경과된 이후부터 시작되는 24시간을 1일로 보아 20일을 한도로 약정한 보험금을 지급한다. 항공기가 최초의 명백한 납치가 있기 이전에 비행장에서 출발이 지연되었을 경우에는 지연시간에 12시간을 합한 시간 이후부터의 24시간을 1일로 본다.

> 예 예정시간 : 7시
>   7 + 12 = 19시
>   19시부터 시간을 재고, 지연시 19시에 더한다.

학교생활 중 상해담보특약에 대해 설명하시오.

1. 보상요건

보험기간 중에 피보험자가 「초·중등교육법 시행령」 제45조에 정한 교육기관의 수업일에 급격하고도 우연한 외래의 사고로 신체에 상해를 입었을 때 그 상해로 생긴 손해를 보상한다. 학교생활에는 통상적인 경로를 통한 등·하교 및 방과후를 포함한다.

2. 교육기관의 수업일

아래에 어느 하나에 해당하는 날을 제외한 날을 말한다. 다만, 공식적인 학교행사 중 발생한 사고는 보상한다.
① 「초·중등교육법 시행령」 제47조에 정한 관공서의 공휴일
② 「초·중등교육법 시행령」 제47조에 정한 관할청 또는 학칙에서 정하는 여름, 겨울, 학기말의 휴가 및 개교기념일
③ 「초·중등교육법 시행령」 제47조에 정한 비상재해 등으로 인한 임시휴업일

3. 피보험자의 정의

「유아교육법」, 「초·중등교육법」, 「고등교육법」 등 교육관계법과 유사 교육관계법령에서 정한 교육기관에 재학 중인 학생[고등학교, 중학교, 초등학교와 유치원(특수학교 유치부를 포함)]을 말한다. 다만, 방송통신 중·고등학교 및 근로청소년을 위한 특별학급 및 산업체부설 중·고등학교에 재학 중인 학생은 제외한다.

4. 보상하지 않는 손해

(1) 표준약관의 면책규정
표준약관의 면책사항과 동일하다.

(2) 학교통제의 이탈
수업일에 부모 또는 친권자에 의해 학교의 통제를 벗어나 생활하던 중 발생한 사고는 보상하지 아니한다.

47 모성사망 담보특약에 대해 설명하시오.

1. 모성사망담보 특별약관

보험자는 보험기간 중 피보험자가 "여성산과 관련 특정질병"으로 인하여 임신 중 또는 분만 후 42일 이내에 사망한 경우에는 수익자에게 보험가입금액을 지급한다.

2. 보험기간

이 특약의 보험기간은 계약일 ~ 분만 후 42일까지로 한다.

3. 여성산과 특정질병 분류표

① 유산된 임신

② 임신, 출산 및 산후기의 부종, 단백뇨 및 고혈압성 장애

③ 주로 임신과 관련된 기타 모성장애

④ 태아와 양막강 및 가능한 분만 문제와 관련된 산모관리

⑤ 진통 및 분만의 합병증

⑥ 분 만

⑦ 주로 산후기에 관련된 합병증

출생 전 자녀가입특약에 대해 설명하시오.

1. 특별약관의 적용

임부 및 그의 배우자가 출생 전 자녀를 피보험자로 할 수 있는 제도성 특별약관이다. 이 특별약관은 질병·상해사망보장 특별약관 중 하나 이상을 피보험자의 부양자에게 부가한 계약에 한하여 부가할 수 있으며, 피보험자로 될 자가 계약 체결시 출생 전 자녀인 계약에 대해 적용된다. 태아는 출생시에 피보험자로 된다.

2. 보장의 시기와 종기

① 부양자에 대한 보장은 계약일에 시작하며, 계약일로부터 태아가 출생한 날까지의 기간에 보통약관의 보험기간을 더한 날에 끝난다.

② 태아에 대한 보장은 태아의 출생시에 시작하며, 출생일로부터 보통약관의 보험기간을 더한 날에 끝난다.

3. 출생의 통지 및 유산 또는 사산

(1) 출생의 통지

계약자는 태아가 출생한 경우 출생증명서 등의 서류를 제출하여 보험회사에 알려야 하며, 출생통지가 있는 경우 보험회사는 이를 보험증권에 기재한다.

(2) 유산 또는 사산된 경우

태아의 유산 또는 사산에 의하여 출산하지 못한 경우 보험자는 태아 관련 특별약관을 무효로 하고 받은 보험료를 반환한다.

4. 복수출생의 경우

태아가 복수로 출생한 경우에는 계약자가 지정한 자녀를 피보험자로 한다. 피보험자가 출생한 날부터 1년 이내에 사망하고 동시에 출생한 자녀가 있는 경우에는 계약자는 피보험자가 사망한 날부터 1개월 이내에 한하여 동시에 출생한 자 가운데 다른 자녀를 새로운 피보험자로 할 수 있다.

5. 보험나이의 계산 및 특례

계약일에 있어서의 피보험자의 보험나이는 0세로 한다.

6. 보험료의 정산

태아에 대한 보험료는 남자 0세 보장부분 영업보험료의 합계액과 여자 0세 보장부분 영업보험료의 합계액 중 높은 보험료를 기준으로 적용하고 출생 후 피보험자의 성별이 확정된 경우 "보험료 및 책임준비금 산출방법서"에서 정한 방법에 따라 정산하고, 이후의 보험료는 변경된 보험료로 납입한다.

교통사고처리지원금특약에 대해 설명하시오.

1. 형사합의금의 지급대상이 되는 사고

피보험자가 자동차를 운전하던 중 아래의 사고로 타인에게 상해를 입혀 형사합의금을 지급하는 경우에 그 손해를 보상한다.

① 피해자(피보험자의 부모, 배우자, 자녀 제외)를 사망하게 한 경우

② '중대법규위반 교통사고'로 피해자가 42일(피해자 1인 기준) 이상 치료를 요한다는 진단을 받은 경우

③ '일반교통사고'로 피해자에게 중상해를 입혀 「형법」과 「교통사고처리특례법」에 따라 검찰에 기소되거나, 「자동차손해배상 보장법 시행령」에서 정하는 상해급수 1급 ~ 3급에 해당하는 부상을 입은 경우

※ 일반 교통사고라도 피해자가 중상해의 피해를 입게 되는 경우 운전자를 기소할 수 있다. 이에 운전자인 피보험자의 방어권을 보호하기 위해 일반 교통사고의 경우에도 교통사고처리지원금이 지급된다.

2. 관련 개념

(1) 자동차의 개념

① 「자동차관리법 시행규칙」 제2조에서 정한 승용자동차, 승합자동차, 화물자동차, 특수자동차, 이륜자동차

② 「자동차손해배상 보장법 시행령」 제2조에서 정한 9종 건설기계. 단, 그 건설기계가 작업기계로 사용 중일 때는 자동차로 보지 않는다.

(2) 운전 중의 개념

자동차를 '운전 중'이라 함은 도로 여부, 주정차 여부, 엔진의 시동 여부를 불문하고 피보험자가 자동차 운전석에 탑승하여 핸들을 조작하거나 조작 가능한 상태에 있는 것을 말한다.

1. 벌금보장 특별약관

(1) 보험금의 지급사유

피보험자가 보험기간 중 자가용 또는 영업용 자동차를 운전하던 중에 급격하고도 우연한 자동차사고로 타인의 신체에 상해를 입힘으로써 신체상해와 관련하여 받은 벌금액을 보험수익자에게 1사고당 일정금액 한도로 지급한다(일반적으로 2,000만원 한도).

(2) 벌금액

확정판결에 의하여 정해진 벌금액을 말한다.

* 사고가 보험기간 중에 났다면 확정판결이 보험기간 종료 후에 나더라도 보장한다.

(3) 보험금을 지급하지 않는 사유

피보험자가 다음과 같은 사유로 보험금 지급사유가 발생한 때에는 보험금을 지급하지 않는다.

① 사고를 내고 도주한 경우

② 자동차를 경기용·경기를 위한 연습용·시험용으로 운전한 경우

③ 음주운전(혈중 알코올농도 0.05% 이상)

④ 무면허운전

⑤ 자동차를 영업 목적으로 운전한 경우(자가용 운전자용 벌금담보에 한하여 면책)

2. 중복보험계약이 있을시 보험금 지급

벌금에 대하여 보험금을 지급할 중복보험계약이 있을시 각각의 계약에 대하여 독립책임액 분담방식을 통해 보험금을 지급한다.

51 VDT증후군 수술비특약에 대해 설명하시오.

1. 의 의

보험자는 피보험자가 보험기간 중에 VDT증후군으로 진단확정되고, 그 치료를 직접 목적으로 수술을 받은 경우 수술 1회당 특별약관의 보험가입금액을 수술비로 지급한다.

2. VDT증후군의 정의

VDT증후군이란 「한국표준질병・사인분류(KCD)」상 '컴퓨터과잉질환'으로 분류되는 다음의 질병을 말한다.

① 근육, 연골 및 기타 연부조직 장애

② 결합조직의 기타 전신침범

③ 관절부의 통증과 경직

④ 경추상완증후군

⑤ 팔의 단일신경병증

| 심화학습 | VDT증후군 |

Visual Display Terminal Syndrome의 약자로 컴퓨터단말기증후군이라고 한다. 컴퓨터와 같이 디스플레이가 부착된 기기를 장시간 보면서 작업하는 사람들은 눈의 피로감, 시력의 저하, 두통, 구토 증세, 정신 불안 등의 증상이 나타날 수 있다.

3. 진단확정

「의료법」 제3조에서 정한 병원 또는 이와 동등하다고 인정되는 의료기관의 의사자격을 가진 자에 의한 진단서에 의한다.

자신의 능력을 믿어야 한다.

그리고 끝까지 굳게 밀고 나가라.

- 로잘린 카터 -

2024 SD에듀 한치영의 신체손해사정사 2차 정석 Ⅱ

초 판 발 행	2024년 03월 20일(인쇄 2024년 02월 16일)
발 행 인	박영일
책 임 편 집	이해욱
저 자	한치영
편 집 진 행	서정인
표 지 디 자 인	조혜령
편 집 디 자 인	윤준하 · 하한우
발 행 처	(주)시대고시기획
출 판 등 록	제10-1521호
주 소	서울시 마포구 큰우물로 75 [도화동 538 성지 B/D] 9F
전 화	1600-3600
팩 스	02-701-8823
홈 페 이 지	www.sidaegosi.com
I S B N	979-11-383-6546-8 (13320)
정 가	40,000원

손해사정사

현직 손해사정사의 이론중심 전략강의로 단기간 합격을 보장합니다.

1차 시험 이렇게 공부하라!

회독과 반복	선택과 집중	정답과 오답
생소한 개념, 어려운 용어 **반복적으로 학습**	**자신있는 과목에 집중**하여 평균 점수 올리기	오답을 놓치지 않고 **따로 정리하여 오답확률↓**

SD에듀 합격 전략 커리큘럼과 함께하면 1차 합격! 아직 늦지 않았습니다.

기본이론
기본 개념 확립을 위한 핵심이론 학습

문제풀이
단원별 문제풀이로 문제해결능력 향상

기출문제해설
최근 기출문제 분석으로 출제 포인트 집중학습

핵심 3단계 구성으로
한방에 끝내는 합격 이론서

1차 한권으로 끝내기

핵심이론 + 기본유형문제 + 기출분석문제

기본개념을 요약한 실전핵심 NOTE
최신 개정법령을 반영한 핵심이론
시험에 출제될 가능성이 높은 기본유형문제
대표 문제만 엄선한 기출분석문제 100選

손해사정사

시험의 처음과 끝

SD에듀의 손해사정사 수험서

손해사정사 1차 보험업법
한권으로 끝내기(4x6배판)

손해사정사 1차 보험계약법
한권으로 끝내기(4x6배판)

손해사정사 1차 손해사정이론
한권으로 끝내기(4x6배판)

손해사정사 1차
기출문제해설(4x6배판)

손해사정사 1차
정석 Ⅰ (4x6배판)

신체손해사정사 2차
정석 Ⅱ (4x6배판)

차량손해사정사 2차
정석 Ⅱ (4x6배판)

※ 본 도서의 이미지는 변경될 수 있습니다.